제2판

SPSS/Amos/LISREL/SmartPLS에 의한 조절효과 및 매개효과분석

배병렬

도서출판
청람

Preface

개정판 머리말

『SPSS/Amos/LISREL/SmartPLS에 의한 조절효과 및 매개효과분석』의 개정판을 출판하게 되었다. 초판을 내면서 조절효과 및 매개효과에만 초점을 맞추어 펴낸 국내 최초의 책이라는 면에서 자부심도 있었고 또한 처음 가는 길이라 두려움도 있었다. 이러한 두 가지 감정을 독자들로부터 확인할 수 있었다. 이번 개정판의 작업을 통해 두려움이라는 감정이 어느 정도 사라진 것 같다.

개정판에서는 제4부에 '비선형 조절효과분석' 및 '비선형 매개효과분석'을 추가한 것이 가장 큰 특징이다. 제18장에 비선형 조절효과분석(nonlinear moderation analysis), 제19장에 비선형 매개효과분석(nonlinear mediation analysis)에 관해 기술하였다. 이들은 모두 SPSS에 의해 분석하는 것에 초점이 맞추어져 있다.

제3장에 기술된 조절 로지스틱 회귀분석(moderated logistic regression)을 보완하였다. 전판에서는 이에 대해 간략히 소개하였으나, 이 판에서는 상당한 양을 할애하여 기술하였다.

제3부에 소개된 '조절효과와 매개효과의 결합'에 대해서는 일부 사항을 수정・보완하였다. 제16장의 조절된 매개효과(moderated mediation), 제17장의 매개된 조절효과(mediated moderation)를 전판에서는 Muller 등(2005)의 접근법에 대해서도 기술했으나, 이 판에서는 Hayes(2018)가 개발한 PROCESS v3에 초점을 맞추어 기술하였다. PROCESS로 분석하는 것과 관련하여 전판에서는 PROCESS v2에 맞게 기술하였으나, 이 판에서는 2018년에 공개된 PROCESS v3에 맞게 기술하였다.

전판의 내용에 오류가 있는 일부 부분은 수정하였다. 마지막으로, 참고문헌을 독자들에게 실질적인 도움이 될 수 있도록 각 장의 마지막에 소개하였다.

이 책이 조절효과 및 매개효과를 분석하고자 하는 독자들에게 조금이라도 도움이 되기를 바랄 뿐이다.

2018년 4월

배병렬

Preface

이 책의 **머리말**

사회과학 및 행동과학 분야의 연구자들은 두 변수 간의 관계에 관심을 갖고 있다. 그들은 두 변수 간의 관계를 가설로 설정하고 이를 검정하고자 한다. 이들 두 변수 간의 관계는 크게 **직접효과**(direct effect), **주효과**(main effect), **단순효과**(simple effect) 등으로 나눌 수 있다. 이들 두 변수 간의 관계에 대해 제3의 변수를 고려하여 이들 두 변수 간의 관계를 보다 세밀하게 파악하고자 하는 연구의 필요성이 있다. 이 제3의 변수에 따라 **조절효과**(moderating effect)와 **매개효과**(mediating effect)로 나눌 수 있다.

이하에서 이들 효과에 대해 '스트레스'와 '우울증' 간의 관계를 예로 들어 간단히 살펴보기로 한다. '직접효과'는 단순히 두 변수 간의 어떤 관계가 있는가를 알아보는 것이다. 예컨대, '스트레스'와 '우울증' 간에 어떤 관계가 있는가를 알아보는 것이다. 일반적으로, 스트레스를 많이 받을수록 우울증이 커진다는 것이 정설이다. 이처럼 많은 가설 검정을 통해 확인된 가설은 이론을 구축하는 데 주춧돌이 된다.

'조절효과'의 분석 목적은 이들 두 변수 간의 관계를 '강화'하거나 '완화'하는 제3의 변수가 무엇인가를 알고자 하는 것이다. 스트레스와 우울증 간의 관계는 '사회적 지원'이 조절역할을 할 수 있다. 즉 사회적 지원을 많이 할수록 스트레스와 우울증 간의 관계가 약해질 수 있다. 이 경우, 사회적 지원은 두 변수 간에 **완화**(buffering) 역할을 하는 조절변수이다. 반대로, 스트레스와 우울증 간의 관계는 '되새기는 성격(반추)'이 강한 사람일수록 더 심해질 수 있다. 이 경우, 반추는 두 변수 간에 **강화**(synergistic) 역할을 하는 조절변수이다. 이처럼 두 변수 간의 관계를 완화하거나 강화시키는 변수를 확인하기 위해 조절효과를 검증한다.

'매개효과'는 두 변수 간의 관계가 직접 이루어지는 것이 아니고, 제3의 변수를 통해 이루어지는가를 확인하고자 하는 데 목적이 있다. 예를 들어, 스트레스와 우울증 간의 관계에서 스트레스를 받는다고 바로 우울해지는 것이 아니라, '음주행동'을 통해 우울해지는지를 알고자 한다. 즉 스트레스를 많이 받게 되면 술을 많이 먹게 되고 이로 인해 우울해지는가를 알아보고자 한다.

이처럼 조절효과 및 매개효과는 독립변수와 종속변수 간의 관계에 영향을 미치는 변수를 확인하고자 데 목적이 있다. 사회과학 및 행동과학의 연구자들에 의해 두 변수 간의 직접효과에 관해서는 많은 연구가 이루어졌으나, 조절효과 및 매개효과에 대해서는 많은 연구가 이루어지지 않았다. 이러한 면에서, 최근 조절효과 및 매개효과에 관해 많은 연구가 이루어지고 있는 것을 알 수 있다.

이 책은 조절효과 및 매개효과에 초점을 맞추어 SPSS, Amos, LISREL, SmartPLS 등의 프로그램을 이용하여 분석하는 것에 관해 기술하였다. 이들 패키지를 이용하여 조절효과 및 매개효과를 분석하는 데 관련된 여러 이슈들을 정리하고자 하였다.

저자는 이 책이 독자 여러분의 연구성과를 높이는 데 있어 조절변수 및 매개변수의 역할을 할 것으로 확신한다. 즉, 이 책을 보느냐 그렇지 않느냐에 따라 독자 여러분의 연구성과가 달라질 것이고(즉, 조절변수), 훌륭한 연구성과를 내는 데 있어 이 책은 중요한 매개체가 될 것이다(즉, 매개변수).

저자는 이 책이 조절효과 및 매개효과에 초점을 맞추어 기술한 우리나라 최초의 씨앗이라고 생각한다. 이 씨앗이 잘 자라기 위해서는 독자 여러분의 사랑과 관심이 필요하다. 오류가 있으면 지적해 주기 바란다. 이 책 한 권이면 조절효과 및 매개효과에 관해 충분하리라 여겨지지만, 부족한 부분은 앞으로 하나씩 채울 생각이다.

2015년 5월
배병렬

Reference

이 책의 **참고사항**

▶ 본서의 CD에 있는 [mod-med(2nd)] 폴더를 독자의 컴퓨터에 저장시킨 후 프로그램을 실행시키기 바랍니다. CD상에서 바로 실행하면 저장이 안 되기 때문에 에러가 생깁니다.

▶ 입력파일의 경로를 독자의 드라이브 환경에 맞게 고쳐서 사용하기 바랍니다. 예를 들어, 'm:/mod-med(2nd)/chap4/'로 되어 있으면 (m)을 독자의 드라이브 환경에 맞게 고쳐야 됩니다.

Contents

이 책의 **차례**

Part 01 조절효과분석

Part 1

조절효과분석

Chapter 1 조절효과의 개요

1 조절효과의 의의

사회과학자 및 행동과학자들은 두 변수 간의 관계에 대해 관심을 갖고 있다. 예를 들어, 학력과 소득 간에는 어떤 관계가 있을까?, 스트레스와 우울증 간에는 어떤 관계가 있을까? 그들은 그들이 관심을 갖고 있는 학문영역에 관해 수많은 변수들 간의 관계를 확인하고자 연구를 한다. 이러한 두 변수 간의 관계를 **직접효과(direct effect)**라 한다. 연구결과, 학력과 소득 간에는 일반적으로 정적인 관계가 있는 것으로 나타난다. 즉 학력이 높을수록 소득이 높다. 마찬가지로, 스트레스와 우울증 간에도 정적인 관계가 있다. 즉 스트레스를 많이 받을수록 우울증이 심해진다.

한편 사회과학자 및 행동과학자들은 이들 두 변수 간의 관계에 제3의 변수를 추가하여 연구하고자 한다. 제3의 변수는 크게 조절변수와 매개변수로 나눌 수 있다. **조절효과(moderating effect, moderated effect)란 종속변수와 독립변수 간의 관계가 제3의 변수에 따라 '크기'(strength)와 '방향'(direction)이 달라지는 것을 의미한다.** 이 제3의 변수를 **조절변수(moderator, moderating variable)**라 한다. 조절효과 및 매개효과분석에서 가장 많이 인용되는 논문인 Baron & Kenny(1986)에 소개된 조절변수의 정의를 원문 그대로 소개하고자 한다. "moderator is a variable that affects the direction and/or strength of the relation between an independent or predictor variable and a dependent or criterion variable"(p. 1174). 예를 들면, 스트레스(독립변수)와 우울증(종속변수) 간의 관계가 성별(조절변수)에 따라 크기가 다를 수 있고, 되새기는 성격을 가진(조절변수) 사람은 더 많은 우울증에 시달릴 수 있다.

이와 같이 독립변수와 종속변수 간의 관계에 영향을 주는 제3의 독립변수를 조절변수라 한다. 조절변수도 일종의 독립변수이기 때문에 조절변수와 독립변수를 구분하기 위해 독립변수를 **초점예측변수(focal predictor)**로 부르기도 한다. 조절변수는 성별과 같이 비메트릭변수(범주변수)가 될 수 있고, 되새기는 성격(반추)과 같이 메트릭변수(연속변수)가 될 수 있다.

[그림 1-1]을 보면, 여자가 남자에 비해 스트레스를 많이 받을수록 우울증이 커지는 것을 알 수 있고, 되새기는 성격이 강한 사람은 되새기는 성격이 약한 사람에 비해 스트레스를 많이 받을수록 우울증이 커지는 것을 알 수 있다.

그림 1-1 ▌ **성별 및 되새기는 성격에 따른 스트레스가 우울증에 미치는 조절효과**

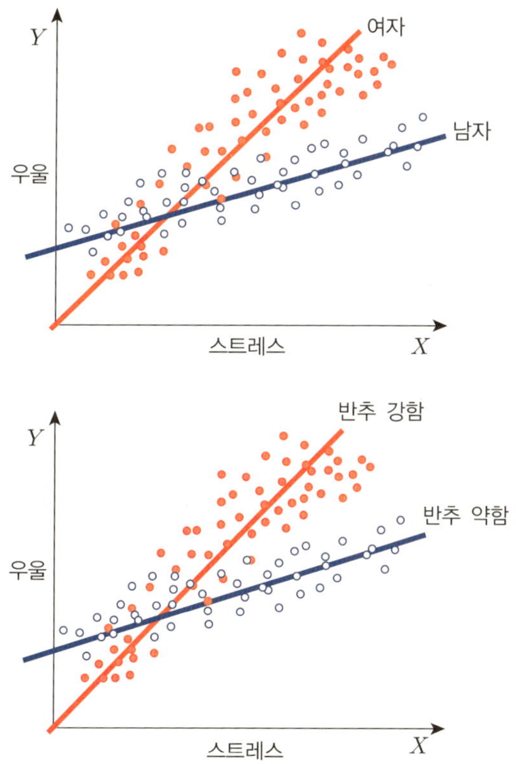

[그림 1-1]에서 성별의 조절효과를 다음과 같이 해석할 수 있다. 예를 들면, 스트레스가 우울에 미치는 효과를 남자와 여자로 구분하지 않고 추정한 결과, 0.5의 회귀계수를 얻었다고 가정한다. 이는 스트레스를 1단위 받게 되면 0.5만큼의 우울이 증가하는 것을 의미한다.

그림 1-2 ▌스트레스와 우울증 간의 관계: 남자와 여자로 구분하지 않은 경우

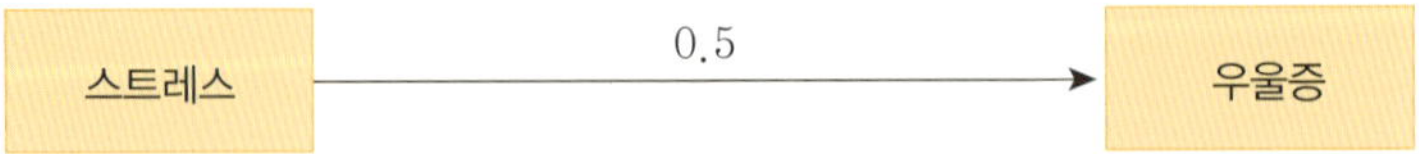

이제 이들 간의 관계를 남자와 여자로 구분하여 추정한 결과, 남자집단은 0.2의 회귀계수, 여자집단은 0.7의 회귀계수를 얻었다고 가정한다. 즉 집단 간에 회귀계수가 차이가 있다고 가정한다.

그림 1-3 ▌스트레스와 우울증 간의 관계: 남자와 여자로 구분한 경우

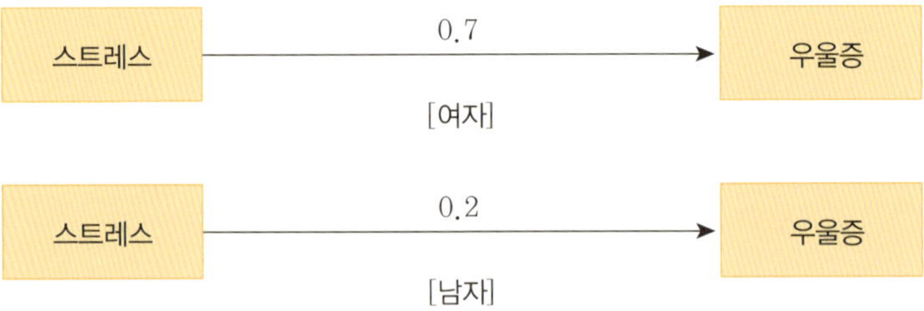

이 두 집단 간의 계수차이는 0.5이다. 이 차이가 통계적으로 유의적이라면 스트레스와 우울증 간의 관계는 성별에 따라 조절효과가 있다고 해석한다.

조절변수는 일반적으로 시간의 경과에 따라 속성이 크게 변하지 않는 성격을 갖는 변수들(예: 인구통계적 변수, 성격 등)이 여기에 속한다. 이처럼 종속변수와 독립변수 간의 관계가 제3의 변수에 따라 크기와 방향이 달라지는가를 분석하는 것이 **조절효과분석(moderating effect analysis)**이다.

스트레스와 우울증 간의 관계에서 성별 및 되새기는 성격의 조절효과를 개념적 모델로 나타내면 [그림 1-4]와 같다.

그림 1-4 ▌조절효과의 개념적 모델

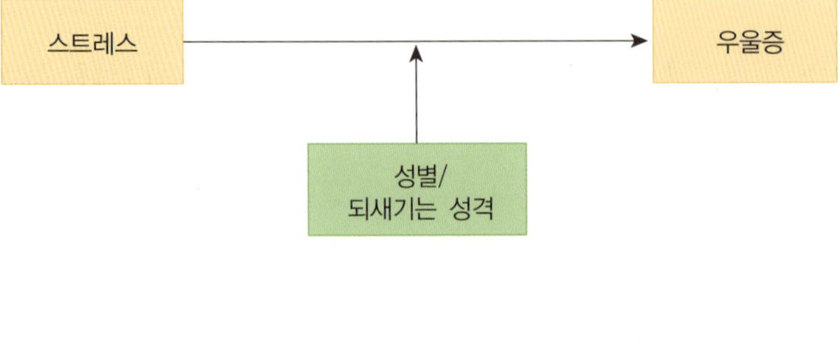

조절효과분석은 종속변수와 독립변수 간의 관계를 설명하는 데 있어 '언제(when)', '어떤 상황에서(under what conditions)', 그리고 '누구에게서(for whom)' 보다 약하거나, 강하거나 또는 효과가 없는가를 연구하고자 하는 데 목적이 있다.

조절효과분석을 위한 통계적 모델은 [그림 1-5]와 같다. 조절효과분석을 위해 독립변수와 조절변수의 상호작용항(interaction term)을 만들어 이 상호작용항(B_3)이 종속변수에 어떤 영향을 주는가를 검정한다.

그림 1-5 **조절효과의 통계적 모델**

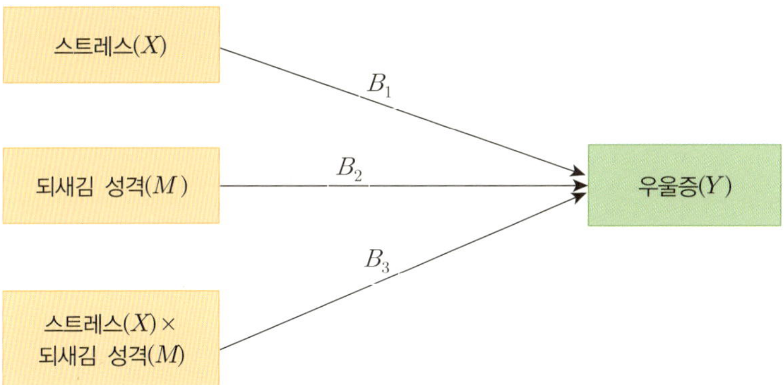

위의 통계적 모델을 수식으로 표현하면 다음과 같다. 이 식을 **상호작용효과모델(interaction effect model)**이라 한다.

$$\hat{Y} = B_1X + B_2M + B_3XM + B_0 \tag{1}$$

위 식에서 상호작용항(B_3XM)이 없는 모델을 **가법효과모델(additive effect model)**이라 한다.

$$\hat{Y} = B_1X + B_2M + B_0 \tag{2}$$

2 조절효과분석의 의의

스트레스를 많이 받을수록 우울증이 커진다. 우울해지면 자살의도가 커질 것으로 예상할 수 있다. 따라서 스트레스와 우울증 간의 관계를 완화(감소)시킬 수 있는 대책을 만드는 것이 중요하다. 이러한 대책 가운데 '사회적 지원(social support)'은 그 역할을 할 것으로 기대할 수 있다. 즉 우울증을 완화시키기 위해 사회적으로 여러 가지 프로그램을 만들어 지원해줌으로써 우울증을 완화시킬 수 있다. 이처럼 독립변수와 종속변수 간의 관계를 완화시키는 조절역할을 **완화효과(buffering effect)**라 한다.

반면, 우울증을 더 악화시키는 변수도 있을 수 있다. 즉 우울증에 안 좋은 영향을 주는 요인(예: 사회적 고립감 또는 심리적 고립감)이 무엇이 있는가를 확인하기 위해 연구를 할 수도 있다. 이 경우 독립변수와 종속변수 간의 관계를 더 강하게 하는 효과를 **강화효과(synergistic effect)**라 한다.

이처럼 독립변수(예: 스트레스)와 종속변수(예: 우울증) 간의 관계를 강화시키거나 완화시키는 변수가 무엇이 있는가를 확인하기 위해 조절효과를 분석한다. 우울(depression)에 관한 연구에서, 우울을 악화시키는 요인을 위험요인(risk factor)이라 하고, 완화시키는 요인을 보호요인(protective factor)이라 한다. 기존에 연구된 우울과 관련된 위험요인과 보호요인의 예를 들면 [표 1-1]과 같다.

표 1-1 ▌우울의 위험요인 및 보호요인

위험요인(risk factor)	보호요인(protective factor)
나이가 듦, 여성, 미혼, 신체장애, 최근의 사별, 건강이 안 좋음, 수면장애, 혼자 삶, 새로운 질병···	충분한 수면, 호의적인 가족관계, 감사의 마음, 절주, 운동, 친구와의 좋은 관계···

3 조절효과의 이론적 가정

조절효과를 검정하기 위해 연구자는 조절효과의 이론적 가정을 고려해야 한다. 즉 조절변수가 독립변수와 종속변수 간의 관계에서 어떤 역할을 할 것인가를 이론적으로 가정하고 가설을 수립해야 한다. 조절효과의 이론적 가정에는 다음과 같은 유형이 있다.

첫째, **강화효과**(enhancing effect, synergistic effect, amplifying effect, exacerbating effect)가 있다. 강화효과는 독립변수와 조절변수가 종속변수에 같은 방향으로 영향을 미치고 상호작용효과가 가법효과(additive effect)보다 더 큰 영향을 미치는 것을 의미한다. 즉 강화효과는 조절변수의 크기가 증가할수록 독립변수가 종속변수에 미치는 효과가 더 커지는 것을 의미한다. 따라서 $B_1 > 0$, $B_2 > 0$, $B_3 > 0$, 또는 $B_1 < 0$, $B_2 < 0$, $B_3 < 0$의 부호를 갖는다.

둘째, **완화효과**(buffering effect)가 있다. 이는 조절변수가 독립변수와 종속변수 간의 관계를 약화(또는 감소)시키는 효과를 갖는다. 조절변수의 크기가 증가할수록 독립변수가 종속변수에 미치는 영향은 가법효과에 비해 감소한다. 이는 독립변수와 조절변수가 종속변수에 미치는 가법효과에 비해 독립변수와 조절변수의 상호작용항이 포함된 경우 독립변수가 종속변수에 미치는 효과가 줄어드는 것을 의미한다.

셋째, **대립효과**(interference effect, antagonistic effect)가 있다. 이는 독립변수와 조절변수는 종속변수에 동일한 방향으로 영향을 미치나($B_1 > 0$, $B_2 > 0$), 상호작용효과는 반대방향($B_3 < 0$)으로 영향을 미치는 것을 의미한다. 조절변수의 크기가 증가할수록 독립변수가 종속변수에 미치는 효과는 반대로 나타난다. 이는 독립변수와 조절변수의 상호작용항이 포함된 경우 독립변수가 종속변수에 미치는 효과가 반대로 나타나는 것을 의미한다. 지금까지 설명한 내용을 정리하면 [표 1-2]와 같다.

표 1-2 ▌조절효과의 이론적 가정

조절효과의 종류	$X \rightarrow Y : B_1$	$M \rightarrow Y : B_2$	$X \times M \rightarrow Y : B_3$
강화효과	정적(+) 부적(−)	정적(+) 부적(−)	정적(+) 부적(−)
완화효과	정적(+) 부적(−)	부적(−) 정적(+)	부적(−) 정적(+)
대립효과	정적(+) 부적(−)	정적(+) 부적(−)	부적(−) 정적(+)

조절변수가 어떤 효과를 갖는가는 B_3의 부호만을 토대로 결정할 것은 아니고, B_1, B_2, B_3의 부호를 종합적으로 고려하여 결정해야 한다. 분석결과, [표 1-2]에 제시된 방향 외에 다양한 방향이 나타날 수 있는데, 그러한 경우에는 단순히 조절효과가 있는지 또는 없는지의 관점에서 기술하면 된다.

조절효과의 이론적 가정은 가설을 설정하는 데 고려할 사항이다. 예를 들어, [그림

1-4]의 조절효과 모델에서 연구자는 다음과 같이 가설을 설정할 수 있다.

> 가설 1: 스트레스와 우울 간의 관계에서 되새기는 성격은 조절효과를 할 것이다.
> 가설 2: 스트레스와 우울 간의 관계에서 되새기는 성격은 강화효과를 할 것이다.

이 가설에서, 가설 1은 **비방향성가설(nondirectional hypothesis)**이다. 따라서 양측검정을 한다. 그러므로 $\alpha = .05$ 수준에서 검정통계량이 1.96보다 크면 유의적이라 판단한다. 이에 비해, 가설 2는 **방향성가설(directional hypothesis)**이다. 따라서 단측검정을 한다. 그러므로 $\alpha = .05$ 수준에서 검정통계량이 1.65보다 크면 유의적이라 판단한다. 연구자는 조절변수의 효과에 관해 이론적 배경을 충분히 검토하여 방향성가설의 관점에서 가설을 기술하는 것이 바람직하다.

조절변수의 이론적 가정에 관해 충분한 지식이 없을 때에는 가설 1의 관점에서 가설을 수립하고 분석한 다음, '결론 및 논의' 부분에서 어떤 성격을 갖는 조절효과인가를 기술하는 것도 바람직한 접근법이라 생각한다.

이하에서 이들 효과의 예를 살펴보기로 한다. 일상생활에서 흔히 볼 수 있는 예에서부터 학문적으로 연구된 예에 대해서도 살펴보기로 한다.

3.1 강화효과의 예

1) 흡연의 강화효과

과도한 음주는 건강에 해롭다($B_1 > 0$). 음주뿐 아니라 담배까지 피면 건강은 더 나빠질 것이다($B_2 > 0$). 흡연의 정도가 많을수록 건강에 더 안 좋은 영향을 줄 것이다($B_3 > 0$). 이 경우 흡연은 건강에 나쁜 영향을 주는 강화효과를 주는 조절변수라 할 수 있다.

그림 1-6 **흡연의 강화효과의 조절모델**

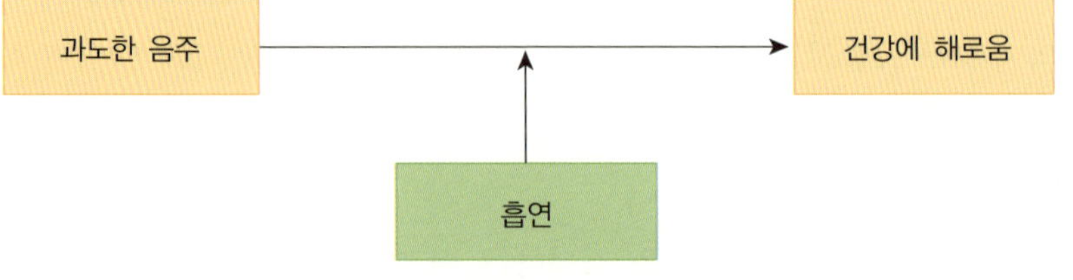

과도한 음주와 건강에 해로움 간의 관계에서 흡연의 강화효과를 나타내면 [그림 1-7]과 같다. [그림 1-7]에서 볼 수 있듯, 과도한 음주를 하게 되면 건강에 해로운데 담배를 많이 필수록 건강에 더 해롭다. 이 예는 $B_1 > 0$, $B_2 > 0$, $B_3 > 0$에 해당한다.

그림 1-7 ▌흡연의 강화효과

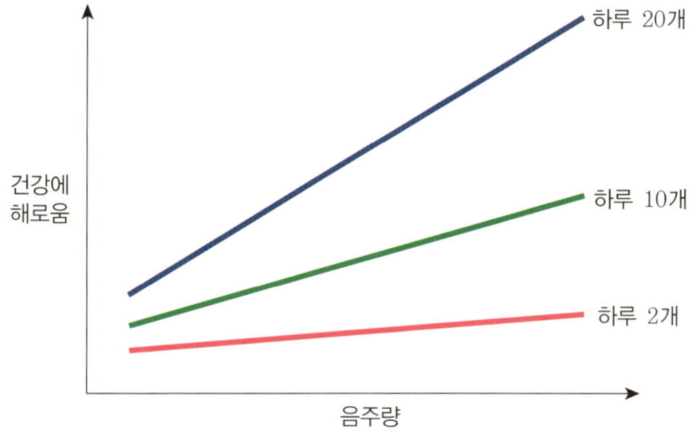

2) 부부갈등의 강화효과

직무스트레스를 많이 받으면 삶의 만족은 떨어진다($B_1 < 0$). 부부갈등은 삶의 만족을 떨어뜨린다($B_2 < 0$). 직무스트레스와 부부갈등이 상호작용하여 삶의 만족을 더 떨어뜨릴 수 있다($B_3 < 0$). 이 예는 $B_1 < 0$, $B_2 < 0$, $B_3 < 0$에 해당한다.

그림 1-8 ▌부부갈등의 강화효과 조절모델

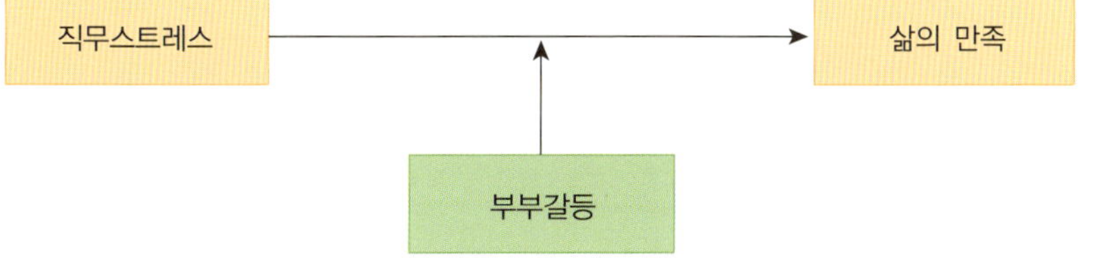

이들 간의 관계를 나타내면 [그림 1-9]와 같다.

그림 1-9 **부부갈등의 강화효과**

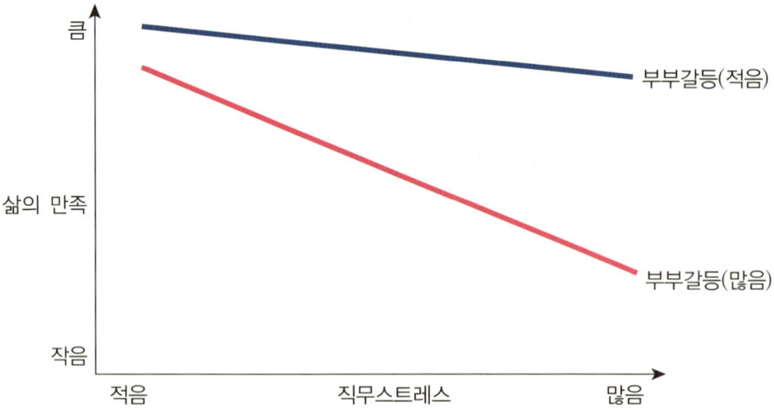

[그림 1-9]에서 볼 수 있듯, 직무스트레스가 적고 부부갈등이 적을수록 삶의 만족이 커지는 것을 알 수 있다.

3) 학습지향성의 강화효과

Baker & Sinkula(1999)는 시장지향성과 조직성과 간에 학습지향성이 강화효과가 있는가를 연구하였다. 그들의 연구모델을 제시하면 [그림 1-10]과 같다.

그림 1-10 **시장지향성과 조직성과 간 학습지향성의 강화효과**

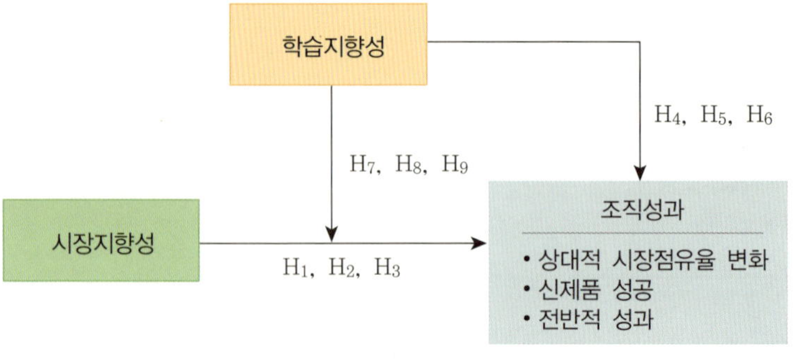

그들의 연구 가운데 강화효과와 관련된 가설은 아래와 같다(Baker & Sinkula, 1999, p. 416).

H_7: The greater an organization's learning orientation, the stronger the positive relationship between its market orientation and its change in relative market share.
H_8: The greater an organization's learning orientation, the stronger the positive relationship between its market orientation and its overall performance.
H_9: The greater an organization's learning orientation, the weaker the positive effect of market orientation on new product success.

분석결과는 [표 1-3]과 같다.

표 1-3 ▌학습지향성의 강화효과

	Dependent Variables					
	Change in Relative Market Stare		New Product Success		Overall Performance	
	Hypothesis	Unstandardized Coefficient	Hypothesis	Unstandardized Coefficient	Hypothesis	Unstandardized Coefficient
Market orientation	Hypothesis 1, +	.266* (.130)	Hypothesis 2, +	.465** (.114)	Hypothesis 3, +	.355** (.119)
Learning orientation	Hypothesis 4, +	.302** (.120)	Hypothesis 5, +	.403** (.105)	Hypothesis 6, +	.392** (.111)
Market orientation × Learning orientation	Hypothesis 7, +	.240* (.140)	Hypothesis 9, -	-.233* (.123)	Hypothesis 8, +	-.162 (.129)
Control variables						
Market growth		.227* (.039)		.162* (.034)		.386** (.036)
Buyer power		.013 (.035)		-.052 (.031)		.012 (.033)
Supplier power		-.009 (.042)		.071* (.036)		.016 (.038)
Seller concentration		-.047 (.039)		.011 (.034)		-.049 (.036)
Ease of entry		-.060 (.035)		-.042 (.031)		-.016 (.032)
Technological change		.028 (.043)		.013 (.035)		-.083* (.039)
Competitive intensity		.023 (.050)		.051 (.044)		.060 (.047)
Market dynamism		-.077 (.048)		-.008 (.042)		-.068 (.044)
Government regulation		.017 (.029)		-.002 (.025)		.050 (.029)
Company size		.107 (.109)		-.156 (.096)		.047 (.100)
Marketer/nonmarketer		-.104 (.107)		.007 (.094)		.113 (.099)
Constant		3.87** (.413)		3.49** (.363)		3.69** (.381)
Adjusted R^2		.168		.307		.371
F statistic		6.93**		13.95**		18.26**

Note: Tests of hypotheses are one-tailed tests. Numbers in parentheses are standard errors.
$^*p<.05$, $^{**}p<0.01$

H_7은 상호작용효과가 유의적으로 가설화된 방향대로 나타났다($b = .240$, $p < .05$). 따라서 H_7은 지지된다. **단순기울기(simple slope)**에 의해 상호작용을 보다 자세히 살펴보기로 한다. 이를 위해 학습지향성의 높은 수준(1표준편차 위)과 낮은 수준(1표준편차 아래)을 기준으로 검토하였다. 학습지향성이 높은 수준인 경우, 시장지향성과 상대적 시장점유율의 변화(ΔMS) 간에는 유의적이며 정적($b = .410, t = 2.61, p < .01$)인 것으로 나타났고, 학습지향성이 낮은 수준에서는 비유의적($b = .123, t = .81, p < .42$)인 것으로 나타났다([그림 1-11]의 왼쪽 그래프 참조).

H_8은 시장지향성과 전반적인 성과 간의 관계는 학습지향성이 증가할수록 커지는 것으로 가설화하였다. H_8과 관련된 상호작용효과는 유의적이지 않은 것으로 나타난다. 따라서 H_8은 지지되지 못한다.

H_9는 시장지향성과 신제품성공 간의 관계는 학습지향성이 증가할수록 약해지는 것으로 가설화되었다. 상호작용효과가 가설화된 방향으로 유의적인 것으로 나타났다 ($b = -.233, p < .05$). 따라서 H_9는 지지된다. 상호작용효과가 단순기울기를 토대로 학습지향성의 높은 수준과 낮은 수준을 대상으로 심층적으로 검토되었다. 두 경우에 있어, 시장지향성과 신제품성공은 유의적이고 정적이었다. 두 변수 간의 관계는 학습지향성의 수준이 높은 경우($b = .327$ $t = 2.31$ $p < .02$)보다 낮은 경우($b = .606$, $t = 4.53$, $p < 0.000$) 더 강하게 나타났다([그림 1-11]의 오른쪽 그래프 참조).

그림 1-11 **학습지향성의 조절효과**

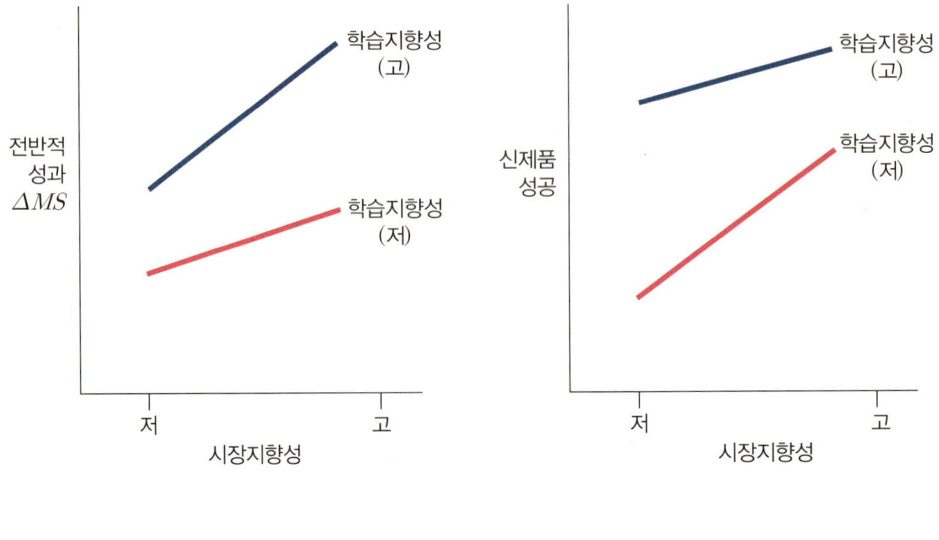

3.2 완화효과의 예

1) 운동(또는 금연)의 완화효과

과도한 음주는 건강에 해롭다. 그러나 운동을 열심히 한다든가 또는 흡연을 하는 경우 금연을 하게 되면 건강에 해로움을 어느 정도 완화(감소)시킬 수 있다. 이를 그림으로 나타내면 [그림 1-12]와 같다.

그림 1-12 ▌ 운동 또는 금연의 완화효과

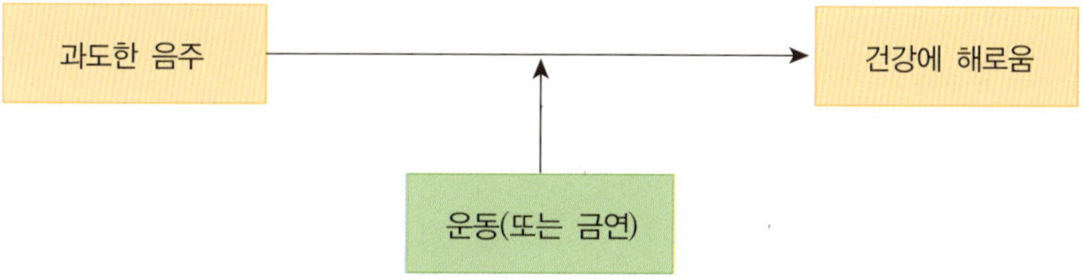

이러한 관계를 그림으로 제시하면 [그림 1-13]과 같다.

그림 1-13 ▌ 운동의 완화효과

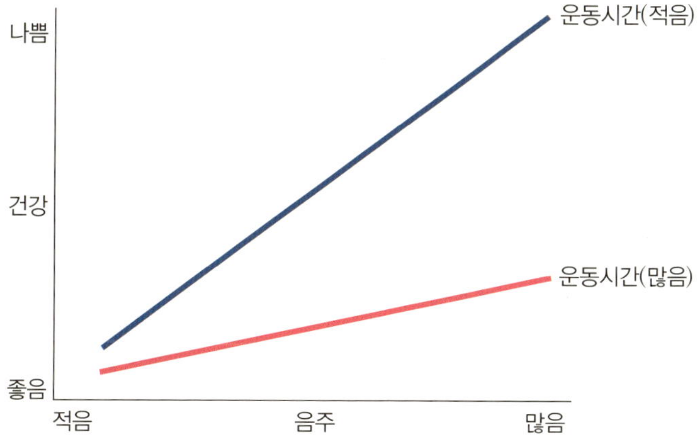

2) 운동의 완화효과

나이를 먹게 되면 신체지구력이 떨어진다($B_1 < 0$). 그러나 운동을 많이 하게 되면 신체지구력을 강화시킬 수 있다($B_2 > 0$). 나이를 먹더라도 운동을 많이 하면 신체지구력을 강화시킬 수 있다($B_3 > 0$). 이들 간의 관계를 그림으로 제시하면 [그림 1-15]와 같다.

그림 1-14 ▌운동의 완화효과

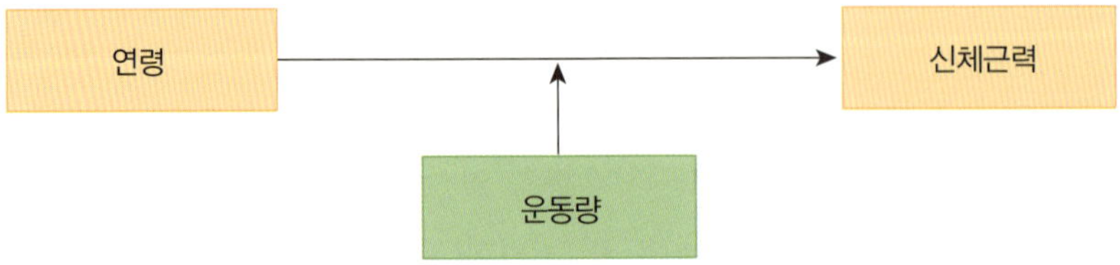

그림 1-15 ▌운동의 완화효과

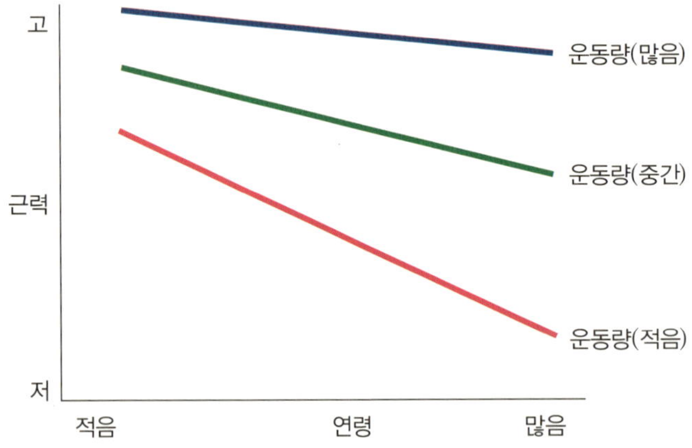

3) 사회적 지원의 완화효과

스트레스를 많이 받을수록 우울증에 시달릴 가능성이 커진다. 그러나 사회적 지원을 많이 해줄수록 스트레스가 우울증에 미치는 영향은 줄어들 것이다. 이를 그림으로 제시하면 [그림 1-17]과 같다.

그림 1-16 ▌사회적 지원의 완화효과

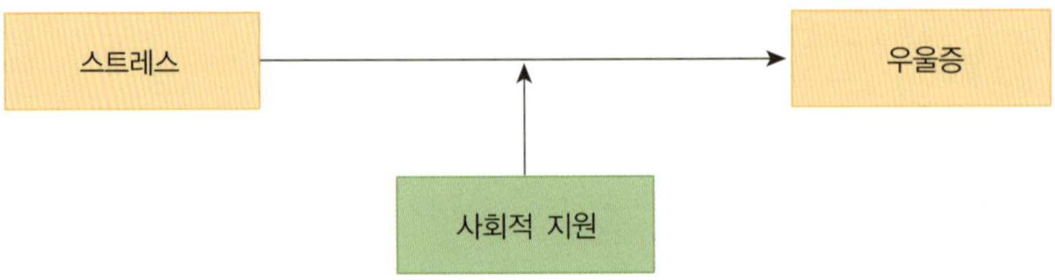

그림 1-17 ▌사회적 지원의 완화효과

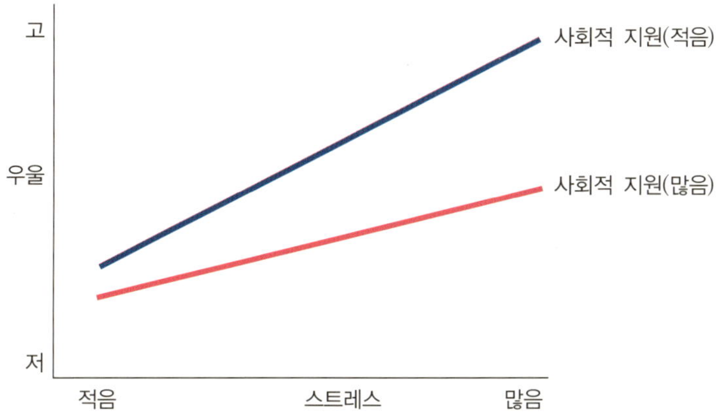

4) 외향성의 완화효과

Dijkstra 등(2005)은 직장에서의 갈등빈도와 웰빙 간의 관계에서 성격의 조절효과를 연구하였다. 성격변수 가운데 외향성의 조절효과를 나타낸 것이 [그림 1-18]이다.

그림 1-18 ▌외향성의 완화효과

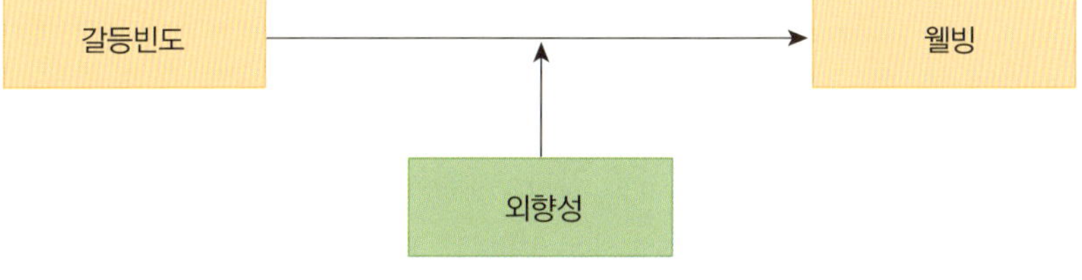

이들 간의 관계를 분석한 결과 다음과 같은 회귀계수를 얻었다. 갈등의 회귀계수 ($\beta = -.23$, $p < 0.001$), 외향성의 회귀계수 ($\beta = 0.25$, $p < 0.001$), 갈등과 외향성의 상호작용 회귀계수 ($\beta = 0.13$, $p < 0.05$). 이를 토대로 단순회귀식(simple regression equation)을 구한 결과, 외향성이 높은 사람은 ($\beta = -0.16$, $t = -2.54$, $p = 0.01$), 외향성이 낮은 사람은 ($\beta = -0.33$, $t = -4.83$, $p = 0.00$)로 나타났다. 단순회귀식을 그래프로 나타낸 것이 [그림 1-19]이다.

그림 1-19 ▌ 갈등빈도와 웰빙 간의 관계에서 외향성의 조절효과

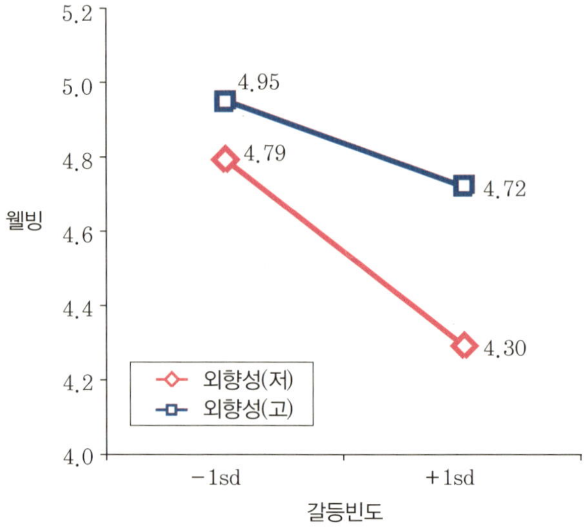

[그림 1-19]에서 볼 수 있듯, 외향성이 높을수록 갈등빈도가 웰빙에 미치는 영향은 줄어드는 것으로 나타났다. 따라서 외향성은 갈등빈도와 웰빙 간의 관계를 완화하는 조절효과가 있다고 할 수 있다.

3.3 대립효과의 예

대립효과의 예를 들면 [그림 1-20]과 같다. 예를 들어, 성적에 영향을 미치는 변수로 학생의 능력을 들 수 있다. 이를 조절하는 변수로 모티베이션을 고려할 수 있다.

그림 1-20 ▌ 능력과 성적 간의 관계에서 모티베이션의 조절효과

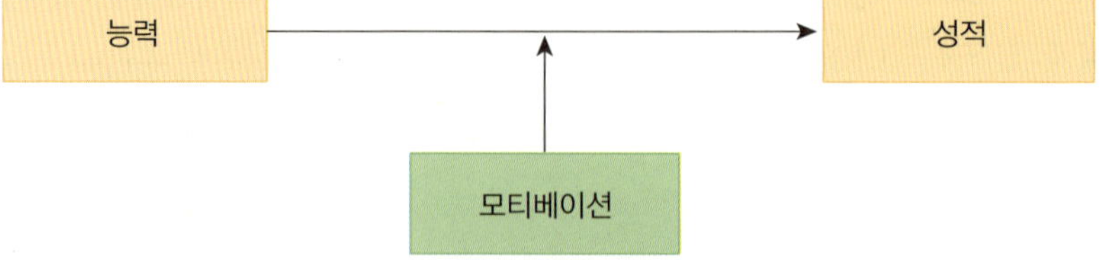

능력과 모티베이션은 성적에 각각 정적인 영향을 줄 수 있다($B_1 > 0$, $B_2 > 0$). 그런데 이들의 상호작용은 부적일 수 있다($B_3 < 0$). 따라서 능력도 좋고 모티베이션도 많은

학생은 성적이 좋겠지만, 반대로 능력은 좋은데 모티베이션이 낮은 학생은 성적이 좋지 않을 수 있다. 이러한 관계를 그래프로 나타낸 것이 [그림 1-21]이다.

그림 1-21 ▌대립효과의 예

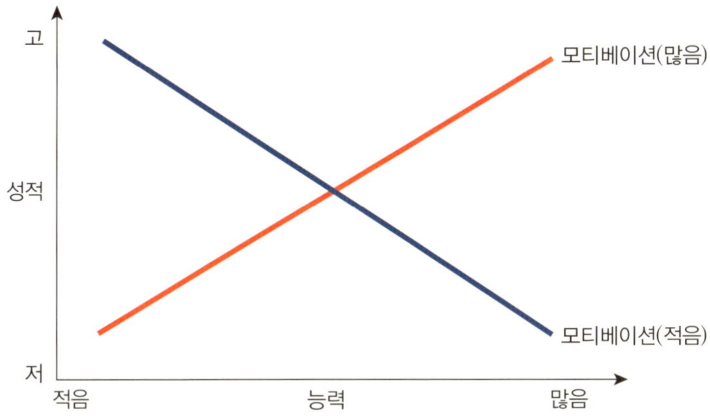

Van Leeuwen 등(2004)은 어린이의 문제행동의 조절변수로 어린이의 성격과 부모의 양육행동에 대해 연구하였다. 그들은 부모의 호의적 양육방식(positive parenting)과 어린이의 외현행동(externalizing)과의 관계에서 어린이의 자비심(benevolence)이 어떤 조절역할을 하는지 연구하였다. 그들의 연구모델을 제시하면 [그림 1-22]와 같다.

그림 1-22 ▌어린이 성격의 조절효과

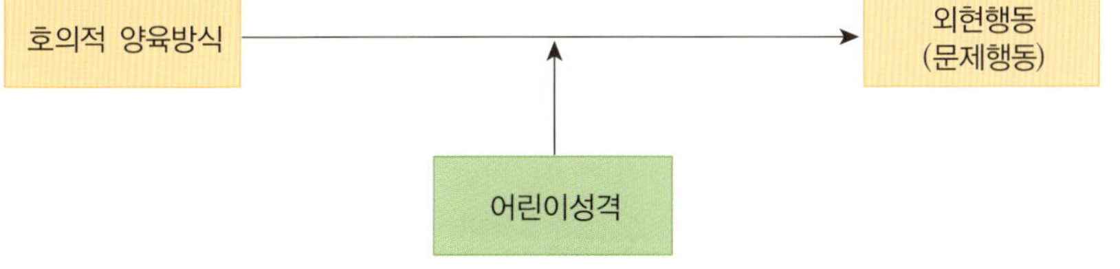

연구결과, 그들의 논문 [Table 2]를 보면 회귀계수는 각각 자비심(BE) $\beta=-.65^{***}$, 호의적 양육방식(POS) $\beta=-.03$, 상호작용 $\beta=.10^{***}$으로 나타났다.

표 1-4 ▌어린이 성격의 조절효과

	Positive Parenting					
Sex, Age BE, POS BE×POS	11.63*** 232.02*** 11.17***	-.18**, .02 -.65***, -.03 .10***	11.85*** 233.18*** 0.54	-.19**, .02 -.67***, .02 -.02	8.14*** 277.42*** 0.82	-.11, -.01 -.73***, .04 .02
Sex, Age CO, POS CO×POS	11.63*** 64.47*** 7.58***	-.24***, .01 -.40***, -.09* .10**	11.85*** 60.78*** 0.33	-.25***, .01 -.42***, .02 .02	8.14*** 74.82*** 8.65**	-.15, .00 -.49***, -.07 .11**
Sex, Age ES, POS ES×POS	11.63*** 20.20*** 0.01	-.39***, .03 -.16***, -.19*** .00	11.85*** 9.00*** 0.63	-.39***, .04 -.17***, -.03 -.03	8.14*** 17.49*** 1.49	-.42***, .02 -.19***, -.13** -.05
Sex, Age EX, POS EX×POS	11.63*** 15.51*** 0.09	-.38***, .04 .11**, -.22*** -.01	11.85*** 1.46 3.85*	-.39***, .01 .07, -.02 .08*	8.14*** 8.17*** 0.40	-.36***, .03 .06, -.18*** -.03
Sex, Age IM, POS IM×POS	11.63*** 17.11*** 4.74*	-.37***, .02 -.13**, -.18*** .09*	11.85*** 8.25*** 0.59	-.39***, .01 -.17***, -.01 .03	8.14*** 14.42*** 3.57	-.36***, .00 -.17***, -.14** .08

위의 표를 보면, 어린이의 성격 가운데 자비심(BE) 외에도 성실성(conscientious; CO), 상상력(imagination; IM) 등이 대립효과를 하는 조절변수인 것으로 나타났다.

그림 1-23 ▌대립효과의 예

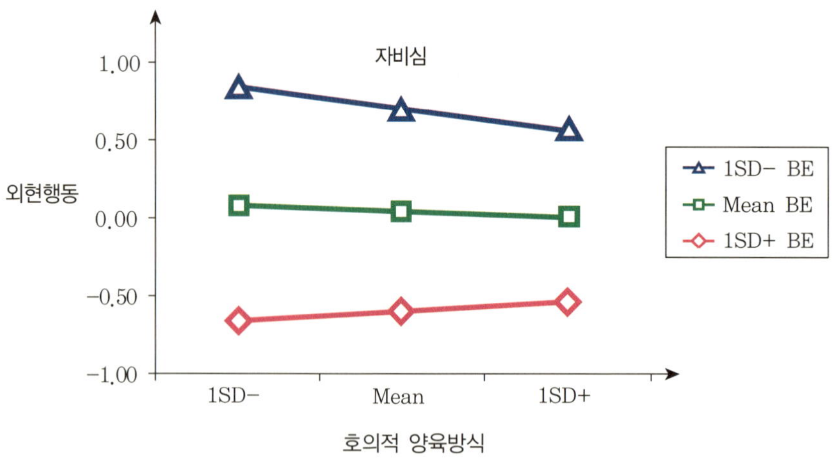

이는 호의적 양육방식과 자비심은 외현행동에 부적으로 영향을 미치고 호의적 양육방식의 중요성은 자비심에 의해 줄어들든가 또는 증가하는 것으로 해석할 수 있기 때문에

자비심은 대립효과의 조절역할을 하는 것으로 해석한다. 이러한 해석은 그들의 논문 p. 1034에 있는 다음과 같은 문장을 통해서도 확인할 수 있다.

> An interference or antagonistic interaction is found for the Positive Parenting× Benevolence interaction (see Figure 2). Here, the interaction term has the sign opposite to that of both predictors. This suggests that both positive parenting and child personality are negatively related to externalizing behavior but that the importance of positive parenting is lessened by benevolence, or vice versa.

4 조절효과분석의 접근법

4.1 분석법의 선택

조절효과는 회귀분석과 구조방정식모델링(structural equation modeling: SEM)에 의해 분석할 수 있다. 회귀분석에 의한 조절효과는 SPSS에 의해 분석할 수 있고, SEM에 의한 조절효과분석은 Amos, LISREl, Mplus 또는 SmartPLS 등에 의해 분석할 수 있다.

SPSS에 의한 조절효과분석은 개념이 하나의 관측변수만으로 측정된 경우 또는 여러 개의 관측변수에 의해 측정되었더라도 이들을 하나의 합성변수로 만들어 분석할 수 있다. 그러나 여러 개의 관측변수에 의해 측정된 경우 SEM으로 분석하는 것이 바람직하다.

SEM에 의한 조절효과분석은 개념이 여러 개의 관측변수로 측정된 경우에 분석할 수 있다. 예를 들어, 스트레스를 측정하기 위해 하나의 문항이 아닌 여러 개의 문항으로 측정한 경우에는 SEM에 의해 분석할 수 있다.

회귀분석에 의해 분석하는 경우 측정오차를 반영할 수 없어 검정력(power)이 떨어지는 문제가 있다. 따라서 여러 개의 문항으로 측정된 경우에 이를 하나의 변수로 만들어 회귀분석을 하기보다는 SEM으로 분석하는 것이 바람직하다.

4.2 분석결과의 해석

1) 상호작용항의 통계적 유의도 검정

조절효과가 있는가를 검정하기 위해 식 (1)의 회귀식에서 상호작용항 B_3XM의 계수 B_3가 유의적인가를 검정한다. B_3가 통계적으로 유의적이면 조절효과가 있다고 해석한다. 이러한 해석은 앞서 언급한대로 B_1, B_2, B_3 등의 부호를 종합적으로 고려하여 강화효과, 완화효과, 대립효과 등으로 해석한다.

2) 상호작용항의 사후심층탐구

상호작용항이 유의적인 경우, 이를 보다 자세히 살펴보기 위해 심층적으로 탐구한다. 이를 **사후심층탐구(*post hoc* probing)**라 한다. 이를 위한 접근법에는 ① **뽑기식 접근법(pick-a-point approach)**과 ② **유의영역 접근법(region of significance approach)**이 있다.

뽑기식 접근법은 조절변수의 특정값을 선택한 후 이 값을 기준으로 조절효과를 심층적으로 분석하는 것이다. 이 접근법을 **스포트라이트 분석(spotlight analysis)** 또는 **단순기울기 분석(simple slope analysis)**이라 한다. 유의영역 접근법은 조절변수의 전체 영역에서 조절효과가 유의적인 영역이 어디인가를 살펴보는 것이다. 이 접근법을 **조명등 분석(floodlight analysis)** 또는 **존슨-네이먼 기법(Johnson-Neyman technique)**이라고도 한다. 이들에 대해서는 다음에 보다 자세히 설명하기로 한다.

5 조절효과란?

인간이 추구해야 할 최고의 가치는 무엇일까? 아마도 행복한 삶이 아닐까 싶다(Y). 행복하기 위해서는 어떻게 해야 할까? 행복을 얻기 위해 인간은 여러 행동을 할 것이다(X_1, X_2, …). 조절효과는 간단히 말하면, 이러한 행동이 결합되었을 때(예: X_1X_2) 행복에 주는 효과가 더 커질 수도 있고(강화효과), 줄어들 수도 있고(완화효과), 반대로 불행해질 수도 있는 것을 의미한다(대립효과).

참·고·문·헌

박현선, 이상균 (2008), "청소년기 비행친구의 영향에 대한 보호요인의 조절효과," *사회복지연구*, 37, 399–427.

서영석 (2010), "상담심리 연구에서 매개효과와 조절효과 검증: 개념적 구분 및 자료 분석 시 고려사항," *한국심리학회지: 상담 및 심리치료*, 22(4), 1147–1168.

Aguinis, H., Edwards, J. R., and Bradley, K. J. (2017), "Improving Our Understanding of Moderation and Mediation in Strategic Management Research," *Organizational Research Methods*, 20(4), 665–685.

Aiken, L. S., and West, S. G. (1991), *Multiple Regression: Testing and Interpreting Interactions*, Thousand Oaks, CA: Sage.

Baker, W. E., and Sinkula, J. M. (1999), "The Synergistic Effect of Market Orientation and Learning Orientation on Organizational Performance," *Journal of the Academy of Marketing Science*, 27(4), 411–427.

Baron, R. M., and Kenny, D. A. (1986), "The Moderator–Mediator Variable Distinction in Social Psychological Research: Conceptual, Strategic, and Statistical Considerations," *Journal of Personality and Social Psychology*, 51(6), 1173–1182.

Breitborde, N. J. K., Srihari, V. H., Pollard, J. M., Addington, D. N., and Woods, S. W. (2010), "Mediators and Moderators in Early Intervention Research," *Early Intervention Research*, 4(2), 143–152.

Cohen, J., Cohen, P., West, S. G., and Aiken, L. S. (2003), *Applied Multiple Regression/Correlation Analysis for the Behavioral Sciences*, 3rd Ed., Mahwah, NJ: Erlbaum.

Cole, M. G., and Dendukuri, N. (2003), "Risk Factors for Depression Among Elderly Community Subjects: A Systematic Review and Meta–Analysis," *American Journal of Psychiatry*, 160(6), 1147–1156.

Dijkstra, M. T. M., van Dierendonck, D., Evers, A., and De Dreu, C. K. W. (2005), "Conflict and Well–being at Work: The Moderating Role of Personality," *Journal of Managerial Psychology*, 20(2), 87–104.

Frazier, P. A., Tix, A. P., and Barron, K. E. (2004), "Testing Moderator and Mediator Effects in Counseling Psychology Research," *Journal of Counseling Psychology*, 51(1), 115–134.

Holmbeck, G. N. (1997), "Toward Terminological, Conceptual, and Statistical Clarity in the Study of Mediators and Moderators: Examples From the Child–Clinical and Pediatric

Psychology Literatures," *Journal of Consulting and Clinical Psychology*, 65(4), 599–610.

Hayes, A. F. (2013), *Introduction to Mediation, Moderation, and Conditional Process Analysis: A Regression-Based Approach*, New York, NY: The Guilford Press.

Jaccard, J., and Turrisi, R. (2003), *Interaction Effects in Multiple Regression*, 2nd Ed., Thousand Oaks, CA: Sage.

Jose, P. E. (2013), *Doing Statistical Mediation and Moderation*, New York, NY: The Guilford Press.

Spiller, S. A., Fitzsimons, G. J., Lynch, J. G., and McClelland, G. H. (2013), "Spotlights, Floodlights, and the Magic Number Zero: Simple Effects Tests in Moderated Regression," *Journal of Marketing Research*, 50(2), 277–288.

Van Leeuwen, K. G., Mervielde, I., Braet, C., and Bosmans, G. (2004), "Child Personality and Parental Behavior as Moderators of Problem Behavior: Variable- and Person-Centered Approaches," *Developmental Psychology*, 40(6), 1028–1046.

Whisman, M. A., and McClelland, G. H. (2005), "Designing, Testing, and Interpreting Interactions and Moderator Effects in Family Research," *Journal of Family Psychology*, 19, 111–120.

Chapter 2 SPSS에 의한 조절효과분석(Ⅰ)

조절효과를 분석하기 위해 일반적으로 SPSS를 많이 쓴다. 그러나 지금은 SPSS 외에도 좋은 프로그램들이 개발되어 있다. 이하에서 이들에 대해 소개하고자 한다.

1 독립변수, 조절변수, 종속변수가 모두 연속변수: 통제변수가 있는 경우

1.1 연구모델 및 가설설정

다음과 같은 모델을 회귀분석으로 조절효과를 분석하는 것에 대해 알아보기로 한다. 이 모델은 개념적으로는 문제가 있을 수 있으나, 조절효과의 분석에 초점을 맞추어 설명하는 관점에서 기술하기로 한다.

그림 2-1 ▌조절효과모델: 독립, 종속, 조절, 통제변수가 모두 연속변수인 경우

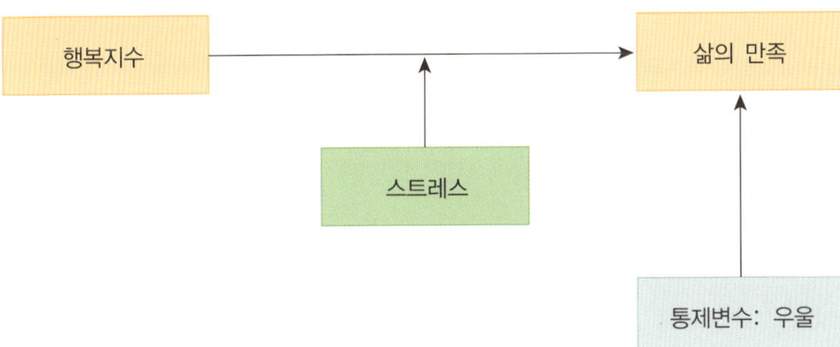

이 모델에서 '행복지수'는 독립변수, '삶의 만족'은 종속변수, '스트레스'는 조절변수이다. 연구자는 행복지수와 삶의 만족 간의 관계에서 스트레스가 **대립효과(antagonistic)**를 할 것으로 가설화하였다고 가정한다. 즉 '행복지수'가 클수록 '삶의 만족도'는 커진다. 그런데 이들 간의 관계는 '스트레스'가 커질수록 반대로 나타날 것을 가정하였다. 이들 세 변수는 모두 연속변수로 측정되었다. 연구자는 이들 간의 관계를 통제하기 위한 **통제변수(control variable)**로 우울을 포함하였다. 이 모델의 가설은 다음과 같이 기술할 수 있다.

가설 1: 행복지수가 삶의 만족에 미치는 효과는 스트레스가 조절역할을 할 것이다.
가설 2: 행복지수가 삶의 만족에 미치는 효과는 스트레스가 대립효과를 할 것이다.
가설 3: 행복지수가 삶의 만족에 미치는 효과는 스트레스가 부정적인 조절효과를 할 것이다.

이 가설에서 가설 1은 양측검정에 해당하고, 가설 2와 가설 3은 단측검정에 해당한다. 따라서 이의 유의도를 검정하기 위한 유의수준은 가설 1은 $\alpha=.05$ 수준에서 1.96이고, 가설 2와 가설 3은 $\alpha=.05$ 수준에서 1.654이다.

[그림 2-1] 모델을 분석하기 위한 통계적 모델은 [그림 2-2]와 같다.

그림 2-2 **조절효과의 통계적 모델**

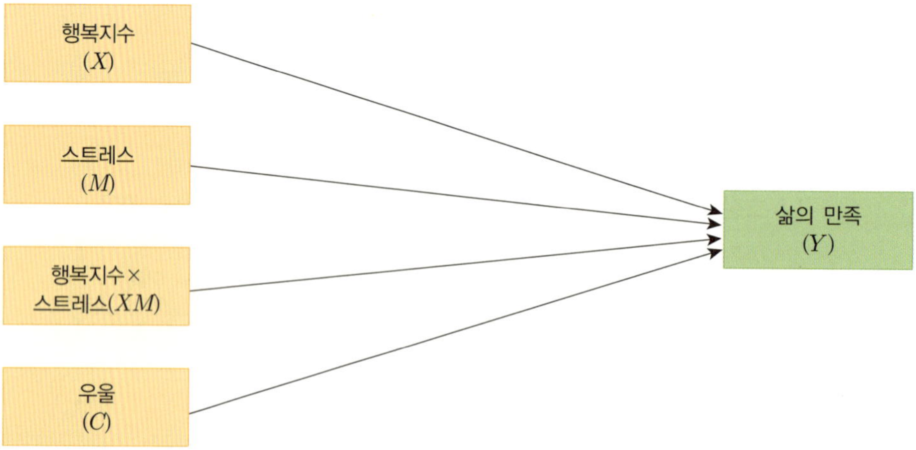

다음은 이를 분석하기 위한 자료의 일부를 제시한 것이다.

	happy	stress	gender	depr	lifesat
1	172	30	0	1	5
2	160	30	0	4	3
3	149	36	0	3	6
4	177	27	0	2	4
5	163	28	0	4	5
6	168	25	0	3	4

[chap2] [Hofmann.sav]

1.2 분석

1) SPSS에 의한 분석

(1) 평균중심화 및 상호작용항 만들기

독립변수, 조절변수, 통제변수가 모두 연속변수인 경우 먼저 이들 변수를 **평균중심화(mean-centering)**를 하거나 또는 **표준화(standardize)**해야 한다. 이 가운데 일반적으로 평균중심화가 많이 이용된다. 이하에서는 평균중심화를 중심으로 설명하기로 한다. 종속변수는 평균중심화를 안 해도 된다. 그러나 통제변수가 연속변수인 경우(예: 위 모델에서의 우울)에는 통제변수도 평균중심화를 해야 한다.

평균중심화를 위해서는 각 변수의 평균(mean)에 관한 정보가 필요하다. 평균중심화는 $(x_i - \bar{x})$를 의미한다. 평균중심화를 위해 SPSS에서 [분석] → [기술통계량] → [기술통계]에서 평균을 구한다. 행복지수의 평균은 173.00, 스트레스의 평균은 29.86, 우울의 평균은 3.02이다.

기술통계량

	N	최소값	최대값	평균	표준편차
happy	80	149	188	173.00	9.547
stress	80	20	40	29.86	4.963
depr	80	1	5	3.02	1.066
유효수(목록별)	80				

평균중심화를 위해 SPSS에서 [변환] → [변수계산]에서 [대상변수] 및 [숫자표현식]에 해당하는 변수 및 수치를 입력하고 [확인] 버튼을 누른다. 이런 식으로 행복지수(독립변

수), 스트레스(조절변수), 우울(통제변수)을 평균중심화한다.

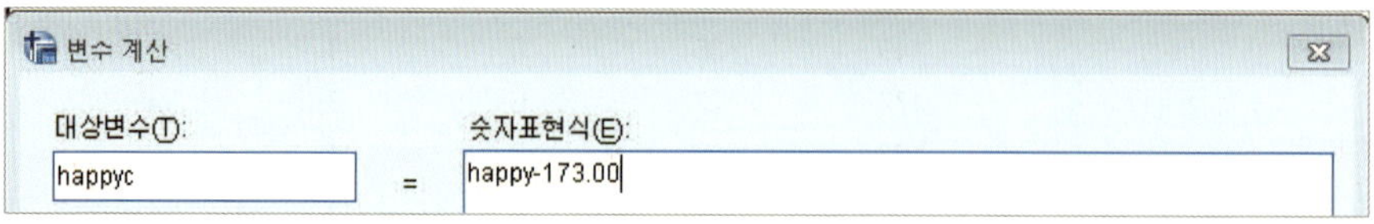

이제 평균중심화한 독립변수(happyc)와 조절변수(stressc)를 곱한 상호작용항(happycstressc)을 만든다. 이를 위해 SPSS에서 [변환] → [변수계산]에서 [대상변수] 및 [숫자표현식]에 해당하는 변수를 입력하고 [확인] 버튼을 누른다.

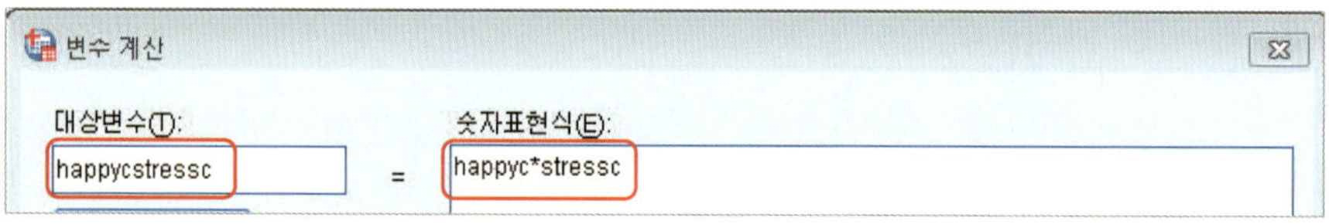

1.3 조절회귀분석

1) 변수의 투입순서: 위계적 입력

SPSS에 의해 조절효과를 분석하기 위해 연구모델에 통제변수가 있는 경우, 통제변수를 제일 먼저 투입하고(step 1), 그 다음 독립변수와 조절변수를 투입하고(step 2), 마지막으로 상호작용항을 투입한다(step 3). 통제변수가 없는 경우에는 독립변수와 조절변수를 투입하고(step 1), 상호작용항을 투입하는 순서로 한다(step 2).

SPSS에서 [분석] → [회귀분석] → [선형]으로 간다. 선형회귀분석 창에서 종속변수에 'lifesat', 독립변수에 'deprc'를 보낸다. 그리고 [다음] 버튼을 누른다. 그 다음 'happyc'와 'stressc'를 독립변수로 보내고, [다음] 버튼을 누른다. 마지막으로 'happycstressc'를 독립변수로 보낸다.

이처럼 [다음] 버튼을 이용하여 독립변수를 한 번에 모두 보내지 않고 단계별로 입력하는 것을 **위계적 입력(hierarchical entry)**이라 한다. 위계적 입력에 의한 회귀분석을 **위계적 회귀분석(hierarchical regression analysis)**이라 한다. 선형회귀분석 창에서 보면, [블록(B)3 대상3]으로 되어 있는 것을 알 수 있다. 상호작용항이 포함된 회귀분석을 **조절회귀분석(moderated regression analysis)**이라 한다.

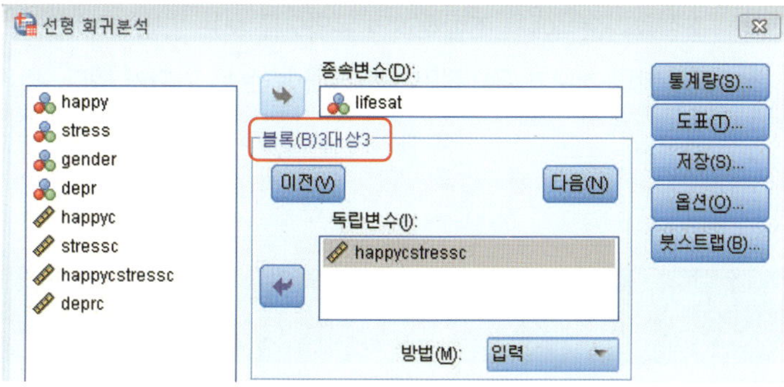

[통계량] 버튼을 눌러, [R제곱 변화량]과 [기술통계]를 체크하고, [계속] 버튼을 누른다. [확인] 버튼을 누르면 실행이 된다.

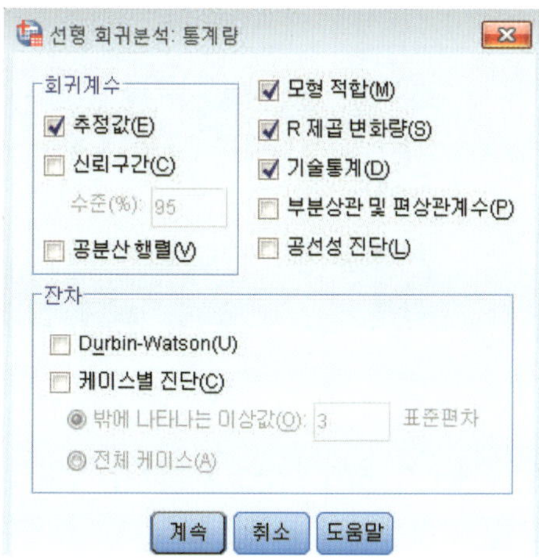

표 2-1 ▌위계적 입력에 의한 회귀분석 결과

모형요약

모형	R	R제곱	수정된 R제곱	추정값의 표준오차	통계량 변화량				
					R제곱 변화량	F변화량	df1	df2	유의확률 F변화량
1	.279[a]	.078	.066	1.322	.078	6.609	1	78	.012
2	.339[b]	.115	.080	1.312	.037	1.591	2	76	.210
3	.423[c]	.179	.135	1.273	.064	5.808	1	75	.018

a. 예측값: (상수), deprc
b. 예측값: (상수), deprc, stressc, happyc
c. 예측값: (상수), deprc, stressc, happyc, happycstressc

회귀분석에 의한 조절효과분석에서 조절효과의 유의도를 보는 방법에는 ① R^2 변화량이 유의적인가와 ② 상호작용항의 계수가 유의적인가를 통해 보는 두 가지가 있다. 먼저, 위 결과에서 모형 2와 모형 3의 R^2 변화량이 유의적이어 조절효과가 있다고 해석한다.

계수[a]

모형		비표준화계수		표준화계수	t	유의확률
		B	표준오차	베타		
1	(상수)	4.977	.148		33.662	.000
	deprc	-.351	.136	-.279	-2.571	.012
2	(상수)	4.977	.147		33.914	.000
	deprc	-.306	.138	-.244	-2.221	.029
	happyc	.025	.016	.172	1.556	.124
	stressc	.021	.030	.077	.706	.482
3	(상수)	5.018	.143		35.007	.000
	deprc	-.311	.134	-.248	-2.327	.023
	happyc	.028	.015	.196	1.823	.072
	stressc	.014	.029	.052	.490	.625
	happycstressc	-.008	.003	-.254	-2.410	.018

a. 종속변수: lifesat

모형 3에서 상호작용항의 계수가 유의적이어 조절효과가 있다고 해석한다. 두 가지 방법은 모두 동일한 유의확률(.018)을 얻음을 알 수 있다.

2) 변수의 투입순서: 동시입력

앞에서는 위계적 입력의 관점에서 변수를 투입했는데, 이하에서 동시입력 관점에서 설명하기로 한다. **동시입력(simultaneous entry)**이란 통제변수, 독립변수, 조절변수 및 상호작용항을 한 번에 입력하는 것을 의미한다. 아래에서 볼 수 있듯, [블록(B)1 대상1]임을 알 수 있다.

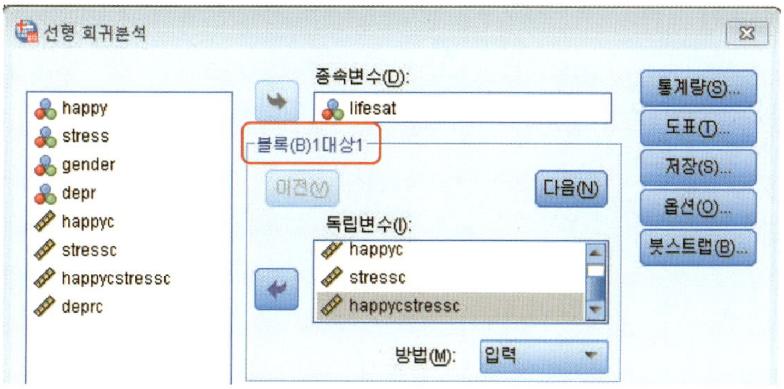

표 2-2 ▌동시입력에 의한 회귀분석 결과

계수[a]

모형		비표준화계수		표준화계수	t	유의확률
		B	표준오차	베타		
1	(상수)	5.018	.143		35.007	.000
	deprc	-.311	.134	-.248	-2.327	.023
	happyc	.028	.015	.196	1.823	.072
	stressc	.014	.029	.052	.490	.625
	happycstressc	-.008	.003	-.254	-2.410	.018

a. 종속변수: lifesat

상호작용항의 계수가 유의적으로 나와 조절효과가 있는 것으로 해석한다.

Hayes(2013)는 위계적 입력이나 동시입력이나 동일한 결과를 얻기 때문에 굳이 위계적 회귀분석으로 안 해도 된다고 주장한다. 위의 표에서 알 수 있듯, 위계적 입력이나 동시입력이나 동일한 계수를 얻음을 알 수 있다.

조절효과를 분석하기 위해 어떤 방식으로 입력해야 되느냐에 관해 위계적 입력을 주장하는 학자(예: Aiken & West(1990), Cohen et al.(2003))와 동시입력을 주장하는 학자(예: Hayes(2013))로 나눌 수 있다. 위계적 입력은 상호작용항이 없는 모델과 상호작용항이 추가된 모델의 계수의 크기를 비교할 수 있는 장점이 있다.

1.4 단순기울기 검정

상호작용항을 투입하여 조절효과를 검정하는 선형회귀식은 다음과 같다.

$$E(Y|X,\ Z) = \gamma_0 + \gamma_1 X + \gamma_2 Z + \gamma_3 XZ \qquad (1)$$

γ는 회귀계수, X는 초점독립변수, Z는 조절변수를 의미한다. 상호작용항이 투입된 단계에서 R^2 변화량이 유의적인지 또는 상호작용항의 계수가 유의적인가를 검토하여 조절효과를 검정할 수 있다. 이를 **총체적 검정(omnibus test)**이라 한다.

총체적 검정은 조절변수가 어떠한 조건에서 상호작용효과가 있는지에 대해서는 설명하지 못한다. 따라서 조절변수의 특정값(일반적으로, 평균 ±1 표준편차값)을 대입하여 상호작용효과가 어떻게 나타나는지 그림으로 제시하는 방법이 많이 사용된다. 조절변수의 특정값에서 독립변수가 갖는 기울기를 **단순기울기(simple slope)**라 한다. 단순기울기는 식 (1)을 독립변수 X에 대해 정리하여 구할 수 있다.

$$E(Y|X,\ Z) = (\gamma_0 + \gamma_2 Z) + (\gamma_1 + \gamma_3 Z)X \qquad (2)$$

식 (2)에서 절편에 해당되는 것이 단순절편(simple intercept)이며, $w_0 = \gamma_0 + \gamma_2 Z$이다. 조절변수 Z의 특정값에서 갖는 X의 단순기울기는 $w_1 = \gamma_1 + \gamma_3 Z$이다. 독립변수 X의 단순기울기 w_1은 조절변수에 따라 달라지는 조건효과를 의미한다. 즉, 상호작용항이 포함된 회귀식에서 독립변수의 단순기울기 w_1는 조절변수 Z가 어떠한 값을 갖느냐에 따라 달라진다. 따라서 독립변수 X의 회귀계수인 γ_1는 **주효과(main effect)**라기보다는 **조건효과(conditional effect)**이다.

단순기울기는 회귀계수의 검정방법인 t검정을 이용해 통계적 유의도를 검정할 수 있다. 따라서 단순기울기의 통계적 검정을 이용해 조절변수의 상이한 수준에서 독립변수와 종속변수 간의 관계가 통계적으로 유의적인지 알 수 있다. t검정을 위해 필요한 단순기울기의 분산은 관련된 회귀계수 추정치의 점근공분산행렬(aysmptotic covariance matrix)에 근거해 다음 식을 이용해 구할 수 있다.

$$\mathrm{VAR}(\widehat{w_1} \mid Z) = \mathrm{VAR}(\widehat{\gamma_1}) + 2Z\,\mathrm{COV}(\widehat{\gamma_1},\ \widehat{\gamma_3}) + Z^2\,\mathrm{VAR}(\widehat{\gamma_3}) \qquad (3)$$

t값은 식 (4)와 같이 단순기울기 회귀계수 추정치를 표준오차로 나눈 값이다. 이때 자유도는 $N-p-1$이다(N=전체 사례수, p=상호작용항을 포함한 독립변수의 수).

$$t = \frac{\widehat{w_1}}{\sqrt{\widehat{VAR}(\widehat{w_1})}} = \frac{\widehat{w_1}}{SE(\widehat{w_1})} \tag{4}$$

1.5 그래프 그리기 : 단순기울기

1) Jose의 엑셀시트 이용

단순기울기의 그래프를 그리기 위해 회귀분석을 할 때, [통계량] 버튼에서 [공분산행렬]을 체크한다.

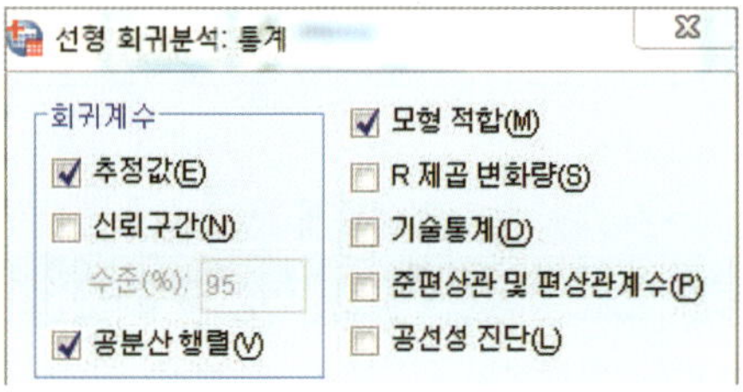

아래와 같은 분산 및 공분산행렬을 얻는다.

계수상관[a]

모형			deprc	happycstressc	stressc	happyc
1	상관	deprc	1.000	.015	.037	.175
		happycstressc	.015	1.000	.097	-.093
		stressc	.037	.097	1.000	-.112
		happyc	.175	-.093	-.112	1.000
	공분산	deprc	.018	6.739E-6	.000	.000
		happycstressc	6.739E-6	1.076E-5	9.306E-6	-4.719E-6
		stressc	.000	9.306E-6	.001	-5.031E-5
		happyc	.000	-4.719E-6	-5.031E-5	.000

a. 종속변수: lifesat

SPSS에서 이 값을 보기 위해서는 해당 값에 마우스 포인트를 놓고 더블클릭하면 된다.

다음, CD에 저장되어 있는([chap2] [ModGraphV3]) 엑셀파일을 연다. 초기화면에서 [Clear Data from Tables]를 클릭한다. 다음 [Continuous Data Entry]를 클릭한다. 다음과 같이 입력하고 [Calculate] 버튼을 누른다.

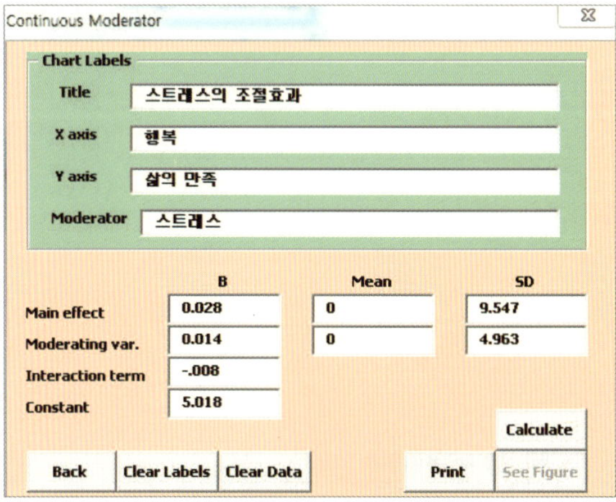

기술통계

	N	최소값	최대값	평균	표준편차
happyc	80	−24.00	15.00	.0000	9.54669
stressc	80	−9.86	10.14	.0000	4.96250
유효한 N(목록별)	80				

그러면 다음과 같이 3×3 Table의 값을 스스로 계산한다.

3 x 3 Table Continuous

	low	med	high
스트레스			
high	5.19922	5.08748	4.97574
med	4.75068	5.01800	5.28532
low	4.30215	4.94852	5.59489

다음과 같이 입력하고 [Calculate] 버튼을 누른다.

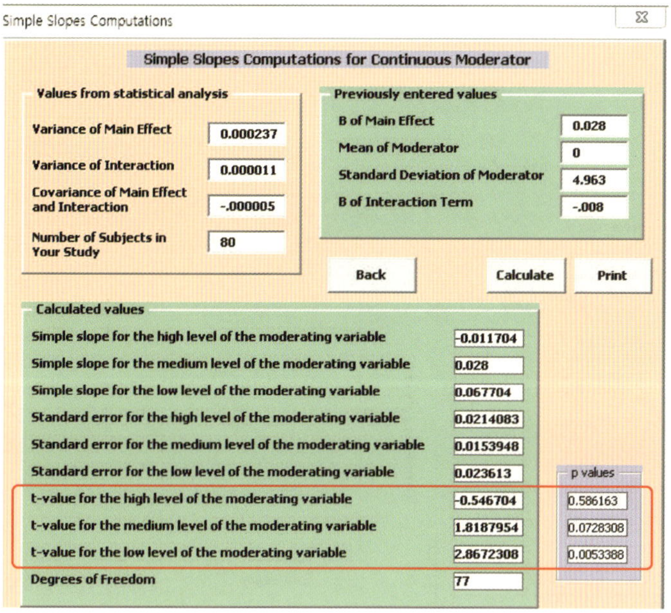

스트레스의 조절효과는 낮은 집단에서만 유의적인 것으로 나타난다. 스트레스가 높은 수준과 중간 수준에서는 유의적이지 않은 것으로 나타난다. 이를 그림으로 제시하면 다음과 같다.

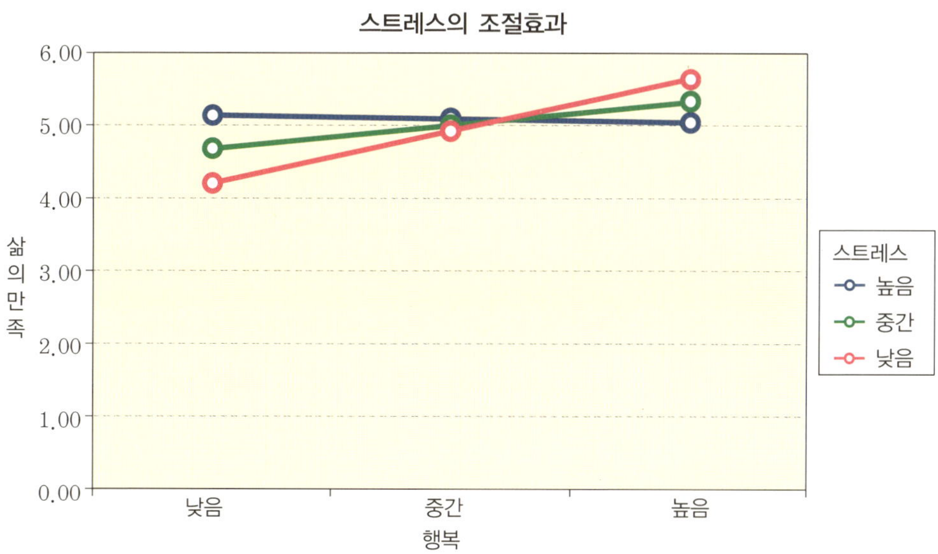

2) Dawson의 엑셀시트 이용

CD에 저장되어 있는 Dawson의 엑셀시트([chap2][2-way unstandardised])를 열고 다음과 같이 입력한다.

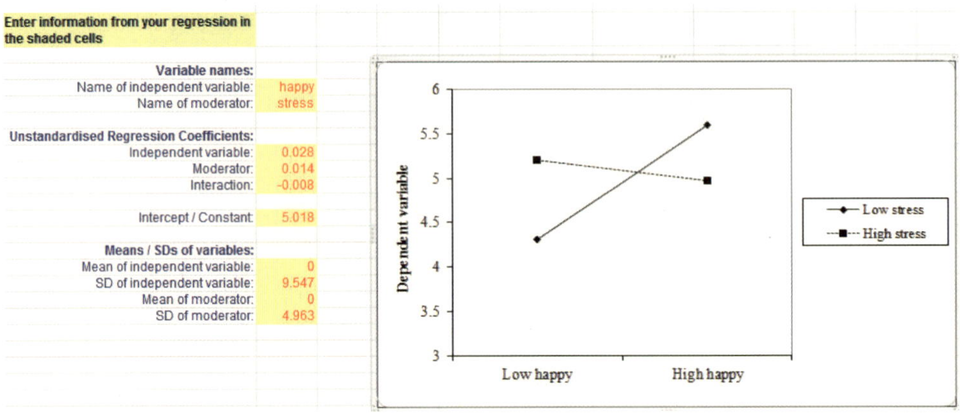

두 가지 가운데 Jose의 엑셀시트는 단순기울기의 검정결과를 제공하지만, Dawson의 엑셀시트는 이를 제공하지 않는 단점이 있다.

1.6 유의영역 확인

단순기울기 검정을 이용한 조절효과의 확인방법은 조절변수의 특정값을 필요로 한다. 연구자가 관심을 갖는 조절변수의 특정값을 선택하는데, 일반적으로 조절변수의 (평균과 ±1 표준편차)가 많이 사용된다. 이처럼 임의의 특정값을 선택하여 단순기울기를 검정하기 때문에 이 방식을 **뽑기식 접근법(pick-a-point approach)**이라 한다.

단순기울기에 의한 조절효과 검정은 널리 사용되고 있지만, 조절변수의 특정값을 임의로 선택한다는 면에서 한계가 있다. 이의 대안으로 **존슨-네이먼 기법(Johnson-Neyman technique: J-N 기법)**이 있다. J-N 기법은 조절변수의 특정값, 단순기울기 추정치($\widehat{w_1}$), 표준오차($SE_{\widehat{w_1}}$)를 이용하여 t값을 구하는 대신 자유도와 유의수준 .05에서의 임계치 t값을 갖게 하는 조절변수의 조건값을 역으로 계산한다. 이렇게 구한 조절변수의 조건값들은 조절변수의 **유의영역(region of significance)**을 설정할 수 있다. 즉, 유의수준 .05에서 독립변수가 종속변수에 미치는 단순기울기가 통계적으로 유의적인 조절변수의 범위를 제시해준다. 유의영역의 상한값과 하한값을 통해 독립변수가 통계적으로 유의적인 단순기울기를 갖는 조절변수의 범위를 설정한다. **일반적으로 조절변수의 값이 하한값보다 작거나, 상한값보다 큰 경우 독립변수는 종속변수에 대해 통계적으로 유의적인 영향을 미친다고 해석한다. 반대로 조절변수의 값이 유의영역 사이에 위치할 경우, 단순기울기는 통계적으로 유의적이지 않으며 이 영역에서 조절효과는 존재하지 않는다고 해석한다.**

단순기울기 검정과 J-N 기법은 전통적인 귀무가설 검정의 논리에 기반하고 있다. **신뢰구간(confidence interval: CI)**은 가설검정 방법에 비해 보다 많은 정보를 제공하기 때문에 이의 활용이 권장되고 있다. 단순기울기의 신뢰구간($100 \times (1-\alpha)\%$)은 다음 식을 통해 구할 수 있다.

$$CI_{\hat{w}_1} = \hat{w}_1 \pm t_{crit} SE_{\hat{w}_1} \tag{5}$$

단순기울기의 표준오차($SE_{\hat{w}_1}$)는 조절변수의 특정값에 따라 달라지기 때문에 단순기울기의 신뢰구간($CI_{\hat{w}_1}$)도 조절변수의 값에 따라 달라진다. 이에 신뢰구간을 조절변수의 모든 값에 대해 그래프로 표현한 것이 **신뢰밴드(confidence bands)**이다.

1.7 신뢰밴드 그리기

신뢰밴드를 그리기 위해서는 컴퓨터에 'R' 소프트웨어가 설치되어 있어야 한다. R을 설치하기 위해 http://www.r-project.org/에 가서 다운받아 설치한다. 이제 Preacher 교수의 사이트 http://www.quantpsy.org/medn.htm로 간다.

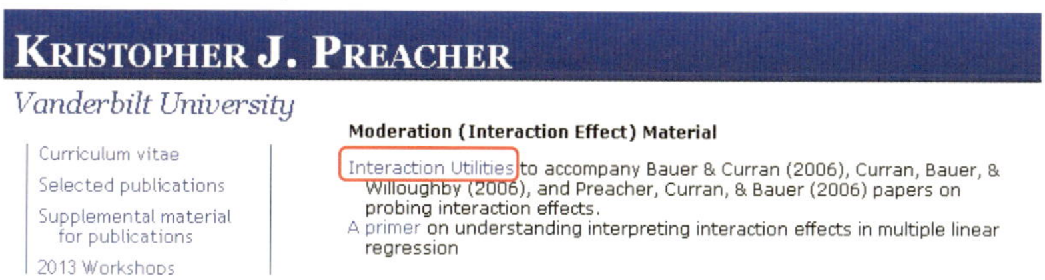

[Interaction Utilities]를 누른다. 그 다음, 아래 가운데 첫 번째를 누른다.

Multiple Linear Regression

- Simple slopes and the region of significance for MLR 2-way interactions
- Simple slopes and the region of significance for MLR 3-way interactions

SPSS에서는 'intercept'과 관련된 분산 및 공분산을 직접 보고하지 않기 때문에 다음과 같은 트릭을 해서 값을 얻어야 한다. 먼저 임의의 변수(예: intercept)를 만들고 이 변수의 값이 모두 '1'이 되도록 입력한다.

stressc	happycstressc	deprc	intercept
.14	-.14	.00	1.00
.14	-1.79	.98	1.00
6.14	-147.30	-.02	1.00
-2.86	-11.45	-1.02	1.00
-1.86	18.63	.98	1.00
-4.86	24.31	-.02	1.00
-3.86	69.53	-2.02	1.00
3.14	12.55	-1.02	1.00

종속변수에 'lifesat', 독립변수에 'happyc', 'stressc', 'happcstressc', 'deprc', 'intercept' 등을 보낸다.

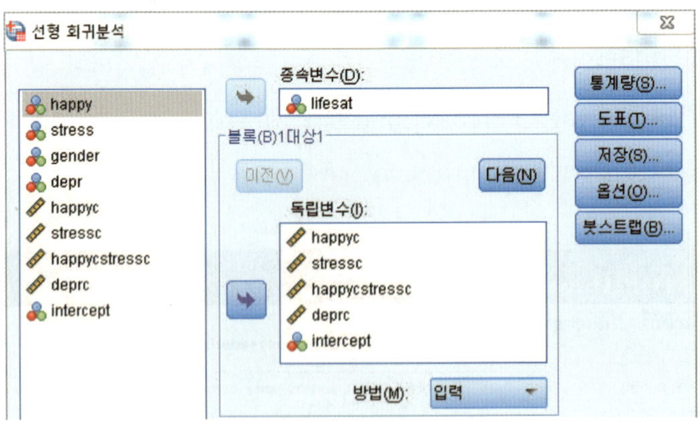

[통계량] 버튼을 눌러 [공분산행렬]과 [기술통계]를 체크하고 [계속] 버튼을 누른다.

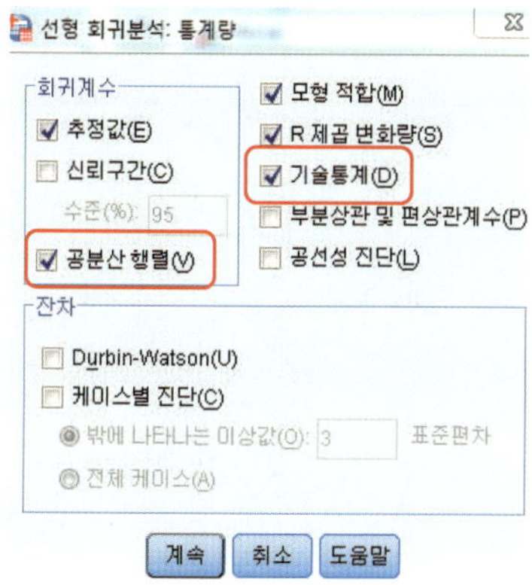

[옵션] 버튼에서 [방정식에 상수항 포함]이 체크되어 있는데 이를 해제하고 [계속] 버튼을 누른다. [확인] 버튼을 눌러 실행한다.

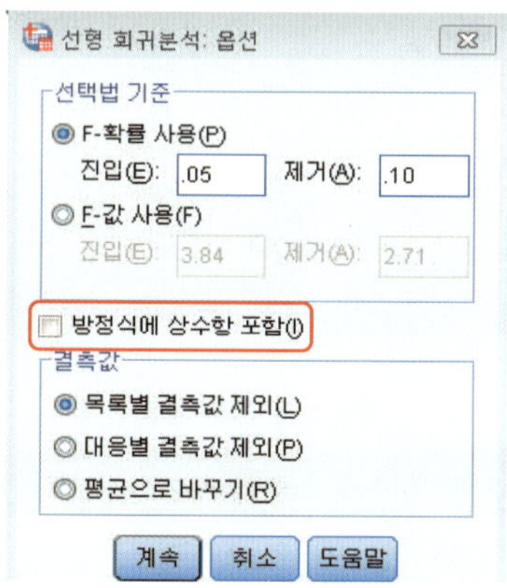

표 2-3 ▌점근공분산행렬

계수상관[a,b]

모형			intercept	stressc	deprc	happycstressc	happyc
1	상관	intercept	1.000	−.012	−.007	−.120	.010
		stressc	−.012	1.000	.037	.097	−.112
		deprc	−.007	.037	1.000	.015	.175
		happycstressc	−.120	.097	.015	1.000	−.093
		happyc	.010	−.112	.175	−.093	1.000
	공분산	intercept	.021	−4.946E−5	.000	−5.639E−5	2.291E−5
		stressc	−4.946E−5	.001	.000	9.306E−6	−5.031E−5

		deprc	.000	.000	.018	6.739E-6	.000
		happycstressc	-5.639E-5	9.306E-6	6.739E-6	1.076E-5	-4.719E-6
		happyc	2.291E-5	-5.031E-5	.000	-4.719E-6	.000

a. 종속변수: lifesat
b. 원점을 지나는 선형회귀

신뢰밴드를 얻기 위해서는 다음과 같은 정보가 필요하다. [표 2-2]에 있는 비표준화계수, 표준오차를 제곱한 값(분산), [표 2-3]에 있는 점근공분산행렬, 평균중심화한 조절변수의 표준편차(SD), 그리고 $df = N - k - 1$(k: 상호작용항, 통제변수 등을 포함한 독립변수의 수) 등이다. 이 예에서 $df = (80-4-1) = 75$이다.

계수 및 표준오차

effect	coefficient	SE	variance
intercept(γ_0)	5.018	.143	.0205
happyc(γ_1)	.028	.015	.0002
stressc(γ_2)	.014	.029	.0008
happycstressc(γ_3)	-.008	.003	.0000

점근(공)분산행렬

effect	intercept(γ_0)	happyc(γ_1)	stressc(γ_2)	happycstressc(γ_3)
intercept(γ_0)	.0205			
happyc(γ_1)	.000	.0002		
stressc(γ_2)	-.000049	.000	.0008	
happycstressc(γ_3)	.000	-.000005	.000	.0000

기술통계량

Variable	Mean	SD	Minimum	Maximum
Independent(happyc)	0	9.5467	-24.00	15.00
Moderator(stressc)	0	4.9625	-9.86	10.14

다음과 같은 숫자를 입력하고 [Calculate] 버튼을 누른다.

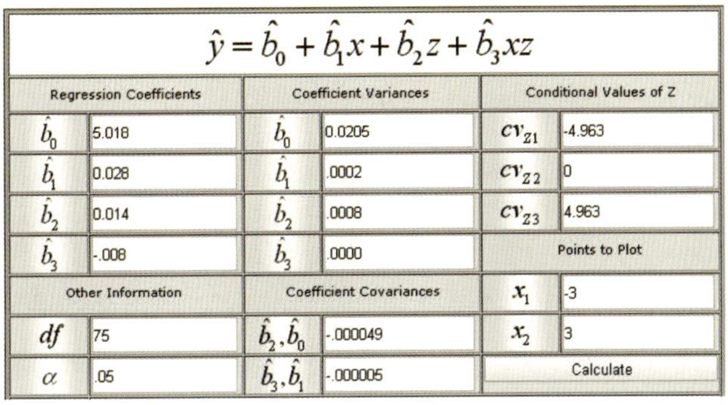

$$\hat{y} = \hat{b}_0 + \hat{b}_1 x + \hat{b}_2 z + \hat{b}_3 xz$$

Regression Coefficients		Coefficient Variances		Conditional Values of Z	
$\hat{b}_0$	5.018	$\hat{b}_0$	0.0205	cv_{z1}	-4.963
$\hat{b}_1$	0.028	$\hat{b}_1$	.0002	cv_{z2}	0
$\hat{b}_2$	0.014	$\hat{b}_2$	.0008	cv_{z3}	4.963
$\hat{b}_3$	-.008	$\hat{b}_3$	.0000	Points to Plot	
Other Information		Coefficient Covariances		x_1	-3
df	75	$\hat{b}_2, \hat{b}_0$	-.000049	x_2	3
α	.05	$\hat{b}_3, \hat{b}_1$	-.000005	Calculate	

가운데 있는 화면에 있는 [Submit above to Rweb]을 누른다. 그러면 다음과 같은 단순기울기를 그린다.

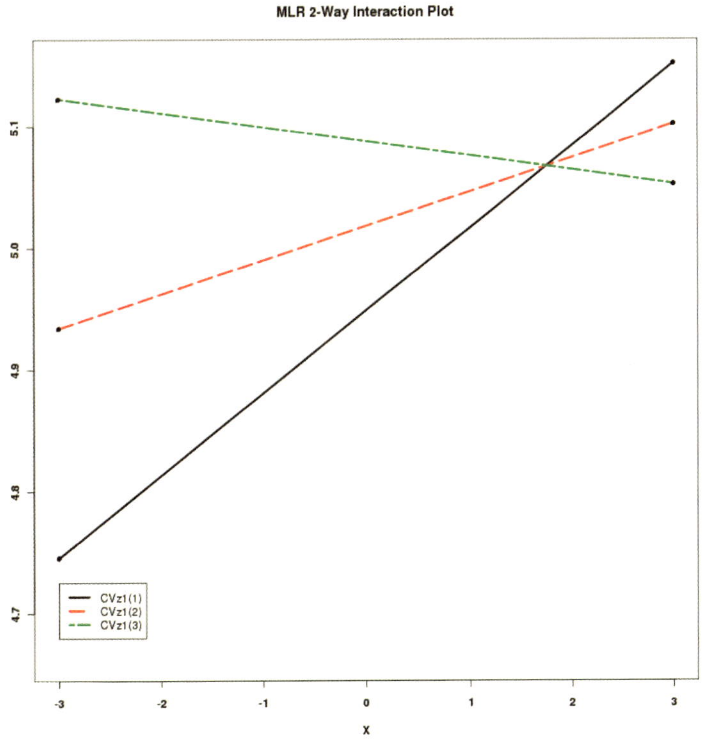


```
Simple Intercepts and Slopes at Conditional Values of Z
=======================================================
  At Z=cv1...
    simple intercept=4.9485(0.2017), t=24.5315, p=0
    simple slope    =0.0677(0.0158), t=4.2851, p=0.0001
```

```
At Z=cv2...
  simple intercept=5.018(0.1432), t=35.0472, p=0
  simple slope     =0.028(0.0141), t=1.9799, p=0.0514
At Z=cv3...
  simple intercept=5.0875(0.1993), t=25.5273, p=0
  simple slope     =-0.0117(0.0123), t=-0.9545, p=0.3429
```

단순기울기는 조건값 cv=3인 경우만 유의적이지 않고 나머지는 유의적인 것으로 나타났다. 조건값 cv=3은 조절변수인 스트레스가 높은 수준에 해당한다.

제일 밑에 있는 [Submit above to Rweb]을 누른다. 그러면 다음과 같은 신뢰밴드를 그린다.

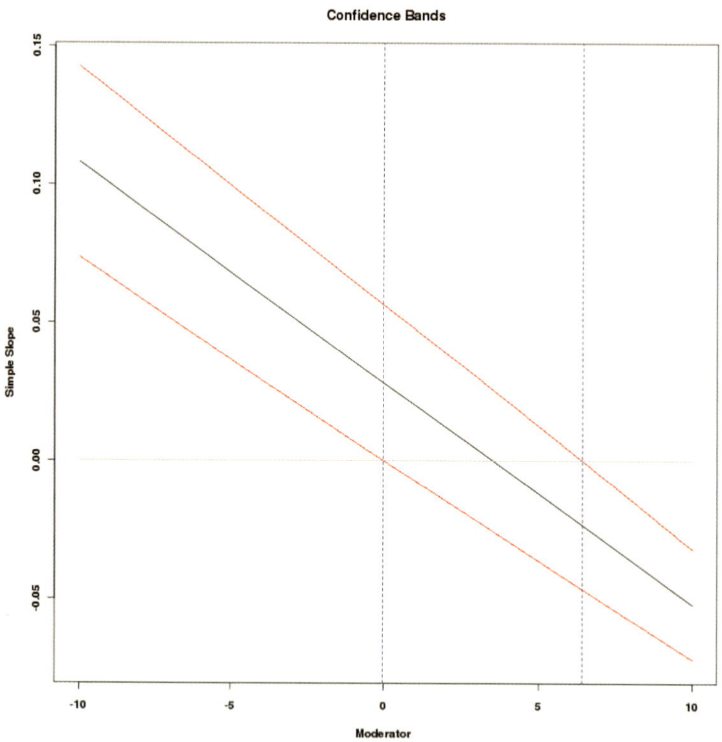


```
Region of Significance
=======================================================
  Z at lower bound of region=-0.0237
  Z at upper bound of region=6.4036
  (simple slopes are significant *outside* this region.)
```

조절변수의 유의영역의 하한한계는 −0.0237, 상한한계는 6.4036이고 이 값을 벗어나는 값이 유의영역에 해당한다.

1.8 상호작용항의 표준화계수(β) 교정

상호작용항의 표준화계수(β)는 −.254가 나오는데, 이 값은 틀린 값이다. SPSS에서 상호작용항의 표준화계수의 계산은 Z_{XM}에 의해 이루어진다. 그런데, Z_{XM}은 $Z_X Z_M$과는 다르다($Z_{XM} \neq Z_X Z_M$). 우리가 구하고자 하는 상호작용항의 표준화계수는 $Z_X Z_M$이다. 정확한 표준화계수를 얻기 위해서는 다음과 같은 식으로 교정해야 한다.

- X, M, Y를 모두 표준화시킨 Z−score를 얻는다(Z_X, Z_M, Z_Y). 통제변수(C)도 표준화한다.
- X, M의 Z−score를 곱한 값을 만든다($Z_X \times Z_M$).
- Z_Y를 종속변수로 Z_X, Z_M, $Z_X \times Z_M$, Z_C을 독립변수로 회귀분석을 한다.
- 출력에서 얻은 비표준화계수가 정확한 표준화계수가 된다.

이하에서 이에 대해 살펴보기로 한다. 표준화값(Z−score)을 저장하기 위해 [분석] → [기술통계량] → [기술통계]에서 [표준화값을 변수로 저장]을 체크하고 [확인] 버튼을 누른다.

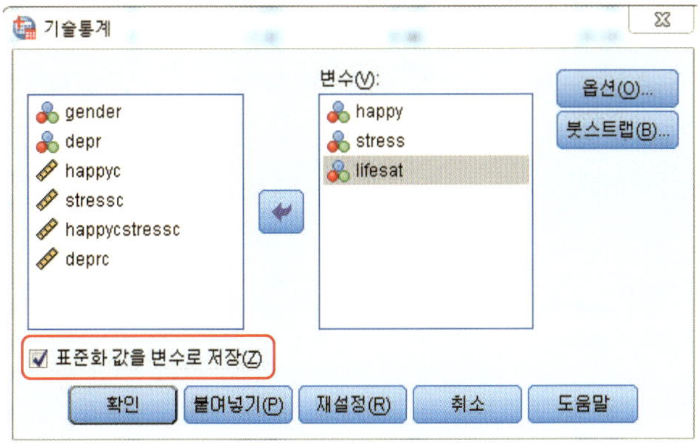

[변환] → [변수계산]에서 Z_X와 Z_M을 곱한 변수를 만든다.

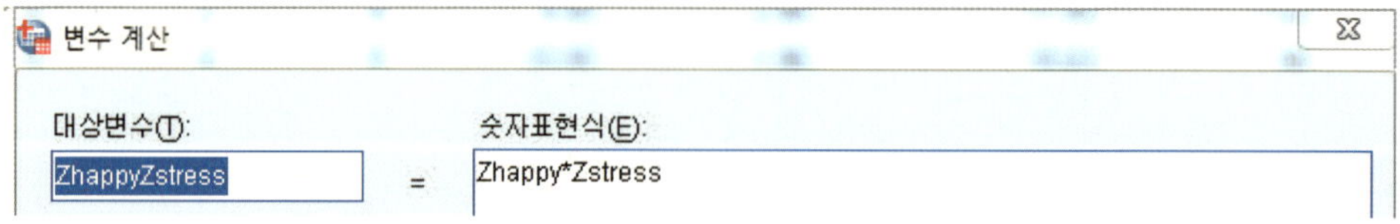

[Zlifesat]을 종속변수로, [Zhappy], [Zstress], [ZhappyZstress], [Zdepr]를 독립변수로 해서 회귀분석을 한다.

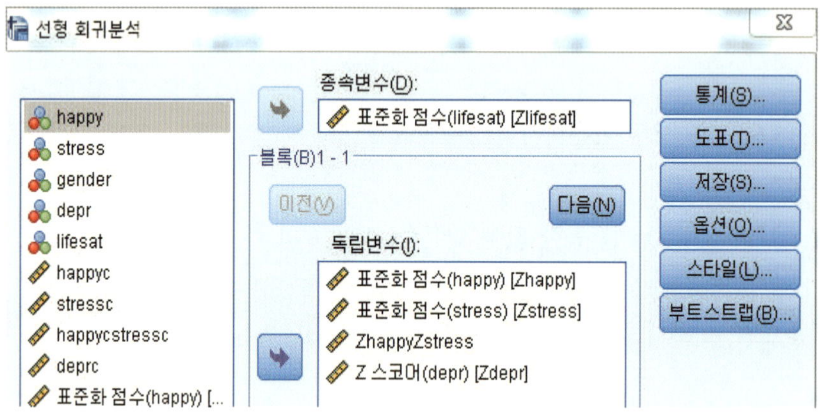

계수[a]

모형		비표준계수		표준계수	t	유의수준
		B	표준오차	베타		
1	(상수)	.030	.105		.289	.773
	표준화점수(happy)	.196	.107	.196	1.823	.072
	표준화점수(stress)	.052	.106	.052	.490	.625
	ZhappyZstress	−.274	.114	−.254	−2.410	.018
	Z 스코어(depr)	−.248	.107	−.248	−2.327	.023

a. 종속변수: 표준화점수(lifesat)

비표준화계수값인 −.274가 상호작용항의 정확한 표준화계수이다.

1.9 Hayes 교수의 PROCESS에 의한 분석

이하에서 조절효과 및 매개효과를 분석하기 위해 유용하게 쓰이는 Hayes 교수가 만든 PROCESS에 의해 분석하는 것에 관해 알아보기로 한다.

1) PROCESS 다운받기

확장자가 (*.sps) 파일인 SPSS Macro는 명령어에 기초한 것이기 때문에 신텍스를 잘 사용하지 않는 연구자나 신텍스에 대해 잘 모르는 연구자에게는 지루한 작업이 될 수 있다. 확장자가 (*.sbs) 파일인 SPSS Script는 사용하기는 편리하나 대화상자를 불러들이기 위해서는 매번 실행해야 한다. 그리고 Macro나 Script는 SPSS에 영구적으로 남지 않는다. 즉 연구자가 SPSS를 마치게 되면 사라진다. 그러나 확장자가 (*.spd) 파일인 'Custom Dialog File'은 SPSS에 영구적으로 설치될 수 있고, SPSS 메뉴바에 포함될 수 있다.

PROCESS를 설치하기 위해 먼저 Hayes 교수의 홈페이지를 방문한다. http://www.afhayes.com/ 여기에서 왼쪽에 있는 'SPSS, SAS, and Mplus Macros and Code'를 클릭한다. 스크롤바를 조금 밑으로 내리면 PROCESS가 있다. PROCESS에서 www.processmacro.org를 누른다.

PROCESS

PROCESS can be found at www.processmacro.org

이 사이트에서 위에 있는 메뉴바의 [download]를 누른다. 가운데에 있는 [Click to download PROCESS v3.0]을 클릭한다.

[processv3.zip]을 다운로드받는다. PROCESS v3.0이 2018년에 공개되었다. PROCESS는 계속 업데이트되기 때문에 Hayes 교수의 홈페이지를 방문하여 최신 것으로 업데이트하기 바란다. 이하에서 PROCESS v2와 v3의 차이점을 정리하면 [표 2-4]와 같다.

표 2-4 PROCESS v2와 PROCESS v3의 비교

	PROCESS v2	PROCESS v3
프로그램된 모델의 수	76	55
다중범주형(multicategorical) 독립변수(X)	모델 1과 모델 4에 국한	모든 모델
다중범주형 조절변수	모델 1에 국한	모든 모델
조절변수의 수	4개	2개
사용자 작성 모델	불가능	가능
프로그램된 모델의 고객화	불가능	가능
조절된 연속 매개모델 (moderated serial mediation model)	불가능	가능
범주형 매개변수	불가능	가능
이분형 Y	가능	불가능
붓스트레핑	간접효과만 가능	간접효과뿐 아니라 모든 모델의 회귀계수 가능
다중조절모델에서 조건효과의 비교	불가능	가능
상호작용의 탐색 및 시각화	조절효과모델에서만 가능 (모델 1, 2, 3)	상호작용이 있는 모든 모델에서 가능

이 외에 v2와 v3의 차이점은 다음과 같다.

① v3에서는 'Bias-corrected Bootstrap CI'를 계산하지 않는다.

② 모델 넘버는 변하지 않았지만 v2에는 조절변수가 W, Z, V, Q 등 4개가 있고, v3에는 W와 Z 2개만 있다.

③ v2에서는 [Conditioning]에서 [Mean and +,− SD from Mean]을 디폴트로 하고 있고, v3에서는 [16th, 50th, 84th percentiles]를 디폴트로 하고 있다.

2) PROCESS 설치하기

PROCESS를 설치하는 방법에는 두 가지가 있다: '더블클릭하여 설치하기', '관리자 권한으로 실행'으로 설치하기. 이 가운데 독자의 컴퓨터 상황(예: OS의 윈도우 버전)에 따라 설치가 되는 방법이 있고, 설치가 되지 않는 방법이 있다. '더블클릭하여 설치하기'를 통해 먼저 해보고, 이 방법이 안 되면 '관리자 권한으로 실행'으로 설치해보기 바란다.

(1) 더블클릭하여 설치하기

'process'가 다운로드되어 있는 곳으로 가서 'process'를 더블클릭한다.

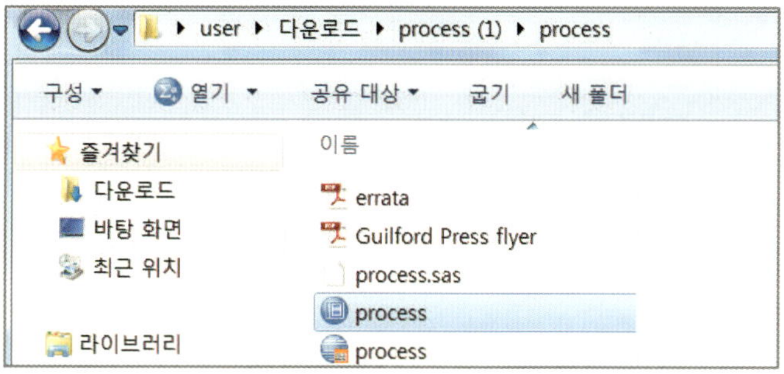

다음과 같이 설치 여부를 묻는다.

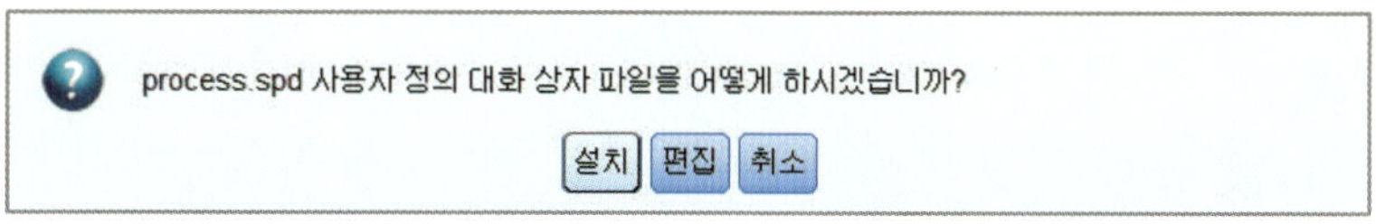

[설치] 버튼을 누르면 설치가 된다.

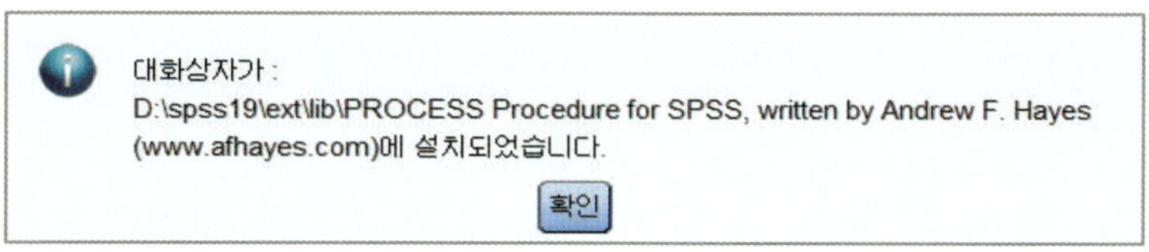

(2) '관리자 권한으로 실행'으로 설치하기

[시작] 버튼을 눌러 'IBM SPSS Statistics ××'을 찾아 마우스 오른쪽 버튼을 누른다. 거기에서 [관리자 권한으로 실행]을 누른다. 그러면 SPSS 초기화면이 나타난다. 유틸리티 메뉴바에서 밑에서 두 번째에 있는 [사용자 정의 대화상자] → [사용자 정의 대화상자 설치]를 누른다.

'processv3.zip'을 찾아 압축을 푼 다음 'process.spd'를 연다.

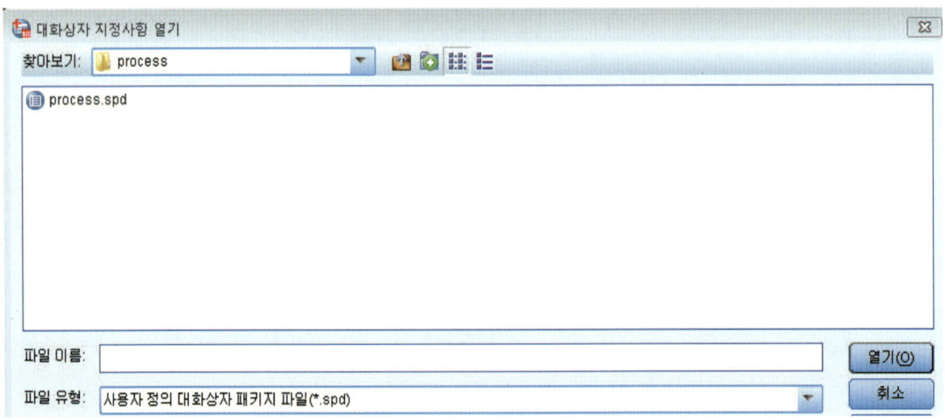

SPSS 초기화면에서 [분석] → [회귀분석]을 누르면 다음과 같이 PROCESS 메뉴가 생성된 것을 알 수 있다.

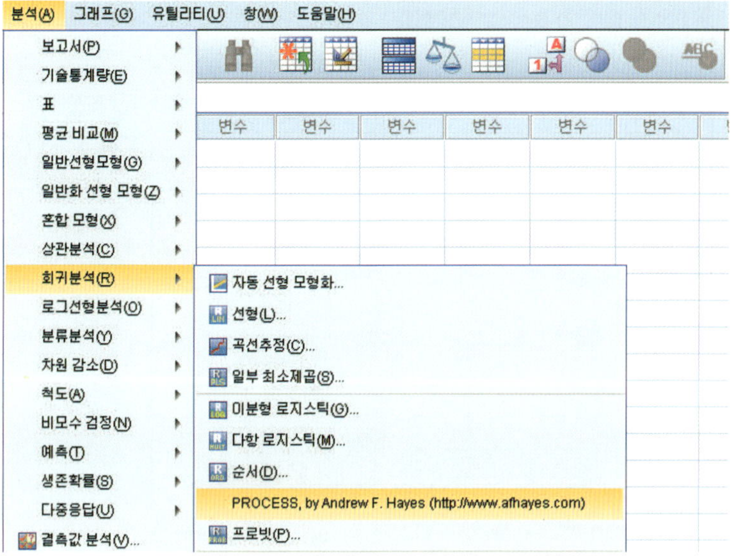

SPSS에서 Custom Dialog 설치에 관한 YouTube 동영상을 소개하니 커피 한 잔 하면서 보기 바랍니다. http://www.youtube.com/watch?v=RqkGMqDU20Q. 이 사이트는 Custom Dialog 설치뿐 아니라 매개 및 조절효과에 관해 잘 설명하고 있으므로 반드시 보기를 바랍니다.

3) Hayes의 PROCESS에 의한 조절효과분석

먼저 [Hofmann.sav]를 불러들인다. [분석] → [회귀분석] → [PROCESS]로 간다. 해당 변수를 각각에 맞게 보내고 'Model number'를 '1로' 지정한다. 여기에서 통제변수인 'depr'은 [Covariate(S)]로 보낸다. 'Model number 1'은 조절효과를 분석하기 위한 모델 넘버이다. **PROCESS의 모델넘버는 본서의 CD에 저장되어 있는 'templates.pdf'를 참고하기 바란다.**

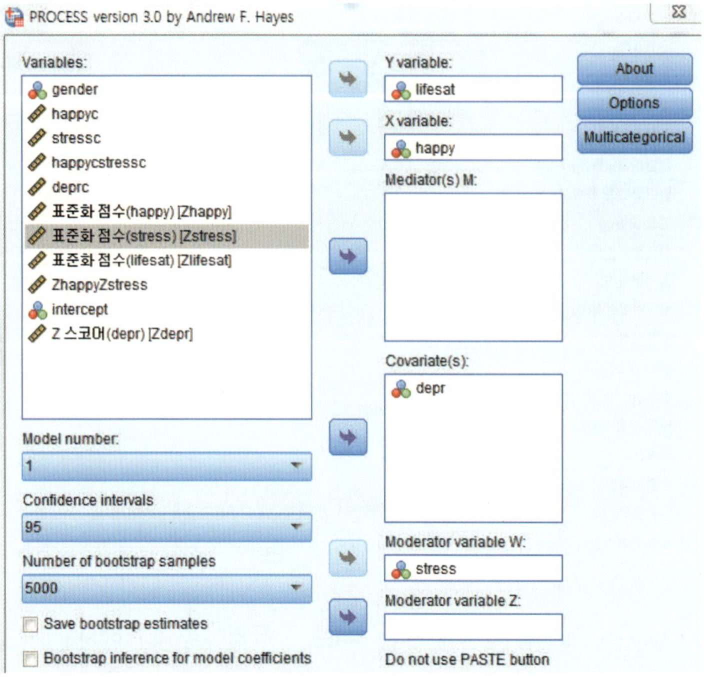

[Options] 버튼을 클릭하여 다음과 같이 지정한다.

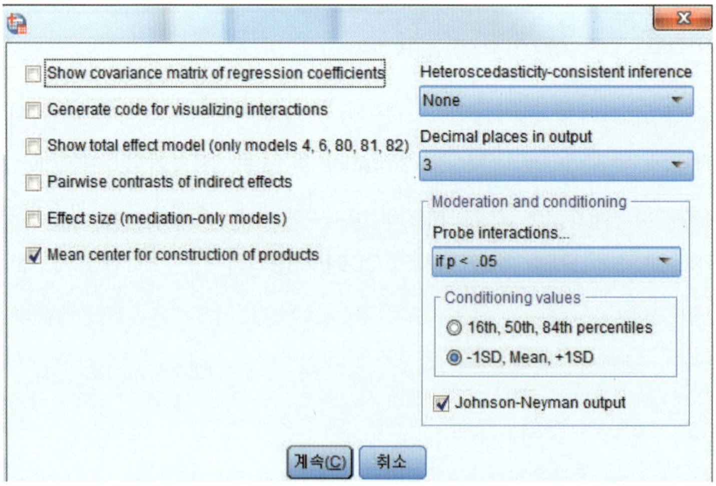

[확인] 버튼을 누르면 실행이 된다. 아래는 출력 가운데 일부를 제시한 것이다. 결과를 보면 SPSS의 출력과 같음을 알 수 있다. PROCESS는 표준화회귀계수는 보고하지 않는다.

```
**************************************************************************************
Outcome: lifesat

Model Summary
          R       R-sq        MSE          F        df1        df2          p
       .423       .179      1.620      4.081      4.000     75.000       .005

Model
              coeff         se          t          p       LLCI       ULCI
constant      5.957       .429     13.879       .000      5.102      6.812
stress         .014       .029       .490       .625      -.044       .072
happy          .028       .015      1.823       .072      -.003       .059
int_1         -.008       .003     -2.410       .018      -.014      -.001
depr          -.311       .134     -2.327       .023      -.577      -.045

Interactions:

 int_1         happy       X       stress

R-square increase due to interaction(s):
           R2-chng          F        df1        df2          p
int_1         .064      5.808      1.000     75.000       .018

**************************************************************************************

Conditional effect of X on Y at values of the moderator(s):
     stress     Effect         se          t          p       LLCI       ULCI
     -4.963       .067       .023      2.872       .005       .021       .114
       .000       .028       .015      1.823       .072      -.003       .059
      4.963      -.011       .021      -.523       .603      -.054       .031

Values for quantitative moderators are the mean and plus/minus one SD from mean.
Values for dichotomous moderators are the two values of the moderator.
```

단순기울기 검정 결과 조절변수의 값이 '평균-1SD'인 경우만 유의적인 것으로 나타났다.

```
*********************** JOHNSON-NEYMAN TECHNIQUE ***********************

Moderator value(s) defining Johnson-Neyman significance region(s):
     Value    % below  % above
     -.370     42.500   57.500

Conditional effect of X on Y at values of the moderator (M)
     stress     Effect         se          t          p       LLCI       ULCI
```

−9.863	.106	.037	2.858	.006	.032	.180
−8.863	.098	.034	2.874	.005	.030	.166
−7.863	.090	.031	2.887	.005	.028	.153
−6.863	.082	.028	2.895	.005	.026	.139
−5.863	.074	.026	2.892	.005	.023	.126
−4.863	.067	.023	2.869	.005	.020	.113
−3.863	.059	.021	2.813	.006	.017	.100
−2.863	.051	.019	2.701	.009	.013	.088
−1.863	.043	.017	2.504	.014	.009	.077
−.863	.035	.016	2.192	.031	.003	.067
−.370	.031	.016	1.992	.050	.000	.062
.138	.027	.015	1.756	.083	−.004	.058
1.138	.019	.016	1.231	.222	−.012	.050
2.138	.011	.016	.685	.495	−.021	.044
3.138	.003	.018	.185	.854	−.032	.039
4.138	−.005	.020	−.237	.814	−.044	.034
5.138	−.013	.022	−.576	.566	−.056	.031
6.138	−.020	.024	−.845	.401	−.069	.028
7.138	−.028	.027	−1.058	.294	−.082	.025
8.138	−.036	.030	−1.227	.224	−.095	.023
9.138	−.044	.032	−1.363	.177	−.109	.020
10.138	−.052	.035	−1.474	.145	−.122	.018

J-N 기법에 의하면 스트레스가 −.370보다 작은 수준이 유의영역에 해당한다. 이는 전체표본 가운데 42.5%에 해당한다.

1.10 Soper의 Interaction에 의한 분석

이하에서 Soper 교수가 만든 Interaction에 의해 조절효과를 분석하는 것에 관해 살펴보기로 한다.

1) Interaction 설치하기

❶ Interaction을 다운로드받기 위해 다음 사이트를 방문한다.

http://www.danielsoper.com

❷ 그러면 다음과 같은 창이 뜬다.

❸ 오른쪽 위에서 세 번째 [Interaction] 버튼을 클릭하면 다음과 같은 창이 뜬다. 박스 안에 있는 'here'를 클릭한다.

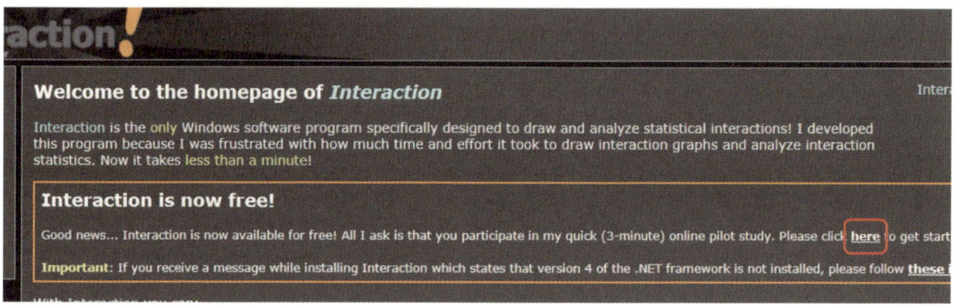

❹ 그러면 다음과 같은 창이 뜬다. 여기에서도 'here'를 클릭한다.

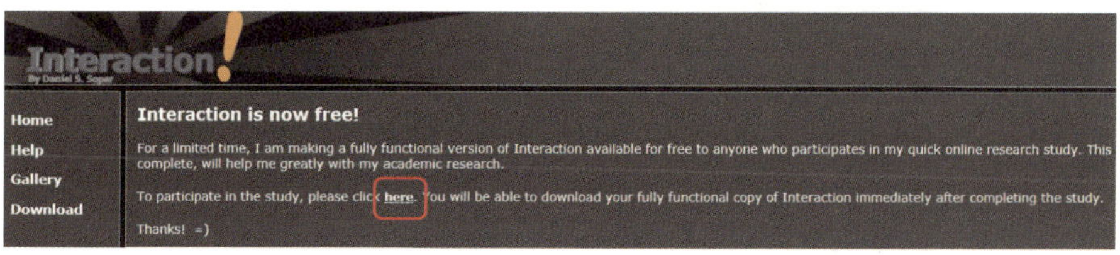

❺ 그러면 다음과 같은 창이 뜬다. 여기에서 세 가지 질문에 답을 하고 나서 [Continue] 버튼을 누른다. 그러면 다음과 같은 창이 뜬다. [Begin Searching for the fish]이라는 버튼을 누르면 두 가지 그림이 나온다.

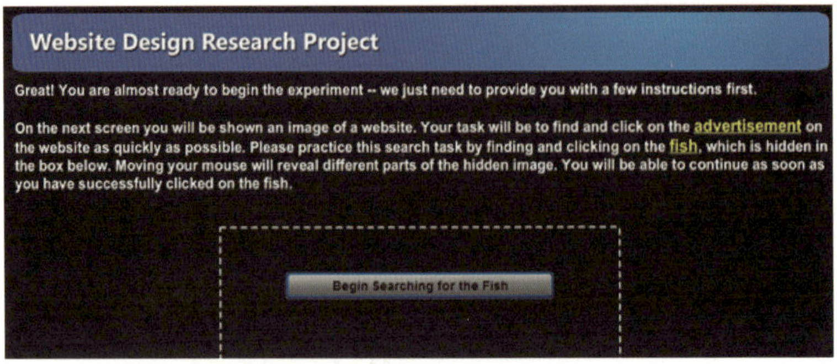

첫 번째, 그림에서 물고기를 찾아서 마우스를 클릭한다.

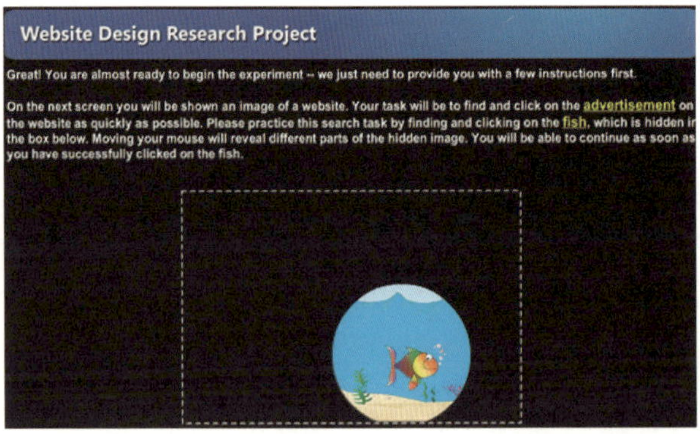

두 번째, 설명을 먼저 읽어보고 설명에 제시한 대상을 찾아서 마우스를 클릭한다.

❻ 그러면 다음과 같은 창이 뜬다.

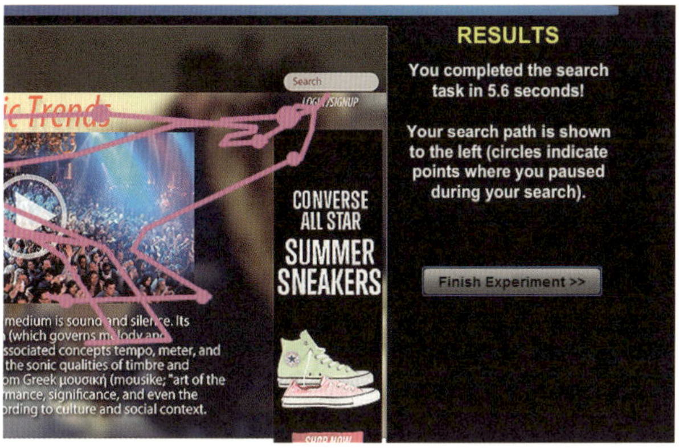

❼ 이 창에서 [Finish experiment] 버튼을 클릭하면 다음과 같은 창이 뜬다.

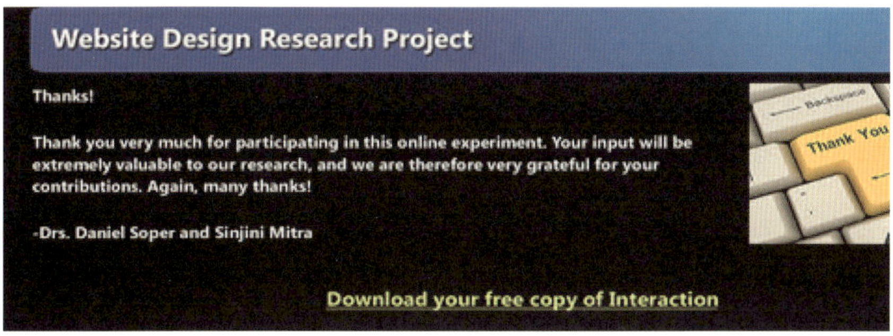

❽ [Download your free copy of Interaction]을 클릭하고 설치하면 바탕화면에 Interaction 아이콘( )이 생긴다.

2) Interaction에 의한 조절효과분석

Interaction을 실행한다. 초기화면에서 [File] → [New Interaction Analysis]로 간다. [Browse] 버튼을 눌러 자료가 있는 곳으로 간다. 자료를 연결하고 [Next] 버튼을 누른다. 'missing value'를 처리한다. missing value가 없으면 [Next] 버튼을 누른다. 다음과 같이 해당 변수를 보내고 [Center all continuous predictors]를 체크한다. 평균중심화한 변수를 보내는 경우에는 이를 체크하지 않아도 된다.

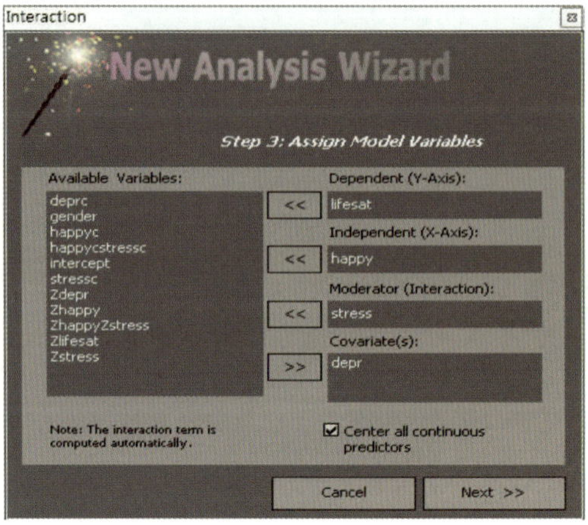

[Next] 버튼을 누른다. 단순기울기를 검정하기 위한 값을 설정한다. 디폴드대로 하기 위해 [Next] 버튼을 누른다. 실행이 된다. [Finish] 버튼을 누른다.

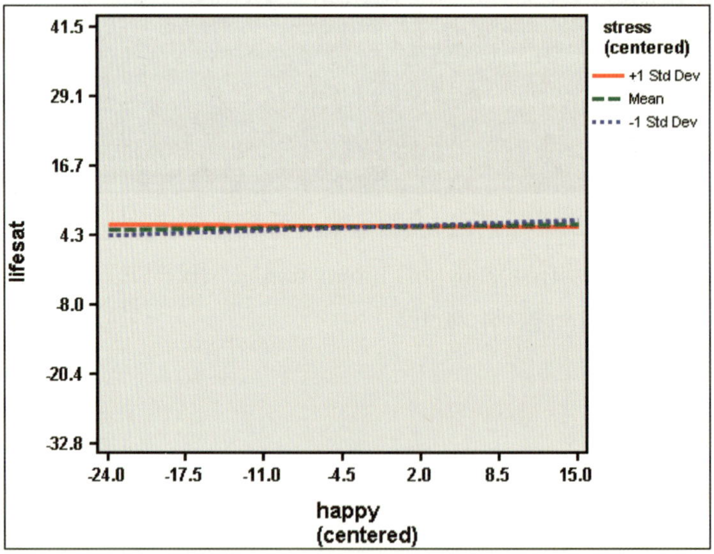


```
********************************** MODEL SUMMARY **********************************

                                          R: 0.422802580
                                   R Square: 0.178762021
                          R Square Adjusted: 0.134962662
             Standard Error of the Estimate: 1.272803513
R Square Contribution of the Interaction Term(s): 0.063601624
```

```
RESEARCH MODEL: Y=B1X1
                  +B2X2
                  +B3X1X2
                  +B4C1
                  +B0

      WHERE: Y=lifesat
             X1=happy
             X2=stress
             C1=depr
             B0=Regression constant
```

****************************** END MODEL SUMMARY **********************************

************************* MODEL ANALYSIS OF VARIANCE ***************************

	Sum of Squares	Degrees of Freedom	Mean Square	F	Significance
Regression:	26.44784112	4	6.611960282	4.081384444	0.004778381
Residual:	121.5021588	75	1.620028784		
Total:	147.9500000	79			

*********************************** END ANOVA **

****************************** MODEL POWER ANALYSIS ******************************

Effect Size (f Square):	0.217673837
Noncentrality Parameter (Lambda):	17.41390696
Critical F:	4.081384444
Noncentral F:	0.497675351
Beta (Type II Error Rate):	0.309356435
Observed Power:	0.690643564

******************************** END POWER ANALYSIS *********************************

******************************** MODEL COEFFICIENTS **********************************

	B	Std Error	t	Significance
(Regression constant):	5.957269509	0.429215976	13.87942163	0.000000001
happy:	0.028081715	0.015406056	1.822771216	0.072170023
stress:	0.014314592	0.029196155	0.490290336	0.625304825
Interaction term:	−0.00790601	0.003280403	−2.41007314	0.018304480
depr:	−0.31102868	0.133656477	−2.32707527	0.022556983

```
                         95% CONFIDENCE INTERVALS
                         Lower Bound    Upper Bound
                         ------------   ------------
(Regression constant):   5.102766141    6.811772878
                happy:   -0.00258938    0.058752817
               stress:   -0.04381048    0.072439673
     Interaction term:   -0.01443679    -0.00137523
                 depr:   -0.57711828    -0.04493907

NOTE: Continuous predictors were centered prior to computing these values!

****************************** INTERACTION LINE 1 ******************************

                                    Moderator: stress
                       Level of the Moderator: +1 Std Dev
                                 Simple Slope: -0.01115188
                                    Intercept: 6.028305702
                 Standard Error of Simple Slope: 0.666144245
                           Degrees of Freedom: 75
                                            t: -0.01674094
    Significance of Simple Slope (two-tailed): 0.986687734
    Significance of Simple Slope (one-tailed): 0.493343867

                                          Lower Bound   Upper Bound
                                          ----------    ----------
           95% CI around the Simple Slope: -1.33817927   1.315875499

NOTE: Continuous predictors were centered prior to computing these values!


****************************** INTERACTION LINE 2 ******************************

                                    Moderator: stress
                       Level of the Moderator: Mean
                                 Simple Slope: 0.028081715
                                    Intercept: 5.957269509
                 Standard Error of Simple Slope: 0.015406056
                           Degrees of Freedom: 75
                                            t: 1.822771216
    Significance of Simple Slope (two-tailed): 0.072323513
    Significance of Simple Slope (one-tailed): 0.036161756

                                          Lower Bound   Upper Bound
                                          ----------    ----------
           95% CI around the Simple Slope: -0.00260872   0.058772153
```

```
NOTE: Continuous predictors were centered prior to computing these values!

****************************** INTERACTION LINE 3 ****************************************

                              Moderator: stress
                 Level of the Moderator: -1 Std Dev
                           Simple Slope: 0.067315318
                              Intercept: 5.886233316
         Standard Error of Simple Slope: 0.660743575
                     Degrees of Freedom: 75
                                      t: 0.101878127
Significance of Simple Slope (two-tailed): 0.919125298
Significance of Simple Slope (one-tailed): 0.459562649

                                         Lower Bound   Upper Bound
                                         -----------   -----------
       95% CI around the Simple Slope:   -1.24895338   1.383584018

NOTE: Continuous predictors were centered prior to computing these values!

*********************************** END LINE 3 ************************************************
```

Interaction에 의해 조절효과를 분석할 때, 통제변수가 있는 경우에 단순기울기는 제대로 계산하나 이의 표준오차는 제대로 계산하지 못하는 문제점이 발견되었다. 따라서 통제변수가 있는 경우에는 Interaction을 사용하지 말 것을 권유한다.

2 독립변수, 조절변수, 종속변수가 모두 연속변수: 통제변수가 없는 경우

통제변수가 없는 경우, 앞서 살펴본 접근법에서 통제변수를 제외하고 분석하면 된다. 이하에서 Cohen 등(2003)에 기술된 [그림 2-3]의 모델을 통해 조절효과에 대해 알아보기로 한다. [그림 2-3] 모델에 있는 변수는 모두 연속변수이다. 이 모델에는 통제변수가 없다.

2.1 연구모형 및 가설설정

그림 2-3 ▌운동의 조절효과

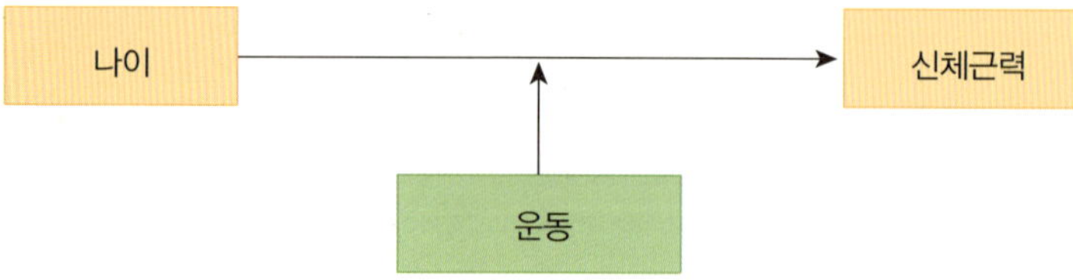

[그림 2-3] 모델은 다음과 같은 가설을 가정한다. 나이를 먹을수록 신체근력은 떨어진다. 그런데, 이들 간의 관계에서 운동시간은 조절변수의 역할을 할 수 있다. 즉 운동을 많이 하면 신체근력이 떨어지는 것을 완화할 수 있다. 운동의 조절효과를 검정하기 위한 가설은 다음과 같다.

가설 1: 나이와 신체근력과의 관계에서 운동량은 조절역할을 할 것이다.
가설 2: 나이와 신체근력과의 관계에서 운동량은 완화역할을 할 것이다.

위의 가설에서 가설 1은 비방향성가설이고, 가설 2는 방향성가설이다. 따라서 가설 1은 양측검정, 가설 2는 단측검정을 한다.

다음은 자료의 일부를 제시한 것이다.

	age	exercise	enduranc	ageercise
1	60	10	18	600.00
2	40	9	36	360.00
3	29	2	51	58.00
4	47	10	18	470.00
5	48	9	23	432.00
6	42	6	30	252.00
7	55	8	8	440.00
8	43	19	40	817.00
9	39	9	28	351.00
10	51	14	15	714.00

[chap2] [cohen.sav]

2.2 분석

1) SPSS에 의한 분석

SPSS에 의해 조절효과를 분석하기 위해 회귀분석을 한다. 회귀분석에 의해 조절효과를 검정하기 위해서는 몇 가지 고려할 사항이 있다.

첫째, 평균중심화의 문제이다. 즉 독립변수와 조절변수에 대해 평균중심화를 해야 한다고 주장하는 학자와 그렇지 않아도 된다고 주장하는 학자가 있다. 평균중심화를 하는 이유는 다중공선성의 문제를 해결하기 위해서인데, 평균중심화를 하지 않아도 된다고 주장하는 학자는 이게 크게 문제가 되지 않는다고 주장한다.

둘째, 변수의 입력에 관한 문제이다. 즉 변수를 동시입력으로 해야 하는지 아니면 위계적 입력으로 해야 하는지의 문제이다. 회귀분석을 위해 변수를 투입하는 방식에는 동시입력과 위계적 입력이 있다. **동시입력(simultaneous entry)**은 독립변수, 조절변수 및 상호작용항을 한 번에 모두 투입하는 것이고, **위계적 입력(hierarchical entry)**은 블록(block)을 지정하여 단계적으로 입력하는 방식이다. 즉 독립변수와 조절변수를 [블록(B) 1-1]로 지정하고, 상호작용항은 [블록(B) 2-2]로 지정하는 것이다. 위계적 입력으로 회귀분석을 하는 것을 **위계적 회귀분석(hierarchical regression analysis)**이라 한다. **흔히 조절효과를 분석하기 위해 위계적 회귀분석을 꼭 해야 하는 것으로 아는 경우가 많은데, 이는 반드시 그렇지 만은 않다. 왜냐하면 동시입력이나 위계적 입력은 동일한 결과를 제공하기 때문이다.** 이하에서 자료의 처리(원자료, 평균중심화, 표준화)와 입력방식(동시입력, 위계적 입력)을 중심으로 살펴보기로 한다.

(1) 원자료를 이용하고, 동시입력으로 분석하는 경우

SPSS 메뉴바에서 [분석] → [회귀분석] → [선형회귀분석]으로 간다. 해당 변수를 해당란에 보낸다. [통계] 버튼을 눌러 [공선성 진단]을 체크한다.

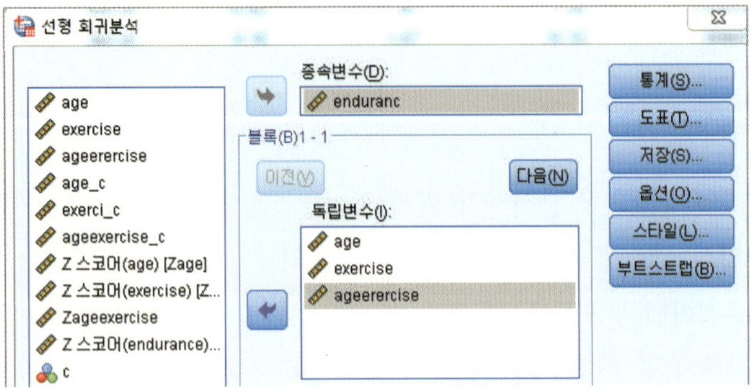

독립변수, 조절변수 및 종속변수는 원점수를 이용하였고, 상호작용항도 원점수를 곱한 값을 이용하였다. 분석결과는 [표 2-5]와 같다.

표 2-5 ▌ 원자료를 이용하고, 동시입력으로 분석한 경우

계수[a]

모형		비표준계수		표준계수	t	유의수준	공선성 통계	
		B	표준오차	베타			허용오차	VIF
1	(상수)	53.179	7.527		7.065	.000		
	age	-.766	.160	-.716	-4.793	.000	.148	6.765
	exercise	-1.351	.666	-.596	-2.028	.044	.038	26.252
	ageerercise	.047	.014	1.239	3.476	.001	.026	38.601

a. 종속변수: enduranc

[표 2-5]에서 볼 수 있듯, 'exercise'와 'ageerercise'의 VIF가 10 이상이므로 다중공선성이 있음을 알 수 있다. 'ageerercise'의 표준계수도 1 이상으로 나온다.

(2) 원자료를 이용하고, 위계적 입력으로 분석하는 경우

독립변수를 보낼 때 독립변수와 조절변수를 보내고, [다음] 버튼을 눌러 상호작용항을 보낸다.

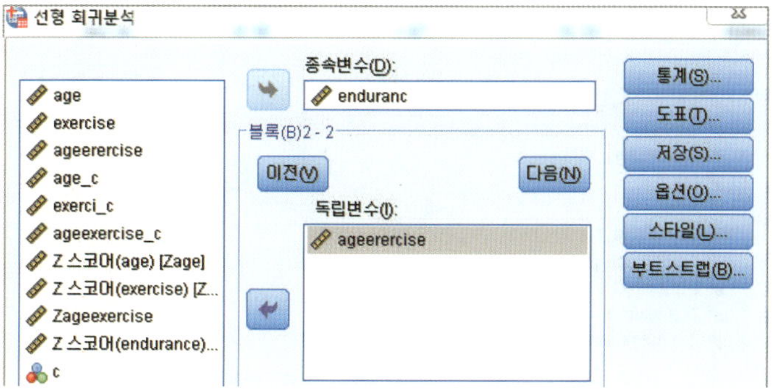

표 2-6 ▌원자료를 이용하고, 위계적 입력으로 분석한 경우

모형요약

모형	R	R제곱	조정된 R제곱	표준추정값 오류	통계변경				
					R제곱 변화량	F 변화량	df1	df2	유의수준 F변화량
1	.408[a]	.166	.159	9.919	.166	24.142	2	242	.000
2	.454[b]	.206	.196	9.700	.040	12.080	1	241	.001

a. 예측변수: (상수), exercise, age
b. 예측변수: (상수), exercise, age, ageerercise

계수[a]

모형		비표준계수		표준계수	t	유의수준	공선성 통계	
		B	표준오차	베타			허용오차	VIF
1	(상수)	29.395	3.205		9.171	.000		
	age	-.257	.066	-.240	-3.925	.000	.920	1.087
	exercise	.916	.139	.404	6.610	.000	.920	1.087
2	(상수)	53.179	7.527		7.065	.000		
	age	-.766	.160	-.716	-4.793	.000	.148	6.765
	exercise	-1.351	.666	-.596	-2.028	.044	.038	26.252
	ageerercise	.047	.014	1.239	3.476	.001	.026	38.601

a. 종속변수: enduranc

(3) 평균중심화를 하고, 동시입력으로 분석하는 경우

독립변수와 조절변수를 대상으로 평균중심화를 하고, 이 평균중심화한 변수를 대상으로 상호작용항을 만든다. 조절변수는 평균중심화를 해도 되고 안 해도 된다. 동시입력은 독립변수란에 독립변수, 조절변수 및 상호작용항을 동시에 입력하는 것이다.

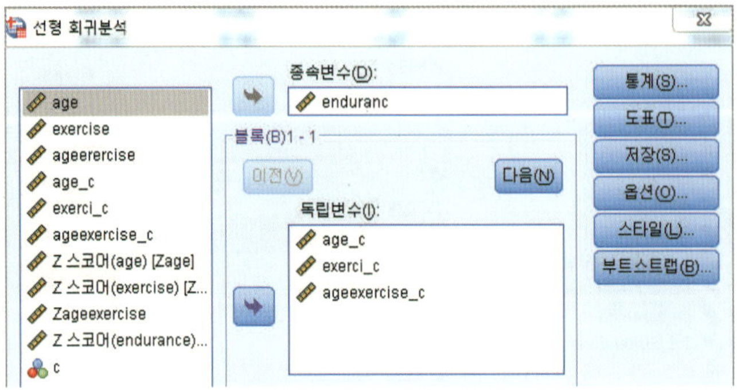

표 2-7 ▌평균중심화를 하고, 동시입력으로 분석한 경우

계수[a]

모형		비표준계수		표준계수	t	유의수준	공선성 통계	
		B	표준오차	베타			허용오차	VIF
1	(상수)	25.886	.647		40.032	.000		
	age_c	-.262	.064	-.245	-4.087	.000	.920	1.087
	exerci_c	.973	.137	.429	7.123	.000	.907	1.102
	ageexercise_c	.047	.014	.201	3.476	.001	.986	1.014

a. 종속변수: enduranc

[표 2-7]에서 볼 수 있듯, 평균중심화를 하게 되면 VIF가 10 이하로 줄어들어 다중공선성의 문제가 없는 것으로 나타난다.

(4) 평균중심화를 하고, 위계적 입력으로 분석하는 경우

위계적 입력은 독립변수를 블록지정을 하여 입력하는 방식이다. 즉 독립변수에 먼저 'age_c'와 'exercise_c'를 보내고(이것이 [블록(B)1-1]이 됨), [다음] 버튼을 눌러 독립변수에 상호작용항인 'ageexercise_c'를 보내는 것을 의미한다. 이렇게 하면 블록이 하나 더 생긴다(이를 [블록(B)2-2]라 함). 이렇게 블록지정을 하여 회귀분석을 하는 것을 **위계적 회귀분석(hierarchical regression analysis)**이라 한다.

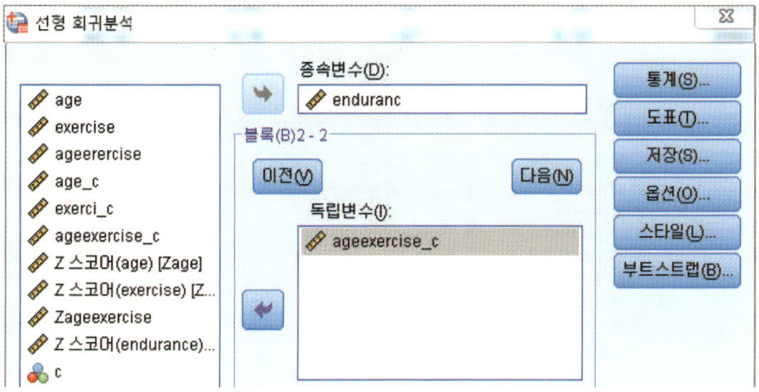

표 2-8 ▌평균중심화를 하고, 위계적 입력으로 분석한 경우

모형요약

모형	R	R제곱	조정된 R제곱	표준 추정값 오류	통계변경				
					R제곱 변화량	F변화량	df1	df2	유의수준 F변화량
1	.408[a]	.166	.159	9.919	.166	24.142	2	242	.000
2	.454[b]	.206	.196	9.700	.040	12.080	1	241	.001

a. 예측변수: (상수), exerci_c, age_c

b. 예측변수: (상수), exerci_c, age_c, ageexercise_c

계수[a]

모형		비표준계수		표준계수	t	유의수준	공선성 통계	
		B	표준오차	베타			허용오차	VIF
1	(상수)	26.528	.634		41.862	.000		
	age_c	−.257	.066	−.240	−3.925	.000	.920	1.087
	exerci_c	.916	.139	.404	6.610	.000	.920	1.087
2	(상수)	25.886	.647		40.032	.000		
	age_c	−.262	.064	−.245	−4.087	.000	.920	1.087
	exerci_c	.973	.137	.429	7.123	.000	.907	1.102
	ageexercise_c	.047	.014	.201	3.476	.001	.986	1.014

a. 종속변수: enduranc

(5) 표준점수를 이용하고, 동시입력으로 하는 경우

[분석] → [기술통계] → [기술통계]에서 독립변수(age), 조절변수(exercise), 종속변수(endurance)를 [변수(V)] 란으로 보내고 [□ 표준화값을 변수로 저장(Z)]을 체크한다. 표준점수를 이용하는 경우에는 종속변수도 표준화해야 한다는 점에 유의한다. [확인] 버튼

을 누르면 해당 변수의 표준화값이 자동으로 만들어진다.

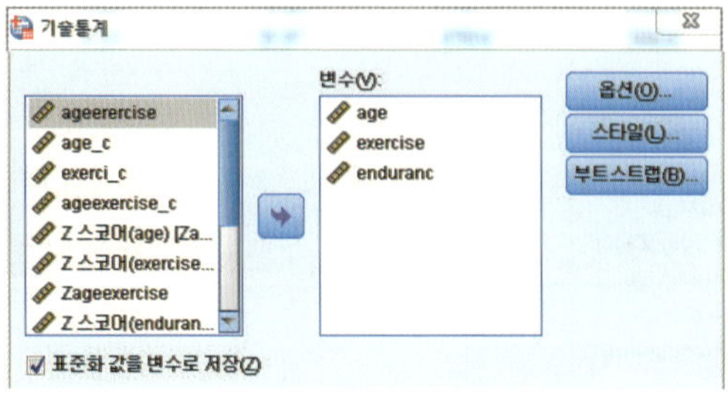

표준점수를 이용하여 상호작용항을 만든다.

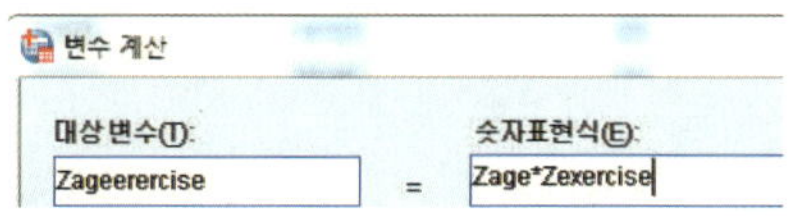

다음과 같이 해당 변수를 보낸다.

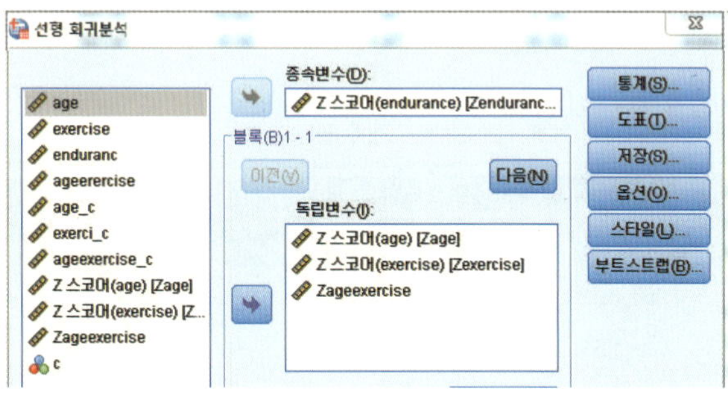

표 2-9 ▌표준점수를 이용하고, 동시입력으로 분석한 경우

계수[a]

모형		비표준계수		표준계수	t	유의수준
		B	표준오차	베타		
1	(상수)	-.059	.060		-.993	.322
	Z 스코어(age)	-.244	.060	-.244	-4.085	.000
	Z 스코어(exercise)	.429	.060	.429	7.124	.000
	Zageexercise	.211	.061	.201	3.476	.001

a. 종속변수: Z 스코어(endurance)

(6) 표준점수를 이용하고, 위계적 입력으로 하는 경우

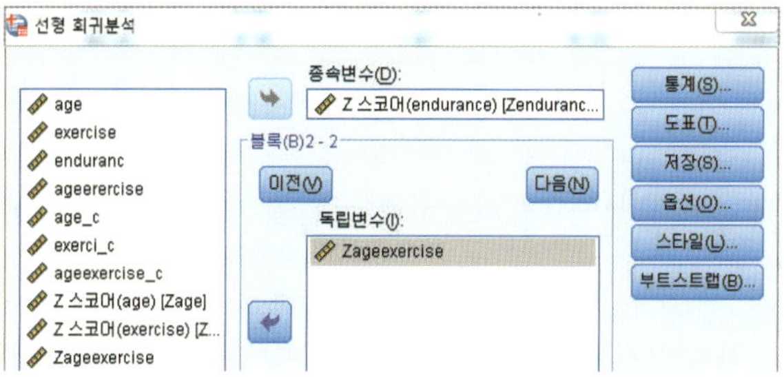

표 2-10 ▌표준점수를 이용하고, 위계적 입력으로 분석한 경우

모형요약

모형	R	R제곱	조정된 R제곱	표준추정값 오류	통계변경				
					R제곱 변화량	F변화량	df1	df2	유의수준 F변화량
1	.408[a]	.166	.159	.91681796	.166	24.142	2	242	.000
2	.454[b]	.206	.196	.89652325	.040	12.080	1	241	.001

a. 예측변수: (상수), Z 스코어(exercise), Z 스코어(age)
b. 예측변수: (상수), Z 스코어(exercise), Z 스코어(age), Zageexercise

계수[a]

모형		비표준계수		표준계수	t	유의수준
		B	표준오차	베타		
1	(상수)	2.078E-15	.059		.000	1.000
	Z 스코어(age)	-.240	.061	-.240	-3.925	.000
	Z 스코어(exercise)	.404	.061	.404	6.610	.000
2	(상수)	-.059	.060		-.993	.322
	Z 스코어(age)	-.244	.060	-.244	-4.085	.000
	Z 스코어(exercise)	.429	.060	.429	7.124	.000
	Zageexercise	.211	.061	.201	3.476	.001

a. 종속변수: Z 스코어(endurance)

(7) 조절효과의 검정

위계적 회귀분석에 의한 조절효과의 검정은 R^2 변화량이 유의적인가를 보거나 또는 상호작용항의 계수가 유의적인가를 본다. 위계적 회귀분석이 아닌 경우에는 상호작용항의 계수가 유의적인가만 보면 된다. [표 2-8]에서 R^2 변화량이 유의적이어서 조절효과가 있음을 알 수 있고, 상호작용항의 계수(0.047)는 유의적임을 알 수 있다. 이들의 유의확률은 동일함을 알 수 있다.

(8) 단순회귀방정식의 도출

지금까지 여러 가지 방식에 의해 회귀선을 도출하였는데, 방식에 따라 계수값이 조금씩 다른 것을 알 수 있다. 그러나 상호작용항의 t값은 3.476으로 모두 동일한 것을 알 수 있다. 이 가운데 가장 많이 추천되고 있는 평균중심화와 위계적 입력에 의한 결과([표 2-8])를 중심으로 살펴보기로 한다. 총체적 검정만으로는 조절변수가 어떤 조건에서 상호작용효과가 있는지에 대해서는 알지 못한다. 이를 위해서는 단순기울기의 검정이 필요하다.

[표 2-8]의 결과를 토대로 다음과 같은 회귀방정식을 세울 수 있다.

$$\hat{Y} = 25.886 - .262X + .973Z + .047XZ \quad (6)$$

위의 회귀방정식을 다음과 같이 고쳐 쓸 수 있다.

$$\hat{Y} = 25.886 + (-.262 + 0.047Z)X + .973Z$$

단순회귀방정식은 조절변수(Z)의 평균을 중심으로 '−1×표준편차', '0', '+1×표준편차'의 값으로 토대로 구한다. Z의 표준편차는 4.78이다. 따라서 다음과 같은 세 개의 단순회귀방정식을 구할 수 있다.

$$Z_{low} = -4.78: \ \hat{Y} = -.487X + 21.24$$
$$Z_{mean} = 0.00: \ \hat{Y} = -.262X + 25.89$$
$$Z_{high} = +4.78: \ \hat{Y} = -.036X + 30.53$$

위 회귀방정식에서 −.487, −.262, −.036은 **단순기울기(simple slope)**, 21.24, 25.89, 30.53은 **단순절편(simple intercept)**이다.

(9) 단순기울기의 검정

단순기울기가 통계적으로 유의적인가를 검정하여 특정 조건에서의 조절효과를 검정한다.

2) Interaction에 의한 분석

다음과 같이 해당 변수를 보내고 [Center all continuous predictors]를 체크하고, [Next] 버튼을 누른다.

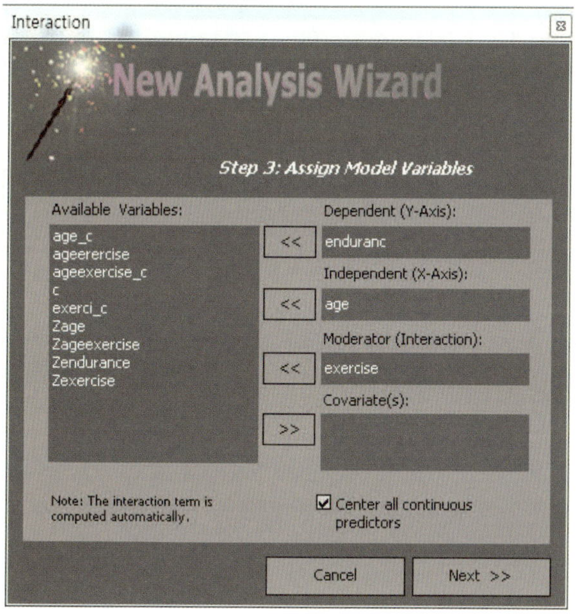

****************************** MODEL COEFFICIENTS ******************************

	B	Std Error	t	Significance
(Regression constant):	25.88872135	0.646618461	40.03708973	0.000000001
age:	-0.26168976	0.064063836	-4.08482822	0.000059928
exercise:	0.972715256	0.136532702	7.124412210	0.000000001
Interaction term:	0.047244737	0.013592930	3.475684400	0.000603366

95% CONFIDENCE INTERVALS

	Lower Bound	Upper Bound
(Regression constant):	24.61502886	27.16241384
age:	-0.38788106	-0.13549846

```
                      exercise:   0.703776633     1.241653878
              Interaction term:   0.020469730     0.074019744


******************************** INTERACTION LINE 1 ********************************

                                       Moderator: exercise
                              Level of the Moderator: +1 Std Dev
                                    Simple Slope: -0.03608550
                                       Intercept: 30.53365587
                    Standard Error of Simple Slope: 0.090253684
                              Degrees of Freedom: 241
                                               t: -0.39982301
      Significance of Simple Slope (two-tailed): 0.689641012
      Significance of Simple Slope (one-tailed): 0.344820506

                                                    Lower Bound    Upper Bound
                                                    ------------   ------------
                 95% CI around the Simple Slope:    -0.21387228    0.141701281

      NOTE: Continuous predictors were centered prior to computing these values!


******************************** INTERACTION LINE 2 ********************************

                                       Moderator: exercise
                              Level of the Moderator: Mean
                                    Simple Slope: -0.26168976
                                       Intercept: 25.88872135
                    Standard Error of Simple Slope: 0.064063836
                              Degrees of Freedom: 241
                                               t: -4.08482822
      Significance of Simple Slope (two-tailed): 0.000060074
      Significance of Simple Slope (one-tailed): 0.000030037
                                                 Lower Bound   Upper Bound
                                                 -----------   -----------
                 95% CI around the Simple Slope:   -0.38788631   -0.13549322

      NOTE: Continuous predictors were centered prior to computing these values!


******************************** INTERACTION LINE 3 ********************************

                                       Moderator: exercise
                              Level of the Moderator: -1 Std Dev
                                    Simple Slope: -0.48729403
                                       Intercept: 21.24378683
                    Standard Error of Simple Slope: 0.092136088
```

```
                      Degrees of Freedom: 241
                                       t: -5.28885086
Significance of Simple Slope (two-tailed): 0.000000276
Significance of Simple Slope (one-tailed): 0.000000138

                                          Lower Bound   Upper Bound
                                          -----------   ------------
        95% CI around the Simple Slope:  -0.66878887    -0.30579918

NOTE: Continuous predictors were centered prior to computing these values!

********************************** END LINE 3 **************************************
```

단순기울기 검정을 통해 알 수 있듯, 'line1'은 통계적으로 유의적이지 않고, 'line2', 'line3'은 통계적으로 유의적인 것으로 나타난다. 위의 정보를 토대로 단순기울기를 그림으로 나타내면 다음과 같다.

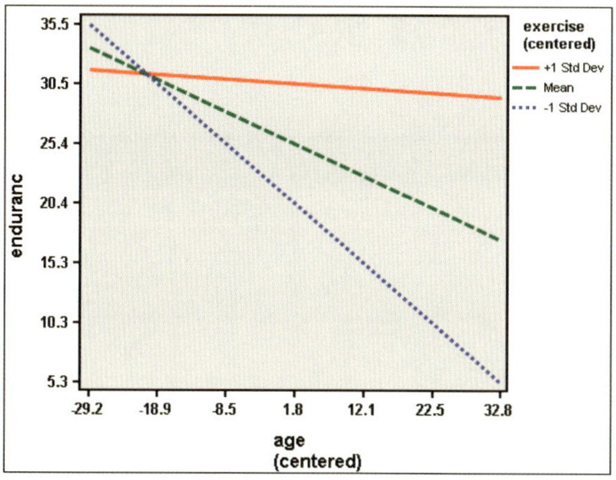

3) PROCESS에 의한 분석

다음과 같이 해당 변수를 보내고, [Options] 버튼을 눌러, [Mean center for products]를 체크하고 [계속] 버튼을 누른다. 'Model number'를 '1'로 바꾼다. 그 다음 [확인] 버튼을 누른다.

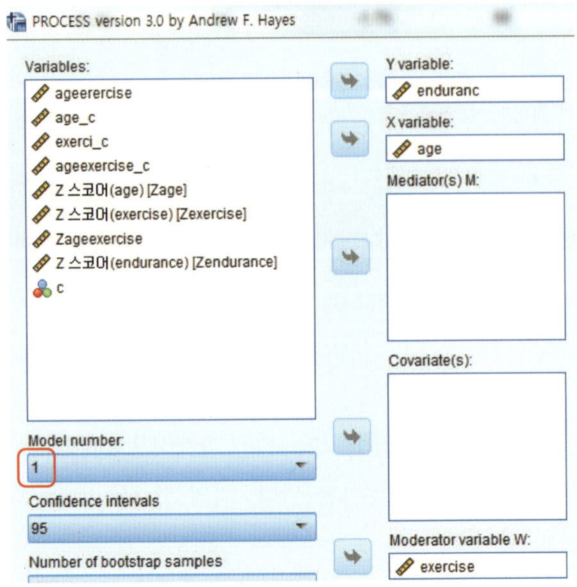

이를 분석하면 다음과 같은 결과를 얻는다.

```
**************************************************************************************************
Model = 1
    Y = enduranc
    X = age
    M = exercise

Sample size
        245

**************************************************************************************************
Outcome: enduranc

Model Summary
          R        R-sq        MSE          F         df1         df2          p
      .4540       .2061    94.0821    20.8585      3.0000    241.0000      .0000

Model
               coeff         se          t          p       LLCI       ULCI
constant     25.8887      .6466    40.0371      .0000    24.6150    27.1625
exercise       .9727      .1365     7.1244      .0000      .7038     1.2417
age          -.2617       .0641    -4.0848      .0001     -.3879     -.1355
int_1          .0472      .0136     3.4757      .0006      .0205      .0740
```

```
Interactions:

 int_1    age          X      exercise

R-square increase due to interaction(s):
         R2-chng          F        df1        df2          p
int_1      .0398    12.0804     1.0000   241.0000      .0006

*************************************************************************************

Conditional effect of X on Y at values of the moderator(s):
   exercise     Effect         se          t          p       LLCI       ULCI
    -4.7752     -.4873      .0921    -5.2889      .0000     -.6688     -.3058
      .0000     -.2617      .0641    -4.0848      .0001     -.3879     -.1355
     4.7752     -.0361      .0903     -.3998      .6896     -.2139      .1417

Values for quantitative moderators are the mean and plus/minus one SD from mean.
Values for dichotomous moderators are the two values of the moderator.

*********************** JOHNSON-NEYMAN TECHNIQUE ***********************

Moderator value(s) defining Johnson-Neyman significance region(s):
     Value    % below    % above
    2.5328    73.8776    26.1224
   13.6954    99.1837      .8163

Conditional effect of X on Y at values of the moderator (M)
   exercise     Effect         se          t          p       LLCI       ULCI
   -10.6735     -.7660      .1598    -4.7931      .0000    -1.0807     -.4512
    -9.3735     -.7045      .1438    -4.8998      .0000     -.9878     -.4213
    -8.0735     -.6431      .1282    -5.0161      .0000     -.8957     -.3906
    -6.7735     -.5817      .1132    -5.1366      .0000     -.8048     -.3586
    -5.4735     -.5203      .0992    -5.2459      .0000     -.7156     -.3249
    -4.1735     -.4589      .0864    -5.3083      .0000     -.6291     -.2886
    -2.8735     -.3974      .0757    -5.2491      .0000     -.5466     -.2483
    -1.5735     -.3360      .0680    -4.9447      .0000     -.4699     -.2022
     -.2735     -.2746      .0642    -4.2742      .0000     -.4012     -.1481
     1.0265     -.2132      .0653    -3.2656      .0013     -.3418     -.0846
     2.3265     -.1518      .0709    -2.1420      .0332     -.2914     -.0122
     2.5328     -.1420      .0721    -1.9699      .0500     -.2841      .0000
     3.6265     -.0904      .0800    -1.1291      .2600     -.2480      .0673
     4.9265     -.0289      .0917     -.3155      .7526     -.2096      .1517
     6.2265      .0325      .1051      .3091      .7575     -.1745      .2395
     7.5265      .0939      .1196      .7852      .4331     -.1417      .3295
     8.8265      .1553      .1348     1.1519      .2505     -.1103      .4209
    10.1265      .2167      .1506     1.4389      .1515     -.0800      .5134
    11.4265      .2782      .1668     1.6677      .0967     -.0504      .6067
    12.7265      .3396      .1832     1.8533      .0651     -.0214      .7005
```

13.6954	.3853	.1956	1.9699	.0500	.0000	.7707
14.0265	.4010	.1999	2.0062	.0460	.0073	.7947
15.3265	.4624	.2167	2.1339	.0339	.0356	.8893

J-N 기법에 의한 조절변수의 유의영역은 조절변수의 값이 2.5328보다 작은 경우(73.87%) 또는 13.6954보다 큰 경우(.816%)에 해당한다.

신뢰밴드를 만들기 위해 [파일] → [새로작성] → [구문(또는 명령문)]으로 간다. 아래와 같이 입력한다. 전체를 블록지정하고 [실행]을 누른다.

```
data list free/exercise   Effect   LLCI   ULCI.
begin data.
-10.6735   -.7660   -1.0807   -.4512
 -9.3735   -.7045    -.9878   -.4213
 -8.0735   -.6431    -.8957   -.3906
 -6.7735   -.5817    -.8048   -.3586
 -5.4735   -.5203    -.7156   -.3249
 -4.1735   -.4589    -.6291   -.2886
 -2.8735   -.3974    -.5466   -.2483
 -1.5735   -.3360    -.4699   -.2022
  -.2735   -.2746    -.4012   -.1481
  1.0265   -.2132    -.3418   -.0846
  2.3265   -.1518    -.2914   -.0122
  2.5328   -.1420    -.2841    .0000
  3.6265   -.0904    -.2480    .0673
  4.9265   -.0289    -.2096    .1517
  6.2265    .0325    -.1745    .2395
  7.5265    .0939    -.1417    .3295
  8.8265    .1553    -.1103    .4209
 10.1265    .2167    -.0800    .5134
 11.4265    .2782    -.0504    .6067
 12.7265    .3396    -.0214    .7005
 13.6954    .3853     .0000    .7707
 14.0265    .4010     .0073    .7947
 15.3265    .4624     .0356    .8893
end data.
graph/scatter(overlay)=exercise   exercise exercise with  LLCI   ULCI effect (pair).
```

그러면 다음과 같은 그래프를 그린다.

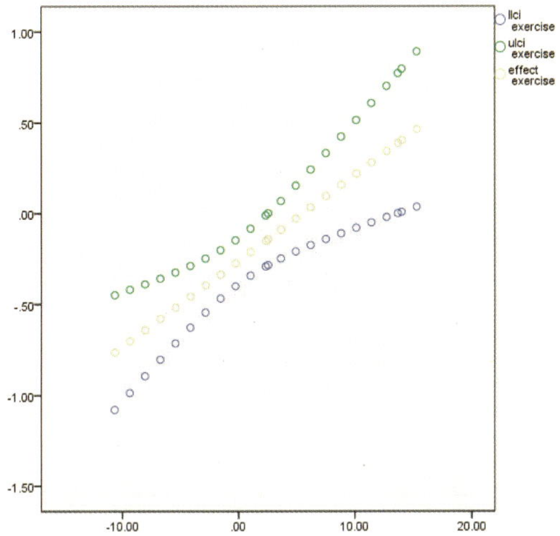

위 그래프를 통해 알 수 있듯, 그래프가 조금 엉성하다. 정확한 그래프를 그리기 위해 앞서 설명한 Preacher 교수의 'interaction' utilities를 이용하여 다시 그려보기로 한다. 이를 위해 SPSS 회귀분석에서 분산 및 공분산을 구하면 다음과 같은 값을 얻는다.

계수상관[a,b]

모형			c	age_c	exerci_c	ageexercise_c
1	상관	c	1.000	.006	-.034	-.286
		age_c	.006	1.000	-.283	-.021
		exerci_c	-.034	-.283	1.000	.119
		ageexercise_c	-.286	-.021	.119	1.000
	공분산	c	.418	.000	-.003	-.003
		age_c	.000	.004	-.002	-1.862E-5
		exerci_c	-.003①	-.002	.019	.000
		ageexercise_c	-.003	-1.862E-5②	.000	.000

a. 종속변수: enduranc
b. 원점을 지나는 선형회귀

위의 값에서 ①은 -0.003043, ②는 -0.000019이다. 이 값은 SPSS에서 output viewer에서 해당 변수에 마우스 포인트를 놓고 더블클릭하면 정확한 값을 볼 수 있다.

PROCESS에서도 분산 및 공분산을 구할 수 있다. 이를 위해 [Options] 버튼에서 [Print model coefficient covariance matrix]를 체크한다. 아래는 PROCESS를 통해 구한 값이다.

Covariance matrix of regression parameter estimates

	constant	exercise	age	int_1
constant	.4181	−.0030	.0002	−.0025
exercise	−.0030	.0186	−.0025	.0002
age	.0002	−.0025	.0041	.0000
int_1	−.0025	.0002	.0000	.0002

Preacher 교수의 'interaction utilities'에서 다음과 같이 입력한다.

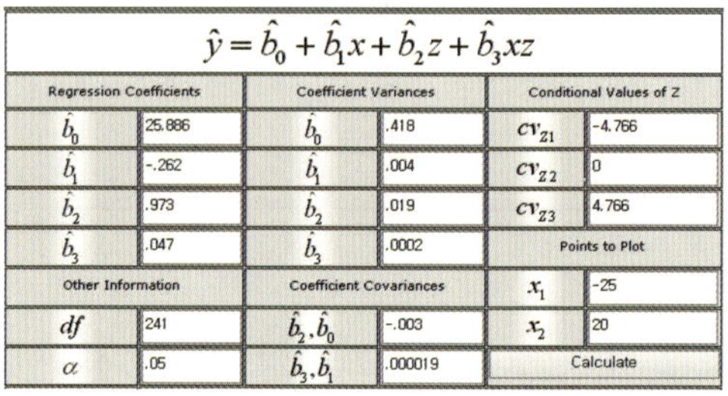

$$\hat{y} = \hat{b}_0 + \hat{b}_1 x + \hat{b}_2 z + \hat{b}_3 xz$$

Regression Coefficients		Coefficient Variances		Conditional Values of Z	
$\hat{b}_0$	25.886	$\hat{b}_0$	.418	cv_{z1}	-4.766
$\hat{b}_1$	-.262	$\hat{b}_1$	.004	cv_{z2}	0
$\hat{b}_2$	.973	$\hat{b}_2$	.019	cv_{z3}	4.766
$\hat{b}_3$	.047	$\hat{b}_3$	.0002	Points to Plot	
Other Information		Coefficient Covariances		x_1	-25
df	241	$\hat{b}_2, \hat{b}_0$	-.003	x_2	20
α	.05	$\hat{b}_3, \hat{b}_1$	.000019	Calculate	

아래는 신뢰밴드를 보인 것이다.

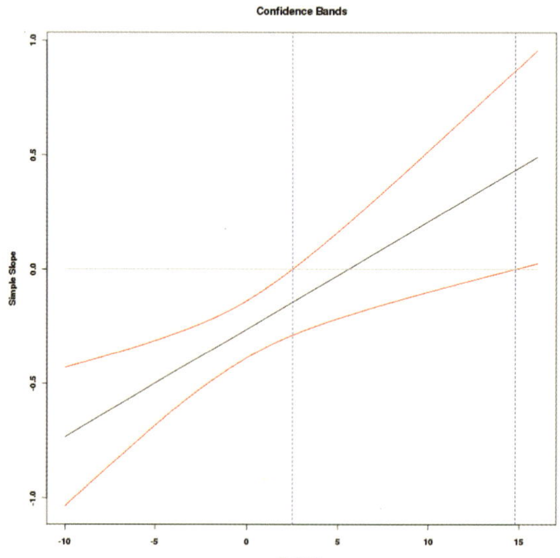

이 그래프에서 위의 선은 95%신뢰구간의 상한한계(ULCI), 가운데 선은 점추정치, 아래 선은 95%신뢰구간의 하한한계(LLCI)를 의미한다. 유의영역은 2.5328 이하(73.88%), 13.6954 이상(.82%)이 된다.

2.3 결과보고 및 기술

지금까지 여러 가지 프로그램을 이용하여 조절효과의 분석에 대해 살펴보았다. 이제 분석결과를 보고하고 기술하는 것에 관해 살펴보기로 한다. 분석결과의 보고 및 기술은 다음과 같은 사항을 고려한다.

첫째, 어떤 방식으로 분석했는가를 기술한다. 예를 들어, 위계적 입력인지 동시입력인지를 기술한다. 또한 표준화했는지, 평균중심화를 했는지를 기술한다.

둘째, 사용한 프로그램에 대해 기술한다. 예를 들어, SPSS인지, Interaction인지, PROCESS인지를 기술한다.

이하에서 PROCESS를 이용한 결과를 보고하고 기술하는 관점에서 살펴보기로 한다.

신체근력	b	S.E	t
상수	25.889	.647	40.037***
나이	-.262	.064	-4.085***
운동	.973	.137	7.124***
나이×운동	.047	.014	3.476***
F=20.859			
R^2=.206			

나이를 먹을수록 신체근력은 떨어지는 것으로 나타났다($b=-.262$, $p<0.001$). 운동은 신체근력에 정적인 영향을 주는 것으로 나타났다($b=.973$, $p<0.001$). 나이와 신체근력과의 관계에서 운동의 조절효과는 유의적인 것으로 나타났다($b=.047$, $p<0.001$). 이들의 계수를 검토한 결과 운동은 완화효과를 하는 것으로 나타나 가설은 채택되었다.

운동의 조절효과가 유의적인 것으로 나타났으므로 보다 심층적으로 살펴보기 위해 단순기울기를 검정한 결과는 다음 표와 같다.

조절변수		운동의 단순기울기		
		b	S.E	t
운동	-1SD(-4.775)	-.487	.092	-5.289***
	평균(0.000)	-.262	.064	-4.085***
	+1SD(4.775)	.036	.090	-.400

위 표에서 볼 수 있듯, 평균 및 $-1SD$ 집단에서는 운동이 신체근력에 미치는 효과가 유의적인 것으로 나타났으나, $+1SD$ 집단에서는 유의적인 영향을 미치지 않는 것으로 나타났다. 이를 그림으로 나타내면 다음과 같다.

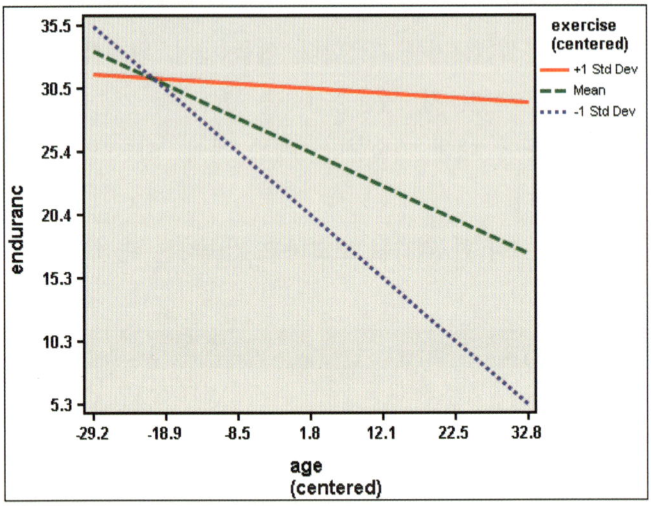

그림에서 볼 수 있듯, 나이를 먹을수록 신체근력은 떨어지는데 운동을 평균적으로 하거나 평균보다 적게 하면 신체근력이 더 떨어지는 것으로 나타났다.

조절효과를 보다 심층적으로 살펴볼 수 있는 Johnson-Neyman의 유의영역은 다음과 같다. 이 표에서 2.533은 유의영역의 하한한계이고 2.533보다 큰 사례는 26.12%이고 이보다 작은 사례는 73.88%임을 알려준다. 마찬가지로 13.695는 상한한계이고 이보다 큰 사례는 .82%이고 이보다 작은 사례는 99.18%임을 알려준다.

Value	% below	% above
2.533	73.88	26.12
13.695	99.18	.82

이를 신뢰밴드로 나타내면 다음과 같다.

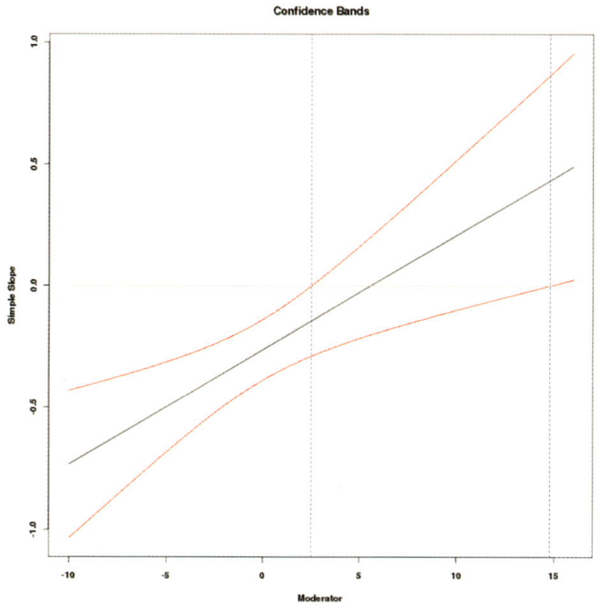

이 신뢰밴드는 2.533보다 작거나 13.695보다 큰 조절변수의 점수에서 조절효과가 유의적이고, 그 사이의 값은 조절효과가 없음을 의미한다. 구체적으로, 조절변수의 점수가 13.695보다 큰 경우(82%)는 단순기울기의 부호가 0보다 큰 값을 가진다. 이는 운동량이 증가할수록 신체근력이 강화됨을 의미하고, 조절변수의 점수가 2.533보다 작은 경우(73.88%)는 단순기울기의 부호가 0보다 작은 값을 가진다. 이는 운동량이 적을수록 신체근력이 떨어짐을 의미한다.

참·고·문·헌

Aguinis, H. (2004), *Regression Analysis for Categorical Moderators*, New York, NY: The Guilford Press.

Aguinis, H., and Gottfredson, R. K. (2010), "Best-Practice Recommendations for Estimating Interaction Effects Using Moderated Multiple Regression," *Journal of Organizational Behavior*, 31, 776-786.

Aiken, L. S., and West, S. G. (1991), *Multiple Regression: Testing and Interpreting Interactions*, Thousand Oaks, CA: Sage.

Cohen, J., Cohen, P., West, S. G., and Aiken, L. S. (2003), *Applied Multiple Regression/Correlation Analysis for the Behavioral Sciences*, 3rd Ed., Mahwah, NJ: Erlbaum.

Dawson, J. F. (2014), "Moderation in Management Research: What, Why, When, and How," *Journal of Business and Psychology*, 29(1), 1-19.

Echambadi, R., and Hess, J. D. (2007), "Mean-Centering Does Not Alleviate Collinearity Problems in Moderated Multiple Regression Models," *Marketing Science*, 26(3), 438-45.

Friedrich, R. J. (1982), "In Defense of Multiplicative Terms in Multiple Regression Equations," *American Journal of Political Science*, 26, 797-833.

Hayes, A. F. (2013), *Introduction to Mediation, Moderation, and Conditional Process Analysis: A Regression-Based Approach*, New York, NY: The Guilford Press.

Hayes, A. F. (2018), *Introduction to Mediation, Moderation, and Conditional Process Analysis: A Regression-Based Approach*, 2nd ed., New York, NY: The Guilford Press.

Hayes, A. F., and Matthes, J. (2009), "Computational Procedures for Probing Interactions in OLS and Logistic Regression: SPSS and SAS Implementation," *Behavioral Research Methods*, 41(3), 924-936.

Preacher, K. J., Curran, P. J., and Bauer, D. J. (2006), "Computational Tools for Probing Interactions in Multiple Linear Regression, Multilevel Modeling, and Latent Curve Analysis," *Journal of Educational and Behavioral Statistics*, 31(4), 437-448.

Dawson's home page: http://www.jeremydawson.co.uk/slopes.htm

Jose's home page: https://www.victoria.ac.nz/psyc/about/staff/paul-jose

Preacher's home page: http://www.quantpsy.org/interact

Soper's home page: http://www.danielsoper.com

Chapter 3 SPSS에 의한 조절효과분석(Ⅱ)

1 독립변수는 연속형, 조절변수는 범주형, 종속변수는 연속형 변수인 경우: 조절변수의 범주가 2개인 경우

1.1 연구모델 및 가설설정

다음과 같은 가설을 검정한다고 가정한다. 교사의 교수법에 대한 학생의 만족은 학생의 모호성 수용도에 의해 영향을 받는다. 그런데 이들 간의 관계는 교사의 교수법이 지시적인지 또는 비지시적인지에 따라 달라진다고 가정한다. 보다 구체적으로, 모호성의 수용도가 비교적 낮은 학생은 교사의 교수법 스타일이 지시적인 것을 좋아하고, 반대로 모호성의 수용도가 비교적 높은 학생은 교사의 교수법 스타일이 비지시적인 것을 좋아한다고 가정한다.

이 가설을 검정하기 위해 학생을 임의적으로 '지시적인 교수법 스타일'(0)과 '비지시적 교수법 스타일'(1)로 할당하였다. 학기 초에 학생들을 대상으로 '모호성의 수용도'를 측정하였다. 숫자가 클수록 수용도가 큼을 의미한다. 학기 말에 학생들을 대상으로 '교사에 대한 만족도'를 7점 척도를 이용하여 측정하였다. 이도 숫자가 클수록 만족도가 큼을 의미한다. 교수법 스타일의 조절효과를 그림으로 나타내면 [그림 3-1]과 같다.

그림 3-1 **교수법 스타일의 조절효과**

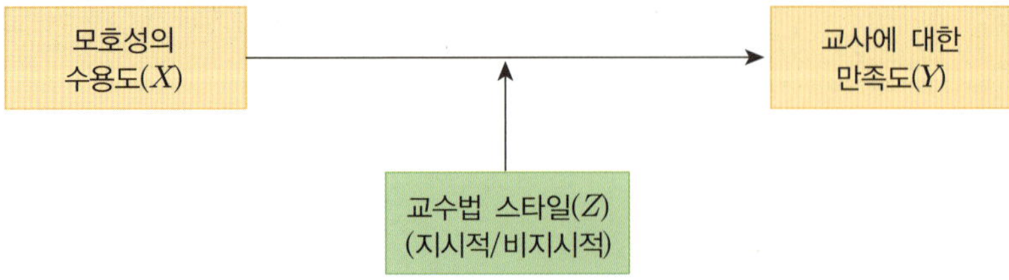

가설 1: 모호성의 수용도가 교사에 대한 만족에 미치는 효과는 교수법 스타일이 조절역할을 할 것이다.

가설 2: 모호성의 수용도가 교사에 대한 만족에 미치는 효과는 교수법 스타일이 비지시적일수록 더 높을 것이다.

위 가설에서 가설 1은 **비방향성가설(nondirectional hypothesis)**이고, 가설 2는 **방향성가설(directional hypothesis)**이다. 따라서 가설 1은 $\alpha = 0.05$ 수준에서 임계치가 1.96이고, 가설 2는 1.654가 된다.

위 가설의 조절효과를 검정하기 위한 자료는 다음과 같다. 여기에서 'y=교사에 대한 만족', 'x=모호성의 수용도', 'd=더미코딩(dummy coding)'을 의미한다. 더미코딩은 1=비지시적, 0=지시적 교수법 스타일로 코딩되었다. 'e=효과코딩(effect coding)'을 의미한다. 효과코딩은 1=비지시적, −1=지시적 교수법스타일로 코딩되었다.

	y	x	d	xd	e	xe
1	2	5	1	5	1	5
2	1	7	1	7	1	7
3	2	10	1	10	1	10
4	2	15	1	15	1	15
5	3	17	1	17	1	17
6	3	20	1	20	1	20
7	3	25	1	25	1	25
8	4	23	1	23	1	23
9	4	27	1	27	1	27
10	5	30	1	30	1	30

[chap3] [Pedhazur14_3.sav]

1.2 SPSS에 의한 분석

조절변수가 범주변수인 경우에는 **더미코딩(dummy coding)**을 하거나 또는 **효과코딩(effect coding)**을 해야 한다. 더미코딩을 하지 않고, 즉 0과 1이 아닌 1과 2로 해서 분석할 수 있는데 이 경우 계수값이 다르게 나온다. 더미코딩을 하는 경우에 어떤 값을 **비교범주(comparison category)**로 하느냐에 따라 결과값이 다르게 나온다. SPSS는 0을 비교범주로 간주한다.

1) 동시입력에 의한 분석

동시입력에 의해 위 모델의 조절효과를 검정하기 위한 회귀식은 다음과 같다.

$$\hat{Y} = b_0 + b_1 X + b_2 Z + b_3 XZ \quad (1)$$

회귀분석에 의해 조절효과를 분석하기 위해 먼저 독립변수(x)와 조절변수(d)를 곱한 상호작용항(xd)을 만든다. 동시입력에 의해 분석하기 위해 다음과 같이 해당 변수를 보낸다.

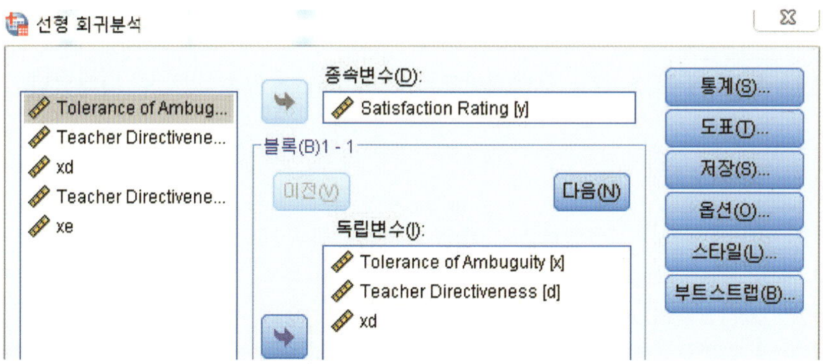

이를 실행하면 다음과 같은 결과를 얻는다.

모형요약

모형	R	R제곱	조정된 R제곱	표준추정값 오류
1	.952[a]	.907	.899	.602

a. 예측변수: (상수), Teacher Directiveness, Tolerance of Ambuguity, xd

분산분석[a]

모형		제곱합	df	평균 제곱	F	유의수준
1	회귀분석	127.332	3	42.444	116.930	.000[b]
	잔차	13.068	36	.363		
	총계	140.400	39			

a. 종속변수: Satisfaction Rating
b. 예측변수: (상수), Teacher Directiveness, Tolerance of Ambuguity, xd

계수[a]

모형		비표준계수		표준계수	t	유의수준
		B	표준오차	베타		
1	(상수)	7.193	.267		26.969	.000
	Tolerance of Ambuguity	−.107	.008	−.986	−13.871	.000
	Teacher Directiveness	−6.000	.395	−1.601	−15.187	.000
	xd	.205	.011	2.218	18.565	.000

a. 종속변수: Satisfaction Rating

상호작용항의 계수(.205)가 유의적이므로 조절효과가 있는 것으로 나타났다.

2) 위계적 입력에 의한 분석

위계적 입력에 의한 조절효과를 검정하기 위한 회귀식은 다음과 같다.

$$\hat{Y} = b_0 + b_1 X + b_2 Z \quad (2)$$

$$\hat{Y} = b_0 + b_1 X + b_2 Z + b_3 XZ \quad (3)$$

종속변수와 독립변수란에 각각의 해당 변수를 보낸다.

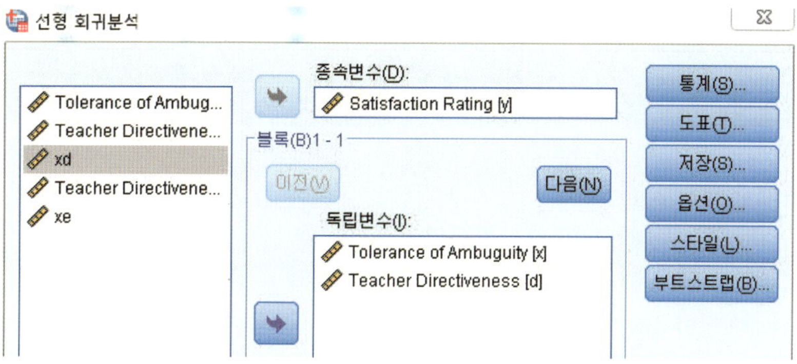

[다음] 버튼을 누르고, 상호작용항(xd)을 보낸다. [통계] 버튼을 눌러 나타나는 [선형회귀분석: 통계] 대화상자에서 [R제곱변화량]을 체크하고 [계속] 버튼을 누른다.

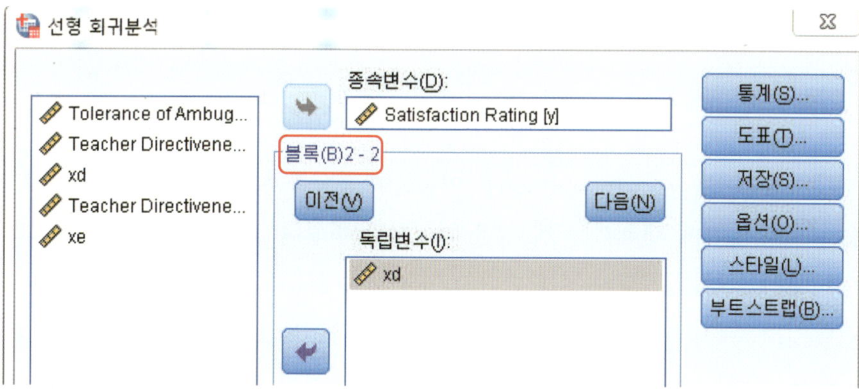

이를 실행하면 다음과 같은 결과를 얻는다.

모형요약

모형	R	R제곱	조정된 R제곱	표준추정값 오류	통계변경				
					R제곱 변화량	F변화량	df1	df2	유의수준 F변화량
1	.126[a]	.016	−.037	1.933	.016	.297	2	37	.745
2	.952[b]	.907	.899	.602	.891	344.677	1	36	.000

a. 예측변수: (상수), Teacher Directiveness, Tolerance of Ambuguity
b. 예측변수: (상수), Teacher Directiveness, Tolerance of Ambuguity, xd

R제곱변화량이 유의적이므로 조절효과가 있는 것으로 나타났다.

계수[a]

모형		비표준계수		표준계수	t	유의수준
		B	표준오차	베타		
1	(상수)	4.216	.684		6.167	.000
	Tolerance of Ambuguity	-.007	.018	-.067	-.407	.686
	Teacher Directiveness	.419	.613	.112	.684	.498
2	(상수)	7.193	.267		26.969	.000
	Tolerance of Ambuguity	-.107	.008	-.986	-13.871	.000
	Teacher Directiveness	-6.000	.395	-1.601	-15.187	.000
	xd	.205	.011	2.218	18.565	.000

a. 종속변수: Satisfaction Rating

상호작용항의 회귀계수가 유의적이므로 조절효과가 있는 것으로 나타났다.

1.3 Soper의 Interaction에 의한 분석

이하에서 Soper가 만든 Interaction을 이용하여 분석하는 것에 대해 알아보기로 한다. Interaction의 설치에 대해서는 제2장을 참고하기 바란다.

아이콘( )을 더블클릭하여 실행한다. [File] 메뉴에서 [New Interaction Analysis]를 클릭한다. [Browse] 버튼을 눌러 자료를 연결해준다. [Next] 버튼을 누른다. 'missing value'를 처리한다. 결측치가 없으면 [Next] 버튼을 누른다. Soper의 Interaction은 동시입력에 의해 분석한다.

독립변수가 연속변수인 경우에는 이를 centering하여 분석할 수 있고, centering하지 않고 분석할 수도 있다. 그리고 조절변수 가운데 어떤 것을 비교범주로 하느냐에 따라 분석결과가 달라진다.

1) centering을 하지 않고, '0'을 비교범주로 한 경우

독립변수를 centering 하지 않고 '0'을 **기준비교범주(baseline comparison category)**로 하여 분석하는 것에 대해 살펴보기로 한다. 이를 위해 다음과 같이 각각의 변수를 해당란으로 보내고, [Next] 버튼을 누른다.

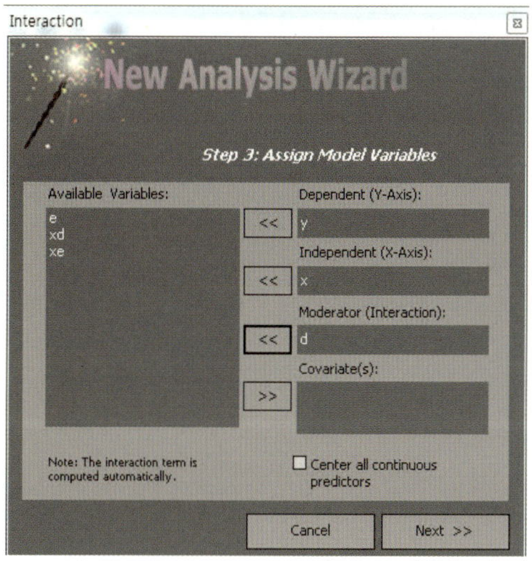

그러면 조절변수 'd'는 0과 1을 갖는 이분변수임을 알려주는 창이 나타난다. [Next] 버튼을 누른다. 이제 'comparison category'를 선택하라는 창이 나타난다. 0을 선택하고 [Next] 버튼을 누른다. 실행하면 다음과 같은 결과를 얻는다.

```
************************************ MODEL COEFFICIENTS ***********************************

                               B         Std Error         t        Significance
                          ----------    ----------    ----------    ----------
 (Regression constant): 7.193213364    0.266724289   26.96872253    0.000000001
                      x: -0.10679643   0.007699025   -13.8714223    0.000000001
     Dummy variable 1: -5.99971523     0.395057374   -15.1869465    0.000000001
     Interaction term 1: 0.205155386   0.011050362   18.56548953    0.000000001

                          95% CONFIDENCE INTERVALS
                          Lower Bound    Upper Bound
                          ------------   ------------
 (Regression constant):   6.653258268     7.733168459
                      x: -0.12238229     -0.09121057
     Dummy variable 1: -6.79946707       -5.19996339
     Interaction term 1:  0.182785097     0.227525675

************************************ INTERACTION LINE 1 *************************************

                       Moderator: d
           Moderator Category Code: 1
                       Simple Slope: 0.098358953
                          Intercept: 1.193498130
   Standard Error of Simple Slope: 0.007926885
```

```
                    Degrees of Freedom: 36
                                     t: 12.40827208
Significance of Simple Slope (two-tailed): 0.000000001
Significance of Simple Slope (one-tailed): 0.000000000

                                        Lower Bound    Upper Bound
                                        ------------   ------------
      95% CI around the Simple Slope: 0.082282483     0.114435422

*************************************** INTERACTION LINE 2 ***************************************

                             Moderator: d
              Moderator Category Code: 0
                          Simple Slope: -0.10679643
                             Intercept: 7.193213364
      Standard Error of Simple Slope: 0.007699025
                    Degrees of Freedom: 36
                                     t: -13.8714223
Significance of Simple Slope (two-tailed): 0.000000001
Significance of Simple Slope (one-tailed): 0.000000000

                                        Lower Bound    Upper Bound
                                        ------------   ------------
      95% CI around the Simple Slope: -0.12241078     -0.09118208

*************************************** END LINE 2 ***************************************
```

상호작용항이 유의적으로 나타나 조절효과가 있는 것으로 나타난다. 조절효과의 단순 기울기를 그림으로 나타내면 다음과 같다.

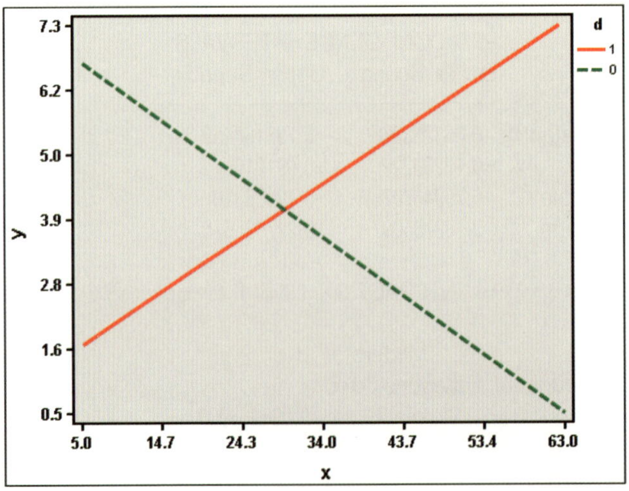

1=비지시적 교수법 스타일은 모호성의 수용정도(X)가 높을수록 교사에 대한 만족도(Y)가 높은 것으로 나타나고, 0=지시적 교수법 스타일은 모호성의 수용정도가 높을수록 교사에 대한 만족도가 떨어지는 것으로 나타났다.

한편 이 그림에서 두 선이 만나는 **교차점(intersection point)**은 다음과 같이 구할 수 있다. 먼저, 이 결과에서 얻은 값을 토대로 다음과 같은 식을 구할 수 있다.

$$Y' = 7.193213 - .106796X - 5.99715D + .205155XD$$

이 식에 D의 값에 1=비지시적, 0=지시적을 대입하면 각각 다음과 같다.

$$Y'_{비지시적} = 1.193498 + .098359X$$
$$Y'_{지시적} = 7.193214 - .106797X$$

이 식을 X로 정리하면 다음과 같다.

$$X = \frac{1.193498 - 7.193214}{-.106797 - .098359} = 29.24$$

29.24가 교차점이 된다. 이 점을 기준으로 두 직선이 교차한다.

2) centering을 하지 않고, '1'을 비교범주로 한 경우

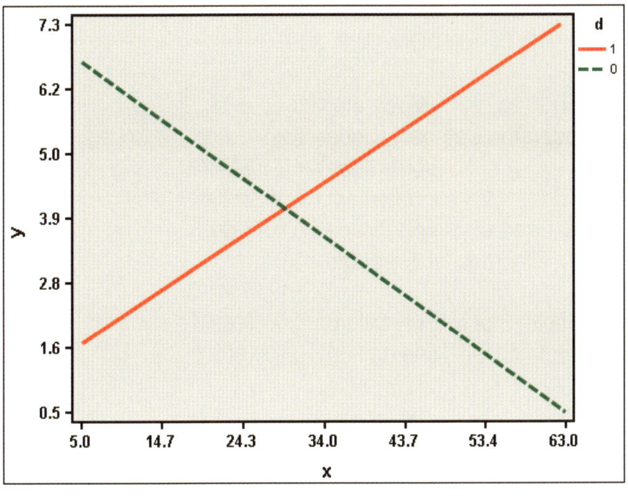

```
************************************** MODEL COEFFICIENTS **************************************

                                B          Std Error         t          Significance
                          ----------- ----------- ----------- ------------
(Regression constant):  1.193498130  0.291424916  4.095388081  0.000212561
                    x:  0.098358953  0.007926885  12.40827208  0.000000001
     Dummy variable 1:  5.999715233  0.395057374  15.18694657  0.000000001
   Interaction term 1: -0.20515538   0.011050362 -18.5654895   0.000000001

                          95% CONFIDENCE INTERVALS
                          Lower Bound   Upper Bound
                          ------------ ------------
(Regression constant):  0.603539229   1.783457031
                    x:  0.082311812   0.114406093
     Dummy variable 1:  5.199963391   6.799467076
   Interaction term 1: -0.22752567   -0.18278509

************************************** INTERACTION LINE 1 **************************************

                                      Moderator: d
                       Moderator Category Code: 1
                                  Simple Slope: 0.098358953
                                     Intercept: 1.193498130
                 Standard Error of Simple Slope: 0.007926885
                            Degrees of Freedom: 36
                                             t: 12.40827208
    Significance of Simple Slope (two-tailed): 0.000000001
    Significance of Simple Slope (one-tailed): 0.000000000

                                               Lower Bound    Upper Bound
                                               ------------ ------------
               95% CI around the Simple Slope: 0.082282483    0.114435422

**************************** INTERACTION LINE 2 ****************************

                                      Moderator: d
                       Moderator Category Code: 0
                                  Simple Slope: -0.10679643
                                     Intercept: 7.193213364
                 Standard Error of Simple Slope: 0.007699025
                            Degrees of Freedom: 36
                                             t: -13.8714223
    Significance of Simple Slope (two-tailed): 0.000000001
    Significance of Simple Slope (one-tailed): 0.000000000
```

```
                                        Lower Bound    Upper Bound
                                        ------------   ------------
95% CI around the Simple Slope: -0.12241078    -0.09118208

*********************************** END LINE 2 ***********************************
```

3) centering을 하고, '0'을 비교범주로 한 경우

앞서 한 것과 동일하게 하고 밑에 있는 [Center all continuous predictors]를 체크하고 [Next] 버튼을 누른다.

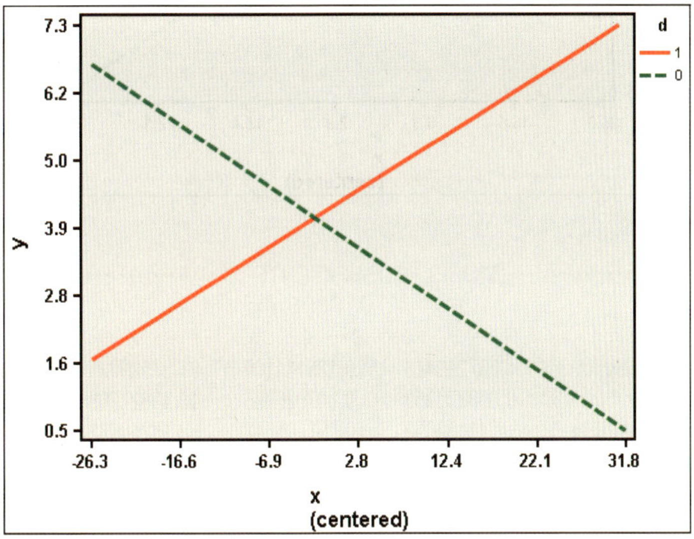


```
*************************************** MODEL COEFFICIENTS ***************************************
                               B            Std Error      t             Significance
                          -----------   -----------   -----------   -----------
(Regression constant):  3.855824814   0.135120090   28.53628060   0.000000001
                    x:  -0.10679643   0.007699025   -13.8714223   0.000000001
     Dummy variable 1:  0.411390598   0.191105642   2.152686821   0.037756480
     Interaction term 1: 0.205155386  0.011050362   18.56548953   0.000000001

                        95% CONFIDENCE INTERVALS
                         Lower Bound   Upper Bound
                        ------------  ------------
(Regression constant):  3.582288492   4.129361137
                    x:  -0.12238229   -0.09121057
     Dummy variable 1:  0.024517450   0.798263746
     Interaction term 1: 0.182785097  0.227525675
```

4) centering을 하고, '1'을 비교범주로 한 경우

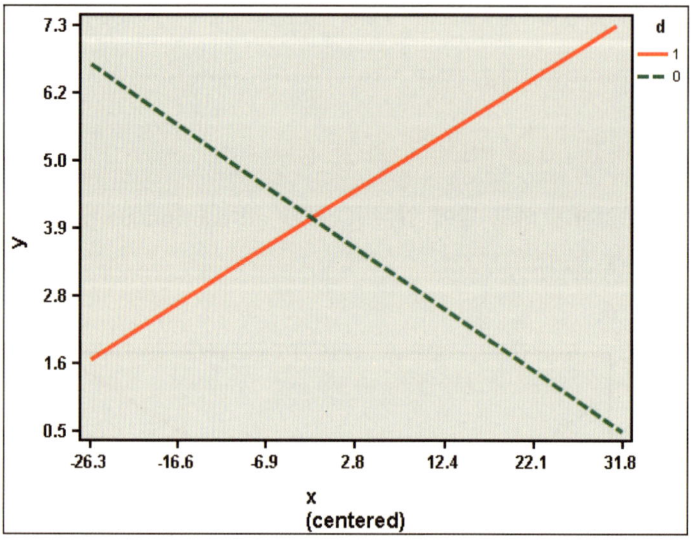

*************************************** MODEL COEFFICIENTS ***************************************

	B	Std Error	t	Significance
(Regression constant):	4.267215413	0.135144100	31.57529925	0.000000001
x:	0.098358953	0.007926885	12.40827208	0.000000001
Dummy variable 1:	-0.41139059	0.191105642	-2.15268682	0.037756480
Interaction term 1:	-0.20515538	0.011050362	-18.5654895	0.000000001

95% CONFIDENCE INTERVALS

	Lower Bound	Upper Bound
(Regression constant):	3.993630485	4.540800341
x:	0.082311812	0.114406093
Dummy variable 1:	-0.79826374	-0.02451745
Interaction term 1:	-0.22752567	-0.18278509

1.4 PROCESS에 의한 분석

PROCESS에 의해 분석하기 위해 다음과 같이 변수를 보내고 'Model number'를 '1'로 지정한다.

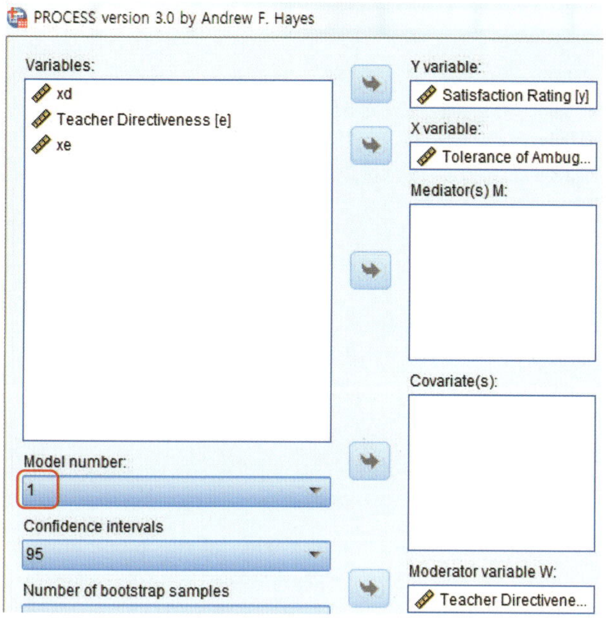

이를 분석하면 다음과 같은 결과를 얻는다.

```
**************************************************************************************************
Model  : 1
    Y  : y
    X  : x
    W  : d

Sample
Size:  40

Coding of categorical W variable for analysis:
          d          W1
       .000        .000
      1.000       1.000

**************************************************************************************************
OUTCOME VARIABLE:
 y

Model Summary
          R       R-sq        MSE          F        df1        df2          p
       .952       .907       .363    116.930      3.000     36.000       .000
```

```
Model
              coeff      se          t        p      LLCI      ULCI
constant      7.193    .267     26.969     .000     6.652     7.734
x             -.107    .008    -13.871     .000     -.122     -.091
W1           -6.000    .395    -15.187     .000    -6.801    -5.198
Int_1          .205    .011     18.565     .000      .183      .228

Product terms key:
Int_1    :        x        x        W1

Test(s) of highest order unconditional interaction(s):
          R2-chng          F       df1        df2        p
X*W          .891    344.677     1.000     36.000     .000
----------
    Focal predict: x        (X)
         Mod var: d         (W)

Conditional effects of the focal predictor at values of the moderator(s):

        d     Effect      se          t        p      LLCI      ULCI
     .000      -.107    .008    -13.871     .000     -.122     -.091
    1.000       .098    .008     12.408     .000      .082      .114

*********************** ANALYSIS NOTES AND ERRORS ************************
```

1.5 분석결과의 보고

분석결과를 보고하기 위해 다음과 같은 표를 만든다.

변수		비표준계수	표준오차	t	유의수준
상수		7.193	.267	26.969	.000
독립변수	모호성의 수용도	-.107	.008	-13.871	.000
조절변수	교수법스타일	-6.000	.395	-15.187	.000
상호작용항	모호성의 수용도× 교수법스타일	.205	.011	18.565	.000

$R^2 = .907$, $F(3) = 116.930^{**}$, $^{**}p < .01$

모호성의 수용도가 교사만족에 미치는 영향은 교수법스타일이 조절효과를 하는 것으로 나타났다($B = .205$, $p < .01$). 이를 보다 구체적으로 살펴보기 위해 단순기울기 검정을 하였다. 단순기울기를 검정한 결과, 비지시적(1)인 경우 기울기(slope)의 계수는

0.098로 유의적으로 나타났고, 지시적(0)인 경우 기울기는 −.107로 유의적인 것으로 나타났다. 이를 그림으로 제시한다.

2 독립변수는 연속형, 조절변수는 범주형, 종속변수는 연속형 변수인 경우: 조절변수의 범주가 3개인 경우

앞에서는 조절변수의 범주가 0과 1인 경우에 대해 살펴보았다. 이하에서는 조절변수의 범주가 3개인 경우에 대해 살펴보기로 한다. 이를 위해 다음과 같은 조절효과 모델을 세웠다고 가정한다. 즉 학점이 좋을수록 초봉이 높아질 것이다. 그런데 이들 간의 관계에서 출신대학(인문대, 공대, 경영대)이 조절효과를 하는지를 알고자 한다.

2.1 연구모델 및 가설설정

그림 3-2 ▌출신대학의 조절효과

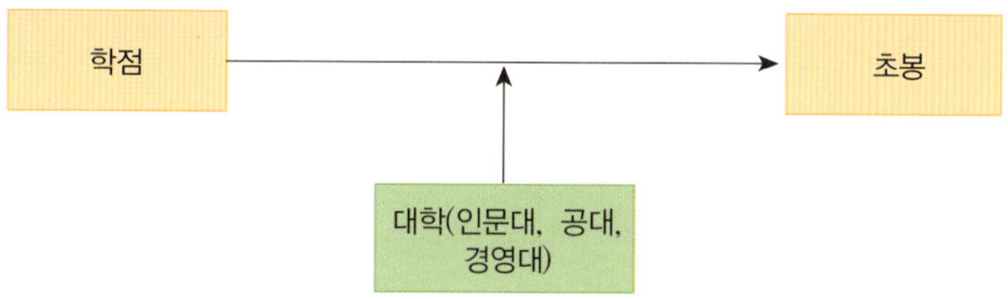

[그림 3-2]의 조절효과를 검정하기 위한 가설은 다음과 같이 설정할 수 있다.

가설: 학점이 초봉에 미치는 효과는 출신대학이 조절역할을 할 것이다.

이 가설을 검정하기 위한 자료($n=50$)는 다음과 같다.

	college	GPA	salary	D1	D2	GPA_c	D2GPA_c	D1GPA_c
1	1.00	2.54	21140	.00	.00	-.237	.000	.000
2	1.00	2.25	20667	.00	.00	-.527	.000	.000
3	1.00	2.69	21003	.00	.00	-.087	.000	.000
4	1.00	2.84	21269	.00	.00	.063	.000	.000
5	1.00	2.73	20831	.00	.00	-.047	.000	.000
6	1.00	2.83	21370	.00	.00	.053	.000	.000
7	1.00	2.48	20435	.00	.00	-.297	.000	.000
8	1.00	2.58	20584	.00	.00	-.197	.000	.000
9	1.00	3.95	21604	.00	.00	1.173	.000	.000
10	1.00	3.00	20937	.00	.00	.223	.000	.000

[chap3] [aiken&west118.sav]

2.2 SPSS에 의한 분석

위의 자료를 토대로 각 단대별 평균 GPA와 평균초봉을 계산하면 다음과 같다.

	평균 GPA	평균초봉($)
인문대	2.80	21,000
공대	2.40	28,000
경영대	3.00	24,000

1) 더미코딩 만들기

위의 자료에서 볼 수 있듯, college가 1, 2, 3으로 코딩되었다. 1=인문대, 2=공대, 3=경영대를 의미한다. college를 더미코딩하기 위해 어떤 집단을 준거집단으로 할 것인가를 결정해야 한다. 인문대를 **비교범주(comparison category)** 또는 **준거범주(reference category)**로 더미코딩하는 것에 대해 알아보기로 한다.

표 3-1 ▍더미코딩을 위한 접근법

인문대가 비교집단			공대가 비교집단			경영대가 비교집단		
	D1	D2		D1	D2		D1	D2
인문대	0	0	인문대	1	0	인문대	1	0
공대	1	0	공대	0	0	공대	0	1
경영대	0	1	경영대	0	1	경영대	0	0

인문대가 준거집단인 경우 $D1$은 인문대와 공대를 비교하고, $D2$는 인문대와 경영대를 비교한다.

SPSS에서 더미변수를 만드는 방법을 소개한다. 이를 위해 독자는 더미변수가 만들어진 파일에서 '$D1$'과 '$D2$'를 지운 다음 실습하기 바란다.

[파일] → [새로작성] → [구문]에서 다음과 같이 작성한다.

```
if (college=1) D1=0.
if (college=1) D2=0.
if (college=2) D1=1.
if (college=2) D2=0.
if (college=3) D1=0.
if (college=3) D2=1.
execute.
```

[메뉴] → [실행] → [모두]를 클릭한다. 그러면 더미변수가 만들어진다.

	college	GPA	salary	GPA_c	D2GPA_c	D1GPA_c	D1	D2
1	1.00	2.54	21140	-.237	.000	.000	.00	.00
2	1.00	2.25	20667	-.527	.000	.000	.00	.00
3	1.00	2.69	21003	-.087	.000	.000	.00	.00
4	1.00	2.84	21269	.063	.000	.000	.00	.00
5	1.00	2.73	20831	-.047	.000	.000	.00	.00
6	1.00	2.83	21370	.053	.000	.000	.00	.00
7	1.00	2.48	20435	-.297	.000	.000	.00	.00
8	1.00	2.58	20584	-.197	.000	.000	.00	.00
9	1.00	3.95	21604	1.173	.000	.000	.00	.00
10	1.00	3.00	20937	.223	.000	.000	.00	.00

2) 1단계: 더미변수만 포함한 모델 추정

더미변수만 포함한 모델을 추정하기 위한 회귀식은 다음과 같다.

$$\hat{Y} = b_0 + b_1 D1 + b_2 D2$$

SPSS에서 다음과 같이 변수를 보낸다.

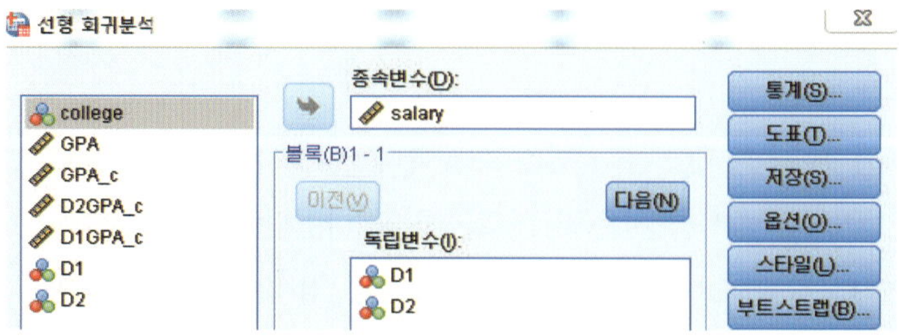

위 식을 추정하면 다음과 같은 값을 얻는다.

계수[a]

모형		비표준계수		표준계수	t	유의수준
		B	표준오차	베타		
1	(상수)	21000.000	98.442		213.324	.000
	D1	6999.900	184.168	1.027	38.008	.000
	D2	3000.067	160.755	.504	18.662	.000

a. 종속변수: salary

인문대: $\hat{Y} = b_0 + b_1(0) + b_2(0) = b_0$

공대: $\hat{Y} = b_0 + b_1(1) + b_2(0) = b_1 + b_0$

경영대: $\hat{Y} = b_0 + b_1(0) + b_2(1) = b_2 + b_0$

위 식에 회귀모델을 추정하여 얻은 값을 대입하면 다음과 같다.

인문대: 21,000
공대: 21,000+6,999=28,000
경영대: 21,000+3,000=24,000

이 값은 각 대학의 평균초봉을 의미한다. 이를 그래프로 나타내면 다음과 같다.

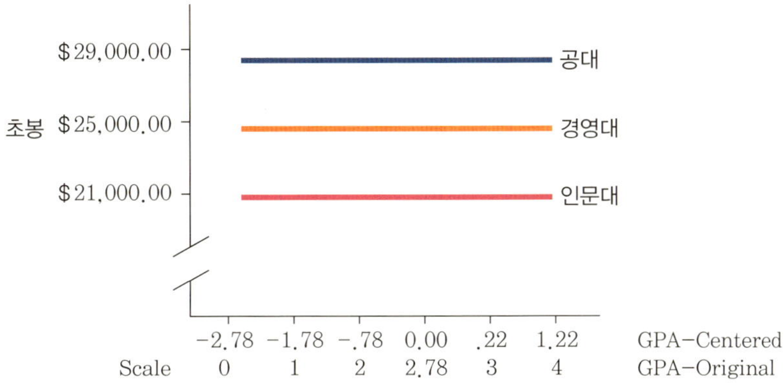

3) 2단계: 더미변수와 독립변수를 포함한 모델 추정

더미변수와 독립변수를 포함한 모델을 추정하기 위한 회귀식은 다음과 같다. 독립변수(GPA)는 평균중심화를 한 변수(GPA_c)를 포함한다.

$$\hat{Y} = b_0 + b_1 D1 + b_2 D2 + b_3 GPA_c$$

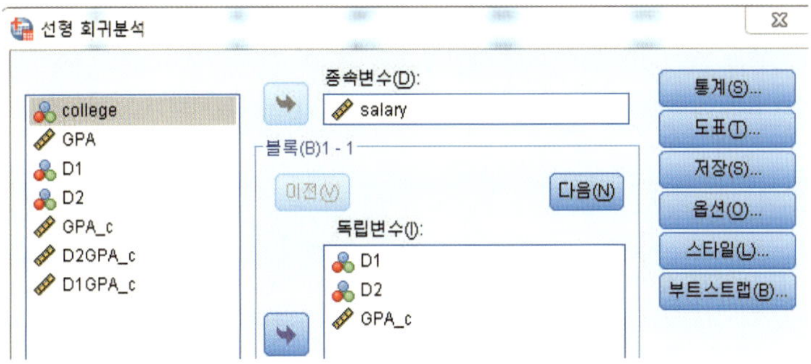

위 식을 추정하면 다음과 같은 값을 얻는다.

계수[a]

모형		비표준계수		표준계수	t	유의수준
		B	표준오차	베타		
1	(상수)	20978.311	66.042		317.653	.000
	D1	7377.469	132.924	1.082	55.501	.000
	D2	2820.649	110.265	.474	25.581	.000
	GPA_c	942.979	123.160	.149	7.657	.000

a. 종속변수: salary

인문대: $\hat{Y} = b_0 + b_3 GPA$

공대: $\hat{Y} = b_0 + b_1 + b_3 GPA$

경영대: $\hat{Y} = b_0 + b_2 + b_3 GPA$

위 식에 회귀모델을 추정하여 얻은 값을 대입하면 다음과 같다.

인문대: $\hat{Y} = 20{,}978 + 943\,GPA$

공대: $\hat{Y} = 20{,}978 + 7{,}377 + 943\,GPA = 28{,}355 + 943\,GPA$

경영대: $\hat{Y} = 20{,}978 + 2{,}821 + 943\,GPA = 23{,}799 + 943\,GPA$

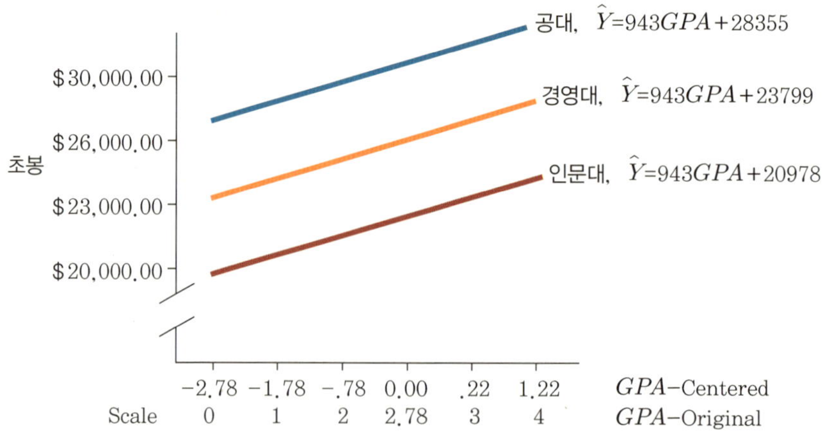

4) 3단계: 더미변수, 독립변수, 상호작용항을 포함한 모델 추정

$$\hat{Y} = b_0 + b_1 D1 + b_2 D2 + b_3 GPA_c + b_4 D1\,GPA_c + b_5 D2\,GPA_c$$

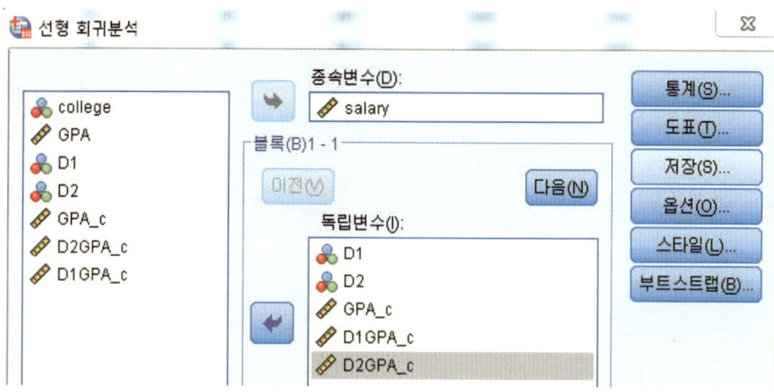

계수[a]

모형		비표준계수		표준계수	t	유의수준
		B	표준오차	베타		
1	(상수)	20981.832	45.846		457.661	.000
	D1	7064.441	111.854	1.036	63.158	.000
	D2	2619.003	82.728	.440	31.658	.000
	GPA_c	789.932	116.934	.125	6.755	.000
	D2GPA_c	1082.055	202.930	.087	5.332	.000
	D1GPA_c	-667.058	223.591	-.056	-2.983	.005

a. 종속변수: salary

인문대: $\hat{Y} = b_3 GPA + b_0$

공대: $\hat{Y} = b_1(1) + b_3 GPA + b_4 GPA + b_0$

$= (b_1 + b_0) + (b_3 + b_4) GPA$

경영대: $\hat{Y} = b_2(1) + b_3 GPA + b_5 GPA + b_0$

$= (b_2 + b_0) + (b_3 + b_5) GPA$

인문대 : $\hat{Y} = 790\,GPA + 20{,}982$

공대: $\hat{Y} = (7{,}064 + 20{,}982) + (790 - 667) GPA$

$= 28{,}046 + 123\,GPA$

$$\text{경영대: } \hat{Y} = (2{,}619 + 20{,}982) + (790 + 1{,}082)GPA$$
$$= 23{,}601 + 1{,}872GPA$$

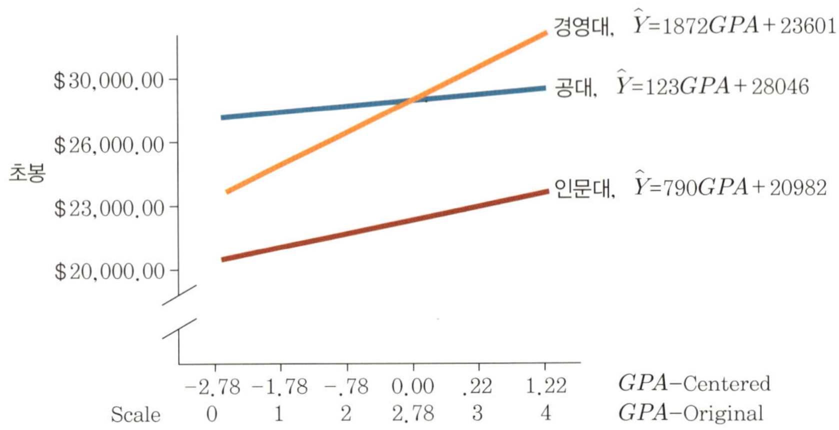

지금까지 범주가 3개인 경우 더미코딩에 의한 3단계 조절회귀분석에 대해 살펴보았다. 실제 분석과정에서는 1단계분석은 생략하고 2단계와 3단계분석만 하면 된다. 이를 동시 입력에 의해 해도 되고, 위계적 입력에 의해 해도 된다. 다음은 위계적 입력에 의해 얻은 결과를 제시한 것이다.

계수[a]

모형		비표준계수		표준계수	t	유의수준
		B	표준오차	베타		
1	(상수)	20978.311	66.042		317.653	.000
	D1	7377.469	132.924	1.082	55.501	.000
	D2	2820.649	110.265	.474	25.581	.000
	GPA_c	942.979	123.160	.149	7.657	.000
2	(상수)	20981.832	45.846		457.661	.000
	D1	7064.441	111.854	1.036	63.158	.000
	D2	2619.003	82.728	.440	31.658	.000
	GPA_c	789.932	116.934	.125	6.755	.000
	D1GPA_c	−667.058	223.591	−.056	−2.983	.005
	D2GPA_c	1082.055	202.930	.087	5.332	.000

a. 종속변수: salary

2.3 Soper의 Interaction을 이용한 분석

다음과 같이 해당 변수를 보내고 [Center all continuous predictors]를 체크하고 [Next] 버튼을 누른다.

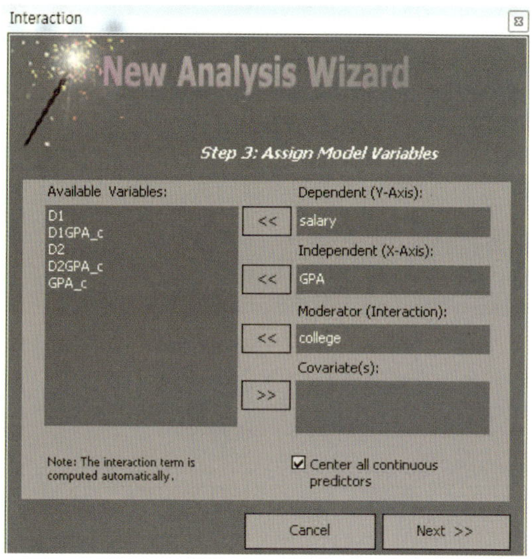

[Moderator Options] 창에서 [Categorical] 버튼을 누른다. 1, 2, 3을 오른쪽으로 보내고 [Next] 버튼을 누른다. 1을 비교범주로 지정하기 위해 [Selected Value]로 보내고 [Next] 버튼을 누른다. 실행하면 다음과 같은 결과를 얻는다.

****************************** MODEL COEFFICIENTS ******************************

	B	Std Error	t	Significance
(Regression constant):	20981.83156	45.84581740	457.6607583	0.000000001
GPA:	789.9321512	116.9335127	6.755395716	0.000000017
Dummy variable 1:	7064.441156	111.8540854	63.15764979	0.000000001
Dummy variable 2:	2619.002660	82.72814712	31.65793930	0.000000001
Interaction term 1:	-667.057966	223.5905408	-2.98339081	0.004471568
Interaction term 2:	1082.054933	202.9299829	5.332158992	0.000002578

****************************** INTERACTION LINE 1 ******************************

Moderator: college
Moderator Category Code: 1
Simple Slope: 789.9321512

```
                                 Intercept: 20981.83156
          Standard Error of Simple Slope: 116.9335127
                        Degrees of Freedom: 44
                                         t: 6.755395716
Significance of Simple Slope (two-tailed): 0.000000026
Significance of Simple Slope (one-tailed): 0.000000013

****************************** INTERACTION LINE 2 ******************************

                                 Moderator: college
                   Moderator Category Code: 2
                              Simple Slope: 122.8741850
                                 Intercept: 28046.27271
          Standard Error of Simple Slope: 190.5761882
                        Degrees of Freedom: 44
                                         t: 0.644750984
Significance of Simple Slope (two-tailed): 0.522436153
Significance of Simple Slope (one-tailed): 0.261218076

****************************** INTERACTION LINE 3 ******************************
                                 Moderator: college
                   Moderator Category Code: 3
                              Simple Slope: 1871.987084
                                 Intercept: 23600.83422
          Standard Error of Simple Slope: 165.8527406
                        Degrees of Freedom: 44
                                         t: 11.28704341
Significance of Simple Slope (two-tailed): 0.000000001
Significance of Simple Slope (one-tailed): 0.000000000
```

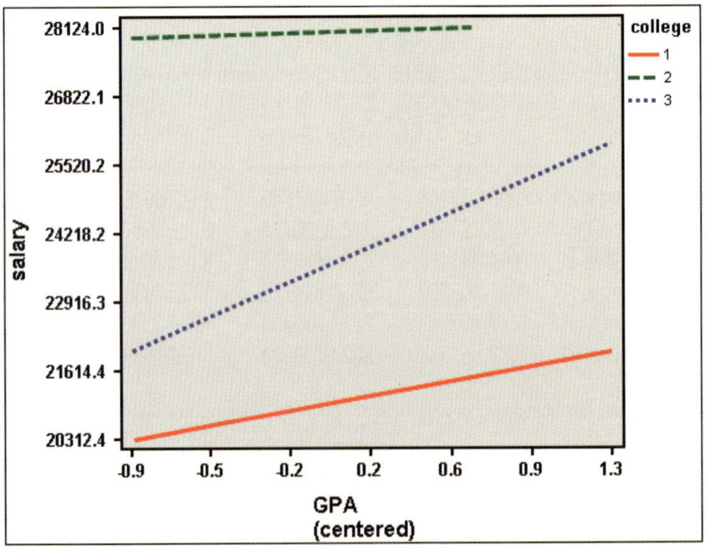

line 2만 유의적이지 않고 모두 유의적인 것으로 나타났다.

2.4 PROCESS에 의한 분석

PROCESS에 의해 분석하기 위해 다음과 같이 지정한다.

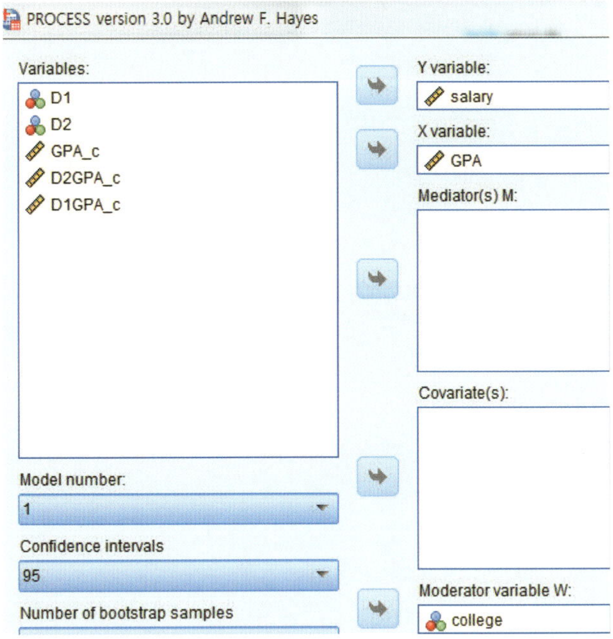

[Options] 버튼을 눌러 다음과 같이 지정한다.

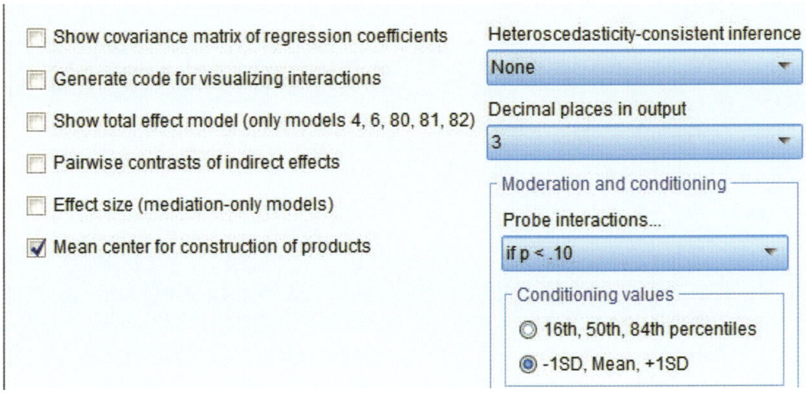

[Multicategorical] 버튼을 눌러 다음과 같이 지정한다.

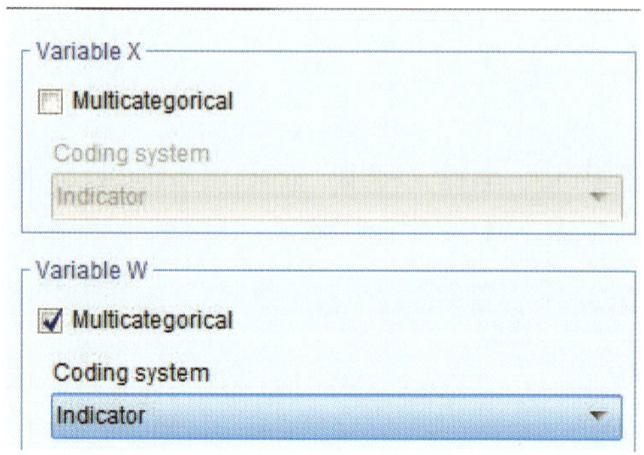

이를 분석하면 다음과 같은 결과를 얻는다.

```
**************************************************************************************************
Model  : 1
    Y  : salary
    X  : GPA
    W  : college

Sample
Size:  50

Coding of categorical W variable for analysis:
   college        W1        W2
     1.000      .000      .000
     2.000     1.000      .000
     3.000      .000     1.000

**************************************************************************************************
OUTCOME VARIABLE:
 salary

Model Summary
          R       R-sq        MSE          F        df1        df2          p
       .997       .994  52365.143   1411.529     5.000     44.000       .000

Model
                 coeff         se          t          p       LLCI       ULCI
constant     20981.832     45.846    457.661       .000  20889.434  21074.229
GPA            789.932    116.934      6.755       .000    554.266   1025.599
W1            7064.441    111.854     63.158       .000   6839.012   7289.871
W2            2619.003     82.728     31.658       .000   2452.273   2785.732
```

```
Int_1        -667.058   223.591   -2.983    .005   -1117.680   -216.436
Int_2        1082.055   202.930    5.332    .000     673.072   1491.038

Product terms key:
 Int_1    :      GPA       x        W1
 Int_2    :      GPA       x        W2

Test(s) of highest order unconditional interaction(s):
             R2-chng        F       df1        df2         p
X*W             .007   25.804     2.000     44.000      .000
----------
    Focal predict: GPA       (X)
          Mod var: college   (W)

Conditional effects of the focal predictor at values of the moderator(s):

   college     Effect        se         t         p       LLCI       ULCI
     1.000    789.932   116.934     6.755      .000    554.266   1025.599
     2.000    122.874   190.576      .645      .522   -261.211    506.959
     3.000   1871.987   165.853    11.287      .000   1537.729   2206.245
```

공대는 조절효과가 없는 것으로 나타났다.

3 독립변수가 범주변수, 조절변수는 연속변수, 종속변수가 범주변수인 경우: 조절 로지스틱 회귀분석

3.1 로지스틱 회귀분석의 개요

종속변수가 범주변수인 경우에는 **조절 로지스틱 회귀분석(moderated logistic regression analysis)**에 의해 분석한다. 조절 로지스틱 회귀분석에 대해 살펴보기 전에 먼저 로지스틱 회귀분석에 대해 개괄적으로 살펴보기로 한다.

로지스틱 회귀분석(logistic regression)은 종속변수가 범주변수인 경우 독립변수와 종속변수 간의 관계를 추정하는 분석법이다. 예를 들어, 종속변수인 이직/잔류에 독립변수인 직무만족과 임금만족이 영향을 줄 것인가를 연구할 수 있다. 이때, 종속변수인 이직과 잔류는 두 개의 범주를 갖고 있고, 독립변수인 직무만족과 임금만족은 5점 등간척도로 측정된 연속변수라고 가정한다. 이처럼 두 개의 범주로 이루어진 종속변수를 대상으로 한 로지스틱 회귀분석을 **이분형 로지스틱 회귀분석(binary logistic regression)** 또는 **이항 로지스틱 회귀분석**이라 한다. 이처럼 이분형 로지스틱 회귀분석은 종속변수가 성공/실패, 합격/불합격, 구매/비구매, 도산/비도산/, 치료/치료실패 등과 같이 이분변수일 때 이들을 설명하는 독립변수들을 고려하여 이들이 종속변수를 어느 정도 분류하는지를 알고자 하는 분석이다. 이와는 달리 종속변수의 범주가 3개 이상인 경우에는 **다항 로지스틱 회귀분석(multinomial logistic regression)**이라 한다.

로지스틱 회귀분석은 판별분석처럼 종속변수를 분류하기 위한 목적으로 쓰이는데, 판별분석과는 달리 가정에 크게 제한을 받지 않는다. 이하에서 로지스틱 회귀분석에 대해 간략히 살펴보기로 한다.

만약 어떤 사람이 투표를 한 것에 1, 투표를 하지 않은 것에 0의 값을 부여한다고 가정한다. 만약 그 사람이 투표할 확률이 0.67이라고 가정한다. 즉 투표를 한 것에 속할 확률이 p라고 가정한다. 그러면 투표를 하지 않을 확률은 $(1-p)$가 된다. 즉 0.33이 된다. p를 $1-p$로 나눈 것을 **오즈(odds)**라 한다.

$$\text{오즈(odds)} = \frac{p}{1-p}$$

확률(p)과 그에 따른 오즈 및 로그오즈(log odds)를 예를 들면 다음과 같다.

확률	오즈	로그오즈
0.25	0.33	-1.109
0.33	0.50	-0.693
0.50	1.00	0.000
0.67	2.00	0.693
0.75	3.00	1.099

위의 예에서 오즈는 0.67/0.33=2.0이 된다. 즉 투표를 할 확률이 투표를 하지 않을 확률에 비해 2배 높다고 할 수 있다. 오즈는 다음과 같이 나타낼 수 있다.

$$\frac{p}{1-p} = e^{(B_0 + B_1X_1 + B_2X_2 + \ldots + B_kX_K)}$$

위 식에서 오른쪽에 있는 것을 로지스틱 회귀계수라 한다. 위 식에 자연로그를 취하면 다음과 같은 식으로 나타낼 수 있다. 이를 **로짓모델(logit model)**이라 하고 이를 통해 독립변수에 대한 선형적 관계가 성립한다. 이를 **로지스틱 회귀모델(logistic regression model)**이라 한다. 로지스틱 회귀모델에서 종속변수는 0과 1로 이루어진 실제 Y가 아니고 로짓이 되는 것을 알 수 있다.

$$\ln\left(\frac{p}{1-p}\right) = B_0 + B_1X_1 + B_2X_2 + \ldots + B_kX_k$$

이 식을 p로 정리하면 다음과 같다. 이를 **로지스틱 회귀방정식(logistic regression equation)**이라 한다.

$$p = \frac{1}{1 + e^{-(B_0 + B_1X_1 + B_2X_2 + \ldots + B_kX_k)}}$$

3.2 연구모델 및 가설설정

[그림 3-3]의 예를 통해 조절 로지스틱 회귀분석에 대해 살펴보기로 한다. 독립변수인 치료를 했는가의 여부(0=No treatment, 1=treatment)가 종속변수인 완치가 되었는지 여부(0=Not cured, 1=cured)에 영향을 미치는지 알아보고자 한다. 이때, 조절변수로 치료기간(duration)을 설정하였다고 가정한다.

그림 3-3 ❙ 치료기간의 조절효과

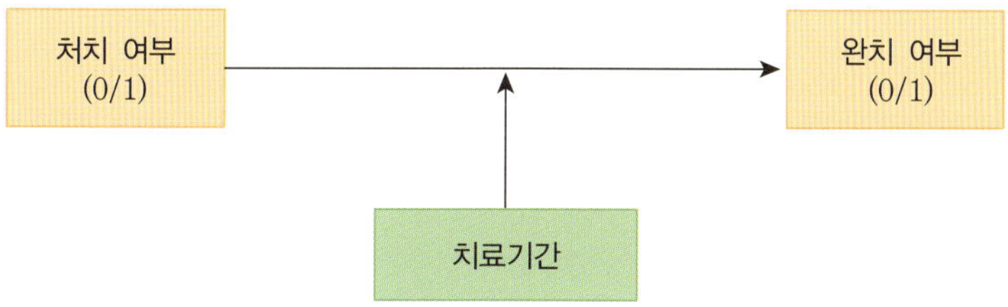

가설: 처치 여부가 완치 여부에 미치는 효과는 치료기간이 조절역할을 할 것이다.

이 모델을 분석하기 위한 자료는 다음과 같다.

	Cured	Intervention	Duration
1	0	0	7
2	0	0	7
3	0	0	6
4	1	0	8
5	1	1	7
6	1	0	6
7	0	1	7
8	1	1	7
9	1	0	8
10	0	0	7

[chap3] [Field-chap8.sav]

3.3 SPSS에 의한 분석

1) 주효과분석

주효과(main effect)의 로지스틱 회귀모델은 다음과 같다.

$$\ln\left(\frac{p}{1-p}\right) = B_0 + B_1 X_1$$

먼저 주효과(main effect)를 분석해보기로 한다. SPSS 메뉴에서 [분석] → [회귀분석] → [이분형로지스틱]으로 간다. 로지스틱 회귀분석 대화상자에서 'Cured'를 [종속변수]에, 'Intervention'을 [공변량(C)] 또는 [블록(B)1/1]로 보낸다. [범주형(G)] 버튼을 누른다. 'Intervention'을 [범주형 공변량(T)]으로 보낸다. [참조범주]를 [처음]으로 지정하고 [변경] 버튼을 누른다. [계속] 버튼을 누른다.

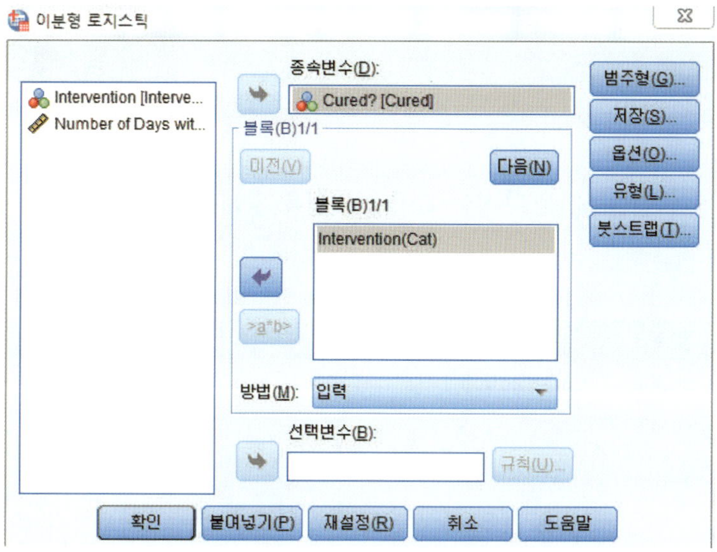

[확인] 버튼을 누르면 실행이 된다. 이하에서 Output 가운데 일부를 제시하고 이의 해석에 대해 알아보기로 한다.

Classification[a,b]

	Observed		Predicted		
			Cured?		Percentage Correct
			Not Cured	Cured	
Step 0	Cured?	Not Cured	0	48	.0
		Cured	0	65	100.0
	Overall Percentage				57.5

a. Constant is included in the model.
b. The cut value is .500

독립변수가 없고 절편만 있는 기저모형인 $\ln(\frac{p}{1-p}) = B_0$을 이용하여 'cured'와 'not cured'를 예측한 것(predicted)과 관측 결과(observed)를 비교한 것이다. 관측자료에서 113명 가운데 65명이 'cured'이고(57.5%), 48명이 'not cured'이므로(42.5%) 'cured'가 약간 높다. 독립변수가 없는 경우 정확한 예측이 불가능하므로 113명 모두 'cured'로 예측하는 것이 더 정확할 것이다(비율이 더 높기 때문에).

Variables in the Equation

		B	S.E.	Wald	df	Sig.	Exp(B)
Step 0	Constant	.303	.190	2.538	1	.111	1.354

기저모델에서 절편(B_0)을 추정한 값이 .303임을 알려준다.

Variables not in the Equation

			Score	df	Sig.
Step 0	Variables	Intervention(1)	9.771	1	.002
	Overall Statistics		9.771	1	.002

독립변수가 여러 개 있을 경우 분석에 포함되지 않은 변수 중 포함되어야 할 변수를 선택하는 데 이용된다.

Classification Table[a]

	Observed		Predicted		
			Cured?		Percentage Correct
			Not Cured	Cured	
Step 1	Cured?	Not Cured	32	16	66.7
		Cured	24	41	63.1
	Overall Percentage				64.6

a. The cut value is .500

독립변수(intervention)를 추가하여 얻은 적중률이다(73/113=64.6%). 기저모델의 적중률 57.5%에 비해 7.1%만큼 증가되었다.

Variables in the Equation

		B	S.E.	Wald	df	Sig.	Exp(B)
Step 1[a]	Intervention(1)	1.229	.400	9.447	1	.002	3.417
	Constant	-.288	.270	1.135	1	.287	.750

a. Variable(s) entered on step 1: Intervention.

독립변수의 로지스틱 회귀계수(B_1 =1.229)는 유의하게 나타났다. 이 값과 절편의 값

(−.288)을 이용하여 odds를 계산해보기로 한다.

$$p(cured) = \frac{1}{1+e^{-(B_0+B_1X_1)}}$$

$$= \frac{1}{1+e^{-[-0.288+(1.229\times 0)]}}$$

$$= 0.428$$

$$p(not\ cured) = 1 - p(cured)$$

$$= 1 - 0.428$$

$$= .572$$

따라서 $odds = \frac{0.428}{0.572} = 0.748$이다.

이제 독립변수가 1단위 변화할 때 위의 값이 어떻게 변화하는지 알아보기로 한다. 이 사례에서 독립변수는 이분변수이므로 'intervention'이 1일 때의 값을 계산하면 된다.

$$p(cured) = \frac{1}{1+e^{-(B_0+B_1X_1)}}$$

$$= \frac{1}{1+e^{-[-0.288+(1.229\times 1)]}}$$

$$= 0.719$$

$$p(not\ cured) = 1 - p(cured)$$

$$= 1 - 0.719$$

$$= .281$$

따라서 $odds = \frac{0.719}{0.281} = 2.559$이다.

독립변수의 1단위 변화 전 · 후의 odds를 알고 있으므로 odds의 변화율을 계산할 수 있다.

$$\Delta odds = \frac{\text{독립변수의 1단위 변화 후 } odds}{\text{원래 } odds}$$

$$= \frac{2.559}{0.748} = 3.421$$

오즈비(odds ratio)인 Exp(B)=3.417은 독립변수가 1단위 증가할 때 'cured'될 odds는 3.417만큼 증가한다는 의미를 갖는다. 따라서 이를 확률로 계산하면 다음과 같다.

$$p = \frac{\text{Exp}(B)}{1+\text{Exp}(B)} = \frac{3.417}{1+3.417} = 77.36\%$$

따라서 'intervention'을 하면 'cured'될 확률이 77.36%가 된다고 해석할 수 있다.

2) 조절효과분석

로지스틱 조절효과모델은 다음과 같다.

$$\ln\left(\frac{p}{1-p}\right) = B_0 + B_1X + B_2Z + B_3XZ$$

SPSS 메뉴에서 [분석] → [회귀분석] → [이분형로지스틱]으로 간다. 로지스틱 회귀분석 대화상자에서 'Cured'를 [종속변수]에 'Intervention' 'Duration'을 [공변량(C)]으로 보낸다. 상호작용항을 만들기 위해 [Shift] 또는 [Ctrl] 키를 누른 상태에서 왼쪽 창에 있는 두 변수를 블록지정하면 [>a*b>] 버튼이 활성화된다.

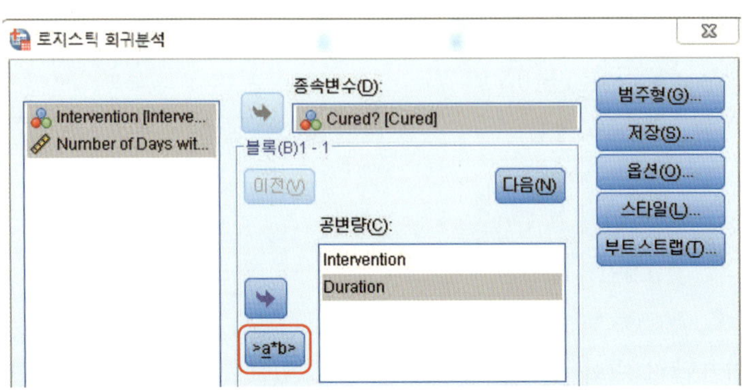

[범주형(G)] 버튼을 누른다. 'Intervention'을 [범주형 공변량(T)]으로 보낸다.

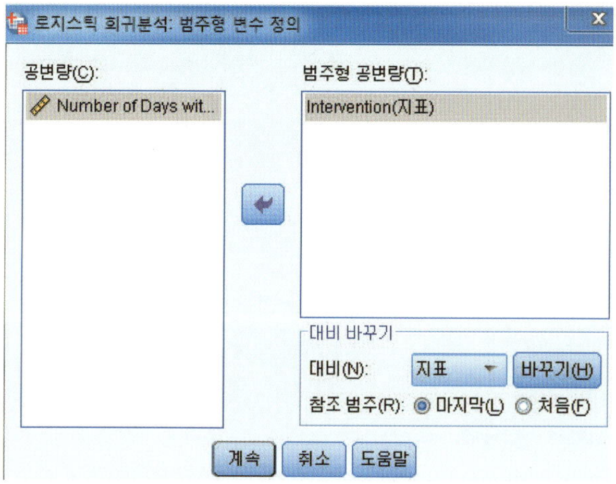

[대비 바꾸기]의 [참조범주(R)]가 [마지막(L)]이 디폴트로 되어 있는데, 이는 범주형 변수의 마지막 집단을 참조범주로 더미코딩한다는 의미이다. 이 분석에 쓰이는 자료(Field-chap8.sav)는 'Intervention'이 0과 1로 코딩되어 있기 때문에 참조범주를 [처음(F)]으로 한다. 그러나 만약 성별이 남자는 1, 여자는 2로 코딩되었다면 참조범주를 [마지막(L)]으로 하게 되면 남자는 1, 여자는 0으로 재코딩된다. 집단번호가 높은 여자가 기준집단이 된다. 0을 참조범주로 지정하기 위해 [처음(F)] 라디오 버튼을 지정하고 [바꾸기(H)] 버튼을 누른다. [계속] 버튼을 누른다. 그러면 해당 변수 뒤에 (Cat)이라고 붙게 된다.

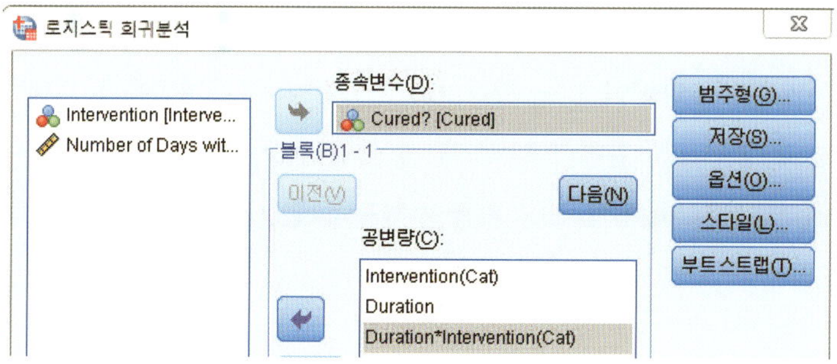

[확인] 버튼을 누르면 실행이 된다.

분류표[a]

			예측값		
	관측빈도		Cured?		정정 백분율
			Not Cured	Cured	
1단계	Cured?	Not Cured	32	16	66.7
		Cured	24	41	63.1
	전체 백분율				64.6

a. 잘라낸 값은 .500임.

방정식의 변수

		B	S.E.	Wald	df	유의수준	Exp(B)
1단계[a]	Intervention(1)	1.850	2.535	.533	1	.465	6.363
	Duration	.034	.245	.020	1	.889	1.035
	Duration by Intervention(1)	-.087	.352	.061	1	.805	.917
	상수	-.520	1.684	.095	1	.757	.594

a. 1단계에서 입력된 변수입니다.: Intervention, Duration, Duration×Intervention.

치료자와 치료가 안 된 사람을 64.6% 분류하였다. 유의수준을 보면 모든 변수가 유의적이지 않음을 알 수 있다. 위의 출력을 토대로 다음과 같은 로짓모델을 수립할 수 있다.

$$\text{로짓(치료)} = -.520 + 1.850(\text{Intervention}) + .034(\text{Duration}) - .087(\text{Duration} \times \text{Intervention})$$

로지스틱 회귀분석의 회귀계수(B)는 독립변수의 값을 일정하게 하였을 때 독립변수의 값이 1단위 증가하면 p확률이 $1-p$확률보다 Exp(B)만큼 증가함을 의미한다. 따라서 다른 독립변수들의 점수가 동일하다고 할 때 각 독립변수에서 처치를 받은 사람은 처치를 받지 않은 사람보다 6.363배 완치될 확률이 높다고 할 수 있다. 상호작용항이 유의적이지 않아 조절효과가 없는 것으로 나타난다.

3.4 MODPROBE에 의한 분석

Hayes & Matthes(2009)의 'MODPROBE'에 의해 분석하기 위해 Hayes 교수의 홈페이지에 가서 'MODPROBE' Custom Dialog 파일을 다운받아 설치한다.

SPSS 메뉴 → [분석] → [회귀분석] → [Hayes and Matthes(2009) Probing Interactions procedure (MODPROBE)]으로 간다.

다음과 같이 변수를 해당란으로 보낸다.

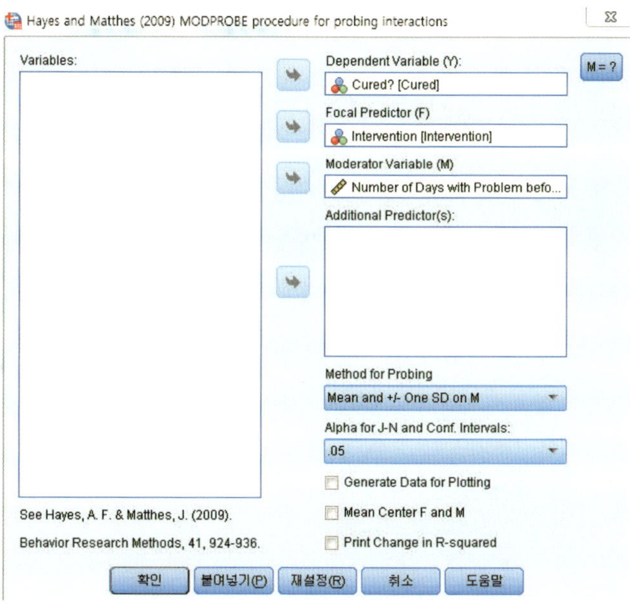

이를 실행하면 다음과 같은 결과를 얻는다.

```
Logistic Regression Summary
     -2LL   Model LL   McFadden   CoxSnell   Nagelkrk          n
 144.0948     9.9892      .0648      .0846      .1137   113.0000

==================================================================
                  b        se          Z          p     Exp(B)      Wald
constant      -.5203    1.6841     -.3090      .7573      .5943     .0955
Interven      1.8505    2.5351      .7300      .4654     6.3629     .5328
Duration       .0344     .2454      .1400      .8886     1.0350     .0196
interact      -.0869     .3520     -.2470      .8049      .9167     .0610

Interact is defined as:
 Interven X        Duration

==================================================================
```

Conditional Effect of Focal Predictor at Values of the Moderator Variable

Duration	b	se	Z	p	LLCI(b)	ULCI(b)	Wald
5.8984	1.3377	.5941	2.2516	.0243	.1733	2.5021	5.0696
7.0796	1.2350	.4157	2.9711	.0030	.4203	2.0497	8.8272
8.2609	1.1323	.5817	1.9465	.0516	-.0079	2.2724	3.7887

상호작용항이 유의적이지 않아 조절효과가 없는 것으로 나타난다.

3.5 조절 로지스틱 회귀분석의 다양한 예

이하에서 조절 로지스틱 회귀분석을 MODPROBE, SPSS, PROCESS에 의해 하는 것에 대해 구체적으로 살펴보기로 한다. PROCESS v2에는 조절 로지스틱이 포함되었으나 PROCESS v3에서는 이를 포함시키지 않았다.

1) categorical by categorical interaction

[그림 3-3-1] 모델을 대상으로 조절 로지스틱 회귀분석에 대해 알아보기로 한다. 독립변수, 조절변수 모두 범주형변수인 경우이다.

그림 3-3-1 ▎categorical by categorical interaction

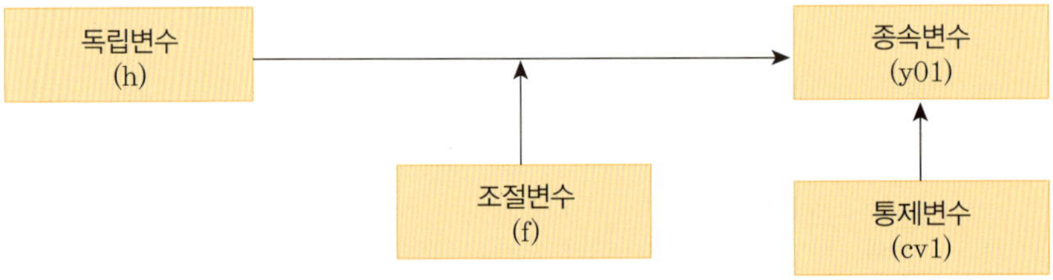

이 모델을 분석하기 위한 자료는 다음과 같다.

	id	y	y01	f	h	cv1
1	45	35	0	1	0	41
2	108	33	0	0	0	41
3	15	39	0	0	0	44
4	67	37	0	0	0	42
5	153	31	0	0	1	40
6	51	36	0	1	0	42
7	164	36	0	0	0	46
8	133	31	0	0	0	40
9	2	41	0	1	0	33
10	53	37	0	0	0	46

[chap3] [idre_ucla1.sav]

(1) MODPROBE에 의한 분석

MODPROBE에서 다음과 같이 변수를 지정한다.

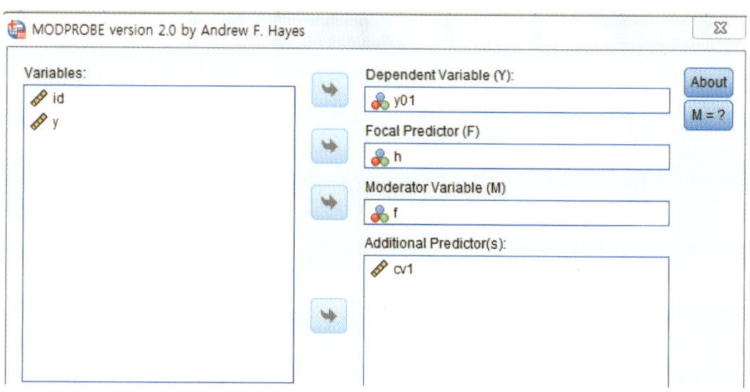

이를 실행하면 다음과 같은 결과를 얻는다.

```
*************** MODPROBE Procedure for SPSS Release 2.00 ***************
          Written by Andrew F. Hayes, Ph.D.          www.afhayes.com
**************************************************************************
Outcome Variable
 y01
Focal Predictor Variable
 h
Moderator Variable
 f
**************************************************************************
Coding of binary Y for analysis:
       y01    Analysis
```

```
      .000       .000
     1.000      1.000
Logistic Regression Summary
      -2LL   Model LL    p-value   McFadden   CoxSnell   Nagelkrk          n
   157.484    106.098       .000       .403       .412       .562    200.000

Logistic Regression Model
              Coeff         se          Z          p       LLCI       ULCI
constant    -11.861      1.896     -6.256       .000    -15.577     -8.145
cv1            .196       .033      5.981       .000       .132       .261
h             2.391       .661      3.618       .000      1.096      3.686
f             2.996       .752      3.983       .000      1.522      4.470
interact     -2.048       .881     -2.325       .020     -3.774      -.321

Interact is defined as:
 h         X         f

Likelihood ratio test for interaction:
    Chi-sq         df          p
     5.840      1.000       .016
*************************************************************************************
Conditional Effect of Focal Predictor at Values of the Moderator Variable
          f      Coeff         se          Z          p       LLCI       ULCI
       .000      2.391       .661      3.618       .000      1.096      3.686
      1.000       .343       .551       .623       .533      -.736      1.423
The moderator variable is dichotomous
********************** ANALYSIS NOTES AND WARNINGS **********************
```

(2) SPSS에 의한 분석

이를 SPSS로 분석해보기로 한다. 이를 위해 다음과 같이 변수를 보내고 범주형 변수에 대해 [참조범주]를 [처음]으로 지정한다. [처음]으로 참조범주를 지정했기 때문에 '0'이 참조집단이 된다.

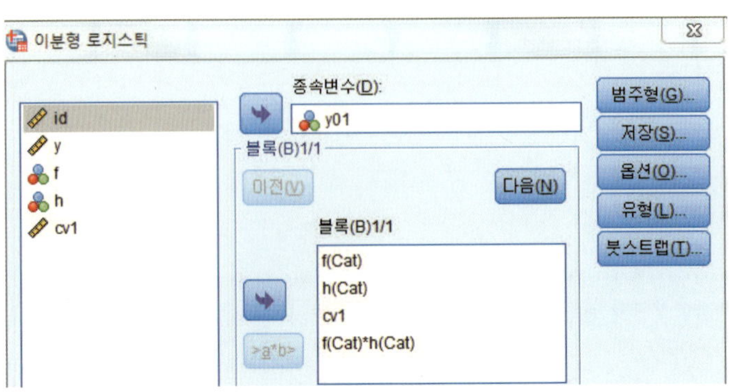

이를 실행하면 다음과 같은 결과를 얻는다. MODPROBE와 동일한 결과를 얻음을 알 수 있다.

Variables in the Equation

		B	S.E.	Wald	df	Sig.	Exp(B)
Step 1[a]	f(1)	2.996	.752	15.867	1	.000	20.008
	h(1)	2.391	.661	13.089	1	.000	10.923
	cv1	.196	.033	35.768	1	.000	1.217
	f(1) by h(1)	−2.048	.881	5.405	1	.020	.129
	Constant	−11.861	1.896	39.140	1	.000	.000

a. Variable(s) entered on step 1: f, h, cv1, f×h .

(3) Dawson의 엑셀시트에 의한 그래프 그리기

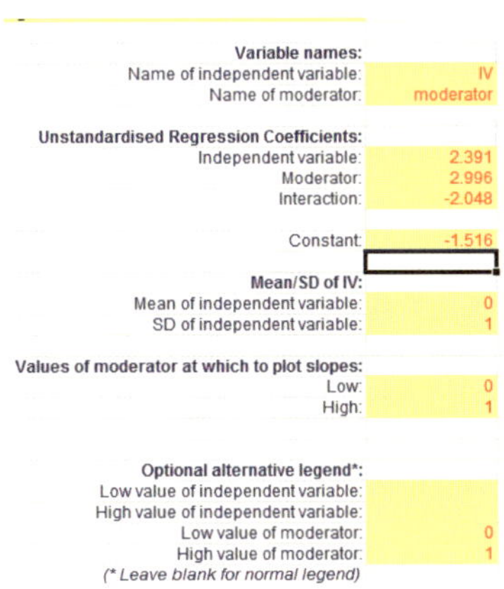

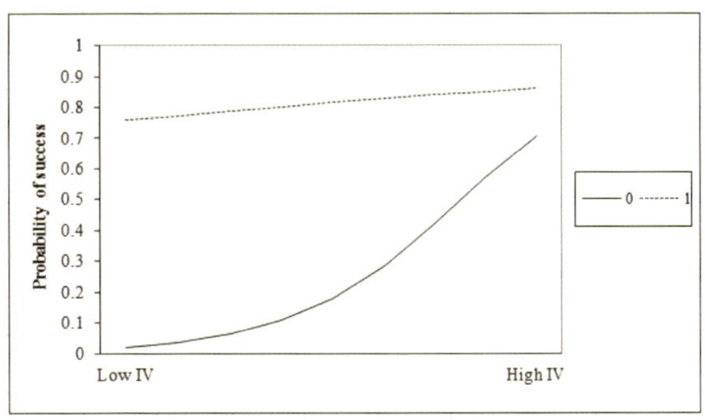

(4) Patry(2008)의 연구고찰

이하에서 Patry(2008)의 연구를 통해 'categorical by categorical interaction'에 대해 살펴보기로 한다. [그림 3-3-2]는 Patry의 연구모델을 나타낸 것이다.

그림 3-3-2 ▌Patry의 연구모델

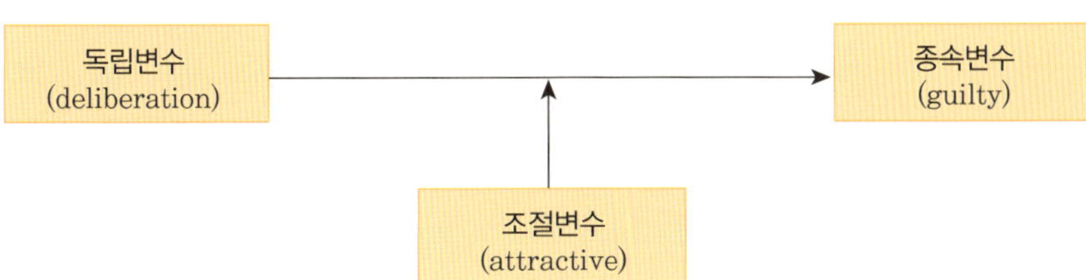

연구자료는 Patry(2008)의 논문 p. 731에 있다. 이 자료를 다음과 같이 코딩할 수 있다.

	Delib	Plain	Guilty	Freq
1	0	0	0	13
2	0	0	1	14
3	0	1	0	8
4	0	1	1	27
5	1	0	0	22
6	1	0	1	8
7	1	1	0	29
8	1	1	1	1

[chap3][logistic2×2×2.sav]

이 자료처럼 원자료가 아닌 경우에는 SPSS에서 [데이터] → [가중케이스] → [가중케이스지정]을 하고 [빈도변수]를 지정하고, [확인] 버튼을 누른 다음 분석한다.

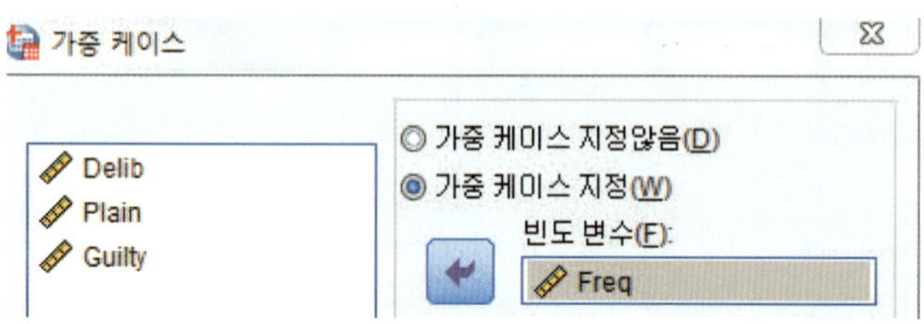

[분석] → [회귀분석] → [이분형 로지스틱]에서 다음과 같이 변수를 보내고 [확인] 버튼을 누른다.

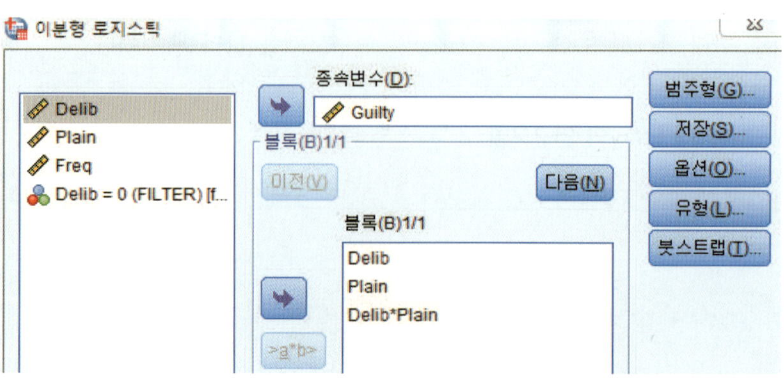

이를 실행하면 다음과 같은 결과를 얻는다.

Omnibus Tests of Model Coefficients

		Chi-square	df	Sig.
Step 1	Step	46.554	3	.000
	Block	46.554	3	.000
	Model	46.554	3	.000

Variables in the Equation

		B	S.E.	Wald	df	Sig.	Exp(B)
Step 1a	Delib	−1.086	.565	3.697	1	.054	.338
	Plain	1.142	.557	4.204	1	.040	3.134
	Delib by Plain	−3.498	1.231	8.075	1	.004	.030
	Constant	.074	.385	.037	1	.847	1.077

a. Variable(s) entered on step 1: Delib, Plain, Delib×Plain.

deliberation은 약하게 유의적인 것으로 나타난다(odds ratio=.34, Wald=3.70, $p=0.054$). Patry 논문에서 odd ratio=.39로 표기되어 있는데 이는 오자이다. 따라서 심사숙고하지 않는 응답자는 심사숙고하는 응답자에 비해 피의자가 죄가 있다고 판단한다. 피의자의 외모가 매력적인 정도도 유의적인 것으로 나타난다. 즉 피의자의 외모가 매력적인 사람보다는 평범한 사람이 죄가 있다고 판단한다(odds ratio=3.13, Wald=4.20, $p=0.04$). 심사숙고와 피의자의 외모와의 상호작용은 유의적인 것으로 나타난다(odds ratio=.03, Wald=8.08, $p=0.004$).

상호작용을 보다 심도있게 파악하기 위해 '심사숙고하지 않는 사람'과 '심사숙고한 사람'을 각각 분리하여 교차분석(cross-tab analysis)을 하였다. 이를 위해 [데이터]→ [케이스 선택] → [조건을 만족하는 케이스]에서 [delib=0]으로 하고 [분석] → [기술통계량] → [교차분석]으로 간다. 이때 [통계량] 버튼에서 [카이제곱]과 [상관관계]를 체크한다. 이를 분석하면 다음과 같은 결과를 얻는다.

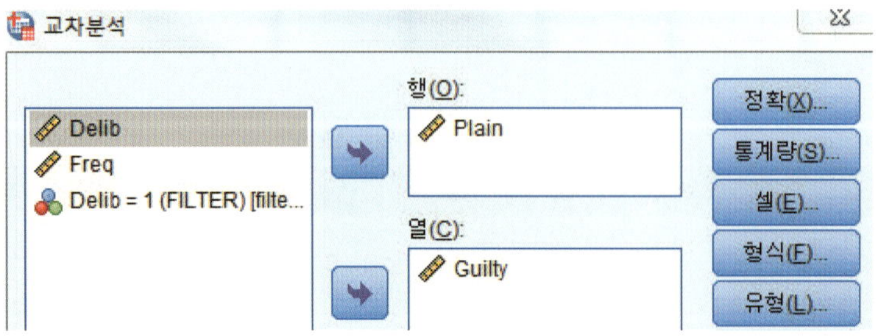

Chi-Square Tests

	Value	df	Asymptotic Significance (2-sided)	Exact Sig. (2-sided)	Exact Sig. (1-sided)
Pearson Chi-Square	4.353[a]	1	.037		
Continuity Correction[b]	3.297	1	.069		
Likelihood Ratio	4.361	1	.037		
Fisher's Exact Test				.058	.035
Linear-by-Linear Association	4.282	1	.039		
N of Valid Cases	62				

a. 0 cells (0.0%) have expected count less than 5. The minimum expected count is 9.15.
b. Computed only for a 2x2 table

Symmetric Measures

		Value	Asymptotic Standard Error[a]	Approximate T[b]	Approximate Significance
Interval by Interval	Pearson's R	.265	.124	2.128	.037[c]
Ordinal by Ordinal	Spearman Correlation	.265	.124	2.128	.037[c]
N of Valid Cases		62			

a. Not assuming the null hypothesis.
b. Using the asymptotic standard error assuming the null hypothesis.
c. Based on normal approximation.

따라서 심사숙고하지 않는 사람은 피의자가 매력적인 사람보다는 평범한 사람이 더 죄가 있다고 판단한다고 해석한다. 이하는 [delib=1]로 한 상황에서 분석한 결과이다.

Chi-Square Tests

	Value	df	Asymptotic Significance (2-sided)	Exact Sig. (2-sided)	Exact Sig. (1-sided)
Pearson Chi-Square	6.405[a]	1	.011		
Continuity Correction[b]	4.706	1	.030		
Likelihood Ratio	7.161	1	.007		
Fisher's Exact Test				.026	.013
Linear-by-Linear Association	6.298	1	.012		
N of Valid Cases	60				

a. 2 cells (50.0%) have expected count less than 5. The minimum expected count is 4.50.
b. Computed only for a 2x2 table.

Symmetric Measures

		Value	Asymptotic Standard Error[a]	Approximate T[b]	Approximate Significance
Interval by Interval	Pearson's R	-.327	.099	-2.633	.011[c]
Ordinal by Ordinal	Spearman Correlation	-.327	.099	-2.633	.011[c]
N of Valid Cases		60			

a. Not assuming the null hypothesis.
b. Using the asymptotic standard error assuming the null hypothesis.
c. Based on normal approximation.

이 결과를 토대로 심사숙고하는 사람은 피의자가 평범한 사람에 비해 매력적인 사람이 더 죄가 있다고 판단한다고 해석한다. 이 결과를 그래프로 제시하면 다음과 같다.

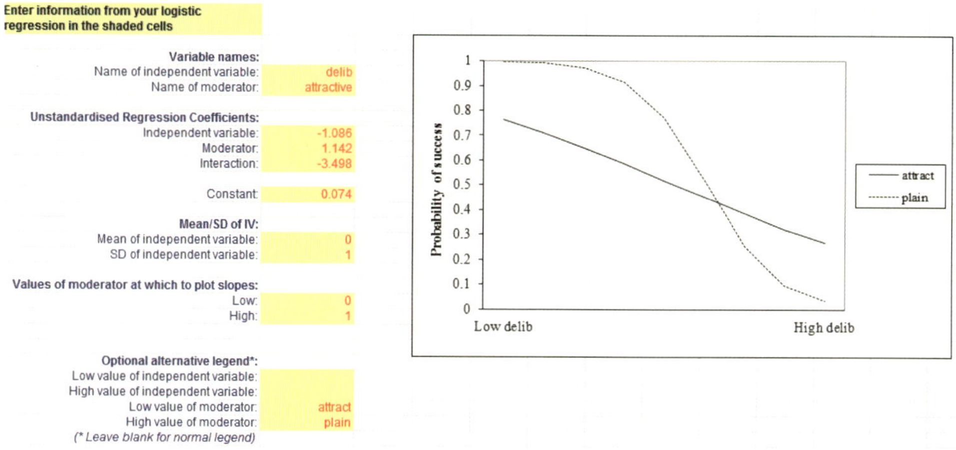

2) categorical by continuous interaction

[그림 3-3-3] 모델을 대상으로 조절 로지스틱 회귀분석에 대해 알아보기로 한다. 독립변수가 연속변수이고 조절변수가 범주형변수인 경우이다.

그림 3-3-3 categorical by continuous interaction

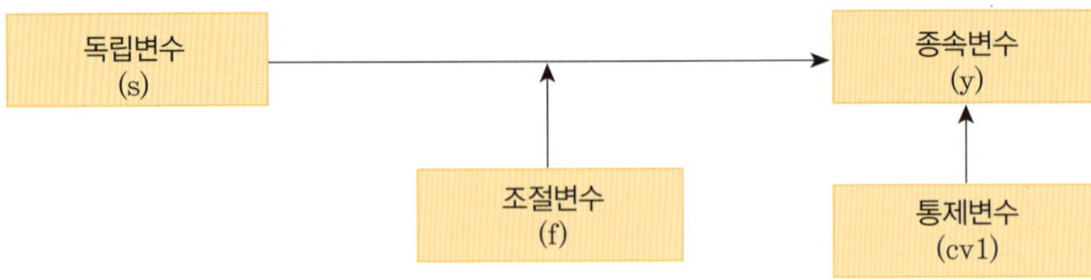

이 모델을 분석하기 위한 자료는 다음과 같다.

	id	y	f	s	cv1
1	1	0	1	41	40
2	2	0	1	41	33
3	3	1	0	56	48
4	4	0	1	51	41
5	5	0	0	31	43
6	6	0	1	41	46
7	7	1	0	51	59
8	8	0	1	48	52
9	9	0	0	51	52
10	10	1	1	61	49

[chap3] [idre_ucla2.sav]

(1) MODPROBE에 의한 분석

MODPROBE에서 다음과 같이 변수를 지정한다.

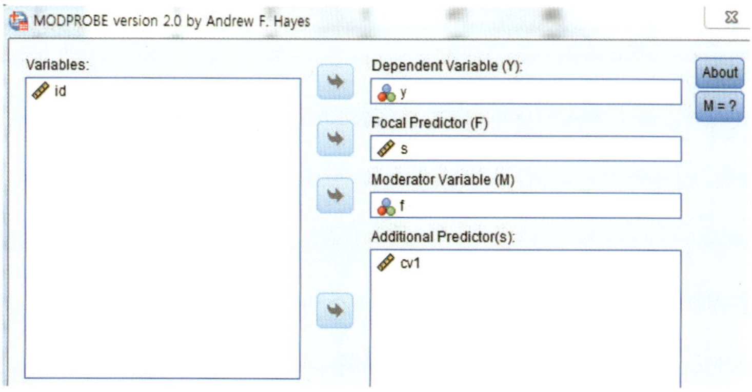

이를 실행하면 다음과 같은 결과를 얻는다.

```
*************** MODPROBE Procedure for SPSS Release 2.00 ***************
          Written by Andrew F. Hayes, Ph.D.        www.afhayes.com
**************************************************************************
Outcome Variable
 y
Focal Predictor Variable
 s
Moderator Variable
 f
**************************************************************************
Coding of binary Y for analysis:
         y  Analysis
      .000      .000
     1.000     1.000

Logistic Regression Summary
      -2LL   Model LL    p-value  McFadden  CoxSnell  Nagelkrk        n
   149.176    114.407       .000      .434      .436      .595  200.000

Logistic Regression Model
              Coeff        se         Z         p      LLCI      ULCI
constant    -19.006     3.371    -5.638      .000   -25.613   -12.398
cv1            .188      .035     5.396      .000      .120      .256
s              .175      .047     3.725      .000      .083      .267
f             9.984     3.053     3.270      .001     4.000    15.967
interact      -.160      .057    -2.797      .005     -.271     -.048

Interact is defined as:
 s        X        f

Likelihood ratio test for interaction:
```

Chi-sq	df	p
9.803	1.000	.002

****

Conditional Effect of Focal Predictor at Values of the Moderator Variable

f	Coeff	se	Z	p	LLCI	ULCI
.000	.175	.047	3.725	.000	.083	.267
1.000	.016	.029	.530	.596	-.042	.073

(2) SPSS에 의한 분석

이를 SPSS로 분석해보기로 한다. 이를 위해 다음과 같이 변수를 보낸다.

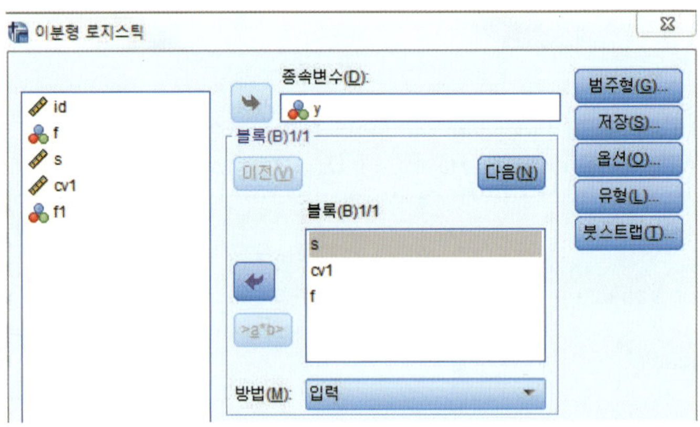

다음 상호작용항을 만들기 위해 [control] 키를 누른 상태에서 'f'와 's'를 지정한다. 그러면 >a*b> 버튼이 활성화된다. 이 버튼을 누른다. [범주형변수]를 지정하기로 한다. 이를 위해 범주형(G)... 버튼을 누른다. 'f'를 [범주형 공변량(T)]으로 보낸다. 밑에 있는 [대비변경]을 보면 [대비]는 [표시자], [참조범주]는 [마지막]이 디폴트로 되어 있다. **표시자(indicator)**는 더미변수를 만든다는 것을 의미하고, **참조범주(reference category)** [마지막]은 '0'과 '1'로 코딩되어 있는 경우 '1'을 참조범주로 한다는 의미이다. 이에 대해 다음의 가상자료를 토대로 이해하기로 한다.

	VAR1	VAR2
1	1.00	1.00
2	2.00	2.00
3	3.00	1.00
4	1.00	2.00
5	2.00	1.00
6	3.00	2.00
7	1.00	1.00
8	2.00	2.00
9	3.00	1.00
10	1.00	2.00
11	2.00	1.00
12	3.00	2.00
13	1.00	1.00
14	2.00	2.00
15	3.00	1.00

[chap3] [example.sav]

이 자료에서 'VAR1'은 3개의 범주로 되어 있다. [참조범주]를 [마지막]으로 하게 되면 다음과 같이 더미코딩한다. 즉 3집단이 참조범주가 된다.

Categorical Variables Codings

		Frequency	Parameter coding	
			(1)	(2)
VAR1	1.00	5	1.000	.000
	2.00	5	.000	1.000
	3.00	5	.000	.000

[참조범주]를 [처음]으로 하게 되면 다음과 같이 더미코딩한다. 1집단이 참조범주가 된다.

Categorical Variables Codings

		Frequency	Parameter coding	
			(1)	(2)
VAR1	1.00	5	.000	.000
	2.00	5	1.000	.000
	3.00	5	.000	1.000

MODPROBE는 첫 번째를 참조범주로 하도록 되어 있다. 따라서 MODPROBE와 동일하게 하기 위해 [처음] 라디오 버튼을 누른 다음 [변경] 버튼을 누르고 [계속] 버튼을 누른다.

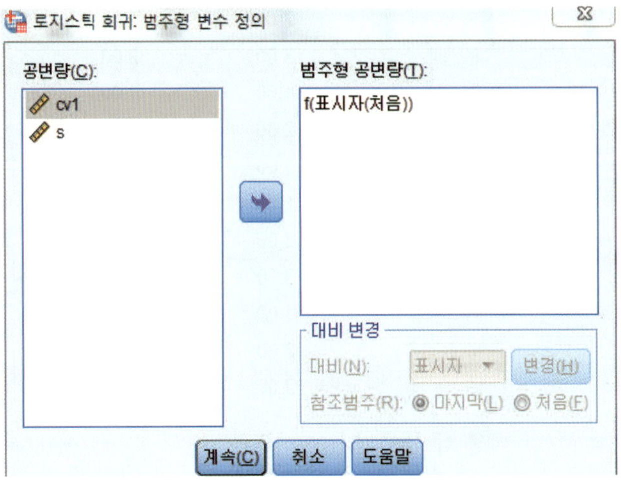

분석을 위한 최종 화면은 다음과 같다.

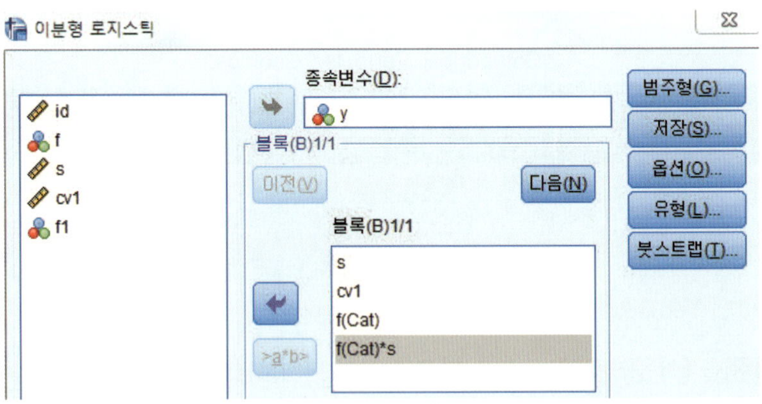

이를 실행하면 다음과 같은 결과를 얻는다. 이 결과는 MODPROBE와 동일함을 알 수 있다.

Variables in the Equation

		B	S.E.	Wald	df	Sig.	Exp(B)
Step 1[a]	f(1)	9.984	3.053	10.696	1	.001	21669.511
	cv1	.188	.035	29.116	1	.000	1.206
	s	.175	.047	13.873	1	.000	1.191
	f(1) by s	-.160	.057	7.823	1	.005	.853
	Constant	-19.006	3.371	31.785	1	.000	.000

a. Variable(s) entered on step 1: f, cv1, s, f×s.

이 분석에서 s와 cv1를 평균중심화한 변수를 이용하여 분석해보기로 한다.

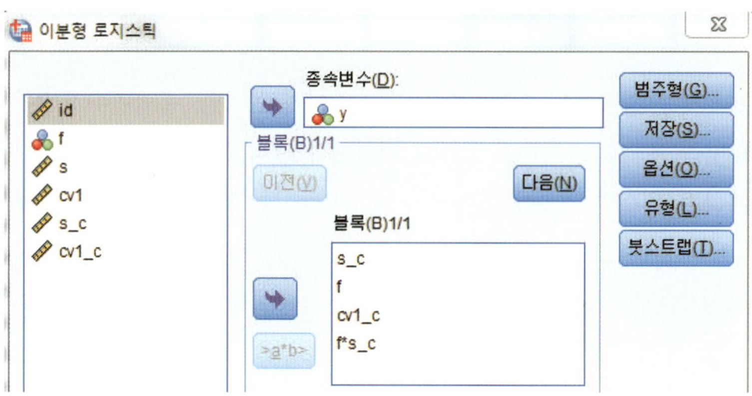

이를 실행한 결과는 다음과 같다.

Variables in the Equation

		B	S.E.	Wald	df	Sig.	Exp(B)	95% C.I.for EXP(B)	
								Lower	Upper
Step 1[a]	s_c	.175	.047	13.873	1	.000	1.191	1.086	1.306
	f	1.623	.456	12.688	1	.000	5.069	2.075	12.380
	cv1_c	.188	.035	29.116	1	.000	1.206	1.127	1.292
	f by s_c	-.160	.057	7.823	1	.005	.853	.762	.953
	Constant	.053	.325	.027	1	.870	1.054		

a. Variable(s) entered on step 1: s_c, f, cv1_c, f×s_c.

(3) 엑셀시트에 의한 그래프 그리기

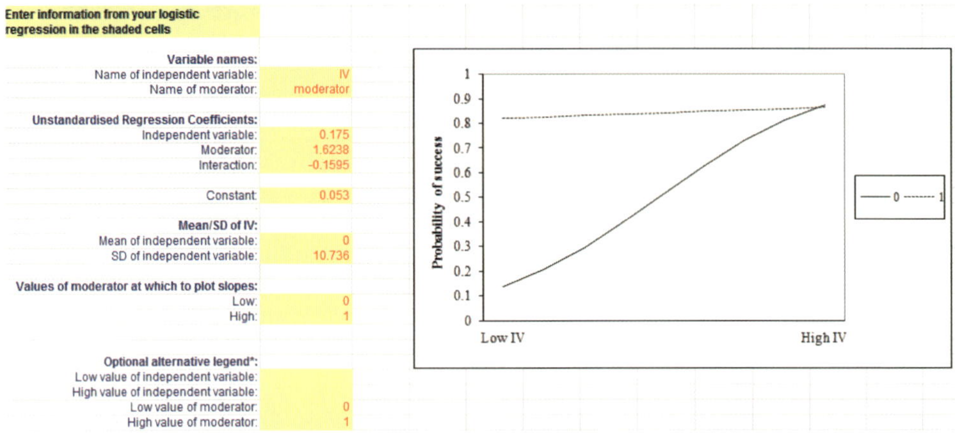

독립변수가 낮은 경우에는 조절변수에 따라 차이가 있지만, 독립변수가 높은 경우에는 조절변수에 따라 유의적인 차이가 없다고 해석한다. 독립변수가 연속형 변수이므로 독립변수가 증가할수록 '0'인 경우에는 확률이 커지지만, '1'인 경우에는 거의 변화가 없다고 해석할 수 있다.

이 자료에서 독립변수와 조절변수를 바꾸어 분석해보기로 한다. 즉 독립변수는 'f', 조절변수는 's'로 해서 분석해보기로 한다.

그림 3-3-4 ▌categorical by continuous interaction

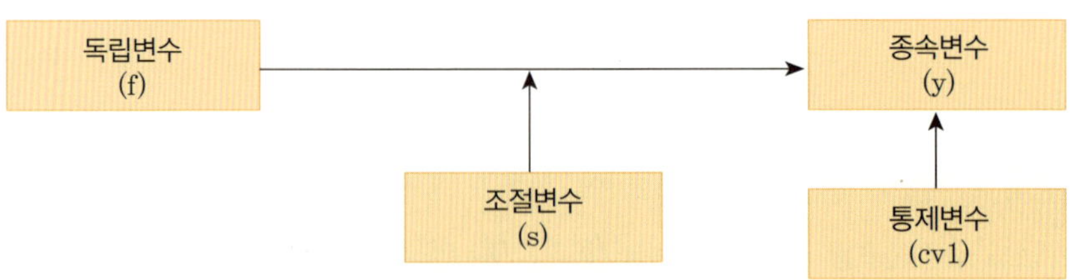

이를 분석하면 [그림 3-3-3] 모델과 동일한 결과를 얻으므로 결과는 제시하지 않기로 한다. 분석결과의 해석은 달라진다. 이를 위해 그래프로 그려보기로 한다.

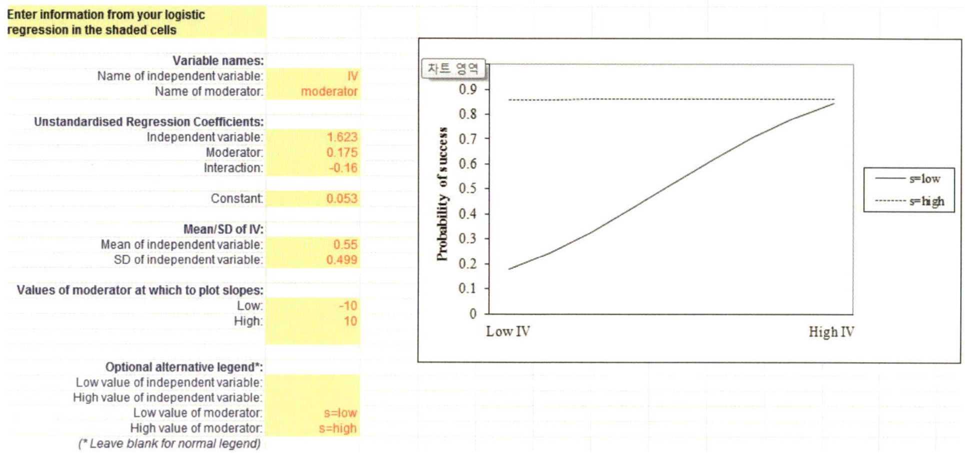

독립변수가 '0'인 경우에는 조절변수가 높고 낮은가에 따라 종속변수(y)의 확률이 크게 차이가 나지만, 독립변수가 '1'인 경우에는 조절변수의 정도에 따라 큰 차이가 없는 것으로 해석한다.

3) continuous by continuous interaction

[그림 3-3-5] 모델을 대상으로 조절 로지스틱 회귀분석에 대해 알아보기로 한다. 독립변수가 연속변수이고 조절변수도 연속변수인 경우이다.

그림 3-3-5 ▌continuous by continuous interaction

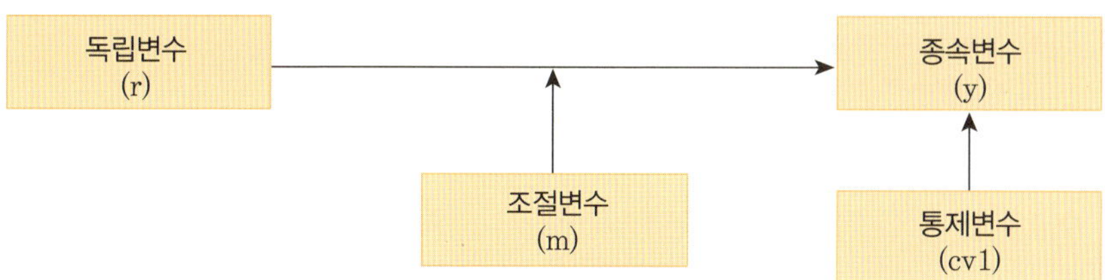

이 모델을 분석하기 위한 자료는 다음과 같다.

	id	y	r	m	cv1
1	1	.00	34.00	40.00	41.00
2	2	.00	39.00	33.00	41.00
3	3	1.00	63.00	48.00	56.00
4	4	.00	44.00	41.00	51.00
5	5	.00	47.00	43.00	31.00
6	6	.00	47.00	46.00	41.00
7	7	.00	57.00	59.00	51.00
8	8	.00	39.00	52.00	48.00
9	9	.00	48.00	52.00	51.00
10	10	.00	47.00	49.00	61.00

[chap3] [idre_ucla3.sav]

(1) MODPROBE에 의한 분석: 평균중심화를 하지 않은 경우

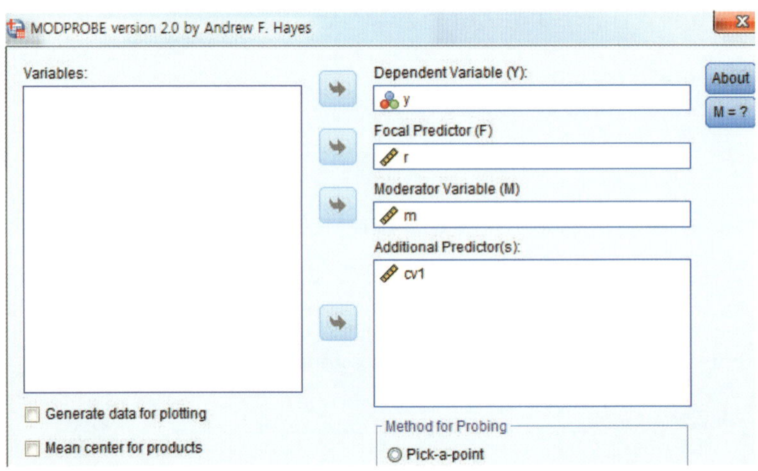

이를 실행하면 다음과 같은 결과를 얻는다.

```
*************** MODPROBE Procedure for SPSS Release 2.00 ***************
          Written by Andrew F. Hayes, Ph.D.        www.afhayes.com
************************************************************************
Outcome Variable
y
Focal Predictor Variable
 r
Moderator Variable
 m
************************************************************************
```

Coding of binary Y for analysis:

y	Analysis
.000	.000
1.000	1.000

Logistic Regression Summary

-2LL	Model LL	p-value	McFadden	CoxSnell	Nagelkrk	n
155.908	66.802	.000	.300	.284	.423	200.000

Logistic Regression Model

	Coeff	se	Z	p	LLCI	ULCI
constant	-34.091	11.734	-2.905	.004	-57.090	-11.093
cv1	.031	.027	1.140	.254	-.022	.084
r	.434	.196	2.213	.027	.050	.819
m	.510	.201	2.537	.011	.116	.905
interact	-.007	.003	-2.044	.041	-.013	.000

Interact is defined as:

r X m

Likelihood ratio test for interaction:

Chi-sq	df	p
4.747	1.000	.029

****

Moderator Value(s) Defining Nonsimultaneous Johnson-Neyman Significance Region(s)

Value	% below	% above
54.9389	59.0000	41.0000

Conditional Effect of Focal Predictor at Values of Moderator Variable

m	Coeff	se	Z	p	LLCI	ULCI
33.000	.209	.089	2.358	.018	.035	.383
35.100	.195	.082	2.373	.018	.034	.356
37.200	.181	.076	2.389	.017	.032	.329
39.300	.166	.069	2.404	.016	.031	.302
41.400	.152	.063	2.418	.016	.029	.275
43.500	.138	.057	2.428	.015	.027	.249
45.600	.123	.051	2.430	.015	.024	.223
47.700	.109	.045	2.416	.016	.021	.198
49.800	.095	.040	2.371	.018	.016	.173
51.900	.081	.035	2.273	.023	.011	.150
54.000	.066	.032	2.084	.037	.004	.129
54.939	.060	.031	1.960	.050	.000	.120
56.100	.052	.029	1.768	.077	-.006	.109
58.200	.038	.029	1.320	.187	-.018	.093
60.300	.023	.029	.794	.427	-.034	.081
62.400	.009	.032	.283	.777	-.053	.071
64.500	-.005	.035	-.151	.880	-.075	.064
66.600	-.020	.040	-.492	.623	-.098	.059
68.700	-.034	.045	-.753	.452	-.122	.054
70.800	-.048	.051	-.952	.341	-.148	.051

72.900	-.063	.057	-1.105	.269	-.174	.048
75.000	-.077	.063	-1.224	.221	-.200	.046

상호작용항의 계수가 유의적이어서 조절효과가 있다. Johnson-Neyman 기법에 의해 조절변수값이 54.939보다 작은 경우에 조절효과가 있다고 해석한다.

(2) SPSS에 의한 분석: 평균중심화를 하지 않은 경우

이를 SPSS에 의해 분석하기로 한다. 이를 위해 다음과 같이 지정한다.

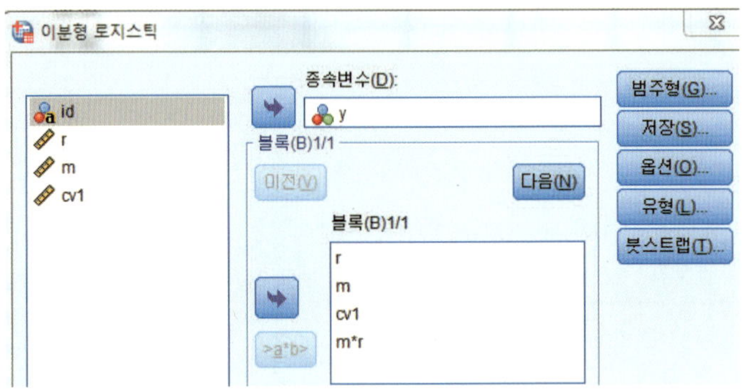

이를 실행하면 다음과 같은 결과를 얻는다.

Variables in the Equation

		B	S.E.	Wald	df	Sig.	Exp(B)
Step 1[a]	r	.434	.196	4.900	1	.027	1.544
	m	.510	.201	6.438	1	.011	1.666
	cv1	.031	.027	1.299	1	.254	1.031
	m by r	-.007	.003	4.178	1	.041	.993
	Constant	-34.091	11.734	8.441	1	.004	.000

a. Variable(s) entered on step 1: r, m, cv1, m×r.

Exp(β) 값이 1보다 작으므로 조절변수가 증가할수록 독립변수가 종속변수에 미치는 효과는 약해진다고 해석한다. 이러한 해석은 상호작용항의 계수 $b = -.007$을 통해서도 동일하게 할 수 있다. 즉 상호작용항의 계수가 부적(−)이므로 독립변수가 종속변수에 미치는 효과는 조절변수가 증가할수록 줄어든다고 해석할 수 있다.

(3) PROCESS에 의한 분석: 평균중심화를 하지 않은 경우

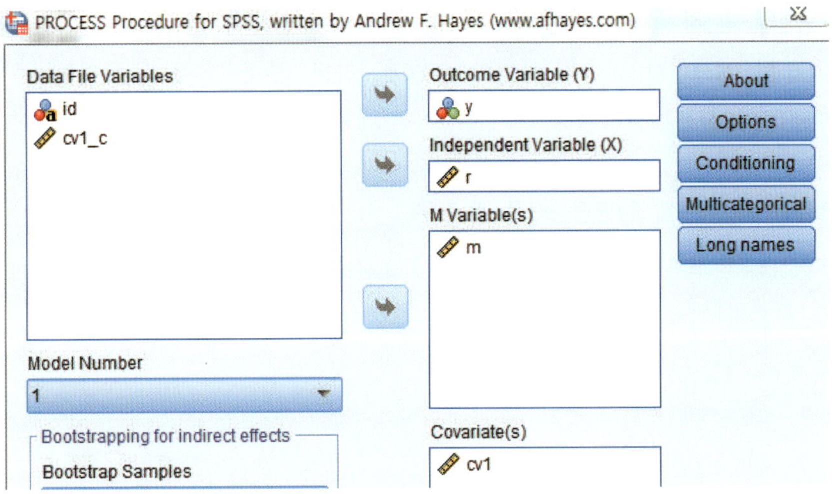

이를 실행하면 다음과 같은 결과를 얻는다.

Logistic Regression Summary

-2LL	Model LL	p-value	McFadden	CoxSnell	Nagelkrk	n
155.9077	66.8023	.0000	.3000	.2840	.4228	200.0000

Model

	coeff	se	Z	p	LLCI	ULCI
constant	-34.0913	11.7340	-2.9053	.0037	-57.0895	-11.0930
m	.5105	.2012	2.5373	.0112	.1161	.9048
r	.4342	.1962	2.2135	.0269	.0497	.8187
int_1	-.0068	.0033	-2.0441	.0409	-.0133	-.0003
cv1	.0310	.0272	1.1396	.2545	-.0223	.0842

Product terms key:

int_1 r X m

****

Conditional effect of X on Y at values of the moderator(s):

m	Effect	se	Z	p	LLCI	ULCI
43.2766	.1393	.0574	2.4273	.0152	.0268	.2518
52.6450	.0755	.0340	2.2180	.0266	.0088	.1421
62.0134	.0116	.0312	.3727	.7094	-.0495	.0727

(4) MODPROBE에 의한 분석: 평균중심화를 한 경우

평균중심화를 하지 않은 경우와 동일하게 하고, 왼쪽에 있는 [Mean-center for products]를 체크한다. 결과는 PROCESS에 의해 분석한 것과 동일하기 때문에 PROCESS 결과를 보기 바란다.

(5) SPSS에 의한 분석: 평균중심화를 한 경우

평균중심화 변수를 만들고 이들 변수를 이용한다. 이때 통제변수인 'cv1'도 평균중심화를 한 다음 분석에 포함시킨다. 이는 Dawson의 엑셀시트를 이용하여 그래프를 그릴 때 필요하기 때문이다.

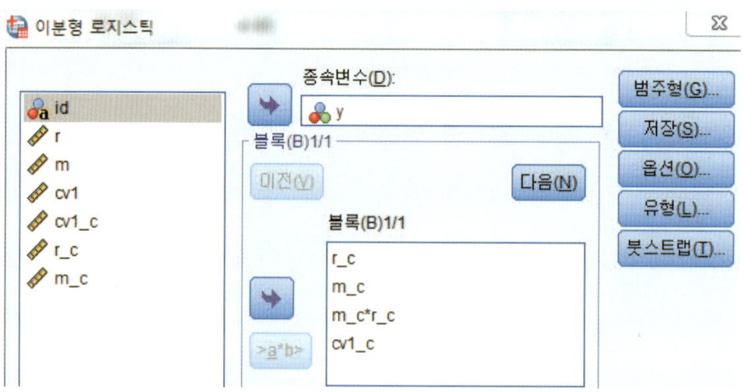

이를 실행하면 다음과 같은 결과를 얻는다.

Variables in the Equation

		B	S.E.	Wald	df	Sig.	Exp(B)	95% C.I.for EXP(B)	
								Lower	Upper
Step 1[a]	r_c	.075	.034	4.919	1	.027	1.078	1.009	1.153
	m_c	.155	.039	15.653	1	.000	1.167	1.081	1.260
	m_c by r_c	-.007	.003	4.178	1	.041	.993	.987	1.000
	cv1_c	.031	.027	1.299	1	.254	1.031	.978	1.088
	Constant	-1.654	.277	35.716	1	.000	.191		

a. Variable(s) entered on step 1: r_c, m_c, m_c×r_c , cv1_c.

(6) PROCESS에 의한 분석: 평균중심화를 한 경우

이를 실행하면 다음과 같은 결과를 얻는다.

Logistic Regression Summary

-2LL	Model LL	p-value	McFadden	CoxSnell	Nagelkrk	n
155.9077	66.8023	.0000	.3000	.2840	.4228	200.0000

Logistic Regression Model

	Coeff	se	Z	p	LLCI	ULCI
constant	−3.2766	1.4972	−2.1885	.0286	−6.2110	−.3422
cv1	.0310	.0272	1.1396	.2545	−.0223	.0842
r	.0755	.0340	2.2180	.0266	.0088	.1421
m	.1545	.0391	3.9563	.0001	.0780	.2311
interact	−.0068	.0033	−2.0441	.0409	−.0133	−.0003

Interact is defined as:
r X m

Likelihood ratio test for interaction:

Chi-sq	df	p
4.7471	1.0000	.0293

****

Moderator Value(s) Defining Nonsimultaneous Johnson-Neyman Significance Region(s)

Value	% below	% above
2.2939	59.0000	41.0000

Conditional Effect of Focal Predictor at Values of Moderator Variable

m	Coeff	se	Z	p	LLCI	ULCI
−19.6450	.2093	.0888	2.3581	.0184	.0353	.3833
−17.5450	.1950	.0822	2.3734	.0176	.0340	.3561
−15.4450	.1807	.0756	2.3890	.0169	.0325	.3290
−13.3450	.1664	.0692	2.4043	.0162	.0308	.3020
−11.2450	.1521	.0629	2.4181	.0156	.0288	.2754
−9.1450	.1378	.0567	2.4281	.0152	.0266	.2490
−7.0450	.1235	.0508	2.4299	.0151	.0239	.2231
−4.9450	.1092	.0452	2.4157	.0157	.0206	.1977
−2.8450	.0948	.0400	2.3713	.0177	.0165	.1732
−.7450	.0805	.0354	2.2725	.0231	.0111	.1500
1.3550	.0662	.0318	2.0838	.0372	.0039	.1285
2.2939	.0598	.0305	1.9600	.0500	.0000	.1197
3.4550	.0519	.0294	1.7681	.0770	−.0056	.1095
5.5550	.0376	.0285	1.3195	.1870	−.0183	.0935
7.6550	.0233	.0293	.7942	.4271	−.0342	.0808
9.7550	.0090	.0317	.2833	.7770	−.0532	.0712
11.8550	−.0053	.0354	−.1505	.8804	−.0746	.0640
13.9550	−.0196	.0399	−.4919	.6228	−.0979	.0586

16.0550	−.0339	.0451	−.7528	.4516	−.1223	.0544
18.1550	−.0483	.0507	−.9515	.3413	−.1476	.0511
20.2550	−.0626	.0566	−1.1046	.2693	−.1736	.0484
22.3550	−.0769	.0628	−1.2244	.2208	−.1999	.0462

(7) 그래프 그리기

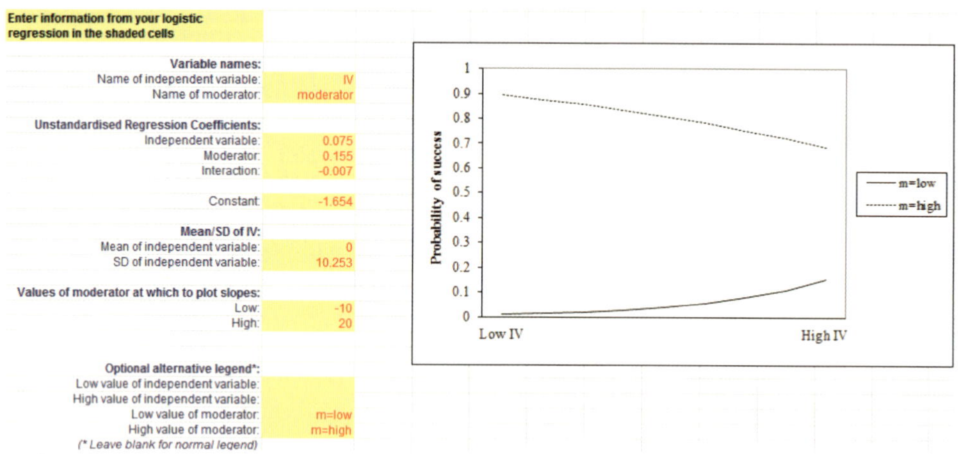

4 조절된 조절

조절된 조절(moderated moderation)이란 [그림 3-4]처럼 조절변수가 조절된 모델을 의미한다. 조절된 조절을 삼원상호작용(three-way interaction)이라고도 한다.

그림 3-4 ▎조절된 조절: 개념적 모델

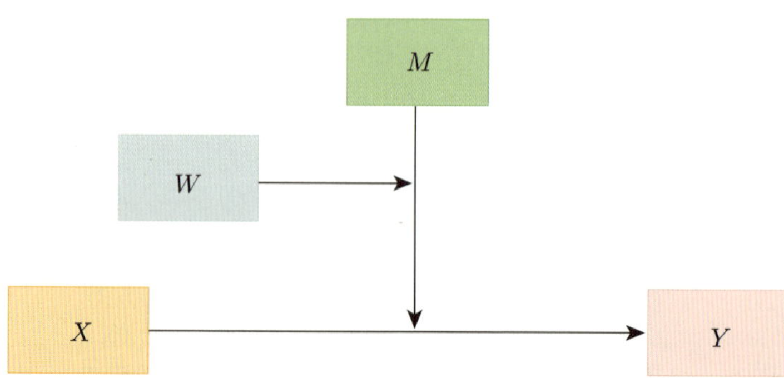

이 모델을 분석하기 위한 통계적 모델은 [그림 3-5]와 같다.

그림 3-5 ▌ 조절된 조절: 통계적 모델

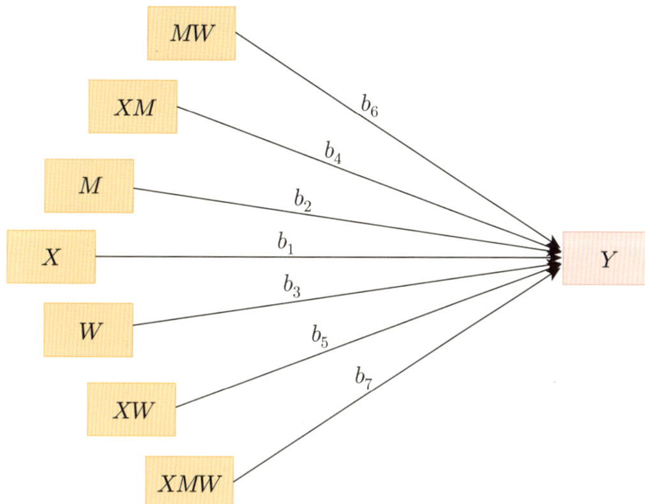

다음과 같은 자료를 대상으로 이 모델을 분석하기로 한다.

	govact	posemot	negemot	ideology	age	sex	partyid
1	3.60	3.67	4.67	6	61	0	2
2	5.00	2.00	2.33	2	55	0	1
3	6.60	2.33	3.67	1	85	1	1
4	1.00	5.00	5.00	1	59	0	1
5	4.00	2.33	1.67	4	22	1	1
6	7.00	1.00	6.00	3	34	0	2
7	6.80	2.33	4.00	4	47	1	1
8	5.60	4.00	5.33	5	65	1	1
9	6.00	5.00	6.00	4	50	1	2
10	2.60	5.00	2.00	7	60	1	3

[chap3] [Hayes-chap9.sav]

이 자료에서 'govact'는 Y, 'sex'는 M, 'age'는 W, 'negemot'는 X, 'posemot'와 'ideology'는 공변량이라고 가정한다.

PROCESS를 이용하여 분석하는 것에 대해 알아보기로 한다. 다음과 같이 해당 변수를 보내고 'Model number'를 '3'으로 지정한다. 이 넘버는 조절된 조절을 분석하기 위한 모델 넘버이다.

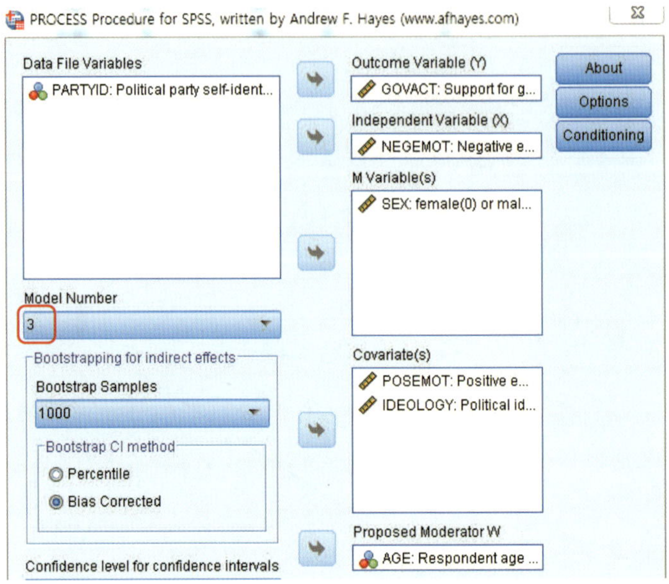

이를 분석하면 다음과 같은 결과를 얻는다.

```
****************** PROCESS Procedure for SPSS Release 2.13 ******************

          Written by Andrew F. Hayes, Ph.D.       www.afhayes.com
    Documentation available in Hayes (2013). www.guilford.com/p/hayes3

**************************************************************************
Model = 3
    Y = govact
    X = negemot
    M = sex
    W = age

Statistical Controls:
CONTROL = posemot  ideology

Sample size
        815

**************************************************************************
Outcome: govact

Model Summary
```

R	R-sq	MSE	F	df1	df2	p
.645	.416	1.093	63.765	9.000	805.000	.000

Model

	coeff	se	t	p	LLCI	ULCI
constant	4.559	.485	9.401	.000	3.607	5.512
sex	.529	.646	.819	.413	-.740	1.798
negemot	.273	.118	2.311	.021	.041	.505
int_1	-.131	.167	-.781	.435	-.460	.198
age	-.003	.009	-.356	.722	-.022	.015
int_2	.001	.002	.381	.704	-.004	.006
int_3	-.025	.012	-2.059	.040	-.049	-.001
int_4	.007	.003	2.096	.036	.000	.013
posemot	-.021	.028	-.745	.456	-.075	.034
ideology	-.205	.027	-7.726	.000	-.258	-.153

Interactions:

int_1	negemot	X	sex		
int_2	negemot	X	age		
int_3	sex	X	age		
int_4	negemot	X	sex	X	age

R-square increase due to three-way interaction:

	R2-chng	F(1,df2)	df2	p
int_4	.003	4.393	805.000	.036

****

Conditional effect of X on Y at values of the moderator(s):

age	sex	Effect	se	t	p	LLCI	ULCI
33.205	.000	.303	.049	6.226	.000	.208	.399
33.205	1.000	.394	.057	6.971	.000	.283	.505
49.536	.000	.318	.037	8.640	.000	.246	.390
49.536	1.000	.518	.036	14.284	.000	.447	.589
65.867	.000	.333	.058	5.695	.000	.218	.448
65.867	1.000	.642	.042	15.261	.000	.560	.725

Values for quantitative moderators are the mean and plus/minus one SD from mean.
Values for dichotomous moderators are the two values of the moderator.

Conditional effect of X*M interaction at values of W:

age	Effect	se	t	p	LLCI	ULCI
33.205	.091	.074	1.236	.217	-.054	.236
49.536	.200	.050	3.998	.000	.102	.298
65.867	.309	.071	4.371	.000	.170	.448

위 결과에서 알 수 있듯 삼원상호작용이 유의적이어서 조절효과가 있다고 할 수 있다. 따라서 'negemot'이 'govact'에 주는 'sex'의 조절효과는 'age'에 따라 달라진다고 할 수 있다.

참·고·문·헌

홍세희 (2005), 『이항 및 다항 로지스틱 회귀분석』, 서울: 교육과학사.

Aguinis, H. (2004), *Regression Analysis for Categorical Moderators*, New York, NY: The Guilford Press.

Aguinis, H., and Gottfredson, R. K. (2010), "Best-Practice Recommendations for Estimating Interaction Effects Using Moderated Multiple Regression," *Journal of Organizational Behavior*, 31, 776-786.

Allen, D. G., Weeks, K. P., and Moffitt, K. R. (2005), "Turnover Intentions and Voluntary Turnover: The Moderating Roles of Self-Monitoring, Locus of Control, Proactive Personality, and Risk Aversion," *Journal of Applied Psychology*, 90(5), 980-990.

Cohen, J., Cohen, P., West, S. G., and Aiken, L. S. (2003), *Applied Multiple Regression/Correlation Analysis for the Behavioral Sciences*, 3rd Ed., Mahwah, NJ: Erlbaum.

Dawson, J. (2017), *Interpreting Interaction Effects*, http://www.jeremydawson.co.uk/slopes.htm

Hayes, A. F. (2013), *Introduction to Mediation, Moderation, and Conditional Process Analysis: A Regression-Based Approach*, New York, NY: The Guilford Press.

Hayes, A. F., and Matthes, J. (2009), "Computational Procedures for Probing Interactions in OLS and Logistic Regression: SPSS and SAS Implementation," *Behavioral Research Methods*, 41(3), 924-936.

Hayes, A. F. (2016), SPSS Syntax Reference for MODPROBE macro version 2.0; Updated 23 January 2016, retrieved from http://afhayes.com/

Jaccard, J. (2001), *Interaction Effects in Logistic Regression*, Thousand Oaks, CA.: Sage Publications.

Patry, M. W. (2008), "Attractive But Guilty: Deliberation and The Physical Attractiveness Bias," *Psychological Reports*, 102, 727-733.

Soper, D. (2015), www.danielsoper.com

Chapter 4 LISREL에 의한 조절효과분석(Ⅰ)

LISREL에 의한 조절효과분석은 조절변수가 어떤 척도로 되어 있느냐에 따라 접근법이 다르다. 이 장에서는 조절변수가 비메트릭변수(범주변수)인 경우에 대해 살펴보고, 다음 장에서는 조절변수가 메트릭변수(연속변수)인 경우에 대해 살펴보기로 한다.

다음의 예를 통해 비메트릭변수의 조절효과에 대해 살펴보기로 한다. 예를 들어, 시민들이 대통령 후보들의 정견발표 토론을 시청하였다고 가정한다. 토론을 마친 다음에, 특정 후보가 상대 후보에 비해 토론에서 승리하였다고 생각하는 정도를 등급척도상에 표시하도록 요구하였다. 이를 위해 서로 다른 3개 척도를 이용해 측정하였고, 이를 토론에서의 승리를 판단하는 척도로 삼았다. 첫 번째 지표는 0에서 20 사이의 범위를 갖고 있으며, 이를 S_1이라 하자. 나머지 S_2와 S_3은 0에서 25 사이의 범위를 갖고 있다. 이 척도들은 모두 점수가 높을수록 성공적인 정견발표를 의미한다.

정견발표의 성공 여부에는 '후보의 외모'와 '토론의 질'이 영향을 미치는 것으로 가정하였다. 후보의 외모를 측정하기 위해 두 개의 척도(P_1, P_2)를 7점 어의차이척도법(semantic differential scale)을 이용하여 측정하였다. 점수가 높을수록 외모에 대한 평가가 좋음을 의미한다. 토론의 질에 대한 평가도 두 개의 척도(Q_1, Q_2)를 7점 어의차이척도법을 이용하여 측정하였다. 이도 점수가 높을수록 토론의 질에 대한 평가가 좋음을 의미한다.

연구자는 외모가 정견발표의 성공에 미치는 영향은 성별에 따라 달라질 것으로 가정하였다. 즉, 외모가 정견발표의 성공에 미치는 영향은 여성이 남성보다 영향력이 더 크게 나타날 것으로 예측하였다. 따라서 토론에서 성공했다고 판단하는 데에는 후보의 인지된 외모와 성별이 상호작용할 것으로 가정하였다. 이 경우 가설은 다음과 같이 표현할 수 있다.

가설: 외모가 정견발표의 성공에 미치는 영향은 여성이 남성보다 클 것이다(단측검정).
가설: 외모가 정견발표의 성공에 미치는 영향은 성별에 따라 다를 것이다(양측검정).

이 경우에 성별(Z)은 조절변수, 토론에서의 성공에 대한 판단(η_1)은 종속변수, 외모(ξ_1)와 토론의 질(ξ_2)은 독립변수가 된다. 이들 간의 관계를 경로도에 표시하면 [그림 4-1]과 같다. 한편 [그림 4-1]에서 볼 수 있듯, 토론의 질과 성공 간에는 조절효과를 가정하지 않고 있다. 이 모델에서 외모와 성공 간에는 성별에 따라 계수가 차이가 있을 수 있지만, 토론의 질과 성공 간에는 성별에 따라 차이가 없을 것으로 가정한 것이다.

그림 4-1 ▌조절효과모델

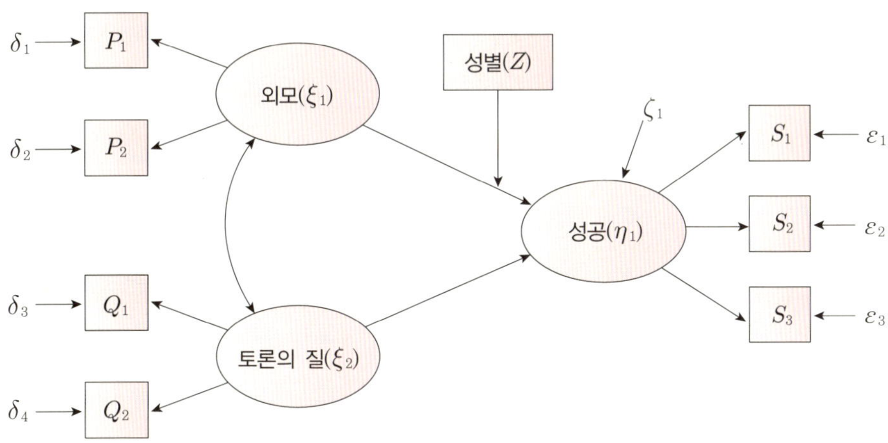

이때, 조절변수인 성별은 **비메트릭변수(nonmetric variable)**이다. 조절변수가 등간척도 이상의 연속변수인 경우는 **메트릭변수(metric variable)**가 된다. **조절효과분석(moderation analysis)**은 조절변수가 비메트릭변수인지 아니면 메트릭변수인지에 따라 분석방법이 달라진다. 비메트릭변수인 경우에는 다중집단분석에 의해 할 수 있고, 메트릭변수인 경우에는 상호작용효과분석(interaction effect analysis)에 의해 할 수 있다. 이에 대해 자세히 살펴보기로 한다.

1 비메트릭변수의 조절효과분석: 행렬요약의 예

비메트릭변수의 조절효과를 검정하기 위해 다음과 같은 두 가지 조건하에 모델의 적합도를 평가한다.

첫째, 독립변수(외모)와 종속변수(성공) 간의 관계가 성별에 따라 달라진다는 것에 대해 제약을 하지 않은 **비제약모델(unconstrained model)** 또는 **자유모델(free model)**을 추정한다.

둘째, 독립변수와 종속변수 간의 관계가 성별에 대해 동일하도록 제약을 한 **등가제약모델(equality constrained model)**을 추정한다. 두 번째 모델은 독립변수와 성별 간에 상호작용이 없음을 의미한다.

셋째, 이들 두 모델 간의 **χ^2 차이검정(χ^2 difference test)**을 실시한다. 만약 두 번째 모델인 상호작용이 없는 모델의 적합도가 유의적으로 증가한다면, 이는 외모와 성별 간에 상호작용이 있음을 의미한다. 따라서 조절효과가 없다는 귀무가설이 기각되어 조절효과가 있다고 해석한다. 이에 대해 좀 더 자세히 살펴보기로 한다.

1.1 1단계분석

1단계분석은 각각의 집단에 대한 모수치 및 모델적합도를 **다중집단분석(multi-group analysis)**을 통해 도출한다. 전반적 모델적합도(global goodness of fit statistics)는 각각의 집단으로부터 얻은 적합측정치의 합(pooling)에 의해 계산된다. 두 집단의 합에 의한 χ^2값이 통계적으로 비유의적이라면($p > 0.05$) 모델이 집단에 따라 잘 적합됨을 의미한다. 반대로, 합에 의한 χ^2값이 통계적으로 유의적이라면 집단 가운데 적어도 하나는 모델이 잘 적합되지 않음을 의미한다.

이러한 1단계만으로는 조절효과를 평가할 수 없다. 1단계분석은 각각의 집단을 개별적으로 추정한 계수와 집단에 따라 제약조건을 하지 않은 모델이 어느 정도나 자료를 잘 적합시키는지를 나타낸 것이다. 만약 조절효과가 없다면 외모가 정견발표의 성공에 미치는 경로계수는 남성 및 여성에 걸쳐 동일할 것이다. 이는 남성 대 여성집단의 경로계수의 차이는 표본오차에 의해 발생한 것임을 의미한다.

1.2 2단계분석

2단계는 모델에 등가제약을 하고 모델을 다시 추정한다. 즉, 외모가 성공 여부의 판단에 주는 경로계수가 두 집단에 걸쳐 같다는 제약을 한다. 만약 조절효과가 없고 두 모집단의 경로계수가 같다면 등가제약은 1단계의 모델적합도에 영향을 미치지 않을 것이다. 반대로 유의적인 상호작용이 있다면 등가제약은 모델적합도에 영향을 미칠 것이다. 이처럼 제약을 하는 것이 2단계이다.

1.3 3단계분석

1단계의 χ^2값과 2단계의 χ^2값의 차이를 구한다. χ^2값의 차이를 토대로 조절효과를 검정한다. χ^2차이가 유의적이라면 두 집단 간에 차이가 있음을 의미하며, 성별이 조절효과가 있다고 해석한다. 1단계분석을 위한 SIMPLIS 프로그램이 [4-1]이다.

4-1

```
Moderating Effect Model
Group 1: Males  1
Observed Variables: s1 s2 s3 p1 p2 q1 q2
covariance matrix
21.1
18.5 21.4
19.3 19.2 21.1
5.3 5.6 5.7 7.9
5.0 4.8 5.2 5.2 6.5
5.1 5.3 5.2 0.2 0.0 6.3
5.4 5.6 5.3 0.1 0.0 4.7 6.7
sample size: 154
latent variables: ksi1 ksi2 eta1
relations
p1=1*ksi1     ┐
p2=ksi1       │
q1=1*ksi2     │
q2=ksi2       │ 2
s1=1*eta1     │
s2=eta1       │
s3=eta1       │
eta1=ksi1 ksi2┘
set the covariance of ksi1-ksi2 to free
set the variance of ksi1 to free
```

```
set the variance of ksi2 to free
set the error variance of p1-p2 to free
set the error variance of q1-q2 to free
set the error variance of s1-s3 to free
set the variance of eta1 to free
group2: females  ❶
covariance matrix
39.4
37.1 39.2
37.9 37.6 40.5
11.1 11.2 11.4 7.8
10.0 9.8 10.3 5.2 6.9
5.3 5.7 5.5 0.2 0.9 6.8
5.6 6.1 5.5 0.1 0.0 4.5 6.7
sample size: 125
latent variables: ksi1 ksi2 eta1
relations
p1=1*ksi1
p2=ksi1
q1=1*ksi2
q2=ksi2          ❸
s1=1*eta1
s2=eta1
s3=eta1
eta1=ksi1 ksi2
set the covariance of ksi1-ksi2 to free
set the variance of ksi1 to free
set the variance of ksi2 to free
set the error variance of p1-p2 to free
set the error variance of q1-q2 to free
set the error variance of s1-s3 to free
set the variance of eta1 to free
end of problem
```

프로그램 해설

❶ 다중집단분석을 하기 위해서는 SIMPLIS 신텍스가 Group으로 시작되어야 한다. Group 1과 Group 2로 두 집단이 있음을 알려준다.

❷ 측정모델과 구조모델 설정이 Group 1과 Group 2에 모두 동일하게 설정된 것은 자유모델, 즉 비제약모델임을 의미한다. 따라서 Group 1과 Group 2에 따라 모수치가 다르게 산출된다.

❸ Group 1과 Group 2에 걸쳐 이 부분을 설정하지 않으면 집단 간에 해당 모수치가 동일하게 산출된다. 따라서 이 부분을 반드시 설정해 주기 바란다.

[4-1]을 실행하여 얻은 적합도 및 모수치는 [4-1.out]과 같다.

4-1.out 1단계분석의 적합도 및 모수치

```
Global Goodness of Fit Statistics

Degrees of Freedom for (C1)-(C2)             22
Maximum Likelihood Ratio Chi-Square (C1)     15.306 (P = 0.8488)
Estimated Noncentrality Parameter (NCP)      0.0
90 Percent Confidence Interval for NCP       (0.0 ; 5.036)

Structural Equations: Male

      eta1 = 0.955*ksi1 + 1.116*ksi2, Errorvar.= 7.794, R² = 0.582
  Standerr  (0.137)     (0.154)                 (1.270)
  Z-values   6.977       7.242                   6.137
  P-values   0.000       0.000                   0.000

Structural Equations: Female

      eta1 = 1.879*ksi1 + 1.231*ksi2, Errorvar.= 10.125, R² = 0.729
  Standerr  (0.178)     (0.206)                 (1.981)
  Z-values  10.526       5.978                   5.111
  P-values   0.000       0.000                   0.000
```

2단계분석을 위한 프로그램은 [4-2]이다.

4-2

```
Moderating Effect Model
Group 1: Males
Observed Variables: s1 s2 s3 p1 p2 q1 q2
covariance matrix
21.1
18.5 21.4
19.3 19.2 21.1
5.3 5.6 5.7 7.9
5.0 4.8 5.2 5.2 6.5
5.1 5.3 5.2 0.2 0.0 6.3
5.4 5.6 5.3 0.1 0.0 4.7 6.7
sample size: 154
latent variables: ksi1 ksi2 eta1
relations
p1 = 1*ksi1
p2 = ksi1
q1 = 1*ksi2
q2 = ksi2
s1 = 1*eta1
s2 = eta1
```

```
s3=eta1
eta1=ksi1 ksi2 1
set the covariance of ksi1-ksi2 to free
set the variance of ksi1 to free
set the variance of ksi2 to free
set the error variance of p1-p2 to free
set the error variance of q1-q2 to free
set the error variance of s1-s3 to free
set the variance of eta1 to free
group2: females
covariance matrix
39.4
37.1 39.2
37.9 37.6 40.5
11.1 11.2 11.4 7.8
10.0 9.8 10.3 5.2 6.9
5.3 5.7 5.5 0.2 0.9 6.8
5.6 6.1 5.5 0.1 0.0 4.5 6.7
sample size: 125
latent variables: ksi1 ksi2 eta1
relations
p1=1*ksi1
p2=ksi1
q1=1*ksi2
q2=ksi2
s1=1*eta1
s2=eta1
s3=eta1
eta1=ksi2 1
set the covariance of ksi1-ksi2 to free
set the variance of ksi1 to free
set the variance of ksi2 to free
set the error variance of p1-p2 to free
set the error variance of q1-q2 to free
set the error variance of s1-s3 to free
set the variance of eta1 to free
end of problem
```

프로그램 해설

1 Group 1에서 eta1=ksi1 ksi2로 설정하고, Group 2에서 eta1=ksi2로 설정한 것은 ksi1은 Group 1과 Group 2에서 모두 동일함을 가정한 등가제약모델을 설정하기 위해서이다.

2단계분석을 위한 등가제약 프로그램은 [4-1]의 명령어 가운데 eta1=ksi1 ksi2를 Group 2에서 eta1=ksi2로 고친 것을 제외하고는 모두 같다.

LISREL은 디폴트상 각각의 집단 내에서 모든 관계 및 모든 모수가 동일하다고 가정한다. 따라서 집단 간에 다른 것만 설정하면 된다. SIMPLIS 언어에 의해 다중집단분석을 할 때에 디폴트로 되어 있는 모수도 모두 추정하도록 설정해야 한다. 또한 등가제약을 위해서는 어떤 경로가 둘째 집단(또는 셋째 집단,..)에 설정되지 않는다면, 그 모수는 전의 집단과 동일하다는 가정을 한다. 그러므로 위에서 eta1=ksi1 ksi2를 eta1=ksi2로 고친 것은 두 집단에 걸쳐 ksi1은 동일하다는 의미를 갖는다.

4-2.out 2단계분석 결과

```
Global Goodness of Fit Statistics

Degrees of Freedom for (C1)-(C2)                23
Maximum Likelihood Ratio Chi-Square (C1)        29.907 (P=0.1521)
Estimated Noncentrality Parameter (NCP)         6.907
90 Percent Confidence Interval for NCP          (0.0; 25.189)

Structural Equations
     eta1 = 1.359*ksi1 + 1.139*ksi2, Errorvar. = 7.860, R² = 0.633
 Standerr (0.117)      (0.158)                 (1.373)
 Z-values 11.564       7.195                   5.725
 P-values 0.000        0.000                   0.000

Structural Equations
     eta1 = 1.359*ksi1 + 1.226*ksi2, Errorvar. = 12.445, R² = 0.617
 Standerr (0.117)      (0.204)                 (1.996)
 Z-values 11.564       6.018                   6.234
 P-values 0.000        0.000                   0.000
```

한편, [4-1]과 [4-2]에서 다음 신텍스를 빼게 되면 두 집단에 걸쳐 해당 모수(분산, 공분산, 오차분산 등)가 동일하게 추정된다. 이를 [4-2-1]로 저장하였으니 독자들이 직접 실행해보고 검토하기 바란다.

```
set the covariance of ksi1-ksi2 to free
set the variance of ksi1 to free
set the variance of ksi2 to free
set the error variance of p1-p2 to free
set the error variance of q1-q2 to free
set the error variance of s1-s3 to free
set the variance of eta1 to free
```

1단계분석을 실행하면 $\chi^2(22)=15.306$이 얻어지며, 2단계분석을 실행하면 $\chi^2(23)=29.907$이 얻어진다. χ^2차이검정 결과 $\Delta\chi^2(1)=14.601$이 얻어져 통계적으로 유의적이라고 할 수 있다. 따라서 성별은 조절변수로서의 효과가 있다고 할 수 있다.

1단계분석에서 얻어진 LISREL Estimates은 남성과 여성에 대한 회귀계수의 추정치이다. 남성의 경우 외모로부터 성공에 대한 경로계수는 0.955이고, 여성의 경우는 1.879로 나타났다([4-1.out] 참조). 이 경로계수의 차이는 χ^2차이검정에 의해 통계적으로 유의적인 것으로 나타났다. 따라서 외모가 성공에 미치는 영향은 여성이 남성에 비해 더 많다고 해석할 수 있다.

2 비메트릭변수의 조절효과분석: 원자료의 예

합리적 행동모델을 통해 원자료를 이용하는 경우의 비메트릭변수의 조절효과분석에 대해 알아보기로 한다. 합리적 행동모델의 원자료는 691명을 대상으로 조사되었고, 자료에는 결측치(0)가 있고, 마지막 변수인 'group'은 집단을 구분하기 위해 1=male, 2=female로 코딩되었다고 가정한다. 아래는 원자료 가운데 일부를 보인 것이다. 691명 가운데 1은 345명, 나머지 346명은 2로 코딩되었다. 자료는 [sample1.sav]로 저장되어 있다.

	v1	v2	v3	v4	v5	v6	v7	v8	v9	v10	v11	v12	group
339	5	4	4	3	3	3	4	3	4	3	4	4	1.00
340	5	4	6	3	4	2	4	5	4	2	3	3	1.00
341	7	5	6	3	2	2	5	6	4	3	4	6	1.00
342	4	4	4	3	3	3	4	4	4	4	4	3	1.00
343	3	3	3	3	3	3	3	3	3	3	3	4	1.00
344	6	4	5	3	3	3	5	4	5	5	5	4	1.00
345	4	5	4	3	3	3	4	5	3	4	4	4	1.00
346	2	2	2	5	6	5	2	3	3	4	4	4	2.00
347	7	5	6	5	6	5	3	4	5	6	5	5	2.00
348	6	6	6	6	6	5	4	5	6	5	5	4	2.00
349	5	4	5	5	6	5	5	5	6	5	5	4	2.00
350	5	4	6	5	5	5	6	5	6	5	4	4	2.00
351	5	4	5	5	5	5	6	6	6	5	0	4	2.00
352	6	6	6	5	6	5	2	3	2	4	4	4	2.00
353	1	0	2	5	5	5	5	6	5	4	4	4	2.00
354	6	6	6	3	3	3	4	4	5	4	4	4	2.00
355	3	4	4	6	6	5	6	6	5	5	4	4	2.00
356	5	5	6	3	5	5	5	3	5	3	3	4	2.00
357	6	4	5	3	3	4	4	5	5	4	5	4	2.00
358	5	4	4	3	3	3	5	5	4	4	4	4	2.00

[chap4] [sample1.sav]

합리적 행동모델에서의 조절효과와 관련된 가설은 다음과 같다고 가정한다.

가설 1: 행동의도가 행동에 미치는 영향은 남성이 여성보다 클 것이다.
가설 2: 행동의도가 행동에 미치는 영향은 성별에 따라 다를 것이다.

위 가설에서 가설 1은 단측검정에 해당하고, 가설 2는 양측검정에 해당한다. 따라서 $\alpha=0.05$ 수준에서 임계치가 달라진다.

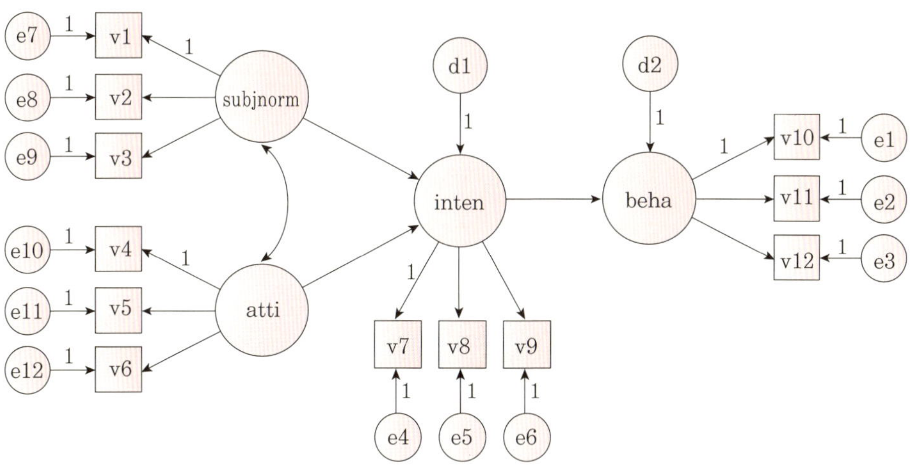

[sample1.sav] 자료에서 알 수 있듯이 [group] 변수가 1과 2의 두 집단으로 코딩되었다. 다중집단분석을 위해 두 개 집단을 각각의 집단으로 나누어야 한다. 이를 위해 SPSS를 이용하여 자료를 불러들인다.

[데이터] 메뉴에서 밑에서 두 번째에 있는 [케이스선택]을 누른다. [케이스선택] 창에서 [조건을 만족하는 케이스]를 체크하고 [조건] 버튼을 누른다. [group] 변수를 오른쪽 창으로 보내고 =1이라 지정한다. [계속] 버튼을 누른다.

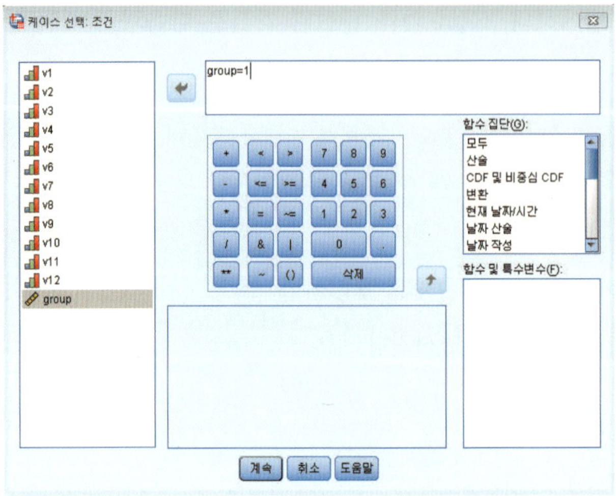

[출력결과]에서 [선택하지 않은 케이스 삭제]를 체크하고 [확인] 버튼을 누른다.

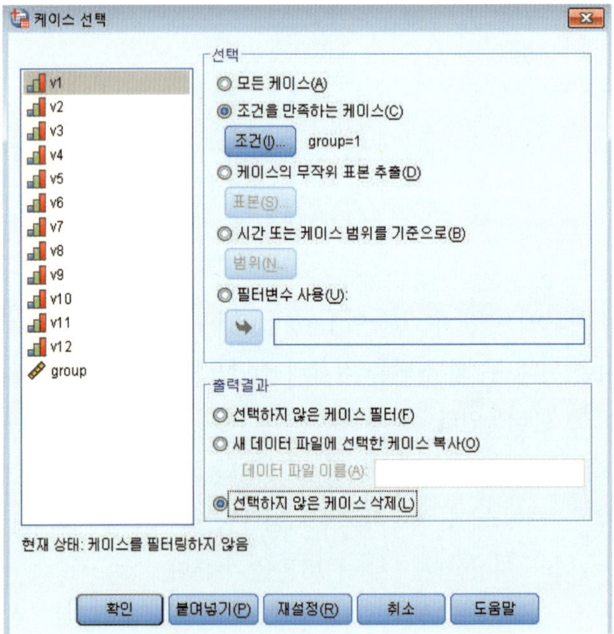

'1'에만 해당하는 사례를 남기고 '2'그룹은 지운 자료를 [파일] 메뉴에서 [다른 이름으로 저장]한다. 이 예에서는 [sample1-1.sav]로 저장하였다($N=345$). 이제 SPSS에서 빠져 나간 다음 [sample1.sav]를 불러들여, 이런 식으로 '2'그룹도 처리한다. '2'그룹은

[sample1-2.sav]로 저장하였다($N=346$).

❶ [File] 메뉴에서 [Import Data]를 눌러 [파일이름]에서 [SPSS Data File(*.sav)]를 선정한다. [sample1-1]을 선정하여 [LISREL Data(*.lsf)]로 바꾼 다음 [저장]을 누른다. 이런 식으로 [sample1-2]도 처리한다.

❷ [sample1-1.lsf]를 불러들인 다음 [Data] 메뉴 → [Define Variables]에서 v1부터 v12까지 블록지정을 하고 [Variable Type] 버튼을 누른다. 거기에서 변수유형을 [Continuous]로 지정한다. [Apply to all]을 체크한다. [OK] 버튼을 누른다.

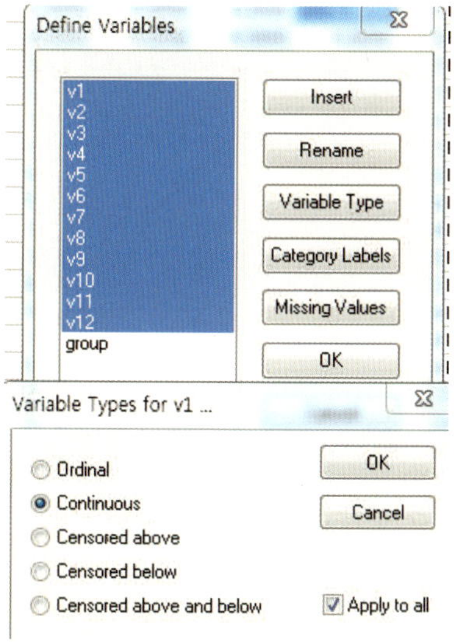

❸ [Missing Values] 버튼을 누른다. 자료에 결측치가 있다. 결측치는 -9이다. [Apply to all]을 체크하고, [OK] 버튼을 누른다.

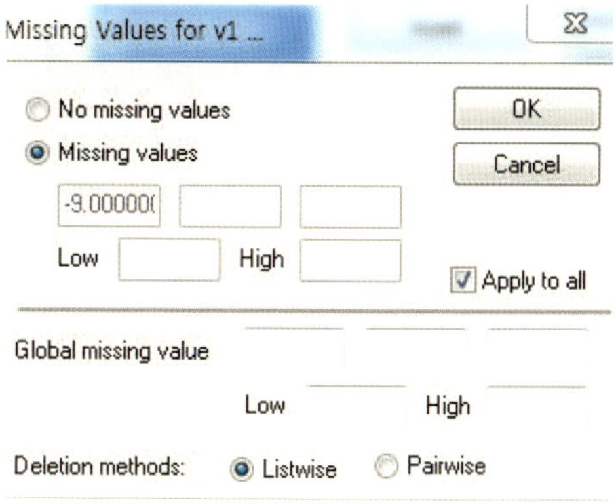

❹ 지금까지 한 작업을 [File]에서 [저장]을 눌러 저장한다. [sample1-2]도 동일한 작업을 하고, 저장한다.

❺ SIMPLIS로 입력파일을 작성한다. [4-3]은 두 집단에 걸쳐 행동의도와 행동 간에 모수치가 다르도록 설정한 것이다.

4-3

```
Group 1: Males
raw data from file 'N:₩lisrel 9.1₩chap14₩sample1-1.lsf'
latent variables: ksi1 ksi2 eta1 eta2
relations
v1=1*ksi1
v2=ksi1
v3=ksi1
v4=1*ksi2
v5=ksi2
v6=ksi2
v7=1*eta1
v8=eta1
v9=eta1
v10=1*eta2
v11=eta2
v12=eta2
eta1=ksi1 ksi2
eta2=eta1
Group 2: females
raw data from file 'N:₩lisrel 9.1₩chap14₩sample1-2.lsf'
latent variables: ksi1 ksi2 eta1 eta2
relations
v1=1*ksi1
v2=ksi1
v3=ksi1
v4=1*ksi2
v5=ksi2
v6=ksi2
v7=1*eta1
v8=eta1
v9=eta1
v10=1*eta2
v11=eta2
v12=eta2
eta1=ksi1 ksi2
eta2=eta1
set the covariance of ksi1-ksi2 to free
set the variance of ksi1 to free
set the variance of ksi2 to free
```

```
set the error variance of v1-v3 to free
set the error variance of v4-v6 to free
set the error variance of v7-v9 to free
set the error variance of v10-v12 to free
set the variance of eta1 to free
set the variance of eta2 to free
lisrel output: sc ss
end of problem
```

이를 실행하면 다음과 같은 적합도 및 모수치를 얻는다.

4-3.out

```
  BETA : Male

         eta1       eta2
        -------    -------
eta1     - -        - -

eta2    0.465       - -
       (0.061)
        7.625

BETA : Female

         eta1       eta2
        --------   -------
eta1     - -        - -

eta2    0.448       - -
       (0.094)
        4.760

Global Goodness of Fit Statistics

Degrees of Freedom for (C1)-(C2)              100
Maximum Likelihood Ratio Chi-Square (C1)      258.953 (P=0.0000)
Browne's (1984) ADF Chi-Square (C2_NT)        4499.190 (P=0.0000)
Estimated Noncentrality Parameter (NCP)       158.953
90 Percent Confidence Interval for NCP        (115.189; 210.396)
```

[4-3-1]은 두 집단에 걸쳐 행동의도와 행동 간에 모수치가 같도록 설정한 것이다.

4-3-1

```
Group 1: Males
raw data from file 'N:₩lisrel 9.1₩chap14₩sample1-1.lsf'
latent variables: ksi1 ksi2 eta1 eta2
relations
v1=1*ksi1
v2=ksi1
v3=ksi1
v4=1*ksi2
v5=ksi2
v6=ksi2
v7=1*eta1
v8=eta1
v9=eta1
v10=1*eta2
v11=eta2
v12=eta2
eta1=ksi1 ksi2
eta2=eta1
Group 2:  females
raw data from file 'N:₩lisrel 9.1₩chap14₩sample1-2.lsf'
latent variables: ksi1 ksi2 eta1 eta2
relations
v1=1*ksi1
v2=ksi1
v3=ksi1
v4=1*ksi2
v5=ksi2
v6=ksi2
v7=1*eta1
v8=eta1
v9=eta1
v10=1*eta2
v11=eta2
v12=eta2
eta1=ksi1 ksi2

set the covariance of ksi1-ksi2 to free
set the variance of ksi1 to free
set the variance of ksi2 to free
set the error variance of v1-v3 to free
set the error variance of v4-v6 to free
set the error variance of v7-v9 to free
set the error variance of v10-v12 to free
set the variance of eta1 to free
set the variance of eta2 to free
lisrel output: sc ss
end of problem
```

이를 실행하면 다음과 같은 적합도 및 모수치를 얻는다.

4-3-1.out

```
Global Goodness of Fit Statistics

Degrees of Freedom for (C1)-(C2)                 101
Maximum Likelihood Ratio Chi-Square (C1)         258.975 (P = 0.0000)
Browne's (1984) ADF Chi-Square (C2_NT)           -86463886.435 (P = 0.0000)
Estimated Noncentrality Parameter (NCP)          157.975
90 Percent Confidence Interval for NCP           (114.265 ; 209.364)

 BETA : Female

              eta1        eta2
            --------    --------
eta1          - -         - -

eta2        0.461         - -
           (0.051)
            8.987
```

χ^2차이검정을 하면 $\Delta\chi^2 = 0.022$로 $\Delta df = 1$에서 유의적이지 않아 조절효과가 없다고 해석한다.

참·고·문·헌

배병렬 (2014). 『LISREL 9.1 구조방정식모델링: 원리와 실제』. 서울: 도서출판 청람.

Cortina, J. M., Chen, G., and Dunlap, W. P. (2001). "Testing Interaction Effects in LISREL: Examination and Illustration of Available Procedures," *Organizational Research Methods*, 4(4), 324-360.

Jaccard, J., and Wan, C. K. (1996). *LISREL Approaches to Interaction Effects in Multiple Regression*. Thousand Oaks, CA: Sage Publications.

Jöreskog, K. G. (2000). "Latent Variable Scores and Their Uses," PDF file: http://www.ssicentral.com/lisrel/techdocs/lvscores.pdf

Jöreskog, K. G., and Yang, F. (1996). "Nonlinear Structural Equation Models: The Kenny-Judd Model with Interaction Effects," In G. Marcoulides and R. Schumacker (Eds.), *Advanced Structural Equation Modeling*, 57-88, Hillsdale, NJ: Erlbaum.

Kenny, D. A., and Judd, C. M. (1984). "Estimating the Nonlinear and Interactive Effects of Latent Variables," *Psychological Bulletin*, 96, 201-216.

Schumacker, R. E. (2002). "Latent Variable Interaction Modeling," *Structural Equation Modeling*, 9(1), 40-54.

Schumacker, R. E., and Lomax, R. G. (2010). *A Beginner's Guide to Structural Equation Modeling*, 3rd Ed., New York, NY: Taylor and Francis Group.

Schumacker, R. E., and Marcoulides, G. A. (1998). *Interaction and NonLinear Effects in Structural Equation Modeling*, Hillsdale, NJ: Erlbaum.

Chapter 5 LISREL에 의한 조절효과분석(Ⅱ)

개념들을 연속변수(메트릭변수)로 측정한 경우, **상호작용효과(interaction effect)**의 검정에 의해 조절효과를 분석할 수 있다. 조절변수 및 독립변수가 모두 연속변수인 경우, 조절효과를 분석하기 위한 효과적인 방안은 **적지표(product indicator)**를 만드는 것이다. 적지표를 만드는 데에는 크게 세 가지 방법이 있다. 첫째는 모든 가능한 적항을 잠재교적변수의 지표로 만드는 방법이 있다. 예를 들어, 조절변수 및 독립변수가 각각 3개의 연속지표인 경우 총 9개의 지표를 만드는 것이다. 둘째는 가능한 적항 가운데 하나만을 잠재교적변수의 지표로 만드는 방법이 있다. 셋째는 몇 개 문항을 적지표로 만드는 방법이 있다. 이하에서 Ping의 접근법, 잠재변수점수 접근법, 그리고 Marsh 등의 접근법을 중심으로 살펴보기로 한다.

1 Ping의 접근법

단일지표를 이용하는 방법으로 Ping(1995, 1996)의 접근법을 들 수 있다. Ping(1996)은 단일지표가 아닌 교적지표를 이용하는 방법에 대해서도 설명하고 있다. 예를 들어, 각각 2개의 지표(x1, x2, z1, z2)를 갖고 있는 잠재변수 X와 Z가 하나의 관측변수(y)를 갖고 있는 Y에 상호작용효과가 있는 것으로 가정된 경우, Ping은 잠재교적의 지표로서 [(x1+x2)*(z1+z2)]가 이용될 수 있다고 주장하였다. Ping은 [(x1+x2)/2)(z1+z2)/2]도 가능하다고 주장하였다(http://www.wright.edu/~robert.ping/). 잠재교적지표에 대한 적재량(Eq.4)과 오차항(Eq.5)은 각각 다음과 같다(Ping 1995의 Eq.4와 Eq.5 참조). (Eq.5)에서 $var(X)$와 $var(Z)$는 각각 1로 가정한다.

$$\lambda_{xz} = (\lambda_{x1} + \lambda_{x2})(\lambda_{z1} + \lambda_{z2})$$

$$\theta_{\epsilon xz} = (\lambda_{x1} + \lambda_{x2})^2 var(X)(\theta_{\epsilon z1} + \theta_{\epsilon z2}) + (\lambda_{z1} + \lambda_{z2})^2 var(Z)(\theta_{\epsilon x1} + \theta_{\epsilon x2}) + (\theta_{\epsilon z1} + \theta_{\epsilon z2})(\theta_{\epsilon x1} + \theta_{\epsilon x2}).$$

이 식에서 우측의 값은 상호작용효과를 제외한 모델의 추정을 통해 얻을 수 있으며, 거기에서 얻어진 관련 값이 상호작용효과 모델 내의 잠재교적과 관련된 경로를 고정시키는 데 사용된다. 따라서 Ping(1995)의 접근법은 2단계 접근법(two-step approach)을 취한다. 다음의 예를 통해 Ping의 접근법을 이해하기로 한다.

그림 5-1 ▌Ping(1995)의 상호작용모델

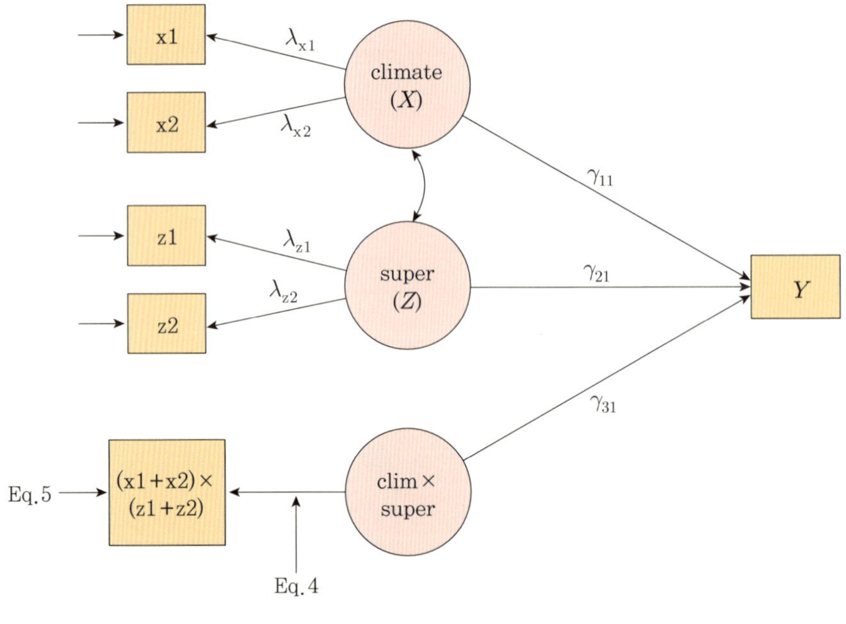

위의 모델을 토대로 Ping의 접근법에 대해 살펴보기로 한다. 먼저, 잠재교적변수가 제외된 모델을 추정하기 위한 SIMPLIS 프로그램은 [Ping-1]과 같다.

Ping-1

```
Ping(1995)'s interaction model: initial model
Observed variables: y x1 x2 z1 z2
covariance matrix
```

```
.602
-.268 1.052
-.350 .959 1.703
-.396 .398 .544 .890
-.260 .212 .353 .352 1.017
sample size; 300
Latent variables: climate super
relations
x1 x2=climate
z1 z2=super
y=climate super
options: nd=3
end of problem
```

잠재교적지표가 제외된 모델의 설정에 해당한다. 즉, 잠재교적지표를 제외한 측정모델 및 구조모델을 설정한 것이다.

이를 추정한 가운데 일부를 제시하면 [Ping-1.out]과 같다.

Ping-1.out

```
        x1=0.833*climate, Errorvar.= 0.358, R²= 0.660
 Standerr  (0.0601)                 (0.0660)
 Z-values   13.868                   5.417
 P-values   0.000                    0.000

        x2=1.151*climate, Errorvar.= 0.379, R²= 0.778
 Standerr  (0.0767)                 (0.117)
 Z-values   15.014                   3.235
 P-values   0.000                    0.001

        z1=0.743*super, Errorvar.= 0.338, R²= 0.620
 Standerr  (0.0656)               (0.0758)
 Z-values   11.322                 4.468
 P-values   0.000                  0.000

        z2=0.474*super, Errorvar.= 0.792, R²= 0.221
 Standerr  (0.0627)               (0.0708)
 Z-values   7.557                  11.193
 P-values   0.000                  0.000
```

이 output을 토대로 Ping의 Eq.4와 Eq.5를 계산하고, 이 값을 잠재교적변수가 포함된 상호작용효과모델 내에 관련된 경로를 고정시킨 다음 추정한다. 이를 위한 SIMPLIS 프로그램이 [Ping-2]이다(공분산행렬 (x1+x2)(z1+z2)의 값은 계산되어 얻어진 것으로 가정하였음). [Ping-1.out]에서 얻은 값을 이용하여 요인적재량 및 오차분산을 고정한 다음, 모델을 추정한다. 이를 위한 프로그램이 [Ping-2]이다.

Ping-2

```
Ping(1995)'s interaction model: latent product and set values from step 1
Observed variables: y x1 x2 z1 z2  x1z1
covariance matrix
.602
-.268 1.052
-.350 .959 1.703
-.396 .398 .544 .890
-.260 .212 .353 .352 1.017
.819 -.404 -.492 -.778 -.217 14.631
sample size; 300
Latent variables: climate super product
relations
x1 x2=climate
z1 z2=super
x1z1=2.396*product   ❶
y=climate super product

set the variance of climate to 1.0
set the variance of super to 1.0
set the covariance of climate and product to 0
set the covariance of super and product to 0
set the error variance of x1z1 to 6.35   ❷

options: nd=3
end of problem
```

프로그램 해설

❶ (Eq.4)는 (0.83+1.15)(0.74+0.47)=2.396.

❷ (Eq.5)는 (3.92)(1.13)+(1.46)(0.74)+(0.74)(1.13)=6.346의 값을 얻는다.

이를 실행한 결과 가운데 일부를 제시하면 [Ping-2.out]와 같다. output을 보면, 'product'이 *Y*에 미치는 효과가 유의적인 것으로 나타나 상호작용효과가 있다고 할 수 있다.

Ping-2.out

```
        y = 0.0492*climate  - 0.539*super + 0.144*product,  Errorvar. =  0.291
Standerr   (0.0899)         (0.0967)     (0.0409)                     (0.0480)
Z-values     0.547           -5.570        3.532                       6.067
P-values     0.584            0.000        0.000                       0.000
```

2 잠재변수점수 접근법

Jöreskog(2000)은 **잠재변수점수(latent variable score)**를 이용하여 상호작용효과를 검정하는 접근법을 제안하였다. 이하에서 잠재변수점수에 의해 상호작용효과를 검정하기 위한 절차에 대해 살펴보기로 한다. [그림 5-2]는 잠재변수점수에 의한 상호작용효과를 검정하기 위한 모델이다.

그림 5-2 ▌ **잠재변수점수 접근법에 의한 상호작용효과모델**

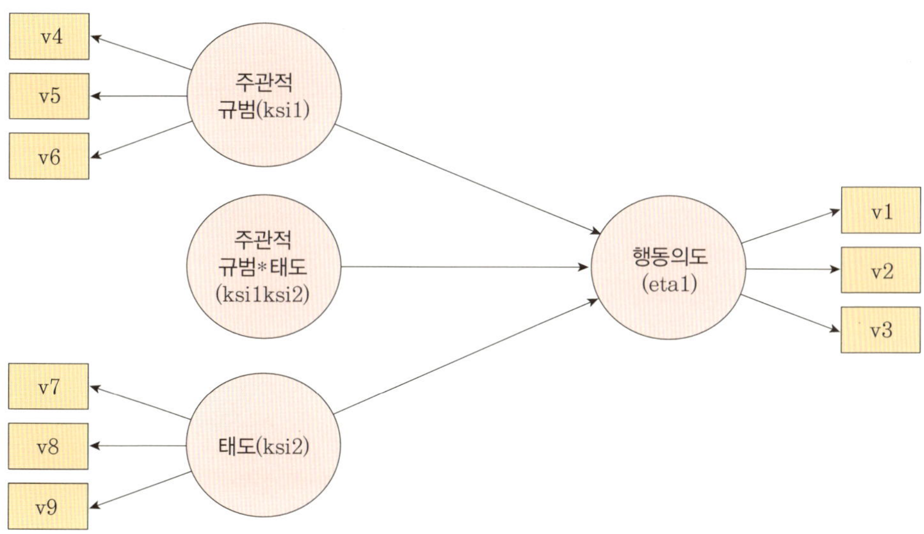

위의 모델을 토대로 잠재변수점수에 의해 상호작용효과를 검정하는 절차에 대해 살펴보기로 한다. 이를 위해 본서의 폴더 [chap5]에 있는 [raw.lsf]를 원자료로 이용하여 잠재변수점수를 만드는 방법에 대해 알아보기로 한다.

[raw.lsf]는 lsf 파일로 되어 있으나, 원자료가 SPSS 형식으로 되어 있는 경우에는 [File]

메뉴에서 [Import Data]를 이용하여 파일형식에서 [*.sav]로 바꾼 다음, [열기] 버튼을 눌러 저장하면 동일한 파일이름으로 (*.lsf)이 저장된다. 아래는 [raw.lsf]를 보인 것이다.

RAW.LSF

	VAR1	VAR2	VAR3	VAR4	VAR5	VAR6	VAR7	VAR8	VAR9
1	-1.0946	0.3815	0.1951	-1.2650	-2.6105	-0.7958	0.7847	0.0359	1.3682
2	-0.8501	0.4555	-0.1721	-1.7745	-0.8832	-0.4413	-1.7183	-1.2613	-1.1124
3	-1.8762	-0.6260	-0.8777	-0.9469	-1.7607	-1.2426	0.5304	2.0031	2.3463
4	1.2729	0.8720	1.0598	0.3222	-1.8099	-1.7462	-1.6968	-1.1198	-3.2425
5	-0.1212	0.9513	-0.1131	-0.1768	0.8968	0.5907	-0.0401	0.3809	1.2194
6	0.4471	-0.2895	-0.8804	-0.9203	-1.7947	-2.3952	-1.0730	-1.3405	-0.1238
7	1.5014	-0.4943	-0.2789	1.6677	3.3459	3.8336	1.0961	-1.2035	-1.4099
8	-1.4991	0.1253	-0.0729	-1.9934	-1.0977	-0.0884	-0.7079	0.6508	1.2189
9	-0.7978	-0.8571	-1.6831	0.0482	-1.8436	-4.2875	-1.4260	-2.2141	-1.6255
10	1.1475	-0.2511	0.2306	0.3492	0.1148	0.1341	-0.1618	1.0278	2.0627
11	-0.0811	2.2502	0.4556	0.4628	1.1898	1.8462	-1.8023	-0.7207	0.8611
12	-0.0699	-0.2482	0.4928	0.9051	1.9301	1.2846	0.7679	1.7690	0.5325
13	-0.2204	0.4735	-0.0621	-0.1155	1.4511	2.1044	0.9192	1.1010	0.8931
14	-0.3690	-0.0838	-1.9933	-0.0327	0.9018	-0.4944	-0.4011	-0.6251	1.0454
15	1.0114	0.5690	0.7708	-1.2013	-0.5454	-0.9691	-1.0780	-1.5609	-1.7935
16	-0.3731	-0.2863	-2.0212	-0.2118	-0.8020	-0.1127	-2.0787	-0.4166	-1.5342
17	-1.0685	-0.7204	-1.4914	-1.8438	-2.9285	-2.5869	-3.3107	-2.5465	-1.5979
18	-0.7911	-2.3856	-1.7959	0.9993	-0.7633	-1.2887	-2.6676	-2.5477	-3.8482
19	-0.8607	-0.9142	-0.3584	1.1660	1.0777	2.1961	0.1875	1.1993	1.9021
20	-0.6504	-0.3312	-0.0031	0.0679	0.7516	-0.5498	-1.0286	-0.7181	0.5250
21	1.4113	2.2169	0.1379	-0.2249	-0.0301	-0.1703	-2.5779	-2.2993	-1.7730
22	2.7614	1.3528	1.4010	0.7013	1.0689	0.6634	2.0851	0.7658	2.6990
23	-2.3683	-1.7104	-0.6004	-0.6984	-0.4064	-0.2543	-1.4442	-1.1862	-0.5216
24	-1.6098	0.7035	-0.2426	0.3546	0.2193	0.2264	0.8998	1.3090	1.3993
25	-0.7556	0.2417	0.0905	0.6022	0.4432	0.8724	-1.7512	-3.4766	-2.3014
26	0.1941	0.1004	-0.1414	-0.0605	0.4331	0.4819	-1.0028	-1.1629	-4.1485
27	0.7818	1.4366	1.1838	-0.4519	-1.9759	-1.9101	0.1769	1.2838	1.2038
28	0.6840	1.1547	1.8462	-0.0574	0.8482	0.6537	0.5037	0.8778	0.1861
29	-1.2650	-1.6938	-1.2242	0.3720	0.2414	-0.6517	-0.5676	-1.6414	-0.2884
30	1.8174	1.8280	0.9575	1.0603	1.5183	1.4735	2.2622	2.3538	1.8345
31	-0.5371	0.8678	-0.3474	-0.2387	0.1005	0.1672	-0.7636	-0.1527	0.1153
32	1.4010	0.1899	-0.2051	0.1836	0.7184	0.7984	-0.8349	-0.9144	-0.2204
33	1.0308	2.0687	3.3770	0.8405	-0.0037	1.1921	1.7572	0.8025	1.7092
34	0.1077	-0.3515	-0.7140	-2.5960	-1.4964	-1.0130	0.9469	0.3551	0.7106

2.1 잠재변수점수에 의한 상호작용효과 검정: 경로도에 의한 접근법

[raw.lsf]를 이용하여 잠재변수점수에 의한 상호작용효과 검정에 대해 알아보기로 한다.

❶ [File] 메뉴에서 [New] → [Path Diagram] → [확인] 버튼을 누른다.

❷ [다른 이름으로 저장]에서 저장할 파일이름을 지정하고, [저장] 버튼을 누른다. 이 예에서는 [lvs.pth]로 저장하였다.

❸ [Setup] 메뉴에서 [Title and Comments]에 [Title]에 적당한 제목을 입력하고 [Next] 버튼을 누른다.

❹ [Group Names]에서 [Next] 버튼을 누른다. 위의 ❸과 ❹는 생략하고 바로 ❺단계로 가도 된다. 즉, [Setup] 메뉴에서 [Variables]로 가도 된다.

❺ [Labels]에서 [Observed Variables] 밑에 있는 [Add/Read Variables] 버튼을 누른다.

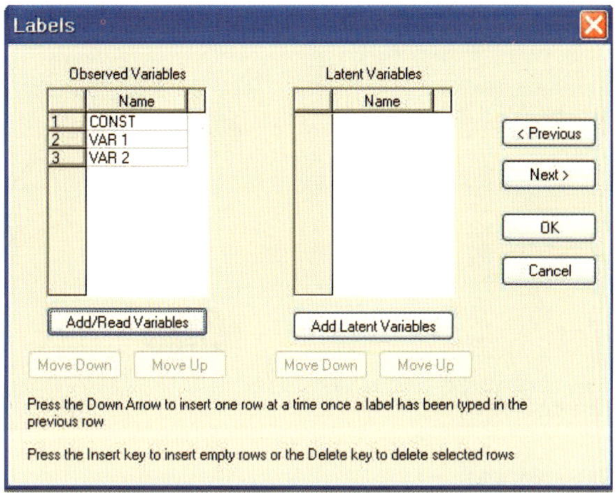

❻ [◉ Read from file]에서 [LISREL System File]로 바꾸고, [File Name]에서 [Browse] 버튼을 이용하여 해당 lsf를 연결해 준다(여기에서는 [raw.lsf]). 그리고 [OK] 버튼을 누른다. 그러면 해당 관측변수가 [Observed Variables]에 나타난다.

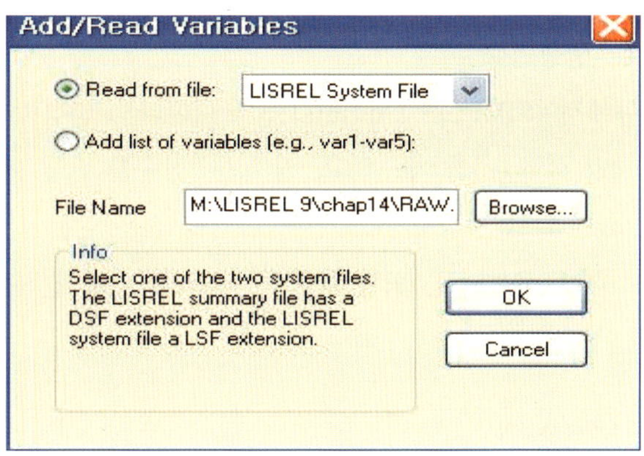

❼ 이제 [Latent Variables] 밑에 있는 [Add Latent Variables] 버튼을 누른다. 해당 잠재변수의 이름을 입력하고, [OK] 버튼을 누른다. 여기에서는 3개의 잠재변수가 있기 때문에 이 작업을 3번 해야 한다. 여기에서는 'eta1', 'ksi1', 'ksi2'로 입력했다. 다 했다면 [Next] 버튼을 누른다. 그러면 [Data] 창이 뜨는데, 자료가 어떻게 되어 있는가를 확인하는 목적이 있다. [OK] 버튼을 누른다.

❽ 이제 경로도를 그리기 위한 창이 나타난다. 잠재변수점수를 만들기 위해서는 측정모델을 만들어야 한다. Drag and Drop 방식으로 경로도를 그린다.

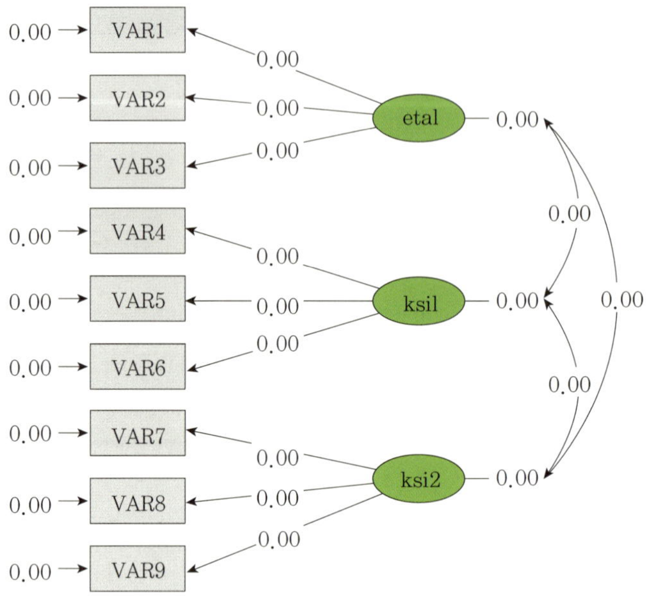

❾ [Setup] 메뉴에서 [Build SIMPLIS Syntax]를 누른다. 그러면 [lvs.spj]의 SIMPLIS Project 파일이 생성된다.

❿ [Output] 메뉴에서 [SIMPLIS Outputs]를 클릭한다. 그 창에서 제일 밑에 있는 [Latent Variable Scores]를 체크하고, 잠재변수점수를 만들 이름을 지정해 준다. 여기에서는 [raw.lsf]로 지정하였다. 이때 주의할 점은 앞서 끌어들인 파일이름과 같은 이름으로 해주어야 되고, 또한 확장자 [*.lsf]를 반드시 입력해 주어야 된다는 점이다. [OK] 버튼을 누른다.

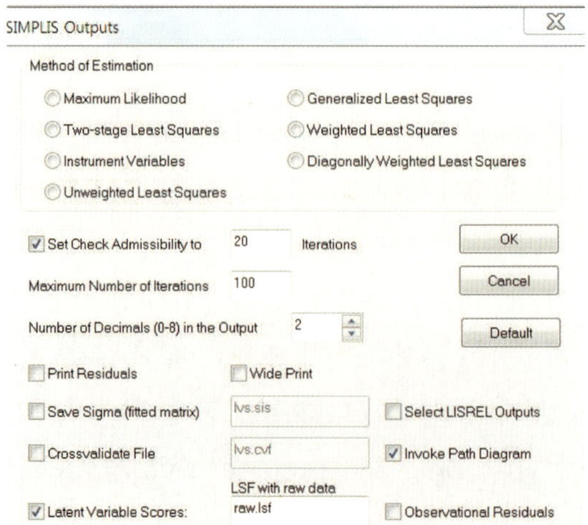

⑪ 아이콘 바에 있는 LISREL 실행아이콘을 누르면 실행이 된다. 실행이 되면 파일이름에 new가 붙은 새로운 파일이 생긴다. 즉, [rawnew.lsf] 파일이 생성된다.

⑫ 잠재변수점수가 생성되었는가를 확인하기 위해, [Open] 아이콘을 클릭한 다음, 파일형식을 [LISREL Data(*.lsf)]로 바꾸어주면 [rawnew.lsf]가 만들어진 것을 알 수 있다.

rawnew

	VAR1	VAR2	VAR3	VAR4	VAR5	VAR6	VAR7	VAR8	VAR9	eta1	ksi1	ksi2
1	-1.0946	0.3815	0.1951	-1.2650	-2.6105	-0.7958	0.7847	0.0359	1.3682	0.1380	-1.8592	0.1547
2	-0.8501	0.4555	-0.1721	-1.7745	-0.8832	-0.4413	-1.7183	-1.2613	-1.1124	-0.0796	-0.6762	-0.8729
3	-1.8762	-0.6260	-0.8777	-0.9469	-1.7607	-1.2426	0.5304	2.0031	2.3463	-0.8654	-1.2767	1.3494
4	1.2729	0.8720	1.0598	0.3222	-1.8099	-1.7462	-1.6968	-1.1198	-3.2425	1.0143	-1.2934	-0.9022
5	-0.1212	0.9513	-0.1131	-0.1768	0.8968	0.5907	-0.0401	0.3809	1.2194	0.2223	0.6443	0.3231
6	0.4471	-0.2895	-0.8804	-0.9203	-1.7947	-2.3952	-1.0730	-1.3405	-0.1238	-0.6503	-1.3487	-0.8395
7	1.5014	-0.4943	-0.2789	1.6677	3.3459	3.8336	1.0961	-1.2035	-1.4099	-0.1698	2.5047	-0.6862
8	-1.4991	0.1253	-0.0729	-1.9934	-1.0977	-0.0884	-0.7079	0.6508	1.2189	-0.1205	-0.8135	0.4343
9	-0.7978	-0.8571	-1.6831	0.0482	-1.8436	-4.2875	-1.4260	-2.2141	-1.6255	-1.4647	-1.4235	-1.4627
10	1.1475	-0.2511	0.2306	0.3492	0.1148	0.1341	-0.1618	1.0278	2.0627	0.2195	0.1071	0.7407
11	-0.0811	2.2502	0.4556	0.4628	1.1898	1.8462	-1.8023	-0.7207	0.8611	0.9437	0.9106	-0.4310
12	-0.0699	-0.2482	0.4928	0.9051	1.9301	1.2846	0.7679	1.7690	0.5325	0.3188	1.4196	1.1507
13	-0.2204	0.4735	-0.0621	-0.1155	1.4511	2.1044	0.9192	1.1010	0.8931	0.1328	1.0847	0.7818
14	-0.3690	-0.0838	-1.9933	-0.0327	0.9018	-0.4944	-0.4011	-0.6251	1.0454	-1.3420	0.6082	-0.3104
15	1.0114	0.5690	0.7708	-1.2013	-0.5454	-0.9691	-1.0780	-1.5609	-1.7935	0.7235	-0.4433	-1.0453

⑬ 새로 만들어진 [rawnew.lsf] 파일을 연다. 이제 'ksi1'과 'ksi2'를 곱한 값을 구해야 된다. 이를 위해 [Transformation] 메뉴에서 [Compute]를 누른다. [Compute] 창에서 오른쪽 상단에 있는 [Add] 버튼을 누른다. 그 창에서 'ksi1ksi2'라고 입력한 다음, [OK] 버튼을 누른다. 그러면 금방 명명한 변수가 만들어진 것을 알 수 있다.

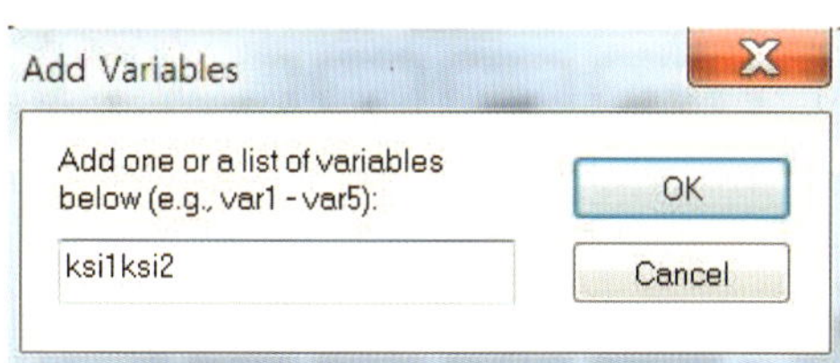

⑭ 이제, 'ksi1ksi2' 변수 위에 마우스 포인트를 놓고 더블클릭한다. 그러면 해당변수가 [Compute] 바로 밑에 있는 함수를 만들기 위한 곳으로 이동한다. 이러한 식으로 'ksi1'과 'ksi2'도 보낸 다음, 키패드에 있는 '='과 '*'를 이용하여 두 변수를 곱하도록 한다. 그 다음, [OK] 버튼을 누르면 'ksi1ksi2' 변수가 만들어진다.

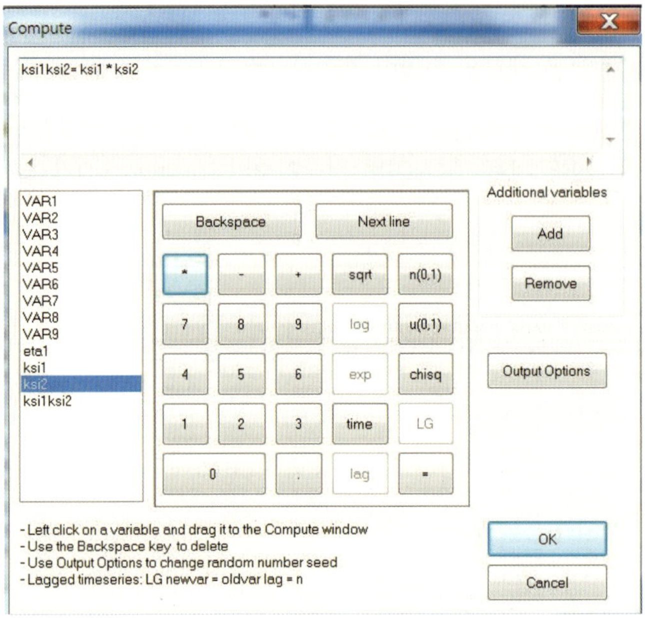

⑮ 이제 상호작용효과를 검정하기 위해 그 창이 열린 상태에서 [File] 메뉴 → [New] → [Syntax Only] 또는 [SIMPLIS Project]에서 다음과 같은 신텍스를 작성한다.

```
latentvariablescore
Raw data from file 'N:\mod-med\chap5\rawnew.lsf'
relationships
eta1=ksi1 ksi2 ksi1ksi2
end of problem
```

이를 실행하면 다음과 같은 output을 얻는다.

latentvariablescore.out

```
 LISREL Estimates (Maximum Likelihood)

Structural Equations
   eta1 = 0.134*ksi1 + 0.350*ksi2 - 0.0390*ksi1ksi2, Errorvar. = 0.827, R² = 0.173
Standerr  (0.0436)    (0.0435)     (0.0374)                     (0.0525)
Z-values   3.069       8.062       -1.041                        15.764
P-values   0.002       0.000        0.298                         0.000
```

상호작용항(ksi1ksi2)의 계수가 비유의적이어서 조절효과가 없는 것으로 나타난다.

2.2 잠재변수점수에 의한 상호작용효과 검정: 신텍스에 의한 접근법

❶ 잠재변수점수를 만들기 위해 다음과 같은 신텍스를 작성한다. 이 예에서는 앞서 살펴본 자료와 동일한 자료(raw.lsf)를 이용하여 다른 이름(즉, raw1.lsf)으로 저장한 다음 살펴보기로 한다.

```
lvs1
Raw data from file 'N:\mod-med\chap5\raw1.lsf'
latent variables: eta1 ksi1 ksi2
relations
VAR1-VAR3=eta1
VAR4-VAR6=ksi1
VAR7-VAR9=ksi2
LSFfile raw1.lsf
end of problem
```

위의 파일을 실행하면 잠재변수점수가 생성되고, [raw1new.lsf] 파일이 생성된다.

❷ 'ksi1'과 'ksi2'의 곱을 만들기 위해 [raw1new.lsf]를 열고, path diagram 방식에서 설명한 ⓭, ⓮번의 방식에 의해 만든 다음 파일을 저장한다.

❸ 상호작용효과를 검정하기 위해 다음과 같은 신텍스를 만든다.

```
lvs1
Raw data from file 'N:\mod-med\chap5\raw1new.lsf'
Relationships
eta1=ksi1 ksi2 ksi1ksi2
end of problem
```

이를 실행하면 다음과 같은 output을 얻는다.

lvs1.out

```
LISREL Estimates (Maximum Likelihood)

Structural Equations

   eta1 = 0.134*ksi1 + 0.350*ksi2 - 0.0390*ksi1ksi2, Errorvar.= 0.827, R² = 0.173
Standerr  (0.0434)   (0.0433)      (0.0373)                      (0.0523)
Z-values   3.081      8.095        -1.045                         15.827
P-values   0.002      0.000         0.296                          0.000
```

output을 보면 앞서 한 것과 동일한 것을 알 수 있다.

3 Marsh 등의 접근법

다음 모델의 조절효과를 Marsh 등(2004, 2006, 2012)의 접근법에 의해 분석하기로 한다. 이 모델에서 'ksi1'은 독립변수, 'ksi2'은 조절변수, 'eta'는 종속변수이다. 연구자가 'ksi1'이 'eta'에 미치는 영향이 'ksi2'에 따라 달라질 것인가에 관심이 있다 하자. 구체적으로, 연구자가 다음과 같은 가설에 관심이 있다고 가정한다.

> 가설: 지각된 행동통제(ksi1)가 행동(eta)에 미치는 영향은 행동의도(ksi2)가 클수록 커질 것이다.

그림 5-3 Marsh 등의 접근법에 의한 상호작용모델

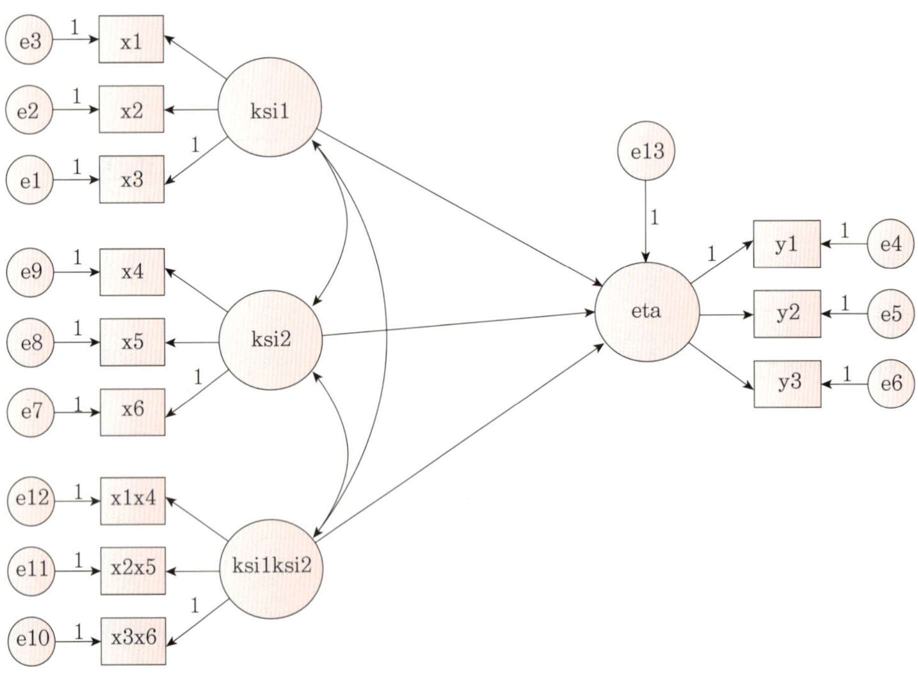

이 가설을 검정하기 위해 500명을 대상으로 얻은 행렬자료가 다음과 같다고 가정한다. 자료의 입력순서는 La 순서로 입력되어 있다고 가정한다. 자료의 평균을 보면, x1에서

x6까지는 평균중심화를 하여 '0'임을 알 수 있다.

```
da ni=12 no=500
cm
1.221
0.891  0.968
0.907  0.800  1.007
0.493  0.401  0.449  1.285
0.458  0.385  0.413  0.885  0.955
0.834  0.697  0.733  1.838  1.581  3.999
0.470  0.411  0.444  0.200  0.174  0.436  1.217
1.277  1.122  1.247  0.366  0.339  0.777  2.691   8.963
0.416  0.379  0.390  0.177  0.143  0.331  0.874   2.381  0.989
0.157  0.107  0.062 -0.183 -0.174 -0.332 -0.027  -0.154 -0.048  1.407
0.406  0.266  0.266 -0.348 -0.220 -0.487 -0.052  -0.106 -0.057  2.021  8.104
0.348  0.220  0.204 -0.193 -0.092 -0.182 -0.003  -0.111 -0.110  1.392  3.522  3.711
me
1.057  2.073  3.057  0.000  0.000  0.000  0.000   0.000  0.000  0.199  0.338  0.330
la
 y1     y2     y3     x1      x2    x3     x4      x5     x6    x1x4   x2x5   x3x6
```

Marsh 등의 방법에 의해 잠재변수의 조절효과를 검정하는 방법에는 크게 3가지가 있다. 첫째는 외생잠재변수의 평균에 대해 제약을 하는 방법이 있고, 둘째는 외생잠재변수의 평균에 대해 제약을 하지 않고 추정하는 방법이 있고, 셋째는 외생잠재변수의 평균에 대해 제약을 하지 않으면서 동시에 상호작용 잠재변수에 해당하는 지표의 평균을 **이중평균중심화(double-mean-centering)**로 '0'으로 해서 추정하는 방법이 있다.

3.1 Marsh 등의 첫 번째 방법: 행렬요약의 예

Marsh 등의 첫 번째 방법은 외생잠재변수의 평균에 대해 제약을 한다. 이를 위해 다음의 절차를 따른다.

❶ 먼저 독립변수와 조절변수를 평균중심화한다. 원자료인 경우에는 먼저 이들 변수를 평균중심화한 다음, 이 평균중심화된 변수를 이용해야 한다는 점에 유의해야 한다.

❷ 'ksi1'과 'ksi2'의 상호작용항(ksi1ksi2)을 만든다. 이 잠재변수에 필요한 **적지표**(product indicator)를 만드는 방법에는 ① all-possible pairs strategy, ② matched-pair strategy, ③ one-pair strategy 등이 있다. Marsh 등(2004)은 이

가운데 'matched-pair strategy'를 추천하고 있다.

예를 들어, 'ksi1에 $x1$, $x2$, $x3$ 등의 3개 지표가 있고, 'ksi2'에도 $x4$, $x5$, $x6$ 등의 3개 지표가 있다고 하자. 이들 각각의 전략이 의미하는 바를 살펴보면 다음과 같다. 「all-possible pairs strategy」는 「$x1x4$, $x1x5$, $x1x6$, $x2x4$, $x2x5$, $x2x6$, $x3x4$, $x3x5$, $x3x6$」 등 9개의 지표를 만들어 모두 이용한다는 의미이다. 「matched-pair strategy」는 「$x1x4$, $x2x5$, $x3x6$」, 「$x1x4$, $x2x6$, $x3x5$」, 「$x1x5$, $x2x4$, $x3x6$」, 「$x1x5$, $x2x6$, $x3x4$」, 「$x1x6$, $x2x4$, $x3x5$」, 「$x1x6$, $x2x5$, $x3x4$」 가운데 하나의 지표를 이용한다는 의미이다. 이를 '3-match'라 한다. 「one-pair strategy」는 「$x1x4$」, 「$x1x5$」, 「$x2x4$」, 「$x2x5$」, 「$x1x6$」, 「$x3x4$」, 「$x2x6$」, 「$x3x5$」, 「$x3x6$」 가운데 하나를 이용한다는 의미이다.

❸ 외생잠재변수의 평균을 설정하는 것에 대해 살펴보기로 한다. Marsh 등의 방법에 의해 잠재변수의 평균을 설정하기 위해서는 'ksi1'과 'ksi2'의 평균은 '0', 'ksi1ksi2'의 평균은 'ksi1'과 'ksi2' 사이의 공분산으로 설정한다. 즉 ($\xi1$, $\xi2$, $\xi1\xi2$)의 평균벡터는 $k=(0,\ 0,\ \phi_{33})$이다. 이때, $k_3 = E(\xi_1\xi_2) = cov(\xi_{1,}\xi_2)$이다. 이를 실행하기 위한 프로그램을 [Marsh-1]로 저장하였다.

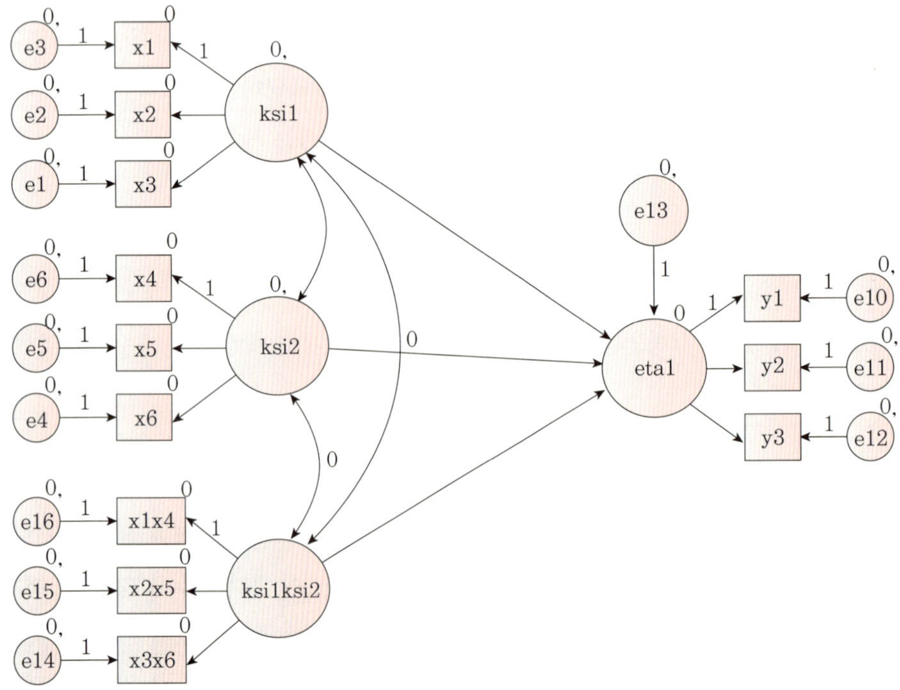

Marsh-1

```
Marsh et al. approach
observed variables: y1 y2 y3 x1 x2 x3 x4 x5 x6 x1x4 x2x5 x3x6
covariance matrix
1.221
0.891 0.968
0.907 0.800 1.007
0.493 0.401 0.449 1.285
0.458 0.385 0.413 0.885 0.955
0.834 0.697 0.733 1.838 1.581 3.999
0.470 0.411 0.444 0.200 0.174 0.436 1.217
1.277 1.122 1.247 0.366 0.339 0.777 2.691 8.963
0.416 0.379 0.390 0.177 0.143 0.331 0.874 2.381 0.989
0.157 0.107 0.062 -0.183 -0.174 -0.332 -0.027 -0.154 -0.048 1.407
0.406 0.266 0.266 -0.348 -0.220 -0.487 -0.052 -0.106 -0.057 2.021 8.104
0.348 0.220 0.204 -0.193 -0.092 -0.182 -0.003 -0.111 -0.110 1.392 3.522 3.711
means
1.057 2.073 3.057 0.000 0.000 0.000 0.000 0.000 0.000 0.199 0.338 0.330
sample size: 500
latent variables: eta ksi1 ksi2 ksi1ksi2
relations
y1=const 1*eta
y2=const eta
y3=const eta
x1=1*ksi1
x2=ksi1
x3=ksi1
x4=1*ksi2
x5=ksi2
x6=ksi2
x1x4=1*ksi1ksi2
x2x5=ksi1ksi2
x3x6=ksi1ksi2

ksi1ksi2=const

set the covariance of ksi1ksi2 and ksi1 to 0
set the covariance of ksi1ksi2 and ksi2 to 0
options: nd=3
Lisrel output:
End of problem
```

이를 실행하면 다음과 같은 적합도 및 모수치를 얻는다.

Marsh-1.out

```
Goodness of Fit Statistics

Degrees of Freedom for (C1)-(C2)                          58
Maximum Likelihood Ratio Chi-Square (C1)                  68.756 (P=0.1577)

    GAMMA

          ksi1        ksi2        ksi1ksi2
        --------    ---------   ---------
eta      0.425       0.414        0.248
        (0.040)     (0.041)      (0.046)
        10.552      10.108        5.366
```

'ksi1ksi2'가 'eta'에 미치는 효과가 유의적이기 때문에 조절효과가 있다고 할 수 있다.

3.2 Marsh 등의 두 번째 방법: 행렬요약의 예

Marsh 등의 두 번째 방법은 독립변수 및 조절변수의 평균에 대해 제약을 하지 않고 추정한다. 따라서 KA, TX, TY 등의 명령어가 필요하지 않다. 즉, SIMPLIS 언어에서 'const'가 필요하지 않다. 이를 위한 SIMPLIS 프로그램은 [Marsh-2]이다.

Marsh-2

```
Marsh et al. approach
observed variables: y1 y2 y3 x1 x2 x3 x4 x5 x6 x1x4 x2x5 x3x6
covariance matrix
1.221
0.891 0.968
0.907 0.800 1.007
0.493 0.401 0.449 1.285
0.458 0.385 0.413 0.885 0.955
0.834 0.697 0.733 1.838 1.581 3.999
0.470 0.411 0.444 0.200 0.174 0.436 1.217
1.277 1.122 1.247 0.366 0.339 0.777 2.691 8.963
0.416 0.379 0.390 0.177 0.143 0.331 0.874 2.381 0.989
0.157 0.107 0.062 -0.183 -0.174 -0.332 -0.027 -0.154 -0.048 1.407
0.406 0.266 0.266 -0.348 -0.220 -0.487 -0.052 -0.106 -0.057 2.021 8.104
0.348 0.220 0.204 -0.193 -0.092 -0.182 -0.003 -0.111 -0.110 1.392 3.522 3.711
means
1.057 2.073 3.057 0.000 0.000 0.000 0.000 0.000 0.000 0.199 0.338 0.330
sample size: 500
```

```
latent variables: eta ksi1 ksi2 ksi1ksi2
relations
y1 = 1*eta
y2 = eta
y3 = eta
x1 = 1*ksi1
x2 = ksi1
x3 = ksi1
x4 = 1*ksi2
x5 = ksi2
x6 = ksi2
x1x4 = 1*ksi1ksi2
x2x5 = ksi1ksi2
x3x6 = ksi1ksi2

eta = ksi1 ksi2 ksi1ksi2

options: nd = 3
Lisrel output:
End of problem
```

이를 실행하면 다음과 같은 적합도 및 모수치를 얻는다.

Marsh-2.out

```
Goodness of Fit Statistics

Degrees of Freedom for (C1)-(C2)                    48
Maximum Likelihood Ratio Chi-Square (C1)            59.525 (P = 0.1230)

 GAMMA

         ksi1       ksi2       ksi1ksi2
       --------   --------   --------
eta     0.430      0.415      0.254
       (0.041)    (0.041)    (0.047)
       10.556     10.097      5.409
```

3.3 Marsh 등의 세 번째 방법: 행렬요약의 예

Marsh 등의 세 번째 방법은 Lin 등(2010)의 주장에 따른 것으로서 'matched product indicator'를 다시 한 번 'mean-centering'을 하여 이들 지표의 평균을 0으로 해서 추정한다. 이를 **이중평균중심화(double-mean-centering)**라 한다. 아래 자료에서 볼 수 있듯, 'x1x4', 'x2x5', 'x3x6' 등을 평균중심화하여 평균이 '0'인 것을 알 수 있다.

```
da ni=12 no=500
cm
1.221
0.891  0.968
0.907  0.800  1.007
0.493  0.401  0.449  1.285
0.458  0.385  0.413  0.885  0.955
0.834  0.697  0.733  1.838  1.581  3.999
0.470  0.411  0.444  0.200  0.174  0.436  1.217
1.277  1.122  1.247  0.366  0.339  0.777  2.691  8.963
0.416  0.379  0.390  0.177  0.143  0.331  0.874  2.381  0.989
0.157  0.107  0.062 -0.183 -0.174 -0.332 -0.027 -0.154 -0.048  1.407
0.406  0.266  0.266 -0.348 -0.220 -0.487 -0.052 -0.106 -0.057  2.021  8.104
0.348  0.220  0.204 -0.193 -0.092 -0.182 -0.003 -0.111 -0.110  1.392  3.522  3.711
me
1.057  2.073  3.057  0.000  0.000  0.000  0.000  0.000  0.000  0.000  0.000  0.000
```

이를 위한 SIMPLIS 프로그램이 [Marsh-3]이다.

Marsh-3

```
Marsh et al. approach
observed variables: y1 y2 y3 x1 x2 x3 x4 x5 x6 x1x4 x2x5 x3x6
covariance matrix
1.221
0.891 0.968
0.907 0.800 1.007
0.493 0.401 0.449 1.285
0.458 0.385 0.413 0.885 0.955
0.834 0.697 0.733 1.838 1.581 3.999
0.470 0.411 0.444 0.200 0.174 0.436 1.217
1.277 1.122 1.247 0.366 0.339 0.777 2.691 8.963
0.416 0.379 0.390 0.177 0.143 0.331 0.874 2.381 0.989
0.157 0.107 0.062 -0.183 -0.174 -0.332 -0.027 -0.154 -0.048 1.407
0.406 0.266 0.266 -0.348 -0.220 -0.487 -0.052 -0.106 -0.057 2.021 8.104
0.348 0.220 0.204 -0.193 -0.092 -0.182 -0.003 -0.111 -0.110 1.392 3.522 3.711
means
1.057 2.073 3.057 0.000 0.000 0.000 0.000 0.000 0.000 0.000 0.000 0.000
sample size: 500
latent variables: eta ksi1 ksi2 ksi1ksi2
relations
y1 = 1*eta
```

```
y2= eta
y3= eta
x1=1*ksi1
x2=ksi1
x3=ksi1
x4=1*ksi2
x5=ksi2
x6=ksi2
x1x4=1*ksi1ksi2
x2x5=ksi1ksi2
x3x6=ksi1ksi2

eta=ksi1 ksi2 ksi1ksi2

options: nd=3
Lisrel output: sc
End of problem
```

이를 실행하면 다음과 같은 적합도 및 모수치를 얻는다. 적합도 및 모수치가 두 번째 방법에서 얻은 것과 동일함을 알 수 있다.

Marsh-3.out

```
Goodness of Fit Statistics

Degrees of Freedom for (C1)-(C2)                    48
Maximum Likelihood Ratio Chi-Square (C1)            59.525 (P=0.1230)

      GAMMA

             ksi1       ksi2      ksi1ksi2
           --------   --------   --------
eta          0.430      0.415      0.254
            (0.041)    (0.041)    (0.047)
            10.556     10.097      5.409

Covariance Matrix of ETA and KSI

              eta       ksi1       ksi2      ksi1ksi2
           --------   --------   --------   --------
eta          1.015
ksi1         0.489      1.030
ksi2         0.480      0.186      0.985
ksi1ksi2     0.141     -0.122     -0.031      0.810
```

```
Standardized Solution
GAMMA

          ksi1        ksi2       ksi1ksi2
        --------    --------    --------
eta      0.434       0.408       0.227
```

한편, Wen 등(2010), Marsh 등(2012)은 위의 표준화계수 가운데 'ksi1ksi2'의 값이 정확하지 않다고 주장한다. 즉 표준화계수의 상호작용항은 'ksi1'과 'ksi2'를 각각 표준화시킨 다음, 'ksi1ksi2'를 만들어 표준화계수를 구해야 되는데, 'ksi1ksi2'를 표준화시킨 후 표준화계수를 구한다는 문제점을 제기했다. 따라서 위의 표준화계수 0.227은 정확한 값이 아니라는 것이다. 이의 정확한 값을 추정하기 위해서는 다음 공식에 의해 수정해야 한다고 주장한다.

$$(ksi1ksi2)^c = ksi1ksi2\frac{\sqrt{\phi11\phi22}}{\sqrt{\phi33}}$$

단, $\phi11 = var(ksi1)$, $\phi22 = var(ksi2)$, $\phi33 = var(ksi1ksi2)$

위의 공식에 의해 상호작용항의 계수를 수정하면 다음과 같다.

$$0.227\frac{\sqrt{1.030 \times 0.985}}{\sqrt{0.810}} = .254$$

상호작용항의 표준화계수는 0.254로 비표준화계수값과 동일하다. 평균중심화를 해서 얻는 표준화계수값은 비표준화계수값으로 대체되어야 함을 알 수 있다.

3.4 Marsh 등의 첫 번째 방법: 원자료의 예

이하에서 합리적 행동모델의 원자료를 이용하여 Marsh 등의 접근법에 의해 조절효과를 검정하기로 한다. 이 모델에서 편의상 주관적규범이 행동의도에 미치는 영향이 태도에 따라 달라질 것으로 가정한다. 즉 주관적규범은 독립변수, 행동의도는 종속변수, 태도는 조절변수라고 가정한다. 이를 그림으로 나타내면 [그림 5-4]와 같다.

그림 5-4 ▌합리적 행동모델에서 태도의 조절효과모델

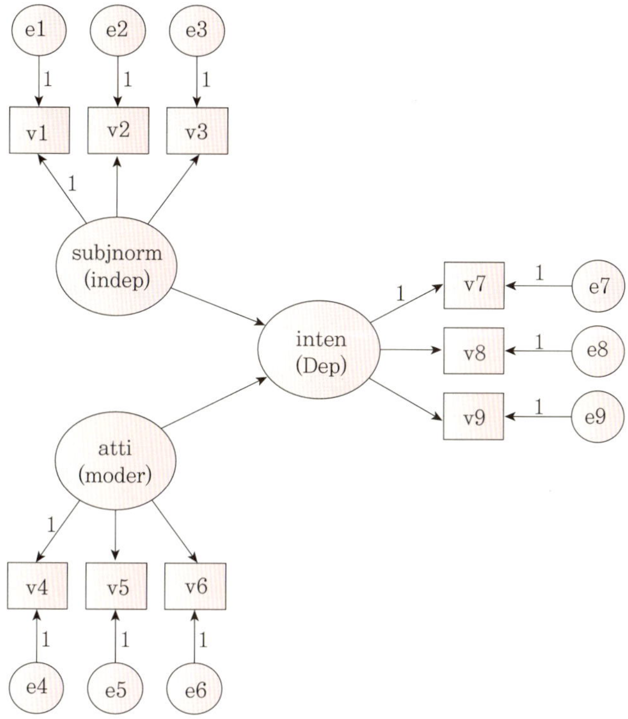

❶ 먼저 합리적 행동모델의 자료(nomiss.sav)를 불러들인다. 이를 위해 [File] → [Import Data]에서 [파일형식]에서 [SPSS for Windows(*.sav)]를 지정한 후, [파일이름]에서 [nomiss.sav]를 지정한다. [열기] 버튼을 누른다. [파일이름]이 자동적으로 [nomiss.LSF]로 생성된다. [저장] 버튼을 누른다.

❷ [nomiss.LSF] 화면에서 [V1] 변수 위에 마우스 포인트를 놓고 마우스 오른쪽 버튼을 누른다. [Define variables]를 지정한 후 마우스 왼쪽 버튼을 누른다. [Define Variables]에서 v1부터 v12까지 모두를 블록지정한 후 [Variable Type] 버튼을 누른다. 현재 [Ordinal]로 되어 있는 것을 [Continuous]로 바꾸고, [Apply to all]을 체크한 후, [OK] 버튼을 누른다. 다시 [OK] 버튼을 누른다. 그리고 저장 아이콘을 눌러 자료를 저장한다.

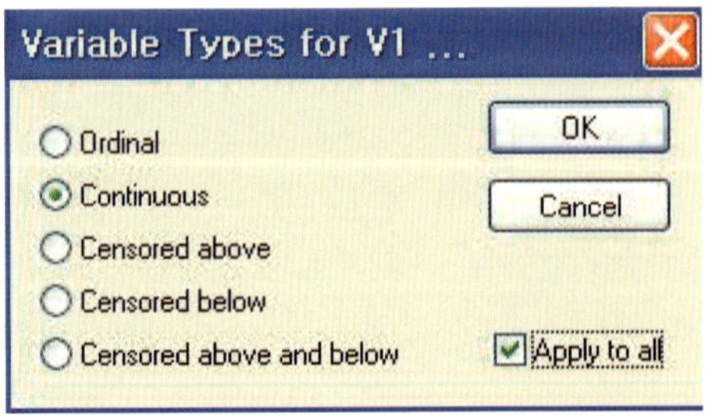

독립변수(v1, v2, v3)와 조절변수(v4, v5, v6)를 평균중심화하기로 한다. 종속변수는 평균중심화를 하나 안 하나 동일한 모수치 및 적합도를 얻는다. 이하에서는 안 한 것으로 접근하기로 한다. 평균중심화를 위해 평균에 관한 정보가 필요하다. 이를 위해 [Statistics] 메뉴에서 [Data Screening]을 누른다. 그러면 다음과 같은 값을 얻는다.

Univariate Summary Statistics for Continuous Variables

Variable	Mean	St. Dev.	Skewness	Kurtosis	Minimum	Freq.	Maximum	Freq.
V1	4.039	1.099	-0.025	-0.092	1.000	6	7.000	5
V2	4.018	1.008	-0.345	0.349	1.000	9	6.000	42
V3	4.187	1.166	-0.131	-0.071	1.000	9	7.000	7
V4	3.481	1.142	0.062	-0.312	1.000	27	6.000	26
V5	3.389	1.207	0.203	-0.469	1.000	33	6.000	30
V6	3.409	1.174	0.053	-0.490	1.000	34	6.000	20
V7	4.066	1.072	0.026	-0.136	1.000	3	7.000	5
V8	4.217	1.007	0.255	-0.155	2.000	18	7.000	9
V9	4.144	1.053	-0.087	-0.336	2.000	50	6.065	1
V10	4.165	1.074	-0.114	-0.488	2.000	49	6.000	80
V11	4.173	0.864	-0.179	-0.447	2.000	14	6.000	26
V12	4.225	0.834	0.009	0.190	2.000	14	6.000	44

위의 평균을 이용하여 각 변수의 평균중심화를 한다. 이를 위해 [Transformation] 메뉴에서 [Compute]를 누른다. [Compute] 창에서 [Add] 버튼을 누른다. [Add Variables]에서 평균중심화할 변수이름을 입력한다. 여기에서 [v1]은 [mc_v1]으로 하고, [OK] 버튼을 누른다.

❸ [mc_v1]을 더블클릭하여 [Compute] 작업영역으로 보낸다. 거기에서 키패드에 있는 버튼을 이용하여 함수식을 만든다. 즉, [mc_v1=v1-4.013]으로 만든다. 키패

드에서 마이너스(−) 부호는 [+] 버튼의 바로 왼쪽에 있다. 점(.)은 제일 밑에 있는 [0] 버튼의 오른쪽에 있다. 이 작업을 하는 과정에서 숫자를 잘못 눌렀을 경우에는 [Backspace]를 이용하면 된다.

❹ 이런 식으로 각각의 평균중심화한 변수를 구한다. 즉 [mc_v2]를 만들고 [OK] 버튼을 누르고 계산식을 만든 다음, [OK] 버튼을 누른다. 이와 같은 방식으로 6번의 작업을 하면 평균중심화한 변수값을 구할 수 있다. 아래는 평균중심화한 변수값을 보인 것이다.

NOMISS.LSF

	V9	V10	V11	V12	mc_v1	mc_v2	mc_v3	mc_v4	mc_v5	mc_v6
1	4.0000	3.0000	3.0000	3.0000	-1.0130	-0.0180	-0.1870	0.5190	1.6110	0.5910
2	6.0000	6.0000	5.0000	5.0000	-0.0130	0.9820	-0.1870	1.5190	1.6110	1.5910
3	2.0000	2.0000	3.0000	2.0000	-1.0130	-1.0180	-1.1870	-0.4810	0.6110	0.5910
4	4.0000	4.0000	4.0000	5.0000	-0.0130	0.9820	-0.1870	1.5190	1.6110	1.5910
5	4.0000	5.0000	4.0000	4.0000	-0.0130	0.9820	1.8130	1.5190	1.6110	1.5910
6	4.0000	6.0000	5.0000	6.0000	0.9870	1.9820	0.8130	1.5190	1.6110	1.5910
7	4.0000	5.0000	5.0000	4.0000	-1.0130	-0.0180	-0.1870	-0.4810	-0.3890	-0.4090
8	4.0000	5.0000	5.0000	5.0000	-0.0130	0.9820	-0.1870	-0.4810	-0.3890	-0.4090
9	2.0000	4.0000	4.0000	4.0000	-0.0130	0.9820	-0.1870	-1.4810	-0.3890	-0.4090
10	4.0000	4.0000	5.0000	5.0000	0.9870	-0.0180	-0.1870	-0.4810	-0.3890	-1.4090
11	2.0000	4.0000	4.0000	4.0000	-0.0130	1.9820	-0.1870	-0.4810	-1.3890	-1.4090
12	4.0000	5.0000	4.0000	4.0000	0.9870	0.9820	0.8130	0.5190	-0.3890	-0.4090
13	4.0000	4.0000	5.0000	5.0000	-0.0130	0.9820	-0.1870	-0.4810	-0.3890	0.5910
14	4.0000	6.0000	5.0000	5.0000	-0.0130	-0.0180	-0.1870	-0.4810	-0.3890	-0.4090
15	6.0000	6.0000	5.0000	5.0000	-1.0130	-1.0180	-0.1870	0.5190	0.6110	0.5910
16	6.0000	6.0000	5.0000	5.0000	1.9870	0.9820	1.8130	1.5190	1.6110	1.5910
17	4.0000	4.0000	3.0000	4.0000	-1.0130	-1.0180	-1.1870	-1.4810	-0.3890	-1.4090
18	2.0000	4.0000	3.0000	4.0000	-0.0130	0.9820	-0.1870	-1.4810	-1.3890	-0.4090
19	4.0000	3.0000	4.0000	4.0000	-1.0130	-0.0180	-0.1870	-2.4810	-2.3890	-2.4090
20	5.0000	4.0000	4.0000	5.0000	-0.0130	0.9820	-0.1870	0.5190	0.6110	1.5910
21	4.0000	4.0000	4.0000	4.0000	-0.0130	1.9820	-0.1870	0.5190	0.6110	0.5910
22	2.0000	4.0000	4.0000	4.0000	-1.0130	-1.0180	-1.1870	0.5190	-0.3890	-0.4090
23	4.0000	3.0000	4.0000	4.0000	-0.0130	-0.0180	-1.1870	0.5190	0.6110	-0.4090
24	2.0000	4.0000	4.0000	4.0000	-0.0130	0.9820	-0.1870	1.5190	1.6110	1.5910
25	2.0000	4.0000	4.0000	4.0000	-1.0130	-0.0180	-1.1870	-0.4810	-1.3890	-1.4090
26	2.0000	6.0000	5.0000	5.0000	-0.0130	0.9820	-0.1870	1.5190	1.6110	1.5910
27	2.0000	2.0000	3.0000	3.0000	-1.0130	-1.0180	-1.1870	-1.4810	-0.3890	-0.4090
28	4.0000	2.0000	3.0000	3.0000	-0.0130	0.9820	-0.1870	-0.4810	-1.3890	-0.4090
29	2.0000	3.0000	4.0000	4.0000	-0.0130	0.9820	-0.1870	1.5190	1.6110	1.5910
30	4.0000	4.0000	4.0000	4.0000	-0.0130	-0.0180	-0.1870	-1.4810	-0.3890	-0.4090
31	3.0000	6.0000	6.0000	5.0000	-0.0130	0.9820	-1.1870	1.5190	1.6110	2.5910
32	3.0000	4.0000	5.0000	4.0000	-0.0130	1.9820	-0.1870	-0.4810	-1.3890	0.5910
33	4.0000	3.0000	3.0000	4.0000	-0.0130	-0.0180	-1.1870	-0.4810	-1.3890	-1.4090

❺ 상호작용항을 만들기로 한다. 상호작용항에 필요한 적지표는 'matched-pairs strategy'를 따르기로 한다. 즉, [mc_v1*mc_v4], [mc_v2*mc_v5], [mc_v3*mc_v6]을 적지표로 이용하기로 한다.

❻ 이 적지표를 만들기 위해 [Transformation] 메뉴에서 [Compute]를 누른다. [Compute] 대화상자에서 [Add] 버튼을 누른다. 거기에서 [mc_v1mc_v4]라고 입

력하고 [OK] 버튼을 누른다.

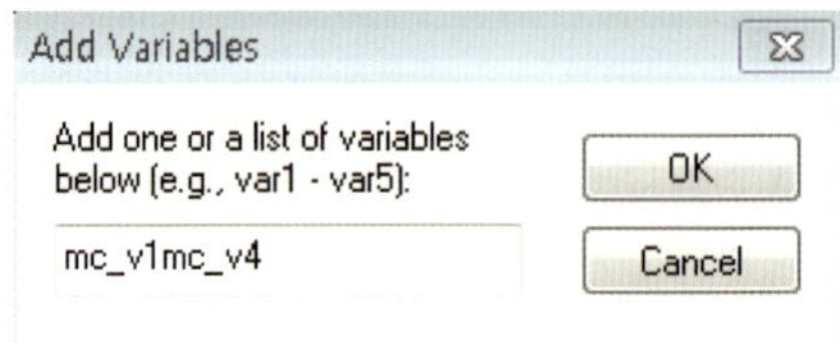

❼ 그러면 이 변수가 만들어진다. 만들어진 변수이름은 8자만 인식되기 때문에 [mc_v1mc_]로 만들어진다. 그 변수 위에 마우스 포인트를 놓고 더블클릭한다. 그러면 그 변수가 [Compute] 밑으로 이동한다. 거기에서 함수식 [mc_v1*mc_v4]라고 입력하고 [OK] 버튼을 누른다. 나머지 변수도 이와 동일하게 만든다.

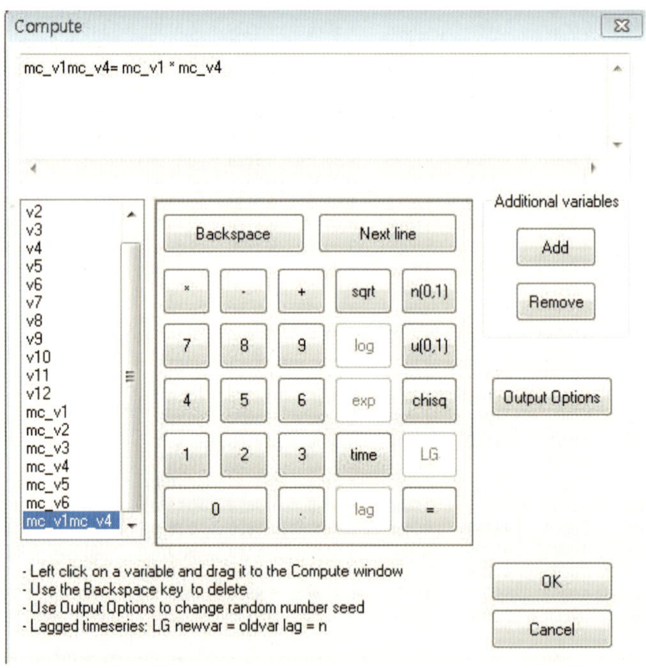

❽ 지금까지 한 작업을 [nomiss-1.lsf]로 저장하기로 한다.

nomiss-1

	v11	v12	mc_v1	mc_v2	mc_v3	mc_v4	mc_v5	mc_v6	mc_v1mc_	mc_v2mc_	mc_v3mc_
1	3.0000	3.0000	-1.0130	-0.0180	-0.1870	0.5190	1.6110	0.5910	-0.5257	-0.0290	-0.1105
2	5.0000	5.0000	-0.0130	0.9820	-0.1870	1.5190	1.6110	1.5910	-0.0197	1.5820	-0.2975
3	3.0000	2.0000	-1.0130	-1.0180	-1.1870	-0.4810	0.6110	0.5910	0.4873	-0.6220	-0.7015
4	4.0000	5.0000	-0.0130	0.9820	-0.1870	1.5190	1.6110	1.5910	-0.0197	1.5820	-0.2975
5	4.0000	4.0000	-0.0130	0.9820	1.8130	1.5190	1.6110	1.5910	-0.0197	1.5820	2.8845
6	5.0000	6.0000	0.9870	1.9820	0.8130	1.5190	1.6110	1.5910	1.4993	3.1930	1.2935
7	5.0000	4.0000	-1.0130	-0.0180	-0.1870	-0.4810	-0.3890	-0.4090	0.4873	0.0070	0.0765
8	5.0000	5.0000	-0.0130	0.9820	-0.1870	-0.4810	-0.3890	-0.4090	0.0063	-0.3820	0.0765
9	4.0000	4.0000	-0.0130	0.9820	-0.1870	-1.4810	-0.3890	-0.4090	0.0193	-0.3820	0.0765
10	5.0000	5.0000	0.9870	-0.0180	-0.1870	-0.4810	-0.3890	-1.4090	-0.4747	0.0070	0.2635
11	4.0000	4.0000	-0.0130	1.9820	-0.1870	-0.4810	-1.3890	-1.4090	0.0063	-2.7530	0.2635
12	4.0000	4.0000	0.9870	0.9820	0.8130	0.5190	-0.3890	-0.4090	0.5123	-0.3820	-0.3325
13	5.0000	5.0000	-0.0130	0.9820	-0.1870	-0.4810	-0.3890	0.5910	0.0063	-0.3820	-0.1105
14	5.0000	5.0000	-0.0130	-0.0180	-0.1870	-0.4810	-0.3890	-0.4090	0.0063	0.0070	0.0765
15	5.0000	5.0000	-1.0130	-1.0180	-0.1870	0.5190	0.6110	0.5910	-0.5257	-0.6220	-0.1105
16	5.0000	5.0000	1.9870	0.9820	1.8130	1.5190	1.6110	1.5910	3.0183	1.5820	2.8845
17	3.0000	4.0000	-1.0130	-1.0180	-1.1870	-1.4810	-0.3890	-1.4090	1.5003	0.3960	1.6725
18	3.0000	4.0000	-0.0130	0.9820	-0.1870	-1.4810	-1.3890	-0.4090	0.0193	-1.3640	0.0765
19	4.0000	4.0000	-1.0130	-0.0180	-0.1870	-2.4810	-2.3890	-2.4090	2.5133	0.0430	0.4505
20	4.0000	5.0000	-0.0130	0.9820	-0.1870	0.5190	0.6110	1.5910	-0.0067	0.6000	-0.2975

❾ 이제 SIMPLIS 프로그램을 이용하여 외생잠재변수에 대해 평균을 설정하기로 한다. 'subjnorm' 및 'atti'는 0으로 설정하고, 'subjnormatti'는 추정한다. 지금까지 작업한 내용을 경로도에 나타내면 다음과 같다.

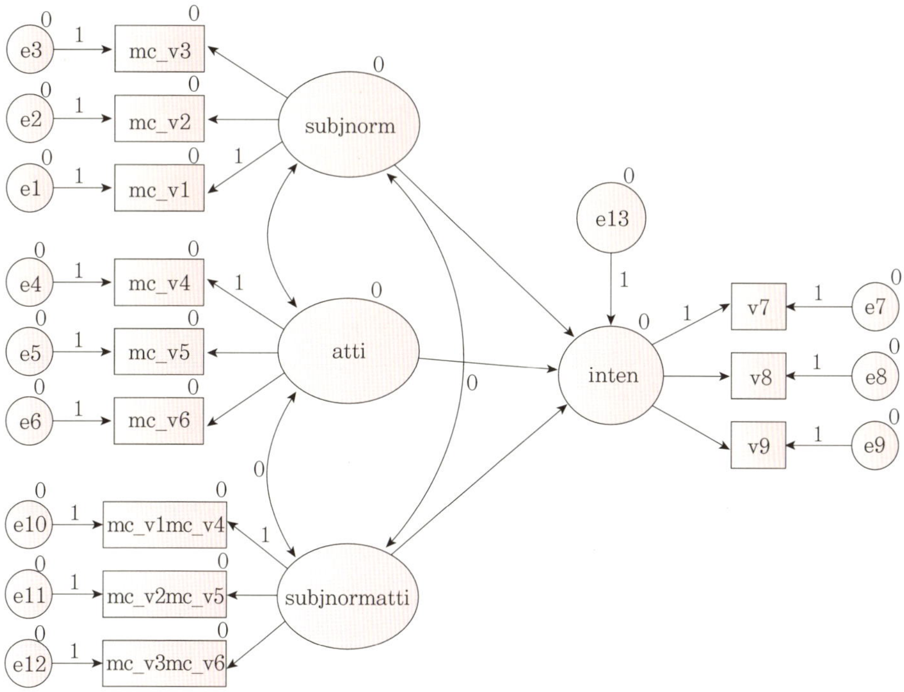

위의 모델을 추정하기 위한 SIMPLIS 입력파일은 [Marsh-4]와 같다.

```
Marsh-4
Marsh et al approach
Raw data from file 'N:\mod-med\chap5\nomiss-1.lsf'
Latent variables: inten subjnorm atti subatti
Relationships
v7=const 1*inten
v8=const inten
v9=const inten
mc_v1=1*subjnorm
mc_v2=subjnorm
mc_v3=subjnorm
mc_v4=1*atti
mc_v5=atti
mc_v6=atti
mc_v1mc_v4=1*subatti
mc_v2mc_v5=subatti
mc_v3mc_v6=subatti
inten=subjnorm atti subatti
subatti=const
set the covariance of subatti and subjnorm to 0
set the coavriance of subatti and atti to 0
path diagram
number of decimals=3
end of problem
```

이를 실행하면 다음과 같은 적합도 및 모수치를 얻는다.

Marsh-4.out

```
Degrees of Freedom for (C1)-(C2)                    58
Maximum Likelihood Ratio Chi-Square (C1)            106.313 (P=0.0001)

Structural Equations

   inten=0.270*subjnorm+0.133*atti - 0.0102*subatti, Errorvar.= 0.595, R²= 0.138
Standerr  (0.0381)       (0.0369)    (0.0370)                  (0.0531)
Z-values   7.082          3.594      -0.277                    11.201
P-values   0.000          0.000       0.782                     0.000
```

위의 output을 보면 상호작용효과는 비유의적인 것으로 나타나 조절효과가 없다고 할 수 있다.

참·고·문·헌

배병렬 (2014). 『LISREL 9.1 구조방정식모델링: 원리와 실제』. 서울: 도서출판 청람.

Cortina, J. M., Chen, G., and Dunlap, W. P. (2001). "Testing Interaction Effects in LISREL: Examination and Illustration of Available Procedures," *Organizational Research Methods*, 4(4), 324–360.

Jaccard, J., and Wan, C. K. (1996). *LISREL Approaches to Interaction Effects in Multiple Regression*. Thousand Oaks, CA: Sage Publications.

Jöreskog, K. G. (2000). "Latent Variable Scores and Their Uses," PDF file: http://www.ssicentral.com/lisrel/techdocs/lvscores.pdf

Jöreskog, K. G., and Yang, F. (1996). "Nonlinear Structural Equation Models: The Kenny–Judd Model with Interaction Effects," In G. Marcoulides and R. Schumacker (Eds.), *Advanced Structural Equation Modeling*, pp. 57–88. Hillsdale, NJ: Erlbaum.

Kenny, D. A., and Judd, C. M. (1984). "Estimating the Nonlinear and Interactive Effects of Latent Variables," *Psychological Bulletin*, 96, 201–216.

Lin, G. C, Z. Wen, H. W. Marsh, H. S. Lin (2010). "Structural Equation Models of Latent Interactions: Clarification of Orthogonalizing and Double–Mean–Centering Strategies," *Structural Equation Modeling*, 17, 374–391.

Marsh, H. W., Z. Wen, and K. T. Hau (2004). "Structural Equation Models of Latent Interactions: Evaluation of Alternative Estimation Strategies and Indicator Construction," *Psychological Methods*, 9(3), 275–300.

Marsh, H. W., Z. Wen, K. T. Hau (2006). "Structural Equation Models of Latent Interaction and Quadratic Effects," In G. R. Hancock & R. O. Mueller (Eds.), *Structural Equation Modeling: A Second Course* (pp. 225–265). Greenwich, CT: Information Age Publishing.

Marsh, H. W., Z. Wen, K. T. Hau, T. D. Little, J. A. Bovaird, and K. F. Widaman (2007). "Unconstrained Structural Equation Models of Latent Interactions: Contrasting Residual–and Mean–Centered Approaches," *Structural Equation Modeling*, 14(4), 570–80.

Marsh, H. W., Z. Wen, B. Nagengast, and K. T. Hau (2012). "Structural Equation Models of Latent Interaction," In R. H. Hoyle (Ed.) *Handbook of Structural Equation Modeling*, (pp. 436–458). The Guilford Press, New York: NY.

Ping, R. A. (1995). "A Parsimonious Estimating Technique for Interaction and Quadratic Latent Variables," *Journal of Marketing Research*, 42(3), 336–47.

Ping, R. A. (1996), "Latent Variable Interaction and Quadratic Effect Estimation: A Two-Step Technique Using Structural Equation Analysis," *Psychological Bulletin*, 119(1), 166–75.

Ping, R. A. (2006), "Frequently Asked Questions(FAQ's) About Interactions and Quadratics," [on-line paper], http://www.wright.edu/~robert.ping/

Schumacker, R. E. (2002), "Latent Variable Interaction Modeling," *Structural Equation Modeling*, 9(1), 40–54.

Schumacker, R. E., and Lomax, R. G. (2010), *A Beginner's Guide to Structural Equation Modeling*, 3rd Ed., New York, NY: Taylor and Francis Group.

Schumacker, R. E., and Marcoulides, G. A. (1998), *Interaction and NonLinear Effects in Structural Equation Modeling*, Hillsdale, NJ: Erlbaum.

Wen, Z., H. W. Marsh, and K-T. Hau (2010), "Structural Equation Models of Latent Interactions: An Appropriate Standardized Solution and Its Scale-Free Properties," *Structural Equation Modeling*, 17, 1–22.

Chapter 6 Amos에 의한 조절효과분석(Ⅰ)

Amos에 의한 **조절효과분석(moderation analysis)**은 조절변수가 비메트릭변수인지, 아니면 메트릭변수인지에 따라 분석방법이 달라진다. 비메트릭변수의 조절효과검정은 다중집단분석에 의한 **대응별 모수비교(pairwise parameter comparison)** 또는 χ^2**차이검정(chi-square difference test)**에 의해 할 수 있다. 메트릭변수의 조절효과검정은 **상호작용효과분석(interaction effect analysis)**에 의해 할 수 있다. 이 장에서는 비메트릭변수의 조절효과에 대해 살펴보고, 다음 장에서 메트릭변수에 의한 조절효과에 대해 살펴보기로 한다.

1 비메트릭변수의 조절효과분석: 행렬요약의 예

다음의 예를 통해 비메트릭변수의 조절효과에 대해 살펴보기로 한다. 예를 들어, 시민들이 두 명의 대통령 후보의 정견발표 토론을 시청하였다고 가정한다. 토론을 마친 다음에 특정 후보가 상대 후보에 비해 토론에서 승리하였다고 생각하는 정도를 등급척도상에 표시하도록 요구하였다. 이를 위해, 서로 다른 3개의 척도를 이용해 측정하였고 이를 토론에서의 승리를 판단하는 척도로 삼았다. 첫 번째 지표는 0에서 20 사이의 범위를 갖고 있으며, 이를 s1이라 하자. 나머지 s2와 s3은 0에서 25 사이의 범위를 갖고 있다. 이 척도들은 모두 점수가 높을수록 성공적인 정견발표를 의미한다.

정견발표의 성공은 후보의 '외모'와 '토론의 질'이 영향을 미치는 것으로 가정하였다. 후보의 외모를 측정하기 위해 2개의 척도(p1, p2)를 7점 어의차이척도(semantic differential scale)를 이용하여 측정하였다. 점수가 높을수록 외모에 대한 평가가 좋음을 의미한다. 토론의 질에 대한 평가도 2개의 척도(q1, q2)를 7점 어의차이척도를 이용하여 측정하였다. 이도 점수가 높을수록 토론의 질에 대한 평가가 좋음을 의미한다.

연구자는 외모가 정견발표의 성공에 미치는 영향은 성별에 따라 달라질 것으로 가정하였다. 즉, 외모가 정견발표의 성공에 미치는 영향은 여성이 남성보다 영향력이 더 크게 나타날 것으로 가설화하였다. 연구자는 조절효과를 검정하기 위해 다음과 같은 가설을 세울 수 있다.

> 가설: 외모가 정견발표의 성공에 미치는 영향은 여성이 남성에 비해 크게 나타날 것이다(단측검정).
> 가설: 외모가 정견발표의 성공에 미치는 영향은 성별에 따라 다를 것이다(양측검정).

이 경우 성별은 조절변수, 토론에서의 성공은 종속변수, 외모와 토론의 질은 독립변수가 된다. 이들 잠재변수들 간의 관계를 경로도에 나타내면 [그림 6-1]과 같다.

조절효과를 분석하기 위해 Amos에서 이와 같은 그림을 동일하게 그릴 수는 없고 성별에 해당되는 변수를 제거하고 경로도를 그리게 되며, 성별을 두 집단으로 나누어 다중집단분석을 하면 된다.

그림 6-1 **조절효과모델**

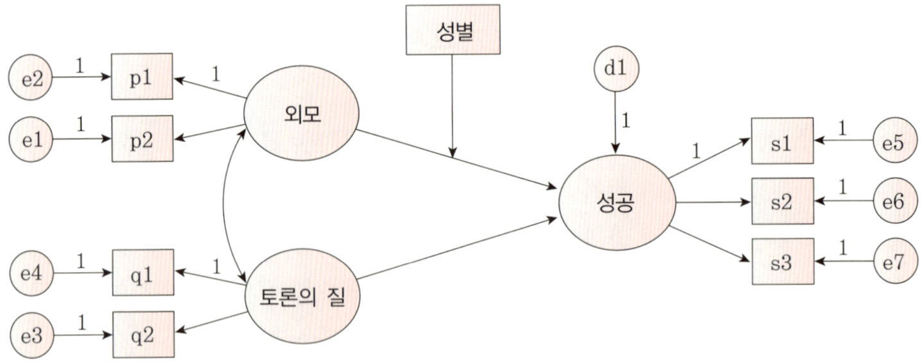

위 모델에서 조절변수인 성별은 **비메트릭변수(nonmetric variable)**이다. 조절변수가 등간척도 이상의 연속변수인 경우는 **메트릭변수(metric variable)**가 된다. **조절효과분석(moderation analysis)**은 조절변수가 비메트릭변수인지, 아니면 메트릭변수인지에 따라 분석방법이 달라진다. 비메트릭변수의 조절효과검정은 다중집단분석에 의한 **대응별 모수비교(pairwise parameter comparison)** 또는 **χ^2 차이검정(chi-square difference test)**에 의해 할 수 있다. 메트릭변수의 조절효과검정은 **상호작용효과분석(interaction effect analysis)**에 의해 할 수 있다.

비메트릭변수의 조절효과를 χ^2차이검정에 의해 분석하기 위해 다음과 같은 두 가지 조건하에 모델의 전반적 적합도를 평가한다.

첫째, 독립변수(외모)와 종속변수(성공) 간의 관계가 성별에 따라 달라진다는 것에 대해 제약을 하지 않은 **비제약모델(unconstrained model)** 또는 **자유모델(free model)**을 추정한다.

둘째, 독립변수와 종속변수 사이의 관계가 성별에 대해 동일하도록 제약을 한 **등가제약모델(equality constrained model)**을 추정한다. 이 모델은 독립변수와 성별 간에 상호작용이 없음을 의미한다.

셋째, 이들 두 모델 간의 χ^2차이검정을 실시한다. 만약 두 번째 모델인 상호작용이 없는 모델하에서의 적합도가 유의적으로 증가한다면, 이는 외모와 성별 간에 상호작용이 있음을 의미한다. 따라서 조절효과가 없다는 귀무가설이 기각되어 조절효과가 있다고 해석한다. 이에 대해 좀 더 자세히 살펴보기로 한다.

■ 1단계분석

1단계에서는 각각의 집단에 대한 모수치 및 모델적합도를 **다중집단분석(multi-group analysis)**을 통해 도출한다. 전반적 모델적합도는 각각의 집단으로부터 얻은 적합측정치의 합(pooling)에 의해 계산된다. 두 집단의 합에 의한 χ^2값이 통계적으로 비유의적($p > 0.05$)이라면, 모델이 집단에 따라 잘 적합됨을 의미한다. 반대로, 합에 의한 χ^2값이 통계적으로 유의적이라면 집단 가운데 적어도 하나는 모델이 잘 적합되지 않음을 의미한다.

이러한 1단계만으로는 조절효과를 평가할 수 없다. 1단계분석은 각각의 집단을 개별적으로 추정한 계수와 집단에 따라 제약조건을 하지 않은 모델이 어느 정도나 자료를 잘 적합시키는지를 나타낸 것이다. 만약 조절효과가 없다면, 외모가 정견발표의 성공에 미치는 경로계수는 남성 및 여성에 걸쳐 동일할 것이다. 이는 남성 대 여성 집단의 경로계수의 차이는 표본오차에 의해 발생한 것임을 의미한다.

■ 2단계분석

2단계에서는 모델에 등가제약을 하고 모델을 다시 추정한다. 즉, 외모가 성공 여부의 판단에 주는 경로계수가 두 집단에 걸쳐 같다는 제약을 한다. 만약 조절효과가 없고 두 모집단의 경로계수가 같다면 등가제약은 1단계의 모델적합도에 영향을 미치지 않을 것이다. 반대로, 유의적인 조절효과가 있다면 등가제약은 모델적합도에 영향을 미칠 것이다. 이처럼 제약을 하는 단계가 2단계분석이다.

■ 3단계분석

1단계분석의 χ^2값과 2단계분석의 χ^2값의 차이를 구한다. χ^2값의 차이를 토대로 조절효과를 검정한다. χ^2차이가 유의적이라면 두 집단들 간에 차이가 있음을 의미하며, 성별이 조절효과가 있다고 해석한다.

1.1 χ^2차이검정 방법

1) 비제약모델 추정

앞서 기술한 정견발표의 성공 모델에서 남자자료는 [male.sav], 여자자료는 [female.sav]의 행렬요약 자료가 있다고 가정한다. Amos에 의해 비메트릭변수의 조절효과분석을 위해 [그림 6-2]와 같은 경로도를 그린다.

그림 6-2 ▮ 조절효과분석모델

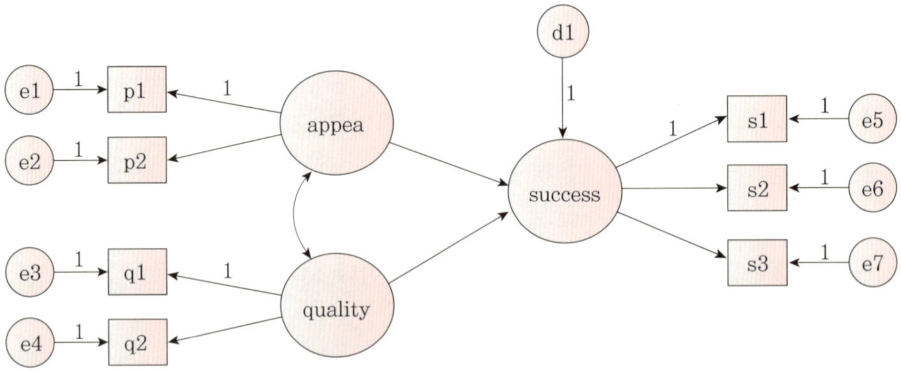

❶ 그룹관리에 있는 [Group number 1]을 더블클릭한다. 그러면 [Manage Groups] 대화상자가 나타난다. 현재는 집단이름이 [Group number 1]로 지정되어 있다. [Group name]을 [Male] 또는 [남자]로 지정한다. [New] 버튼을 클릭하여 [Group number 2]를 [Female] 또는 [여자]로 지정한 후 [Close] 버튼을 클릭한다. 이때 그룹의 이름을 반드시 이처럼 지정해 주어야 하는 것은 아니고, 집단이름을 지정해 주는 역할을 하기 때문에 [Group number 1] 또는 [Group number 2]로 해도 된다.

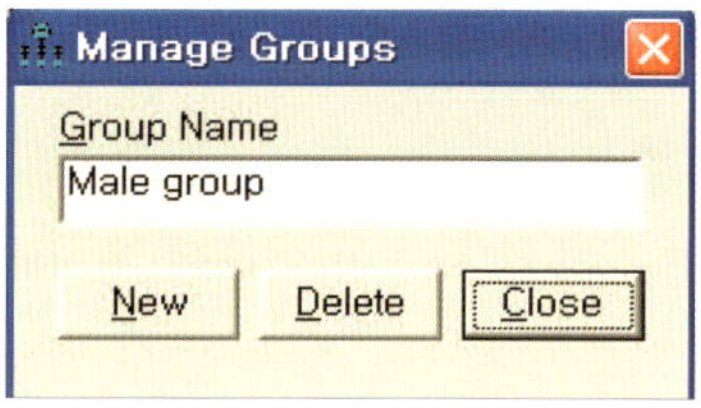

❷ 자료를 연결하기 위해 [File] 메뉴 → [Data Files]를 클릭하거나 또는 도구상자에 있는 자료선정 아이콘(▦)을 클릭한다. [Data Files] 대화상자에서 [File Name] 버튼을 눌러 각각의 자료를 지정해 준 다음, [OK] 버튼을 누른다. 이 예에서 [Male group]은 [male.sav], [Female Group]은 [female.sav]로 자료가 저장되어 있다. [Male group]을 연결하기 위해 [File Name] 버튼을 클릭한 다음, SPSS 파일형식으로 저장된 [male.sav]를 클릭한 후, [OK] 버튼을 누른다. 그 다음, 다시 [File] 메뉴 → [Data Files]를 클릭한다. 커서를 [Female group]에 놓아 활성화시킨 다음, [File Name] 버튼을 클릭한다.

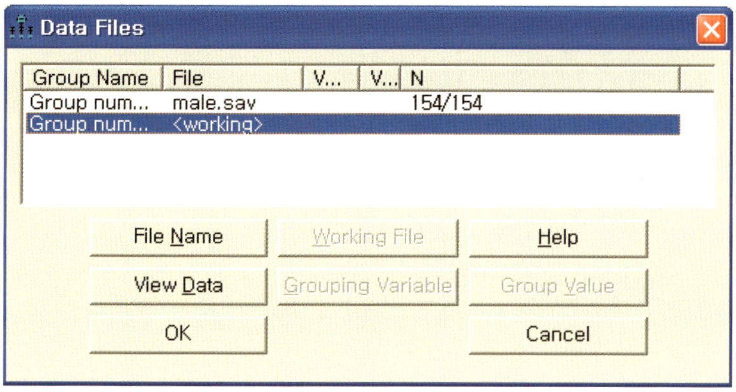

❸ [female.sav]를 연결한 다음, [OK] 버튼을 누른다.

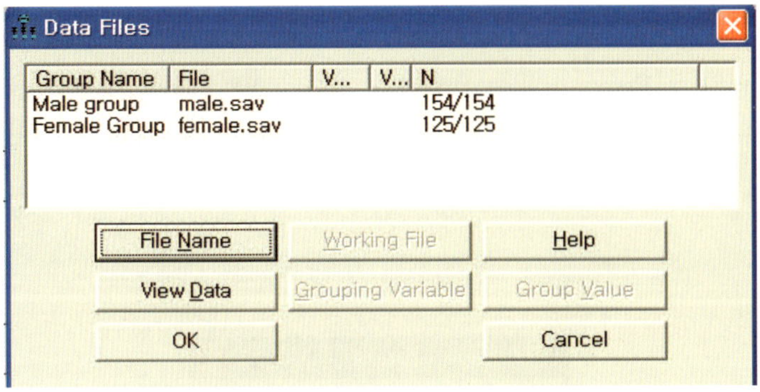

❹ 지금까지의 작업을 마친 상태의 화면이 아래에 제시되어 있다. 화면에서 볼 수 있듯, 왼쪽 상단에 2개의 그룹이 지정된 것을 알 수 있다. 지금까지 수행한 입력파일을 [input 6-1]로 저장하였다. 이 모델이 비제약모델이 된다. 즉 비제약모델은 [남자]와 [여자] 집단에 대해 'appea'로부터 'success'로 가는 경로에 대해 등가제약을 하지 않은 모델이다.

input 6-1 조절효과분석 모델: 비제약모델

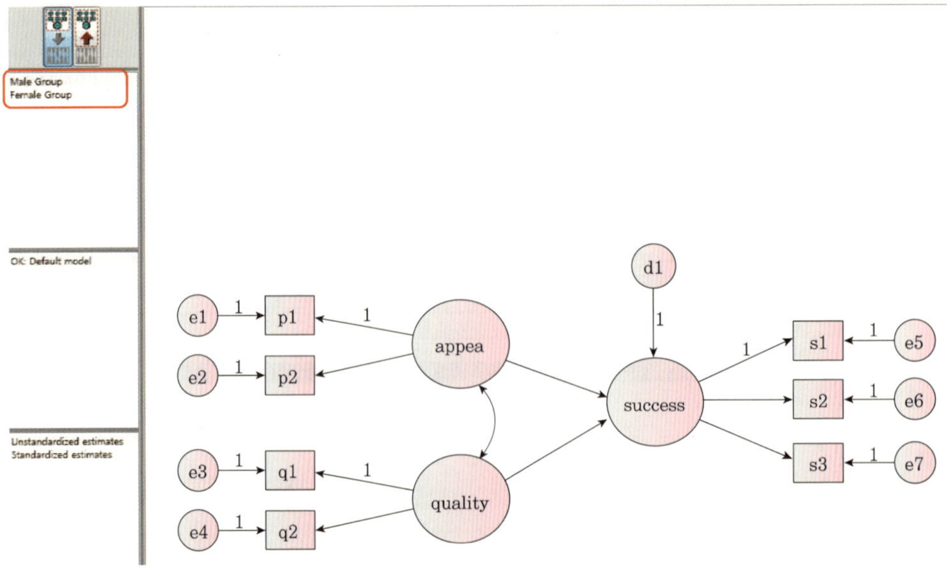

[input 6-1]을 추정하면 다음과 같은 적합도 및 모수치를 얻는다.

output 6-1 비제약모델의 분석결과

CMIN

Model	NPAR	CMIN	DF	P	CMIN/DF
Default model	34	15.257	22	.851	.693

Regression Weights: (Male Group - Default model)

			Estimate	S.E.	C.R.	P
success	<---	appea	.955	.137	6.962	***
success	<---	quality	1.116	.154	7.226	***

Regression Weights: (Female Group - Default model)

			Estimate	S.E.	C.R.	P
success	<---	appea	1.879	.199	9.463	***
success	<---	quality	1.231	.229	5.374	***

[output 6-1]의 비제약모델에서 얻어진 값은 남자와 여자에 대한 회귀계수의 추정치이다. 남자의 경우, 외모로부터 성공에 대한 경로계수는 0.955이고, 여자의 경우는 1.879로 나타났다.

2) 제약모델 추정

이제 제약모델을 만들기로 한다. 제약모델을 만드는 방법에는 ① 다중집단분석 아이콘( )을 이용하는 방법, ② 경로에 명칭을 부여하는 방법이 있다. 이를 위해 [input 6-1]에서 다음과 같은 방식으로 한다.

(1) 다중집단분석 아이콘을 이용하는 방법

❶ 다중집단분석을 하기 위해 도구상자에 있는 다중집단분석 아이콘( )을 클릭한다. 그러면 다음과 같은 창이 뜬다.

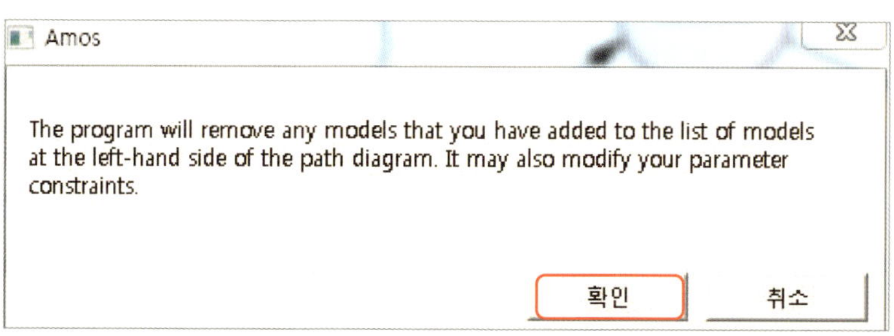

이 창은 경로도의 왼쪽에 추가된 모델을 제거하거나 또는 모수제약을 수정할 수 있

다는 것을 알려주는 메시지이다.

❷ [확인] 버튼을 누른다. 그러면 다음과 같은 다중집단분석 대화상자가 나타난다.

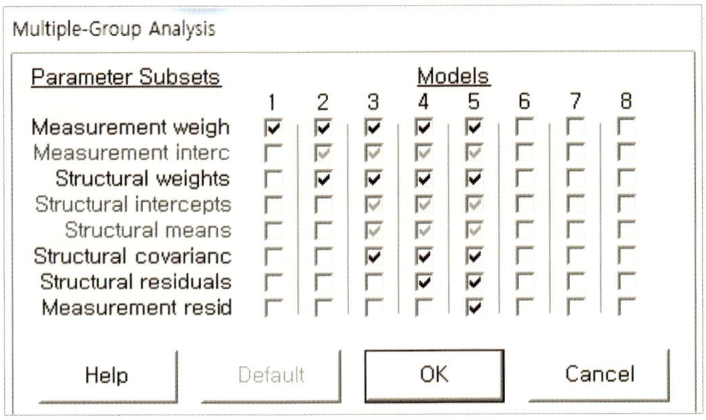

이 대화상자는 다중집단분석을 위해 여러 가지 모델을 미리 지정해 놓은 것이다. [모델 5]는 ① Measurement weights, ② Structural weights, ③ Structural covariances, ④ Structural residuals, ⑤ Measurement residual가 모두 체크되어 있다. 이는 [모델 1]로부터 점차 많은 제약이 가해짐을 의미한다.

❸ [OK] 버튼을 누른다. 그러면 [input 6-2]와 같은 경로도가 나타난다. 각 집단의 경로도를 보기 위해서는 왼쪽 상단에 있는 '그룹관리'에서 [Male group], [Female group]을 클릭하면 된다.

input 6-2 조절효과분석모델: 제약모델[Male group]

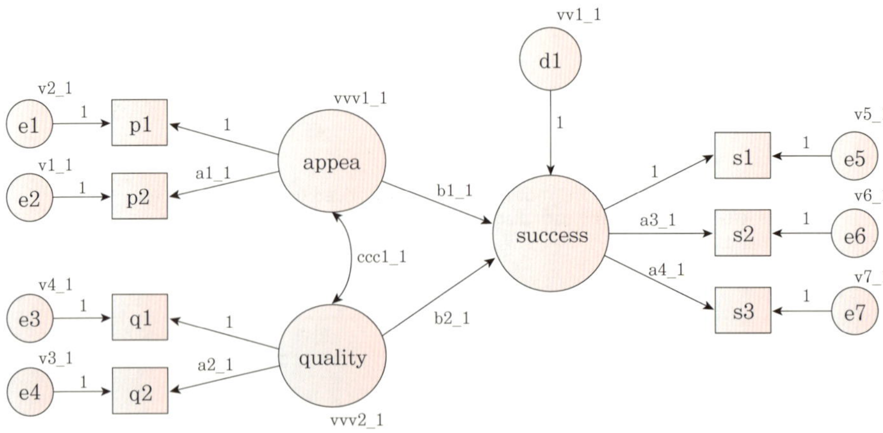

input 6-2 **조절효과분석모델: 제약모델[Female group]**

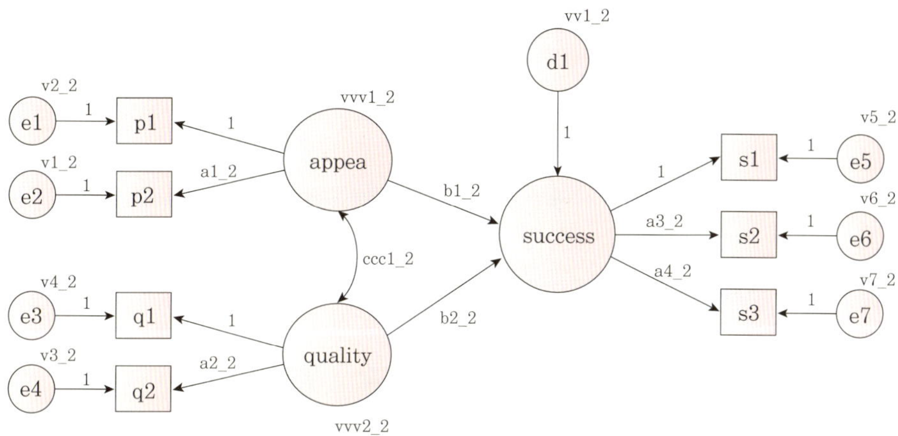

이 경로도에 새로 생긴 문자는 두 집단의 모수를 지정하는 의미를 갖는다. 예를 들면, [b1_1]은 [Male group]의 'appea'로부터 'success'로 가는 경로계수를 의미하고, 그에 대응하는 [Female group]의 모수는 [b1_2]로 지정되었음을 의미한다.

4 왼쪽 모델관리에 있는 [Structural weights]를 더블클릭하면 나타나는 창에서 [b1_1=b1_2]만 제외하고 모두 지운 다음 [Close] 버튼을 누른다. 이는 이 두 모수만 동일하다는 제약모델을 만들기 위해서이다.

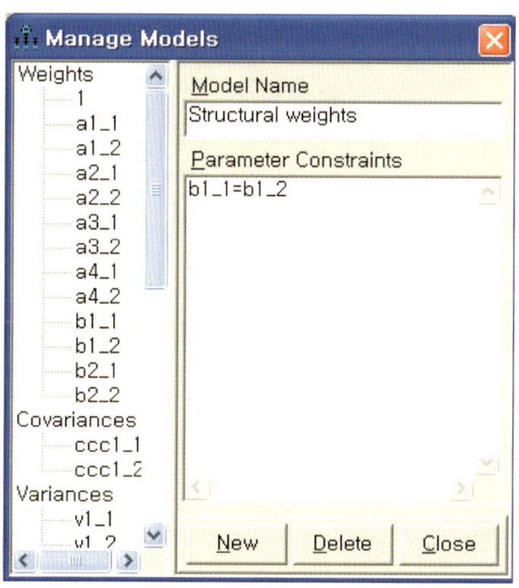

조절효과분석을 위한 제약모델의 설정이 끝났다. 이를 [input 6-2]로 저장하였다.

❺ 실행을 위해 추정치계산 아이콘(▦)을 클릭한다. 분석결과를 보기 위해 텍스트보기 아이콘(▦)을 클릭한다. 아래는 결과 가운데 χ^2값(CMIN)을 제시한 것이다.

output 6-2 조절효과 분석결과

Model	NPAR	CMIN	DF	P	CMIN/DF
Unconstrained	34	15.257	22	.851	.693
Measurement weights	30	16.029	26	.936	.616
Structural weights	33	29.807	23	.155	1.296
Structural covariances	25	36.987	31	.212	1.193
Structural residuals	24	42.814	32	.096	1.338
Measurement residuals	17	50.274	39	.107	1.289

비제약모델의 $\chi^2(22)=15.257$이 얻어지며, 구조계수 [b1_1=b1_2]에 등가제약을 한 모델의 $\chi^2(23)=29.807$이 얻어진다. χ^2차이검정 결과, $\chi^2(1)=14.55$가 얻어져 통계적으로 유의적이다. 이는 [output 6-2]의 [Model Comparison]을 클릭해서도 확인할 수 있다. 따라서 성별은 조절효과가 있다고 해석한다.

output 6-2 모델비교

Assuming model Unconstrained to be correct:

Model	DF	CMIN	P	IFI Delta-2	RFI rho-1	TLI rho2
Measurement weights	4	.772	.942	.000	-.002	-.002
Structural weights	1	14.550	.000	.008	.014	.015
Structural covariances	9	21.730	.010	.013	.012	.012
Structural residuals	10	27.557	.002	.016	.015	.016
Measurement residuals	17	35.017	.006	.020	.014	.015

output 6-2 등가제약모델의 분석결과

Regression Weights: (Male group - Structural weights)

			Estimate	S.E.	C.R.	P	Label
success	<---	appea	1.359	.124	10.922	***	b1_1
success	<---	quality	1.137	.159	7.166	***	b2_1

Regression Weights: (Female group - Structural weights)

			Estimate	S.E.	C.R.	P	Label
success	<---	appea	1.359	.124	10.922	***	b1_1
success	<---	quality	1.226	.227	5.401	***	b2_2

[output 6-2]에서 볼 수 있듯, 외모로부터 성공으로 가는 경로계수가 똑같음을 알 수 있다.

결론적으로 경로계수의 차이는 χ^2차이검정에 의해 통계적으로 유의적인 것으로 나타났다. 따라서 외모가 성공에 미치는 영향은 남자보다는 여자가 더 많다고 해석한다.

(2) 경로에 명칭을 부여하는 방법

❶ [input 6-1]에서 왼쪽 상단에 있는 그룹관리에서 [Male group]을 클릭하고, 'appea'에서 'success'로 가는 경로 위에 마우스 포인트를 놓고 오른쪽 버튼을 눌러 나타나는 [Object Properties]에서 [Regression weight]에 'a'라고 입력한다.

❷ 마찬가지로 그룹관리에서 [Female group]을 클릭하고 동일한 경로 위에 동일한 명칭 'a'를 입력한다. 이와 같이 하면 두 집단에 걸쳐 해당 경로가 동일한 값을 갖는다는 것을 Amos에게 알려준다. **Amos는 경로에 동일한 문자가 입력되면 동일한 값을 갖는다고 가정한다.**

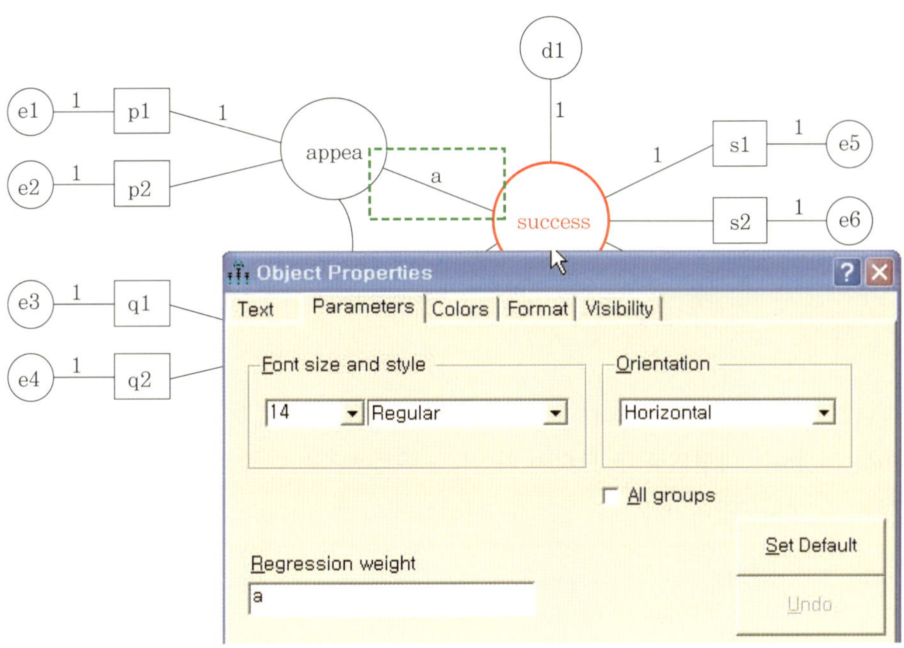

이와 같이 처리한 파일을 [input 6-2-1]로 저장하였다.

input 6-2-1 등가제약모델

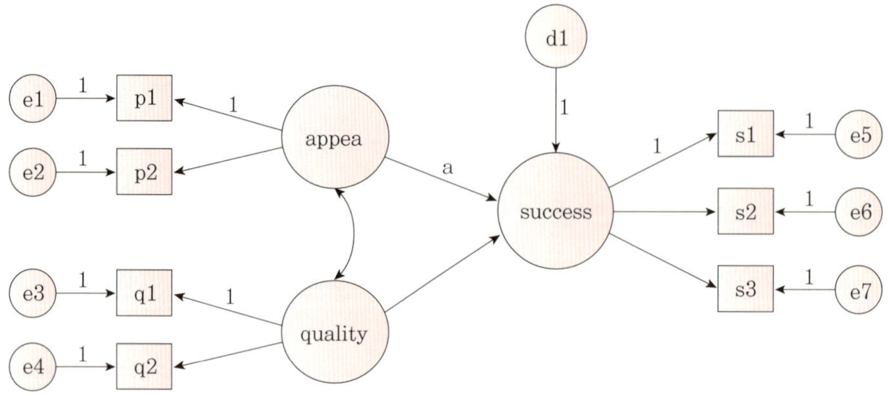

❸ 이를 실행하면 다음과 같은 적합도를 얻는다. 적합도는 [output 6-2]에서 얻은 'structural weights' 모델의 값과 같다. 비제약모델의 χ^2값과 제약모델의 χ^2값의 차이는 앞서 분석한 결과와 같음을 알 수 있다. 두 가지 방식 가운데 경로에 명칭을 부여하는 방법이 보다 쉬운 것을 알 수 있다.

output 6-2-1 등가제약모델의 분석결과

CMIN

Model	NPAR	CMIN	DF	P	CMIN/DF
Default model	33	29.807	23	.155	1.296

1.2 대응별 모수비교 방법

대응별 모수비교(pairwise parameter comparison) 방법은 비제약모델에서 개별 모수의 차이를 검정하는 방법으로 두 모수의 차이는 z통계량으로 볼 수 있다. 따라서 두 모수의 차이가 ±1.96 이상이거나 또는 ±2.58 이상이면 각각 $\alpha=0.05$, $\alpha=0.01$에서 유의적이라고 판단한다.

대응별 모수비교 방법은 비제약모델만 추정하면 되기 때문에 χ^2차이검정 방법에 비해 간단하다는 면에서 장점이 있다.

1) 경로에 명칭을 부여하지 않는 방법

대응별 모수비교에 의해 조절효과를 분석하기 위해 앞서 기술한 다중집단분석에서 비제약모델을 만든 다음, [Analysis Properties]의 [Output] 탭에서 [Critical ratio for differences]를 체크한다.

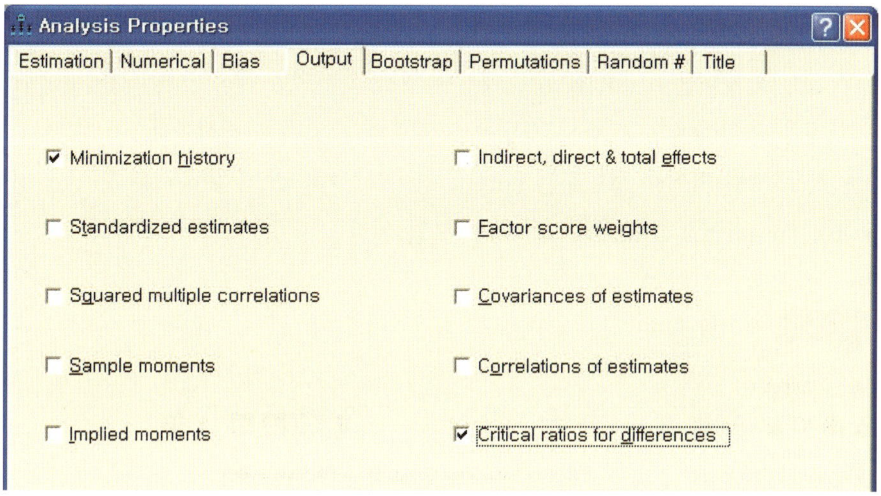

앞에서 설정한 [input 6-1]의 비제약모델을 실행하면 다음과 같은 회귀가중치를 얻는다. 아래는 남자집단의 회귀가중치를 제시한 것이다. 남자집단의 경우 'appea'에서 'success'로 가는 경로는 Label이 'par_5'로 명칭이 부여되었다.

output 6-1 대응별 모수: 남자집단

Regression Weights: (Male Group - Default model)

			Estimate	S.E.	C.R.	P	Label
success	<---	appea	.955	.137	6.962	***	par_5
success	<---	quality	1.116	.154	7.226	***	par_6

아래는 여자집단의 회귀가중치를 제시한 것이다. 이 값을 보기 위해 output 창에서 [Estimate]를 클릭한 다음, 밑에 있는 [Female Group]을 클릭한다. 여자집단의 경우 'appea'에서 'success'로 가는 경로는 Label이 'par_12'로 명칭이 부여되었다.

output 6-1 대응별 모수: 여자집단

Regression Weights: (Female Group - Default model)

			Estimate	S.E.	C.R.	P	Label
success	<---	appea	1.879	.199	9.463	***	par_12
success	<---	quality	1.231	.229	5.374	***	par_13

두 모수(par_5, par_12) 차이는 3.829로 나타나, 임계치 절대값 ±2.58보다 크기 때문에 두 모수의 차이는 $\alpha = 0.01$ 수준에서 유의적인 것으로 해석한다(비제약모델 [input 6-1]의 값을 보아야 됨). 따라서 성별은 조절효과가 있다고 해석한다.

다음은 두 모수 차이를 보여주는 output 창이다. 이를 보기 위해서는 output 창에서 [Pairwise Parameter Comparisons]를 누르면 된다.

output 6-1 대응별 모수비교

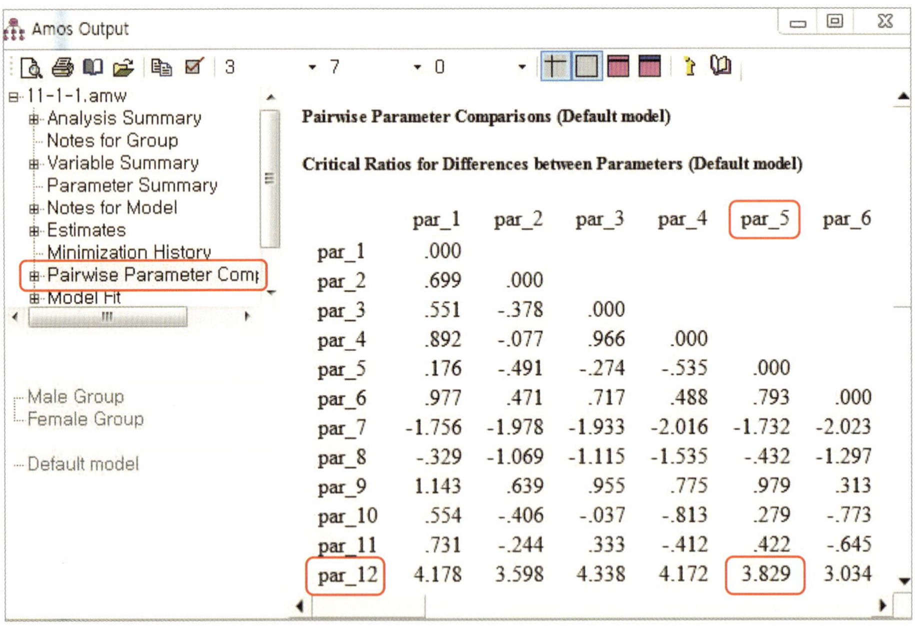

Pairwise Parameter Comparisons (Default model)

Critical Ratios for Differences between Parameters (Default model)

	par_1	par_2	par_3	par_4	par_5	par_6
par_1	.000					
par_2	.699	.000				
par_3	.551	-.378	.000			
par_4	.892	-.077	.966	.000		
par_5	.176	-.491	-.274	-.535	.000	
par_6	.977	.471	.717	.488	.793	.000
par_7	-1.756	-1.978	-1.933	-2.016	-1.732	-2.023
par_8	-.329	-1.069	-1.115	-1.535	-.432	-1.297
par_9	1.143	.639	.955	.775	.979	.313
par_10	.554	-.406	-.037	-.813	.279	-.773
par_11	.731	-.244	.333	-.412	.422	-.645
par_12	4.178	3.598	4.338	4.172	3.829	3.034

2) 경로에 명칭을 부여하는 방법

❶ 비제약모델인 [input 6-1]에서 'appea'에서 'success'로 가는 경로에 집단별로 각각 다른 명칭의 문자를 입력한다. 남자집단의 경로는 'a'로, 여자집단의 경로는 'b'로 입력하였다. 이처럼 각각의 집단에 다른 명칭을 부여하면 경로계수값이 다르다

는 것을 의미한다.

❷ [Analysis Properties]의 [Output] 탭에서 [Critical ratios for differences]를 체크한다. 이를 [input 6-3]으로 저장하였다. 남자집단과 여자집단의 경로도를 보기 위해서는 왼쪽 위에 있는 [Manage Group]에서 [Male Group]과 [Female Group]을 클릭하면 된다.

input 6-3 경로에 명칭을 부여하는 방법: 남자집단

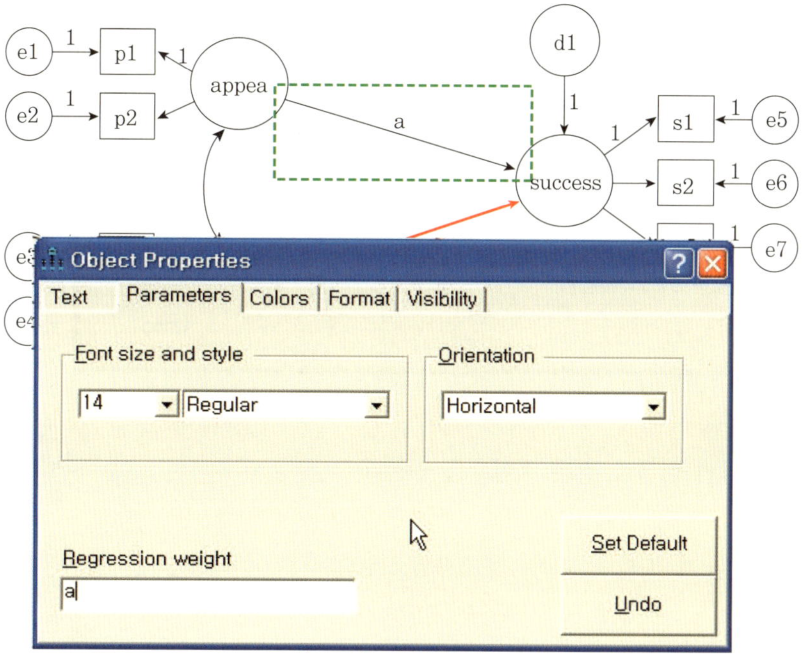

input 6-3 경로에 명칭을 부여하는 방법: 여자집단

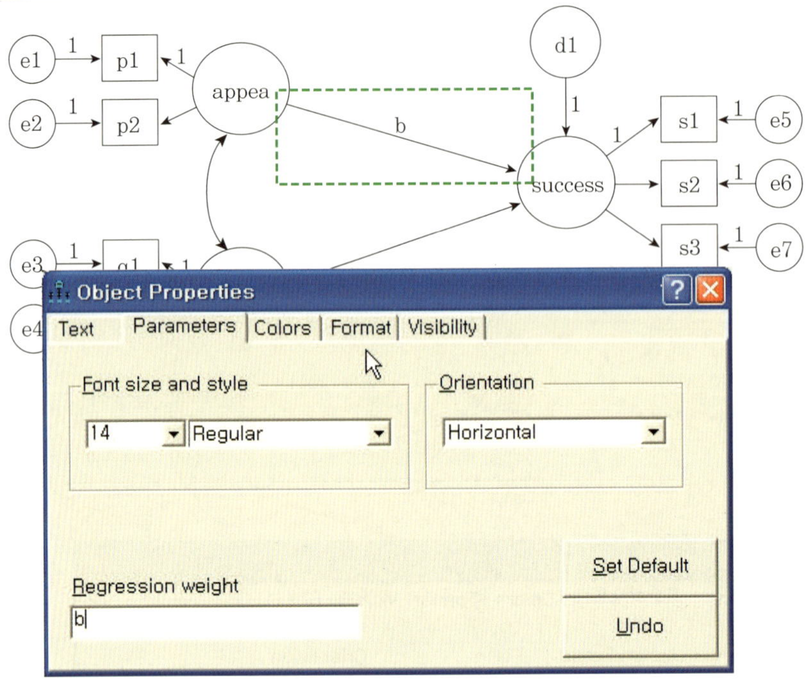

이를 실행하면 다음과 같은 적합도를 얻는다.

output 6-3 비제약모델의 적합도 및 대응별 모수비교

CMIN

Model	NPAR	CMIN	DF	P	CMIN/DF
Default model	34	15.257	22	.851	.693

Critical Ratios for Differences between Parameters (Default model)

	a	b	par_3	par_4	par_5
a	.000				
b	3.829	.000			
par_3	−.176	−4.178	.000		
par_4	.491	−3.598	.699	.000	
par_5	.274	−4.338	.551	−.378	.000
par_6	.535	−4.172	.892	−.077	.966
par_7	.793	−3.034	.977	.471	.717
par_8	−1.732	−3.496	−1.756	−1.978	−1.933
par_9	−.432	−5.624	−.329	−1.069	−1.115

이 방법은 두 집단의 모수치에 해당하는 'Label'을 찾아서 매치시킬 필요가 없기 때문에 output을 읽기가 편하다는 장점이 있다.

2 비메트릭변수의 조절효과분석: 2집단의 원자료인 경우

2.1 대응별 모수비교 방법

[input 6-4]의 합리적 행동모델을 통해 원자료인 경우의 비메트릭변수의 조절효과분석에 대해 알아보기로 한다.

input 6-4 합리적 행동모델

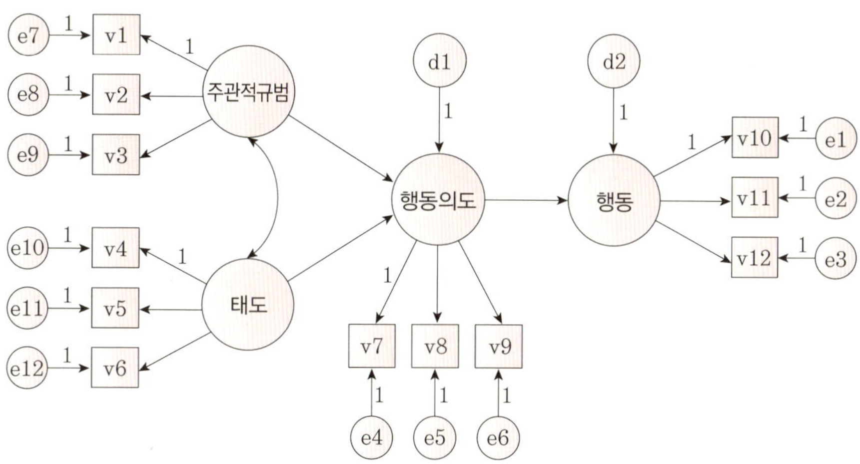

합리적 행동모델의 원자료는 691명을 대상으로 조사되었고, 자료에는 결측치가 있고, 마지막 변수인 'group'은 집단을 구분하기 위해 1=male, 2=female로 코딩되었다고 가정한다. 아래는 원자료 가운데 일부를 보인 것이다. 691명 가운데 1은 345명, 나머지 346명은 2로 코딩되었다. 자료는 [sample1.sav]로 저장되어 있다.

	v1	v2	v3	v4	v5	v6	v7	v8	v9	v10	v11	v12	group
339	5	4	4	3	3	3	4	3	4	3	4	4	1.00
340	5	4	6	3	4	2	4	5	4	2	3	3	1.00
341	7	5	6	3	2	2	5	6	4	3	4	6	1.00
342	4	4	4	3	3	3	4	4	4	4	4	3	1.00
343	3	3	3	3	3	3	3	3	3	3	3	4	1.00
344	6	4	5	3	3	3	5	4	5	5	5	4	1.00
345	4	5	4	3	3	3	4	5	3	4	4	4	1.00
346	2	2	2	5	6	5	2	3	3	4	4	4	2.00
347	7	5	6	5	6	5	3	4	5	6	5	5	2.00
348	6	6	6	6	6	5	4	5	6	5	5	4	2.00
349	5	4	5	5	6	5	5	5	6	5	5	4	2.00
350	5	4	6	5	5	5	6	5	6	5	4	4	2.00
351	5	4	5	5	5	5	6	6	6	5	0	4	2.00
352	6	6	6	5	6	5	2	3	2	4	4	4	2.00
353	1	0	2	5	5	5	5	6	5	4	4	4	2.00
354	6	6	6	3	3	3	4	4	5	4	4	4	2.00
355	3	4	4	6	6	5	6	6	5	5	4	4	2.00
356	5	5	6	3	5	5	5	3	5	3	3	4	2.00
357	6	4	5	3	3	4	4	5	5	4	5	4	2.00
358	5	4	4	3	3	3	5	5	4	4	4	4	2.00

[chap6] [sample1.sav]

합리적 행동모델에서 조절효과와 관련된 가설은 다음과 같다고 가정한다.

가설: 행동의도가 행동에 미치는 영향은 남성이 여성보다 클 것이다(단측검정).
가설: 행동의도가 행동에 미치는 영향은 성별에 따라 다를 것이다(양측검정).

1) 파라미터 라벨을 이용하는 방법

❶ 왼쪽 위에 있는 [Group number 1]을 더블클릭한다. 그러면 [Manage Groups] 대화상자가 나타난다. 현재 [Group number 1]로 지정되어 있다. [Group Name]을 [Male group]으로 지정한다. 그리고 [New] 버튼을 클릭하여 [Group number 2]를 [Female group]으로 지정한 후, [Close] 버튼을 클릭한다.

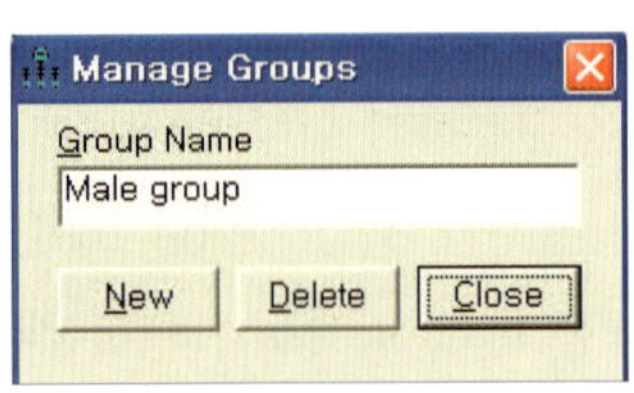

그러면 그룹관리가 [Male group/Female group]으로 바뀐다. 이는 2개의 집단이 있음을 알려주는 것이다.

❷ 자료를 연결하기 위해, 자료선정 아이콘(▦)을 클릭한다. [Data Files] 대화상자에서 [File Name] 버튼을 눌러 해당 파일이 저장되어 있는 경로와 파일을 지정해 준다. 이는 [Male group]과 [Female group]을 대상으로 각각 해주어야 한다. 자료는 하나의 원자료 파일에 저장되어 있기 때문에 파일은 [sample1.sav]로, 그리고 표본크기도 691로 동일함을 알 수 있다.

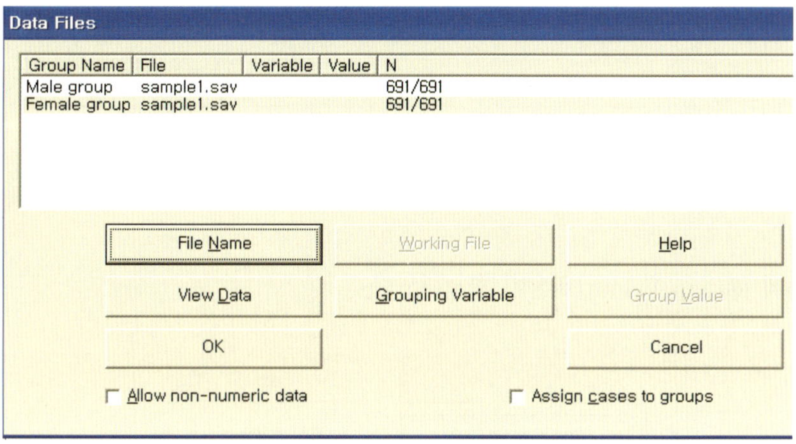

❸ [Grouping Variable]을 선정하기 위해 스크롤바를 밑으로 내려 [Group]을 지정해 주고, [OK] 버튼을 누른다.

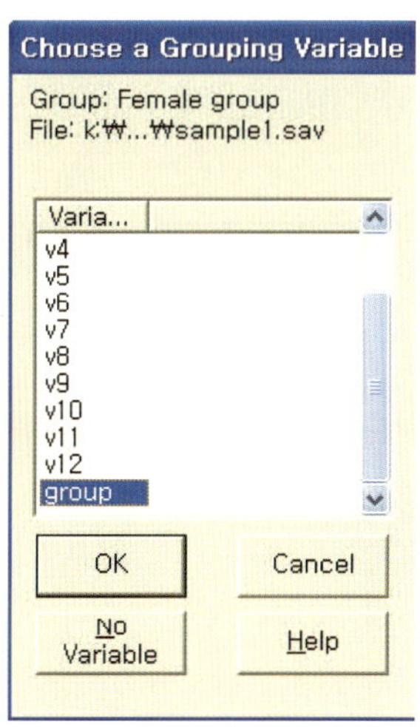

❹ [Grouping Variable] 버튼을 이용하여 [Male group]과 [Female group]을 각각 연결

한다. 아래에서 볼 수 있듯, [Variable]에 [group] 변수가 인식되었음을 알 수 있다.

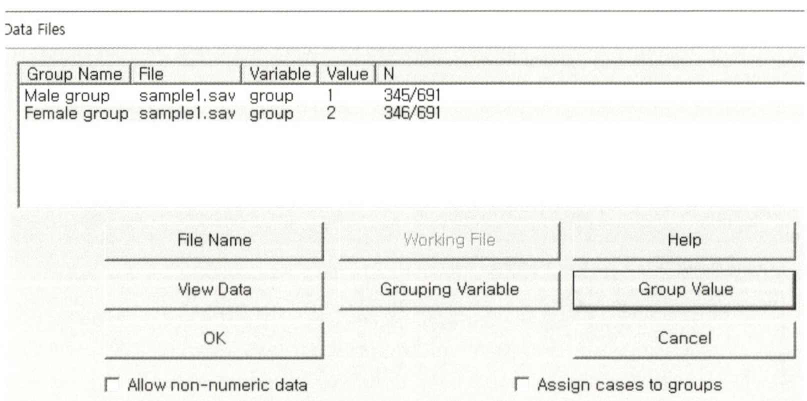

❺ 이제 [Group Value] 버튼이 활성화된다.

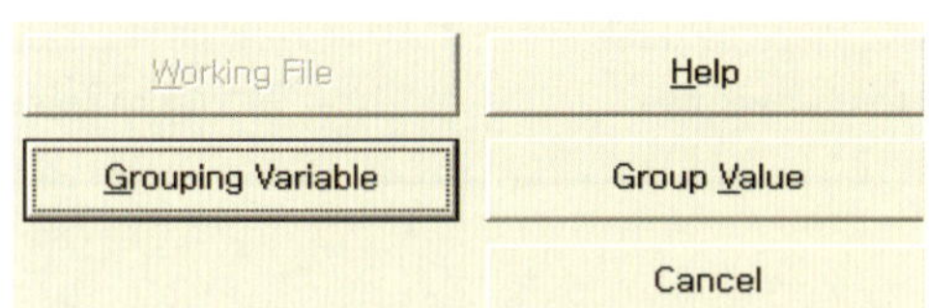

❻ [Group value] 버튼을 누르면 다음과 같이 value 1, 2에 대해 각각 345, 346명의 빈도가 있다고 알려준다. 여기에서 1=male, 2=female로 코딩되었음을 기억하라. 이는 1은 [Male group], 2는 [Female group]에 연결해야 하기 때문이다.

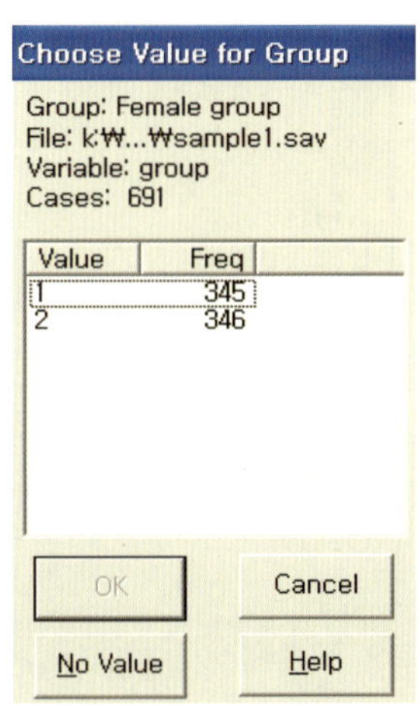

❼ [Data Files] 창에서 [Male group]을 클릭하고 [Group Value] 버튼을 누른 다음 [Choose Value for Group]에서 [Value 1, Freq 345]를 클릭한다. 다음, [Female group]을 클릭하고 [Group Value] 버튼을 누른 다음 [Choose Value for Group]에서 [Value 2, Freq 346]을 클릭한다. [Data Files] 창에서 [OK] 버튼을 누른다. 이제 자료가 연결되었다.

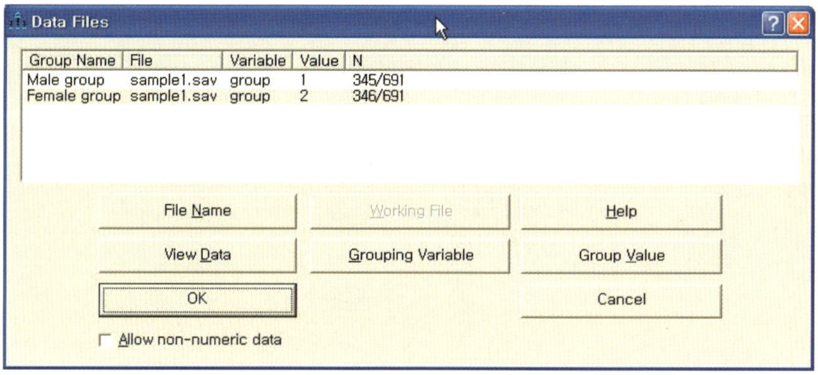

❽ 자료에 결측치가 있기 때문에 [View] 메뉴 → [Analysis Properties] → [Estimation] 탭에서 [Estimate means and intercepts]를 체크하고 창을 닫는다. 자료에 결측치가 없는 경우에는 이를 체크하지 않아도 된다.

❾ 마지막으로, 대응별 모수비교를 위해 [Output] 탭에서 [Critical ratios for differences]를 체크한다.

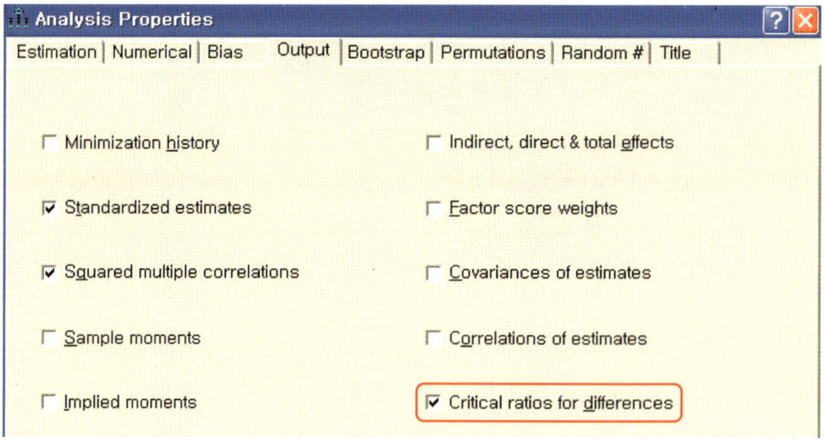

지금까지 한 작업의 경로도를 [input 6-5]로 저장하였다.

input 6-5 합리적 행동모델: 비제약모델

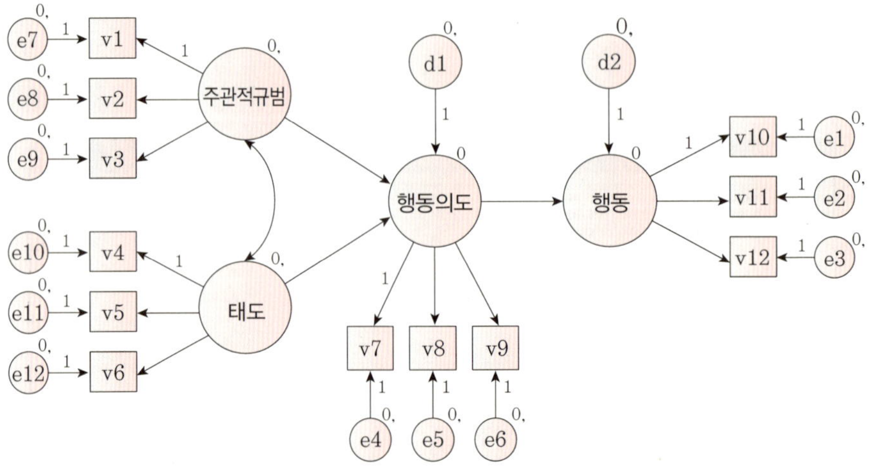

[input 6-5]를 실행하면 다음과 같은 적합도 및 모수치를 얻는다.

output 6-5 비제약모델의 분석결과

CMIN

Model	NPAR	CMIN	DF	P	CMIN/DF
Default model	80	234.781	100	.000	2.348

Regression Weights: (Male group - Default model)

			Estimate	S.E.	C.R.	P	Label
행동의도	<---	주관적규범	.280	.047	6.000	***	par_9
행동의도	<---	태도	.225	.048	4.665	***	par_10
행동	<---	행동의도	.623	.079	7.908	***	par_11

남자집단에서 행동의도가 행동에 미치는 회귀가중치는 .623으로 유의적으로 나타났고, 이 계수는 'par_11'로 라벨이 붙었다.

Regression Weights: (Female group - Default model)

			Estimate	S.E.	C.R.	P	Label
행동의도	<---	주관적규범	.306	.059	5.209	***	par_33
행동의도	<---	태도	.078	.056	1.402	***	par_34
행동	<---	행동의도	.428	.066	6.490	***	par_35

여자집단에서 행동의도가 행동에 미치는 회귀가중치는 .428로 유의적으로 나타났고, 이 계수는 'par_35'로 라벨이 붙었다.

⑩ 두 모수의 비교를 위해 output 창에서 [Pairwise Parameter Comparisons]를 누른 다음, 각각의 모수에 해당되는 곳을 찾아보면(par_11과 par_35가 만나는 곳), −1.901인 것을 알 수 있다. 따라서 두 모수는 유의적인 차이가 없다고 할 수 있다. 그러므로 성별은 조절효과가 없다고 해석한다.

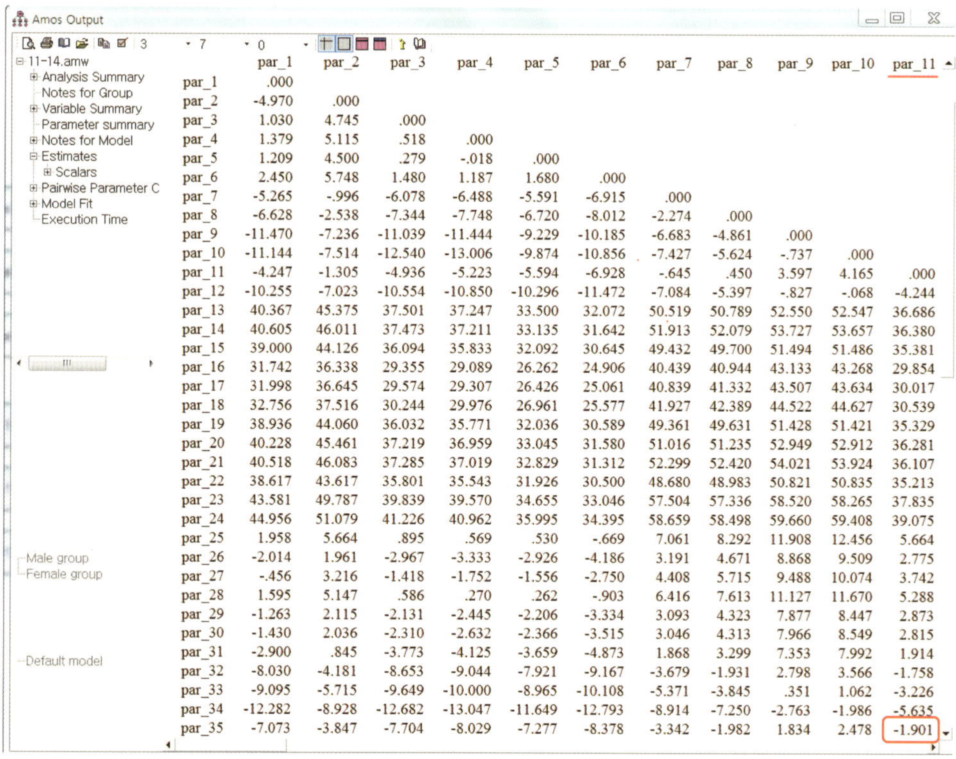

	par_1	par_2	par_3	par_4	par_5	par_6	par_7	par_8	par_9	par_10	par_11
par_1	.000										
par_2	-4.970	.000									
par_3	1.030	4.745	.000								
par_4	1.379	5.115	.518	.000							
par_5	1.209	4.500	.279	-.018	.000						
par_6	2.450	5.748	1.480	1.187	1.680	.000					
par_7	-5.265	-.996	-6.078	-6.488	-5.591	-6.915	.000				
par_8	-6.628	-2.538	-7.344	-7.748	-6.720	-8.012	-2.274	.000			
par_9	-11.470	-7.236	-11.039	-11.444	-9.229	-10.185	-6.683	-4.861	.000		
par_10	-11.144	-7.514	-12.540	-13.006	-9.874	-10.856	-7.427	-5.624	-.737	.000	
par_11	-4.247	-1.305	-4.936	-5.223	-5.594	-6.928	-.645	.450	3.597	4.165	.000
par_12	-10.255	-7.023	-10.554	-10.850	-10.296	-11.472	-7.084	-5.397	-.827	-.068	-4.244
par_13	40.367	45.375	37.501	37.247	33.500	32.072	50.519	50.789	52.550	52.547	36.686
par_14	40.605	46.011	37.473	37.211	33.135	31.642	51.913	52.079	53.727	53.657	36.380
par_15	39.000	44.126	36.094	35.833	32.092	30.645	49.432	49.700	51.494	51.486	35.381
par_16	31.742	36.338	29.355	29.089	26.262	24.906	40.439	40.944	43.133	43.268	29.854
par_17	31.998	36.645	29.574	29.307	26.426	25.061	40.839	41.332	43.507	43.634	30.017
par_18	32.756	37.516	30.244	29.976	26.961	25.577	41.927	42.389	44.522	44.627	30.539
par_19	38.936	44.060	36.032	35.771	32.036	30.589	49.361	49.631	51.428	51.421	35.329
par_20	40.228	45.461	37.219	36.959	33.045	31.580	51.016	51.235	52.949	52.912	36.281
par_21	40.518	46.083	37.285	37.019	32.829	31.312	52.299	52.420	54.021	53.924	36.107
par_22	38.617	43.617	35.801	35.543	31.926	30.500	48.680	48.983	50.821	50.835	35.213
par_23	43.581	49.787	39.839	39.570	34.655	33.046	57.504	57.336	58.520	58.265	37.835
par_24	44.956	51.079	41.226	40.962	35.995	34.395	58.659	58.498	59.660	59.408	39.075
par_25	1.958	5.664	.895	.569	.530	-.669	7.061	8.292	11.908	12.456	5.664
par_26	-2.014	1.961	-2.967	-3.333	-2.926	-4.186	3.191	4.671	8.868	9.509	2.775
par_27	-.456	3.216	-1.418	-1.752	-1.556	-2.750	4.408	5.715	9.488	10.074	3.742
par_28	1.595	5.147	.586	.270	.262	-.903	6.416	7.613	11.127	11.670	5.288
par_29	-1.263	2.115	-2.131	-2.445	-2.206	-3.334	3.093	4.323	7.877	8.447	2.873
par_30	-1.430	2.036	-2.310	-2.632	-2.366	-3.515	3.046	4.313	7.966	8.549	2.815
par_31	-2.900	.845	-3.773	-4.125	-3.659	-4.873	1.868	3.299	7.353	7.992	1.914
par_32	-8.030	-4.181	-8.653	-9.044	-7.921	-9.167	-3.679	-1.931	2.798	3.566	-1.758
par_33	-9.095	-5.715	-9.649	-10.000	-8.965	-10.108	-5.371	-3.845	.351	1.062	-3.226
par_34	-12.282	-8.928	-12.682	-13.047	-11.649	-12.793	-8.914	-7.250	-2.763	-1.986	-5.635
par_35	-7.073	-3.847	-7.704	-8.029	-7.277	-8.378	-3.342	-1.982	1.834	2.478	-1.901

2) 경로에 명칭을 부여하는 방법

지금까지 대응별 모수비교 방법에 대해 살펴보았는데, 이를 쉽게 할 수 있는 방법을 소개하기로 한다.

❶ [input 6-5]에서 [Male group]에서 '행동의도'에서 '행동'으로 가는 경로에 대해 'a'라고 입력하고 [Female group]은 'b'라고 입력한다.

❷ [Analysis Properties]의 [Output] 탭에서 [Critical ratios for differences]를 체크한다.

❸ 이를 [input 6-5-1]로 저장하였다.

output 6-5-1 남자집단의 경로

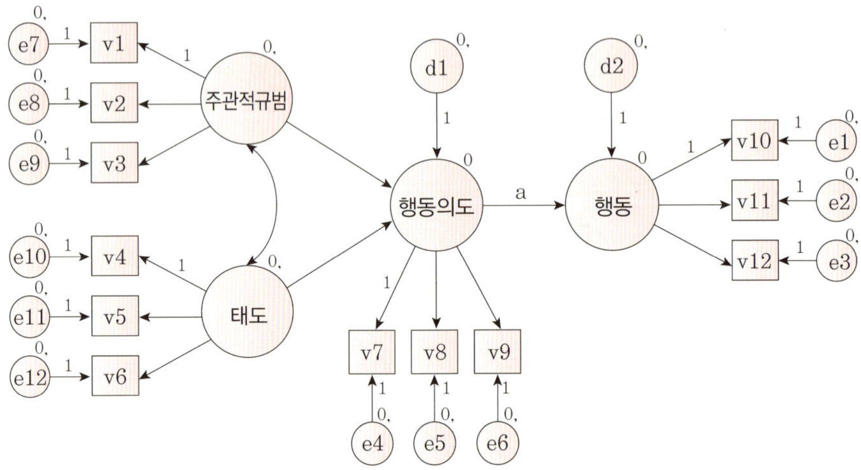

input 6-5-1 여자집단의 경로

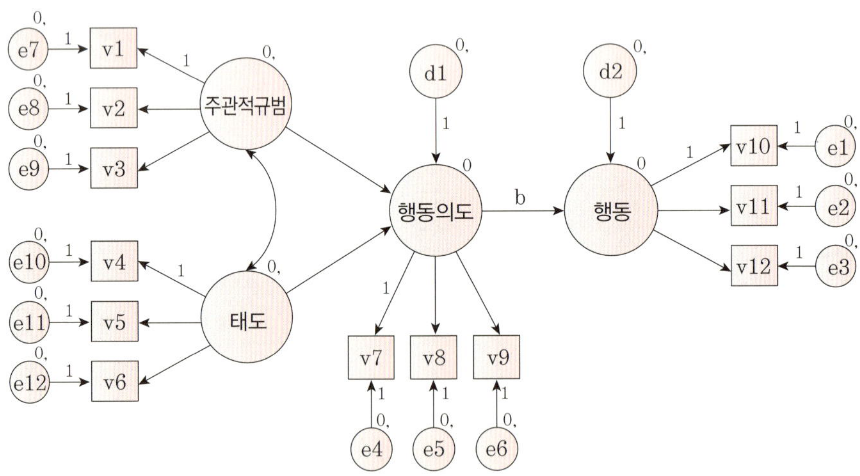

이를 실행하면 다음과 같은 적합도 및 모수치를 얻는다.

output 6-5-1 경로에 명칭을 부여한 방법에 의한 분석결과

CMIN

Model	NPAR	CMIN	DF	P	CMIN/DF
Default model	80	234.781	100	.000	2.348

Critical Ratios for Differences between Parameters (Default model)

	a	b	par_3	par_4	par_5
a	.000				
b	-1.901	.000			
par_3	4.247	7.073	.000		
par_4	1.305	3.847	-4.970	.000	
par_5	4.936	7.704	1.030	4.745	.000

앞서 살펴본 것과 동일한 결과를 얻음을 알 수 있다.

2.2 χ^2차이검정 방법

❶ [input 6-5]를 불러들인다. 그룹관리에서 [Male group]을 누른 다음, 행동의도에서 행동으로 가는 경로 위에 마우스 포인트를 놓고 오른쪽 버튼을 누르면 나타나는 창에서 [Object Properties]를 누른다. 그 창에서 [Parameters] 탭에 [Regression weight]에 'a'라고 입력한다.

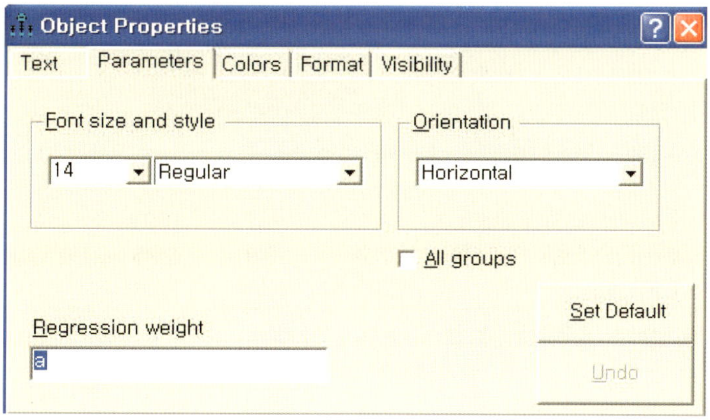

❷ 마찬가지로 그룹관리에서 [Female group]을 누른 다음, 동일하게 'a'로 입력한다. 행동의도에서 행동으로 가는 경로에 대해 남자집단과 여자집단에 대해 동일한 문

자를 부여했기 때문에 경로계수에 대해 등가제약을 한 제약모델이 된다.

❸ 이를 [input 6-6]으로 저장하였다.

input 6-6 합리적 행동모델: 제약모델

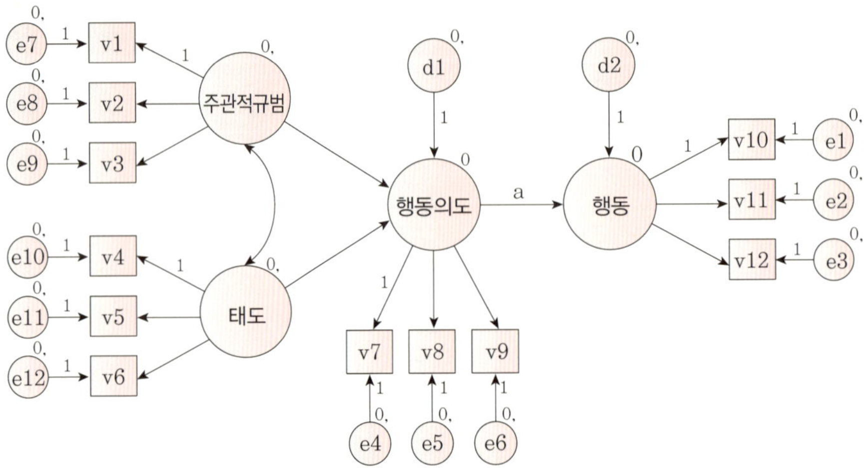

[input 6-6]을 실행하면 다음과 같은 적합도를 얻는다. [output 6-6]에서 추정치를 보면 남자집단이나 여자집단 모두 동일하게 .519의 값을 갖는 것을 알 수 있다.

output 6-6 제약모델의 분석결과

CMIN

Model	NPAR	CMIN	DF	P	CMIN/DF
Default model	79	238.182	101	.000	2.358

Regression Weights: (Male group - Default model)

			Estimate	S.E.	C.R.	P	Label
행동의도	<---	주관적규범	.283	.047	5.985	***	par_10
행동의도	<---	태도	.228	.049	4.645	***	par_11
행동	<---	행동의도	.519	.052	10.074	***	a

Regression Weights: (Female group - Default model)

			Estimate	S.E.	C.R.	P	Label
행동의도	<---	주관적규범	.302	.057	5.297	***	par_33
행동의도	<---	태도	.077	.054	1.413	.158	par_34
행동	<---	행동의도	.519	.052	10.074	***	a

비제약모델인 [input 6-5]를 실행하여 얻은 χ^2값(234.781)과 제약모델인 [input

6-6]을 실행하여 얻은 χ^2값(238.182)을 비교하면, 3.401로 유의적인 차이가 없는 것으로 나타나, 행동의도가 행동에 미치는 데 있어 성별은 조절효과가 없는 것으로 나타났다.

3 비메트릭변수의 조절효과분석: 3집단의 원자료인 경우

합리적 행동모델에서 '행동의도'에서 '행동'으로 가는 경로가 3집단인 경우를 가정하기로 한다. 예를 들어, 이들 경로가 '고등학생', '중학생', 그리고 '초등학생'에 따라 차이가 있는가를 검정한다고 가정한다. 구체적으로 연구자가 이론을 토대로 다음과 같은 가설을 세웠다고 가정한다.

가설: 행동의도가 행동에 미치는 영향은 고등학생, 중학생, 초등학생에 따라 다를 것이다.

이를 위해 [sample1.sav]의 자료를 편의상 1집단, 2집단, 3집단으로 각각 230, 230, 231명으로 나누었다고 가정한다. 이에 관한 자료를 [sample2.sav]로 저장하였다.

3.1 대응별 모수비교 방법

❶ 먼저, [input 6-4]를 불러들인다. [Manage Groups]에서 [고등], [중등], [초등] 등의 집단이름을 만든다. 자료선정 아이콘(▦)을 이용하여 자료를 연결한다.

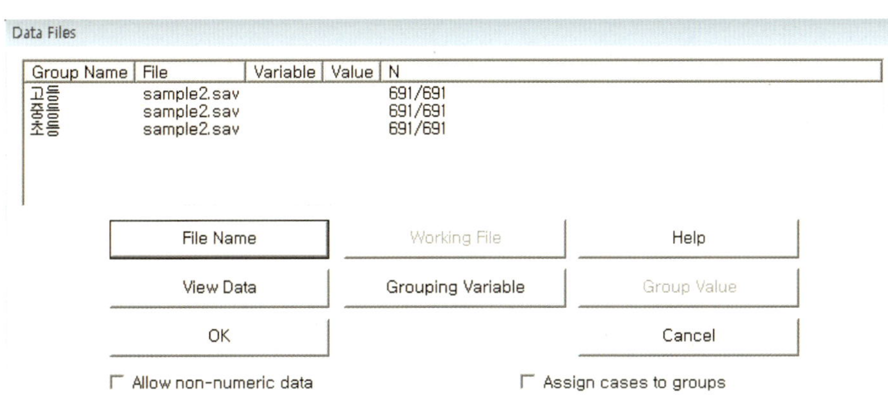

❷ [Grouping Variable] 버튼을 이용하여 [group2]를 지정한다. 이는 3집단을 대상으로 각각 한다.

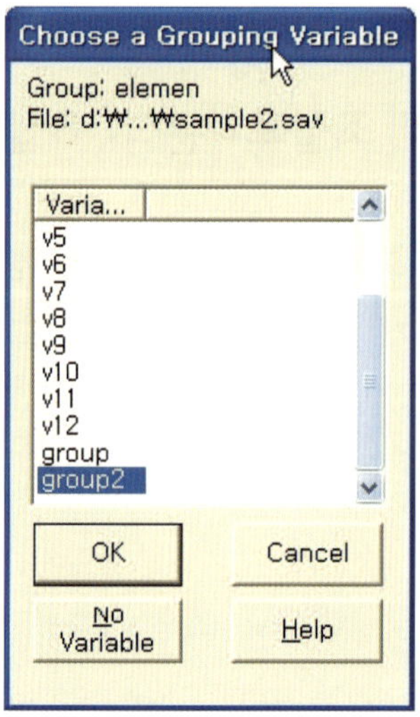

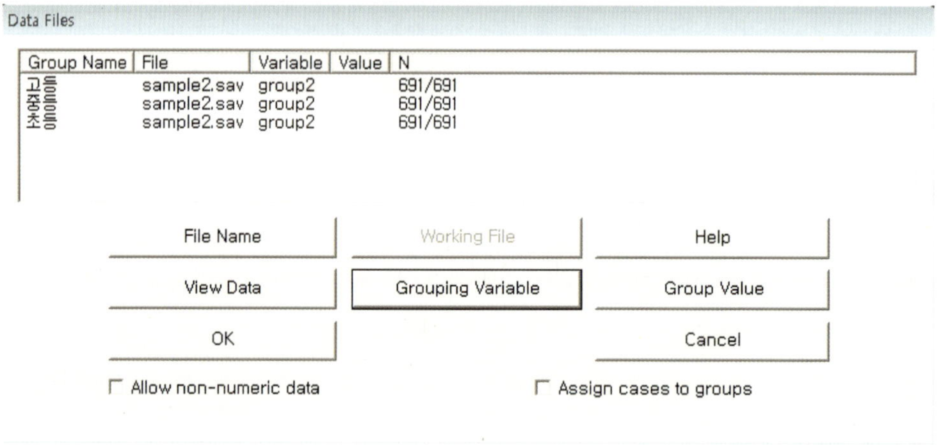

❸ [Group Value] 버튼을 이용하여 다음과 같이 지정한다.

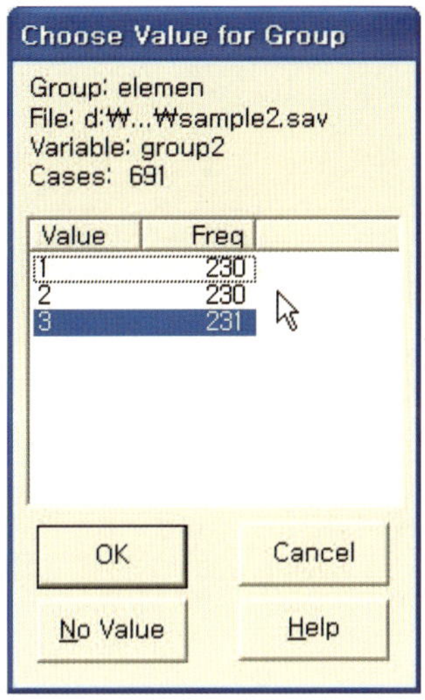

❹ 이제까지 한 작업을 나타내면 다음과 같다.

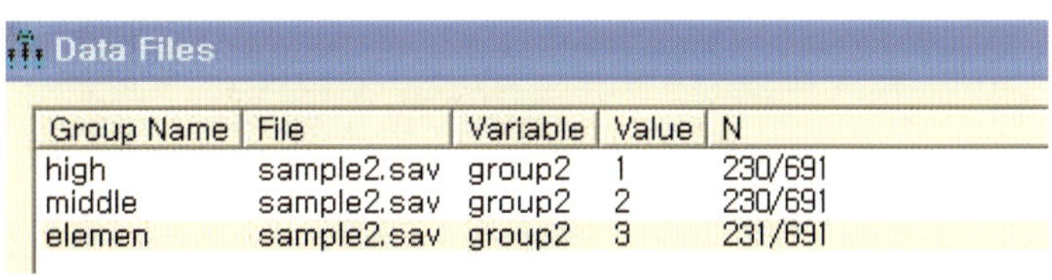

❺ 자료에 결측치가 있기 때문에 [Analysis Properties]의 [Estimation] 탭에서 [Estimate means and intercepts]를 체크하고, [Output] 탭에서 [Critical ratios for differences]를 체크한다.

❻ 행동의도에서 행동으로 가는 경로에 대해 각각 고등학생은 'a', 중학생은 'b', 초등학생은 'c'로 입력한다. 이는 세 집단 간에 모수를 제약하지 않은 비제약모델의 설정에 해당한다.

❼ 이제까지의 작업을 [input 6-7]로 저장하였다.

input 6-7 세 집단의 조절효과모델: 비제약모델

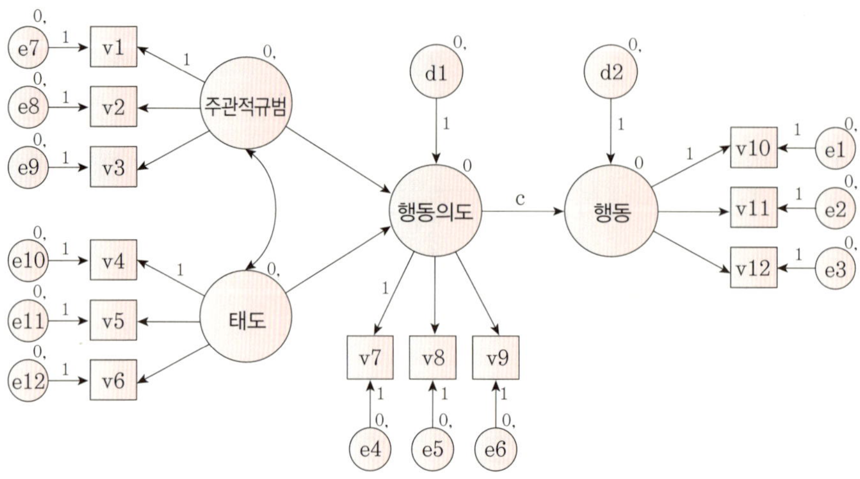

이를 실행하면 다음과 같은 적합도 및 모수치를 얻는다.

output 6-7 세 집단 조절효과분석 결과

CMIN

Model	NPAR	CMIN	DF	P	CMIN/DF
Default model	120	284.569	150	.000	1.897

Regression Weights: (high - Default model)

			Estimate	S.E.	C.R.	P	Label
행동의도	<---	주관적규범	.273	.065	4.161	***	par_12
행동의도	<---	태도	.234	.059	3.977	***	par_13
행동	<---	행동의도	.652	.106	6.169	***	a

Regression Weights: (middle - Default model)

			Estimate	S.E.	C.R.	P	Label
행동의도	<---	주관적규범	.255	.054	4.734	***	par_35
행동의도	<---	태도	.210	.062	3.397	***	par_36
행동	<---	행동의도	.569	.087	6.533	***	b

Regression Weights: (elemen - Default model)

			Estimate	S.E.	C.R.	P	Label
행동의도	<---	주관적규범	.342	.080	4.289	***	par_58
행동의도	<---	태도	-.027	.072	-.376	.707	par_59
행동	<---	행동의도	.389	.077	5.024	***	c

'행동의도'에서 '행동'으로 가는 경로계수는 고등, 중등 및 초등에서 각각 .652, .569, .389로 나타났다. 이들 계수가 유의적인 차이가 있는가를 보기 위해 [Pairwise Parameter

Comparisons]를 누르면 다음과 같은 값을 볼 수 있다.

output 6-7 세 집단의 모수차이 검정

Critical Ratios for Differences between Parameters (Default model)

	a	b	c	par_4	par_5	par_6
a	.000					
b	-.603	.000				
c	-2.008	-1.547	.000			
par_4	2.933	3.994	5.879	.000		
par_5	1.508	2.403	4.203	-2.218	.000	
par_6	3.629	4.829	6.858	.733	2.517	.000

'a'와 'c'만 유의적인 차이가 있고, 나머지는 유의적인 차이가 없는 것으로 나타났다. 즉 고등학생과 초등학생 간에는 차이가 있고 나머지는 차이가 없어 부분적으로 가설이 채택된다고 볼 수 있다.

3.2 χ^2차이검정 방법

이를 χ^2차이검정을 통해 알아보기로 한다. 이를 위해 세 집단 간에 모수가 동일하도록 세 집단에 대해 동일한 명칭(예: a)을 부여한 입력파일을 만든다.

input 6-7-1 세 집단의 조절효과모델: 등가제약모델

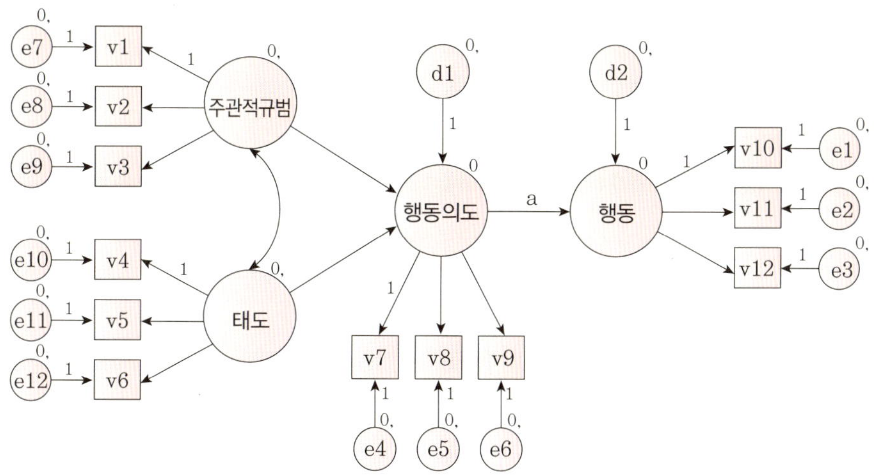

이를 실행하면 $\chi^2=288.922$ 값을 얻는다([output 6-7-1]). 비제약모델과의 χ^2차이는 4.353이고 $\Delta df=2$로 두 모델 간에는 유의적인 차이가 없는 것으로 나와 어떤 모수와 어떤 모수가 차이가 있는가를 알 수 없다. 그러므로 **세 집단 이상인 경우에는 χ^2차이검정보다는 대응별 모수비교 방법으로 접근하는 것이 바람직하다.**

output 6-7-1 세 집단 모델의 등가제약모델 분석결과

CMIN

Model	NPAR	CMIN	DF	P	CMIN/DF
Default model	118	288.922	152	.000	1.901

4 비메트릭변수의 조절효과분석: 2개 이상의 경로에 대한 분석

[input 6-5]에서 '주관적규범'에서 '행동의도'로 가는 경로와 '태도'에서 '행동의도'로 가는 경로가 성별에 따라 조절효과를 한다는 가설이 있다고 가정한다. 이 경우, 두 경로에 대해 제약을 하지 않은 비제약모델과 두 경로에 대해 제약을 한 등가제약모델을 실행한 다음 χ^2차이검정을 하면 안 된다.

❶ 두 경로에 대해 제약을 하지 않은 비제약모델은 [input 6-8]과 같다.

input 6-8 2개 경로에 대한 비제약모델

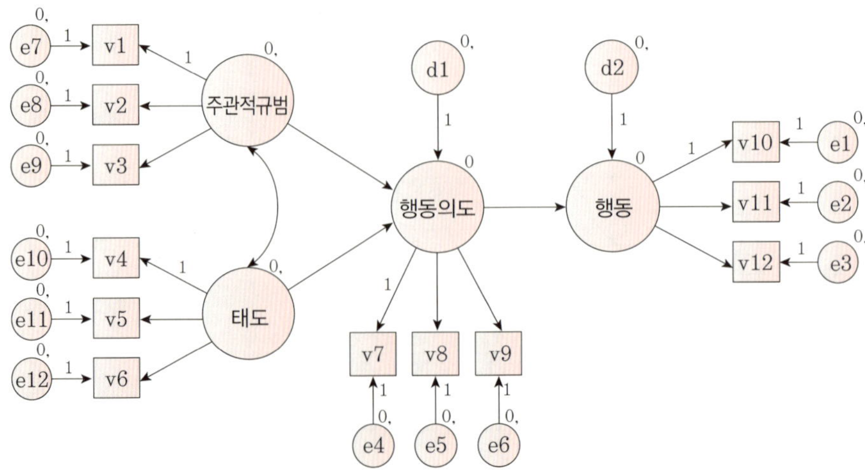

이를 실행하면 다음과 같은 적합도 및 모수치를 얻는다.

output 6-8 2개 경로의 비제약모델의 분석결과

CMIN

Model	NPAR	CMIN	DF	P	CMIN/DF
Default model	80	234.781	100	.000	2.348

Regression Weights: (Male group - Default model)

			Estimate	S.E.	C.R.	P	Label
행동의도	<---	주관적규범	.280	.047	6.000	***	par_9
행동의도	<---	태도	.225	.048	4.665	***	par_10

Regression Weights: (Female group - Default model)

			Estimate	S.E.	C.R.	P	Label
행동의도	<---	주관적규범	.306	.059	5.209	***	par_33
행동의도	<---	태도	.078	.056	1.402	.161	par_34

'주관적규범'에서 '행동의도'로 가는 경로에 대해 남자, 여자 각각 .280, .306의 경로계수를 얻는다. 또한 '태도'에서 '행동의도'로 가는 경로는 남자, 여자 각각 .225, .078의 경로계수를 얻는다.

❷ '주관적규범'에서 '행동의도'로 가는 경로의 Label 'par_9'와 'par_33'이 만나는 곳의 모수비교를 보면 .351로 유의적이지 않고, '태도'에서 '행동의도'로 가는 경로의 Label 'par_10'과 'par_34'가 만나는 곳의 모수비교를 보면 -1.986으로 유의적으로 나온다(output 창에서 [Pairwise Parameter Comparisons]를 보면 됨). 따라서 '태도'에서 '행동의도'로 가는 경로만 남자와 여자집단 간에 차이가 있다.

output 6-8 대응별 모수비교

Critical Ratios for Differences between Parameters (Default model)

	par_9	par_10
par_33	.351	1.062
par_34	−2.763	−1.986

❸ 이제 두 경로에 대해 등가제약을 하기로 한다. 등가제약을 한 모델은 [input 6-8-1]이다.

input 6-8-1 2개 경로에 대한 등가제약모델: 남자집단

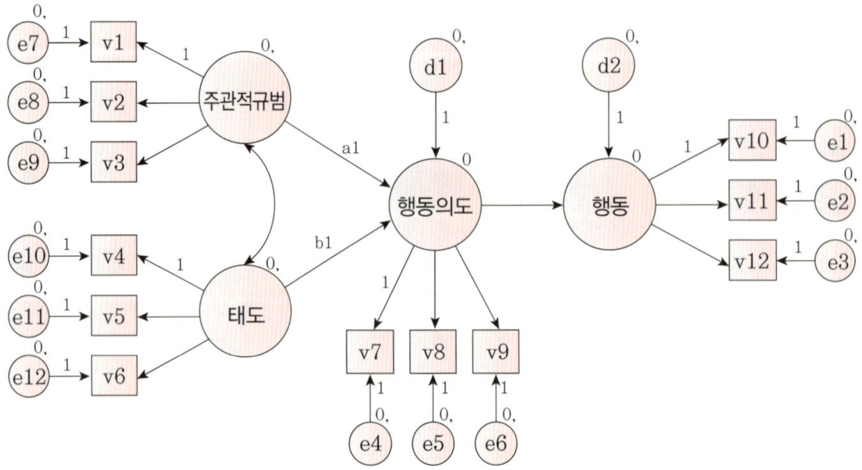

input 6-8-1 2개 경로에 대한 등가제약모델: 여자집단

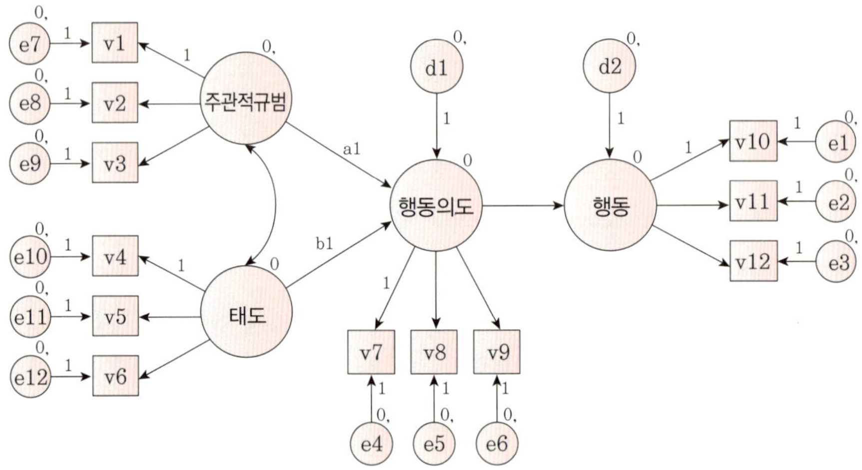

이를 실행하면 다음과 같은 적합도 및 모수치를 얻는다.

output 6-8-1 2개 경로의 등가제약모델의 분석결과

CMIN

Model	NPAR	CMIN	DF	P	CMIN/DF
equal model	78	238.724	102	.000	2.340

Regression Weights: (Male group - equal model)

			Estimate	S.E.	C.R.	P	Label
행동의도	<---	주관적규범	.293	.037	7.994	***	a1
행동의도	<---	태도	.166	.036	4.551	***	b1

Regression Weights: (Female group - equal model)

			Estimate	S.E.	C.R.	P	Label
행동의도	<---	주관적규범	.293	.037	7.994	***	a1
행동의도	<---	태도	.166	.036	4.551	***	b1

각각의 집단에 걸쳐 '주관적규범'으로부터 '행동의도'로 가는 경로와 '태도'로부터 '행동의도'로 가는 경로계수가 각각 .293과 .166으로 같음을 알 수 있다.

두 모델을 비교하면 등가제약모델의 적합도가 더 좋다고 할 수 있다. 왜냐하면 자유도 2 차이에서 두 모델 간에 유의적인 차이가 있기 위해서는 χ^2차이가 5.99 ($\alpha = 0.05$수준) 이상이어야 한다. 그런데, 이 경우에는 자유도 2 차이에서 3.943의 χ^2값의 차이가 있기 때문에 유의적인 차이가 없다. 따라서 등가제약모델의 적합도가 좋기 때문에 두 경로는 집단에 걸쳐(성별에 따라) 차이가 없다고 해석할 수 있다. 이러한 χ^2차이검정에 의하면 어떤 경로가 차이가 있는가를 알 수 없는 문제가 있다.

❹ 먼저 '주관적규범'에서 '행동의도'로 가는 경로만 두 집단 간에 걸쳐 동일하다는 제약을 한 모델을 추정해 보기로 한다. 이를 [input 6-8-2]로 저장하였다. 이를 실행하면 $\chi^2 = 234.903$, $df = 101$의 적합도를 얻는다. χ^2차이는 자유도 1에서 0.122의 차이가 있어 등가제약모델이 선호된다. 따라서 이 경로에서는 두 집단 간 경로계수가 차이가 없다고 할 수 있다.

output 6-8-2 주관적규범에서 행동의도 경로의 등가제약모델의 분석결과

CMIN

Model	NPAR	CMIN	DF	P	CMIN/DF
Default model	79	234.903	101	.000	2.326

Regression Weights: (Male group - Default model)

Regression Weights: (Male group - Default model)

			Estimate	S.E.	C.R.	P	Label
행동의도	<---	주관적규범	.290	.037	7.931	***	a1
행동의도	<---	태도	.223	.048	4.655	***	par_10

Regression Weights: (Female group - Default model)

			Estimate	S.E.	C.R.	P	Label
행동의도	<---	주관적규범	.290	.037	7.931	***	a1
행동의도	<---	태도	.081	.055	1.466	.143	par_33

❺ 이제 '태도'에서 '행동의도'로 가는 경로만 두 집단 간에 동일하다는 제약을 한 모델을 추정하기로 한다. 이를 [input 6-8-3]으로 저장하였다. 이를 실행하면 $\chi^2 = 238.724$, $df = 101$의 적합도를 얻는다. χ^2차이는 자유도 1에서 3.943의 차이가 있어 비제약모델이 선호된다. 따라서 이 경로에서는 두 집단 간 경로계수가 차이가 있다고 할 수 있다.

output 6-8-3 태도에서 행동의도 경로의 등가제약모델의 분석결과

CMIN

Model	NPAR	CMIN	DF	P	CMIN/DF
Default model	79	238.724	101	.000	2.364

Regression Weights: (Male group - Default model)

			Estimate	S.E.	C.R.	P	Label
행동의도	<---	주관적규범	.293	.046	6.336	***	par_10
행동의도	<---	태도	.166	.036	4.548	***	b1

Regression Weights: (Female group - Default model)

			Estimate	S.E.	C.R.	P	Label
행동의도	<---	주관적규범	.292	.059	4.981	***	par_33
행동의도	<---	태도	.166	.036	4.548	***	b1

결론적으로, 두 개 이상의 경로에 대한 조절효과를 분석할 때에는 비제약모델을 실행해서 얻게 되는 대응별 모수비교를 통해 알아보거나 또는 각각의 경로에 대한 χ^2 차이검정을 통해 알아보는 것이 바람직한 접근법이다.

참·고·문·헌

배병렬 (2017). 『Amos 24 구조방정식모델링: 원리와 실제』. 서울: 도서출판 청람.

溫忠麟, 劉紅云, 侯杰泰 (2012). 『調節效応和中介效応分析』. 北京: 教育科學出版社.

Lin, G. C., Wen, Z., Marsh, H. W., and Lin, H. S. (2010). "Structural Equation Models of Latent Interactions: Clarification of Orthogonalizing and Double-Mean-Centering Strategies," *Structural Equation Modeling*, 17(3), 374-391.

Little, T. D., Bovaird, J. A., and Widaman, K. F. (2006). "On the Merits of Orthogonalizing Powered and Product Terms: Implications for Modeling Interactions Among Latent Variables," *Structural Equation Modeling*, 13(4), 497-519.

Marsh, H. W., Wen, Z., and Hau, K-T. (2004). "Structural Equation Models of Latent Interactions: Evaluation of Alternative Estimation Strategies and Indicator Construction," *Psychological Methods*, 9(3), 275-300.

Marsh, H. W., Wen, Z., and Hau, K-T. (2006). "Structural Equation Models of Latent Interaction and Quadratic Effects," In G. R Hancock and R. O. Mueller (Eds.) *Structural Equation Modeling: A Second Course* (pp. 225-265). Greenwich, CT: Information Age.

Marsh, H. W., Wen, Z., Hau, K.-T., and Nagengast, B. (2013). "Structural Equation Models of Latent Interaction and Quadratic Effects," In Hancock, G. R. and R. O. Mueller (Eds.), *Structural Equation Modeling: A Second Course* (pp. 267-308), 2nd Ed., Greenwich, CT: Information Age.

Marsh, H. W., Wen, Z., Nagengast, B., and Hau, K.-T. (2012). "Structural Equation Models of Latent Interaction," In Hoyle, R. H. (Ed.), *Handbook of Structural Equation Modeling*, (pp. 436-458), New York, NY: Guilford Press.

Ping, R. A. (1995). "A Parsimonious Estimating Technique for Interaction and Quadratic Latent Variables," *Journal of Marketing Research.*, 42(3), 336-347.

Ping, R. A. (1996). "Latent Variable Interaction and Quadratic Effect Estimation: A Two-Step Technique Using Structural Equation Analysis," *Psychological Bulletin*, 119, 166-175.

Wen, Z., Marsh, H. W., and Hau, K.-T. (2010). "Structural Equation Models of Latent Interactions: An Appropriate Standardized Solution and Its Scale-Free Properties," *Structural Equation Modeling*, 17(1), 1-22.

Chapter 7 Amos에 의한 조절효과분석(Ⅱ)

제6장에서는 조절변수가 범주변수인 비메트릭변수의 조절효과분석에 대해 알아보았다. 이 장에서는 조절변수가 연속변수인 메트릭변수의 조절효과분석에 대해 알아보기로 한다.

1 메트릭변수의 조절효과분석

조절변수가 연속변수(메트릭변수, 잠재변수)인 경우에는 상호작용효과분석을 통해 조절효과를 검정한다. **연속변수를 평균이나 중위수를 중심으로 두 집단으로 나눈 다음 다중집단분석에 의해 분석하는 것은 올바른 접근법이 아니다.** [그림 7-1]의 모델을 통해 이에 대해 보다 자세히 살펴보기로 한다.

그림 7-1 | 조절효과의 개념적 모델

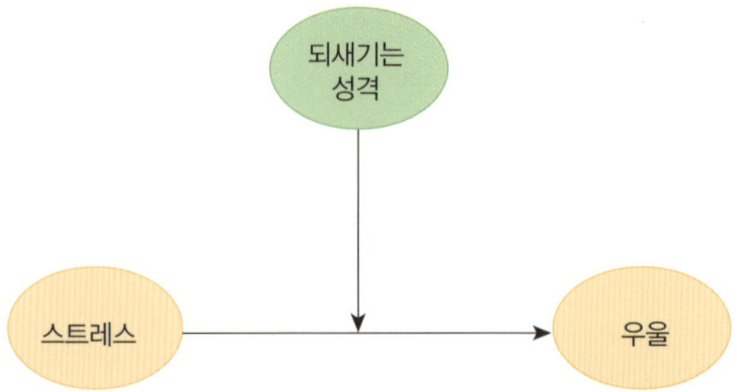

[그림 7-1] 모델에서 '스트레스'를 많이 받을수록 '우울'이 커진다고 가정한다. 이 경우, '되새기는 성격(반추)'이 강할수록 '스트레스'와 '우울'의 관계는 더 커질 것으로 예상

할 수 있다. [그림 7-1]의 모델에서 모든 잠재변수들이 연속변수로 측정되었을 경우, [그림 7-3]과 같은 통계적 모델에 의해 조절효과를 분석한다.

그림 7-2 ▌ 조절효과의 통계적 모델

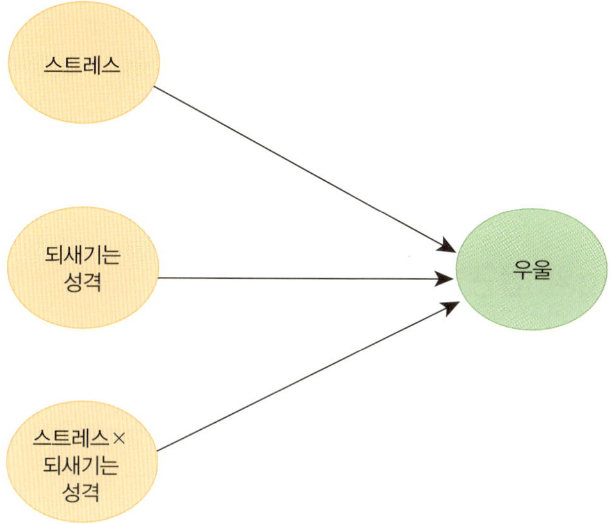

이를 Amos에 경로도에 표시하면 [그림 7-3]과 같이 나타낼 수 있다.

그림 7-3 ▌ 잠재변수의 조절효과 검정을 위한 통계적 모델

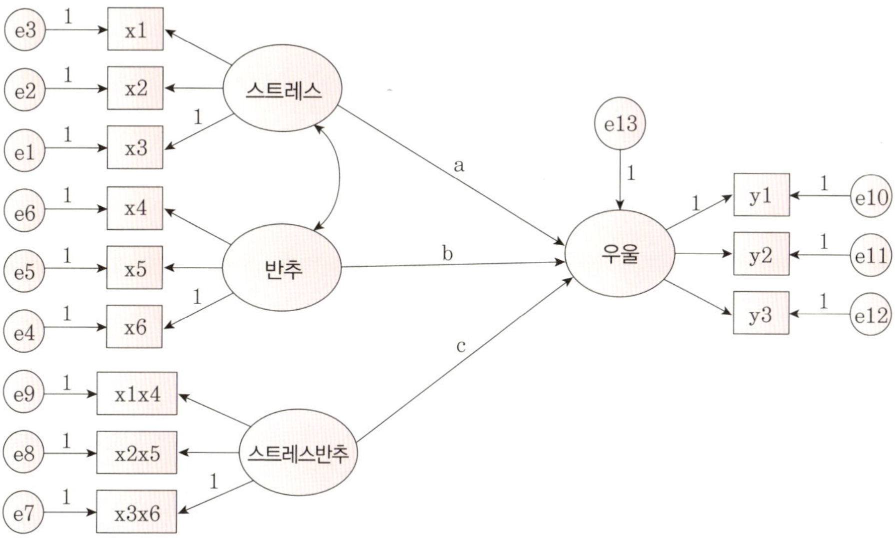

[그림 7-3]의 통계적 모델을 보면, '스트레스'와 '반추'의 상호작용항(스트레스반추)을 만들어서 상호작용항이 종속변수(우울)에 미치는 효과가 유의적인가(계수 c)를 검토하여 조절효과를 검정하는 것을 알 수 있다.

Amos는 비선형제약(nonlinear constraint)을 할 수 없기 때문에 ① Ping의 접근법, ② Marsh 등의 접근법, ③ Little 등의 접근법을 이용하여 조절효과를 검정한다. 이러한 접근법들을 **비제약 접근법(unconstrained approach)**이라 한다. 이하에서 이들 접근법에 대해 살펴보기로 한다.

2 Ping의 접근법

Ping의 접근법(1995, 1996)에 의해 잠재변수의 조절효과를 분석하기 위해서는 **2단계 접근법(two-step approach)**으로 해야 한다. 즉 측정모델을 먼저 추정한 다음, 거기에서 얻어진 모수치를 이용하여 구조모델에 해당하는 값을 고정한 후 추정한다. Ping의 접근법을 이용하기 위해서는 원자료의 **평균중심화(mean-centering)**가 요구된다. Ping의 접근법에는 두 가지가 있다.

■ 단일지표설정법

첫째는 예를 들어 x에 2개의 변수가 있고, z도 2개의 변수가 있는 경우, 각각의 2개 변수를 합한 값을 곱해 하나의 지표, 즉 $ZX=(x_1+x_2)(z_1+z_2)$로 이용하는 접근법이 있다($[(x_1+x_2)/2(z_1+z_2)/2]$도 가능함). 이때, 해당 지표에 해당하는 요인적재량 (1)과 오차분산 (2)은 각각 다음과 같이 설정한다.

$$\lambda_{xz}=(\lambda_{x1}+\lambda_{x2})(\lambda_{z1}+\lambda_{z2}) \tag{1}$$

$$\theta_{\epsilon xz}=(\lambda_{x1}+\lambda_{x2})^2 Var(X)(\theta_{\epsilon z1}+\theta_{\epsilon z2})+(\lambda_{z1}+\lambda_{z2})^2 Var(Z)(\theta_{\epsilon x1}+\theta_{\epsilon x2}) + (\theta_{\epsilon x1}+\theta_{\epsilon x2})(\theta_{\epsilon z1}+\theta_{\epsilon z2}) \tag{2}$$

■ 적항접근법

둘째는 2개 변수의 적항(product term)을 만들어 추정하는 접근법이 있다. 예를 들어, x에 2개의 변수(x_1, x_2)가 있고, z도 2개의 변수(z_1, z_2)가 있는 경우 x_1z_1, x_1z_2, x_2z_1, x_2z_2의 적항을 만든다. 이하에서 두 번째 접근법에 대해 알아보기로 한다.

2.1 행렬요약의 예

행렬요약을 이용하여 Ping의 접근법에 의해 조절효과를 분석하는 것에 대해 살펴보기로 한다. Ping의 접근법을 위한 경로도는 [그림 7-4]와 같다.

그림 7-4 ▌Ping의 접근법에 의한 조절효과분석

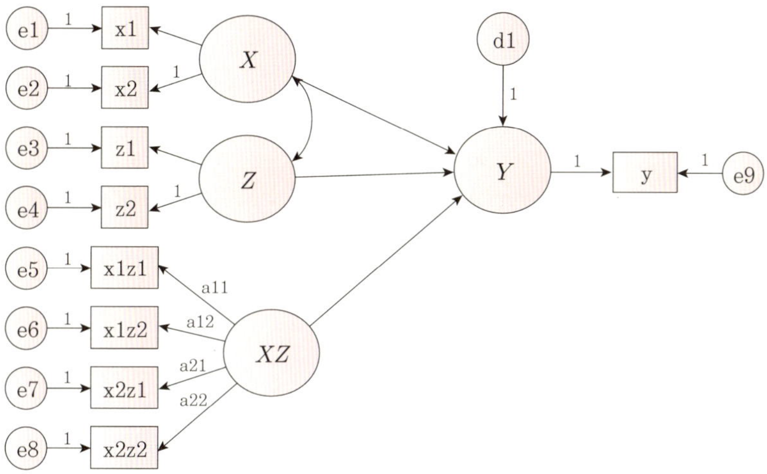

❶ 먼저 X, Z, Y를 포함한 측정모델을 추정한다. 측정모델을 추정할 때 Y를 포함하지 않아도 된다. 여기에서는 X와 Z만 포함한 측정모델을 추정하면 오차에 음분산이 있어 Y를 포함하여 추정하였다. 일반적으로 X와 Z에 각각 3개의 관측변수가 있는 경우에는 이러한 문제로부터 자유스럽기 때문에 굳이 Y를 포함하지 않아도 된다.

input 7-1 Ping의 접근법을 위한 측정모델

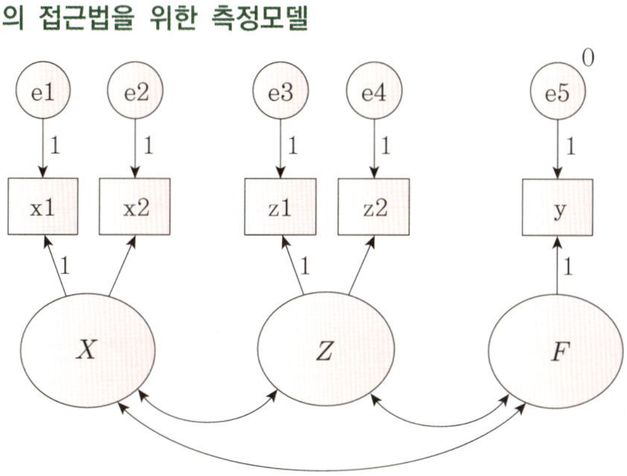

[input 7-1]을 실행하면 다음과 같은 추정치를 얻는다.

output 7-1 측정모델의 분석결과

Regression Weights: (Group number 1 - Default model)

			Estimate	S.E.	C.R.	P
x1	<---	X	1.000			
x2	<---	X	.554	.132	4.188	***
z1	<---	Z	1.000			
z2	<---	Z	.733	.093	7.874	***
y	<---	F	1.000			

Covariances: (Group number 1 - Default model)

			Estimate	S.E.	C.R.	P
X	<-->	Z	.302	.098	3.080	.002
f	<-->	Z	.601	.102	5.893	***
f	<-->	X	-.237	.105	-2.252	.024

Variances: (Group number 1 - Default model)

	Estimate	S.E.	C.R.	P
X	2.222	.541	4.109	***
Z	1.598	.232	6.880	***
e1	.149	.520	.288	.774
e2	.806	.168	4.812	***
e3	.527	.195	2.699	.007
e4	.635	.111	5.726	***

❷ 이들 추정치를 이용하여 다음 식에 의해 구조모델에 해당하는 각각의 값을 고정한 후 추정한다.

요인적재량:

$$a_{11} = \lambda_{x1}\lambda_{z1}$$

$$a_{12} = \lambda_{x1}\lambda_{z2}$$

$$a_{21} = \lambda_{x2}\lambda_{z1}$$

$$a_{22} = \lambda_{x2}\lambda_{z2}$$

오차분산:

$$e5 = \lambda_{x1} \times Var(X) \times e3 + \lambda_{z1} \times Var(Z) \times e1 + e1 \times e3$$

$$e6 = \lambda_{x1} \times Var(X) \times e4 + \lambda_{z2} \times Var(Z) \times e1 + e1 \times e4$$

$$e7 = \lambda_{x2} \times Var(X) \times e3 + \lambda_{z1} \times Var(Z) \times e2 + e2 \times e3$$

$$e8 = \lambda_{x2} \times Var(X) \times e4 + \lambda_{z2} \times Var(Z) \times e2 + e2 \times e4$$

잠재변수(XZ)의 분산:

$$Var(X) \times Var(Z) + Cov(X,\ Z)^2$$

측정모델에서 얻어진 추정치를 위 식에 대입하여 구한 값은 다음과 같다.

요인적재량:

$$a_{11} = 1$$

$$a_{12} = .733$$

$$a_{21} = .554$$

$$a_{22} = .554 \times .733 = .406$$

오차분산:

$$e_5 = 1.000 \times 2.222 \times .527 + 1.000 \times 1.598 \times .149 + .149 \times .527 = 1.488$$

$$e_6 = 1.000 \times 2.222 \times .635 + .733 \times 1.598 \times .149 + .149 \times .635 = 1.681$$

$$e_7 = .554 \times 2.222 \times .527 + 1.000 \times 1.598 \times .806 + .806 \times .527 = 2.362$$

$$e_8 = .554 \times 2.222 \times .635 + .733 \times 1.598 \times .806 + .806 \times .635 = 2.238$$

잠재변수(XZ)의 분산:

$$2.222 \times 1.598 + (.302 \times .302) = 3.642$$

❸ 이들 값을 구조모델의 해당 경로에 고정시킨다. 예를 들어, e_5의 분산을 고정하기 위해, e_5 위에 마우스 포인트를 놓고 오른쪽 버튼을 눌러 나타나는 [Object Properties] 대화상자의 [Parameters] 탭에서 [Variance]에 1.488을 입력한다. 나머지 분산도 동일한 작업을 한다.

❹ 경로계수도 해당 경로 위에 마우스 포인트를 놓고 오른쪽 버튼을 눌러 나타나는 [Object Properties] 대화상자의 [Parameters] 탭에서 [Regression Weights]에 값

을 입력한다. 나머지 경로도 동일한 작업을 한다.

❺ 여기에서 e_9의 분산이 음오차분산이므로 0으로 고정해야 한다는 점에 주의한다. 오차분산이 음오차분산이 없으면 이는 하지 않아도 된다. 지금까지 한 작업을 [input 7-2]로 저장하였다.

input 7-2 Ping의 접근법에 의한 조절효과분석

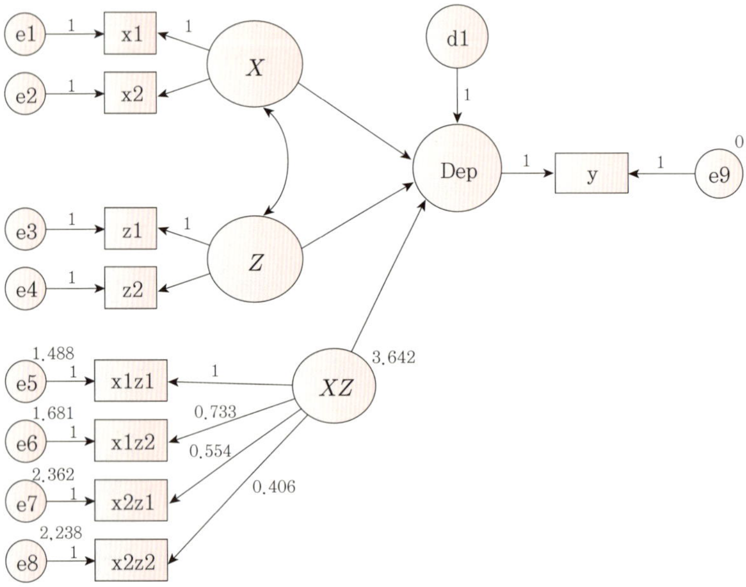

❻ 추정치계산 아이콘(▦)을 누르면 다음과 같은 경고메시지가 나타나는데, [Proceed with the analysis] 버튼을 누른다.

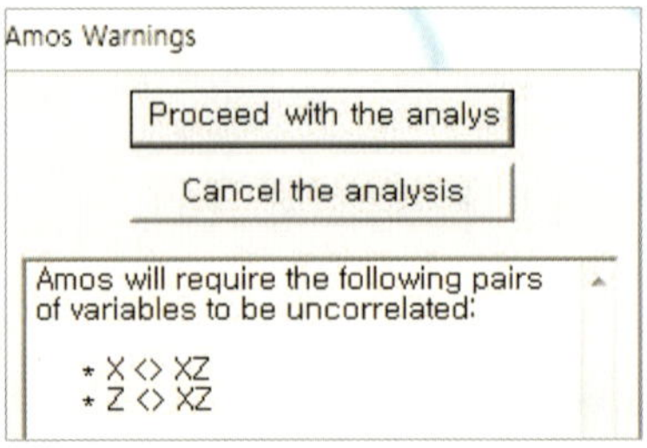

[output 7-2]는 실행하여 얻은 output 가운데 모수치 및 적합도를 제시한 것이다.

output 7-2 Ping의 접근법에 의한 조절효과 분석결과

CMIN

Model	NPAR	CMIN	DF	P	CMIN/DF
Default model	13	569.545	32	.000	17.798

Regression Weights: (Group number 1 - Default model)

			Estimate	S.E.	C.R.	P
Dep	<---	X	-.150	.036	-4.198	***
Dep	<---	Z	.309	.039	7.937	***
Dep	<---	XZ	.677	.021	31.909	***

XZ가 Dep에 미치는 영향이 유의적이므로 조절효과가 있다고 해석한다.

2.2 원자료의 예

[그림 7-5]의 합리적 행동모델을 Ping의 접근법에 의해 분석하는 것에 대해 살펴보기로 한다. 합리적 행동모델에서 편의상 '주관적규범(ksi1)'이 '행동의도(eta)'에 미치는 영향이 '태도(ksi2)'에 따라 달라질 것으로 가정한다. 즉 주관적규범은 독립변수, 행동의도는 종속변수, 태도는 조절변수라고 가정한다. 이들 잠재변수는 각각 3개의 지표에 의해 측정된 것으로 가정한다.

그림 7-5 ▌합리적 행동모델의 조절효과

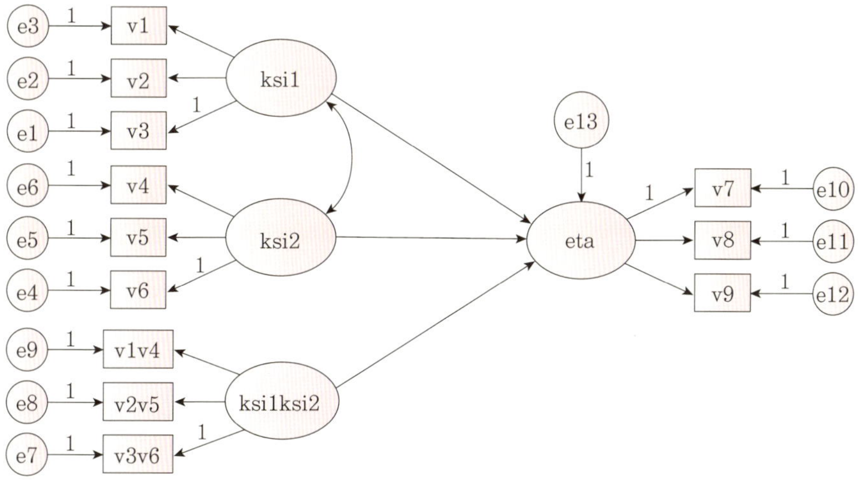

❶ 조절효과를 검정하기 위해 합리적 행동모델의 자료([nomiss.sav])를 불러들인다. 독립변수(v1, v2, v3)와 조절변수(v4, v5, v6)를 평균중심화하기로 한다. 종속변수는 평균중심화를 하나 안 하나 동일한 모수치 및 적합도를 얻는다. 이하에서는 안 한 것으로 접근하기로 한다. 평균중심화를 위해 평균에 관한 정보가 필요하다. v1에서 v6을 빈도분석하면 다음과 같은 평균을 얻는다.

		v1	v2	v3	v4	v5	v6
N	유효	691	691	691	691	691	691
	결측	0	0	0	0	0	0
평균		4.04	4.02	4.19	3.48	3.39	3.41

❷ 위의 평균을 이용하여 각 변수의 평균중심화를 한다. 이를 위해 SPSS 메뉴의 [변환] → [변수계산]을 클릭하여 [변수계산] 창에서 [대상변수]에 [mc_v1]이라 입력하고, [숫자표현식]에 [v1−4.04]라 입력한다. v2는 [대상변수]에 [mc_v2], [숫자표현식]에 [v2−4.02]로 입력한다. 이런 식으로 각각의 변수에 대해 평균중심화를 한다. 이런 식으로 평균중심화한 자료를 [nomiss−3.sav]로 저장하였다.

❸ '주관적규범'과 '태도'가 포함된 측정모델을 만들고 이를 추정한다. 이때, 잠재변수에 해당하는 관측변수는 평균중심화한 변수를 이용해야 함에 유의한다. 이에 해당하는 입력파일을 [input 7−3]으로 저장하였다.

input 7-3 Ping의 접근법을 위한 측정모델

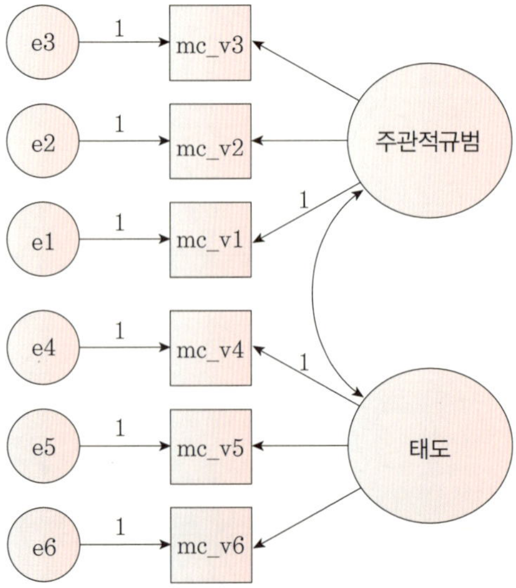

이를 실행하면 다음과 같은 모수치 및 적합도를 얻는다.

output 7-3 측정모델의 분석결과

CMIN

Model	NPAR	CMIN	DF	P	CMIN/DF
Default model	13	22.452	8	.004	2.806

Regression Weights: (Group number 1 - Default model)

			Estimate	S.E.	C.R.	P
mc_v1	<---	주관적규범	1.000			
mc_v2	<---	주관적규범	.827	.035	23.777	***
mc_v3	<---	주관적규범	1.115	.041	27.305	***
mc_v4	<---	태도	1.000			
mc_v5	<---	태도	1.158	.043	27.093	***
mc_v6	<---	태도	1.055	.041	25.815	***

Covariances: (Group number 1 - Default model)

			Estimate	S.E.	C.R.	P
주관적규범	<--->	태도	.198	.039	5.074	***

Variances: (Group number 1 - Default model)

	Estimate	S.E.	C.R.	P
주관적규범	.896	.067	13.430	***
태도	.891	.070	12.799	***
e1	.311	.028	11.087	***
e2	.402	.027	15.101	***
e3	.243	.031	7.871	***
e4	.412	.030	13.685	***
e5	.260	.031	8.507	***
e6	.385	.031	12.553	***

❹ 이들 값을 이용하여 다음 식에 의해 값을 구한 다음 구조모델의 해당 모수치에 이 값들을 넣어 주어야 한다. 상호작용항(주관적규범태도)에 해당하는 지표를 단일지표로 이용한다고 가정하고 값을 계산하기로 한다(단일지표가 아닌 경우에는 Ping의 행렬요약에 의한 방법을 참고하기 바람). 관측변수의 수가 잠재변수별로 각각 3개씩 있으므로 다음과 같은 식이 필요하다.

요인적재량:

$$\lambda_{XZ} = (\lambda_{x1} + \lambda_{x2} + \lambda_{x3})(\lambda_{z1} + \lambda_{z2} + \lambda_{x3})$$

오차분산:

$$\theta_{\epsilon xz} = (\lambda_{x1} + \lambda_{x2} + \lambda_{x3})^2 Var(X)(\theta_{\epsilon z1} + \theta_{\epsilon z2} + \theta_{\epsilon z3}) + (\lambda_{z1} + \lambda_{z2} + \lambda_{z3})^2$$
$$Var(Z)(\theta_{\epsilon x1} + \theta_{\epsilon x2} + \theta_{\epsilon x3}) + (\theta_{\epsilon x1} + \theta_{\epsilon x2} + \theta_{\epsilon x3})(\theta_{\epsilon z1} + \theta_{\epsilon z2} + \theta_{\epsilon z3})$$

잠재변수(XZ)의 분산:

$$Var(X) \times Var(Z) + Cov(X, Z)^2$$

이 식에 맞게 측정모델에서 얻은 값을 대입하여 구하면 다음과 같다.

요인적재량: (1.000+.827+1.115)(1.000+1.158+1.055)=9.453

오차분산: $(2.942)^2(.896)(1.057)+(3.213)^2(.891)(.956)+(1.057)(.956)$
$=8.197+8.793+1.010=18$

잠재변수의 분산: $(.896)(.891)+(.198)^2=.837$

❺ 상호작용항이 포함된 모델에 이들 값을 고정한다. 상호작용항에 해당하는 단일지표는 [(mc_v1+mc_v2+mc_v3)(mc_v4+mc_v5+mc_v6)]에 의해 계산된다. 이를 위해 SPSS 메뉴의 [변환] → [변수계산]을 클릭하여 [변수계산] 창에서 [대상변수]에 [mcv1v6]라 입력하고, [숫자표현식]에 [(mc_v1+mc_v2+mc_v3)(mc_v4+mc_v5+mc_v6)]라 입력한다. 입력파일에서 편의상 이를 'mcv1v6'으로 입력자료(nomiss-4.sav)에 저장하였다. 이를 [input 7-4]로 저장하였다.

input 7-4 Ping의 접근법에 의한 조절효과분석

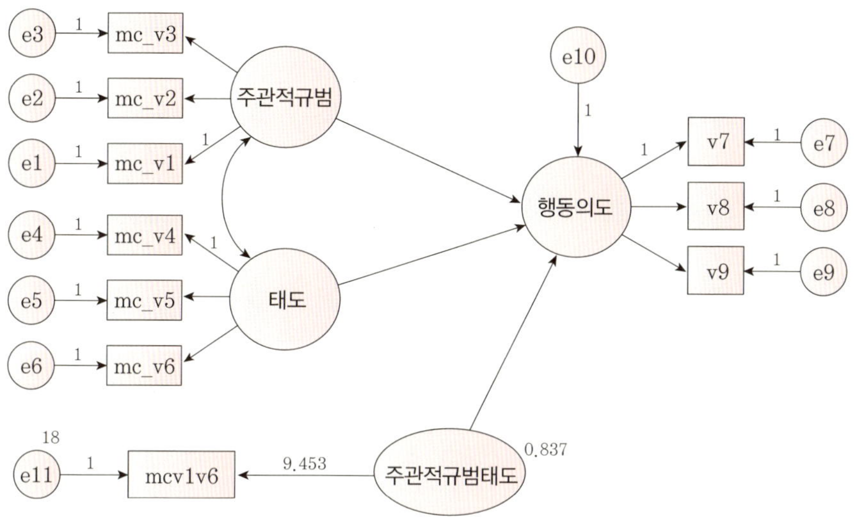

❻ [input 7-4]를 실행하면 다음과 같은 모수치 및 적합도를 얻는다(실행버튼을 누르면 나타나는 경고메시지에서 [Proceed with the analysis]를 누름).

output 7-4 Ping 접근법에 의한 조절효과분석결과

CMIN

Model	NPAR	CMIN	DF	P	CMIN/DF
Default model	22	77.336	33	.000	2.344

Regression Weights: (Group number 1 - Default model)

			Estimate	S.E.	C.R.	P
행동의도	<---	주관적규범	.270	.038	7.080	***
행동의도	<---	태도	.132	.037	3.574	***
행동의도	<---	주관적규범태도	-.007	.039	-.188	.851

'주관적규범태도'에서 '행동의도'로 가는 경로가 유의적이지 않아 조절효과가 없는 것으로 나타났다.

3 Marsh 등의 접근법

3.1 행렬요약의 예

Marsh 등(2004, 2006, 2012, 2013)의 접근법에 의해 조절효과를 분석하기로 한다. 이를 위해 500명을 대상으로 얻은 행렬자료가 다음과 같다고 가정한다([marsh(2006).sav]). 자료의 평균을 보면, x1에서 x6까지 평균중심화를 하여 0임을 알 수 있다.

rowtype_	varname_	y1	y2	y3	x1	x2	x3	x4	x5	x6	x1x4	x2x5	x3x6
n		500.000	500.000	500.000	500.000	500.000	500.000	500.000	500.000	500.000	500.000	500.000	500.000
cov	y1	1.221	.	.	.	.	.	.	.	.	.	.	.
cov	y2	.891	.968	.	.	.	.	.	.	.	.	.	.
cov	y3	.907	.800	1.007	.	.	.	.	.	.	.	.	.
cov	x1	.493	.401	.449	1.285	.	.	.	.	.	.	.	.
cov	x2	.458	.385	.413	.885	.955	.	.	.	.	.	.	.
cov	x3	.834	.697	.733	1.838	1.581	3.999	.	.	.	.	.	.
cov	x4	.470	.411	.444	.200	.174	.436	1.217	.	.	.	.	.
cov	x5	1.277	1.122	1.247	.366	.339	.777	2.691	8.963	.	.	.	.
cov	x6	.416	.379	.390	.177	.143	.331	.874	2.381	.989	.	.	.
cov	x1x4	.157	.107	.062	-.183	-.174	-.332	-.027	-.154	-.048	1.407	.	.
cov	x2x5	.406	.266	.266	-.348	-.220	-.487	-.052	-.106	-.057	2.021	8.104	.
cov	x3x6	.348	.220	.204	-.193	-.092	-.182	-.003	-.111	-.110	1.392	3.522	3.711
mean		1.057	2.075	3.057	.000	.000	.000	.000	.000	.000	.199	.338	.330

[chap7] [marsh(2006).sav]

Marsh 등의 방법에 의해 잠재변수의 조절효과를 검정하는 방법에는 세 가지가 있다. 첫째, 외생잠재변수의 평균에 대해 제약을 하는 방법이 있고(Marsh et al., 2006), 둘째, 외생잠재변수의 평균에 대해 제약을 하지 않는 방법이 있고(溫忠麟 等, 2012), 셋째, 외생잠재변수의 평균에 대해 제약을 하지 않으면서 동시에 상호작용항에 해당하는 지표의 평균을 **이중평균중심화(double-mean-centering)**로 0으로 해서 추정하는 방법이 있다(Lin et al., 2010).

1) Marsh 등의 첫 번째 방법

❶ 먼저 독립변수와 조절변수를 평균중심화한다. 원자료인 경우에는 먼저 이들 변수를

평균중심화한 다음, 이 평균중심화된 변수를 이용해야 한다는 점에 유의한다.

❷ 'ksi1'과 'ksi2'의 상호작용항(ksi1ksi2)을 만든다. 이 잠재변수에 필요한 **적지표(product indicator)**를 만드는 방법에는 ① **모든 가능한 쌍 전략(all-possible pairs strategy)**, ② **대응된 쌍 전략(matched-pair strategy)**, ③ **한 쌍 전략(one-pair strategy)** 등이 있다. Marsh 등(2004)은 이 가운데 'matched-pair strategy'를 추천하고 있다.

예를 들어, 'ksi1에 $x1$, $x2$, $x3$ 등의 3개 지표가 있고, 'ksi2'에도 $x4$, $x5$, $x6$ 등의 3개 지표가 있다고 가정한다. 이들 각각의 전략이 의미하는 바를 살펴보면 다음과 같다.

- 「all-possible pairs strategy」는 「$x1x4$, $x1x5$, $x1x6$, $x2x4$, $x2x5$, $x2x6$, $x3x4$, $x3x5$, $x3x6$」 등 9개의 지표를 만들어 모두 이용한다는 의미이다.
- 「matched-pair strategy」는 「$x1x4$, $x2x5$, $x3x6$」, 「$x1x4$, $x2x6$, $x3x5$」, 「$x1x5$, $x2x4$, $x3x6$」, 「$x1x5$, $x2x6$, $x3x4$」, 「$x1x6$, $x2x4$, $x3x5$」, 「$x1x6$, $x2x5$, $x3x4$」 가운데 하나의 지표를 이용한다는 의미이다. 이를 '3-match'라 한다.
- 「one-pair strategy」는 「$x1x4$」, 「$x1x5$」, 「$x2x4$」, 「$x2x5$」, 「$x1x6$」, 「$x3x4$」, 「$x2x6$」, 「$x3x5$」, 「$x3x6$」 가운데 하나를 이용한다는 의미이다.

❸ 외생잠재변수의 평균을 설정하는 것에 대해 살펴보기로 한다. Marsh 등의 첫 번째 방법에 의해 잠재변수의 평균을 설정하기 위해서는 'ksi1'과 'ksi2'의 평균은 0, 'ksi1ksi2'의 평균은 추정하는 것으로 설정한다.

❹ 이를 위해 Amos에서 [Analysis Properties]의 [Estimation] 탭에서 [Estimate means and intercepts]를 체크한다. $(\xi_1, \xi_2, \xi_1\xi_2)$의 평균벡터는 $k=(0, 0, \phi_{33})$이다. 'ksi1'과 'ksi1ksi2' 간의 상관, 'ksi2'와 'ksi1ksi2' 간의 상관은 0으로 고정하거나 또는 이들 간의 공분산을 설정하지 않는다. 이를 실행하기 위한 프로그램을 [input 7-5]로 저장하였다.

input 7-5 Marsh 등의 첫 번째 방법

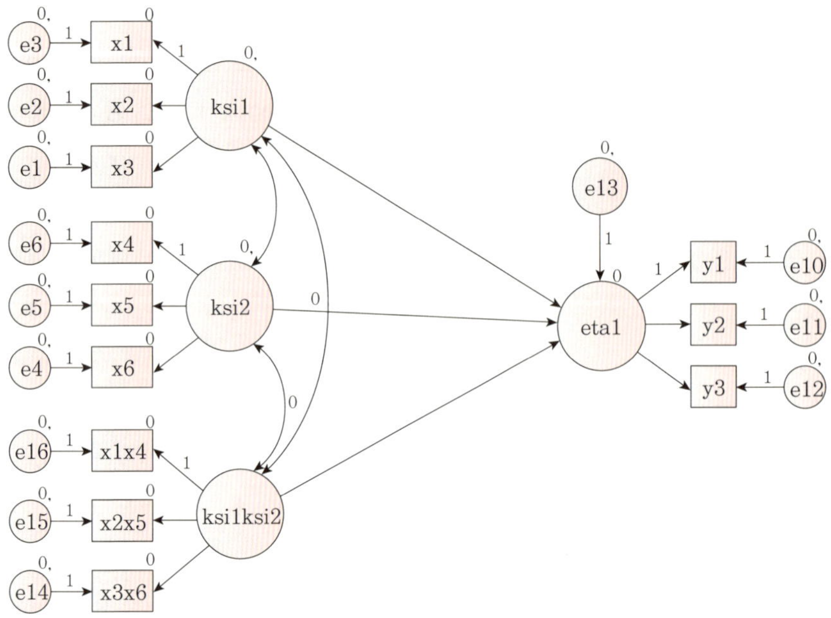

이를 실행하면 다음과 같은 적합도 및 모수치를 얻는다.

output 7-5 Marsh 등의 첫 번째 방법에 의한 분석결과

CMIN

Model	NPAR	CMIN	DF	P	CMIN/DF
Default model	32	68.622	58	.160	1.183

Regression Weights: (Group number 1 - Default model)

			Estimate	S.E.	C.R.	P
eta1	<---	ksi1	.425	.040	10.531	***
eta1	<---	ksi2	.414	.041	10.088	***
eta1	<---	ksi1ksi2	.248	.046	5.355	***

'ksi1ksi2'가 'eta1'에 미치는 효과가 유의적이므로 조절효과가 있다고 해석한다.

2) Marsh 등의 두 번째 방법

❶ Marsh 등의 두 번째 방법은 독립변수 및 조절변수의 평균에 대해 제약을 하지 않는다. 절편을 0으로 제약할 필요가 없으므로 [Analysis Properties]의 [Estimation] 탭에서 [Estimate means and intercepts]를 체크하지 않는다. 또한 평균에 대한 제

약도 필요하지 않으므로 0을 모두 없앤다. 이를 위한 프로그램은 [input 7-6]이다.

input 7-6 Marsh 등의 두 번째 방법

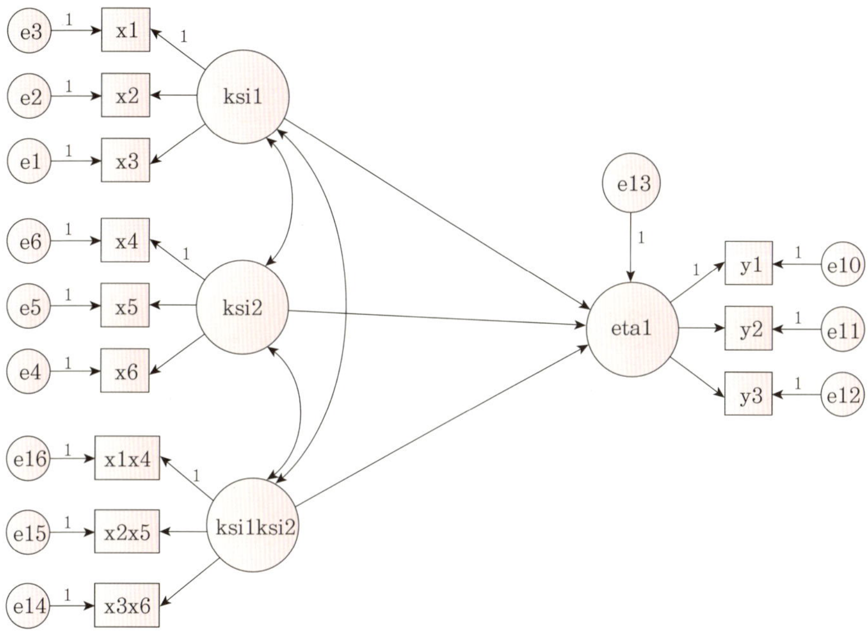

이를 실행하면 다음과 같은 적합도 및 모수치를 얻는다.

output 7-6 Marsh 등의 두 번째 방법에 의한 분석결과

CMIN

Model	NPAR	CMIN	DF	P	CMIN/DF
Default model	30	59.405	48	.125	1.238

Regression Weights: (Group number 1 - Default model)

			Estimate	S.E.	C.R.	P
eta1	<---	ksi1	.430	.041	10.535	***
eta1	<---	ksi2	.415	.041	10.077	***
eta1	<---	ksi1ksi2	.254	.047	5.398	***

'ksi1ksi2'가 'eta1'에 미치는 효과가 유의적이므로 조절효과가 있다고 해석한다.

3) Marsh 등의 세 번째 방법

Marsh 등의 세 번째 방법은 Lin 등(2010)의 주장에 따른 것으로 'matched product

indicator'를 한 번 더 'mean-centering'을 하여 이들 지표의 평균을 0으로 해서 추정한다. 이를 **이중평균중심화(double-mean-centering)**라 한다. 아래 자료에서 볼 수 있듯, 'x1x4', 'x2x5', 'x3x6' 등을 평균중심화하여 평균이 '0'인 것을 알 수 있다([marsh(2006)-1.sav]).

rowtype_	varname_	y1	y2	y3	x1	x2	x3	x4	x5	x6	x1x4	x2x5	x3x6
n		500.000	500.000	500.000	500.000	500.000	500.000	500.000	500.000	500.000	500.000	500.000	500.000
cov	y1	1.221	.	.	.	.	.	.	.	.	.	.	.
cov	y2	.891	.968	.	.	.	.	.	.	.	.	.	.
cov	y3	.907	.800	1.007	.	.	.	.	.	.	.	.	.
cov	x1	.493	.401	.449	1.285	.	.	.	.	.	.	.	.
cov	x2	.458	.385	.413	.885	.955	.	.	.	.	.	.	.
cov	x3	.834	.697	.733	1.838	1.581	3.999	.	.	.	.	.	.
cov	x4	.470	.411	.444	.200	.174	.436	1.217	.	.	.	.	.
cov	x5	1.277	1.122	1.247	.366	.339	.777	2.691	8.963	.	.	.	.
cov	x6	.416	.379	.390	.177	.143	.331	.874	2.381	.989	.	.	.
cov	x1x4	.157	.107	.062	-.183	-.174	-.332	-.027	-.154	-.048	1.407	.	.
cov	x2x5	.406	.266	.266	-.348	-.220	-.487	-.052	-.106	-.057	2.021	8.104	.
cov	x3x6	.348	.220	.204	-.193	-.092	-.182	-.003	-.111	-.110	1.392	3.522	3.711
mean		1.057	2.075	3.057	.000	.000	.000	.000	.000	.000	.000	.000	.000

[chap7] [marsh(2006)-1.sav]

이를 위한 프로그램이 [input 7-7]이다.

input 7-7 Marsh 등의 세 번째 방법

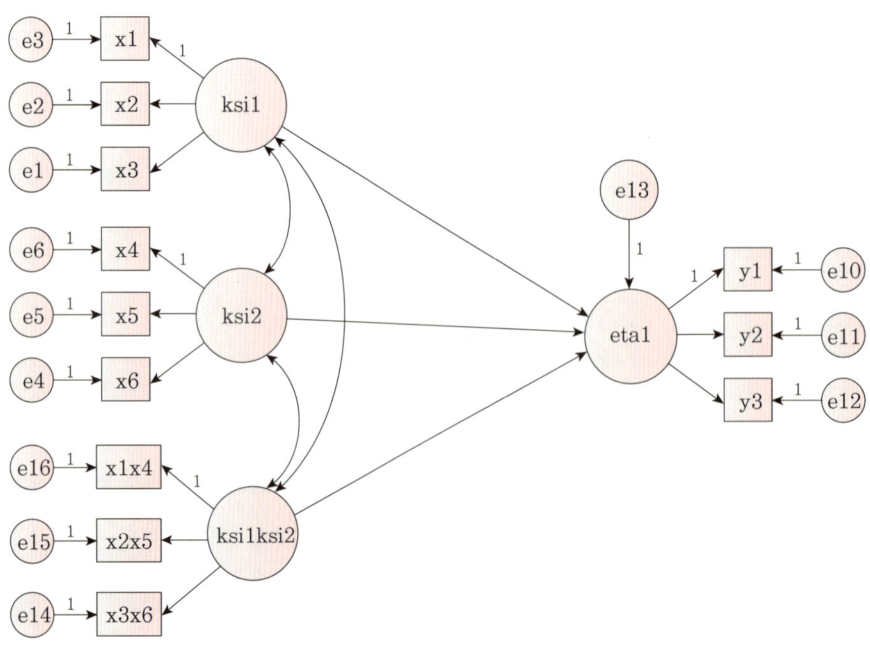

이를 실행하면 다음과 같은 적합도 및 모수치를 얻는다.

output 7-7 Marsh 등의 세 번째 방법에 의한 분석결과

CMIN

Model	NPAR	CMIN	DF	P	CMIN/DF
Default model	30	59.405	48	.125	1.238

Regression Weights: (Group number 1 - Default model)

			Estimate	S.E.	C.R.	P
eta1	<---	ksi1	.430	.041	10.535	***
eta1	<---	ksi2	.415	.041	10.077	***
eta1	<---	ksi1ksi2	.254	.047	5.398	***

Standardized Regression Weights: (Group number 1 - Default model)

			Estimate
eta1	<---	ksi1	.434
eta1	<---	ksi2	.408
eta1	<---	ksi1ksi2	.227

적합도 및 모수치가 두 번째 방법에서 얻은 것과 동일함을 알 수 있다.

한편, Wen 등(2010), Marsh 등(2012)은 위의 표준화계수 가운데 'ksi1ksi2'의 값이 정확하지 않다고 주장하였다. 즉 표준화계수의 상호작용항은 'ksi1'과 'ksi2'를 각각 표준화시킨 다음, 'ksi1ksi2'를 만들어 표준화계수를 구해야 되는데, 'ksi1ksi2'를 표준화시킨 후 표준화계수를 구한다는 문제점을 제기했다. 즉 위의 표준화계수 0.227은 정확한 계수값이 아니라는 점이다. 이에 대한 정확한 값을 추정하기 위해서는 다음 공식에 의해 수정해야 한다고 주장하였다.

$$(\gamma')^c = \gamma\frac{\sqrt{\phi_{11}\phi_{22}}}{\sqrt{\phi_{33}}}$$

단, $\phi_{11} = var(ksi1)$, $\phi_{22} = var(ksi2)$, $\phi_{33} = var(ksi1ksi2)$

위의 공식에 의해 상호작용항의 계수를 수정하면 다음과 같다.

$$0.227\frac{\sqrt{1.030 \times 0.985}}{\sqrt{0.810}} = .254$$

상호작용항의 표준화계수는 0.254로 비표준화계수값과 동일하다. 평균중심화를 해서 얻는 표준화계수값은 비표준화계수값으로 대체되어야 함을 알 수 있다. 그리고 이 계수의 표준오차(S.E.)는 붓스트레핑을 통해 얻은 값으로 대체되어야 한다.

3.2 원자료의 예

이하에서 합리적 행동모델의 원자료를 이용하여 Marsh 등의 접근법에 의해 조절효과를 검정하기로 한다.

1) Marsh 등의 첫 번째 방법

❶ 조절효과를 검정하기 위해 먼저 합리적 행동모델의 자료([nomiss.sav])를 불러들인다. 앞서 설명한 대로 평균중심화를 한다. 평균중심화한 자료를 [nomiss-3.sav]로 저장하였다.

❷ 평균중심화한 변수를 각각의 지표에 이용한다. 이를 위한 경로도는 다음과 같다.

그림 7-6 ▌평균중심화 경로도

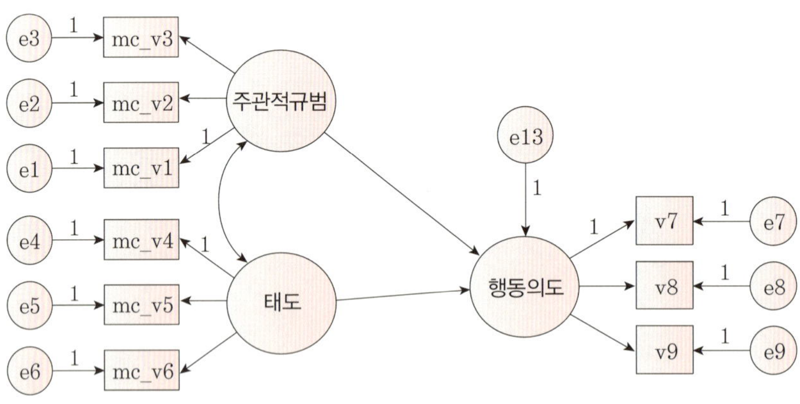

❸ 상호작용항을 만든다. 상호작용항에 필요한 적지표는 'matched-pairs strategy'를 따르기로 한다. 즉 [mc_v1*mc_v4], [mc_v2*mc_v5], [mc_v3*mc_v6]을 적지표로 이용하기로 한다.

❹ 이에 필요한 적지표를 SPSS에서 만들기로 한다. 이를 위해 [nomiss-3.sav]를 불러들인다. 다음, SPSS 메뉴의 [변환] → [변수계산]을 클릭하여 [변수계산] 창에서

[대상변수]에 [mc_v1mc_v4]라 입력하고, [숫자표현식]에 [mc_v1*mc_v4]라 입력한다. 이 식으로 나머지 2개변수도 처리한다. 이를 [nomiss-4.sav]로 저장하였다.

❺ 외생잠재변수에 대해 평균을 설정하기로 한다. '주관적규범' 및 '태도'는 0으로 설정하고, '주관적규범태도'는 자유스럽게 추정하도록 설정한다. 이를 위해 [Analysis Properties]의 [Estimation] 탭에서 [Estimate means and intercepts]를 체크한다. '주관적규범태도'에 마우스 포인트를 놓고 오른쪽 버튼을 눌러 [mean]에 있는 0을 지운다. 지금까지 작업한 모델을 [input 7-8]로 저장하였다.

input 7-8 Marsh 등의 첫 번째 방법에 의한 조절효과분석

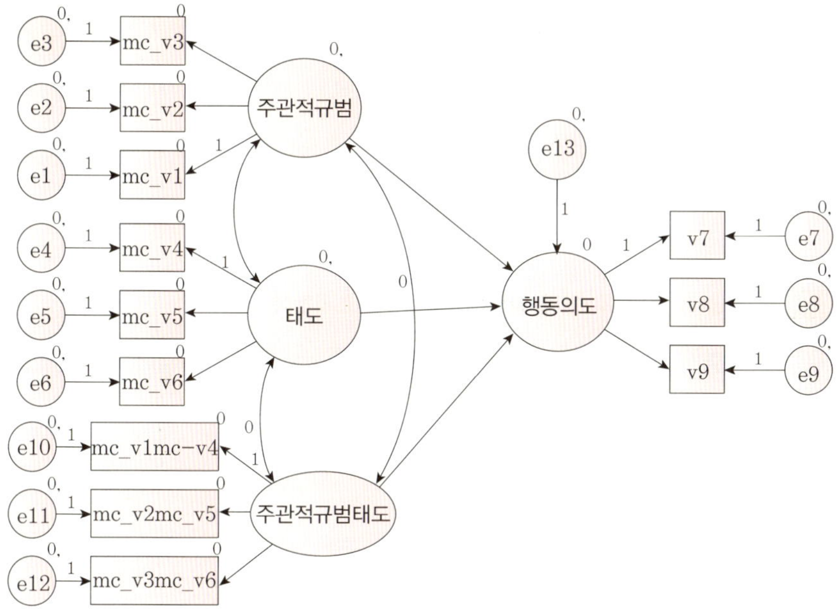

이를 실행하면 다음과 같은 적합도 및 모수치를 얻는다.

output 7-8 Marsh 등의 첫 번째 방법에 의한 분석결과

CMIN

Model	NPAR	CMIN	DF	P	CMIN/DF
Default model	32	103.191	58	.000	1.779

Regression Weights: (Group number 1 - Default model)

			Estimate	S.E.	C.R.	P
행동의도	<---	주관적규범	.269	.038	7.071	***
행동의도	<---	태도	.133	.037	3.587	***
행동의도	<---	주관적규범태도	-.011	.037	-.284	.776

위의 output을 보면 상호작용항의 계수가 비유의적이므로 조절효과가 없다고 해석한다.

2) Marsh 등의 두 번째 방법

❶ 평균중심화한 변수를 독립변수, 조절변수 및 상호작용항의 지표로 이용한다.

❷ 잠재변수의 평균에 대해서 특별한 설정을 하지 않는다.

❸ 이를 위해 [Analysis Properties]의 [Estimation] 탭에서 [Estimate means and intercepts]를 체크하지 않는다. 또한 외생변수 간에 제약도 필요하지 않으므로 0을 모두 없앤다. 이에 해당하는 입력파일이 [input 7-9]이다.

input 7-9 Marsh 등의 두 번째 방법에 의한 조절효과분석

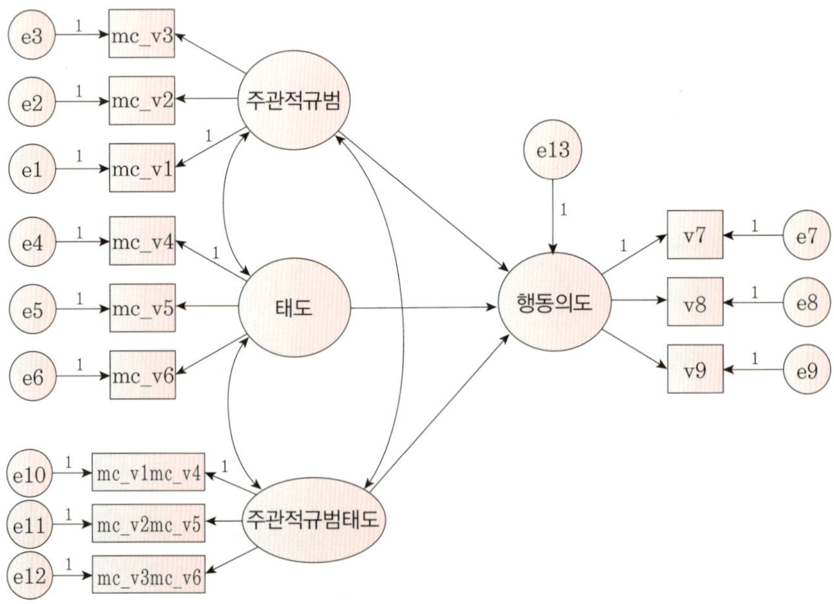

이를 실행하면 다음과 같은 적합도 및 모수치를 얻는다.

output 7-9 Marsh 등의 두 번째 방법에 의한 분석결과

CMIN

Model	NPAR	CMIN	DF	P	CMIN/DF
Default model	30	70.457	48	.019	1.468

Regression Weights: (Group number 1 - Default model)

			Estimate	S.E.	C.R.	P
행동의도	<---	주관적규범	.269	.039	6.940	***
행동의도	<---	태도	.133	.038	3.506	***
행동의도	<---	주관적규범태도	-.009	.039	-.231	.817

위의 output을 보면 상호작용항의 계수가 비유의적이므로 조절효과가 없다고 해석한다.

3) Marsh 등의 세 번째 방법

❶ 'matched product indicator'를 한 번 더 'mean-centering'을 하여 이들 지표의 평균을 0으로 해서 추정한다. 이를 위해 'matched product indicator'의 평균을 구하면 다음과 같다.

통계량

		mc_v1mc_v4	mc_v2mc_v5	mc_v3mc_v6
N	유효	691	691	691
	결측	0	0	0
평균		.2169	.2827	.1694

❷ 이 평균을 이용하여 각 변수의 평균중심화를 한다. 이를 위해 SPSS 메뉴의 [변환] → [변수계산]을 클릭하여 [변수계산] 창에서 [대상변수]에 [dmcv1v4]이라 입력하고, [숫자표현식]에 [mc_v1mc_v4-.2169]라 입력한다. 이런 식으로 각각의 변수에 대해 평균중심화를 한다. 이 자료를 [nomiss-5.sav]로 저장하였다. 이를 위한 입력파일을 [input 7-10]으로 저장하였다.

input 7-10 Marsh 등의 세 번째 방법에 의한 조절효과분석

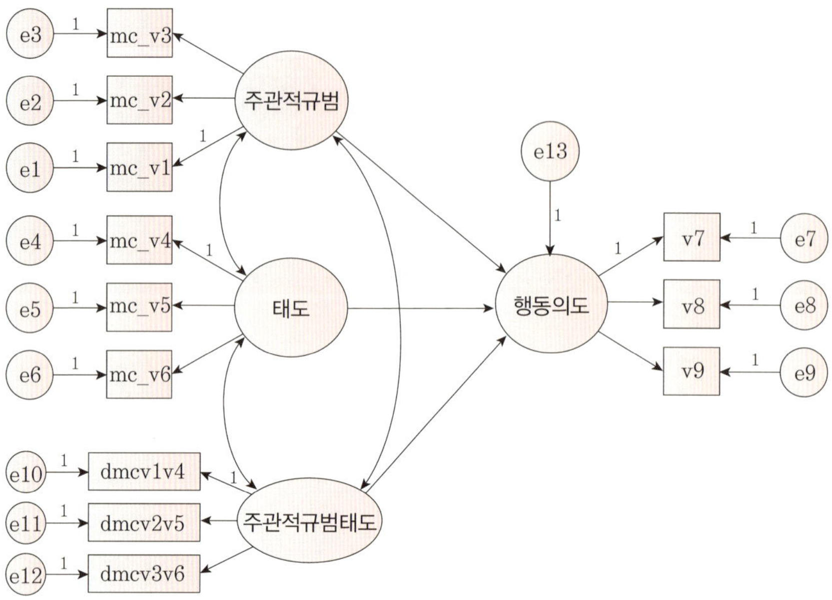

이를 실행하면 다음과 같은 적합도 및 모수치를 얻는다.

output 7-10 Marsh 등의 세 번째 방법에 의한 분석결과

CMIN

Model	NPAR	CMIN	DF	P	CMIN/DF
Default model	30	70.457	48	.019	1.468

Regression Weights: (Group number 1 - Default model)

			Estimate	S.E.	C.R.	P
행동의도	<---	주관적규범	.269	.039	6.940	***
행동의도	<---	태도	.133	.038	3.506	***
행동의도	<---	주관적규범태도	-.009	.039	-.231	.817

Standardized Regression Weights: (Group number 1 - Default model)

			Estimate
행동의도	<---	주관적규범	.307
행동의도	<---	태도	.151
행동의도	<---	주관적규범태도	-.010

Variances: (Group number 1 - Default model)

	Estimate	S.E.	C.R.	P
주관적규범	.896	.066	13.472	***
태도	.896	.070	12.866	***
주관적규범태도	.915	.091	10.080	***

위의 output을 보면 상호작용항의 계수가 비유의적이므로 조절효과가 없다고 해석한다. 위의 모수치 가운데 표준화계수는 다음과 같이 수정되어야 한다.

$$-.010\frac{\sqrt{.896}\,\sqrt{.896}}{\sqrt{.915}}=-.009$$

표준화계수는 −.010이 아니라 −.009이다. 한편 이 계수의 표준오차를 얻기 위해 붓스트래핑을 한다. 이를 위해 [Analysis Properties]의 [Bootstrap] 탭에서 다음과 같이 체크한다.

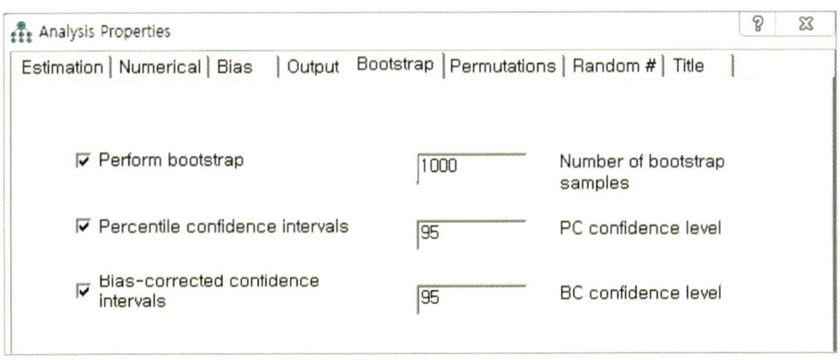

[Amos Output] 창에서 왼쪽에 있는 [Estimates] → [Scalars] → [Regression Weights]를 누른다. 그러면 밑에 있는 [Estimates/Bootstrap]이 활성화된다. [Bootstrap standard errors]를 누른다. 표준오차의 값은 .048임을 알 수 있다.

output 7-10 표준오차

Regression Weights: (Group number 1 - Default model)

Parameter			SE	SE-SE	Mean	Bias	SE-Bias
행동의도	<---	주관적규범	.044	.001	.270	.000	.001
행동의도	<---	태도	.043	.001	.134	.002	.001
행동의도	<---	주관적규범태도	.048	.001	-.008	.000	.002

따라서 표준화계수 및 표준오차의 값은 아래와 같고, C.R.도 이에 따라 다르게 나타난다.

			Estimate	S.E.	C.R.
행동의도	<---	주관적규범태도	-.009	.048	-.188

4) 대응된 쌍 전략을 위한 고려사항

Marsh 등의 접근법에서 잠재변수별로 지표의 수가 다른 경우(예: 독립변수에 5개 지표, 조절변수에 10개 지표가 있는 경우), 적지표를 어떻게 만들 것인가의 문제가 있다. 이를 위한 기준으로 ① Use all of the information, ② Do not reuse any of the information 등이 있다.

앞서 살펴본 것처럼 잠재변수별로 지표의 수가 동일한 경우에는 'matched-pairs'를 쉽게 만들 수 있다. 그러나 잠재변수별로 지표의 수가 다른 경우에는 어떻게 해야 하나? 예를 들어, 독립변수(F4)에는 5개의 지표가 있고, 조절변수(F2)에는 10개의 지표가 있다고 가정한다. 이 경우, **대응된 쌍 전략(matched-pairs strategy)**에는 다음과 같은 것들이 있다.

(1) 전략 1

조절변수에 있는 10개의 지표를 **항목묶기(item parceling)**를 이용하여 5개의 지표로 묶는다. 첫 번째 item parcel을 만들기 위해 처음 두 문항을 합해서 평균을 구한다($(x6+x7/2)=v1$). 두 번째 item parcel을 만들기 위해 그 다음 두 문항을 합해서 평균을 구한다($((x8+x9)/2=v2)$. 이런 식으로 5개의 item parcel을 만든다. 그 다음, 첫 번째 요인(F4)과 두 번째 요인(F2)에서 만들어진 5개의 item parcel을 이용하여 5개의 상호작용항(F3)에 해당하는 'matched-pair'를 만든다. 즉 F4에는 5개 지표, F2에는 10개 지표, F3에는 5개 지표를 이용하는 접근법이다. 이렇게 하면 두 가지 기준을 모두 충족시킨다. 이를 그림으로 나타내면 [그림 7-7]과 같다.

그림 7-7 ▌대응된 쌍 전략

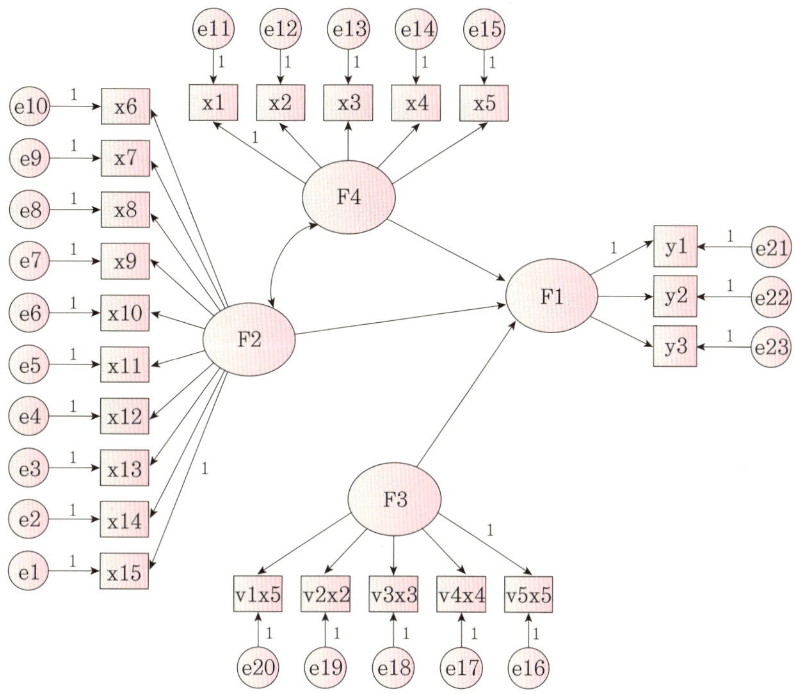

(2) 전략 2

'F2'에 있는 10개 지표를 1요인분석을 하여 요인적재량이 큰 5개를 선정하든가 또는 10개 지표를 1요인으로 측정모델을 만들어 추정한 다음 'squared multiple correlation: SMC'가 큰 5개를 선정한다. 이 방법은 첫 번째 기준인 'Use all of the information'을 충족시키지 못한다는 단점이 있다.

(3) 전략 3

'F4'에 10개 지표가 있고 'F2'에 5개 지표가 있는 경우에는 '전략 1'과 '전략 2' 가운데 한 방법으로 처리한다. 결론적으로 'F2' 또는 'F4' 가운데 지표수가 적은 것을 기준으로 지표를 정리한 다음 'matched pairs 전략'을 따르면 된다.

(4) 전략 4

'ksi1'에 x1, x2, x3 등의 3개 지표가 있고 'ksi2'에도 x4, x5, x6 등의 3개 지표가 있을 때 '3-match'에는 ① (x1x4, x2x5, x3x6), ② (x1x4, x2x6, x3x5), ③ (x1x5, x2x4, x3x6), ④ (x1x5, x2x6, x3x4), ⑤ (x1x6, x2x4, x3x5), ⑥ (x1x6, x2x5, x3x4) 등이 있다. 그러면 이 가운데 어떤 match가 가장 좋은 것인가의 의문이 생긴다.

이에 대한 답은 'ksi1'과 'ksi2'가 포함된 측정모델을 추정하여 'squared multiple correlation: SMC'을 보고 'ksi1'에서 SMC가 제일 큰 지표와 'ksi2'에서 SMC가 제일 큰 지표를 match시키고, 그 다음으로 'ksi1'에서 SMC가 큰 것과 'ksi2'에서 SMC가 큰 것을 match시키면 된다. 이런 식으로 match시키는 것이 제일 좋다.

4 Little 등의 접근법

Little 등(2006)은 Marsh 등이 제안한 평균중심화에 의한 비제약 접근법의 대안으로 **직교화 접근법(orthogonalizing approach)**을 제안하였다. Little 등의 접근법으로 조절효과를 분석하기 위해서는 9개의 상호작용항에 해당하는 지표가 필요하다. 그리고 v1부터 v6까지를 평균중심화할 필요가 없다.

그림 7-8 | Little 등의 접근법

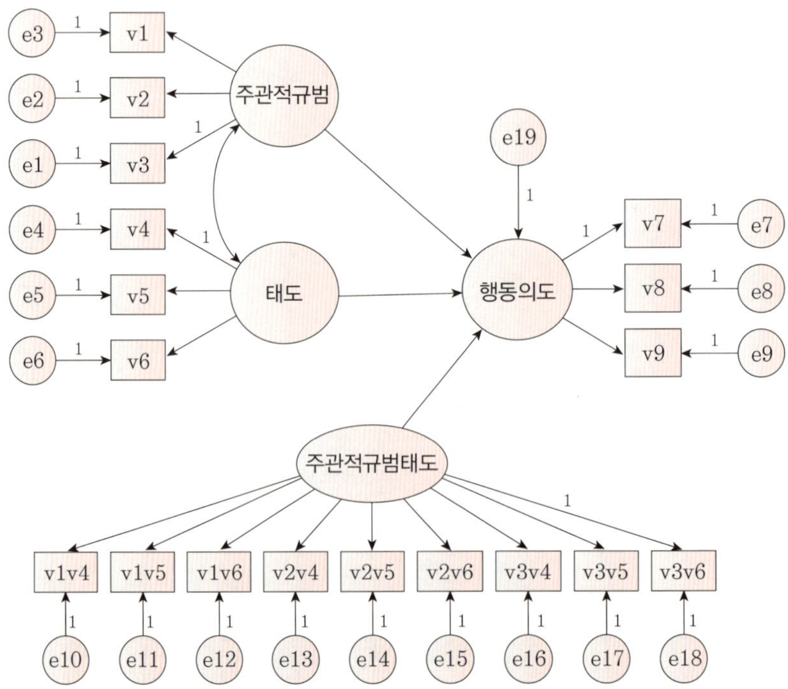

이하에서 합리적 행동모델을 통해 Little 등의 접근법으로 조절효과를 분석하는 것에 대해 알아보기로 한다.

❶ 먼저 [nomiss.sav]를 SPSS에서 불러들인다. 잠재독립변수인 '주관적규범'에 해당하는 지표(v1, v2, v3)와 잠재조절변수인 '태도'에 해당하는 지표(v4, v5, v6)의 상호작용항을 만든다. 이를 위해 SPSS 메뉴의 [변환] → [변수계산]을 클릭하여 [변수계산] 창에서 [대상변수]에 [v1v4]라 입력하고, [숫자표현식]에 [v1*v4]라 입력한다. 이런 식으로 나머지 8개 변수도 동일한 작업을 한다. 아래는 이 작업을 마친 변수들을 보인 것이다.

v1v4	v1v5	v1v6	v2v4	v2v5	v2v6	v3v4	v3v5	v3v6
12.00	15.00	12.00	16.00	20.00	16.00	16.00	20.00	16.00
20.00	20.00	20.00	25.00	25.00	25.00	20.00	20.00	20.00
9.00	12.00	12.00	9.00	12.00	12.00	9.00	12.00	12.00
20.00	20.00	20.00	25.00	25.00	25.00	20.00	20.00	20.00
20.00	20.00	20.00	25.00	25.00	25.00	30.00	30.00	30.00
25.00	25.00	25.00	30.00	30.00	30.00	25.00	25.00	25.00
9.00	9.00	9.00	12.00	12.00	12.00	12.00	12.00	12.00
12.00	12.00	12.00	15.00	15.00	15.00	12.00	12.00	12.00
8.00	12.00	12.00	10.00	15.00	15.00	8.00	12.00	12.00
15.00	15.00	10.00	12.00	12.00	8.00	12.00	12.00	8.00

❷ 적지표(v1v4, v1v5, v1v6, v2v4, v2v5, v2v6, v3v4, v3v5, v3v6)를 종속변수로 (v1, v2, v3, v4, v4, v6)을 독립변수로 해서 회귀분석을 한다. 이를 위해 [분석] → [회귀분석] → [선형]으로 간다. [v1v4]를 종속변수로 [v1]부터 [v6]까지를 독립변수란에 보낸다.

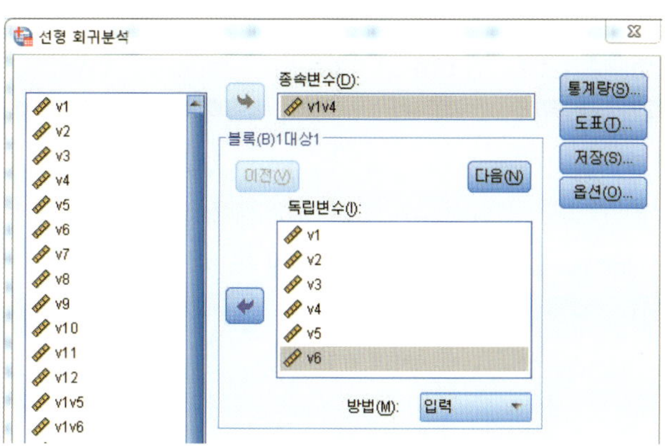

❸ [저장] 버튼을 누른다. [잔차] 란에 있는 [비표준화]를 체크하고 [계속] 버튼을 누른다. [확인] 버튼을 누른다. 그러면 잔차값이 만들어진 것을 알 수 있다.

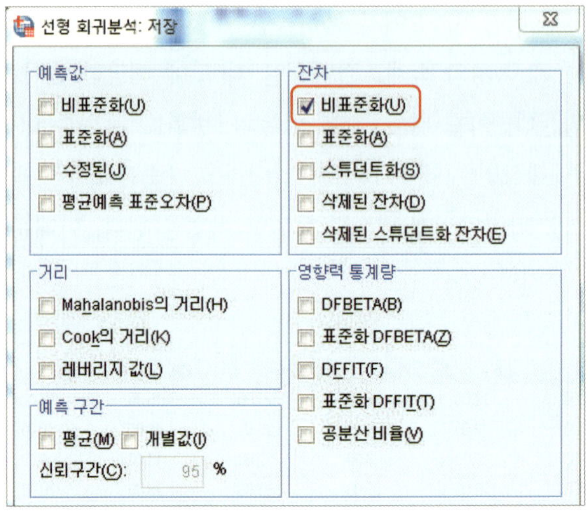

❹ 이런 식을 나머지 8개의 적지표도 동일한 작업을 한다. 아래는 모든 작업을 한 후 얻게 되는 잔차값을 보인 것이다.

RES_1	RES_2	RES_3	RES_4	RES_5	RES_6	RES_7	RES_8	RES_9
-.73933	-1.92802	-.92506	-.47651	-.57249	-.47279	-.50249	-.74664	-.49230
-.44395	-.41983	-.39560	.85632	.99124	.99840	-.79183	-.73535	-.71760
.13948	-1.02628	-.93215	.11416	-.97221	-.88325	.17831	-1.05040	-1.00415
-.44395	-.41983	-.39560	.85632	.99124	.99840	-.79183	-.73535	-.71760
-.20079	-.21649	-.25085	1.00902	1.04859	1.08410	2.33762	2.41057	2.42966
1.24553	1.33510	1.39858	2.52155	2.71306	2.73021	.94508	1.03882	1.08273
.40124	.25568	.27834	-.25260	-.32518	-.29300	-.11109	-.21438	-.14894
-.03085	-.09106	.00015	-.66372	-.63204	-.60404	.06110	-.01317	.07776
.14526	-.02350	.13377	-1.47891	-.48827	-.39181	.43806	.14363	.26761
-.58605	-.52723	-1.36706	-.00704	-.10081	-.03128	.12508	.10361	.41911

❺ SPSS에서 밑에 있는 [데이터보기] [변수보기]에서 [변수보기]를 클릭한다. [설명] 란에 있는 [Unstandardized..]을 모두 지운다. 이는 Amos에서 변수를 드래그 앤 드롭으로 갖다 놓을 때를 위한 것이다. 이를 지우지 않으면 [Unstandardized Residual]이 관측변수 이름으로 따라온다(이를 지우지 않고 독자들이 직접해보기 바람). 이를 [little.sav]로 저장하였다.

RES_1	숫자	11	5	Unstandardized...	없음
RES_2	숫자	11	5	Unstandardized...	없음
RES_3	숫자	11	5	Unstandardized...	없음
RES_4	숫자	11	5	Unstandardized...	없음
RES_5	숫자	11	5	Unstandardized...	없음
RES_6	숫자	11	5	Unstandardized...	없음
RES_7	숫자	11	5	Unstandardized...	없음
RES_8	숫자	11	5	Unstandardized...	없음
RES_9	숫자	11	5	Unstandardized...	없음

❻ Amos에서 '주관적규범태도'의 지표에 [res_1]부터 [res_9]까지를 갖다 놓는다. 이제 오차분산 $e10$부터 $e18$을 상관이 있는 것으로 연결해야 한다. 이 부분이 Little 방법에 의해 할 때 조금 힘든 부분이다. 그러나 이렇게 생각하면 쉽다. 예를 들어, 적지표(v1v4, v1v5, v1v6, v2v4, v2v5, v2v6, v3v4, v3v5, v3v6)에서 동일한 숫자가 들어가 있는 변수끼리 상관을 연결하면 된다고 생각하면 쉽다.

그림 7-9 ▌오차항 연결

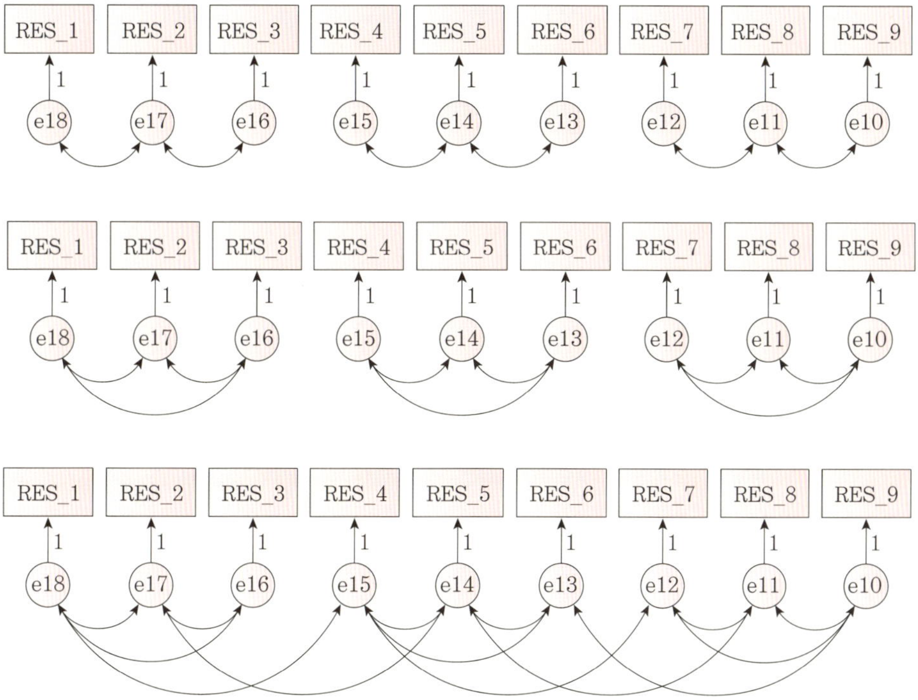

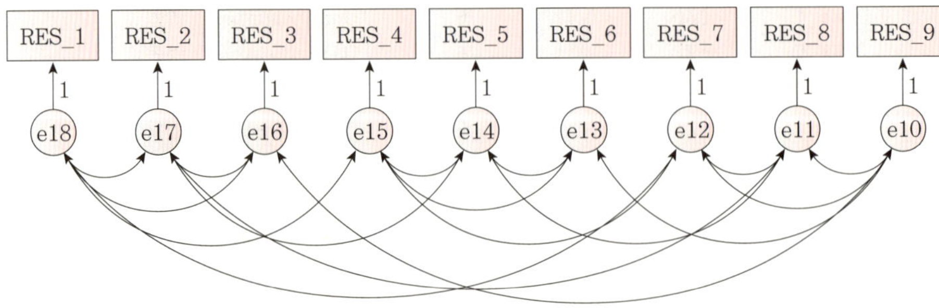

❼ 지금까지 한 작업을 [input 7-11]로 저장하였다.

input 7-11 **Little 등의 방법에 의한 조절효과분석**

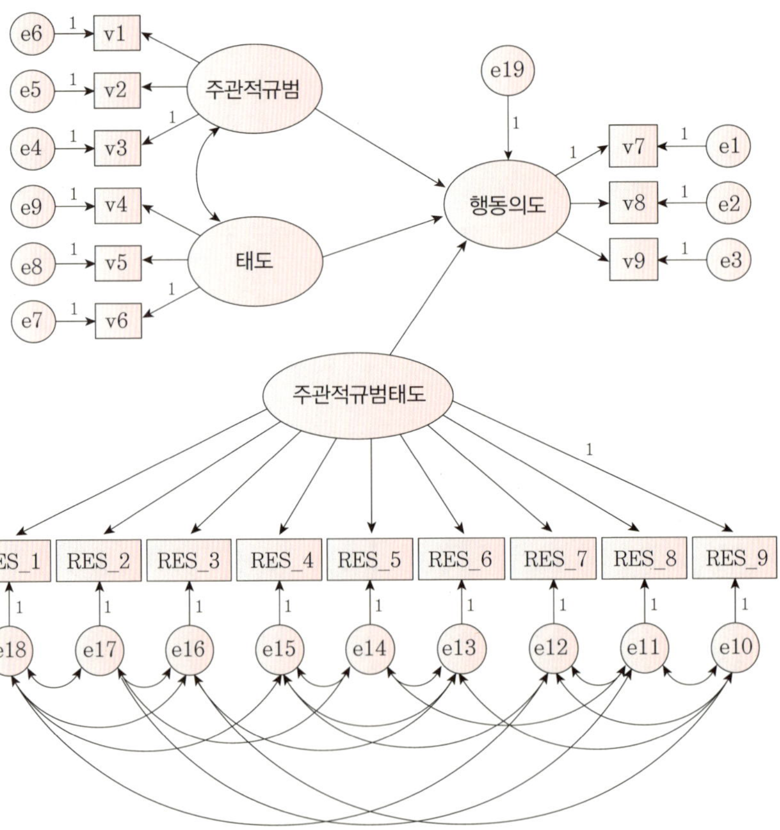

이를 실행하면 다음과 같은 모수치 및 적합도를 얻는다.

output 7-11 Little 등의 방법에 의한 분석결과

CMIN

Model	NPAR	CMIN	DF	P	CMIN/DF
Default model	58	77.953	113	.995	.690

Regression Weights: (Group number 1 - Default model)

			Estimate	S.E.	C.R.	P
행동의도	<---	주관적규범	.242	.034	7.127	***
행동의도	<---	태도	.125	.035	3.547	***
행동의도	<---	주관적규범태도	-.016	.033	-.489	.625

조절효과가 없는 것으로 나타났다.

지금까지 잠재변수에 의한 조절효과분석에 대해 살펴보았다. **이 가운데 저자는 개인적으로 Marsh 등의 두 번째 접근법이 사용하기가 쉽기 때문에 이를 추천하고자 한다.**

5 비선형효과분석

비선형효과분석(nonlinear effect analysis)에 관해 살펴보기로 한다. 비선형효과 가운데 **2차효과(quadratic effect)**를 중심으로 살펴보기로 한다. 2차효과를 분석하는 방법 가운데 Marsh 등(2013)의 **비제약 접근법(unconstrained approach)**을 중심으로 살펴보기로 한다. 다음 모델을 대상으로 비선형효과에 대해 살펴보기로 한다.

input quadratic

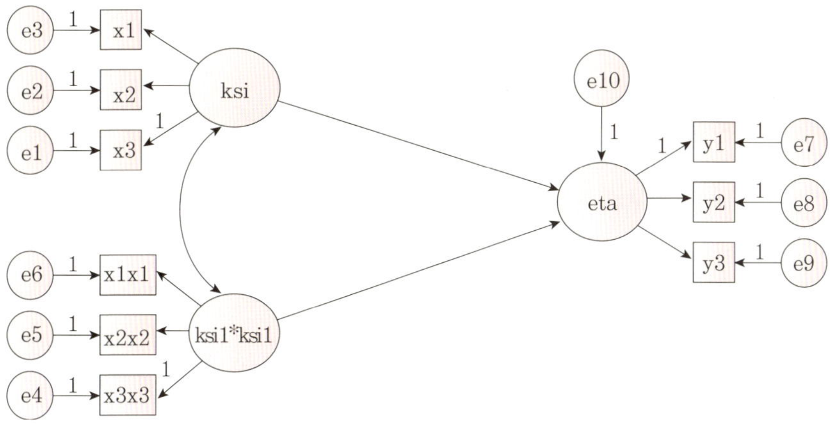

아래는 자료를 제시한 것이다.

	rowtype_	varname_	y1	y2	y3	x1	x2	x3	x1x1	x2x2	x3x3
1	n		852.000	852.000	852.000	852.000	852.000	852.000	852.000	852.000	852.000
2	cov	y1	.693	.	.	.	.	.	.	.	.
3	cov	y2	.472	.661	.	.	.	.	.	.	.
4	cov	y3	.418	.430	.695	.	.	.	.	.	.
5	cov	x1	.335	.352	.339	1.075	.	.	.	.	.
6	cov	x2	.299	.328	.318	.740	.925	.	.	.	.
7	cov	x3	.301	.313	.311	.749	.662	.980	.	.	.
8	cov	x1x1	-.269	-.265	-.275	-.117	-.125	-.131	2.187	.	.
9	cov	x2x2	-.181	-.191	-.186	-.109	-.100	-.066	1.002	1.729	.
10	cov	x3x3	-.224	-.240	-.196	-.122	-.069	-.123	.993	.740	1.805

[chap7] [quadratic.sav]

평균구조(mean structure)가 없는 비제약 접근법을 위한 **단순2차모델(simple quadratic model)**의 방정식은 다음과 같다.

$$\eta = \gamma_1 \xi + \gamma_2 \xi^2 + \zeta$$

이 모델을 추정하기 위해 먼저 모든 지표를 평균중심화한다. 그리고 제곱한 지표는 한 번 더 평균중심화를 한다. 즉 **이중평균중심화(double-mean-centering)**를 한다. 예를 들어, 'ksi1'이 $x1$, $x2$, $x3$의 지표를 갖고 있고, 'eta'가 $y1$, $y2$, $y3$의 지표를 갖는다고 가정한다. 이들 6개 지표를 모두 평균중심화한다. 이제 평균중심화한 $mcx1$, $mcx2$, $mcx3$를 이용하여 제곱한 지표(즉, $mcx1*mcx1$, $mcx2*mcx2$, $mcx3*mcx3$)를 만든다. 이들 지표를 한 번 더 평균중심화한다. [input quadratic]을 추정하기로 한다. 추정 결과 다음과 같은 적합도 및 모수치를 얻는다.

output quadratic 비선형효과 분석결과

CMIN

Model	NPAR	CMIN	DF	P	CMIN/DF
Default model	21	19.582	24	.720	.816

Regression Weights: (Group number 1 - Default model)

			Estimate	S.E.	C.R.	P
eta	<---	ksi1	.391	.028	14.201	***
eta	<---	ksi1*ksi1	-.164	.023	-7.207	***

추정한 결과, $\gamma_1 = .391$, $\gamma_2 = -.164$의 모수치를 얻는다. 이들 선형(ksi1) 및 2차효과(ksi1*ksi1)는 모두 유의적인 것으로 나타났다.

이 결과를 해석하기 위해서는 x와 y 지표에 관한 평균정보가 있어야 한다. 이를 위해 SPSS에서 평균에 관한 값을 구한다. 이 경우, $y1$의 평균 3.810, $y2$의 평균 3.844, $y3$의 평균 3.723이라 가정하고, $x1$의 평균 3.554, $x2$의 평균 3.462, $x3$의 평균 3.666이라 가정한다.

모델을 해석하기 위해서는 원래의 척도를 이용해야 한다. 원래의 척도에서 η 및 ξ가 동일한 단위 및 평균을 갖도록 설정한다. 이를 위해 η는 $y1 = \eta + \epsilon_1$, ξ는 $x1 = \xi + \delta1$로 설정한다. 따라서, 위의 방정식에 있는 η와 ξ는 각각 $(\eta - 3.810)$, $(\xi - 3.554)$로 대체된다. 결국, 위 방정식은 다음으로 대체된다.

$$\eta - 3.810 = .391(\xi - 3.554) - .164(\xi - 3.554)^2$$

이 방정식을 정리하면 다음과 같다.

$$\eta = -.164\xi^2 + 1.557\xi + .349$$

선형효과는 정적인 반면, 2차효과는 부적이다. 따라서 **역 U자형 함수(inverted U-shaped function)**를 갖는다. 위 함수가 0이 되는 도함수(derivatives)를 구하면(즉, $\frac{d\eta}{d\xi} = 0$) 다음과 같다.

$$\xi = -\frac{1.557}{2 \times (-.164)} = 4.75$$

이 값을 η로 정리된 식에 대입하면 $\eta = 4.04$이다. 따라서 ξ가 증가하다가 4.75가 되는 지점에서 최대가 되고(1에서 5점 척도), 이때 η값은 4.04가 되는 함수를 갖는다. 이를 그림으로 나타내면 [그림 7-10]과 같다.

그림 7-10 비선형효과

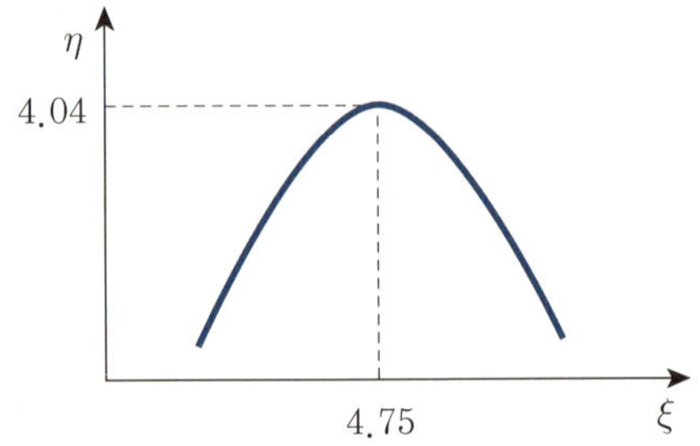

만약 추정결과 선형이 부적이고, 2차가 정적이면 U자형 함수를 갖는다고 해석하면 된다.

참·고·문·헌

배병렬 (2017). 『Amos 24 구조방정식모델링: 원리와 실제』. 서울: 도서출판 청람.

溫忠麟, 劉紅云, 侯杰泰 (2012). 『調節效応和中介效応分析』. 北京: 教育科學出版社.

Lin, G. C., Wen, Z., Marsh, H. W., and Lin, H. S. (2010). "Structural Equation Models of Latent Interactions: Clarification of Orthogonalizing and Double-Mean-Centering Strategies," *Structural Equation Modeling*, 17(3), 374–391.

Little, T. D., Bovaird, J. A., and Widaman, K. F. (2006). "On the Merits of Orthogonalizing Powered and Product Terms: Implications for Modeling Interactions Among Latent Variables," *Structural Equation Modeling*, 13(4), 497–519.

Marsh, H. W., Wen, Z., and Hau, K-T. (2004). "Structural Equation Models of Latent Interactions: Evaluation of Alternative Estimation Strategies and Indicator Construction," *Psychological Methods*, 9(3), 275–300.

Marsh, H. W., Wen, Z., and Hau, K-T. (2006). "Structural Equation Models of Latent Interaction and Quadratic Effects," in G. R Hancock and R. O. Mueller (Eds.) *Structural Equation Modeling: A Second Course* (pp. 225–265), Greenwich, CT: Information Age.

Marsh, H. W., Wen, Z., Hau, K.-T., and Nagengast, B. (2013). "Structural Equation Models of Latent Interaction and Quadratic Effects," In Hancock, G. R. and R. O. Mueller (Eds.), *Structural Equation Modeling: A Second Course* (pp. 267–308), 2nd Ed., Greenwich, CT: Information Age.

Marsh, H. W., Wen, Z., Nagengast, B., and Hau, K.-T. (2012). "Structural Equation Models of Latent Interaction," In Hoyle, R. H. (Ed.), *Handbook of Structural Equation Modeling*, (pp. 436–458), New York, NY: Guilford Press.

Ping, R. A. (1995). "A Parsimonious Estimating Technique for Interaction and Quadratic Latent Variables," *Journal of Marketing Research.*, 42(3), 336–347.

Ping, R. A. (1996). "Latent Variable Interaction and Quadratic Effect Estimation: A Two-Step Technique Using Structural Equation Analysis," *Psychological Bulletin*, 119, 166–175.

Wen, Z., Marsh, H. W., and Hau, K.-T. (2010). "Structural Equation Models of Latent Interactions: An Appropriate Standardized Solution and Its Scale-Free Properties," *Structural Equation Modeling*, 17(1), 1–22.

Chapter 8 SmartPLS에 의한 조절효과분석

1 PLS-SEM의 의의

PLS(partial least square)는 '부분최소자승법'으로 불리는 모수추정법을 이용한 일종의 회귀분석이다. 즉 회귀분석에서 사용되는 OLS(ordinary least square) 추정법을 응용한 방법론이다. PLS에 기초한 구조방정식모델링(structural equation modeling: SEM)을 PLS-SEM이라 한다.

SEM은 크게 공분산에 기초한 구조방정식모델링(covariance-based SEM: CB-SEM)과 PLS에 기초한 구조방정식모델링(PLS-SEM)으로 나눌 수 있다. CB-SEM을 위한 패키지로는 Amos, LISREL, Mplus 등이 있고, PLS-SEM을 위한 패키지로는 PLS-Graph, SmartPLS 등이 있다.

PLS-Graph는 상업용 버전으로 유통되고 있으나, SmartPLS는 무료로 다운받아 이용할 수 있기 때문에 SmartPLS의 사용빈도가 늘고 있다. SmartPLS는 2.0(2005)과 3.0(2014) 두 버전이 있다. SmartPLS 2.0은 무료로 쓸 수 있으나, 2014년에 출시된 SmartPLS 3.0은 'student 버전'과 30일 동안 쓸 수 있는 'trial 버전'이 있다. 이 책은 SmartPLS 2.0과 SmartPLS 3.0 두 버전을 이용하여 분석하는 것에 초점을 맞추어 기술하였다.

이하에서 CB-SEM과 PLS-SEM의 특징에 대해 알아보기로 한다. 이러한 특징을 고려하여 연구자는 어떤 접근법에 의해 SEM을 분석할 것인가를 결정해야 한다.

첫째, 연구의 성격 면에서 보면 PLS-SEM은 탐색적 성격을 갖는 반면에 CB-SEM은 확인적 성격을 갖는다. 즉 CB-SEM은 이론과 논리적 정당성을 근거로 개념들 간의 관계를 모델로 설정한 다음, 이 모델이 적합한지를 확인하고자 하는 성격을 갖는다. 그러한 면에서 모델과 자료 간의 적합도를 산출하게 되고 이 적합도를 토대로 모델의 수용 가능성을 확인한다. 그러므로 CB-SEM은 **이론검정(theory testing)**의 성격을 갖는다. 이에 비해 PLS-SEM은 이론과 논리적 정당성 등을 토대로 모델을 구축하는 면에서 약간 부족한 면이 있는 모델을 대상으로 탐색적으로 이론을 구축하고자 하는 성격을 갖는다. 그러한 면에서 PLS-SEM은 **이론구축(theory building)**의 성격을 갖는다. PLS-SEM은 모수치를 추정하는 과정에서 구조모델과 관련된 모수치는 과소추정(under-estimate)하고, 측정모델과 관련된 모수치는 과대추정(over-estimate)하는 편의(bias)가 있다. 이는 동일한 모델이라 하더라도 CB-SEM으로 추정하느냐 또는 PLS-SEM으로 추정하느냐에 따라 구조모델과 관련된 모수치가 CB-SEM에서는 유의적으로 나타나더라도, PLS-SEM에서는 비유의적으로 나타날 수 있음을 의미한다. 따라서 연구모델이 확실한 이론적 근거를 토대로 설정이 되었다면 CB-SEM에 의해 분석하는 것이 바람직하고, 그렇지 않다면 PLS-SEM에 의해 분석하는 것이 바람직하다.

둘째, 자료 분포에 관한 측면에서 보면 CB-SEM은 자료가 다변량정규분포를 한다는 가정을 토대로 분석한다. 그러한 면에서 CB-SEM은 **모수적 접근법(parametric approach)**의 성격을 갖는다. 따라서 모수에 관한 검정을 $\alpha=0.05$ 수준에서 모수치가 1.96보다 크면 유의적이라고 판단한다. 그러나 PLS-SEM은 자료의 분포에 관한 가정을 하지 않는 **비모수적 접근법(nonparametric approach)**의 성격을 갖는다. 따라서 모수의 유의성 검정을 위해 붓스트레핑을 하게 되고 여기에서 얻어진 t-value 통계량을 기초로 판단한다.

셋째, CB-SEM은 표본크기가 커야 안정적인 모수를 추정할 수 있다. 일반적으로 CB-SEM에서 요구하는 최소한의 표본크기는 적어도 150 이상이 되어야 한다. 그러나 PLS-SEM은 표본크기 그리 크지 않아도 된다. 물론 PLS-SEM에서도 표본크기가 크면 클수록 좋기는 하다. 따라서 연구자가 수집한 자료의 표본크기가 작다면 PLS-SEM으로 접근하는 것이 바람직하다.

넷째, CB-SEM은 최우추정법(maximum likelihood estimation: MLE)으로 모수를 추정한다. 즉 모델설정을 토대로 모델예측행렬($\hat{\Sigma}$)과 표본행렬($\hat{S}$) 간의 차이를 최소화하는 모수치를 추정하여 보고한다. 그리하여 모델예측행렬($\hat{\Sigma}$)과 표본행렬($\hat{S}$) 간에 어느 정도 차이가 나는가를 여러 가지 지수를 이용하여 보고한다. 이에 비해 PLS-SEM은 PLS 알고리즘을 이용하여 모수를 추정한다. PLS 알고리즘의 특징은 특정 내생변수의 분산(R^2)을 최대화하고, 측정오차 및 잔차(방정식오차)를 최소화하는 관점에서 모수를 추정한다는 점이다.

[그림 8-1]의 연구모델을 통해 이에 대해 살펴보기로 한다. 이 모델을 보면 갈등, 분배공정성, 절차공정성 등이 신뢰를 설명하는 것으로 되어 있다. 또한 신뢰는 재계약의도를 설명하는 것으로 되어 있다. 이들 잠재변수는 각각 3개의 측정변수에 의해 측정이 되었다고 가정한다. PLS 알고리즘은 신뢰 및 재계약의도를 가장 많이 설명하는 모수를 추정하고, 각각의 측정변수의 오차를 최소화하고, 잔차(구조오차)를 최소화하는 모수를 추정한다. 이러한 의미에서 '부분(partial)'이라는 용어가 붙는다.

그림 8-1 | **연구모델**

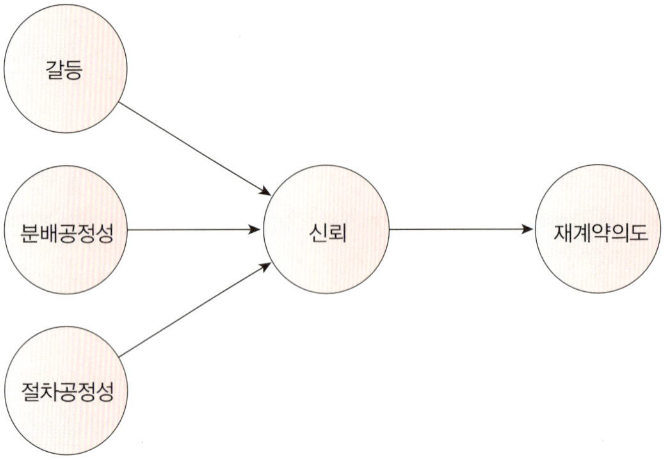

다섯째, 잠재변수와 측정변수 간의 관계가 어떤 방향성을 갖느냐에 따라 반영지표와 조형지표로 나눌 수 있는데, PLS-SEM은 반영지표와 조형지표가 포함된 모델을 추정하는 데 문제가 되지 않지만, CB-SEM은 조형지표가 포함된 모델을 추정하는 데 문제가 있을 수 있다. 반영지표와 조형지표에 대해서는 졸저(2017)를 참고하기 바란다.

여섯째, CB-SEM은 복잡한 모델을 추정하는 경우 식별문제에 많이 처하게 되지만, PLS-SEM은 복잡한 모델이라 하더라도 식별문제에 처하지 않는다. **식별문제(identification problem)**란 모수를 추정하는 데 문제가 있음을 의미한다.

일곱째, CB-SEM은 내생잠재변수 간에 서로 영향을 주고받는 비재귀모델의 추정이 가능하지만, PLS-SEM은 비재귀모델의 추정이 불가능하다. 예컨대, 위 모델에서 신뢰와 재계약의도 간에 서로 영향을 주고받는 비재귀모델의 설정이 CB-SEM에서는 가능하지만, PLS-SEM에서는 불가능하다. [표 8-1]은 CB-SEM과 PLS-SEM의 특징을 비교하여 제시한 것이다.

표 8-1 ▌CB-SEM과 PLS-SEM의 특징 비교

구분	CB-SEM	PLS-SEM
연구의 성격	확인적	탐색적
이론적 근거	강한 이론적 근거	이론적 근거가 약함
척도의 유형	등간 또는 비율척도	명목척도에서 비율척도
부적해	부적해가 발생	항상 식별이 됨
추정	구조모델과 측정모델을 각각 추정할 수 있음	구조모델과 측정모델을 동시에 추정
자료분포	다변량정규성 가정, 모수적 접근	다변량정규성을 가정하지 않음, 비모수적 접근
표본크기	대표본을 요구함(최소 150 이상)	소표본도 가능(30~100도 가능)
모수추정	최우도추정(MLE)	PLS 알고리즘
지표의 방향성	반영지표	조형지표와 반영지표
잠재변수 간 상관	잠재변수 간 상관설정이 가능	잠재변수 간 상관설정이 불가능
오차 간 상관	오차 간 상관설정이 가능	오차 간 상관설정이 불가능
모델의 복잡성	복잡한 모델의 추정이 어려움(지표가 100개 이상인 경우 문제가 발생), 재귀모델 및 비재귀모델 추정 가능	복잡한 모델의 추정이 가능, 재귀모델만 추정 가능

2 SmartPLS 활용

2.1 SmartPLS 2.0 설치하기

SmartPLS 2.0을 설치하기 위해 http://www.smartpls.de/ 또는 http://www.smartpls.com/으로 간다. 스크롤바를 이용하여 밑으로 내리면 다음과 같은 화면이 나온다. 이 화면에서 밑에 있는 [click here]를 클릭한다.

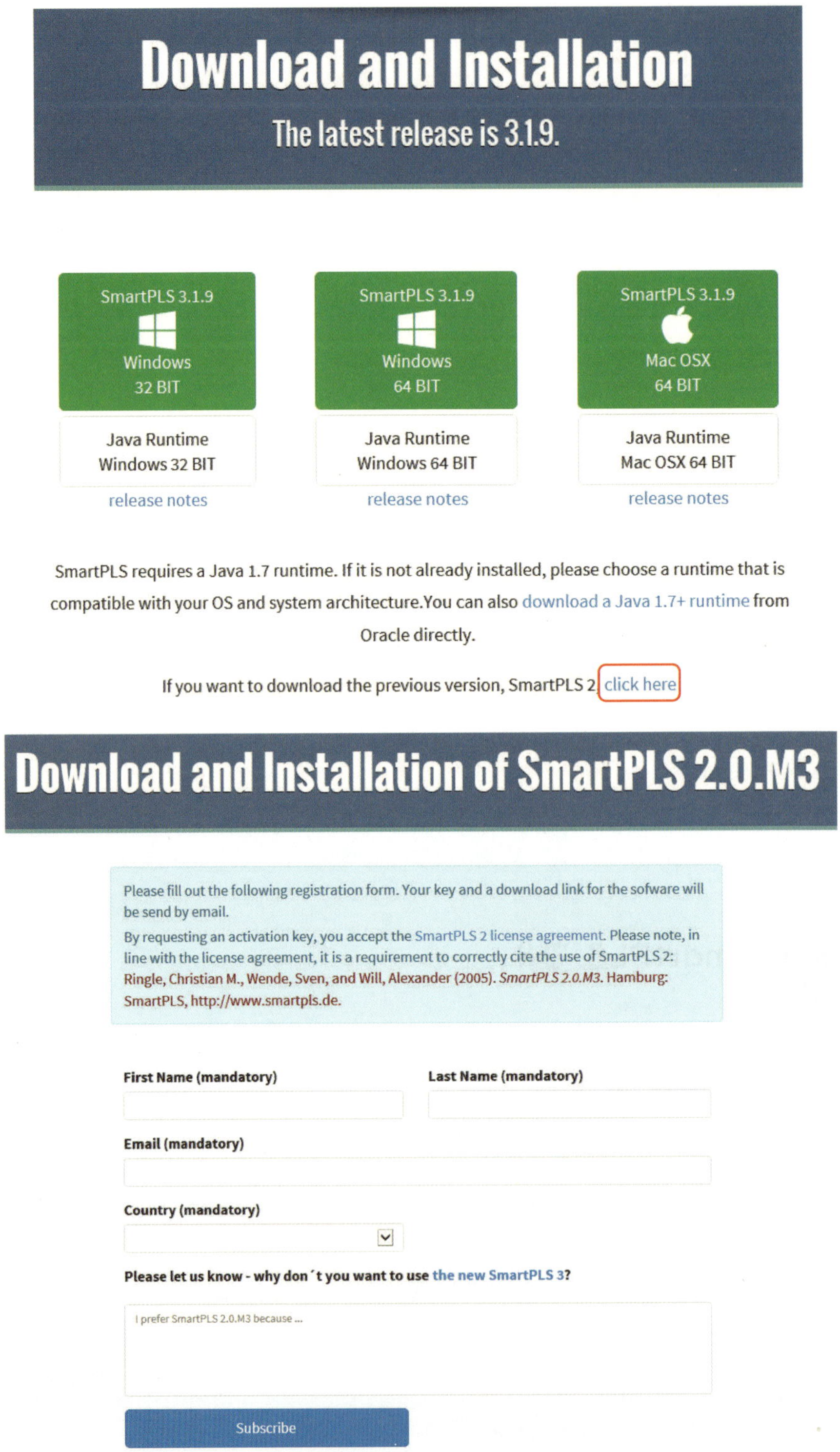
Download and Installation
The latest release is 3.1.9.
SmartPLS 3.1.9
Windows
32 BIT
Java Runtime
Windows 32 BIT
release notes
SmartPLS 3.1.9
Windows
64 BIT
Java Runtime
Windows 64 BIT
release notes
SmartPLS 3.1.9
Mac OSX
64 BIT
Java Runtime
Mac OSX 64 BIT
release notes
SmartPLS requires a Java 1.7 runtime. If it is not already installed, please choose a runtime that is compatible with your OS and system architecture.You can also download a Java 1.7+ runtime from Oracle directly.
If you want to download the previous version, SmartPLS 2 click here
Download and Installation of SmartPLS 2.0.M3
Please fill out the following registration form. Your key and a download link for the sofware will be send by email.
By requesting an activation key, you accept the SmartPLS 2 license agreement. Please note, in line with the license agreement, it is a requirement to correctly cite the use of SmartPLS 2:
Ringle, Christian M., Wende, Sven, and Will, Alexander (2005). SmartPLS 2.0.M3. Hamburg: SmartPLS, http://www.smartpls.de.
First Name (mandatory)
Last Name (mandatory)
Email (mandatory)
Country (mandatory)
Please let us know - why don´t you want to use the new SmartPLS 3?
I prefer SmartPLS 2.0.M3 because ...
Subscribe

그러면 하루쯤 지난 다음, 신청자의 메일로 신청되었음을 확인하였다는 메일이 온다. 그러면 SmartPLS를 다운로드할 수 있는 자격이 된다. SmartPLS 홈페이지에 접속하여 [Username]과 [Password]를 입력한다. [Username]과 [Password]를 정확히 입력하기 위해 신청서를 작성할 때 [Username]과 [Password]를 노트에 적어 두기 바란다.

다운로드가 끝나면 압축파일이 풀리게 되는데, 거기에 있는 파일 가운데 [smartpls.exe]를 클릭하면 설치가 끝난다. SmartPLS를 실행하면 다음과 같은 초기화면이 나타난다.

여기에서 [Welcome]을 닫으면 다음과 같은 초기화면이 나타난다.

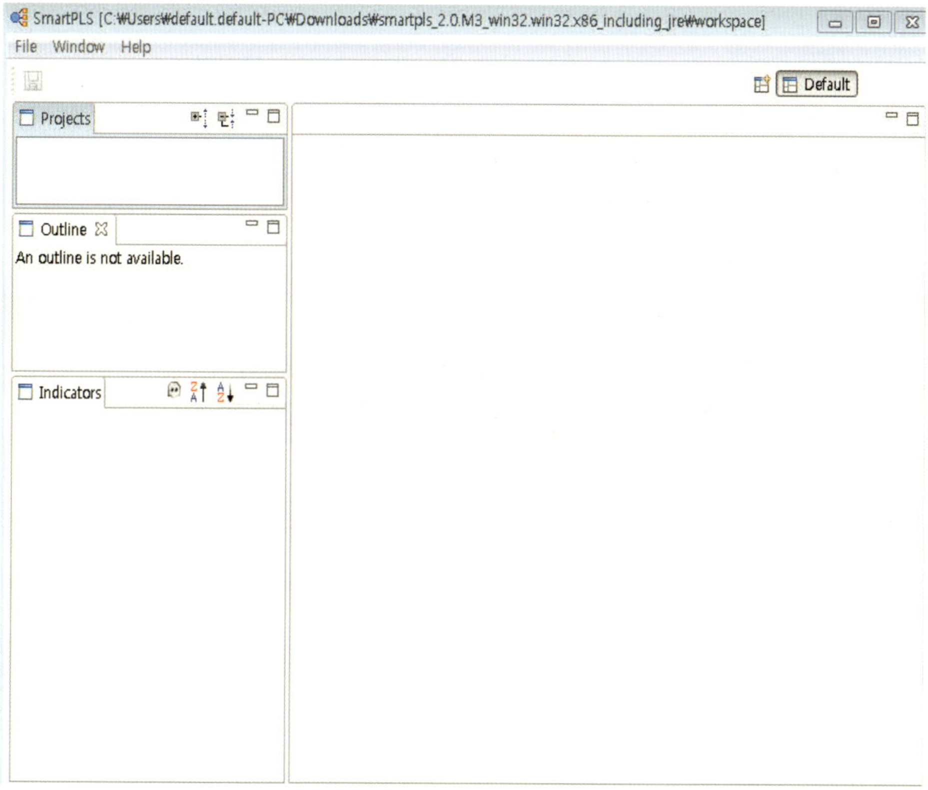

위 초기화면에서, 제일 위에 SmartPLS의 작업공간(workspace)이 보이는데, 이를 바

꾸고 싶으면 메뉴바의 [File]에서 [Switch Workspace]를 클릭하고 적당한 이름으로 바꾸어주면 된다.

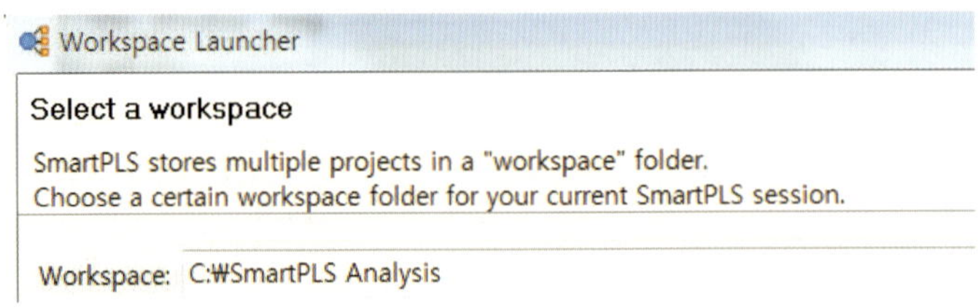

2.2 SmartPLS 2.0 재활성화

SmartPLS 2.0은 3개월간의 유효기간이 있다. 즉 3개월이 지나면 사용할 수 없게 된다. 그러나 재활성화(reactivation)를 해주면 계속해서 사용할 수 있다. 이를 위해 SmartPLS 홈페이지에 접속하여 로그인한 다음, 오른쪽 위에 있는 [My Key]를 클릭한다. 그러면 아래와 같은 'activation key'가 있는데, 이 key를 복사하여 SmartPLS 프로그램에 붙여넣기 하고, [Next] 버튼을 누른 다음, [Finish] 버튼을 누르면 재활성화가 되어 3개월을 더 쓸 수 있다. 3개월이 지나면 다시 이런 식으로 하면 3개월 더 사용할 수 있다. 이때, SmartPLS 홈페이지에 로그인한 상태에서 이 작업을 해야 함에 유의한다. 즉 로그인하지 않고 'activation key'를 복사해서 붙이면 안 된다.

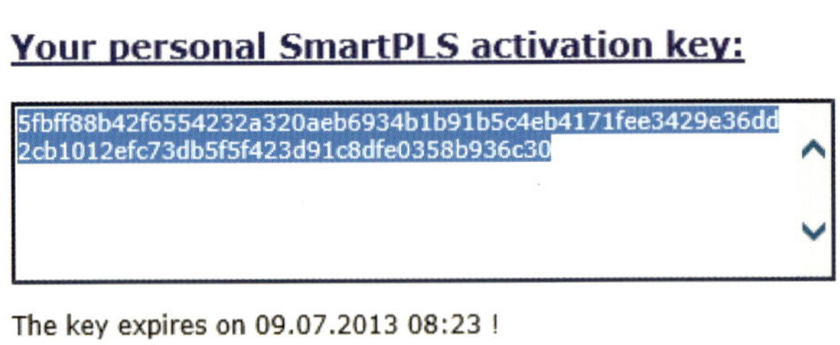

이 작업이 이루어지면 다음과 같이 성공적으로 활성화되었음을 알려준다.

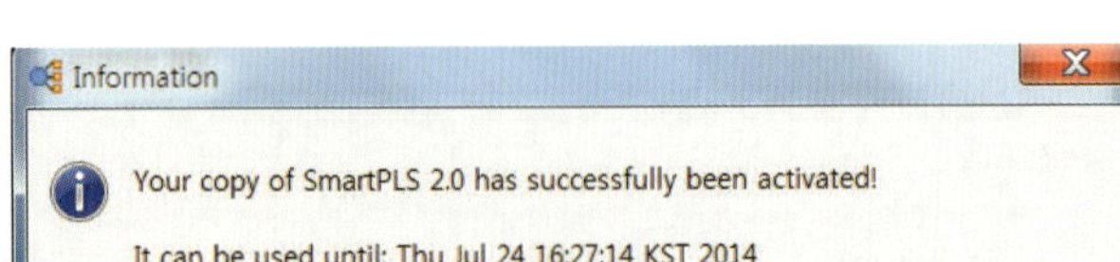

2.3 SmartPLS 2.0에서 외부에 저장된 파일 불러오기

[File] 메뉴에서 [Import] → [Import Project] → [Next]를 누른다. [Import Project] 창에 있는 [Browse] 버튼을 누른다. 해당 경로와 폴더를 찾아간다. 확장자가 [*.splsp]인 파일을 지정한다. [Finish] 버튼을 누르면 외부에 저장된 파일을 불러들일 수 있다.

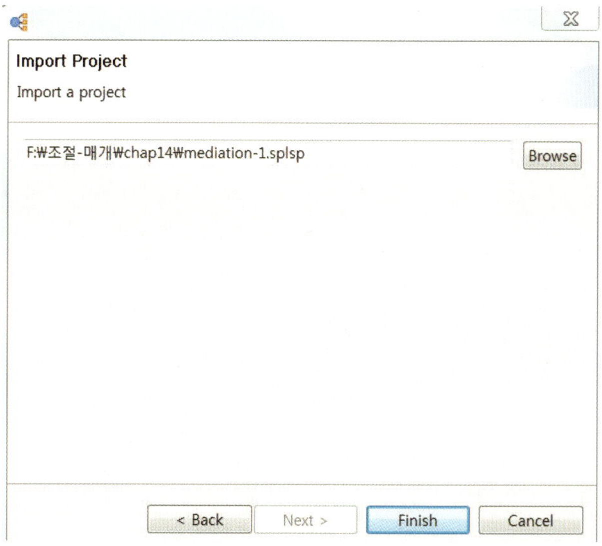

이하에서 바탕화면에 저장된 파일을 불러오는 것에 대해 살펴보기로 한다. 예를 들어, 바탕화면에 저장된 [moderation-1.splsm] 파일을 불러오기로 한다.

먼저 SmartPLS를 실행한다. [File] 메뉴에 있는 [Switch Workspace]를 누른다. [Browse] 버튼을 눌러 해당 경로 해당 폴더를 지정해 주고, [OK] 버튼을 누른다.

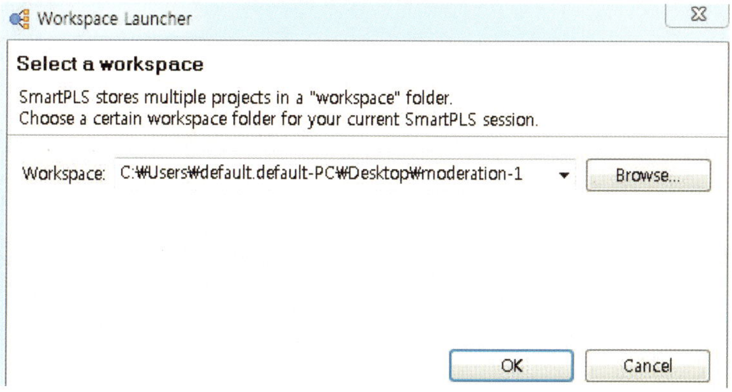

그러면 SmartPLS가 다시 실행되면서 새로운 초기화면이 나타난다. 이 화면에서 [File] 메뉴에 있는 [Import]를 누른다. [Import Project]를 누르고 [Next] 버튼을 누른다.

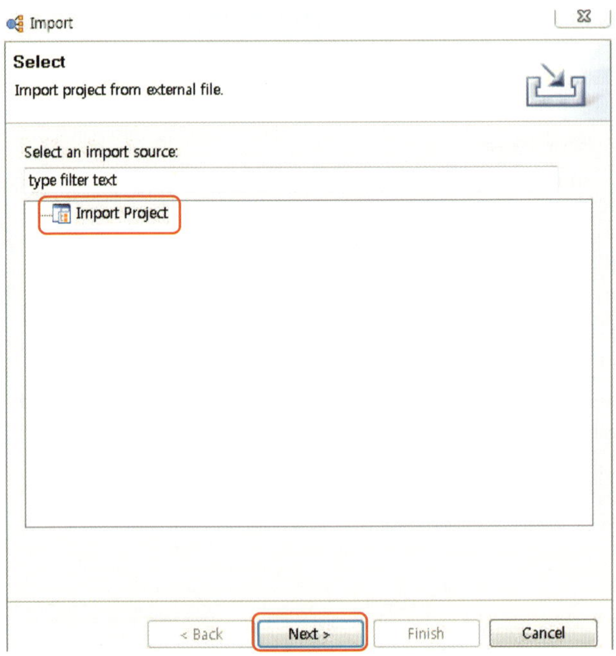

2.4 SmartPLS 2.0에서 작업한 프로젝트를 외부에 저장하기

바탕화면에서 작업한 프로젝트를 외부에 있는 저장매체에 저장하는 것에 대해 알아보기로 한다. 이를 위해 먼저 작업을 해서 분석을 끝마치고 [File] 메뉴의 [Export]를 누른다. [Export Project]를 클릭하고 [Next] 버튼을 누른다. 해당 파일을 지정한다. 본 예에서는 [moderation-1]을 외부에 보내기로 한다.

[Browse] 버튼을 누르고 [Select the target directory]를 지정한다. 본 예에서는 [N] 드라이브에 있는 [mod-med] 디렉토리의 [chap8] 폴더에 저장하기로 한다. [Finish] 버튼을 누르면 외부에 저장된다.

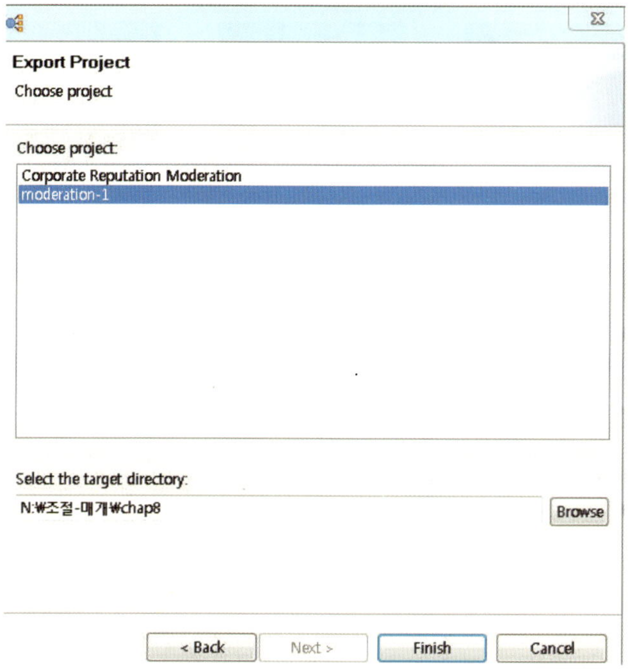

2.5 SmartPLS 3.0 설치하기

2014년 6월에 SmartPLS 3.0이 출시되었다. SmartPLS 3.0은 SmartPLS 2.0에 비해 상당히 많이 개선되었다. 2014년 6월에 출시된 SmartPLS 3.0은 1년간 무료로 쓸 수 있도록 했으나, 2015년 2월에 출시된 SmartPLS 3.1.9부터는 유료화해서 판매하고 있다. 그러나 다행이 30일 동안 쓸 수 있는 trial version이 제공되고 있다. 이하에서 이를 설치하는 것에 관해 알아보기로 한다. 먼저, 홈페이지 http://www.smartpls.com/로 간다. 초기화면에서 아래와 같은 부분을 클릭한다.

다음과 같은 화면에서 플랫폼에 맞는 것을 선택한다.

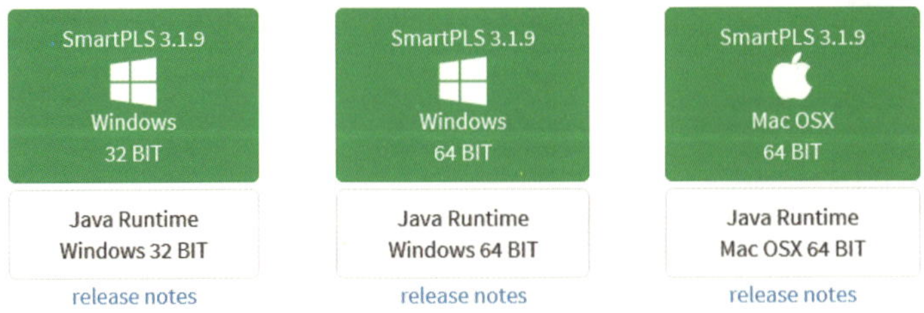

다음과 같은 메시지가 나오면 [실행] 버튼을 누른다.

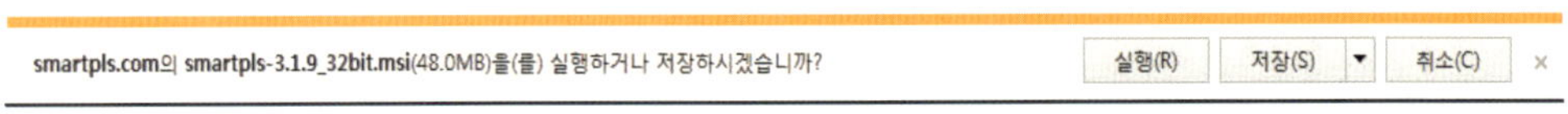

설치를 마치면 다음과 같은 화면이 나온다.

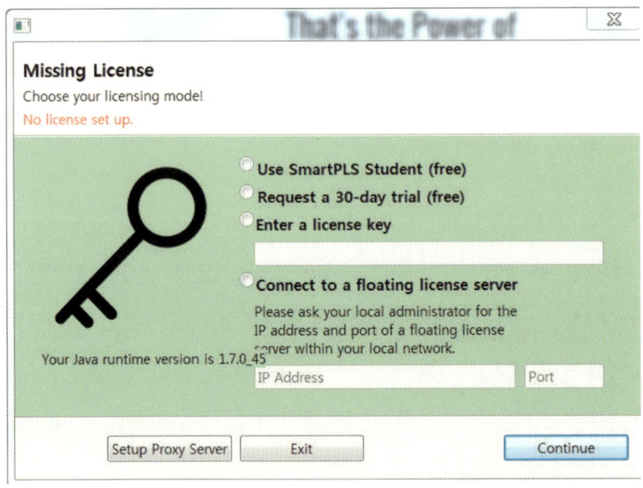

[Request a 30-day trial(free)]를 체크하고 [Continue] 버튼을 누른다.

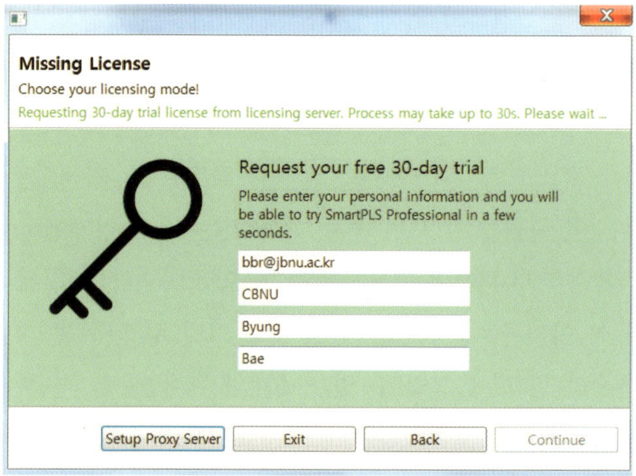

요구하는 내용을 입력하고 [Continue] 버튼을 누르면 설치가 끝난다.

2.6 SmartPLS 3.0에 의해 연구모델 그리기

이하에서 SmartPLS 3.0으로 [그림 8-1]의 연구모델을 그리는 것에 대해 살펴보기로 한다. SmartPLS 3.0을 실행한다. 초기화면에서 [File] → [Create new project]로 가서 클릭한다. [Name]에 저장할 이름을 입력하고, [OK] 버튼을 누른다. 그러면 입력한 파일 이름(◢ ! moderation-2)이 보인다.

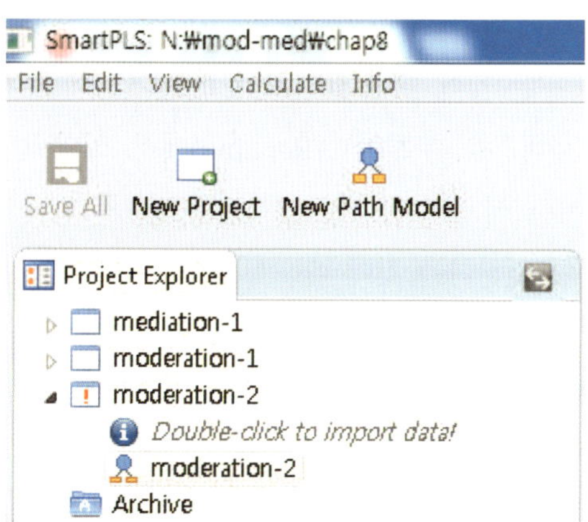

Double-click to import data! 와 moderation-2 가 있다. 먼저, *Double-click to import data!* 을 더블

클릭한다. 이는 자료를 연결하기 위해서이다. SmartPLS는 확장자가 [*.csv]인 파일을 사용한다. 따라서 SPSS에서 자료를 저장할 때 이 확장자로 이름을 저장해 두어야 한다는 점에 유의한다. 자료에 문제가 없으면 연결된다.

이제 모델을 그리기 위해 moderation-2 을 더블클릭한다. 잠재변수를 그리기 위해 을 클릭한다. 이 화면을 잘 보면 숫자 '1'이 있는데, 이 상태에서 [shift]를 누르고 마우스 왼쪽 버튼을 누르면 다음과 같이() 'N'으로 바뀐다. 이렇게 하면 잠재변수를 여러 개 그릴 때 이 아이콘을 계속 클릭하지 않고 그릴 수 있는 편리한 면이 있다. 즉 여러 개의 잠재변수를 한 번에 그릴 수 있다. 5개의 잠재변수를 적당한 위치에 그린다.

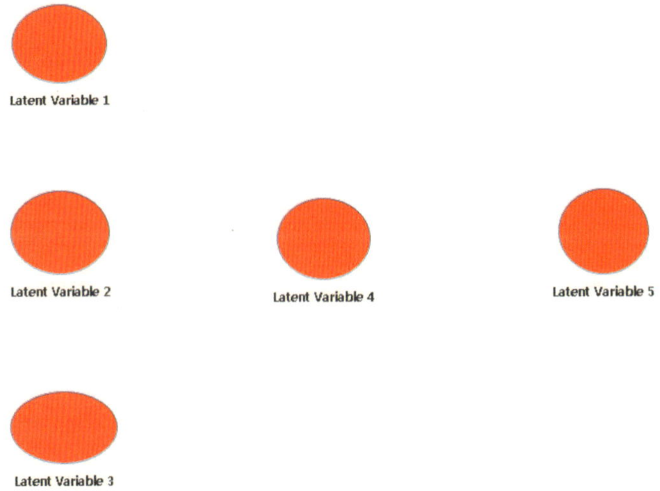

잠재변수의 이름을 바꾸는 것에 대해 알아보기로 한다. 이를 위해 잠재변수 위에 마우스 포인트를 놓고 우측 버튼을 누른다. [Rename]에서 해당 변수에 이름을 입력하고 [OK] 버튼을 누른다. 이런 식으로 나머지 잠재변수도 처리한다.

관측변수를 잠재변수에 연결하는 것에 대해 알아보기로 한다. 이를 위래 왼쪽 밑에 있는 지표(indicator)에 있는 해당 변수를 [shift] 키를 누른 상태에서 지정한다. 그리고 이들 지표를 해당 잠재변수로 드래그하여 드롭하면 된다.

신뢰와 재계약의도에 해당하는 indicator의 방향을 회전하고 싶으면 해당 잠재변수 위에 마우스 포인트를 놓고 우측 버튼을 누른 다음, [Align]에서 [Indicators Top]을 누르면 된다. 지금까지의 작업을 나타내면 다음과 같다.

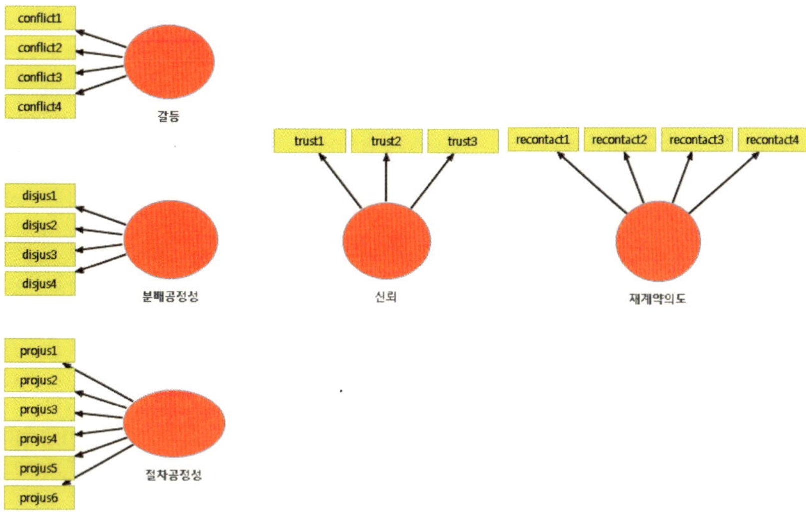

이제 잠재변수 간의 경로를 연결하는 것에 대해 알아보기로 한다. 이를 위해 메뉴바에 있는 Connect 를 클릭한다. 이것도 잠재변수 아이콘처럼 'N'으로 만든 다음 Connect 해당 잠재변수들을 연결하면 편리하다. 잠재변수들이 연결되면 잠재변수의 색상이 빨간색에서 파란색으로 변하게 된다.

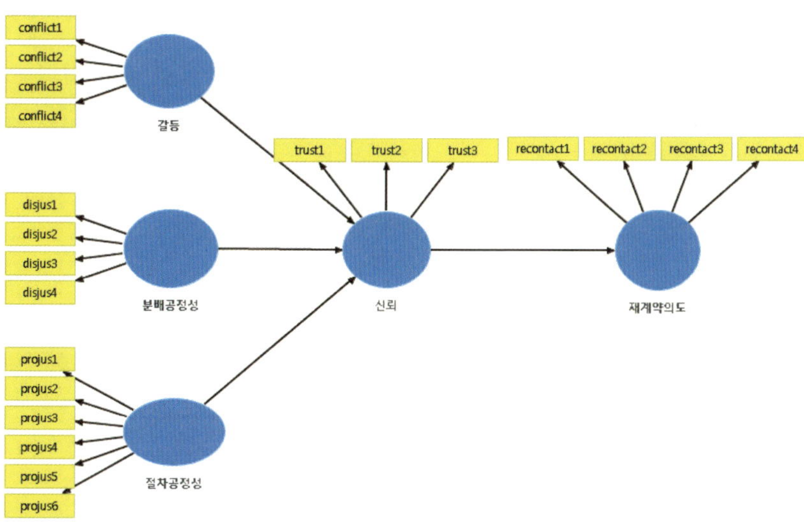

실행을 위해 메뉴바에서 [Calculate] → [PLS Algorithm]을 클릭한다. [Start Calculation] 버튼을 누르면 실행이 된다.

3 연속형 변수의 조절효과분석

PLS-SEM에서 조절변수가 연속형 변수인 경우에는 **적지표 접근법(product indicator approach)** 또는 **직교화 접근법(orthogonalizing approach)**에 의해 조절효과를 검정한다. Henseler & Chin(2010)은 이 가운데 직교화 접근법을 추천하고 있다. 특히 직교화 접근법은 표본크기가 작고, 잠재변수당 지표가 작은 경우에 적지표 접근법에 비해 우수한 것으로 나타났다.

적지표 접근법은 독립변수에 해당하는 지표와 조절변수에 해당하는 지표를 곱해서 **상호작용항(interaction term)**을 만들고 이 지표를 이용하여 분석한다. 상호작용항을 만들 때 평균중심화한 변수를 이용해야 한다. SmartPLS에는 평균중심화를 위한 옵션이 있기 때문에 굳이 원자료를 평균중심화할 필요가 없다.

직교화 접근법은 **잔차중심화(residual centering)**를 해서 얻은 지표를 이용한다. 따라서 직교화 접근법을 이용하기 위해서는 SPSS에서 잔차중심화를 한 다음, 이 지표를 SmartPLS에서 이용해야 한다. 이하에서 이 두 가지 접근법에 대해 살펴보기로 한다.

3.1 적지표 접근법

적지표 접근법에 의한 조절효과분석을 [그림 8-2]의 모델을 예로 들어 살펴보기로 한다. 이 모델에서 M, X, Y 등의 잠재변수가 각각 3개의 관측변수로 이루어진 모델이라고 가정한다. 적지표 접근법에 의해 조절효과를 분석하기 위해 X와 M의 관측변수를 곱한 9개의 관측변수를 XM의 지표로 이용한다.

그림 8-2 ▌조절효과의 상호작용항

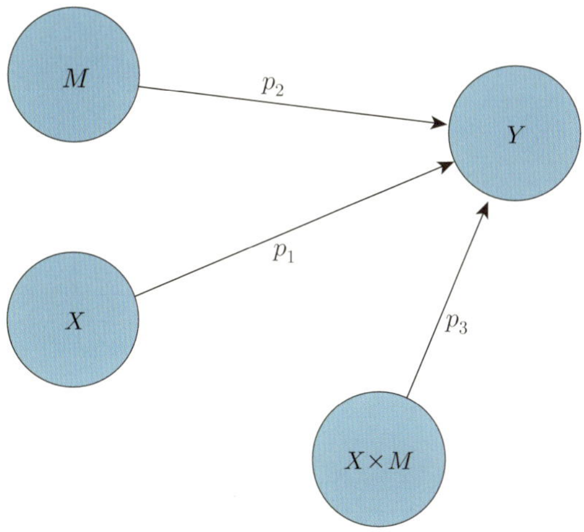

조절효과는 다음과 같은 식으로 나타낼 수 있다.

$$Y=(p_1+p_3\times M)X+p_2M$$

위 식에서 볼 수 있듯, X가 Y에 주는 효과는 p_1 뿐만 아니라, $p_3\times M$에 의해 결정된다. 조절변수가 모델에 어떻게 반영되는가를 이해하기 위해 위 식을 다음과 같이 쓸 수 있다.

$$Y=p_1\times X+p_2\times M+p_3\times(XM)$$

위 식을 보면, 조절효과는 독립변수의 단순효과(simple effect)인 $p1\times X$, 조절변수의 단순효과인 $p_2\times M$, 상호작용항인 $p_3\times(XM)$으로 구성되어 있음을 알 수 있다. 따라서 p_3은 단순효과 p_1이 조절변수 M이 '1 표준편차'가 증가하거나 또는 감소할 때 어떻게 변하는가를 알려준다.

[그림 8-3] 모델에서 '신뢰'와 '재계약의도' 간의 관계가 '계산적결속'에 의해 조절되는지 알아보기로 한다. 자료는 [moderation_1.csv]를 이용하기로 한다.

그림 8-3 ▌계산적결속의 조절효과

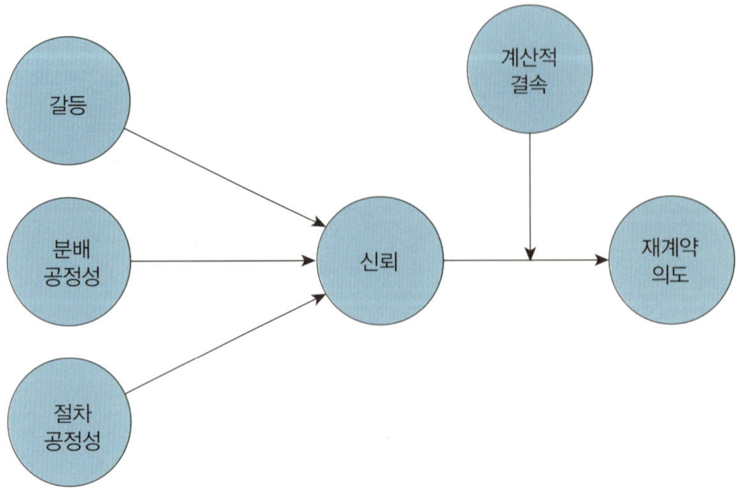

1) SmartPLS 2.0에 의한 방법

(1) 상호작용항이 없는 모델의 추정

SmartPLS에 의해 조절효과를 분석하기 위해 '계산적결속'에서 '재계약의도'로 가는 경로를 그린다.

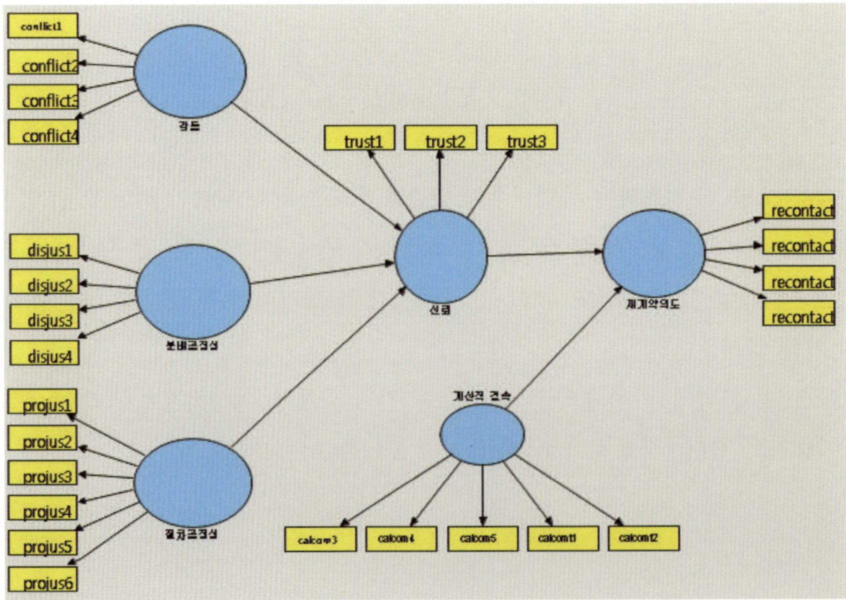

이 모델을 추정하면 신뢰에서 재계약의도로 가는 경로계수는 0.455, 계산적결속에서 재계약의도로 가는 경로계수는 0.464로 나타나고, 재계약의도의 R^2는 0.742가 나온다.

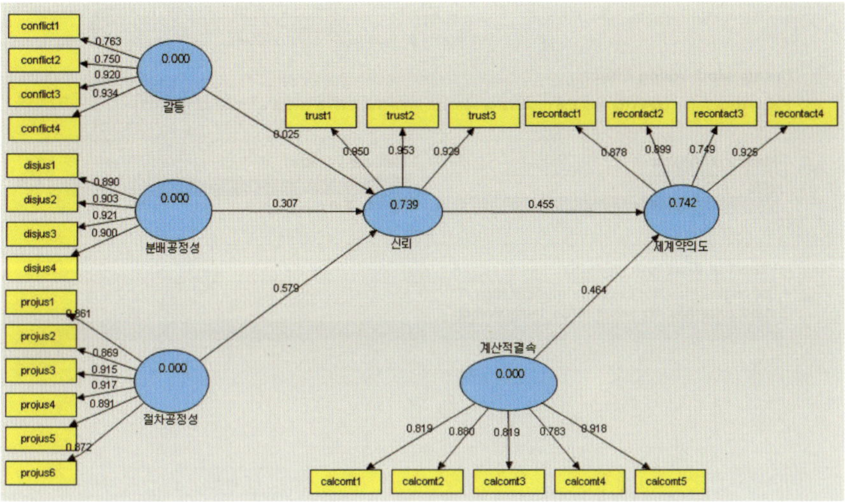

경로계수의 유의도를 붓스트레핑을 하면 유의적으로 나온다(신뢰 → 재계약의도(3.505), 계산적결속 → 재계약의도(3.529)).

(2) 상호작용항이 있는 모델의 추정

마우스 포인트를 재계약의도 위에 놓고 오른쪽 버튼을 누른 다음, 나타나는 창에서 [Create Moderating Effect]를 누른다.

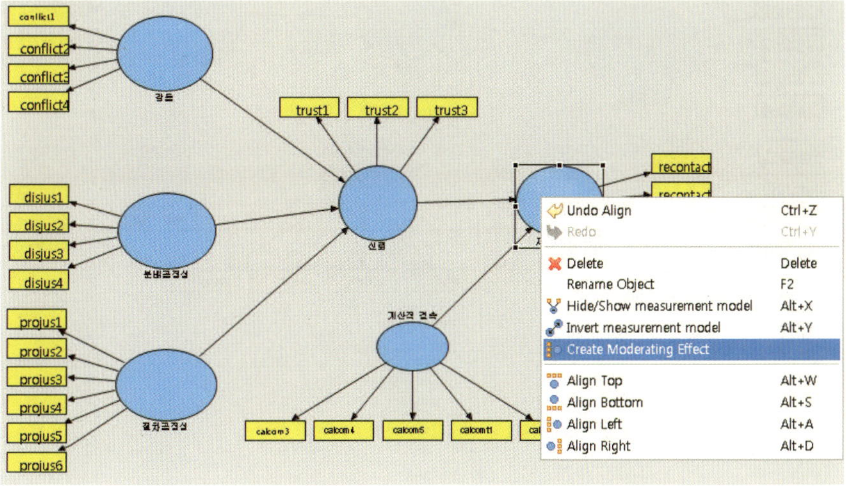

조절변수는 '계산적결속', 독립변수는 '신뢰'로 지정하고, 상호작용항을 만들기 위해 평균중심화(mean-center)를 선택하고, [Finish] 버튼을 누른다.

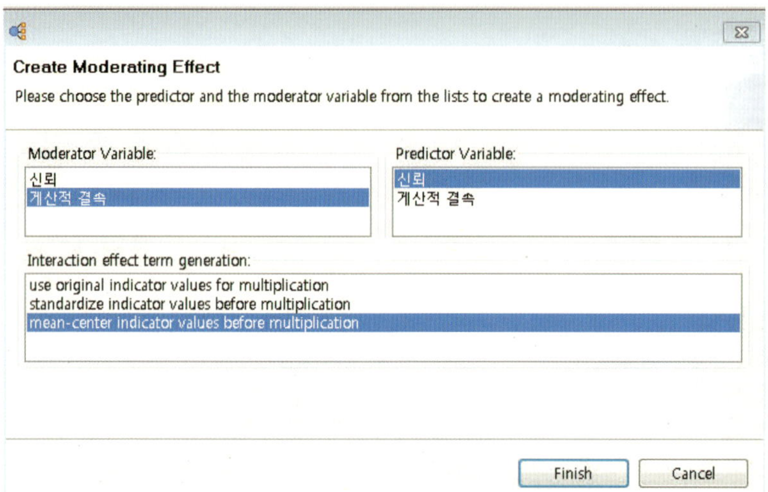

그러면 '신뢰'와 '계산적결속'의 상호작용항(신뢰*계산적결속)이 생긴다.

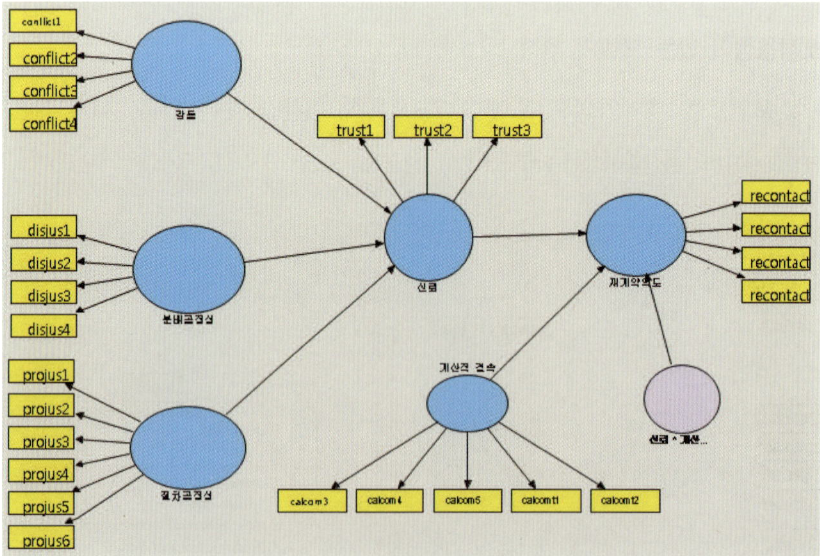

상호작용항의 지표가 안 보이는데, 이를 보고 싶으면 '신뢰*계산적결속'의 잠재변수 위에 마우스 포인트를 놓고 오른쪽 버튼을 눌러 나타나는 창에서 [Hide/Show measurement model]을 누르면 지표들을 볼 수 있다. 신뢰에는 3개의 지표가 있고, 계산적결속에는 5개의 지표가 있으므로 총 15개의 지표가 있음을 알 수 있다.

[Calculate] → [PLS Algorithm]을 눌러 추정을 한다. 결과를 보기 위해 [Report] → [Html Report]를 누른다. [Calculation Results]에 있는 [Path Coefficients]를 누른다. '신뢰*계산적결속'에서 '재계약의도'로 가는 경로계수는 −.041로 나타난다. 계수의 부호가 부적(−)임은 조절변수인 계산적결속이 증가할수록 신뢰와 재계약의도 간의 관계가 감소함을 의미한다. 반대로 부호가 (+)인 경우는 계산적결속이 증가할수록 신뢰와 재계약의도 간의 관계가 증가하는 것으로 해석한다.

Path Coefficients

	갈등	계산적 결속	분배공정성	신뢰	신뢰 * 계산적 결속	재계약의도	절차공정성
갈등				0.025035			
계산적 결속						0.460790	
분배공정성				0.307199			
신뢰						0.443653	
신뢰 * 계산적 결속						-0.041301	
재계약의도							
절차공정성				0.579049			

(3) 조절효과의 유의성 검정

이 계수의 유의성 검정을 위해 붓스트레핑을 한다. [Cases]는 표본크기이므로 '110', [Samples]는 붓스트렙 표본크기를 의미하므로 '5,000'으로 지정한다. [Finish] 버튼을 누르면 실행이 된다.

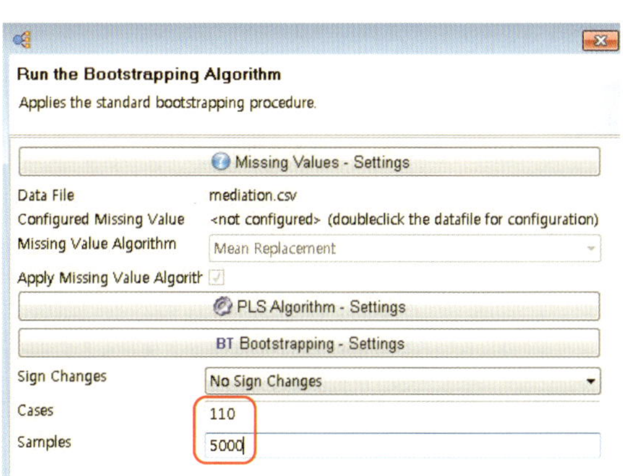

결과를 보기 위해 [Report] → [Html Report]로 가서 [Path Coefficients (Mean, STDEV, T-Values)]를 누른다. 경로계수의 유의도는 0.6038로 비유의적인 것으로 나타났다. 따라서 계산적결속은 신뢰와 재계약의도 간의 관계에 조절역할을 하지 않는 것으로 나타났다.

Path Coefficients (Mean, STDEV, T-Values)

	Original Sample (O)	Sample Mean (M)	Standard Deviation (STDEV)	Standard Error (STERR)	T Statistics (|O/STERR|)
갈등 -> 신뢰	0.025035	0.022695	0.079123	0.079123	0.316400
계산적 결속 -> 재계약의도	0.460790	0.474932	0.128467	0.128467	3.586847
분배공정성 -> 신뢰	0.307199	0.303706	0.123873	0.123873	2.479958
신뢰 -> 재계약의도	0.443653	0.431397	0.128420	0.128420	3.454714
신뢰 * 계산적 결속 -> 재계약의도	-0.041301	-0.043102	0.068401	0.068401	0.603811
절차공정성 -> 신뢰	0.579049	0.582343	0.122972	0.122972	4.708791

(4) 조절효과의 크기 계산

조절효과가 유의적으로 나타난 경우, 그 크기를 아는 것은 의미가 있다. 조절효과의 크기를 알기 위해서는 다음과 같은 **효과크기(effect size: f^2)**를 계산해야 한다. 이를 위해 상호작용항이 없는 모델을 돌려 재계약의도의 R^2값을 확인하고, 그 다음 상호작용항을 포함한 모델을 그린 다음 모델을 다시 돌려 재계약의도의 R^2값을 확인한다.

$$f^2 = \frac{R^2_{\text{상호작용항 있는 모델}} - R^2_{\text{상호작용항 없는 모델}}}{1 - R^2_{\text{상호작용항 있는 모델}}}$$

상호작용항이 없는 모델의 재계약의도의 $R^2 = 0.742$, 상호작용항이 있는 모델의 재계약의도의 $R^2 = 0.744$로 나타난다. 이 값을 이용해 f^2을 계산하면 다음과 같다.

$$f^2 = \frac{0.744 - 0.742}{1 - 0.744} = \frac{0.002}{0.256} = 0.0078$$

Cohen(1988)은 f^2값이 0.02보다 작으면 효과크기가 작고, 0.15이면 중간, 0.35 이상이면 크다고 하였다. 따라서 이 경우는 0.02보다 작기 때문에 효과크기는 작다고 할 수 있다.

3.2 직교화 접근법

앞의 모델을 직교화 접근법에 의해 분석하기로 한다. 이를 위해 먼저, 신뢰에 해당하는 변수(예: trust1)와 계산적결속에 해당하는 변수(예: calcom1)를 곱한 변수(예: tru1cal1)를 만든다. 이 예에서는 신뢰에 3개의 변수가 있고, 계산적결속에 5개의 변수가 있으므로 총 15개의 새로운 변수를 만들어야 한다. 이 15개의 변수는 평균중심화를 하지 않은 변수이다.

$$tru1cal1 = trust1 * calconmt1 \ ,......, \ tru3cal5 = trust3 * calconmt5$$

SPSS에서 이 15개의 변수를 만드는 것에 대해 간략히 설명하기로 한다. 예를 들어, $tru1cal1$을 만드는 것에 대해 설명하기로 한다. SPSS 메뉴에서 [변환] → [변수계산]으로 간다. 변수계산 창에서 [대상변수]에 [tru1cal1]라 입력하고 [숫자표현식]에 [trust1*calcomt1]로 입력하고 [확인] 버튼을 누르면 된다. 이런 식으로 나머지 14개 변수도 처리한다. 아래는 이런 식으로 처리한 15개 변수를 보인 것이다.

tru1cal1	tru1cal2	tru1cal3	tru1cal4	tru1cal5	tru2cal1	tru2cal2	tru2cal3	tru2cal4	tru2cal5	tru3cal1	tru3cal2	tru3cal3	tru3cal4	tru3cal5
25.00	30.00	20.00	5.00	30.00	25.00	30.00	20.00	5.00	30.00	15.00	18.00	12.00	3.00	18.00
12.00	12.00	12.00	9.00	12.00	16.00	16.00	16.00	12.00	16.00	12.00	12.00	12.00	9.00	12.00
25.00	25.00	25.00	20.00	30.00	20.00	20.00	20.00	16.00	24.00	10.00	10.00	10.00	8.00	12.00
25.00	35.00	20.00	15.00	15.00	25.00	35.00	20.00	15.00	15.00	35.00	49.00	28.00	21.00	21.00
49.00	49.00	49.00	49.00	49.00	49.00	49.00	49.00	49.00	49.00	49.00	49.00	49.00	49.00	49.00
21.00	21.00	7.00	7.00	21.00	21.00	21.00	7.00	7.00	21.00	21.00	21.00	7.00	7.00	21.00
49.00	49.00	49.00	49.00	49.00	49.00	49.00	49.00	49.00	49.00	49.00	49.00	49.00	49.00	49.00
42.00	36.00	30.00	30.00	36.00	35.00	30.00	25.00	25.00	30.00	42.00	36.00	30.00	30.00	36.00

잔차중심화(residual centering)를 설명하기 위해 x_1, x_2, m_1, m_2 등 4개의 지표가 있는 경우를 예로 들기로 한다. 먼저 두 변수를 곱한 변수는 다음과 같다.

$$p_{11} = x1 * m1$$
$$p_{12} = x1 * m2$$
$$p_{21} = x1 * m2$$

$$p_{22} = x2 * m2$$

이 4개의 곱한 변수를 종속변수로 해서 다음과 같은 식으로 회귀분석을 한다.

$$p_{11} = b_{0,11} + b_{1,11}x_1 + b_{2,11}x_2 + b_{3,11}m_1 + b_{4,11}m_2 + e_{11}$$
$$p_{12} = b_{0,12} + b_{1,12}x_1 + b_{2,12}x_2 + b_{3,12}m_1 + b_{4,12}m_2 + e_{12}$$
$$p_{21} = b_{0,21} + b_{1,21}x_1 + b_{2,21}x_2 + b_{3,21}m_1 + b_{4,21}m_2 + e_{21}$$
$$p_{22} = b_{0,22} + b_{1,22}x_1 + b_{2,22}x_2 + b_{3,22}m_1 + b_{4,22}m_2 + e_{22}$$

위 분석을 통해 얻은 잔차 e_{11}, e_{12}, e_{21}, e_{22}를 상호작용항의 지표로 이용한다.

SPSS에서 [분석] → [회귀분석] → [선형]으로 간다. [종속변수]에 [tru1cal1]을 보내고 독립변수에는 [trust1, trust2, trust3, calcomt1, calcomt2, calcomt3, calcomt4, calcomt5]을 보낸다. [저장] 버튼을 누른다.

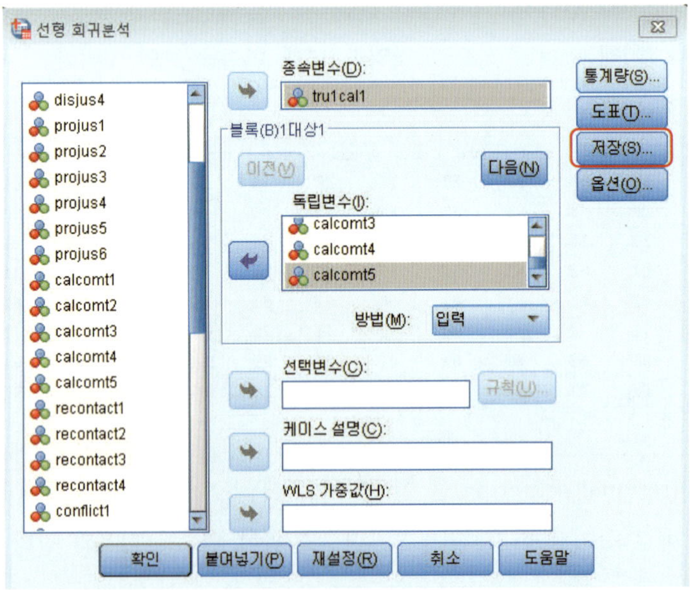

[선형회귀분석: 저장] 창에서 [잔차]의 [비표준화]를 체크하고 [계속] 버튼을 누른다. 그 다음 [확인] 버튼을 누른다.

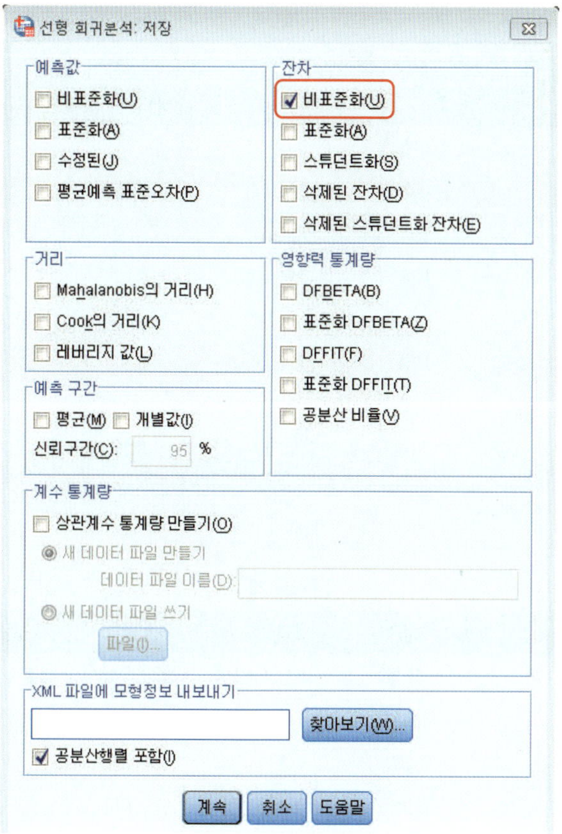

데이터 창으로 가서 보면, [RES_1]이 만들어진 것을 알 수 있다. 이런 식으로 종속변수만 바꾸고 독립변수는 그대로 둔 상황에서 14번의 회귀분석을 한다. 아래는 [tru1cal1]을 종속변수로 회귀분석을 한 통계량을 보인 것이다.

계수[a]

모형		비표준화계수		표준화계수	t	유의확률
		B	표준오차	베타		
1	(상수)	−21.116	.942		−22.422	.000
	trust1	4.193	.350	.502	11.974	.000
	trust2	−.404	.359	−.049	−1.125	.263
	trust3	.136	.282	.017	.483	.630
	calcomt1	5.336	.301	.563	17.755	.000
	calcomt2	.170	.286	.020	.593	.554
	calcomt3	.030	.257	.003	.117	.907
	calcomt4	.246	.238	.029	1.032	.305
	calcomt5	−.054	.312	−.006	−.172	.863

a. 종속변수: tru1cal1

잔차통계량[a]

	최소값	최대값	평균	표준편차	N
예측값	−11.4628	46.7243	27.7545	14.14090	110
잔차	−4.99537	12.46276	.00000	2.49070	110
표준오차 예측값	−2.773	1.341	.000	1.000	110
표준화 잔차	−1.931	4.817	.000	.963	110

a. 종속변수: tru1cal1

잔차통계량값을 보면 잔차의 평균이 '0'임을 알 수 있다. 그러므로 이를 **잔차중심화(residual centering)**라 한다. 그리고 이는 평균중심화와 같은 의미를 갖는다. 즉 평균중심화도 평균이 '0'이다. 아래는 15번의 회귀분석을 통해 얻은 잔차값을 보인 것이다.

RES_1	RES_2	RES_3	RES_4	RES_5	RES_6	RES_7	RES_8	RES_9	RES_10	RES_11	RES_12	RES_13	RES_14	RES_15
-.98148	-1.60660	-.49999	2.62684	-.47468	-.78441	-1.45101	.46187	2.43859	.30764	-1.92027	-2.98955	1.12525	7.14045	-1.66907
-.92242	-.63691	-.53088	1.93171	-.18862	-1.53081	-1.91209	-.55674	.84902	-.94336	-1.21204	-.99068	-.64724	1.34498	-.14911
-1.84564	-2.72344	-2.24426	-1.23263	-1.73704	-1.53227	-1.89199	-2.47041	-1.30153	-2.16309	-2.89374	-1.51312	-3.27027	-1.35039	-3.98312
-2.34919	-.78926	.59424	.19823	-2.43908	-3.46467	-1.53958	.63448	.62672	-2.56615	-1.46480	2.72850	.56542	-1.72013	-6.00442
2.54285	1.81370	2.62226	2.69022	2.02944	2.83279	2.14756	2.80281	2.95804	2.34816	3.03467	2.43512	3.35938	3.46038	2.59636
-1.99504	-6.40740	-7.49523	-5.76138	-5.44301	-2.91618	-7.19831	-8.24355	-6.46394	-6.14509	-3.84677	-7.64165	-8.62160	-6.79711	-6.46378
2.54285	1.81370	2.62226	2.69022	2.02944	2.83279	2.14756	2.80281	2.95804	2.34816	3.03467	2.43512	3.35938	3.46038	2.59636

SmartPLS에서 이 값을 이용하여 조절효과를 분석한다. 이를 [moderation−1.csv]로 저장하였다.

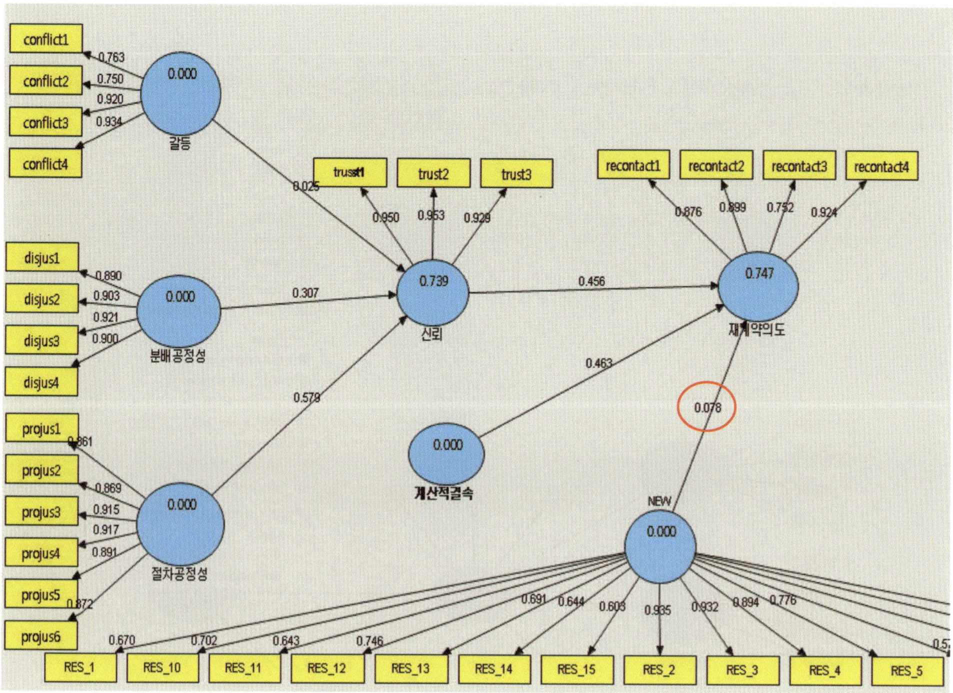

상호작용항의 경로계수가 0.078로 나온다. 적지표 접근법에서 얻은 계수(−0.041)와 부호와 값도 다르게 나온다. 따라서 저자는 Henseler & Chin(2010)이 추천한 직교화 접근법으로 할 것을 추천한다.

계수의 유의도를 붓스트레핑을 통해 검정하면 0.914로 비유의적으로 나온다. 효과크기 계산은 생략하고자 하니 독자 여러분이 해보기 바란다. 이는 상호작용항이 없는 모델과 상호작용항이 있는 모델을 추정하여 재계약의도의 R^2값을 얻어 앞에서 기술한 공식에 대입하여 계산하면 된다.

2) SmartPLS 3.0에 의한 방법

(1) 적지표 접근법

재계약의도 위에 마우스 포인트를 놓고 오른쪽 버튼을 눌러 나타나는 팝업 창에서 [Add Interaction Effect]를 누른다.

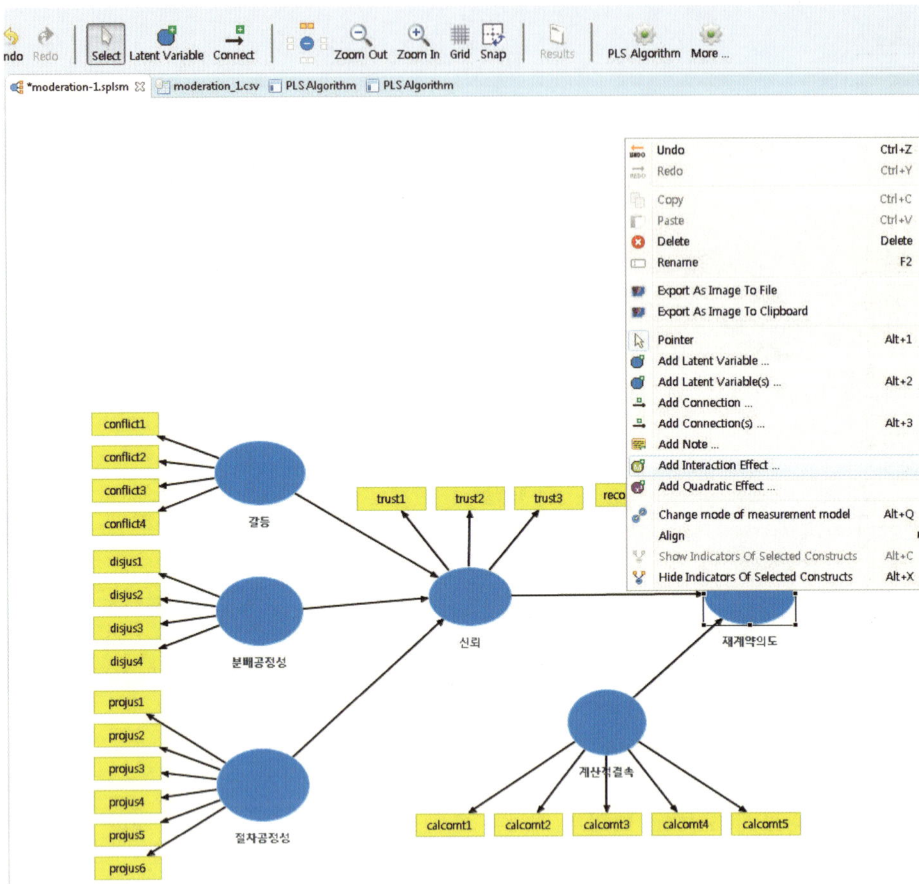

[Moderator Variable]에 [계산적결속], [Predicator Variable]에 [신뢰]를 지정한다. [Calculation Method]에는 'Product Indicator' 'Two Stage' 'Orthogonalization' 등의 방법이 있다. 이 가운데 'Two Stage'는 조형지표인 모델의 조절효과를 검정할 때 이용한다.

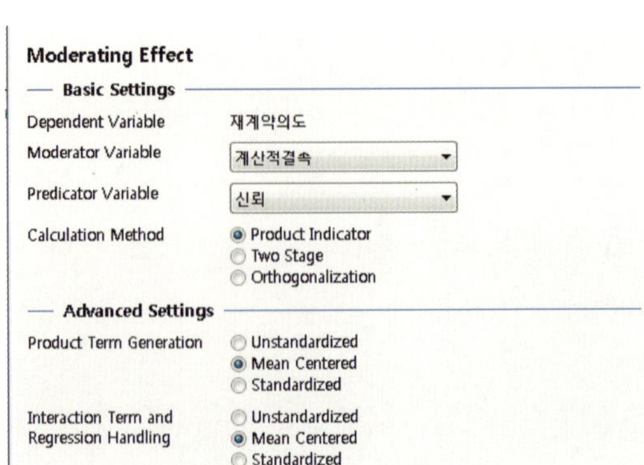

[OK] 버튼을 누르면 다음과 같은 모수치를 얻는다.

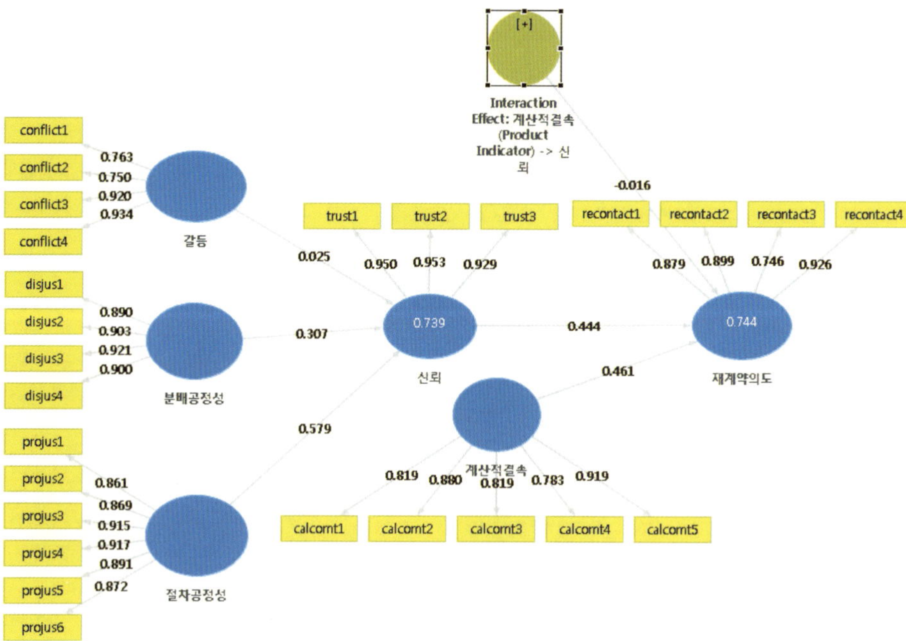

위의 추정결과에서 상호작용항을 제외한 모든 경로계수는 SmartPLS 2.0에서 추정한 결과와 같은 값을 가진다. SmartPLS 2.0에서 추정한 상호작용항의 계수는 −0.041이 나오는데, SmartPLS 3.0에서는 −0.016이 나온다. 이처럼 버전에 따라 값의 차이가 난다.

Matrix | Path Coefficients — Export to clipboard: CSV R Chart

	Interaction Effect: 계산적 결속 (Product Indicator) -> 신뢰	갈등	계산적 결속	분배공정성	신뢰	재계약의도
Interacti...						-0.016
갈등					0.025	
계산적 ...						0.461
분배공...					0.307	
신뢰						0.444
재계약...						
절차공...					0.579	

(2) 직교화 접근법

직교화 접근법은 앞서의 적지표 접근법과 동일하게 하되, [Calculation Method]를 'Orthogonalization'으로 바꾸어주면 된다.

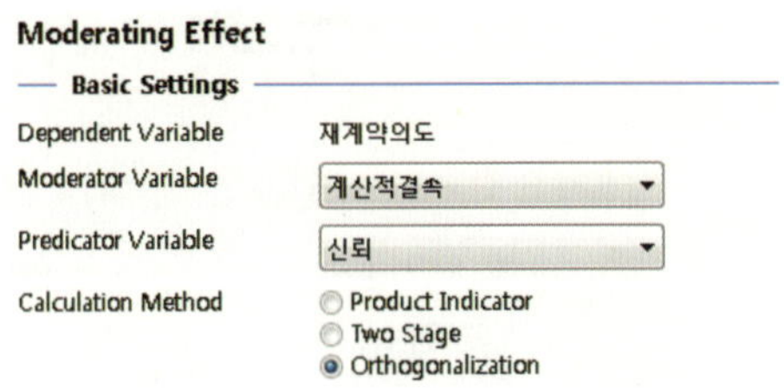

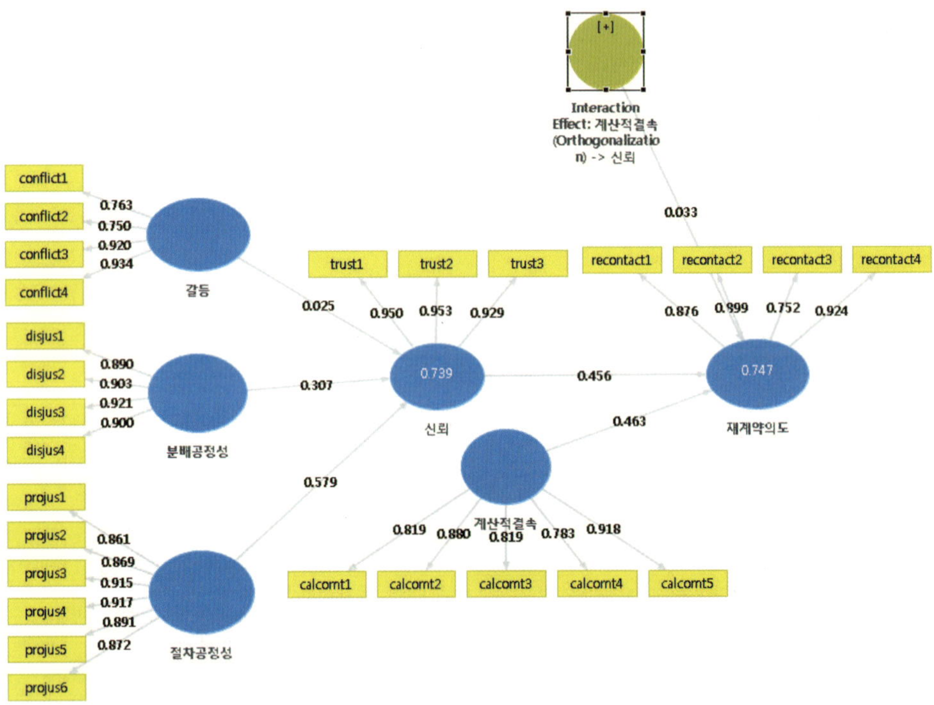

추정한 결과, 0.033의 계수값을 얻는다. 이의 유의도를 검정하기 위해 붓스트레핑을 한다.

4 범주형 변수의 조절효과분석

조절변수가 범주형 변수(예: 성별)인 경우에는 두 가지 접근법에 의해 분석할 수 있다. 첫째는 **집단비교 접근법(group comparison approach)**에 의해 분석한다. 이를 위해 **다중집단분석(multi-group analysis: MGA)**을 한다. 둘째는 연속형 변수에서처럼 **적지표 접근법**에 의해 분석할 수 있다.

조절변수가 연속형 변수인 경우, 이를 중위수(median) 또는 평균을 중심으로 두 집단으로 나누어 분석하는 접근은 바람직하지 않다. 연속형 변수인 경우에는 앞서 살펴본 적지표 접근법 또는 직교화 접근법으로 분석하는 것이 올바른 접근법이다.

[그림 8-4]처럼 신뢰와 재계약의도 간의 관계가 남자, 여자에 따라 유의적인 차이가 있는가를 알아보기 위해 조절효과를 검정한다고 가정한다.

그림 8-4 ▌신뢰와 재계약의도 간 성별의 조절효과

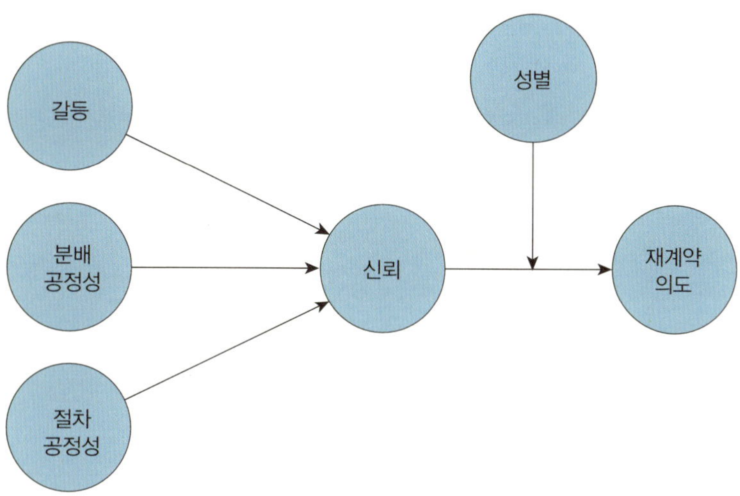

4.1 집단비교 접근법

범주형 조절변수의 조절효과는 $d = b^{(1)} - b^{(2)}$가 유의적인지 비유의적인지를 보는 것이다. 유의적인 차이가 있다면 두 변수 간의 관계는 성별에 따라 차이가 있고, 성별이 조절변수로 작용한다고 본다. 이를 그림으로 나타내면 [그림 8-5]와 같다.

그림 8-5 ▌ 성별의 조절효과

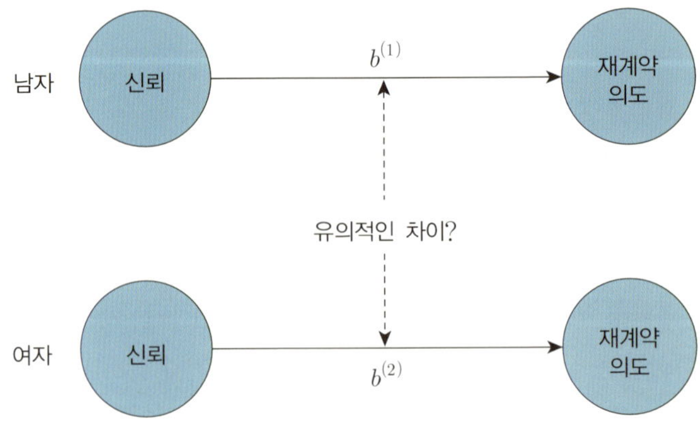

[그림 8-4]에서 신뢰와 재계약의도 간의 관계가 성별에 따라 조절효과가 있는지 알아보기로 한다. SmartPLS에 의해 범주형 변수의 조절효과를 검정하기 위해서는 각각의 파일을 저장해야 한다. 즉, 성별에 따라 특정 관계가 조절효과가 있는가를 검정하기 위해서는 남자에 해당하는 자료와 여자에 해당하는 자료가 각각 있어야 한다.

이하에서 SPSS에서 성별이 1과 2로 코딩된 파일을 2개의 파일로 분할하는 것에 대해 살펴보기로 한다. 다음의 자료파일에서 볼 수 있듯, 'sex'가 1과 2로 코딩되었다.

recontact1	recontact2	recontact3	recontact4	conflict1	conflict2	conflict3	conflict4	sex
7	5	1	5	7	7	7	5	1
3	4	4	4	2	3	3	3	2
4	5	2	6	7	7	7	3	2
6	4	4	6	6	6	3	2	2
7	7	7	7	2	2	2	2	1
7	7	7	7	1	4	1	1	1
7	7	7	7	7	7	7	7	1
5	4	6	6	5	7	5	5	1
4	3	3	3	4	4	4	3	2
7	7	7	7	4	4	7	5	2

이를 위해 SPSS 메뉴에서 [데이터] → [케이스선택]으로 간다. [케이스선택] 창에서 [조건을 만족하는 케이스]를 지정하고 [조건] 버튼을 누른다. [조건] 란에 [sex=1]이라 입력하고, [계속] 버튼을 누른다. 밑에 있는 [결과]에서 [새 데이터 세트에 선택한 케이스 복사]를 지정하고 파일이름을 적어주고 [확인] 버튼을 누른다. 그러면 새로운 파일이 만들어진다. 이 파일을 저장하기 위해 파일이름을 지정하고 저장하면 된다.

먼저 남자($n = 56$)를 대상으로 추정한 결과는 다음과 같이 경로계수값이 0.763이 나온다.

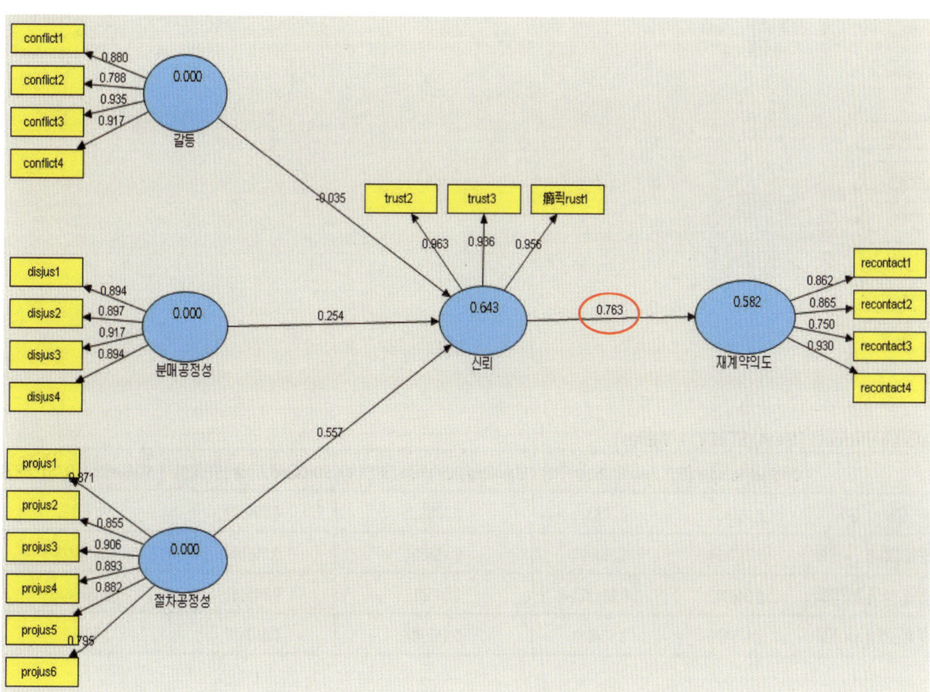

이의 유의도를 확인하기 위해 붓스트레핑을 하면 표준오차는 0.0683이 나온다.

Path Coefficients (Mean, STDEV, T-Values)

	Original Sample (O)	Sample Mean (M)	Standard Deviation (STDEV)	Standard Error (STERR)	T Statistics (|O/STERR|)
갈등 -> 신뢰	-0.034658	-0.054887	0.105522	0.105522	0.328445
분배공정성 -> 신뢰	0.254461	0.242139	0.188844	0.188844	1.347466
신뢰 -> 재계약의도	0.762982	0.774515	0.068273	0.068273	11.175529
절차공정성 -> 신뢰	0.557045	0.569195	0.187665	0.187665	2.968299

여자($n = 54$)를 대상으로 추정한 결과는 다음과 같다.

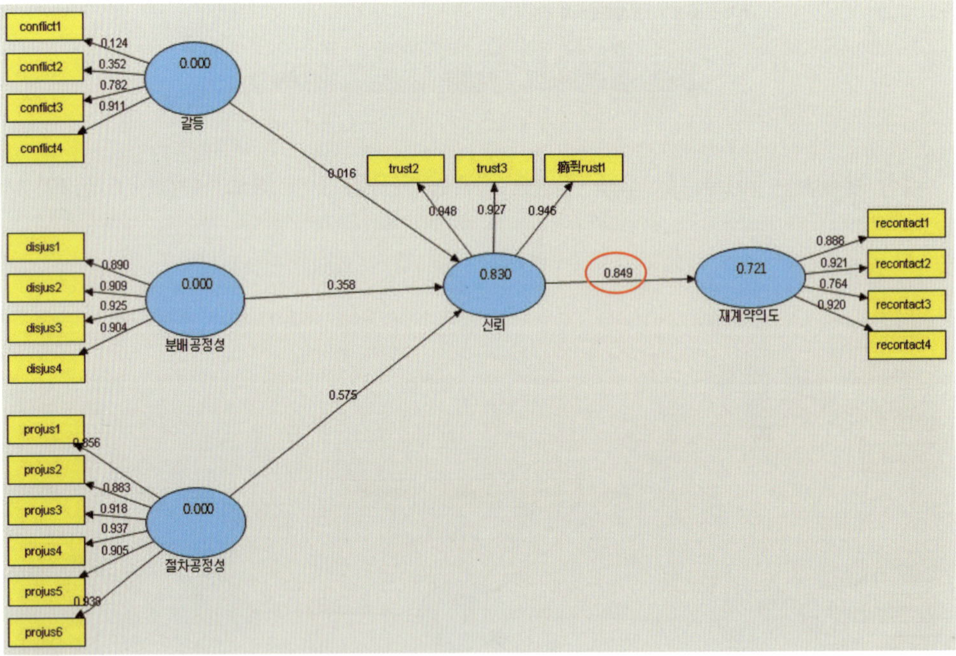

Path Coefficients (Mean, STDEV, T-Values)

	Original Sample (O)	Sample Mean (M)	Standard Deviation (STDEV)	Standard Error (STERR)	T Statistics (|O/STERR|)
갈등 -> 신뢰	0.015554	0.078482	0.080512	0.080512	0.193192
분배공정성 -> 신뢰	0.357868	0.364972	0.158504	0.158504	2.257779
신뢰 -> 재계약의도	0.848905	0.851371	0.045011	0.045011	18.859836
절차공정성 -> 신뢰	0.575120	0.574091	0.163107	0.163107	3.526039

4.2 조절효과의 유의성 검정: 모수적 접근

두 집단의 계수가 유의적인 차이가 있는가를 검정하기 위한 t통계량은 다음 공식에 의해 계산된다. 이 통계량은 $df = m+n-2$의 t분포를 한다.

$$t = \frac{Path_{sample\_1} - Path_{sample\_2}}{\left[\sqrt{\frac{(m-1)^2}{(m+n-2)} * S.E.^2_{sample\ 1} + \frac{(m-1)^2}{(m+n-2)} * S.E.^2_{sample\ 2}}\right] * \left[\sqrt{\frac{1}{m}+\frac{1}{n}}\right]}$$

위의 분석을 통해 얻은 값들 $m=56$, $n=54$, $\beta_1 = 0.763$, $\beta_2 = 0.849$, $SE_1 = 0.0683$, $SE_2 = 0.0450$을 Kock(2013) 교수가 만든 엑셀 스프레드시트의 노란색 영역에 입력하고 엔터를 치면 $T-value$를 얻을 수 있다. 이 예에서는 $T-value = -1.0531$로 비유의적으로 나타났다.

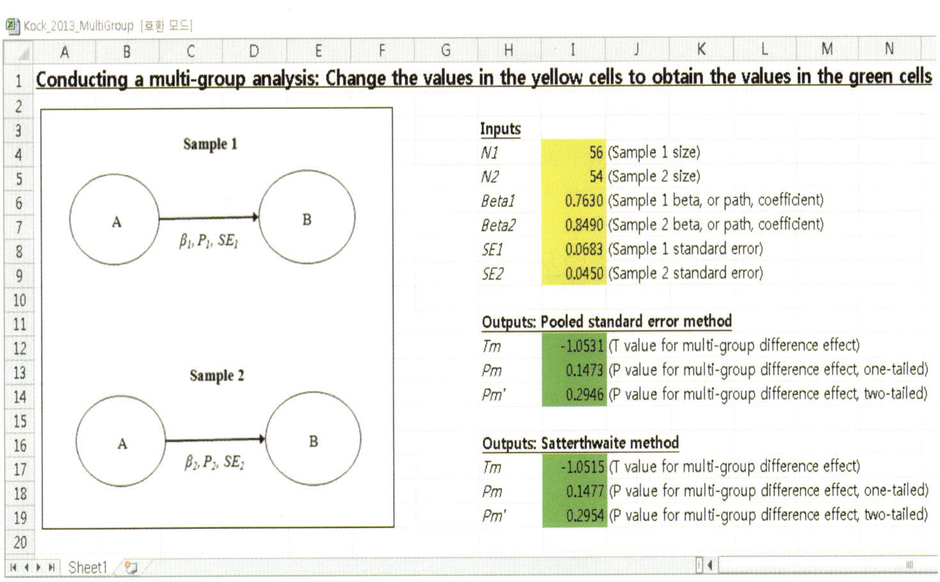

Hair 등(2014)이 만든 엑셀 스프레드시트의 노란색 영역에 입력하고 엔터를 치면 $T-value$를 얻는다. $T-value = 1.053$으로 동일하게 나온다.

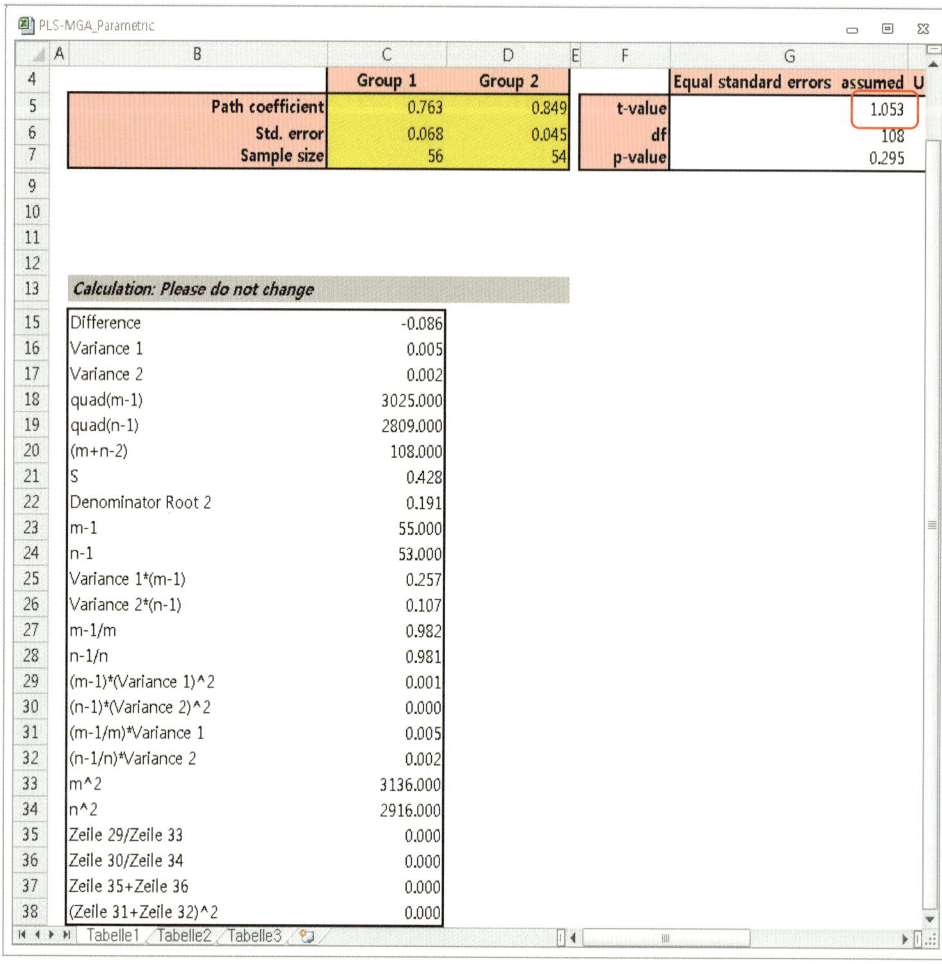

PLS-MGA_Parametric

	Group 1	Group 2		Equal standard errors assumed
Path coefficient	0.763	0.849	t-value	1.053
Std. error	0.068	0.045	df	108
Sample size	56	54	p-value	0.295

Calculation: Please do not change

Difference	-0.086
Variance 1	0.005
Variance 2	0.002
quad(m-1)	3025.000
quad(n-1)	2809.000
(m+n-2)	108.000
S	0.428
Denominator Root 2	0.191
m-1	55.000
n-1	53.000
Variance 1*(m-1)	0.257
Variance 2*(n-1)	0.107
m-1/m	0.982
n-1/n	0.981
(m-1)*(Variance 1)^2	0.001
(n-1)*(Variance 2)^2	0.000
(m-1/m)*Variance 1	0.005
(n-1/n)*Variance 2	0.002
m^2	3136.000
n^2	2916.000
Zeile 29/Zeile 33	0.000
Zeile 30/Zeile 34	0.000
Zeile 35+Zeile 36	0.000
(Zeile 31+Zeile 32)^2	0.000

Tabelle1 Tabelle2 Tabelle3

4.3 조절효과의 유의성 검정: 비모수적 접근

앞서 살펴본 모수적 접근은 올바르지 않다. 왜냐하면, PLS-SEM은 기본적으로 비모수적 접근에 기반을 두고 있기 때문이다. Henseler(2012)는 이러한 면에서 비모수적 접근에 의한 PLS-MGA를 제안하였다. 이 방법의 핵심은 'group 2'의 **중심화된 붓스트렙 추정치(centered bootstrap estimate)**가 'group 1'의 중심화된 붓스트렙 추정치와 비교된다는 것이다. 두 집단 계수의 차이를 알려주는 확률은 'group 2'의 모수가 'group 1'의 모수보다 큰 오류확률이다. 따라서 만약 확률이 0.814가 나왔다면, 이는 'group 2'의 경로계수가 'group 1'의 경로계수보다 크다고 할 오류확률이 81.4%임을 의미한다. 결론적으로, 오류확률이 0.05보다 크다면 두 집단의 계수가 차이가 없음을 의미한다. 이하에서 이에 대해 살펴보기로 한다.

'group 1'을 대상으로 얻은 신뢰와 재계약의도 간의 계수는 0.763으로 나타난다. 'group 2'를 대상으로 얻은 신뢰와 재계약의도 간의 계수는 0.849로 나타난다.

이들 각각을 대상으로 붓스트레핑을 한다. 결과를 보기 위해 [Report] → [Default Report] → [Path Coefficients]로 간다. 붓스트렙 추정치를 전부 복사하여 Henseler 교수가 만든 엑셀시트에 붙인다. Henseler 교수의 엑셀시트는 그의 이메일주소(joerg@henseler.com)로 요구하면 얻을 수 있다.

'신뢰'에서 '재계약의도'로 가는 계수만 복사한다. 이런 식으로 두 집단을 대상으로 한 해당 경로의 붓스트렙 추정치를 붙인다. [Parameter estimate of group 1]에 '0.763', [Parameter estimate of group 1]에 '0.849'를 입력하고 엔터키를 친다. 확률이 0.714977이 나온다. 0.05보다 크기 때문에 두 계수는 유의적인 차이가 없다.

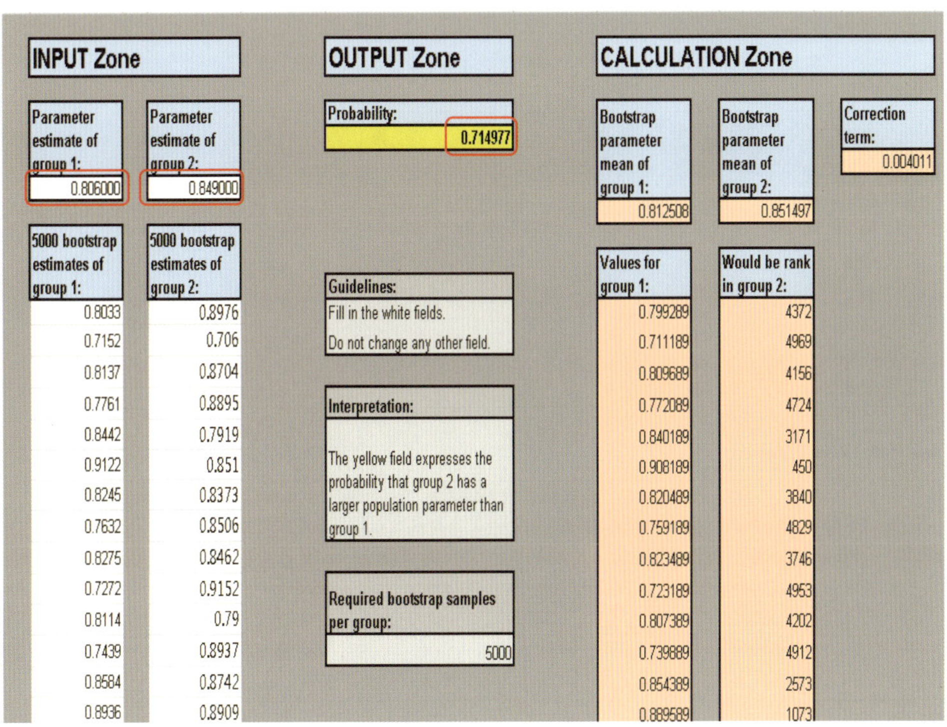

4.4 적지표 접근법

적지표 접근법에 성별 변수를 만든다. 성별은 남자=1, 여자=2로 코딩되었다.

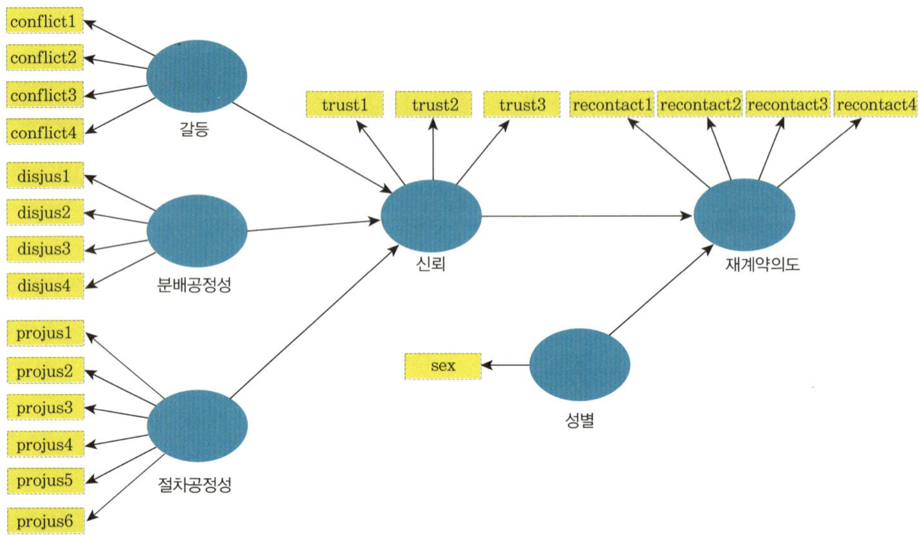

Path Coefficients

	Interaction Effect: 성별 (Product Indicator) -> 신뢰	갈등	분배공정성	성별	신뢰	재계약의도	절차공정성
Interaction Effect: 성별 (Product Indicator) -> 신뢰						0.114	
갈등					0.025		
분배공정성					0.307		
성별						-0.078	
신뢰						0.798	
재계약의도							
절차공정성					0.579		

Mean, STDEV, T-Values, P-Values

	Original Sample (O)	Sample Mean (M)	Standard Error (STERR)	T Statistics (|O/STERR|)	P Values
Interaction Effect: 성별 (Product Indicator) -> 신뢰 -> 재계약의도	0.114	0.113	0.086	1.324	0.186
갈등 -> 신뢰	0.025	0.027	0.079	0.318	0.751
분배공정성 -> 신뢰	0.307	0.307	0.122	2.509	0.012
성별 -> 재계약의도	-0.078	-0.077	0.056	1.396	0.163
신뢰 -> 재계약의도	0.798	0.805	0.043	18.463	0.000
절차공정성 -> 신뢰	0.579	0.582	0.123	4.698	0.000

t값이 1.324로 유의적이지 않다.

한편 위에서 남자=1, 여자=0으로 더미코딩을 해도 동일한 값을 얻는다.

4.5 SmartPLS 3.0에 의한 다중집단분석

SmartPLS 3.0은 다중집단분석을 아주 쉽게 할 수 있도록 프로그램을 개선하였다. 즉 SmartPLS 2.0에서는 남자, 여자에 해당하는 각각의 파일을 만들어야 했지만 SmartPLS 3.0에서는 그럴 필요가 없고, 해당하는 집단변수를 지정해 주면 된다. 이하에서 이에 대해 알아보기로 한다. 먼저 경로도를 그린다.

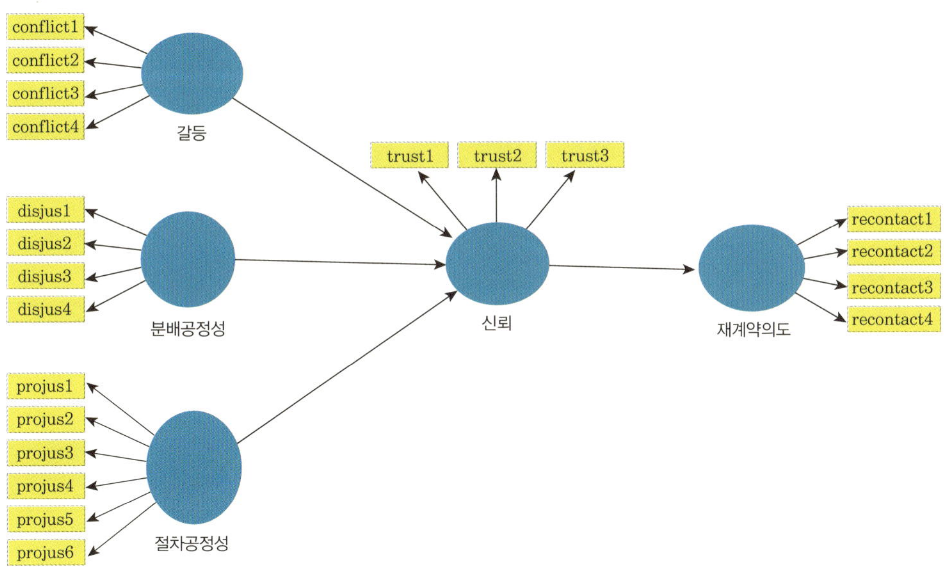

왼쪽 위에 있는 자료 파일을 더블클릭한다.

메뉴에 있는 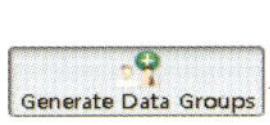

을 클릭한다. 집단변수(예: sex)를 지정하고 [OK] 버튼을 누른다.

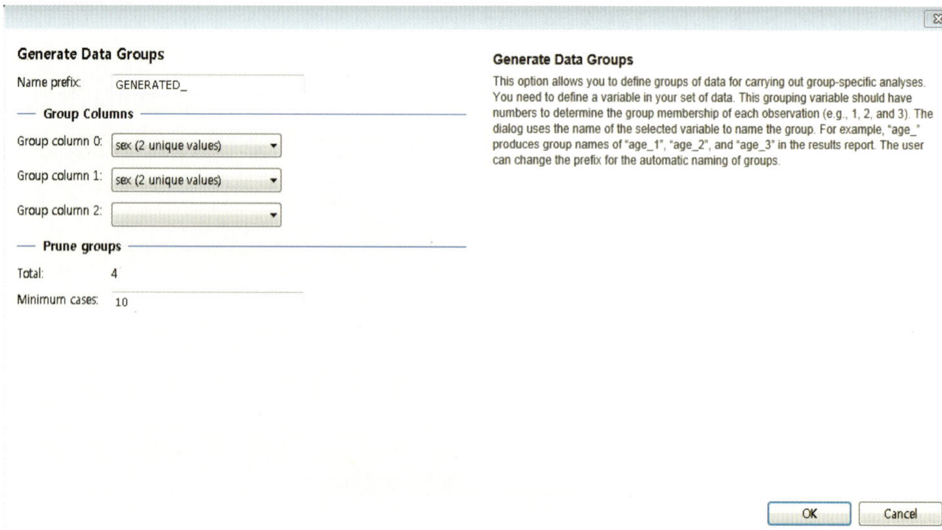

Henseler's MGA

	Path Coefficients-diff (| GENERATED__sex(1.0)_sex(1.0) - GENERATED__sex(2.0)_sex(2.0) |)	p-Value (GENERATED__sex(1.0)_sex(1.0) vs GENERATED__sex(2.0)_sex(2.0))
갈등 -> 신뢰	0.050	0.704
분배공정성 -> 신뢰	0.103	0.653
신뢰 -> 재계약의도	0.086	0.852
절차공정성 -> 신뢰	0.018	0.536

Parametric Test

	Path Coefficients-diff (| GENERATED__sex(1.0)_sex(1.0) - GENERATED__sex(2.0)_sex(2.0) |)	t-Value (GENERATED__sex(1.0)_sex(1.0) vs GENERATED__sex(2.0)_sex(2.0))	p-Value (GENERATED__sex(1.0)_sex(1.0) vs GENERATED__sex(2.0)_sex(2.0))
갈등 -> 신뢰	0.050	0.367	0.715
분배공정성 -> 신뢰	0.103	0.406	0.685
신뢰 -> 재계약의도	0.086	1.047	0.298
절차공정성 -> 신뢰	0.018	0.072	0.943

Henseler 방법이나 Parametric test 모두 성별에 따라 경로계수가 유의적인 차이가 없는 것으로 나타난다.

참·고·문·헌

배병렬(2017), 『Amos 24 구조방정식모델링』, 서울: 도서출판 청람.

Hair, J. F., Hult, G. T. M., Ringle, C. M., and Sarstedt, M. (2014), *A Primer on Partial Least Squares Structural Equation Modeling(PLS-SEM)*, Thousand Oaks, CA: Sage Publications.

Hair, J. F., Ringle, C. M., and Sarstedt, M. (2011), "PLS-SEM: Indeed a Silver Bullet," *Journal of Marketing Theory and Practice*, 19(2), 139-152.

Hair, J. F., Ringle, C. M., and Sarstedt, M. (2012), "Partial Least Squares: The Better Approach to Structural Equation Modeling?" *Long Range Planning*, 45(5-6), 312-319.

Hair, J. F., Ringle, C. M., and Sarstedt, M. (2013), "Partial Least Squares Structural Equation Modeling: Rigorous Applications, Better Results and Higher Acceptance," *Long Range Planning*, 46(1-2), 1-12.

Hair, J. F., Sarstedt, M., Ringle, C. M., and Mena, J. A. (2012), "An Assessment of the Use of Partial Least Squares Structural Equation Modeling in Marketing Research," *Journal of the Academy of Marketing Science*, 40(3), 414-433.

Hair, J. F., Sarstedt, M., Pieper, T., Ringle, C. M. (2012), "The Use of Partial Least Squares Structural Equation Modeling in Strategic Management Research: A Review of Past Practices and Recommendations for Future Applications," *Long Range Planning*, 45(5-6), 320-340.

Henseler, J., and Chin, W. W. (2010), "A Comparison of Approaches for the Analsis of Interaction Effects Between Latent Variables Using Partial Least Squares Path Modeling," *Structural Equation Modeling*, 17, 82-109.

Klarner, P., Sarstedt, M., Hoeck, M., and Ringle, C. M. (2013), "Disentangling the Effects of Team Competences, Team Adaptability, and Client Communication on the Performance of Management Consulting Teams," *Long Range Planning*, 46, 258-286.

Ringle, C. M., Sarstedt, M., and Straub, D. W. (2012), "Editor's Comments: A Critical Look at the Use of PLS-SEM in MIS Quarterly," *MIS Quarterly*, 36(1), 3-14.

Ringle, C. M., Wende, S., and Becker, J-M. (2014), SmartPLS 3.0, Hamburg: SmartPLS: Retrieved from http://www.smartpls.com.

Ringle, C. M., Wende, S., and Becker, J.-M. (2015), SmartPLS 3, Boenningstedt: SmartPLS GmbH, http://www.smartpls.com.

Ringle, C. M., Wende, S., and Will, A. (2005), SmartPLS 2.0, http://www.smartpls.de

Sarstedt, M., Henseler, J., and Ringle, C. M. (2011), "Multigroup Analysis in Partial Least Squares (PLS) Path Modeling: Alternative Methods and Empirical Results," *Advances in International Marketing*, 22, 195–218.

Part 2

매개효과분석

Chapter 9 매개효과의 개요

1 매개효과의 의의

매개효과는 심리학의 초기 패러다임인 자극-반응 패러다임(stimulus-response: S-R paradigm)의 한계를 극복하고자, R. S. Woodworth에 의해 제안된 자극-유기체-반응 패러다임(stimulus-organism-response: S-O-R paradigm)을 기반으로 하고 있다. 즉 인간의 행동을 설명하는 데 있어 어떤 자극에 노출되면 바로 행동(반응)을 하는 것이 아니라, 유기체 내에서 작동하는 메커니즘(mechanism)을 통해 반응한다고 보는 것이 보다 더 적합하다는 논리에 기반을 두고 있다.

그림 9-1 ▌S-O-R 패러다임

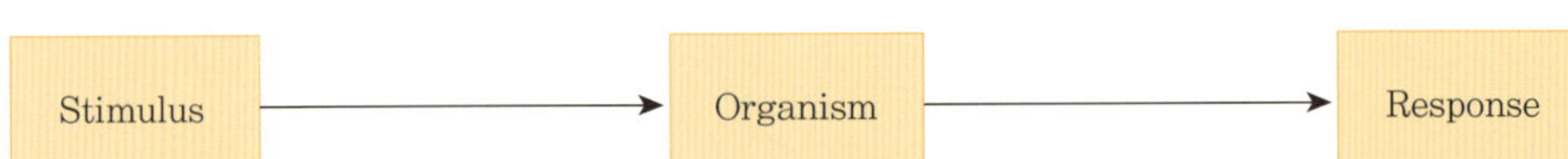

매개효과(mediating effect)란 독립변수와 종속변수 간의 관계에 개입하는 제3의 변수인 매개변수가 효과가 있는가를 의미한다. **매개변수(mediator, mediating variable)**는 독립변수와 종속변수 간의 관계를 설명하는 변수이다. 즉 독립변수가 종속변수에 영향을 미치는 메커니즘과 관련된 변수이다. **일반적으로 매개변수는 대개 다른 변수와의 관계에서 변하는 속성을 갖는 변수들이 여기에 속한다.** 예를 들면 불안, 정직, 무드 등은 이와 관련된 다른 변수들에 의해 변화할 소지가 있는 변수들이다.

매개변수는 독립변수와 종속변수 간의 관계를 설명하는 데 개입되는 변수로서 '왜(why)' 또는 '어떻게(how)'를 설명하기 위해 필요한 변수이다. 예를 들어, 사람은 스트레스를 받게 되면 우울해진다. 이 경우, 스트레스를 받으면 우울해지는 이유를 설명하기 위해 필요한 변수가 매개변수이다. 스트레스를 받으면 왜 우울해질까? 이를 설명하기 위한 매개변수로 '불안'을 들 수 있다. 즉 스트레스를 받으면 불안하게 되고 불안하면 우울해진다고 가정할 수 있다. 또 다른 예로 상담프로그램을 받은 집단과 받지 않은 집단에 따라 웰빙이 달라진다고 가정한다. 그렇다면 이러한 이유를 설명하기 위해 사회적 지원을 매개변수로 설정하여 매개효과를 검정할 수 있다. 이러한 관계를 나타내면 각각 [그림 9-2], [그림 9-3]과 같다.

그림 9-2 ▌불안의 매개효과

그림 9-3 ▌사회적 지원의 매개효과

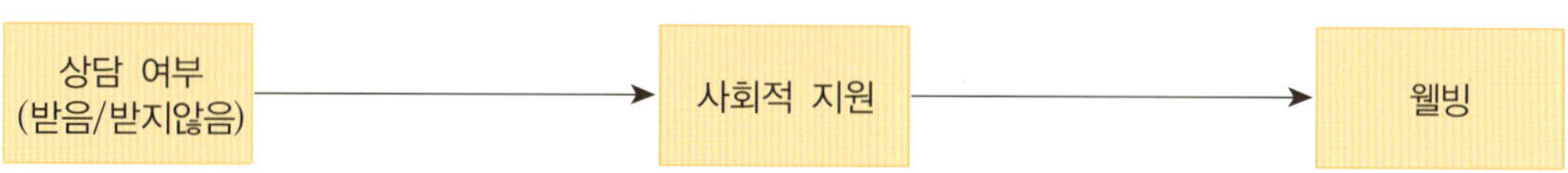

[그림 9-3]의 매개효과를 분석한 결과, 사회적 지원이 유의적인 매개효과를 하는 것으로 나타났다면 이는 상담을 받은 그룹은 그렇지 않은 그룹에 비해 사회적 지원을 증가시키면 웰빙이 높아짐을 의미한다. 마찬가지로, 상담을 받은 그룹보다 상담을 받지 않은 그룹이 사회적 지원이 더 감소하면 사회적 지원은 유의적인 매개변수가 될 수 있다. 이러한 상담의 효과를 평가함으로써 변화를 야기하는 메커니즘(즉, 매개변수)을 측정할 수 있을 뿐만 아니라 종속변수(이 경우, 웰빙)에 영향을 미치는 메커니즘에 관한 정보를 얻을 수 있다. 이러한 정보는 상담의 효과적인 요인에 초점을 맞추게 하고 또한 비효과적인 요인을 제거할 수 있는 시사점을 제공해 준다.

매개모델의 형태는 [그림 9-4]와 같이 나눌 수 있다.

그림 9-4 ▌ 매개모델의 형태

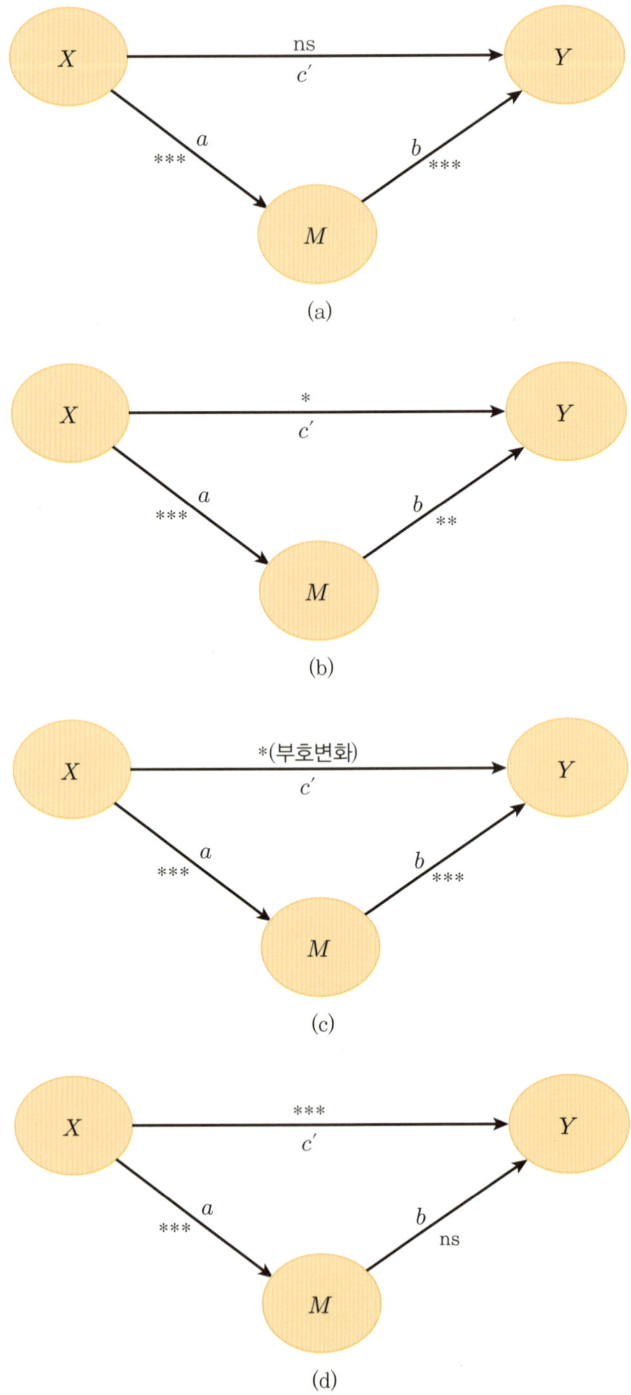

위의 모델에서 (a)는 완전매개모델을 의미한다. 즉 독립변수와 종속변수 간의 관계는 매개변수(M)를 통해서만 영향을 준다. (b)는 부분매개모델을 의미한다. 즉 독립변수와 종속변수 간의 관계는 직접효과가 있을 뿐만 아니라 매개변수를 통해서도 영향을 준다. (c)는 **억제효과(suppression effect)**를 의미한다. 즉 c'의 부호는 ab의 부호와 다르게 나타난다. 마지막으로 (d)는 매개효과가 없음을 의미한다.

연구자는 매개변수가 어떤 이론적 가정을 갖고 있는가를 토대로 가설을 설정해야 한다. 매개변수의 이론적 가정으로는 **강화요인(enhancer)**과 **억제요인(suppressor)**이 있다. 강화요인은 매개변수가 개입함으로써 독립변수, 매개변수, 종속변수 간의 관계가 동일한 방향으로 영향을 미치는 것을 의미하고, 억제요인은 다른 방향으로 영향을 미치는 것을 의미한다. 이를 나타내면 [그림 9-5]와 같다.

그림 9-5 **매개효과의 이론적 가정**

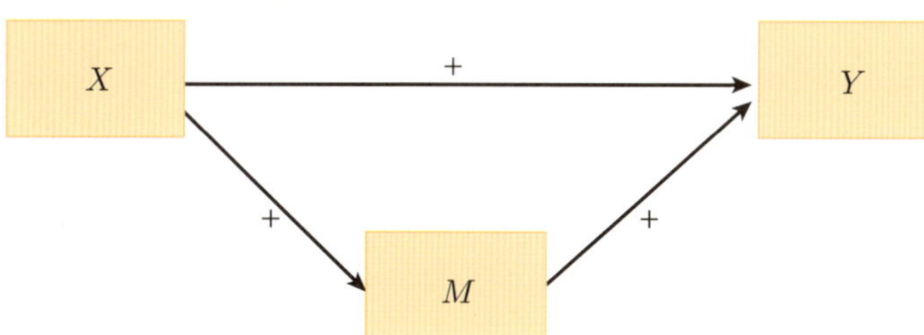

(a) 강화요인

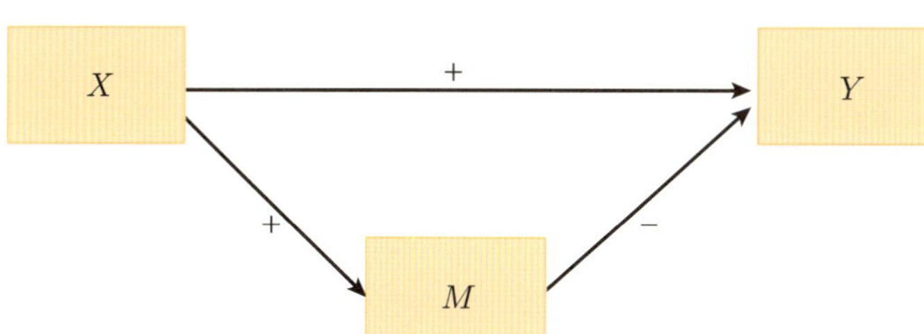

(b) 억제요인

2 매개효과 검정을 위한 연구설계

매개효과를 검정하기 위해 ① 독립변수와 종속변수 간의 관계, ② 적절한 매개변수의 선정, ③ 매개효과의 검정력에 영향을 미치는 요인 등을 연구설계에서 고려해야 한다. 이하에서 이에 대해 좀 더 구체적으로 살펴보기로 한다.

2.1 독립변수와 종속변수 간의 관계

매개효과를 검정하기 위한 첫 번째 단계는 독립변수와 종속변수 간에 유의적인 관계가 있는가를 검토하는 것이다. 그러한 면에서 독립변수와 종속변수 간에 기존의 연구를 토대로 유의적인 관계가 있는 변수를 선정해야 한다. 앞서 언급했듯이 매개효과분석의 주된 목적은 독립변수와 종속변수 간에 왜 관계가 있는가를 검토하는 데 있다.

그러나 연구자는 독립변수와 종속변수 간에 유의적인 관계가 없더라도 매개효과를 검정할 수 있다. 매개효과가 있기 위해서는 독립변수와 종속변수 간에 유의적인 관계가 반드시 있어야 되는가에 관해서는 논쟁이 있다. 즉 매개효과가 있기 위한 전제조건으로 독립변수와 종속변수 간에 유의적인 관계가 있어야 된다고 주장하는 학자도 있고, 그렇지 않아도 된다고 주장하는 학자도 있다. 일반적인 견해는 독립변수와 종속변수 간에 유의적인 관계가 없어도 매개효과가 있을 수 있다는 것이다.

2.2 적절한 매개변수의 선정

이론적으로 매개변수는 독립변수의 결과이며, 종속변수의 원인이 된다. 그러한 면에서 매개변수가 이러한 관계를 설명하는 데 이론적인 근거가 있어야 된다. 만약 매개변수가 이러한 관계를 설명하는 데 있어 이론적 근거가 부족한 경우, 다음과 같은 상황에서 매개변수로 설정할 수 있다. 예를 들어, '변수 A'가 '변수 B'에 영향을 준다는 선행연구가 있고, 또한 '변수 B'가 '변수 C'에 영향을 준다는 선행연구가 있다면 세 변수 간에 A → B → C의 관계가 있게 된다. 이 경우 '변수 B'가 매개변수가 되어 매개효과를 검정할 수 있다. 이때, '변수 A'와 '변수 C'가 관련이 있다는 선행연구가 있거나, 또는 이론적 주장이 있다면 '변수 B'가 완전매개를 하는지 또는 부분매개를 하는지 검정할 수 있다.

그림 9-6 ▌ 적절한 매개변수

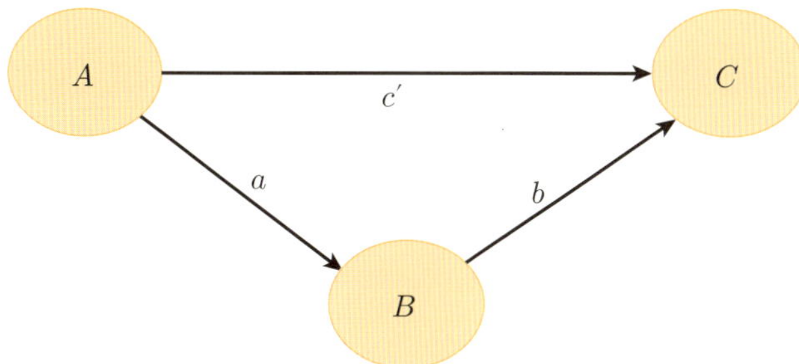

2.3 매개효과의 검정력에 영향을 미치는 요인

이론적 근거를 토대로 잠재적인 매개변수들을 확인했다면, 어떤 매개변수를 검정할 것인가를 결정할 때 매개효과의 검정력(power)을 높일 수 있는 변수를 선정하는 것이 바람직하다. 매개효과의 검정력은 독립변수, 매개변수, 종속변수의 관계에 따라 달라진다. 이러한 관점에서, 매개변수가 독립변수 및 종속변수와의 상관이 비슷하거나 또는 매개변수가 독립변수보다는 종속변수와 더 큰 상관을 갖는 변수를 매개변수로 선정하는 것이 바람직하다.

3 왜 매개효과를 분석하는가?

매개효과분석을 왜 하는지 그 의미를 살펴보기로 한다. 첫째, 독립변수와 종속변수 간의 관계에서 특정 매개변수가 매개역할을 하는지를 검정하고자 한다. 이는 매개효과분석의 본질에 해당하는 것으로 독립변수와 종속변수 간의 관계를 설명하는 데 있어 제3의 변수를 개입하여 설명하고자 하는 것이다.

둘째, 매개효과의 검정은 종속변수를 관리하는 관점에서 시사점을 얻을 수 있다. 예를 들어, 스트레스와 우울 간의 관계에서 불안이 완전매개(full mediation)하는 것으로 나타났다면 우울을 관리하기 위해서는 불안을 관리해야 함을 시사한다. 만약 부분매개(partial mediation)의 결과를 얻었다면 우울을 관리하기 위해서는 스트레스와 불안을 동시에 관리해야 하는 시사점을 얻는다.

그림 9-7 ▌불안의 완전매개효과

그림 9-8 ▌불안의 부분매개효과

[그림 9-9]에서 나이와 혈압 간에 몸무게의 매개효과를 가정하고 있다. 만약 이 모델을 분석한 결과 혈압을 관리하기 위해 나이를 관리할 수는 없다. 그러나 몸무게는 관리할 수 있다. 그러한 면에서 [그림 9-9]의 모델을 분석한 결과, 나이와 혈압 간에 직접효과는 없고 몸무게를 매개한 매개효과가 있는 것으로 나타났다면(즉, 완전매개), 혈압을 관리하기 위해서는 몸무게를 관리해야 하는 시사점을 얻을 수 있다. 만약 나이가 혈압에 직접효과가 있고 동시에 몸무게를 통한 매개효과가 있는 것으로 나타났다면(즉, 부분매개) 나이는 관리할 수 없기 때문에 몸무게 관리에 신경을 써야 하는 시사점을 얻을 수 있다. 만약 나이가 혈압에 직접적인 영향을 주고 몸무게를 통한 매개효과가 없는 것으로 나타나면 다른 매개변수를 확인하고자 하는 연구의 필요성이 제기될 것이다.

그림 9-9 ▌몸무게의 매개효과

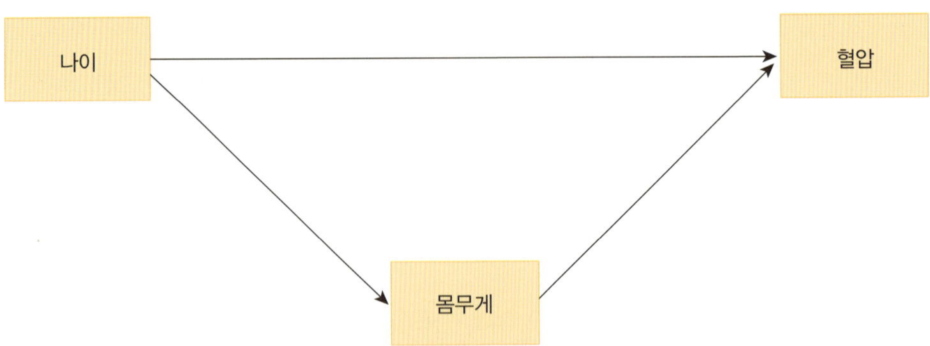

4 매개효과분석 방법

매개효과분석(mediation analysis)은 학자에 따라 조금씩 다르게 논의되고 있으나, 그 기초는 Baron & Kenny(1986)의 접근법에 두고 있다. 매개효과는 회귀분석과 구조방정식모델링(structural equation modeling: SEM)에 의해 분석할 수 있다. 이 가운데 어떤 분석을 이용할 것인가는 다음과 같은 점을 고려하여 결정한다.

만약 표본크기가 200 이상(또는 적어도 150)이고 관측변수가 2개 이상의 변수로 측정된 경우에는 SEM을 이용하여 분석하는 것이 바람직하다. 왜냐하면 SEM은 측정오차를 추정할 수 있기 때문에 이를 이용한 방법이 보다 정확한 계수를 추정하기 때문이다. 그러나 관측변수가 1개로 측정되고 표본크기가 크지 않은 경우에는 회귀분석에 의한 붓스트레핑을 이용하는 것이 바람직하다.

매개효과분석은 독립변수(X), 매개변수(M), 종속변수(Y)가 어떤 척도로 되어 있느냐에 따라 구조방정식모델링, 회귀분석, 로짓(logit), 로지스틱(logistic) 등으로 분석할 수 있다. 이를 표로 제시하면 [표 9-1]과 같다. 로짓과 로지스틱은 종속변수가 범주형인 경우에 모두 적용할 수 있다. 모든 독립변수가 범주형이면 로짓, 독립변수 가운데 연속변수를 포함하면 로지스틱으로 부른다.

표 9-1 ▌매개효과분석 접근법

X	M	Y	매개분석단계		
			$X \rightarrow Y(c)$	$X \rightarrow M(a)$	$X \& M \rightarrow Y(b)$
연속	연속	연속	SEM/회귀	SEM/회귀	SEM/회귀
연속	연속	범주	로지스틱	SEM/회귀	로지스틱
연속	범주	연속	SEM/회귀	로지스틱	SEM/회귀
연속	범주	범주	로지스틱	로지스틱	로지스틱
범주	연속	연속	SEM/회귀	SEM/회귀	SEM/회귀
범주	연속	범주	로짓	SEM/회귀	로지스틱
범주	범주	연속	SEM/회귀	로짓	SEM/회귀
범주	범주	범주	로짓	로짓	로짓

구조방정식모델링에 의한 매개효과분석은 제12장, 제13장, 제14장, 제15장에서 살펴보기로 한다. 이하에서 회귀분석에 의한 매개효과분석에 대해 기본적인 내용을 중심으로 살펴보고, 보다 구체적인 내용은 제10장, 제11장에서 자세히 살펴보기로 한다.

4.1 회귀분석에 의한 매개효과분석

회귀분석에 의해 매개효과를 검정하는 방법에는 ① **Baron & Kenny 접근법**, ② **계수의 곱 검정(product of coefficients test)**, ③ **계수의 차이검정(difference of coefficients test)** 등이 있다. 이들 가운데 ① Baron & Kenny 접근법과 ② 계수의 곱 검정이 많이 쓰인다. 이하에서 이에 대해 살펴보기로 한다.

1) Baron & Kenny 접근법

Baron & Kenny 접근법(이하 BK 접근법)은 **인과단계접근법(causal step approach)** 또는 **인과단계전략(causal step strategy)**이라고도 한다. BK 접근법은 세 번의 회귀분석을 통해 계수의 유의도를 파악하여 매개효과를 검정하는 접근법을 취한다. BK 접근법을 간단히 표현하면 다음과 같이 나타낼 수 있다.

BK 접근법: 3단계 + Sobel test

다음과 같은 모델을 대상으로 BK 접근법에 의한 매개효과분석에 대해 살펴보기로 한다.

그림 9-10 **BK의 매개효과분석을 위한 모델 1**

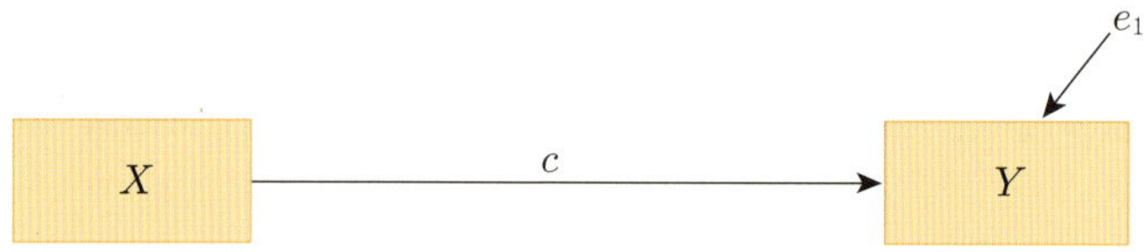

그림 9-11 **BK의 매개효과분석을 위한 모델 2**

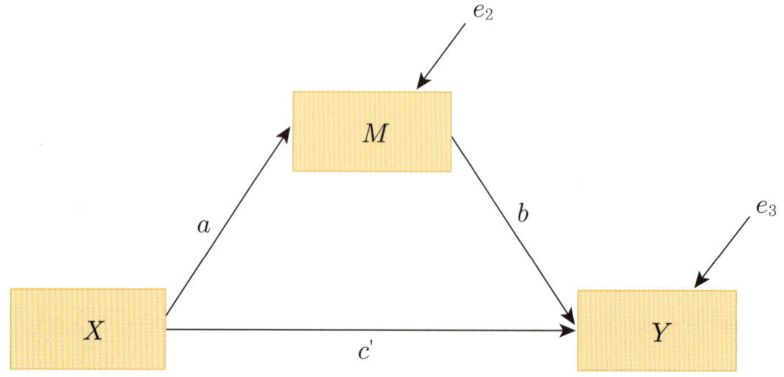

1단계 모델 1에서 Y를 종속변수로 X를 독립변수로 회귀분석 했을 때, 계수 c가 유의적으로 나와야 한다.

$$Y = i_1 + cX + e_1$$

2단계 모델 2에서 M을 종속변수로 X를 독립변수로 회귀분석 했을 때, 계수 a가 유의적으로 나와야 한다.

$$M = i_2 + aX + e_2$$

3단계 모델 2에서 Y를 종속변수로 X와 M을 독립변수로 회귀분석 했을 때, 계수 b가 유의적으로 나와야 한다. 또한 c'는 c보다 작아야 한다.

$$Y = i_4 + c'X + bM + e_3$$

지금까지 설명한 내용을 정리하면 [표 9-2]와 같다.

표 9-2 ▌Baron & Kenny의 매개효과분석 단계

	분석	도식
1단계	독립변수(X)가 종속변수(Y)를 예측하는 단순회귀분석	$X \xrightarrow{c} Y$
2단계	독립변수(X)가 매개변수(M)를 예측하는 단순회귀분석	$X \xrightarrow{a} M$
3단계	독립변수(X)와 매개변수(M)가 종속변수(Y)를 예측하는 다중회귀분석	$X \xrightarrow{c'} Y$, $M \xrightarrow{b} Y$

4단계 2단계와 3단계에서 얻은 a와 b의 비표준화계수(B)와 각각의 표준오차 se_a와 se_b값을 Sobel test를 이용하여 ab의 유의도를 검정한다.

모델 2에서 추정한 c'는 직접효과, ab는 간접효과(매개효과), 모델 1에서 추정한 c는 총효과이며, 이는 $c'+ab$와 같다. 직접효과는 매개변수(M)를 통제했을 때, 독립변수(X)가 종속변수(Y)에 미치는 회귀계수(c')와 같다. 총효과는 독립변수가 매개변수를 경유하지 않고 종속변수에 직접 영향을 미치는 직접효과(c')와 매개변수를 통해서 영향을 미치는 매개효과(ab)의 합이다.

M을 포함했을 때 X가 Y에 주는 영향이 0이라면(즉, $c'=0$ 또는 $ab=c$), 이를 **완전매개(full mediation, complete mediation)**라 하고, M을 포함했을 때 X가 Y에 주는 영향이 줄어든다면(즉, $c'<c$ 또는 $ab<c$), 이를 **부분매개(partial mediation)**라 하고, $ab>c$이면 이를 **억제효과(suppression effect)**라 한다.

BK 접근법에 의해 매개효과를 분석하기 위해 먼저, 1단계에서 2단계까지의 계수가 유의적인가를 검토한다. 3단계에서 X를 통제한 상태에서 계수 b가 유의적으로 나타나면 매개효과가 있다. M을 통제한 상태에서 계수 c'가 비유의적이면 완전매개이고, 계수 c'가 유의적이면 부분매개이다.

BK 접근법은 많은 학자들에 의해 사용되고 있기는 하나 몇 가지 한계가 지적되고 있다. 첫째, 이 방법은 간접효과의 유의성을 검정하지 못한다. 즉 매개효과를 직접 검정하지 못하고 일련의 검정을 통해 나온 결과를 토대로 추론을 한다는 점이다. 그러한 면에서 BK는 매개효과를 검정하기 위해 **Sobel 검정(Sobel test)**을 할 것을 권유하였다. 둘째, 통계적 검정력이 낮다는 점이다. 간접효과가 있다고 할 때 그것을 탐지할 능력이 낮다.

매개효과(ab)는 모델 1에서의 계수 c와 모델 2에서의 계수 c'의 차이($c-c'$)와 거의 일치한다. 즉, $ab \approx c-c'$이다. 매개효과(ab)의 유의성(H_0: $ab=0$)을 검정하기 위해 Sobel 검정과 붓스트레핑(bootstrapping)이 많이 쓰인다. 이 가운데 최근에는 Sobel 검정이 갖는 문제점으로 인해 붓스트레핑이 많이 쓰인다.

2) 계수의 곱 검정(product of coefficients test)

계수의 곱 검정에 의한 매개효과 검정은 [그림 9-12]의 모델을 추정하여 얻는 계수 a와 b의 곱에 의해 검정한다. 즉 매개효과는 ab이며 이의 통계적 유의도(H_0: $ab=0$)를 검정한다. 이를 **Sobel 검정(Sobel test)**이라고도 한다.

그림 9-12 ▌Sobel 검정을 위한 모델

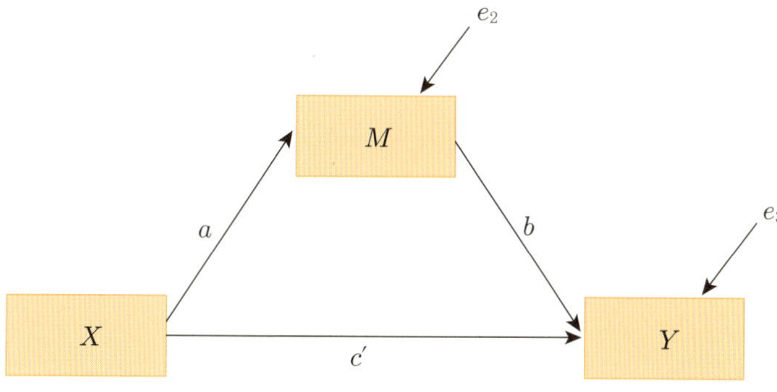

Sobel 검정을 위해서는 다음과 같은 회귀식을 추정하여 a와 b의 회귀계수를 얻어야 한다.

$$M = i_2 + aX + e_2$$
$$Y = i_4 + c'X + bM + e_3$$

위의 회귀식을 추정하여 얻은 a와 b의 비표준화회귀계수와 각각의 표준오차(standard error: S.E.)를 다음과 같은 Sobel 검정을 위한 공식에 대입하여 z값을 구하여 이 값이 통계적으로 유의적인가를 검토한다.

$$z = \frac{ab}{\sqrt{a^2 se_b^2 + b^2 se_a^2}}$$

점추정(point estimation)에 의해 검정하면 $|z|$가 1.96보다 크면 유의수준 0.05에서 통계적으로 유의적인 것으로 판단한다. 구간추정(interval estimation)인 경우에는 $ab \pm 1.96 s_{ab}$를 구하여 그 신뢰구간(confidence interval)에 0이 포함되지 않으면 유의수준 0.05에서 통계적으로 유의적인 것으로 판단한다.

Sobel 검정은 다음과 같은 한계가 있어 최근에는 많이 쓰이지 않고, 붓스트레핑이 많이 쓰이고 있다. 첫째, 통계적 검정력이 낮다. 따라서 충분한 검정력을 갖기 위해서는 표본크기가 커야 한다. 둘째, ab가 정규분포를 한다는 가정하에 검정을 하게 되는데 그 가정이 맞지 않는다는 점이다. [그림 9-13]은 Shrout & Bolger(2002)의 연구에서 제시된 하나의 사례이다. 그림에서 볼 수 있듯, 왼쪽으로 치우친 분포를 보이고 있는 것을 알 수 있다.

그림 9-13 ▌ ab 분포

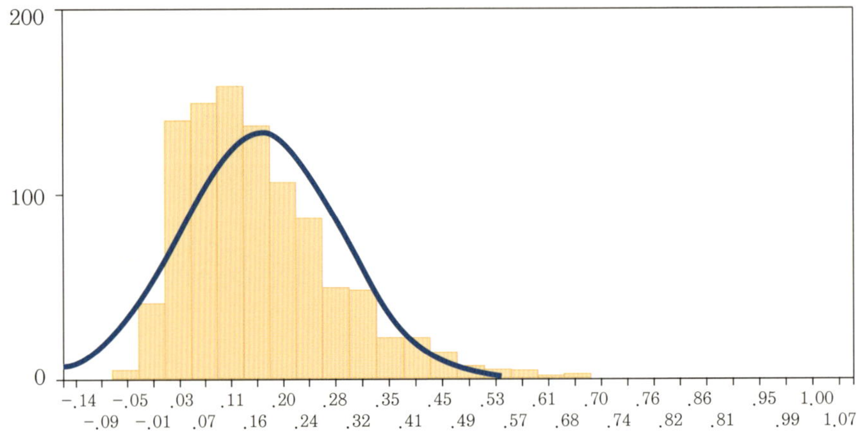

그러한 면에서 MacKinnon 등(2002)은 Sobel 검정을 하기 위해서는 최소한 1,000의 표본크기가 필요하다고 주장하였다.

3) 계수의 차이검정(difference of coefficients test)

직접효과(c')와 총효과(c)를 비교하는 접근법이다. 즉 매개효과는 $c-c'$이다. 이 방법은 많이 쓰이고 있지 않다. 이의 유의도를 계산하는 공식에 대해서는 MacKinnon 등(2002)을 참고하기 바란다.

4) Hayes(2013)의 분석법

Hayes(2009, 2013), Rucker 등(2011), MacKinnon 등(2000, 2002), Shrout & Bolger(2002), Zhao 등(2010)은 BK 접근법에서의 1단계분석이 필요하지 않다고 주장한다. 따라서 이들은 다음과 같은 두 개의 방정식을 추정하면 된다고 주장한다.

$$M = i_2 + aX + e_2$$
$$Y = i_4 + c'X + bM + e_3$$

위 식에서 얻은 값을 토대로 Sobel 검정이 아닌 붓스트레핑을 통해 ab의 통계적 유의성을 판단할 것을 추천하고 있다.

5) 붓스트레핑(bootstrapping)의 개요

지금까지 붓스트레핑에 대해 많은 언급을 하였는데 이하에서 이에 대해 개괄적으로 살펴보기로 한다.

그림 9-14 ▌붓스트레핑의 일반적 절차

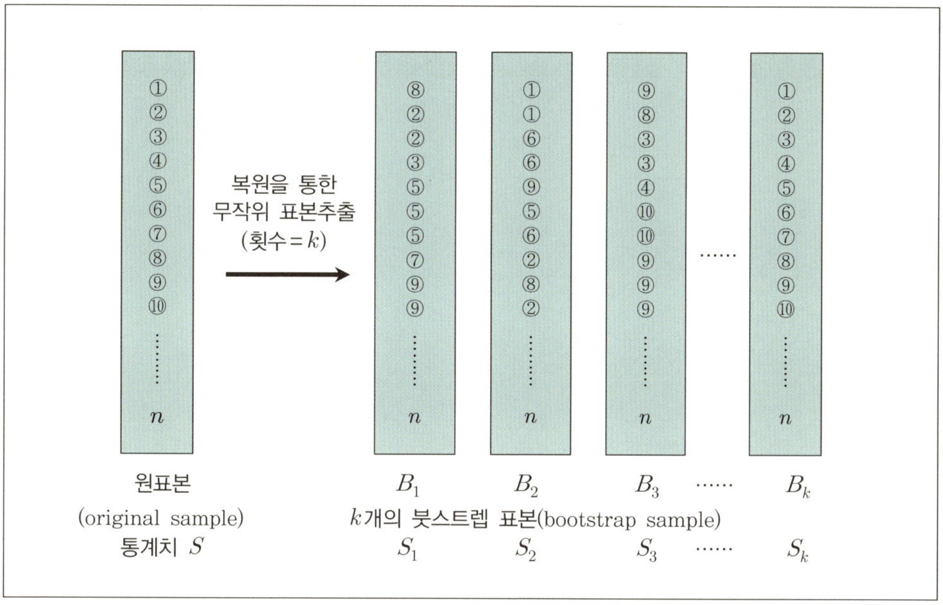

1단계 모집단에서 n 크기의 표본을 추출한다. 이것이 원표본(original sample)이 된다.

2단계 1단계에서 추출한 n 크기의 표본과 대체할 수 있는 k 크기의 무작위표본을 추출한다. 이때 표본추출은 복원추출(replacement sampling)에 의해 이루어진다. 이것이 붓스트렙 표본(bootstrap sample)이 된다.

3단계 2단계에서 얻는 '재표본(re-sampling)'에서 통계치를 계산한다.

4단계 2단계와 3단계를 총 k번 수행한다.

5단계 2단계부터 4단계를 거쳐 산출된 k개의 통계치를 가장 낮은 값에서부터 가장 높은 값으로 분류한다.

6단계 95% 신뢰구간의 하한선을 5단계로부터 얻은 통계치의 분포에서 125번째 통계치로 정의한다. 그리고 95% 신뢰구간의 상한선을 5단계로부터 얻은 통계치의 분포에서 4875번째 통계치로 정의한다. 이 방법은 붓스트렙된 신뢰구간을 계산하는 백분위수 방법(percentile method)이다.

다음의 자료를 통해 이에 대해 알아보기로 한다.

표 9-3 ▌ a, b, ab의 붓스트렙 추정치의 예

Original sample				Bootstrap sample 1				Bootstrap sample 2			
case	X	M	Y	case	X	M	Y	case	X	M	Y
1	0	1.5	3.00	4	0	2.5	4.50	10	1	5.0	5.00
2	0	2.0	2.75	8	1	3.0	3.75	3	0	1.0	3.50
3	0	1.0	3.50	2	0	2.0	2.75	7	1	2.5	2.25
4	0	2.5	4.50	3	0	1.0	3.50	5	0	4.5	4.75
5	0	4.0	4.75	1	0	1.5	3.00	6	1	4.5	4.50
6	1	4.5	4.50	2	0	2.0	2.75	8	1	3.0	3.75
7	1	2.5	2.25	6	1	4.5	4.50	8	1	3.0	3.75
8	1	3.0	3.75	8	1	3.0	3.75	4	0	2.5	4.50
9	1	1.5	2.50	5	0	4.0	4.75	10	1	5.0	5.00
10	1	5.0	5.00	9	1	1.5	2.50	2	0	2.0	2.75
a b ab		1.100 0.700 0.770		a b ab'		0.833 0.631 0.526		a b ab'		1.458 0.713 1.039	

원표본($n=10$)을 대상으로 a, b, ab의 값을 구하면 각각 1.10, 0.70, 0.77이 된다. a는 M을 종속변수로 X를 독립변수로 하여 회귀분석을 하면 구할 수 있다. b는 Y를 종속변수로 X와 M을 독립변수로 하여 회귀분석을 하면 구할 수 있다. 이를 토대로 구한 ab의 값은 점추정치(point estimate)이다. ab에 대한 붓스트렙 신뢰구간은 k횟수만큼의 재표본추출을 통해 구할 수 있다.

이 자료에서 볼 수 있듯, Bootstrap sample 1에는 case 2와 case 8이 각각 두 번 추출되었고, case 7과 case 10은 추출되지 않은 것을 알 수 있다. 마찬가지로, Bootstrap sample 2에는 case 8과 case 10이 각각 두 번 추출되었고, case 1과 case 9는 추출되지 않은 것을 알 수 있다. 이것이 복원(with replacement)에 의한 임의표본추출의 의미이다.

이제 k개의 ab' 붓스트랩 추정치에 대한 신뢰구간의 추정에 대해 살펴보기로 한다. 만약 신뢰구간이 95%라면 ab'값의 k분포에 있는 2.5번째 분위수(percentile)와 97.5번째 분위수에 있는 값이 각각 하한(lower bound)과 상한(upper bound)이 된다.

4.2 회귀분석에 의한 매개효과분석의 예

[그림 9-15]의 모델을 통해 ① BK 접근법, ② 계수의 곱 검정, ③ Hayes 접근법에 의해 매개효과를 분석하는 것에 관해 알아보기로 한다.

그림 9-15 ▌ 몸무게의 매개효과모델

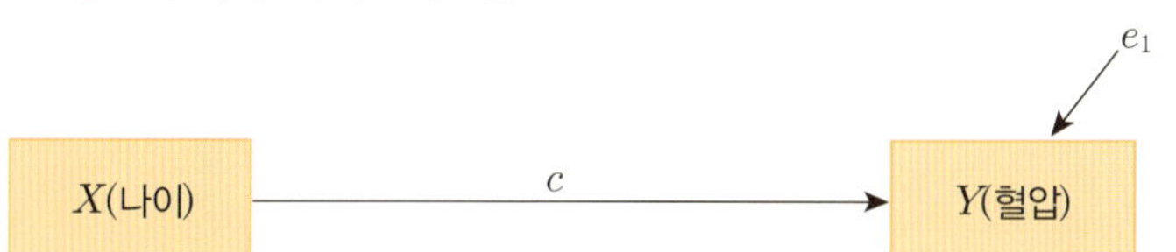

[chap9] [91346_16ds.sav]

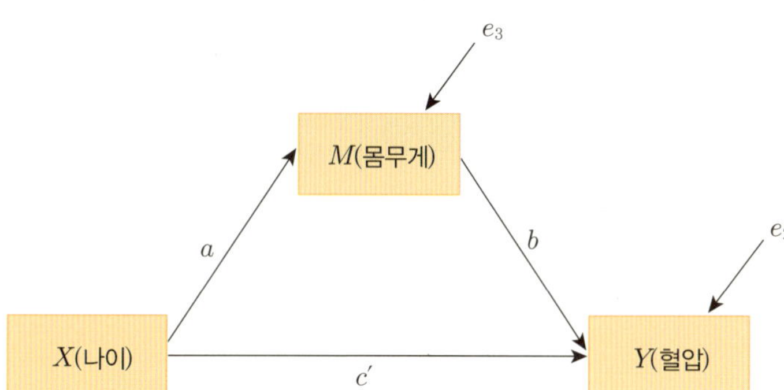

[chap9] [91346_16ds.sav]

1) BK 접근법

먼저 1단계분석을 한다. Y를 종속변수로 M을 독립변수로 회귀분석을 하여 계수 c가 유의적인가를 본다.

1단계 $Y = i_1 + cX + e_1$

표 9-4 ▌1단계분석결과

계수[a]

모형		비표준계수		표준계수	t	유의수준
		B	표준오차	베타		
1	(상수)	10.398	26.222		.397	.695
	나이	2.862	.432	.782	6.631	.000

a. 종속변수: 혈압

분석결과 c가 유의적인 것으로 나타났다.

2단계분석을 위해 M을 종속변수로 X를 독립변수로 회귀분석을 하여 계수 a가 유의적인가를 본다.

2단계 $M = i_2 + aX + e_2$

표 9-5 ▌2단계분석결과

계수[a]

모형		비표준계수		표준계수	t	유의수준
		B	표준오차	베타		
1	(상수)	78.508	24.130		3.254	.003
	나이	1.432	.397	.563	3.605	.001

a. 종속변수: 몸무게

분석결과 a가 유의적인 것으로 나타났다.

3단계분석을 위해 Y를 종속변수로 X와 M을 독립변수로 회귀분석을 하여 계수 c'와 계수 b가 유의적인가를 본다.

3단계 $Y = i_4 + c'X + bM + e_3$

표 9-6 ▌3단계분석결과

계수[a]

모형		비표준계수 B	비표준계수 표준오차	표준계수 베타	t	유의수준
1	(상수)	−28.046	27.985		−1.002	.325
	몸무게	.490	.187	.340	2.623	.014
	나이	2.161	.475	.590	4.551	.000

a. 종속변수: 혈압

분석결과 c'와 b가 유의적인 것으로 나타났다.

1단계에서 3단계까지의 회귀분석 결과를 토대로 a와 b가 모두 유의적이고 c'가 유의적이기 때문에 부분매개를 하는 것으로 해석한다.

2) 계수의 곱 검정(product of coefficients test)

Sobel 검정을 위해 2단계와 3단계의 회귀분석을 한다.

2단계에서 추정한 비표준계수와 표준오차가 각각 a와 se_a가 된다.

표 9-7 ▌2단계분석결과

계수[a]

모형		비표준계수 B	비표준계수 표준오차	표준계수 베타	t	유의수준
1	(상수)	78.508	24.130		3.254	.003
	나이	1.432	.397	.563	3.605	.001

a. 종속변수: 몸무게

3단계에서 구한 비표준계수와 표준오차가 각각 b와 se_b가 된다.

표 9-8 ▌3단계분석결과

계수[a]

모형		비표준계수		표준계수	t	유의수준
		B	표준오차	베타		
1	(상수)	−28.046	27.985		−1.002	.325
	몸무게	.490	.187	.340	2.623	.014
	나이	2.161	.475	.590	4.551	.000

a. 종속변수: 혈압

Preacher 교수의 ‘Sobel calculator’에 값을 넣고 계산하면 다음과 같이 z검정통계량(Test statistic)이 1.96보다 커 매개효과(간접효과)가 유의적이라고 해석한다.

Input:			Test statistic:	Std. Error:	p-value:
a	1.432	Sobel test:	2.11998373	0.33098367	0.03400742
b	.490	Aroian test:	2.0685873	0.33920734	0.03858483
s_a	.397	Goodman test:	2.17541195	0.3225504	0.02959926
s_b	.187	Reset all	Calculate		

결론적으로, 간접효과가 유의적이고 나이가 혈압에 주는 직접효과도 유의적이기 때문에 부분매개를 한다고 해석한다.

3) Hayes 접근법

Hayes의 PROCESS v3에 의해 분석하기 위해 다음과 같이 변수를 지정하고, ‘Model number’를 ‘4’로 바꾸어준다.

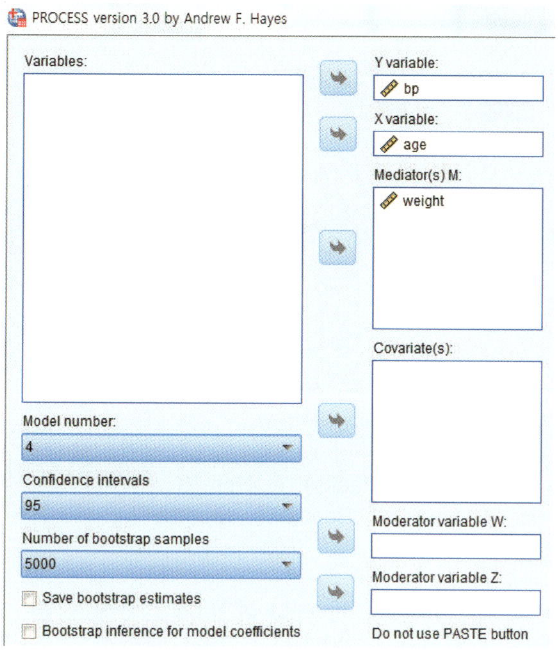

이를 실행하면 다음과 같은 결과를 얻는다.

```
OUTCOME VARIABLE:
 weight

Model Summary
          R       R-sq        MSE          F        df1        df2          p
       .563       .317   1379.353     12.999      1.000     28.000       .001

Model
              coeff         se          t          p       LLCI       ULCI
constant     78.508     24.130      3.254       .003     29.078    127.937
age           1.432       .397      3.605       .001       .618      2.246

**************************************************************************
OUTCOME VARIABLE:
 bp

Model Summary
          R       R-sq        MSE          F        df1        df2          p
       .831       .690   1346.286     30.039      2.000     27.000       .000

Model
```

```
              coeff        se          t         p        LLCI       ULCI
constant    -28.046    27.985     -1.002      .325     -85.468     29.375
age           2.161      .475      4.551      .000       1.187      3.135
weight         .490      .187      2.623      .014        .107       .873

*********************** DIRECT AND INDIRECT EFFECTS OF X ON Y ************************

Direct effect of X on Y
     Effect         se          t         p       LLCI       ULCI       c'_ps        c'_cs
      2.161       .475      4.551      .000      1.187      3.135        .034         .590

Indirect effect(s) of X on Y:
            Effect     BootSE   BootLLCI   BootULCI
weight        .701       .540       .101      2.280

Partially standardized indirect effect(s) of X on Y:
            Effect     BootSE   BootLLCI   BootULCI
weight        .011       .009       .002       .038

Completely standardized indirect effect(s) of X on Y:
            Effect     BootSE   BootLLCI   BootULCI
weight        .192       .139       .029       .588
```

간접효과(.701)는 95% 신뢰구간에 '0'을 포함하지 않으므로 유의적이라고 해석한다.

4.3 위계적 회귀분석에 의한 매개효과분석

위계적 회귀분석(hierarchical regression analysis)에 의한 매개효과분석은 [분석] → [회귀분석] → [선형]에서 [종속변수]에 '혈압' [독립변수]에 '몸무게'를 보내고 [다음] 버튼을 누른 다음 '나이'를 [독립변수]로 보낸다. 그러면 [블록(B)2-2]가 만들어진다. [확인] 버튼을 누르면 실행이 된다.

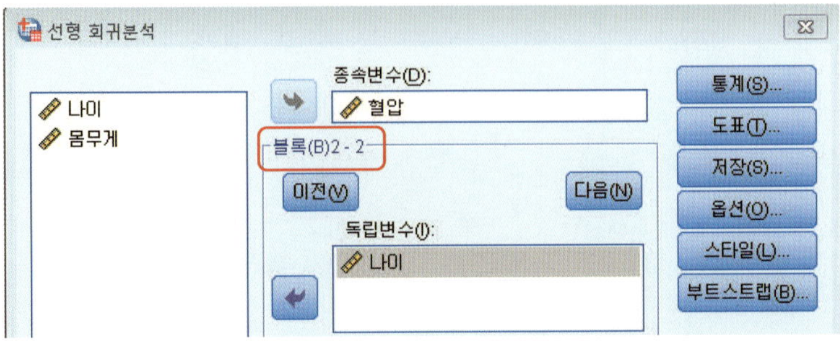

분석결과는 다음과 같다.

표 9-9 ▌3단계분석결과

계수[a]

모형		비표준계수		표준계수	t	유의수준
		B	표준오차	베타		
1	(상수)	10.398	26.222		.397	.695
	나이	2.862	.432	.782	6.631	.000
2	(상수)	-28.046	27.985		-1.002	.325
	나이	2.161	.475	.590	4.551	.000
	몸무게	.490	.187	.340	2.623	.014

a. 종속변수: 혈압

위의 값을 토대로 Sobel 검정을 한다. **일부 논문에서 BK 접근법을 따라 분석한 것을 위계적 회귀분석으로 했다고 기술한 것을 볼 수 있는데 이는 잘못된 것이다.**

5 효과크기

매개효과의 통계적 유의도를 보고하는 것 외에, 효과크기를 보고하는 것이 권장된다. 일반적으로 효과크기는 두 가지 관점에서 정의된다. 첫째, **효과크기(effect size)**는 효과의 실질적 중요성(practical importance) 또는 실질적 유의성(practical significance)을 의미하고, 둘째, 효과크기는 귀무가설에 비해 상대적으로 효과가 얼마나 있는가를 의미한다.

효과크기를 계산하는 방법에는 여러 가지가 있는데, 그 가운데 Preacher & Kelley(2011)의 κ^2**(카파제곱)**이 가장 좋은 것으로 나타났다. κ^2은 가능한 간접효과의 최대 비율을 의미한다. κ^2이 좋은 이유는 ① 이 값은 마이너스(−)를 갖지 않으며, ② 0과 1 사이의 값을 가지며, ③ ab가 가질 수 있는 최대값의 비율을 반영하기 때문이다. κ^2은 다음 공식에 의해 계산된다.

$$\kappa^2 = \frac{ab}{Max(ab)}$$

다음은 Hayes 교수의 PROCESS V2에 의해 [그림 9-15] 모델을 분석한 결과 가운데 효과크기를 제시한 것이다. PROCESS V3에서는 이 가운데 ①과 ②만 보고된다.

Partially standardized indirect effect of X on Y ·········· ①

	Effect	Boot SE	BootLLCI	BootULCI
weight	.0110	.0084	.0024	.0418

Completely standardized indirect effect of X on Y ····· ②

	Effect	Boot SE	BootLLCI	BootULCI
weight	.1915	.1340	.0428	.6366

Ratio of indirect to total effect of X on Y

	Effect	Boot SE	BootLLCI	BootULCI
weight	.2450	.1831	.0545	.9149

Ratio of indirect to direct effect of X on Y

	Effect	Boot SE	BootLLCI	BootULCI
weight	.3245	5.2929	.0561	5.0971

R-squared mediation effect size (R-sq_med)

	Effect	Boot SE	BootLLCI	BootULCI
weight	.3731	.1319	.1015	.5975

Preacher and Kelley (2011) Kappa-squared

	Effect	Boot SE	BootLLCI	BootULCI
weight	.2570	.1224	.0719	.5977

6 부분매개와 완전매개의 구분에 대한 비판

BK 접근법에 의해 매개효과를 분석하게 되면 ① M이 매개효과가 없든지, ② 부분매개를 하든지, 또는 ③ 완전매개를 하든지 등 세 가지 가운데 하나의 결과를 얻게 된다. 부분매개는 M이 X와 Y의 관계를 완전히 설명하지 못한다는 것을 의미하고, 완전매개는 X와 Y의 관계가 간접효과에 의해 완전히 설명됨을 의미한다. 이러한 완전매개와 부분매개의 구분은 실질적으로 또한 이론적으로도 의미가 없다고 주장하는 Hayes(2013)의 견해를 살펴보기로 한다.

첫째, 완전매개와 부분매개는 연구자가 총효과가 통계적으로 0과 다르다는 가정을 토대로 하고 있다. 그러나 총효과가 없는 경우에도 간접효과가 있는 경우가 있다. 그런데

이 가정은 실제 연구에서 적용하기가 어려운 문제가 있다.

둘째, 동일한 방법과 동일한 측정을 통해 동일한 과정으로 분석을 하는 연구자 A와 연구자 B가 있다고 하자. 그리고 이들의 연구가 표본크기가 B보다는 A가 작다고 가정한다. 만약 M이 X와 Y의 관계에서 부분매개를 하는 것으로 나타나면 연구자 B가 A보다 부분매개를 한다는 주장을 더 강하게 할 수 있다. 왜냐하면 B의 직접효과(c')는 더 강한 검정력을 갖기 때문이다. 만약 완전매개를 원한다면 보다 적은 표본크기를 갖는 것이 최선의 길이다. 그런데 이는 표본크기는 클수록 좋다는 원칙에 위배된다.

Hayes의 주장과 같은 입장에 있는 학자로 Zhao 등(2010)이 있다. Zhao 등은 완전매개와 부분매개라는 용어 대신에 다음과 같은 용어를 제안하고 있다.

- 보충매개(complementary mediation): 매개효과(ab)와 직접효과(c)가 모두 존재하고 방향이 일치함.
- 경쟁매개(competitive mediation): 매개효과(ab)와 직접효과(c)가 모두 존재하고 방향이 일치하지 않음.
- 간접만 매개(indirect-only mediation): 매개효과(ab)는 있으나 직접효과(c)가 없음.
- 직접만 비매개(direct-only nonmediation): 매개효과(ab)는 없고 직접효과(c)만 있음.
- 무효과 비매개(no-effect nonmediation): 매개효과(ab)와 직접효과(c)가 모두 없음.

만약 ab와 c가 모두 유의적이면서 abc가 정적이면 보충매개이고, abc가 부적이면 경쟁매개이다.

7 Beyond Baron & Kenny, Sobel

앞에서 여러 번 언급했듯이, Baron & Kenny가 제안한 매개효과에 관한 분석법이 최근에 비판을 받고 있다. 또한 Sobel test도 한계가 있다는 점이 지적되고 있다. 따라서 최근에는 여러 학자들이 다음과 같이 분석할 것을 제안하고 있다. 이러한 관점에 저자도 동의한다. 그러한 면에서 'Beyond Baron & Kenny, Sobel'이라고 절의 제목을 달았다.

첫째, 매개효과분석을 위해 ab가 유의적인가만 보면 된다. ab가 유의적이면 매개효과가 있고, ab가 유의적이지 않으면 매개효과가 없다고 본다.

둘째, ab의 유의성을 검토하기 위해 일반적으로 쓰고 있는 Sobel test가 아닌 붓스트레핑을 이용한다.

[그림 9-16]에 있는 Zhao 등(2010)의 자료와 모델을 통해 이에 대해 살펴보기로 한다. Zhao 등은 1994년에 실시된 Super Bowl 경기를 대상으로 자료를 수집하였다. 분석의 단위는 경기 동안에 광고된 상표이다. 독립변수인 'frequency'는 경기 동안에 상표광고를 실시한 횟수이고, 종속변수인 'liking'은 광고된 상표에 대한 호감도이고, 매개변수인 'clutter'는 상표가 광고되는 동안 다른 광고들의 총수이다.

그림 9-16 ▌Zhao 등(2010)의 매개효과모델

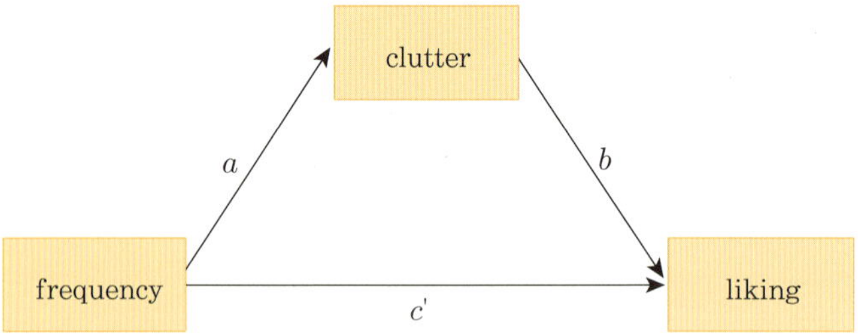

분석을 위한 자료는 다음과 같다.

	liking	frequenc	clutter	survord
1	.55	1	3.00	1.000
2	.61	2	6.00	2.000
3	.60	1	4.00	5.000
4	.53	3	6.00	6.000
5	.57	1	4.00	7.000
6	.60	1	2.00	8.000
7	.61	1	2.00	9.000
8	.63	1	4.00	10.000
9	.52	1	2.00	11.000
10	.49	1	4.00	12.000

[chap9] [Zhao et al(2010).sav]

이 자료를 Hayes의 PROCESS를 이용하여 분석하면 다음과 같은 결과를 얻는다.

```
**************************************************************************
Model = 4
    Y = liking
    X = frequenc
    M = clutter

Sample size
         56

**************************************************************************
Outcome: clutter

Model Summary
          R       R-sq       MSE          F        df1        df2          p
      .7497      .5620    4.4288    69.2853     1.0000    54.0000      .0000

Model
              coeff         se          t          p       LLCI       ULCI
constant     1.0150      .5552     1.8280      .0731     -.0982     2.1282
frequenc     2.5359      .3047     8.3238      .0000     1.9251     3.1467

**************************************************************************
Outcome: liking

Model Summary
          R       R-sq       MSE          F        df1        df2          p
      .4987      .2487     .0059     8.7726     2.0000    53.0000      .0005

Model
              coeff         se          t          p       LLCI       ULCI
constant      .5917      .0209    28.2514      .0000      .5497      .6338
clutter      -.0208      .0050    -4.1712      .0001     -.0308     -.0108
frequenc      .0570      .0169     3.3802      .0014      .0232      .0908

*********************** DIRECT AND INDIRECT EFFECTS ***********************

Direct effect of X on Y
     Effect         SE          t          p       LLCI       ULCI
      .0570      .0169     3.3802      .0014      .0232      .0908

Indirect effect of X on Y
           Effect    Boot SE   BootLLCI   BootULCI
clutter    -.0527      .0155     -.0895     -.0270
```

간접효과 −.0527은 신뢰구간에 0을 포함하지 않아 유의적이어 매개효과가 있다. 간접효과(ab)=−.0527과 직접효과(c)=.0570을 곱하면(abc) 부호가 부적이어 경쟁매개가 된다. 경쟁매개는 아래에서 살펴볼 억제효과와 같은 의미를 갖고 있다.

8 억제효과

매개효과에서는 일반적으로 매개변수를 넣게 되면 독립변수와 종속변수 간의 직접효과의 크기가 총효과에 비해 줄어들게 된다. 이와는 달리, 매개변수를 넣게 되면 독립변수와 종속변수 간의 직접효과의 크기가 커지는 경우가 있다. 이러한 경우를 **억제효과(suppression effect)**라 하고, 이러한 역할을 하는 변수를 **억제변수(suppressor)**라 한다. [그림 9-17]의 모델과 자료를 통해 이에 대해 이해하기로 한다.

그림 9-17 억제효과모델

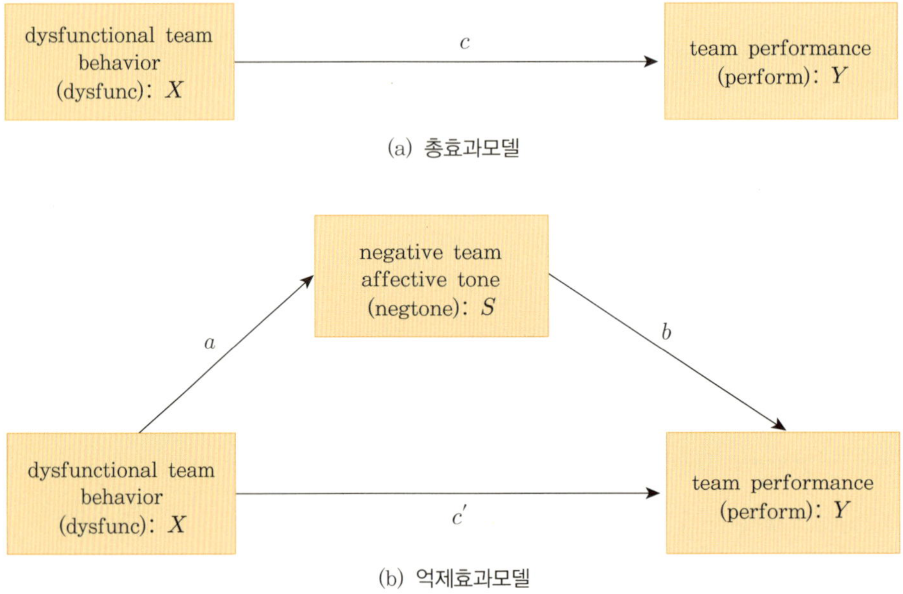

억제효과는 $c - c' < 0$이거나 또는 $ab < 0$으로 검정할 수 있다. [그림 9-17] 모델을 다음의 자료를 통해 억제효과에 대해 살펴보기로 한다.

	dysfunc	negtone	perform
1	-.23	-.51	.12
2	-.13	.22	.52
3	.00	-.08	-.08
4	-.33	-.11	-.08
5	.39	-.48	.12
6	1.02	.72	1.12
7	-.35	-.18	-.28
8	-.23	-.13	.32
9	.39	.52	-1.08
10	-.08	-.26	-.28

[chap9] [Cole et al(2011).sav]

먼저 이들 간 상관계수를 살펴보면 다음과 같다. X와 Y 간의 상관($r=.078$)은 유의적이지 않고, X와 S 간의 상관($r=.438$) 및 S와 Y 간의 상관($r=-.400$)은 유의적이다.

상관

		Dysfunctional team behavior	Negative affective tone	Team performance
Dysfunctional team behavior	Pearson 상관계수	1	.438**	.078
	유의수준(양쪽)		.000	.551
	N	60	60	60
Negative affective tone	Pearson 상관계수	.438**	1	-.400**
	유의수준(양쪽)	.000		.002
	N	60	60	60
Team performance	Pearson 상관계수	.078	-.400**	1
	유의수준(양쪽)	.551	.002	
	N	60	60	60

** 상관이 0.01 수준에서 유의합니다(양쪽).

먼저, 총효과모델을 추정하기로 한다. 이 결과, $c=.110$의 계수값을 얻는다.

계수[a]

모형		비표준계수		표준계수	t	유의수준
		B	표준오차	베타		
1	(상수)	−.035	.068		−.521	.604
	Dysfunctional team behavior	.110(c)	.184	.078	.599	.551

a. 종속변수: Team performance

이제 억제효과모델을 추정하기로 한다.

계수[a]

모형		비표준계수		표준계수	t	유의수준
		B	표준오차	베타		
1	(상수)	.026	.062		.416	.679
	Dysfunctional team behavior	.620(a)	.167	.438	3.715	.000

a. 종속변수: Negative affective tone

계수[a]

모형		비표준계수		표준계수	t	유의수준
		B	표준오차	베타		
1	(상수)	−.022	.060		−.362	.719
	Dysfunctional team behavior	.441(c')	.181	.314	2.443	.018
	Negative affective tone	−.534(b)	.128	−.537	−4.181	.000

a. 종속변수: Team performance

이 결과를 통해 알 수 있듯, $c-c'=.110-.441<0$이고, $ab=.620*(-.534)<0$이다. 따라서 이 경우, 'negtone'은 억제변수이고, 이 모델은 억제효과에 해당한다.

9 매개효과와 간접효과의 차이

일반적으로 매개효과(mediated effect)와 간접효과(indirect effect)는 상호호환하여 쓰인다. 그러나 이들 간에는 중요한 차이가 있다. 매개효과는 매개변수가 하나만 있는 간접효과의 특수한 경우에 해당한다. 매개효과가 있다는 결론을 내리기 위해서는 $X \rightarrow Y$

의 총효과가 있다는 것을 가정한다. 간접효과의 경우에는 이러한 가정이 필요하지 않다. 총효과가 유의적이지 않은 경우에도 간접효과는 유의적일 수 있다. 매개효과는 총효과의 검토를 통해 판단되어야 한다(Holmbeck, 1997; Preacher and Hayes, 2004). **결론적으로 매개효과라는 용어를 쓰기 위해서는 총효과가 있어야 하고, 총효과가 없는 경우에는 간접효과라는 용어를 쓰는 것이 적절하다.** 매개효과를 검토하는 데 있어 총효과가 유의적이어야 한다는 견해와 다른 입장에 있는 학자들도 있다(예: MacKinnon, 2000; Shrout and Bolger, 2002).

10 매개효과란?

매개효과란 간단히 말해, 독립변수와 종속변수 간의 관계를 설명하기 위해 개입되는 변수인 매개변수가 의미가 있는가(또는 어울리는가)의 문제이다. 매개효과가 있다면 이들 간에 개입되는 매개변수가 의미가 있다는(또는 어울린다) 뜻이고, 매개효과가 없다면 이들 간에 개입되는 매개변수가 의미가 없다는 (또는 어울리지 않는다) 뜻이다.

부록 회귀분석에 의한 매개분석 체크리스트

- 독립변수는 종속변수와 유의적으로 관계가 있는가? 그렇지 않다면 매개효과를 검정하는 데 이론적 근거가 있는가?
- 독립변수가 매개변수의 원인이라는 가설에 대해 이론적 근거(theoretical rationale)가 있는가? 매개변수는 변화할 소지가 있는가?
- 독립변수와 매개변수 간의 상관관계를 토대로 했을 때 '유효표본크기'는 얼마인가? 즉 독립변수와 종속변수 간의 관계는 검정력을 확보하기에 충분한가?
- 매개변수와 종속변수 간의 관계(경로계수 b)는 독립변수와 매개변수 간의 관계(경로계수 a)보다 크거나 같은가?
- 매개변수는 신뢰도가 높은가?(예: $\alpha > .70$)
- 매개변수가 신뢰도가 낮은 경우(예: $\alpha < .70$), SEM을 이용하였는가?

참·고·문·헌

서영석 (2010). "상담심리 연구에서 매개효과와 조절효과 검증: 개념적 구분 및 자료 분석 시 고려 사항," *한국심리학회지: 상담 및 심리치료*, 22(4), 1147–1168.

Aguinis, H., Edwards, J. R., and Bradley, K. J. (2017). "Improving Our Understanding of Moderation and Mediation in Strategic Management Research," *Organizational Research Methods*, 20(4), 665–685.

Aiken, L. S., and West, S. G. (1991). *Multiple Regression: Testing and Interpreting Interactions*, Thousand Oaks, CA: Sage.

Baron, R. M., and Kenny, D. A. (1986). "The Moderator–Mediator Variable Distinction in Social Psychological Research: Conceptual, Strategic, and Statistical Considerations," *Journal of Personality and Social Psychology*, 51(6), 1173-1182.

Cheung, G. W., and Lau, R. S. (2008). "Testing Mediation and Suppression Effects of Latent Variables," *Organizational Research Methods*, 11(2), 296–325.

Cohen, J., Cohen, P., West, S. G., and Aiken, L. S. (2003). *Applied Multiple Regression/ Correlation Analysis for the Behavioral Sciences*, 3rd Ed., Mahwah, NJ: Erlbaum.

Cole, M. G., and Dendukuri, N. (2003). "Risk Factors for Depression Among Elderly Community Subjects: A Systematic Review and Meta–Analysis," *American Journal of Psychiatry*, 160(6), 1147–1156.

Collins, L. M., Graham, J. J., and Flaherty, B. P. (1998). "An Alternative Framework for Defining Mediation," *Multivariate Behavioral Research*, 33, 295–312.

Frazier, P. A., Tix, A. P., and Barron, K. E. (2004). "Testing Moderator and Mediator Effects in Counseling Psychology Research," *Journal of Counseling Psychology*, 51(1), 115–134.

Hayes, A. F. (2009). "Beyond Baron and Kenny: Statistical Mediation Analysis in The New Millennium," *Communication Monographs*, 76(4), 408-420.

Hayes, A. F. (2013). *Introduction to Mediation, Moderation, and Conditional Process Analysis: A Regression–Based Approach*, New York, NY: The Guilford Press.

Holmbeck, G. N. (1997). "Toward Terminological, Conceptual, and Statistical Clarity in the Study of Mediators and Moderators: Examples From the Child–Clinical and Pediatric Psychology Literatures," *Journal of Consulting and Clinical Psychology*, 65(4), 599–610.

Iacobucci, D. (2008). *Mediation Analysis*, Thousand Oaks, CA: Sage Publications.

Iacobucci, D. (2012), "Mediation Analysis and Categorical Variables: The Final Frontier," *Journal of Consumer Psychology*, 22, 582–594.

Jose, P. E. (2013), *Doing Statistical Mediation and Moderation*, New York, NY: The Guilford Press.

MacKinnon, D. P. (2000), "Contrasts in Multiple Mediator Models," In J. S. Rose, L. Chassin, C. C. Presson, & S. J. Sherman (Eds.), *Multivariate Applications in Substance Use Research* (pp. 141–160). Mahwah, NJ: Erlbaum.

MacKinnon, D. P., Fairchild, A. J., and Fritz, M. S. (2007), "Mediation analysis," *Annual Review of Psychology*, 58, 593–614.

MacKinnon, D. P., Lockwood, C. M., Hoffman, J. M., West, S. G., and Sheets, V. (2002), "A Comparison of Methods to Test Mediation and Other Intervening Variable Effects," *Psychological Methods*, 7(1), 83–104.

MacKinnon, D. P., Krull, J. L., and Lockwood, C. M. (2000), "Equivalence of the Mediation, Confounding and Suppression Effect," *Prevention Science*, 1(4), 173–181.

Preacher, K. J., and Hayes, A. F. (2004), "SPSS and SAS Procedures for Estimating Indirect Effects in Simple Mediation Models," *Behavior Research Methods, Instruments, and Computers*, 36(4), 717-731.

Preacher, K. J., and Hayes, A. F. (2008), "Asymptotic and Resampling Strategies for Assessing and Comparing Indirect Effects in Multiple Mediator Models," *Behavior Research Methods*, 40(3), 879-891.

Preacher, K. J., and Kelley, K. (2011), "Effect Size Measures for Mediation Models: Quantitative Strategies for Communicating Indirect Effects," *Psychological Methods*, 16(2), 93–115.

Preacher, K. J., Curran, P. J., and Bauer, D. J. (2006), "Computational Tools for Probing Interactions in Multiple Linear Regression, Multilevel Modeling, and Latent Curve Analysis," *Journal of Educational and Behavioral Statistics*, 31(4), 437–448.

Rucker, D. D., Preacher, K. J., Tormala, Z. L., and Petty, R. E. (2011), "Mediation Analysis in Social Psychology: Current Practices and New Recommendations," *Social and Personality Psychology Compass*, 5/6, 359–371.

Shrout, P. E., and Bolger, N. (2002), "Mediation in Experimental and Nonexperimental Studies: New Procedures and Recommendations," *Psychological Methods*, 7(4), 422–445.

Whisman, M. A., and McClelland, G. H. (2005), "Designing, Testing, and Interpreting Interactions and Moderator Effects in Family Research," *Journal of Family Psychology*, 19, 111–120.

Zhao, X., Lynch, J. G. Jr., and Chen, Q (2010), "Reconsidering Baron and Kenny: Myths and Truths about Mediation Analysis," *Journal of Consumer Research*, 37(August), 197–206.

Chapter 10 SPSS에 의한 매개효과분석(Ⅰ)

1 단일매개모델

단일매개모델(single mediator model)은 독립변수와 종속변수 간에 하나의 매개변수가 있는 모델을 의미한다.

1.1 독립변수(X)가 이분형인 경우

독립변수가 실험변수로 조작된 이분형(binary) 변수이고, 매개변수 및 종속변수가 연속형 변수인 경우에 대해 살펴보기로 한다.

그림 10-1 ▍독립변수가 이분형인 경우

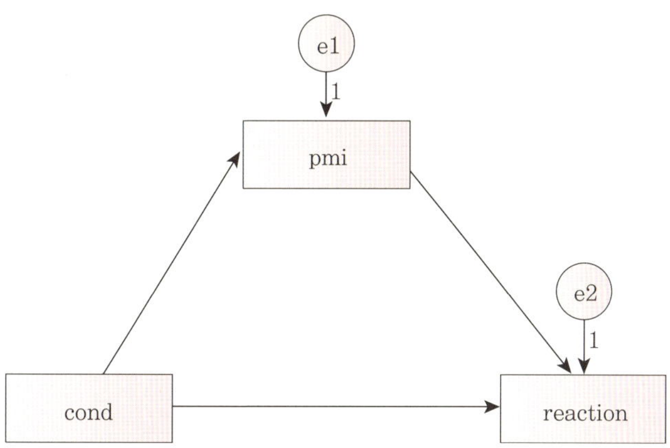

이 모델을 분석하기 위한 자료는 다음과 같다.

	cond	pmi	reaction
1	1.00	7.00	5.25
2	.00	6.00	1.25
3	1.00	5.50	5.00
4	.00	6.50	2.75
5	.00	6.00	2.50
6	.00	5.50	1.25
7	.00	3.50	1.50
8	1.00	6.00	4.75
9	.00	4.50	4.25

[chap10] [Hayes-chap4.sav]

1) 회귀분석에 의한 방법

회귀분석에 의한 매개효과분석은 두 번의 회귀분석을 통해 얻은 값을 통해 Sobel test를 하는 방법이 많이 쓰인다. 그러나 이 방법은 최근에는 많이 쓰이지 않고 대신에 붓스트래핑 방법이 많이 쓰인다. 이하에서 이에 대해 간략히 설명하기로 한다.

❶ 'pmi'를 종속변수로, 'cond'를 독립변수로 하여 회귀분석을 한다.

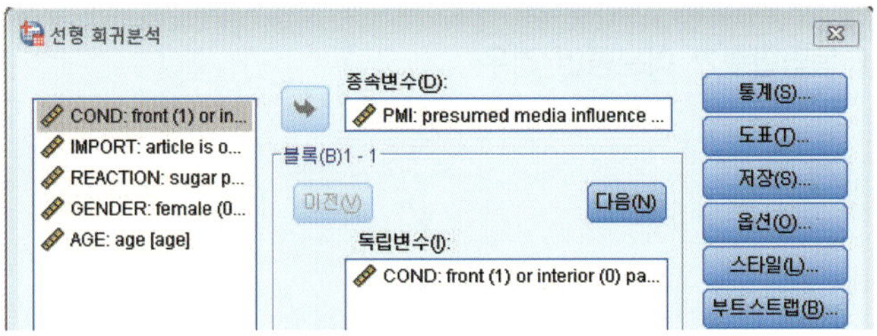

이의 분석결과는 다음과 같다.

계수[a]

모형		비표준계수		표준계수	t	유의수준
		B	표준오차	베타		
1	(상수)	5.377	.162		33.222	.000
	COND: front (1) or interior (0) page of the newspaper	.477	.236	.181	2.022	.045

a. 종속변수: PMI: presumed media influence

분석결과 'cond'는 'pmi'에 영향을 주는 것으로 나타난다.

❷ 'reaction'을 종속변수로, 'pmi'와 'cond'를 독립변수로 회귀분석을 한다.

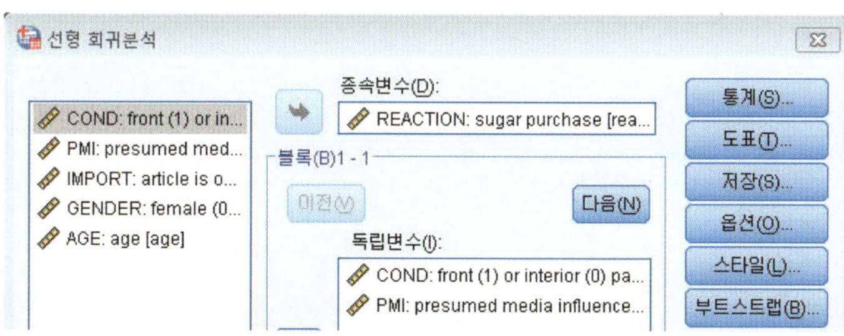

이의 분석결과는 다음과 같다.

계수[a]

모형		비표준계수		표준계수	t	유의수준
		B	표준 오차	베타		
1	(상수)	.527	.550		.958	.340
	COND: front (1) or interior (0) page of the newspaper	.254	.256	.082	.994	.322
	PMI: presumed media influence	.506	.097	.432	5.219	.000

a. 종속변수: REACTION: sugar purchase

분석결과 'pmi'는 'reaction'에 영향을 주나 'cond'는 영향을 주지 않는 것으로 나타난다.

❸ 위에서 얻은 값을 토대로 Sobel 검정을 한다. Sobel test 계산기에 아래와 같은 값

을 입력하고 [Calculate] 버튼을 누른다.

	Input:		Test statistic:	Std. Error:	*p*-value:
a	.477	Sobel test:	1.88466304	0.12806639	0.05947535
b	.506	Aroian test:	1.85525657	0.13009629	0.0635596
s_a	.236	Goodman test:	1.91551365	0.1260038	0.05542703
s_b	.097	Reset all	Calculate		

간접효과가 유의적이지 않은 것으로 나타난다. 따라서 매개효과가 없다고 본다.

2) PROCESS에 의한 방법

❶ 다음과 같이 변수를 지정하고 'Model number'를 '4'로 바꾸어준다.

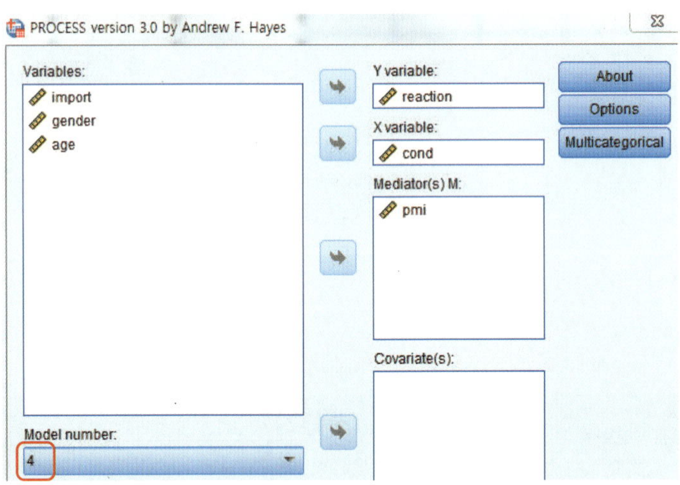

❷ [Multicategorical] 버튼을 누른 다음 'Coding system'을 [Indicator]로 바꾸어준 다음 [계속] 버튼을 누른다. 이는 X변수가 0과 1로 코딩된 변수이기 때문이다.

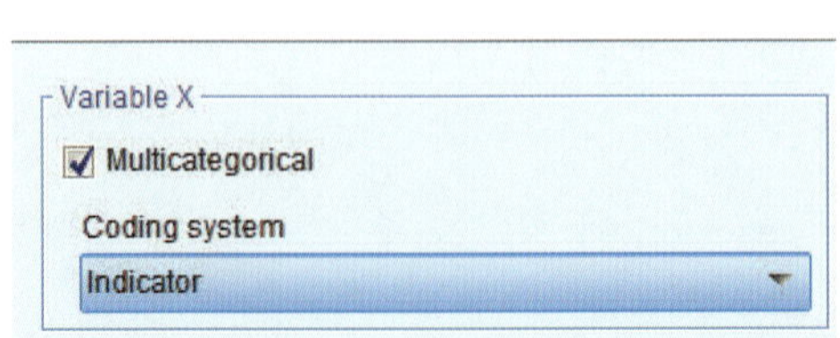

❸ 이의 분석결과는 다음과 같다.

```
**************************************************************************
Model=4
    Y=reaction
    X=cond
    M=pmi

Sample size
        123
**************************************************************************
Outcome: pmi
Model Summary
       R      R-sq      MSE         F       df1        df2         p
   .1808     .0327   1.7026    4.0878    1.0000   121.0000     .0454

Model
              coeff        se          t          p       LLCI      ULCI
constant     5.3769     .1618    33.2222      .0000     5.0565    5.6973
cond          .4765     .2357     2.0218      .0454      .0099     .9431

**************************************************************************
Outcome: reaction

Model Summary
       R      R-sq      MSE          F       df1        df2          p
   .4538     .2059   1.9404    15.5571    2.0000   120.0000      .0000

Model
              coeff        se          t          p       LLCI       ULCI
constant      .5269     .5497      .9585      .3397     -.5615     1.6152
pmi           .5064     .0970     5.2185      .0000      .3143      .6986
cond          .2544     .2558      .9943      .3221     -.2522      .7609

******************** DIRECT AND INDIRECT EFFECTS ********************

Direct effect of X on Y
     Effect        SE          t          p       LLCI        ULCI
      .2544     .2558      .9943      .3221     -.2522       .7609

Indirect effect of X on Y
        Effect    Boot SE   BootLLCI   BootULCI
pmi      .2413      .1295      .0259      .5615
```

붓스트레핑으로 추론한 결과 하한한계(lower limit: LLCI)는 .0259, 상한한계(upper

limit: ULCI)는 .5615로 나타난다. 따라서 신뢰구간 안에 0을 포함하지 않아 간접효과가 있다고 본다. **붓스트레핑 결과값은 실행할 때마다 계수값은 같지만 표준오차, 하한한계, 상한한계 등은 조금씩 다르다는 점도 기억하기 바란다.** 이는 앞서 분석한 Sobel test와 다른 결과를 보인다.

1.2 독립변수(X)가 연속형인 경우

독립변수가 연속형 변수인 경우에 대해 살펴보기로 한다.

그림 10-2 **독립변수가 연속형인 매개모델**

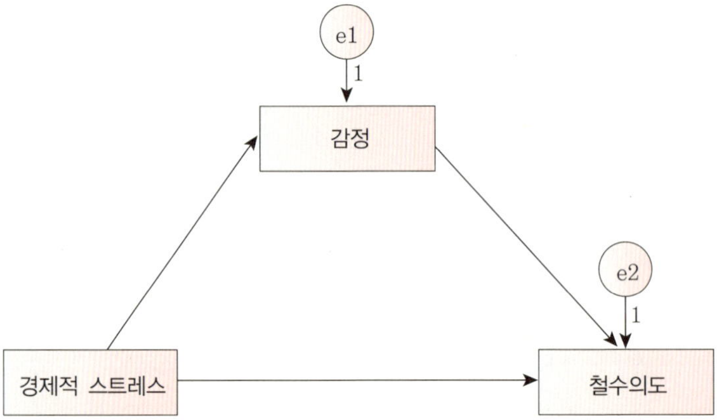

이 모델을 분석하기 위한 자료는 다음과 같다.

	tenure	estress	affect	withdraw
1	1.67	6.00	2.60	3.00
2	.58	5.00	1.00	1.00
3	.58	5.50	2.40	3.66
4	2.00	3.00	1.16	4.66
5	5.00	4.50	1.00	4.33
6	9.00	6.00	1.50	3.00
7	.00	5.50	1.00	1.00
8	2.50	3.00	1.16	1.00
9	.50	5.50	1.33	2.00
10	.58	6.00	3.00	4.00

[chap10] [Hayes-estress.sav]

❶ PROCESS로 분석하기 위해 다음과 같이 변수를 지정하고, 'Model number'를 '4'로 바꾸어준다.

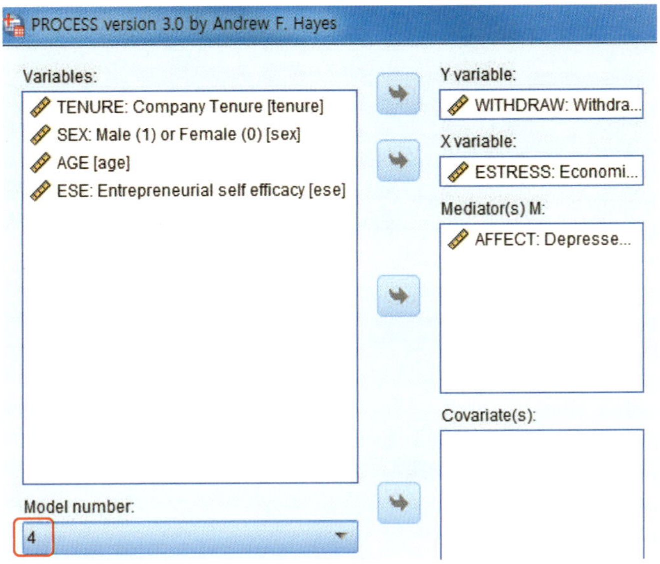

❷ 이를 분석하면 다음과 같은 결과를 얻는다.

```
**************************************************************************
Model = 4
    Y = withdraw
    X = estress
    M = affect

Sample size
        262

**************************************************************************
Outcome: affect

Model Summary
       R       R-sq       MSE         F        df1        df2          p
   .3401      .1156     .4650   33.9988     1.0000   260.0000      .0000

Model
              coeff        se          t          p       LLCI       ULCI
constant      .7994     .1433     5.5777      .0000      .5172     1.0816
estress       .1729     .0296     5.8308      .0000      .1145      .2313
```

```
**************************************************************************
Outcome: withdraw

Model Summary
         R       R-sq       MSE         F       df1        df2         p
     .4247      .1804    1.2841   28.4946    2.0000   259.0000     .0000

Model
              coeff        se          t          p       LLCI       ULCI
constant     1.4471     .2520     5.7420     .0000      .9508     1.9433
affect        .7691     .1031     7.4627     .0000      .5662      .9721
estress      -.0768     .0524    -1.4667     .1437     -.1800      .0263

Direct effect of X on Y
     Effect        SE          t          p       LLCI       ULCI
     -.0768     .0524    -1.4667     .1437     -.1800      .0263

Indirect effect of X on Y
          Effect   Boot SE   BootLLCI   BootULCI
affect     .1330     .0332      .0800      .2130
```

붓스트레핑에 의해 분석한 결과, 하한경계와 상한경계 사이에 0을 포함하지 않으므로 간접효과가 있는 것으로 나타난다.

2 다중매개모델

다중매개모델은 **평행다중매개모델(parallel multiple mediator model)**과 **연속다중매개모델(serial multiple mediator model)**로 나눌 수 있다. 먼저 [그림 10-3]과 같은 평행다중매개모델에 대해 살펴보기로 한다. 평행다중매개란 독립변수와 종속변수 사이에 매개변수가 동시에 여러 개가 있는 모델을 의미한다.

2.1 평행다중매개모델: 예 1

그림 10-3 ▌평행다중매개모델

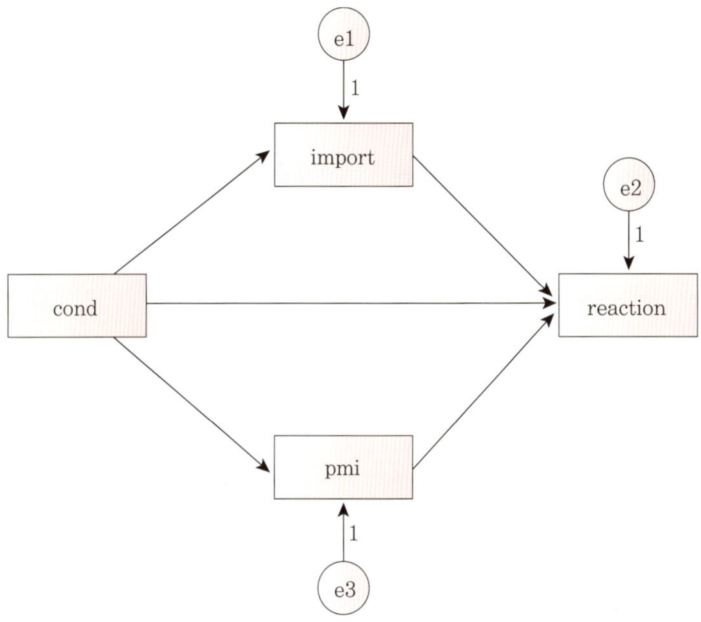

이를 분석하기 위한 자료는 다음과 같다.

	cond	pmi	reaction
1	1.00	7.00	5.25
2	.00	6.00	1.25
3	1.00	5.50	5.00
4	.00	6.50	2.75
5	.00	6.00	2.50
6	.00	5.50	1.25
7	.00	3.50	1.50
8	1.00	6.00	4.75
9	.00	4.50	4.25

[chap10] [Hayes-chap4.sav]

❶ 이를 PROCESS에 의해 분석하기로 한다. 이를 위해 'reaction'을 'Y variable'로, 'cond'을 'X variable'로, 'import'와 'pmi'를 'Mediator(s) M'으로 지정하고 'Model number'를 '4'로 바꾼다.

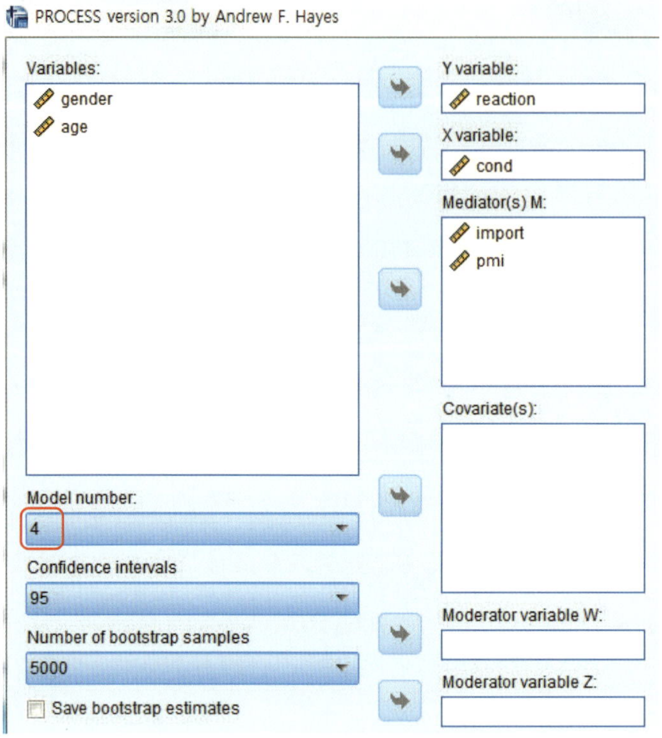

❷ [Options] 버튼을 눌러 다음과 같이 지정하고 [계속] 버튼을 누른다.

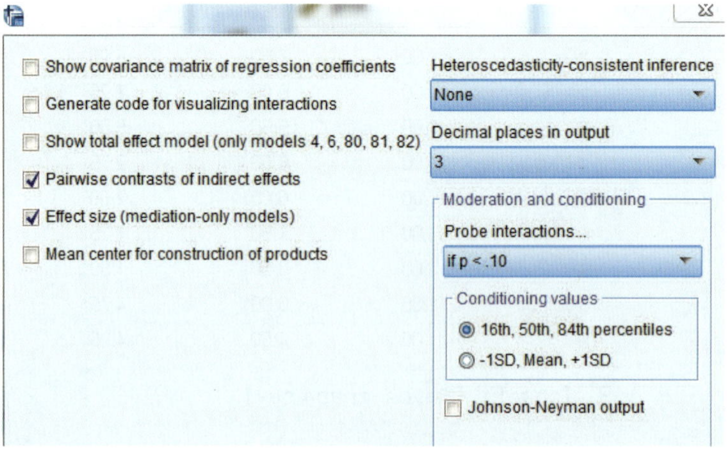

❸ [확인] 버튼을 누른다. 분석결과는 다음과 같다.

```
**************************************************************************
Model = 4
    Y = reaction
    X = cond
   M1 = pmi
   M2 = import

Sample size
       123

**************************************************************************
Outcome: pmi

Model Summary
          R       R-sq        MSE          F        df1        df2          p
      .1808      .0327     1.7026     4.0878     1.0000   121.0000      .0454

Model
              coeff         se          t          p       LLCI       ULCI
constant     5.3769      .1618    33.2222      .0000     5.0565     5.6973
cond          .4765      .2357     2.0218      .0454      .0099      .9431

**************************************************************************
Outcome: import

Model Summary
          R       R-sq        MSE          F        df1        df2          p
      .1809      .0327     2.9411     4.0942     1.0000   121.0000      .0452

Model
              coeff         se          t          p       LLCI       ULCI
constant     3.9077      .2127    18.3704      .0000     3.4866     4.3288
cond          .6268      .3098     2.0234      .0452      .0135     1.2401

**************************************************************************
Outcome: reaction

Model Summary
          R       R-sq        MSE          F        df1        df2          p
      .5702      .3251     1.6628    19.1118     3.0000   119.0000      .0000

Model
              coeff         se          t          p       LLCI       ULCI
constant     -.1498      .5298     -.2828      .7778    -1.1989      .8993
pmi           .3965      .0930     4.2645      .0000      .2124      .5806
import        .3244      .0707     4.5857      .0000      .1843      .4645
cond          .1034      .2391      .4324      .6662     -.3701      .5768
```

```
********************************** TOTAL EFFECT MODEL ***********************************
Outcome: reaction

Model Summary
          R       R-sq        MSE          F        df1        df2          p
      .1603      .0257     2.3610     3.1897     1.0000   121.0000      .0766

Model
              coeff         se          t          p       LLCI       ULCI
constant     3.2500      .1906    17.0525      .0000     2.8727     3.6273
cond          .4957      .2775     1.7860      .0766     -.0538     1.0452

********************** TOTAL, DIRECT, AND INDIRECT EFFECTS **********************

Total effect of X on Y
     Effect         SE          t          p       LLCI       ULCI
      .4957      .2775     1.7860      .0766     -.0538     1.0452

Direct effect of X on Y
     Effect         SE          t          p       LLCI       ULCI
      .1034      .2391      .4324      .6662     -.3701      .5768

Indirect effect of X on Y
             Effect    Boot SE   BootLLCI   BootULCI
TOTAL         .3923      .1589      .1046      .7425
pmi           .1890      .1051      .0192      .4614
import        .2033      .1088      .0398      .4854
(C1)         -.0144      .1434     -.2926      .2767

Specific indirect effect contrast definitions
(C1)    pmi           minus       import
```

직접효과는 없는 것으로 나타났다. 붓스트렙 결과는 'pmi'나 'import' 모두 신뢰구간에 '0'을 포함하지 않아 간접효과가 있는 것으로 나타난다. 두 간접효과의 합인 총간접효과(.3923)도 유의적인 것으로 나타난다. 두 간접효과의 차이(-.0144)는 유의적인 차이가 없는 것으로 나타난다.

2.2 평행다중매개모델: 예 2

다음과 같은 평행다중매개모델의 분석에 대해 살펴보기로 한다.

그림 10-4 ▌ **평행다중매개모델**

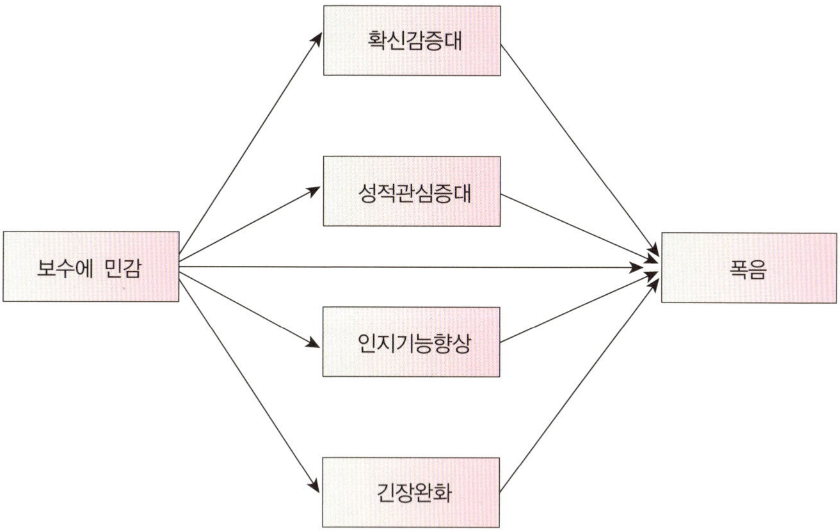

이 모델을 분석하기 위한 자료의 일부는 다음과 같다.

	sex	age	SR	Confidence	Sex_Interest	Cog_Enhance	Tension	HazDrink
1	1	21	17.00	58.00	15.00	3.00	15.00	28.00
2	0	23	14.00	47.00	14.00	7.00	9.00	11.00
3	1	18	10.00	43.00	9.00	6.00	6.00	7.00
4	1	19	10.00	33.00	9.00	9.00	8.00	3.00
5	1	17	8.00	41.00	11.00	6.00	11.00	1.00
6	1	35	14.00	43.00	13.00	8.00	12.00	16.00
7	1	17	8.00	45.00	11.00	7.00	8.00	2.00
8	0	21	12.00	48.00	13.00	4.00	7.00	17.00
9	1	19	17.00	51.00	15.00	5.00	14.00	24.00
10	0	18	13.00	42.00	12.00	8.00	7.00	12.00

[chap10] [MultipleMediation Example Data.sav]

❶ PROCESS로 분석하기로 한다. 'HazDrink'을 'Y variable'로 보내고, 'SR'을 'X variable'로 보내고, 'Confidence', 'Sex_Interest', 'Cog_Enhance', 'Tension'을 'Mediator(s) M'으로 보낸다. 'Model number'를 '4'로 바꾼다.

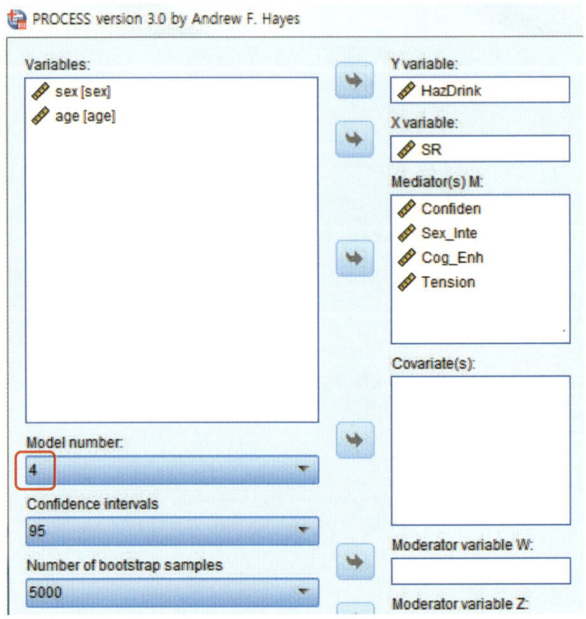

❷ [Options] 버튼을 눌러 다음과 같이 체크하고 [계속] 버튼을 누른다.

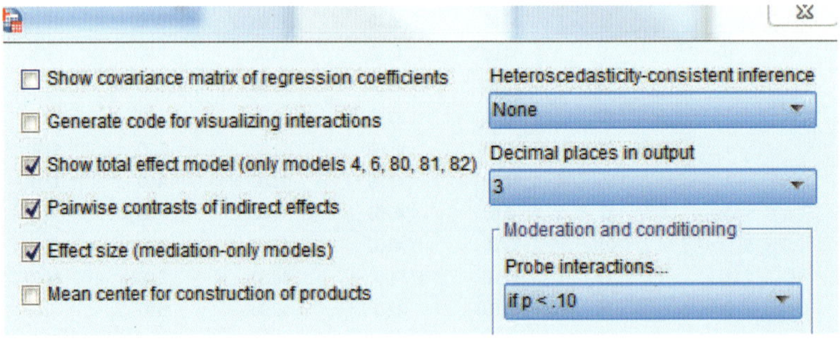

❸ [확인] 버튼을 누른다.

아래는 출력 가운데 일부를 제시한 것이다.

```
*****************************************************************************************************
Model = 4
    Y = HazDrink
    X = SR
   M1 = Confiden
   M2 = Sex_Inte
```

```
  M3 = Cog_Enha
  M4 = Tension

Sample size
        97

******************* TOTAL, DIRECT, AND INDIRECT EFFECTS *******************

Total effect of X on Y
     Effect        SE         t          p        LLCI       ULCI
      .2831      .1431     1.9784     .0508     -.0010      .5672

Direct effect of X on Y
     Effect        SE         t          p        LLCI       ULCI
      .0822      .1217      .6754     .5011     -.1595      .3238

Indirect effect of X on Y
              Effect    Boot SE   BootLLCI   BootULCI
TOTAL          .2009      .1070      .0092      .4258
Confiden       .1327      .0690      .0158      .2921
Sex_Inte       .0487      .0365     -.0029      .1438
Cog_Enha       .0004      .0128     -.0210      .0370
Tension        .0192      .0440     -.0500      .1357
(C1)           .0840      .0746     -.0413      .2590
(C2)           .1323      .0697      .0093      .2865
(C3)           .1134      .0681     -.0058      .2676
(C4)           .0483      .0387     -.0117      .1446
(C5)           .0294      .0529     -.0875      .1270
(C6)          -.0188      .0448     -.1299      .0569

Specific indirect effect contrast definitions
(C1)     Confiden      minus      Sex_Inte
(C2)     Confiden      minus      Cog_Enha
(C3)     Confiden      minus       Tension
(C4)     Sex_Inte      minus      Cog_Enha
(C5)     Sex_Inte      minus       Tension
(C6)     Cog_Enha      minus       Tension
```

'Confiden'만 간접효과가 있는 것으로 나타났고, (C2)만 유의적인 것으로 나타났다. 즉 'Confiden'을 통한 간접효과가 'Cog_Enha'을 통한 간접효과보다 큰 것으로 나타났다.

2.3 연속다중매개모델

연속다중매개(serial multiple mediator model)란 독립변수와 종속변수 사이에 매개변수가 여러 개가 있어 하나의 매개변수가 다른 매개변수(들)에 영향을 주어 종속변수에 영향을 미치는 모델을 의미한다. [그림 10-5]의 연속다중매개모델의 분석에 대해 알아보기로 한다.

그림 10-5 **연속다중매개모델**

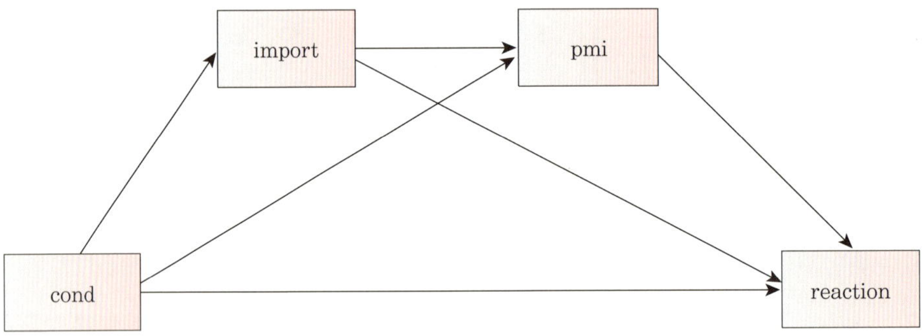

이를 분석하기 위한 자료는 다음과 같다.

	cond	pmi	import	reaction
1	1.00	7.00	6.00	5.25
2	.00	6.00	1.00	1.25
3	1.00	5.50	6.00	5.00
4	.00	6.50	6.00	2.75
5	.00	6.00	5.00	2.50
6	.00	5.50	1.00	1.25
7	.00	3.50	1.00	1.50
8	1.00	6.00	6.00	4.75
9	.00	4.50	6.00	4.25
10	.00	7.00	6.00	6.25

[chap10] [Hayes-chap4.sav]

❶ PROCESS에 의해 분석하기로 한다. 이를 위해 'reaction'을 'Y variable'로, 'cond'을 'X variable'로, 'import'와 'pmi'를 'Mediator(s) M'으로 지정한다. 단, 이때 연속다중매개인 경우에는 'Model number'를 '6'으로 지정한다는 점에 유의한다.

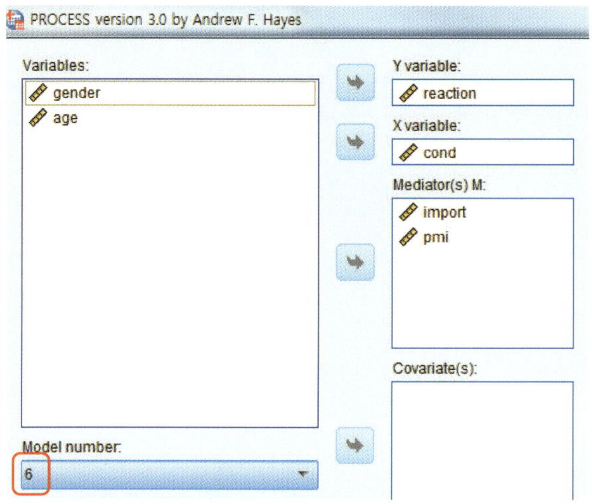

❷ 분석결과는 다음과 같다.

```
**************************************************************************************************
Model = 6
    Y = reaction
    X = cond
   M1 = import
   M2 = pmi

Sample size
      123

**************************************************************************************************
Outcome: import

Model Summary
          R       R-sq        MSE          F        df1        df2          p
      .1809      .0327     2.9411     4.0942     1.0000   121.0000      .0452

Model
              coeff         se          t          p       LLCI       ULCI
constant     3.9077      .2127    18.3704      .0000     3.4866     4.3288
cond          .6268      .3098     2.0234      .0452      .0135     1.2401

**************************************************************************************************
Outcome: pmi

Model Summary
          R       R-sq        MSE          F        df1        df2          p
      .3114      .0970     1.6027     6.4428     2.0000   120.0000      .0022
```

Model

	coeff	se	t	p	LLCI	ULCI
constant	4.6104	.3057	15.0836	.0000	4.0053	5.2156
import	.1961	.0671	2.9228	.0041	.0633	.3290
cond	.3536	.2325	1.5207	.1310	-.1068	.8139

`*************************************************************************************`

Outcome: reaction

Model Summary

R	R-sq	MSE	F	df1	df2	p
.5702	.3251	1.6628	19.1118	3.0000	119.0000	.0000

Model

	coeff	se	t	p	LLCI	ULCI
constant	-.1498	.5298	-.2828	.7778	-1.1989	.8993
import	.3244	.0707	4.5857	.0000	.1843	.4645
pmi	.3965	.0930	4.2645	.0000	.2124	.5806
cond	.1034	.2391	.4324	.6662	-.3701	.5768

`**************************** TOTAL EFFECT MODEL ****************************`

Outcome: reaction

Model Summary

R	R-sq	MSE	F	df1	df2	p
.1603	.0257	2.3610	3.1897	1.0000	121.0000	.0766

Model

	coeff	se	t	p	LLCI	ULCI
constant	3.2500	.1906	17.0525	.0000	2.8727	3.6273
cond	.4957	.2775	1.7860	.0766	-.0538	1.0452

`******************** TOTAL, DIRECT, AND INDIRECT EFFECTS ********************`

Total effect of X on Y

Effect	SE	t	p	LLCI	ULCI
.4957	.2775	1.7860	.0766	-.0538	1.0452

Direct effect of X on Y

Effect	SE	t	p	LLCI	ULCI
.1034	.2391	.4324	.6662	-.3701	.5768

Indirect effect(s) of X on Y

	Effect	Boot SE	BootLLCI	BootULCI
Total:	.3923	.1589	.1046	.7425
Ind1 :	.2033	.1088	.0398	.4854
Ind2 :	.0488	.0351	.0069	.1801
Ind3 :	.1402	.1009	-.0287	.3795

(C1)	.1546	.0953	.0220	.4213
(C2)	.0631	.1539	-.2223	.3846
(C3)	-.0915	.1085	-.3325	.1085

Indirect effect key

Ind1 :	cond	→	import	→	reaction		
Ind2 :	cond	→	import	→	pmi	→	reaction
Ind3 :	cond	→	pmi	→	reaction		

Specific indirect effect contrast definitions

(C1)	Ind1	minus	Ind2
(C2)	Ind1	minus	Ind3
(C3)	Ind2	minus	Ind3

Ind1 : cond → import → reaction은 0을 포함하지 않아 유의적이고, Ind2 : cond → import → pmi → reaction은 0을 포함하지 않아 유의적이고, Ind3 : cond → pmi → reaction은 0을 포함해 유의적이지 않은 것으로 나타난다. (C1) 즉 'Ind1-Ind2'만 유의적인 차이가 있는 것으로 나타난다.

3 독립변수(X)가 여러 개 있는 모델

[그림 10-6]처럼 독립변수가 여러 개 있는 모델의 매개효과분석에 대해 알아보기로 한다.

그림 10-6 ▌독립변수가 여러 개 있는 모델: 연구모델

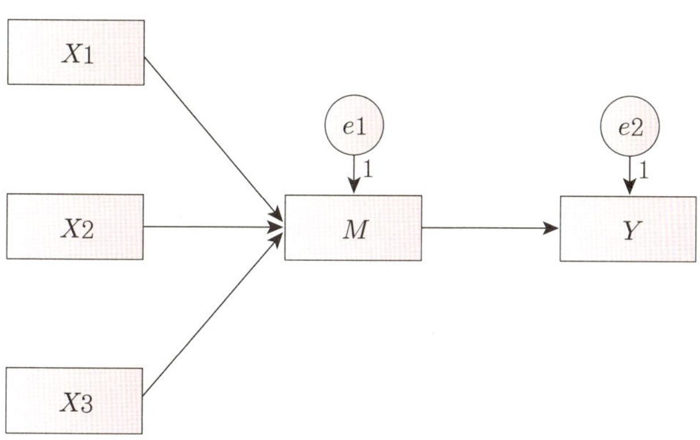

[그림 10-6] 모델의 매개효과를 분석하기 위한 통계적 모델은 [그림 10-7]과 같다. 즉 독립변수가 종속변수에 직접 영향을 미치는 직접효과를 포함한 모델을 추정해야 한다.

그림 10-7 ▌독립변수가 여러 개 있는 모델: 통계적 모델

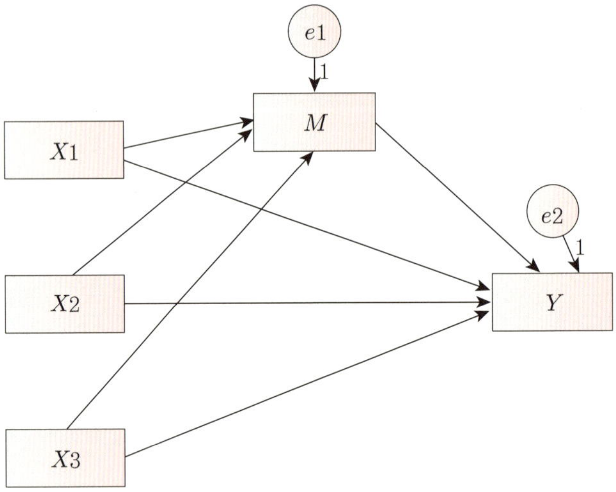

[그림 10-7]을 분석하기 위한 자료는 다음과 같다.

	X1	X2	X3	M	Y
1	3	4	4	4	5
2	4	5	4	5	5
3	3	3	3	3	4
4	4	5	4	5	5
5	4	5	6	5	5
6	5	6	5	5	5
7	3	4	4	3	3
8	4	5	4	3	3
9	4	5	4	2	3
10	5	4	4	3	3

[chap10] [multiple-Xs.sav]

[그림 10-7] 모델을 분석하기 위해 먼저, $X1$을 독립변수로 $X2$와 $X3$을 통제변수(covariate)로 하여 회귀분석을 한다. 다음, $X2$를 독립변수로 $X1$과 $X3$을 통제변수로 하여 회귀분석을 한다. 마지막으로, $X3$을 독립변수로 $X1$과 $X2$를 통제변수로 하여 회

귀분석을 한다.

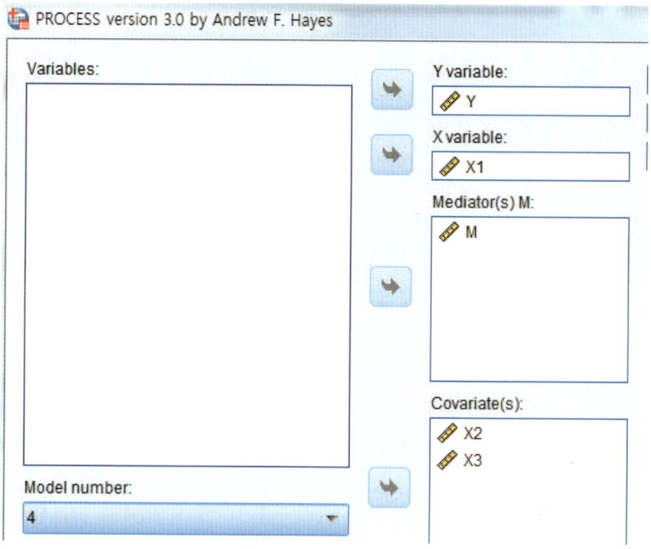

아래는 $X1$을 독립변수로 $X2$와 $X3$을 통제변수로 하여 회귀분석을 한 결과를 제시한 것이다.

```
**************************************************************************************
Model = 4
    Y = Y
    X = X1
    M = M

Statistical Controls:
CONTROL =  X2        X3

Sample size
        269

**************************************************************************************
Outcome: M

Model Summary
       R       R-sq       MSE         F        df1         df2          p
    .2528      .0639    1.0582    6.0307     3.0000    265.0000      .0005
```

```
Model
              coeff      se        t         p      LLCI      ULCI
constant     2.5248    .2925    8.6312    .0000    1.9488    3.1007
X1           -.0570    .1075    -.5301    .5965    -.2687     .1547
X2            .2500    .0846    2.9536    .0034     .0833     .4167
X3            .0707    .1000     .7071    .4801    -.1262     .2676

**************************************************************************
Outcome: Y

Model Summary
       R       R-sq       MSE         F        df1        df2         p
   .7276      .5294     .6001   74.2344     4.0000   264.0000     .0000

Model
              coeff      se         t         p      LLCI      ULCI
constant      .7297    .2493     2.9265    .0037     .2387    1.2206
M             .7603    .0463    16.4346    .0000     .6692     .8513
X1            .0211    .0810      .2606    .7946    -.1384     .1806
X2            .0572    .0648      .8829    .3781    -.0704     .1848
X3           -.0395    .0754     -.5245    .6004    -.1879     .1089

******************** DIRECT AND INDIRECT EFFECTS ********************

Direct effect of X on Y
     Effect        SE         t         p      LLCI      ULCI
      .0211     .0810     .2606     .7946    -.1384     .1806

Indirect effect of X on Y
       Effect    Boot SE   BootLLCI   BootULCI
M      -.0433      .0846     -.2063      .1289
```

간접효과가 없는 것으로 나타난다.

아래는 $X2$를 독립변수로 $X1$과 $X3$을 통제변수(covariate)로 하여 회귀분석을 한 결과를 제시한 것이다.

```
**************************************************************************
Model = 4
    Y = Y
    X = X2
    M = M

Statistical Controls:
CONTROL =  X3        X1
```

```
Sample size
       269

**************************************************************************
Outcome: M
Model Summary
        R       R-sq       MSE          F        df1        df2          p
    .2528      .0639    1.0582     6.0307     3.0000   265.0000      .0005

Model
              coeff         se          t          p       LLCI       ULCI
constant     2.5248      .2925     8.6312      .0000     1.9488     3.1007
X2            .2500      .0846     2.9536      .0034      .0833      .4167
X3            .0707      .1000      .7071      .4801     -.1262      .2676
X1           -.0570      .1075     -.5301      .5965     -.2687      .1547

**************************************************************************
Outcome: Y

Model Summary
        R       R-sq       MSE          F        df1        df2          p
    .7276      .5294     .6001    74.2344     4.0000   264.0000      .0000

Model
              coeff         se          t          p       LLCI       ULCI
constant      .7297      .2493     2.9265      .0037      .2387     1.2206
M             .7603      .0463    16.4346      .0000      .6692      .8513
X2            .0572      .0648      .8829      .3781     -.0704      .1848
X3           -.0395      .0754     -.5245      .6004     -.1879      .1089
X1            .0211      .0810      .2606      .7946     -.1384      .1806

*************************** DIRECT AND INDIRECT EFFECTS ***************************

Direct effect of X on Y
     Effect         SE          t          p       LLCI       ULCI
      .0572      .0648      .8829      .3781     -.0704      .1848

Indirect effect of X on Y
      Effect     Boot SE   BootLLCI   BootULCI
M      .1901       .0656      .0626      .3116
```

간접효과가 있는 것으로 나타난다.

아래는 $X3$을 독립변수로 $X1$과 $X2$를 통제변수로 하여 회귀분석을 한 결과를 제시한 것이다.

```
**************************************************************************************************
Model = 4
    Y = Y
    X = X3
    M = M

Statistical Controls:
CONTROL =  X1        X2

Sample size
        269

**************************************************************************************************
Outcome: M

Model Summary
          R        R-sq        MSE          F        df1         df2           p
      .2528       .0639     1.0582     6.0307     3.0000    265.0000       .0005

Model
              coeff          se           t           p        LLCI        ULCI
constant     2.5248       .2925      8.6312       .0000      1.9488      3.1007
X3            .0707       .1000       .7071       .4801      -.1262       .2676
X1           -.0570       .1075      -.5301       .5965      -.2687       .1547
X2            .2500       .0846      2.9536       .0034       .0833       .4167

**************************************************************************************************
Outcome: Y

Model Summary
          R        R-sq        MSE          F        df1         df2           p
      .7276       .5294      .6001    74.2344     4.0000    264.0000       .0000

Model
              coeff          se           t           p        LLCI        ULCI
constant      .7297       .2493      2.9265       .0037       .2387      1.2206
M             .7603       .0463     16.4346       .0000       .6692       .8513
X3           -.0395       .0754      -.5245       .6004      -.1879       .1089
X1            .0211       .0810       .2606       .7946      -.1384       .1806
X2            .0572       .0648       .8829       .3781      -.0704       .1848

************************** DIRECT AND INDIRECT EFFECTS ***************************

Direct effect of X on Y
```

Effect	SE	t	p	LLCI	ULCI
-.0395	.0754	-.5245	.6004	-.1879	.1089

Indirect effect of X on Y

	Effect	Boot SE	BootLLCI	BootULCI
M	.0538	.0731	-.0914	.1902

간접효과가 없는 것으로 나타난다. 결론적으로, $X2 \rightarrow M \rightarrow Y$만 매개효과가 있고 나머지는 없는 것으로 나타난다.

4 종속변수(Y)가 여러 개 있는 모델

이제 종속변수가 여러 개 있는 모델에 대해 살펴보기로 한다.

그림 10-8 ▌종속변수가 여러 개 있는 모델: 연구모델

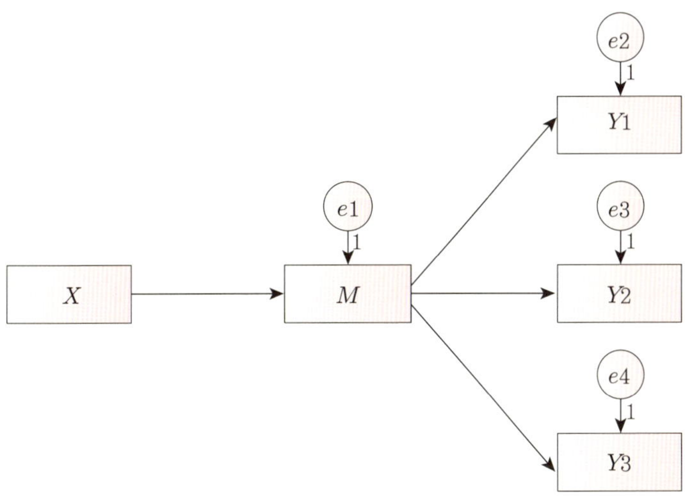

[그림 10-8] 모델의 매개효과를 분석하기 위한 통계적 모델은 [그림 10-9]와 같다.

그림 10-9 | 종속변수가 여러 개 있는 모델: 통계적 모델

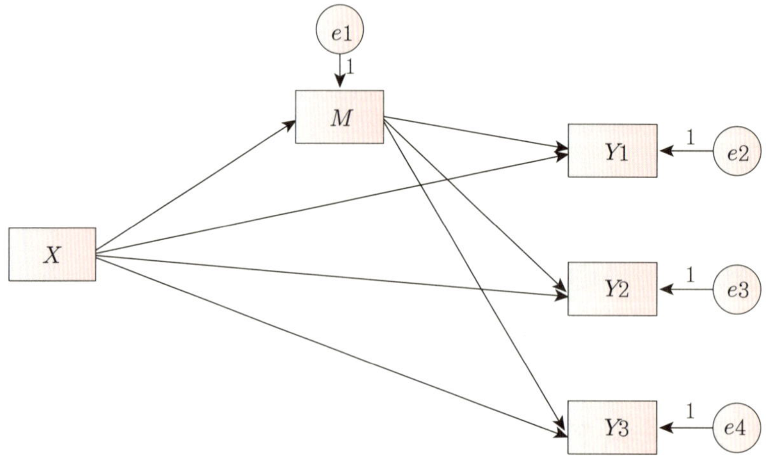

[그림 10-9] 모델을 분석하기 위한 자료는 다음과 같다.

	X	M	Y1	Y2	Y3
1	3	4	4	4	5
2	4	5	4	5	5
3	3	3	3	3	4
4	4	5	4	5	5
5	4	5	6	5	5
6	5	6	5	5	5
7	3	4	4	3	3
8	4	5	4	3	3
9	4	5	4	2	3
10	5	4	4	3	3

[chap10] [multiple-Ys.sav]

이 모델을 분석하기 위해 먼저, $Y1$을 종속변수로 X를 독립변수로, M을 매개변수로 하여 회귀분석을 한다. 다음, $Y2$를 종속변수로 X를 독립변수로, M을 매개변수로 하여 회귀분석을 한다. 마지막으로, $Y3$을 종속변수로 X를 독립변수로, M을 매개변수로 하여 회귀분석을 한다.

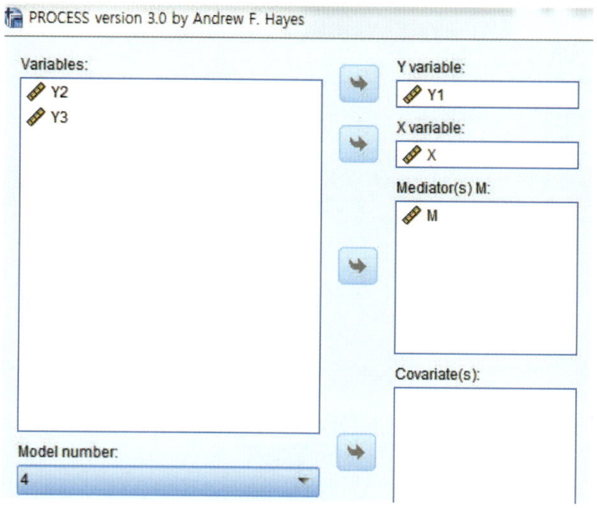

아래는 $Y1$을 종속변수로 분석한 결과이다.

```
**************************************************************************************
Model = 4
    Y = Y1
    X = X
    M = M

Sample size
        269

**************************************************************************************
Outcome: M

Model Summary
          R       R-sq        MSE          F        df1        df2          p
      .6400      .4096      .6021   185.2713     1.0000   267.0000      .0000

Model
              coeff         se          t          p       LLCI       ULCI
constant     1.4702      .1985     7.4079      .0000     1.0794     1.8609
X             .6589      .0484    13.6114      .0000      .5636      .7542

**************************************************************************************
Outcome: Y1

Model Summary
          R       R-sq        MSE          F        df1        df2          p
      .8005      .6408      .3979   237.2445     2.0000   266.0000      .0000
```

```
Model
              coeff        se          t            p        LLCI        ULCI
constant      .4592     .1771     2.5921        .0101       .1104       .8080
M             .2413     .0498     4.8491        .0000       .1433       .3392
X             .6768     .0512    13.2131        .0000       .5759       .7776

*************************** DIRECT AND INDIRECT EFFECTS ***************************

Direct effect of X on Y
      Effect        SE          t            p        LLCI        ULCI
       .6768     .0512    13.2131        .0000       .5759       .7776

Indirect effect of X on Y
       Effect    Boot SE   BootLLCI   BootULCI
M       .1590      .0343      .1010      .2382
```

간접효과는 유의적인 것으로 나타난다.

아래는 *Y*2를 종속변수로 분석한 결과이다.

```
**************************************************************************
Model = 4
    Y = Y2
    X = X
    M = M

Sample size
        269

**************************************************************************
Outcome: M

Model Summary
          R       R-sq        MSE          F        df1        df2          p
      .6400      .4096      .6021   185.2713     1.0000   267.0000      .0000

Model
              coeff        se          t            p        LLCI        ULCI
constant     1.4702     .1985     7.4079        .0000      1.0794      1.8609
X             .6589     .0484    13.6114        .0000       .5636       .7542

**************************************************************************
Outcome: Y2
```

Model Summary

R	R-sq	MSE	F	df1	df2	p
.2493	.0621	1.0563	8.8127	2.0000	266.0000	.0002

Model

	coeff	se	t	p	LLCI	ULCI
constant	2.5573	.2886	8.8603	.0000	1.9890	3.1255
M	.2671	.0811	3.2947	.0011	.1075	.4267
X	-.0091	.0835	-.1095	.9129	-.1734	.1552

*************************** DIRECT AND INDIRECT EFFECTS ***************************

Direct effect of X on Y

Effect	SE	t	p	LLCI	ULCI
-.0091	.0835	-.1095	.9129	-.1734	.1552

Indirect effect of X on Y

	Effect	Boot SE	BootLLCI	BootULCI
M	.1760	.0553	.0676	.2808

간접효과는 유의적인 것으로 나타난다.

아래는 *Y*3을 종속변수로 분석한 결과이다.

****

Model = 4
    Y = Y3
    X = X
    M = M

Sample size
    269

****

Outcome: M

Model Summary

R	R-sq	MSE	F	df1	df2	p
.6400	.4096	.6021	185.2713	1.0000	267.0000	.0000

Model

	coeff	se	t	p	LLCI	ULCI
constant	1.4702	.1985	7.4079	.0000	1.0794	1.8609
X	.6589	.0484	13.6114	.0000	.5636	.7542

****

Outcome: Y3

Model Summary

R	R-sq	MSE	F	df1	df2	p
.2186	.0478	1.2050	6.6743	2.0000	266.0000	.0015

Model

	coeff	se	t	p	LLCI	ULCI
constant	2.6557	.3083	8.6146	.0000	2.0487	3.2627
M	.2507	.0866	2.8955	.0041	.0802	.4212
X	-.0126	.0891	-.1413	.8878	-.1881	.1629

*************************** DIRECT AND INDIRECT EFFECTS ***************************

Direct effect of X on Y

Effect	SE	t	p	LLCI	ULCI
-.0126	.0891	-.1413	.8878	-.1881	.1629

Indirect effect of X on Y

	Effect	Boot SE	BootLLCI	BootULCI
M	.1652	.0589	.0466	.2876

간접효과는 유의적인 것으로 나타난다. 결론적으로, M은 X와 모든 Y에 대해 매개효과가 있는 것으로 나타난다.

참·고·문·헌

Hayes, A. F. (2012), PROCESS: A Versatile Computational Tool for Observed Variable Mediation, Moderation, and Conditional Process Modeling[White Paper], Retrieved from http://afhayes.com/public/process2012.pdf.

Hayes, A. F. (2013), *Introduction to Mediation, Moderation, and Conditional Process Analysis: A Regression-Based Approach*, New York, NY: The Guilford Press.

Hayes, A. F. (2018), *Introduction to Mediation, Moderation, and Conditional Process Analysis: A Regression-Based Approach*, 2nd ed., New York, NY: The Guilford Press.

Chapter 11 SPSS에 의한 매개효과분석(Ⅱ)

이 장에서는 독립변수를 제외한 매개변수 및 종속변수 가운데 하나 또는 모두가 이분형 척도인 매개효과분석에 대해 알아보기로 한다. 이러한 매개효과분석을 **로지스틱 매개분석(logistics mediation analysis)**이라 한다. 제1절에서는 매개변수가 연속이고, 종속변수가 이분형인 경우, 제2절에서는 매개변수와 종속변수가 모두 이분형인 경우, 제3절에서는 매개변수는 이분형, 종속변수는 연속형인 경우에 대해 알아보기로 한다.

1 독립변수와 매개변수는 연속형, 종속변수가 이분형인 경우

독립변수와 매개변수는 연속변수이고, 종속변수가 이분형(dichotomous, binary)인 경우의 매개효과분석에 대해 알아보기로 한다.

그림 11-1 | 로지스틱 매개분석모델

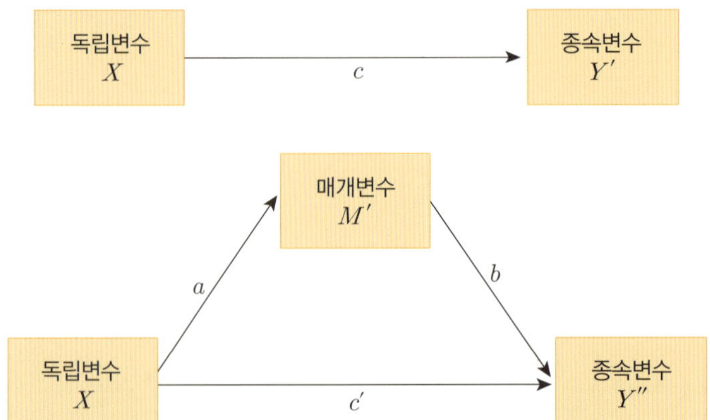

$$Y' = i_1 + cX + e_1 \quad (1)$$

$$Y'' = i_2 + c'X + bM + e_2 \quad (2)$$

$$M' = i_3 + aX + e_3 \quad (3)$$

위의 식 (1)과 (2)는 로지스틱 회귀분석으로 하고, 식 (3)은 선형회귀분석으로 한다. 다음 자료를 이용하여 종속변수가 이분형인 경우의 매개효과를 분석하기로 한다. 이 자료에서 볼 수 있듯, Y가 0과 1로 된 이분형 변수이다.

	X	M	Y
1	4	4	1
2	4	3	0
3	4	4	1
4	4	4	0
5	4	4	1
6	2	4	0
7	4	3	1
8	4	2	0
9	3	5	1
10	2	3	0
11	4	2	0

[chap11] [MacKinnon.sav]

식 (1)의 계수 c를 추정하기 위해, [회귀분석] → [이분형 로지스틱]으로 간다.

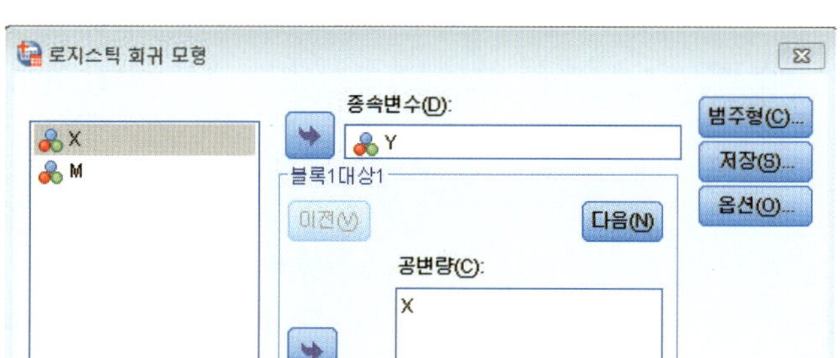

Y를 종속변수로, X를 공변량으로 보내고 [확인] 버튼을 누르면 다음과 같은 결과를 얻는다.

방정식에 포함된 변수

		B	S.E.	Wald	자유도	유의확률	Exp(B)
1단계[a]	X	1.007	.192	27.532	1	.000	2.736
	상수항	−3.985	.755	27.862	1	.000	.019

a. 변수가 1단계에 진입했습니다 X.

식 (2)의 계수 c', b도 식 (1)처럼 로지스틱 회귀분석을 통해 얻는다. 이를 실행하면 다음과 같은 결과를 얻는다.

방정식에 포함된 변수

		B	S.E.	Wald	자유도	유의확률	Exp(B)
1단계[a]	X	1.050	.229	21.067	1	.000	2.857
	M	1.737	.276	39.757	1	.000	5.682
	상수항	−11.076	1.565	50.073	1	.000	.000

a. 변수가 1단계에 진입했습니다 X, M.

식 (3)의 계수 a를 추정하기 위해 선형회귀분석을 하면 다음과 같은 계수를 얻는다.

계수[a]

모형		비표준화계수		표준화계수	t	유의확률
		B	표준오차	베타		
1	(상수)	3.152	.297		10.626	.000
	X	.215	.075	.200	2.876	.004

a. 종속변수: M

X와 M의 표준편차 및 분산을 얻기 위해 기술통계분석을 한다.

기술통계량

	N	최소값	최대값	평균	표준편차	분산
X	200	1	7	3.86	.948	.898
M	200	1	7	3.98	1.017	1.035
유효수(목록별)	200					

X와 M의 공분산 $cov(X,M)$을 얻기 위해 상관분석을 한다. 이때 [옵션] 버튼에서 [교차곱 편차와 공분산]을 체크한다.

상관계수

		X	M
X	Pearson 상관계수	1	.200**
	유의확률(양쪽)		.004
	제곱합 및 교차곱	178.795	38.420
	공분산	.898	.193
	N	200	200
M	Pearson 상관계수	.200**	1
	유의확률(양쪽)	.004	
	제곱합 및 교차곱	38.420	205.920
	공분산	.193	1.035
	N	200	200

** 상관계수는 0.01 수준(양쪽)에서 유의합니다.

위의 결과를 토대로 매개효과분석에 필요한 값을 정리하면 다음과 같다.

$$var(X) = .898,\ SD(X) = .948,\ var(M) = 1.035,\ SD(M) = 1.017,$$
$$cov(X,M) = .193,$$
$$c = 1.007(S.E. = .192),\ a = .215(S.E. = .075),\ b = 1.737(S.E. = .276),$$
$$c' = 1.050(S.E. = .229)$$

위에서 얻은 값을 토대로 다음 식에 의해 교정(rescale)한다.

$$rescale\ a = a/SD(M') \tag{4}$$
$$rescale\ b = b/SD(Y'') \tag{5}$$

위 가운데 식 (4)는 매개변수가 연속형인 경우에는 교정이 필요하지 않다. 그러나 매개변수가 이분형인 경우에는 이에 맞게 교정한다.

$SD(X)$와 $SD(M)$은 SPSS에서 기술통계분석을 통해 정보를 얻을 수 있다. Y', M',

Y''의 분산은 다음 식에 의해 구한다.

$$var(Y') = c^2 var(X) + \frac{\pi^2}{3} \quad (6)$$

$$var(M') = a^2 var(X) + \frac{\pi^2}{3} \quad (7)$$

$$var(Y'') = c'^2 var(X) + b^2 var(M) + 2bc' Cov(X, M) + \frac{\pi^2}{3} \quad (8)$$

위의 각각의 분산값에 $\sqrt{\ }$를 한 값이 $SD(Y')$, $SD(M')$, $SD(Y'')$다. 이 식에서 $\frac{\pi^2}{3} = \frac{(3.1416)^2}{3} = 3.2899$이다. 따라서 $SD(Y')$, $SD(M')$, $SD(Y'')$ 값은 각각 다음과 같다.

$$var(Y') = (1.007)^2 + 3.2899 = 4.3039, \quad SD(Y') = \sqrt{4.3039} = 2.0746$$
$$var(M') = (.215)^2(.898) + 3.2899 = 3.3302, \quad SD(M') = \sqrt{3.3302} = 1.8249$$
$$var(Y'') = (1.050)^2(.898) + (1.737)^2(1.035) + 2(1.050)(1.737)(.193) + 3.2899$$
$$= 8.1067, \quad SD(Y'') = \sqrt{8.1067} = 2.8472$$

a는 교정을 안 해도 되기 때문에 $a = .215$, b는 식 (5)에 맞게 교정하면 $b = 1.737/2.8472 = 0.610$이다. 표준오차(S.E.)도 다음 식에 의해 교정한다.

$$rescale\ SE(a) = SE(a)/SD(M') \quad (9)$$
$$rescale\ SE(b) = SE(b)/SD(Y'') \quad (10)$$

이 식에서 식 (9)는 매개변수가 연속형인 경우에는 교정이 필요하지 않으나, 이분형인 경우에는 교정을 해야 한다. 따라서 $SE(a) = 0.075$, $SE(b) = .276/2.847 = 0.097$이다.

Sobel test를 하기 위해 Preacher 교수가 만든 계산기로 가기 위해 다음 사이트로 간다(http://quantpsy.org/sobel/sobel.htm). 다음과 같은 값을 입력하고 [Calculate] 버튼을 누르면 Sobel test값이 1.96보다 커서 $p < 0.05$에서 매개효과가 유의적인 것을

알 수 있다.

Input:			Test statistic:	Std. Error:	p-value:
a	.215	Sobel test:	2.60843679	0.05027916	0.00909568
b	.610	Aroian test:	2.58155329	0.05080275	0.00983568
s_a	0.075	Goodman test:	2.63617803	0.04975005	0.00838457
s_b	0.097	Reset all	Calculate		

로지스틱 매개분석을 쉽게 할 수 있는 엑셀 스프레드시트를 소개한다. 이 시트는 [chap11]에 [Nate's logistics regression spreadsheet]로 저장되어 있다. 이를 열면 다음과 같다.

	A	B	C	D	E
11	Run descriptive statistics in SPSS for your variables for SDs				
12	SD(X)=		Var(X)=	0	
13	SD(M)=		Var(M)=	0	
14	SD(Y)=		Var(Y)=	0	
15					
16	Run correlate with X and M variables and check "covariance matrix" box in options				
17	COV(X,M)=				
18					
19	Run regressions for continuous variables and logistic regressions for dichotomous outcome variables				
20	a=		SE(a)=		
21	b=		SE(b)=		
22	c=		SE(c)=		
23	c'=		SE(c')=		
24					
25	Var(Y')=	3.29	SD(Y')=	1.81384	
26	Var(M')=	3.29	SD(M')=	1.81384	
27	Var(Y")=	3.29	SD(Y")=	1.81384	
28					
29	comp a=	0	SE(comp a)=	0	
30	comp b=	0	SE(comp b)=	0	
31	comp c'=	0	SE(comp c')=	0	
32	comp c=	0	SE(comp c)=	0	
33					
34	ab+c'=	0			
35					
36		=	Enter these values into the		Sobel Test
37			Aroian	Sobel	Goodman
38		Sab =	0	0	0
39		Sobel=	#DIV/0!	#DIV/0!	#DIV/0!

SPSS 분석을 통해 위 값들을 얻어 시트에 입력하면 쉽게 분석할 수 있다.

	A	B	C	D	E
11	Run descriptive statistics in SPSS for your variables for SDs				
12	SD(X)=	0.948	Var(X)=	0.898704	
13	SD(M)=	1.017	Var(M)=	1.034289	
14	SD(Y)=	0.501	Var(Y)=	0.251001	
15					
16	Run correlate with X and M variables and check "covariance matrix" box in options				
17	COV(X,M)=	0.193			
18					
19	Run regressions for continuous variables and logistic regressions for dichotomous outcome variables				
20	a=	0.215	SE(a)=	0.075	
21	b=	1.737	SE(b)=	0.276	
22	c=	1.007	SE(c)=	0.192	
23	c'=	1.05	SE(c')=	0.229	
24					
25	Var(Y')=	4.20133	SD(Y')=	2.049715	
26	Var(M')=	3.331543	SD(M')=	1.825251	
27	Var(Y")=	8.105452	SD(Y")=	2.847008	
28					
29	comp a=	0.111667	SE(comp a)=	0.038954	
30	comp b=	0.620486	SE(comp b)=	0.098592	
31	comp c'=	0.34963	SE(comp c')=	0.076253	
32	comp c=	0.465741	SE(comp c)=	0.088801	
33					
34	ab+c'=	0.418918			
35					
36		=	Enter these values into the		Sobel Test
37			Aroian	Sobel	Goodman
38		Sab =	0.026835663	0.026559	0.0262803
39		Sobel=	2.58192684	2.60878	2.6364895

Tofighi & MacKinnon(2011)이 개발한 'RMediation'을 이용하여 신뢰구간을 구하기로 한다(http://www.amp.gatech.edu/RMediation?destination=node%2F11). 다음과 같은 값을 입력하고 [Submit] 버튼을 누른다.

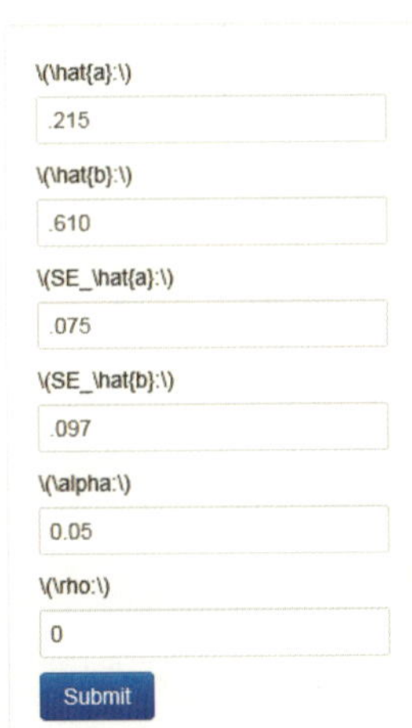

매개효과가 95% 신뢰구간에서 하한 0.039, 상한 0.238로 0을 포함하지 않아 유의적임을 알 수 있다.

95% Confidence Interval for the Mediated Effect is:

2.5 %:	0.039
97.5 %:	0.238

To save the image (.png format), right click the graph, and click "Save Image as...." (on Firefox) or "Save Picture as..." (on Internet Explorer).

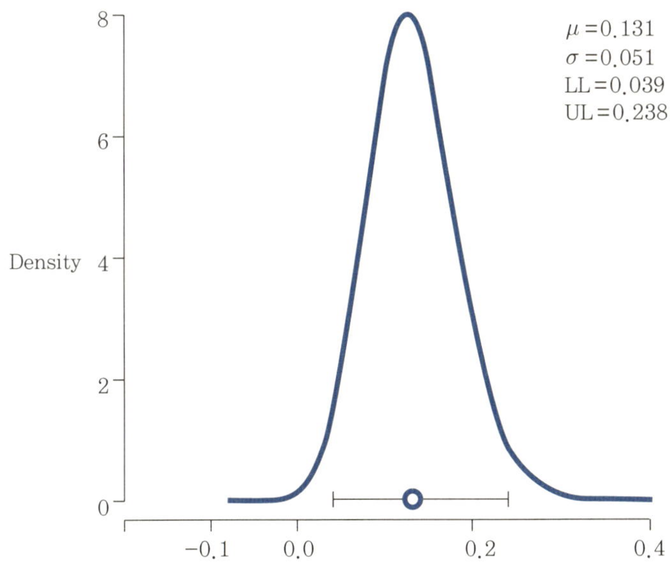

2 독립변수는 연속형, 매개변수와 종속변수가 이분형인 경우

MacKinnon(2008)의 자료를 매개변수(M)를 이분형으로 바꾼 다음, 로지스틱 매개효과분석을 해보기로 한다.

그림 11-2 ▌로지스틱 매개분석모델

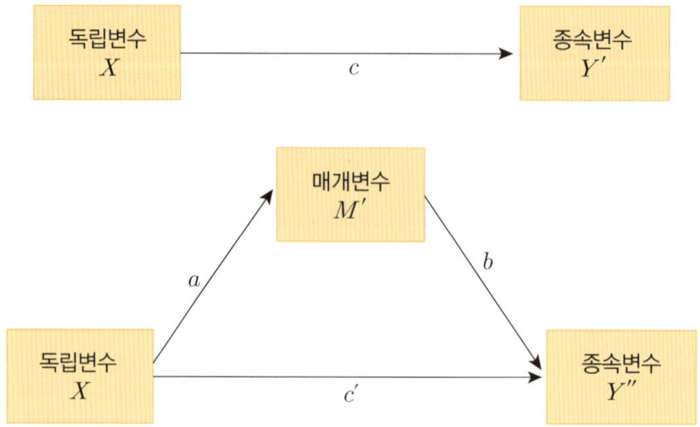

이 모델을 분석하기 위한 자료는 다음과 같다.

	X	M	Y
1	4	0	1
2	4	1	0
3	4	1	1
4	4	0	0
5	4	0	1
6	2	1	0
7	4	1	1
8	4	0	0
9	3	1	1
10	2	0	0

[chap11] [MacKinnon2.sav]

기술통계량

	N	최소값	최대값	표준편차	분산
X	200	1	7	.948	.898
M	200	0	1	.501	.251
Y	200	0	1	.501	.251
유효수(목록별)	200				

상관계수

		X	M
X	Pearson 상관계수	1	.011
	유의확률(양쪽)		.874
	제곱합 및 교차곱	178.795	1.065
	공분산	.898	.005
	N	200	200
M	Pearson 상관계수	.011	1
	유의확률(양쪽)	.874	
	제곱합 및 교차곱	1.065	49.955
	공분산	.005	.251
	N	200	200

매개변수가 이분형이고, 종속변수가 이분형인 경우에는 식 (1), (2), (3)을 모두 이분형 로지스틱으로 분석한다.

방정식에 포함된 변수

		B	S.E.	Wals	자유도	유의확률	Exp(B)
1단계[a]	X	1.007(c)	.192	27.532	1	.000	2.736
	상수항	−3.985	.755	27.862	1	.000	.019

a. 변수가 1단계에 진입했습니다 X. X.

방정식에 포함된 변수

		B	S.E.	Wals	자유도	유의확률	Exp(B)
1단계[a]	X	.024(a)	.150	.025	1	.873	1.024
	상수항	−.152	.594	.065	1	.798	.859

a. 변수가 1단계에 진입했습니다 X. X.

방정식에 포함된 변수

		B	S.E.	Wals	자유도	유의확률	Exp(B)
1단계[a]	X	1.007(c')	.192	27.520	1	.000	2.738
	M	−.041(b)	.310	.017	1	.895	.960
	상수항	−3.967	.766	26.846	1	.000	.019

a. 변수가 1단계에 진입했습니다 X. M. X. M.

위의 출력을 토대로 매개효과분석에 필요한 값을 정리하면 다음과 같다.

$$var(X) = .898,\ var(M) = .251,\ cov(X, M) = .005,\ a = .024(S.E. = .150),$$
$$b = -.041(S.E. = .310),\ c' = 1.007(S.E. = .192)$$

$$var(M') = (.024)^2(.898) + 3.2899 = 3.2904,\quad SD(M') = \sqrt{3.2904} = 1.8139$$
$$var(Y'') = (1.007)^2(.898) + (-.041)^2(.251) + 2(-.041)(1.007)(0.005) + 3.289$$
$$= 4.2013$$
$$SD(M'') = \sqrt{4.2013} = 2.0497$$

$$rescale\ \ a = .024/1.8139 = .0132$$
$$rescale\ \ b = -.041/2.0497 = -.0200$$
$$rescale\ \ SE(a) = .150/1.8139 = .0827$$
$$rescale\ \ SE(b) = .310/2.0497 = .1512$$

	Input:		Test statistic:	Std. Error:	p-value:
a	.0132	Sobel test:	-0.10184708	0.00259212	0.91887806
b	-.0200	Aroian test:	-0.02067331	0.01277009	0.98350626
s_a	.0827	Goodman test:	NaN	NaN	NaN
s_b	.1512	Reset all	Calculate		

매개효과가 없는 것으로 나타났다.

[Nate's logistics regression spreadsheet]를 이용해 분석하기로 한다.

11	Run descriptive statistics in SPSS for your variables for SDs				
12	SD(X)=	0.948	Var(X)=	0.898704	
13	SD(M)=	0.501	Var(M)=	0.251001	
14	SD(Y)=	0.501	Var(Y)=	0.251001	
15					
16	Run correlate with X and M variables and check "covariance matrix" box in options				
17	COV(X,M)=	0.005			
18					
19	Run regressions for continuous variables and logistic regressions for dichotomous outcome variables				
20	a=	0.024	SE(a)=	0.15	
21	b=	-0.041	SE(b)=	0.31	
22	c=	1.007	SE(c)=	0.192	
23	c'=	1.007	SE(c')=	0.192	
24					
25	Var(Y')=	4.20133	SD(Y')=	2.049715	
26	Var(M')=	3.290518	SD(M')=	1.813978	
27	Var(Y")=	4.201339	SD(Y")=	2.049717	
28					
29	comp a=	0.012543	SE(comp a)=	0.078391	
30	comp b=	-0.01002	SE(comp b)=	0.075771	
31	comp c'=	0.46574	SE(comp c')=	0.088801	
32	comp c=	0.465741	SE(comp c)=	0.088801	
33					
34	ab+c'=	0.465615			
35					
36		=	Enter these values into the		Sobel Test
37			Aroian	Sobel	Goodman
38		Sab =	0.006066447	0.001233	#NUM!
39		Sobel=	-0.02071957	-0.10194	#NUM!

매개효과가 없는 것으로 나타난다.

3 독립변수는 연속형, 매개변수는 이분형, 종속변수가 연속형인 경우

다음 모델을 통해 로지스틱 매개분석에 대해 살펴보기로 한다.

그림 11-3 ▌로지스틱 매개분석모델

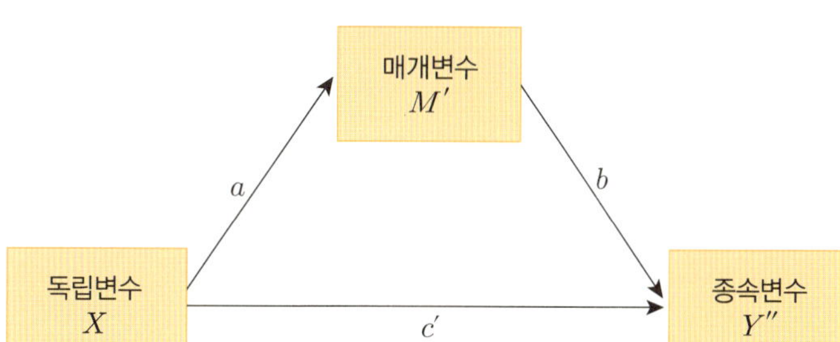

이 모델을 분석하기 위한 자료는 다음과 같다.

	totprobsY1	alcoholY1	dichotalcohol	healthY1
1	10.00	1.00	.00	5.00
2	17.00	1.00	.00	4.00
3	4.00	1.00	.00	5.00
4	4.00	1.00	.00	.
5	8.00	1.00	.00	5.00
6	6.00	1.00	.00	4.00
7	8.00	1.00	.00	4.00
8	15.00	1.00	.00	3.00
9	9.00	1.00	.00	4.00
10	4.00	1.00	.00	3.00

[chap11] [logistic_mediation_example(Jose).sav]

이 자료에서 'totprobsY1'은 독립변수, 'dichotalcohol'은 매개변수, 'healthY1'은 종속변수이다. 독립변수는 연속형, 매개변수는 이분형, 종속변수는 연속형인 자료이다.

기술통계량($SD(X)$, $SD(M)$, $SD(Y)$)과 X와 M의 공분산($Cov(X,M)$)을 얻기 위해 [분석] → [상관분석] → [이변량상관계수]로 간다. 다음과 같이 변수를 보낸다.

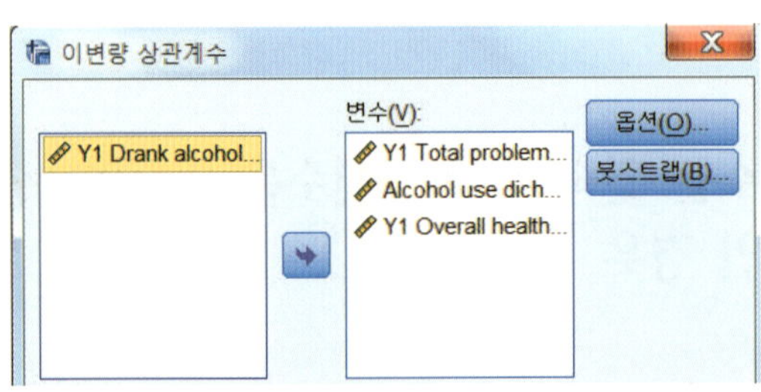

[옵션] 버튼을 눌러 다음과 같이 체크한다.

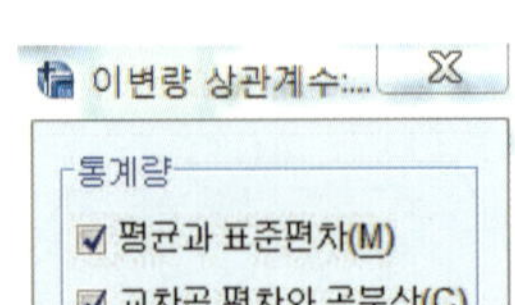

기술통계량

	평균	표준편차	N
Y1 Total problems	9.1293	3.67428	1732
Alcohol use dichotomized	.2141	.41030	1761
Y1 Overall health	3.8885	.86747	1758

상관계수

		Y1 Total problems	Alcohol use dichotomized	Y1 Overall health
Y1 Total problems	Pearson 상관계수	1	.121**	-.147**
	유의확률(양쪽)		.000	.000
	제곱합 및 교차곱	23369.030	314.638	-804.319
	공분산	13.500	.183	-.468
	N	1732	1723	1719
Alcohol use dichotomized	Pearson 상관계수	.121**	1	-.074**
	유의확률(양쪽)	.000		.002
	제곱합 및 교차곱	314.638	296.291	-46.284
	공분산	.183	.168	-.027
	N	1723	1761	1747
Y1 Overall health	Pearson 상관계수	-.147**	-.074**	1
	유의확률(양쪽)	.000	.002	
	제곱합 및 교차곱	-804.319	-46.284	1322.148
	공분산	-.468	-.027	.753
	N	1719	1747	1758

** 상관계수는 0.01 수준(양쪽)에서 유의합니다.

[그림 11-3]에서 a를 구하기 위해 [분석] → [회귀분석] → [이분형로지스틱]으로 간다. 다음과 같이 변수를 보낸다.

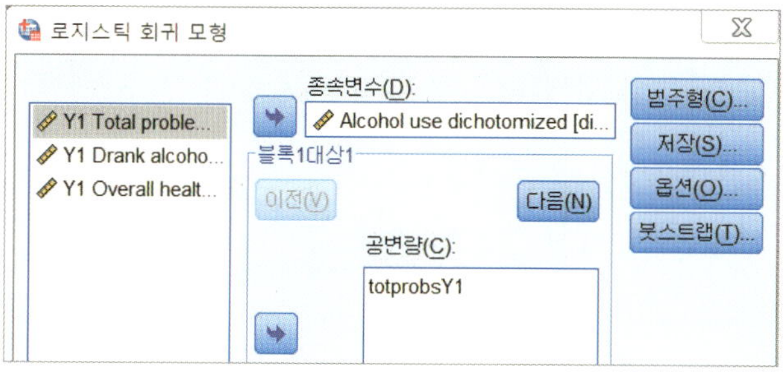

방정식에 포함된 변수

		B	S.E.	Wals	자유도	유의확률	Exp(B)
1단계[a]	totprobsY1	.076	.015	24.569	1	.000	1.079
	상수항	-2.003	.159	157.787	1	.000	.135

a. 변수가 1단계에 진입했습니다. totprobsY1. totprobsY1

[그림 11-3]에서 b와 c'를 구하기 위해 [분석] → [회귀분석] → [선형]으로 간다. 다음과 같이 변수를 보낸다.

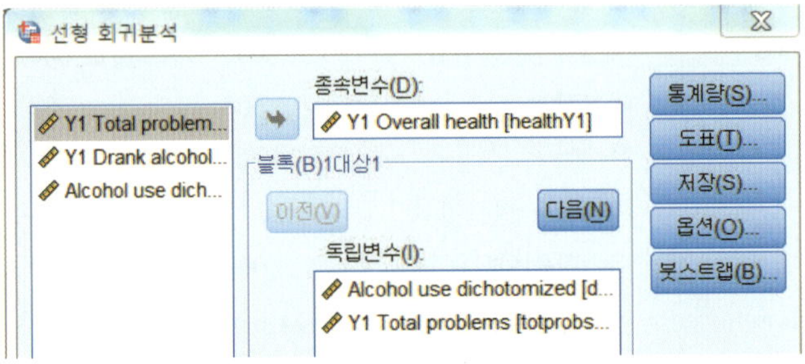

계수[a]

모형		비표준화계수		표준화계수	t	유의확률
		B	표준오차	베타		
1	(상수)	4.211	.056		75.411	.000
	Alcohol use dichotomized	-.124	.051	-.059	-2.439	.015
	Y1 Total problems	-.033	.006	-.139	-5.757	.000

a. 종속변수: Y1 Overall health

총효과 c를 구하기 위해 다음과 같이 선형회귀분석을 한다.

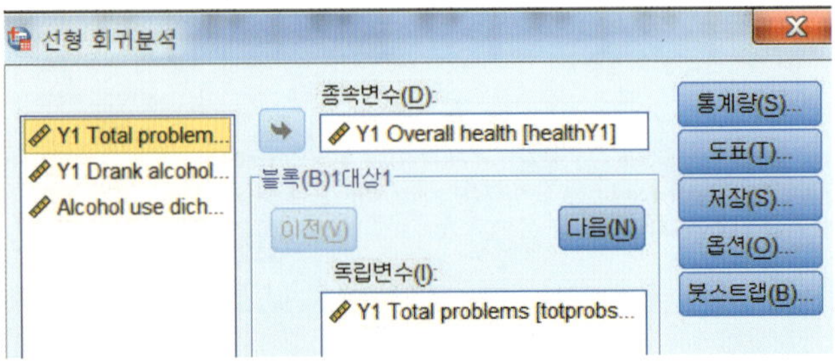

계수[a]

모형		비표준화계수		표준화계수	t	유의확률
		B	표준오차	베타		
1	(상수)	4.204	.056		75.630	.000
	Y1 Total problems	-.035	.006	-.147	-6.173	.000

a. 종속변수: Y1 Overall health

이들 값을 Herr 교수의 스프레드시트에 입력한다.

	A	B	C	D	E
9			= you must input this information		
10					
11	Run descriptive statistics in SPSS for your variables for SDs				
12	SD(X)=	3.674	Var(X)=	13.4983	
13	SD(M)=	0.41	Var(M)=	0.1681	
14	SD(Y)=	0.867	Var(Y)=	0.75169	
15					
16	Run correlate with X and M variables and check "covariance matrix" box in options				
17	COV(X,M)=	0.183			
18					
19	Run regressions for continuous variables and logistic regressions for dichotomous outcome variables				
20	a=	0.076	SE(a)=	0.015	
21	b=	-0.124	SE(b)=	0.051	
22	c=	-0.035	SE(c)=	0.006	
23	c'=	-0.033	SE(c')=	0.006	
24					
25	Var(Y')=	3.30654	SD(Y')=	1.81839	
26	Var(M')=	3.36797	SD(M')=	1.8352	
27	Var(Y")=	3.30878	SD(Y")=	1.81901	
28					
29	comp a=	0.15215	SE(comp a)=	0.03003	
30	comp b=	-0.02795	SE(comp b)=	0.0115	
31	comp c'=	-0.06665	SE(comp c')=	0.01212	
32	comp c=	-0.07072	SE(comp c)=	0.01212	
33					
34	ab+c'=	-0.07091			
35					
36		= Enter these values into the		Sobel Test	
37			Aroian	Sobel	Goodman
38		Sab =	0.00197043	0.00194	0.001909
39		Sobel=	-2.15814399	-2.19204	-2.227594

매개효과가 있는 것으로 나타난다.

참·고·문·헌

Herr, N. R. (2006), "Mediation with Dichotomous Outcomes," http://www.nrhpsych.com/mediation/logmed.html

Kenny, D. A. (2013), "Mediation with Dichotomous Outcomes," http://davidakenny.net/doc/dichmed.pdf

MacKinnon, D. P. (2008), *Introduction to Statistical Mediation Analysis*, New York, NY: Lawrence Erlbaum Associates.

MacKinnon, D. P., and Cox, M. G. (2012), "Commentary on "Mediation Analysis and Categorical Variables: The Final Frontier" by Dawn Iacobucci," *Journal of Consumer Psychology*, 22, 600–602.

Tofighi, D., and MacKinnon, D. P. (2011), "RMediation: An R Package for Mediation Analysis Confidence Intervals," *Behavioral Research*, 43(3), 1–9.

Chapter 12 LISREL에 의한 매개효과분석

1 단순매개모델

단순매개모델(simple mediator model)이란 독립변수와 종속변수 간에 하나의 매개변수가 있는 모델을 의미한다.

1.1 단순매개모델: 행렬요약의 예

[그림 12-1]의 모델을 통해 단순매개효과의 검정에 대해 알아보기로 한다. 매개효과를 검정하기 위해 먼저 [panel 1] 모델을 추정한다. [panel 1]은 완전매개모델로 A는 C에 영향을 주지 않고 B를 통해서만 영향을 준다는 모델이다. 이제 [panel 2] 모델을 추정한다. 이 모델은 부분매개모델로 A → C에 영향을 주고, A → B → C의 간접효과가 유의적인 것으로 가정한 모델이다.

[panel 2]의 부분매개모델을 통해 매개효과(간접효과) ab와 직접효과(c')가 유의적인가를 알아본다. 즉, 간접효과 ab가 유의적이고 직접효과 c'이 유의적이면 부분매개모델이고, 간접효과 ab가 유의적이고 직접효과 c'이 비유의적이면 완전매개모델로 본다.

그림 12-1 **매개효과모델**

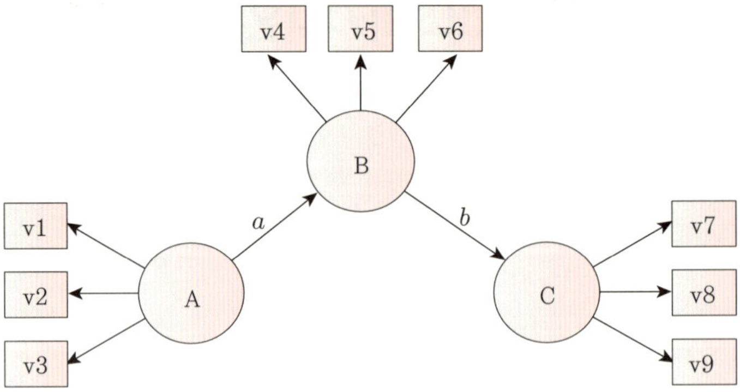

[panel 1] 완전매개모델

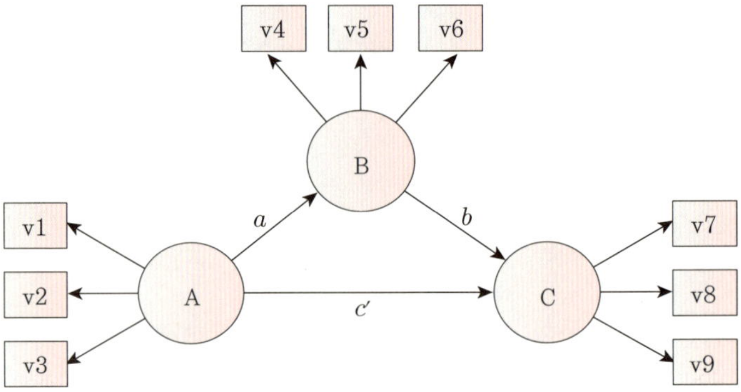

[panel 2] 부분매개모델

[그림 12-1] 모델을 SIMPLIS를 이용하여 분석하는 것에 대해 알아보기로 한다. A → B → C 모델을 적합해 보기로 한다([panel 1] 모델). 이는 A → C 경로를 0으로 제약하는 모델이다. 이를 위한 프로그램이 [12-1]이다.

```
12-1
simple mediation model
Observed variables: v1 v2 v3 v4 v5 v6 v7 v8 v9
correlation matrix
1.00
.132 1.00
.128 .151 1.00
.071 .082 .058 1.00
.090 .096 .103 .248 1.00
.031 .008 .099 .147 .221 1.00
.108 .100 .112 .154 .216 .262 1.00
.012 .097 .060 .198 .278 .232 .200 1.00
.046 .094 .070 .147 .165 .243 .201 .298 1.00
standard deviations
2.410 1.360 2.030 1.03 1.78 2.11 1.45 1.65 1.004
sample size: 345
latent variables: A B C
relations
v1 v2 v3=A
v4 v5 v6=B
v7 v8 v9=C
C=B
B=A
path diagram
options: EF
End of Problem
```

이를 실행하면 다음과 같은 적합도 및 모수치를 얻는다.

12-1.out [panel 1] 모델분석결과

```
Goodness of Fit Statistics

Degrees of Freedom for (C1)-(C2)                     25
Maximum Likelihood Ratio Chi-Square (C1)             17.544 (P = 0.8611)
 Structural Equations

       B = 0.430*A, Errorvar. = 0.815, R² = 0.185
Standerr  (0.141)             (0.301)
Z-values   3.039               2.706
P-values   0.002               0.007

       C = 0.964*B, Errorvar. = 0.0708, R² = 0.929
Standerr  (0.237)             (0.188)
Z-values   4.073               0.376
P-values   0.000               0.707
```

```
Indirect Effects of KSI on ETA

           A
    --------
B         - -

C       0.414
       (0.132)
        3.147
```

완전매개모델의 $\chi^2 = 17.544$, $df = 25$로 나타났다.

A → C 경로를 제약하지 않고 추정하는 프로그램([panel 2] 모델)이 [12-2]이다.

```
12-2
simple mediation model
Observed variables: v1 v2 v3 v4 v5 v6 v7 v8 v9
correlation matrix
1.00
.132 1.00
.128 .151 1.00
.071 .082 .058 1.00
.090 .096 .103 .248 1.00
.031 .008 .099 .147 .221 1.00
.108 .100 .112 .154 .216 .262 1.00
.012 .097 .060 .198 .278 .232 .200 1.00
.046 .094 .070 .147 .165 .243 .201 .298 1.00
standard deviations
2.410 1.360 2.030 1.03 1.78 2.11 1.45 1.65 1.004
sample size: 345
latent variables: A B C
relations
v1 v2 v3=A
v4 v5 v6=B
v7 v8 v9=C
C=B A
B=A
path diagram
options: EF
End of Problem
```

이를 실행하면 다음과 같은 적합도 및 모수치를 얻는다.

12-2.out [panel 2] 모델분석결과

```
Goodness of Fit Statistics

Degrees of Freedom for (C1)-(C2)                    24
```

```
Maximum Likelihood Ratio Chi-Square (C1)                17.526 (P = 0.8254)

 Structural Equations

        B = 0.420*A, Errorvar. = 0.824, R² = 0.176
Standerr   (0.156)             (0.316)
Z-values    2.683               2.606
P-values    0.007               0.009

       C = 0.950*B + 0.0247*A, Errorvar. = 0.0775, R² = 0.922
Standerr  (0.262)  (0.179)              (0.194)
Z-values   3.623    0.138                0.399
P-values   0.000    0.890                0.690

 Total Effects of KSI on ETA

          A
      ---------
B       0.420
       (0.156)
       2.683

C       0.423
       (0.146)
        2.890


Indirect Effects of KSI on ETA

          A
      ---------
B        - -

C       0.398
       (0.172)
        2.316
```

위의 프로그램을 실행하면 A → B, B → C, A → C 경로계수는 각각 0.420(Z-value =2.683), 0.950(Z-value=3.623), 0.0247(Z-value=0.138)로 나타난다. A → C 경로계수가 비유의적인 것으로 나타났고, A가 C에 미치는 간접효과(ab=.420×.950 =.398)가 유의적으로 나타나 B는 매개효과가 있다. 간접효과가 유의적이고 직접효과는 비유의적이므로 완전매개(full mediation, complete mediation)이다.

1.2 단순매개모델: 원자료의 예

[그림 12-2] 모델에서 행동의도의 매개효과를 분석해보기로 한다. 자료는 [multi-impu.lsf]를 이용하기로 한다.

그림 12-2 ▌행동의도의 매개효과모델

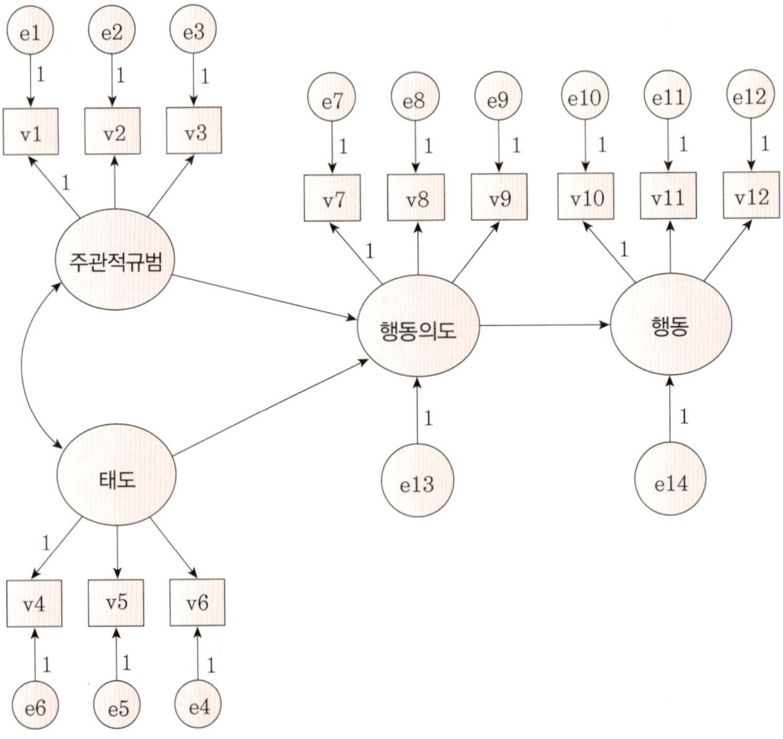

'주관적규범'이 '행동의도'를 경유해 '행동'에 미치는 간접효과를 추정하기로 한다. 이 경우, 주관적규범이 행동에 직접 영향을 미치는 직접효과를 포함한 부분매개모델을 추정한다. 이를 위한 프로그램이 [12-3]이다.

```
12-3
Mediated Effect Model
Raw data from File ' N:\mod-med\chap12\multi-impu.lsf'
Latent variables: subnorm atti inten behave
relations
v1=1*subnorm
v2-v3=subnorm
v4=1*atti
v5-v6=atti
v7=1*inten
v8-v9=inten
v10=1*behave
v11-v12=behave
inten=subnorm atti
behave=inten subnorm
options: ef
path diagram
End of problem
```

이를 추정하면 다음과 같은 적합도 및 모수치를 얻는다.

12-3.out 주관적규범이 행동에 미치는 간접효과 분석결과(부분매개모델)

```
Goodness of Fit Statistics

Degrees of Freedom for (C1)-(C2)                      49
Maximum Likelihood Ratio Chi-Square (C1)              123.446 (P=0.0000)

Structural Equations

   intent=0.270*subnorm+0.132*atti, Errorvar.=  0.586, R2=  0.140
Standerr   (0.0378)        (0.0367)              (0.0526)
Z-values    7.126           3.600                 11.132
P-values    0.000           0.000                 0.000

 behave=0.385*intent+0.303*subnorm, Errorvar.=  0.722, R2=  0.254
Standerr   (0.0513)      (0.0431)                 (0.0543)
Z-values    7.510         7.021                    13.290
P-values    0.000         0.000                    0.000

 Indirect Effects of KSI on ETA

            subnorm      atti
           --------    --------
intent        - -         - -

behave      0.104        0.051
(0.019)    (0.016)
5.390       3.279
```

주관적규범은 행동에 직접 영향을 주고, 또한 주관적규범은 행동의도를 매개해 행동에 간접적으로 영향을 주는 것으로 나타나 주관적규범은 행동에 부분매개의 역할을 하는 것으로 나타났다.

주관적규범이 행동에 직접 영향을 주지 않는 완전매개모델을 추정하기로 한다. 이를 추정하기 위한 프로그램은 [12-4]이다.

12-4

```
Mediated Effect Model
Raw data from File ' N:\mod-med\chap12\multi-impu.lsf'
Latent variables: subnorm atti inten behave
relations
v1=1*subnorm
v2-v3=subnorm
v4=1*atti
v5-v6=atti
v7=1*inten
v8-v9=inten
v10=1*behave
v11-v12=behave
inten=subnorm atti
behave=inten
options: ef
path diagram
End of problem
```

이를 추정하면 다음과 같은 적합도를 얻는다.

12-4.out 주관적규범이 행동에 미치는 간접효과 분석결과(완전매개모델)

```
Goodness of Fit Statistics

Degrees of Freedom for (C1)-(C2)                    50
Maximum Likelihood Ratio Chi-Square (C1)            171.998 (P = 0.0000)
```

완전매개모델과 부분매개모델을 비교하면, $\Delta df = 1$에서 χ^2값이 유의적인 차이가 있어($\Delta\chi^2 = 48.552$) 부분매개모델이 적합한 것으로 판단한다.

이제 태도가 행동에 미치는 간접효과에 대해 알아보기로 한다. 이를 추정하기 위한 프로그램은 [12-5]이다.

```
12-5
Mediated Effect Model
Raw data from File ' N:₩mod-med₩chap12₩multi-impu.lsf'
Latent variables: subnorm atti inten behave
relations
v1=1*subnorm
v2-v3=subnorm
v4=1*atti
v5-v6=atti
v7=1*inten
v8-v9=inten
v10=1*behave
v11-v12=behave
inten=subnorm atti
behave=inten atti
options: ef
path diagram
End of problem
```

이를 추정하면 다음과 같은 적합도 및 모수치를 얻는다.

12-5.out 태도가 행동에 미치는 간접효과 분석결과(부분매개모델)

```
Goodness of Fit Statistics

Degrees of Freedom for (C1)-(C2)                    49
Maximum Likelihood Ratio Chi-Square (C1)            166.596 (P=0.0000)

 Structural Equations

intent=0.286*subnorm+0.126*atti, Errorvar.= 0.577, R^2= 0.151
Standerr  (0.0379)     (0.0366)              (0.0520)
Z-values   7.565        3.456                 11.103
P-values   0.000        0.001                 0.000

behave=0.499*intent+0.0979*atti, Errorvar.= 0.785, R^2= 0.199
Standerr  (0.0520)     (0.0420)              (0.0587)
Z-values   9.602        2.332                 13.390
P-values   0.000        0.020                 0.000

 Indirect Effects of KSI on ETA

         subnorm      atti
        --------   --------
intent     - -        - -
```

behave	0.143	0.063
	(0.023)	(0.019)
	6.216	3.289

태도는 행동에 직접 영향을 주고, 또한 행동의도를 매개해 행동에 간접적으로 영향을 주는 것으로 나타나 태도는 행동에 부분매개의 역할을 하는 것으로 나타났다.

태도가 행동에 직접 영향을 주지 않는 완전매개모델을 추정하기로 한다. 이를 추정하기 위한 프로그램은 [12-6]이다.

12-6

```
Mediated Effect Model
Raw data from File ' N:₩mod-med₩chap12₩multi-impu.lsf'
Latent variables: subnorm atti inten behave
relations
v1=1*subnorm
v2-v3=subnorm
v4=1*atti
v5-v6=atti
v7=1*inten
v8-v9=inten
v10=1*behave
v11-v12=behave
inten=subnorm atti
behave=inten i
options: ef
path diagram
End of problem
```

이를 추정하면 다음과 같은 적합도를 얻는다.

12-6.out 태도가 행동에 미치는 간접효과 분석결과(완전매개모델)

Goodness of Fit Statistics

Degrees of Freedom for (C1)-(C2)	50
Maximum Likelihood Ratio Chi-Square (C1)	171.999 (P = 0.0000)

완전매개모델과 부분매개모델을 비교하면, $\Delta df = 1$에서 χ^2값이 유의적인 차이가 있어($\Delta\chi^2 = 5.403$) 부분매개모델이 적합한 것으로 판단한다.

2 다중매개모델

매개변수가 여러 개 있는 모델을 **다중매개모델(multiple mediator model)**이라 한다. LISREL에서는 다중매개모델인 경우에 **총간접효과(total indirect effect)**를 보고한다. **특정간접효과(specific indirect effect)**는 다중매개모델에서 간접효과가 여러 개 있을 때 특정변수와 관련된 간접효과를 의미한다. 특정간접효과를 얻기 위해서는 추가적인 명령어인 **추가적 모수(additional parameter: AP)**가 필요하다. LISREL에 의해 다중매개모델을 분석하기 위해서는 SIMPLIS 언어가 아닌 LISREL 언어로 분석해야 한다.

2.1 다중매개모델: 예 1

Google에서 'multiple mediation'의 키워드로 검색하면 얻을 수 있는 pdf에 소개된 다중모델을 검정해 보기로 한다.

(http://www2.psy.uq.edu.au/~wlouis/stats/nloxton_multiplemediation.pdf)

그림 12-3 ▌4변수 다중매개모델

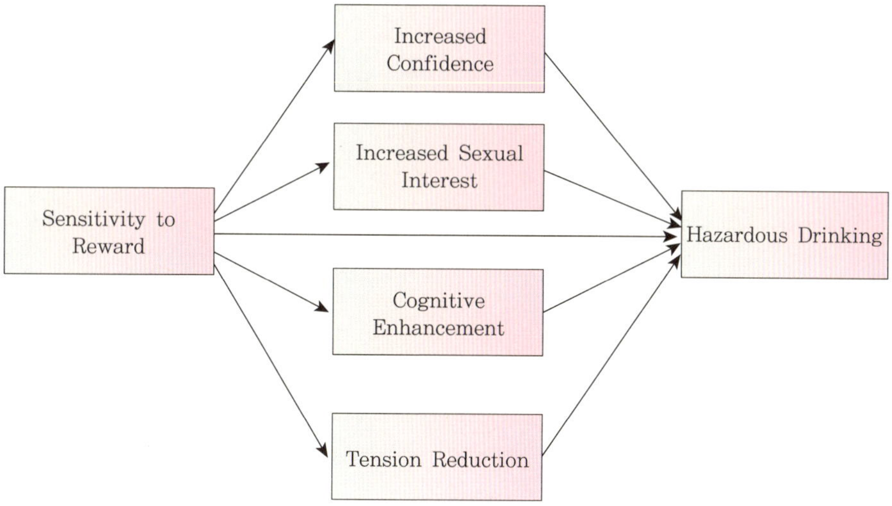

위 모델을 검정하기 위한 프로그램은 [multiplemediation-1]이다.

```
multiplemediation-1
Multiple-mediation model base on A. F. Hayes
sy='N:\mod-med\chap12\multiplemediation.dsf'
da ni=6 no=97 ma=cm
se
2 3 4 5 6 1/
mo nx=1 ny=5 ne=5 be=fu ga=fi te=sy ps=sy ap=4   ❶
fi te 1 1 te 2 2 te 3 3 te 4 4 te 5 5
fr be 5 1 be 5 2 be 5 3 be 5 4
fr ga 1 1 ga 2 1 ga 3 1 ga 4 1 ga 5 1
va 1 ly 1 1 ly 2 2 ly 3 3 ly 4 4 ly 5 5
co pa(1)=ga 1 1 * be 5 1 ┐
co pa(2)=ga 2 1*  be 5 2 │ ❷
co pa(3)=ga 3 1* be 5 3  │
co pa(4)=ga 4 1* be 5 4  ┘
ou ef
```

프로그램 해설

❶ 추가모수(AP)가 4개 있음을 알려준다(AP=4).

❷ 4개의 추가모수에 대한 설정이다.

이 프로그램을 실행하면 다음과 같은 모수치 및 적합도를 얻는다.

multiplemediation-1.out

BETA

	ETA 1	ETA 2	ETA 3	ETA 4	ETA 5
ETA 1	- -	- -	- -	- -	- -
ETA 2	- -	- -	- -	- -	- -
ETA 3	- -	- -	- -	- -	- -
ETA 4	- -	- -	- -	- -	- -
ETA 5	0.360 (0.072) 5.016	0.323 (0.202) 1.596	-0.073 (0.249) -0.292	0.506 (0.164) 3.083	- -

GAMMA

	SR
ETA 1	0.369

```
             (0.158)
              2.340

ETA 2         0.151
             (0.056)
              2.698

ETA 3        -0.005
             (0.045)
             -0.117

ETA 4         0.038
             (0.069)
              0.552

ETA 5         0.082
             (0.119)
              0.690

 Total and Indirect Effects

Total Effects of X on ETA

               SR
            --------
ETA 1         0.369
             (0.158)
              2.340

ETA 2         0.151
             (0.056)
              2.698

ETA 3        -0.005
             (0.045)
             -0.117

ETA 4         0.038
             (0.069)
              0.552

ETA 5         0.283
             (0.131)
              2.153


Indirect Effects of X on ETA
```

	SR
ETA 1	- -
ETA 2	- -
ETA 3	- -
ETA 4	- -
ETA 5	0.201 (0.080) 2.505

Total Effects of ETA on ETA

	ETA 1	ETA 2	ETA 3	ETA 4	ETA 5
ETA 1	- -	- -	- -	- -	- -
ETA 2	- -	- -	- -	- -	- -
ETA 3	- -	- -	- -	- -	- -
ETA 4	- -	- -	- -	- -	- -
ETA 5	0.360 (0.072) 5.016	0.323 (0.202) 1.596	-0.073 (0.249) -0.292	0.506 (0.164) 3.083	- -

ADDITIONAL PARAMETERS

PA(1)	PA(2)	PA(3)	PA(4)
0.133 (0.063) 2.120	0.049 (0.035) 1.373	0.000 (0.004) 0.108	0.019 (0.035) 0.543

Goodness of Fit Statistics

Degrees of Freedom for (C1)-(C2)	6
Maximum Likelihood Ratio Chi-Square (C1)	39.326 (P=0.0000)

이 결과는 제10장 SPSS에 의한 매개효과분석에서 살펴본 값과 동일함을 알 수 있다.

2.2 다중매개모델: 예 2

그림 12-4 ▌ 2변수 매개모델

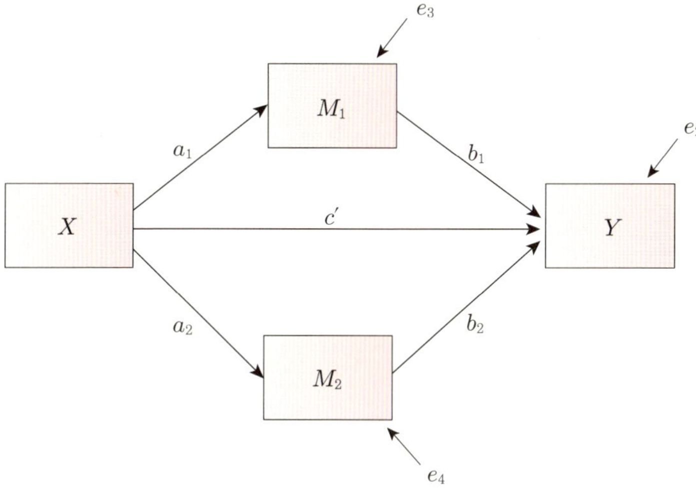

[그림 12-4]의 2변수 매개모델을 회귀분석에 의해 분석하기 위해서는 다음과 같은 4개의 회귀방정식이 필요하다.

$$Y = i_1 + cX + e_1$$

$$Y = i_2 + c'X + b_1M_1 + b_2M_2 + e_2$$

$$M_1 = i_3 + a_1X + e_3$$

$$M_2 = i_4 + a_2X + e_4$$

위 모델에서 M_1 및 M_2의 매개효과는 각각 a_1b_1, a_2b_2이다. X가 Y에 주는 직접효과는 c'이다. 총매개효과는 $a_1b_1 + a_2b_2$이고 이는 $c - c'$과 같다. 즉, 총매개효과는 $a_1b_1 + a_2b_2 = c - c'$이다. 총효과=간접효과(매개효과)+직접효과이기 때문에 총효과 $= a_1b_1 + a_2b_2 + c' = c$가 된다. 매개효과의 표준오차(standard error)는 Sobel 검정에 의해 다음과 같이 계산된다.

$$s_{a1b1} = \sqrt{a_1^2 s_{b1}^2 + b_1^2 s_{a1}^2}$$

매개효과의 유의성 검정은 $z=\frac{a_1b_1}{s_{a_1b_1}}$에 의해 계산된다. 총효과에 대한 매개효과의 비율은 $\frac{a_ib_i}{c}$이고, 직접효과에 대한 매개효과의 비율은 $\frac{a_ib_i}{c'}$이다. **두 매개효과의 차이 검정** $(a_1b_1 - a_2b_2)$ 또는 **두 매개효과의 등가성 검정(equality test)**은 다음의 공식에 의해 표준오차가 계산된다.

$$s_{a_1b_1-a_2b_2} = \sqrt{s_{a1}^2b_1^2 + s_{b_1}^2a_1^2 + s_{a_2}^2b_2^2 + s_{b_2}^2a_2^2 - 2a_1a_2s_{b1b_2}}$$

또는

$$s_{a_1b_1-a_2b_2} = \sqrt{s_{a_1b_1}^2 + s_{a_2b_2}^2 - 2a_1a_2s_{b1b_2}}$$

여기에서, $s_{b_1b_2}$는 b_1과 b_2 모수의 공분산을 의미한다. 이에 대한 유의성 검정은 아래 공식에 의해 계산된다.

$$z = \frac{a_1b_1 - a_2b_2}{s_{a_1b_1-a_2b_2}}$$

이하에서 MacKinnon(2008)에 기술된 2변수 매개모델에 대해 살펴보기로 한다.

그림 12-5 | 2변수 매개모델

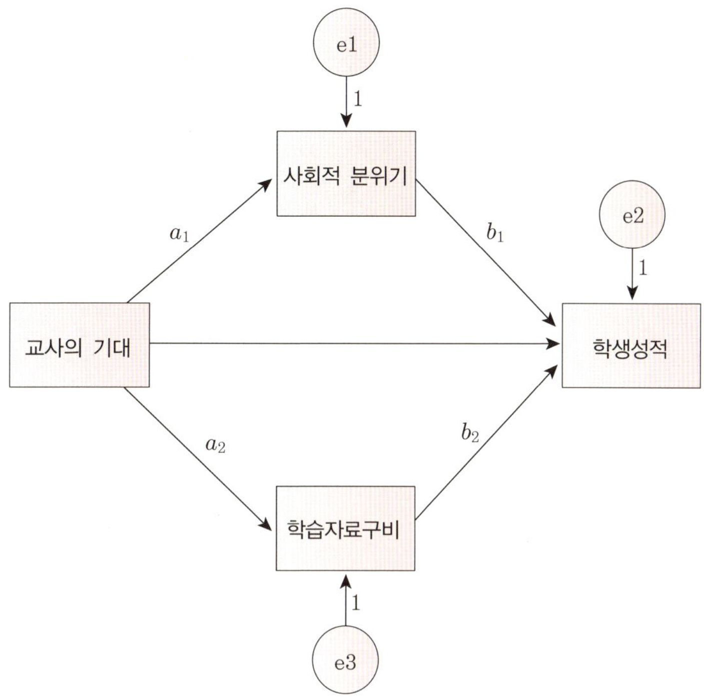

[그림 12-5]를 위한 입력 프로그램이 [mackinnon-1]이다.

mackinnon-1

```
mackinnon(2008) model page 113
System file from file 'N:\mod-med\chap12\mackinnon113.dsf'
relationships
achieve=socclima material expect
socclima=expect
material=expect
end of problem
```

위 프로그램을 실행하면 다음과 같은 적합도 및 모수치를 얻는다.

mackinnon-1.out

```
Goodness of Fit Statistics

Degrees of Freedom for (C1)-(C2)                    1
Maximum Likelihood Ratio Chi-Square (C1)            3.687 (P = 0.0548)
```

```
 Structural Equations

socclima=0.840*expect, Errorvar.=  80.447, R^2=  0.427
Standerr    (0.152)                (17.762)
Z-values     5.526                   4.529
P-values     0.000                   0.000

material=0.222*expect, Errorvar.=  68.742, R^2=  0.0573
Standerr   (0.141)                (15.178)
Z-values    1.579                   4.529
P-values    0.114                   0.000

achieve=0.569*socclima+0.530*material+0.112*expect, Errorvar.=  64.944, R^2=  0.575
Standerr   (0.140)          (0.152)        (0.184)                (14.339)
Z-values    4.056            3.491          0.611                   4.529
P-values    0.000            0.000          0.541                   0.000

 Indirect Effects of X on Y

              expect
             --------
climate        - -

material       - -

achieve       0.596
             (0.167)
              3.556
```

위의 output에서 볼 수 있듯, LISREL은 '교사의 기대'가 '학생성적'에 미치는 간접효과를 '사회적 분위기'를 통한 간접효과와 '학습자료구비'를 통한 간접효과로 분리하지 않고 이 두 효과를 합한 **총간접효과(total indirect effect)**를 보고한다(.596).

특정간접효과(specific indirect effect)는 다중매개모델에서 간접효과가 여러 개 있을 때 특정 변수와 관련된 간접효과를 의미한다. 즉, '교사의 기대' → '사회적 분위기' → '학생성적'과 '교사의 기대' → '학습자료구비' → '학생성적'의 간접효과를 각각 계산하는 것을 의미한다. 이때, 매개변수 i를 경유한 x의 y에 대한 특정간접효과는 그 매개변수를 경유한 두 비표준화 경로계수의 곱에 의해 구해진다. 예를 들어, '교사의 기대' → '사회적 분위기' → '학생성적'의 간접효과는 $.840 \times .569 = .478$, '교사의 기대' → '학습자료구비' → '학생성적'의 간접효과는 $.222 \times .530 = .118$에 의해 얻어진다. LISREL에서 얻어진 출력을 토대로 특정간접효과의 유의도를 얻는 방법은 두 가지가 있다.

첫째, 각각의 간접효과를 분리하여 Sobel 검정으로 하는 방법이 있다. 위의 모수치를 토대로 매개효과에 대해 살펴보기로 한다. 먼저, '사회적 분위기'의 매개효과(a_1b_1)의 유의성을 Sobel 검정으로 하면 다음과 같다(http://quantpsy.org/sobel/sobel.htm).

$$z = \frac{(.840)(.569)}{\sqrt{(.569)^2(.152)^2 + (.840)^2(.140)^2}} = \frac{.478}{.146} = 3.274$$

	Input:		Test statistic:	Std. Error:	*p*-value:
a	.840	Sobel test:	3.27416452	0.14597923	0.00105975
b	.569	Aroian test:	3.23992115	0.14752211	0.00119563
s_a	.152	Goodman test:	3.30951714	0.14441986	0.00093457
s_b	.140	Reset all	Calculate		

$p < 0.05$이므로 사회적 분위기는 매개효과가 있다고 할 수 있다.

'학습자료구비'의 매개효과도 '사회적 분위기'와 동일한 방식으로 검정할 수 있다. 이를 Preacher 교수의 계산기를 이용하면 다음과 같다.

	Input:		Test statistic:	Std. Error:	*p*-value:
a	.222	Sobel test:	1.43496017	0.08199531	0.15129845
b	.530	Aroian test:	1.38831872	0.08474999	0.16504001
s_a	.141	Goodman test:	1.48664215	0.0791448	0.13710935
s_b	.152	Reset all	Calculate		

$p > 0.05$이므로 '학습자료구비'는 매개효과가 없다고 할 수 있다.

둘째, LISREL에서 AP 명령어를 이용하여 분석하는 방법이 있다. 이에 해당하는 프로그램이 [mackinnon-2]이다.

```
mackinnon-2
mackinnon(2008) model page 113
SY='N:₩mod-med₩chap12₩mackinnon113.dsf'
da ni=4 no=40 ma=cm
se
2 3 4 1/
mo nx=1 ny=3 ne=3 be=fu ga=fi te=sy ps=sy AP=2  ❶
le
climate material achieve
fi te 1 1 te 2 2 te 3 3
fr be (3, 1) be (3, 2)  ga (1, 1)  ga (2, 1)  ga (3, 1)
va 1 ly 1 1
va 1 ly 2 2
va 1 ly 3 3
co pa(1)=ga 1 1 * be 3 1  ┐ ❷
co pa(2)=ga 2 1 * be 3 2  ┘
ou ef
```

프로그램 해설

❶ 추가모수(AP)가 4개 있음을 알려준다(AP=2).

❷ 2개의 추가모수에 대한 설정이다.

이를 실행하면 다음과 같은 적합도 및 모수치를 얻는다.

mackinnon-2.out

```
Goodness of Fit Statistics

Degrees of Freedom for (C1)-(C2)                    1
Maximum Likelihood Ratio Chi-Square (C1)            3.687 (P=0.0548)

ADDITIONAL PARAMETERS

  PA(1)      PA(2)
--------   --------
  0.478      0.118
(0.146)    (0.082)
  3.270      1.439
```

출력을 통해 알 수 있듯, '학습자료구비'는 비유의적이고(PA(2)), '사회적 분위기'는 유의적인 것으로 나타났다(PA(1)).

총효과에 대한 매개효과의 비율을 계산하기로 한다. 먼저, 사회적 분위기는 $\frac{.478}{(.478+.112)} = .81$로 81%가 설명되고 있으며, 학습자료구비는 $\frac{.118}{(.118+.112)} = .513$

으로 약 51.3%가 설명되고 있다.

2.3 다중매개모델: 예 3

그림 12-6 **다중매개모델**

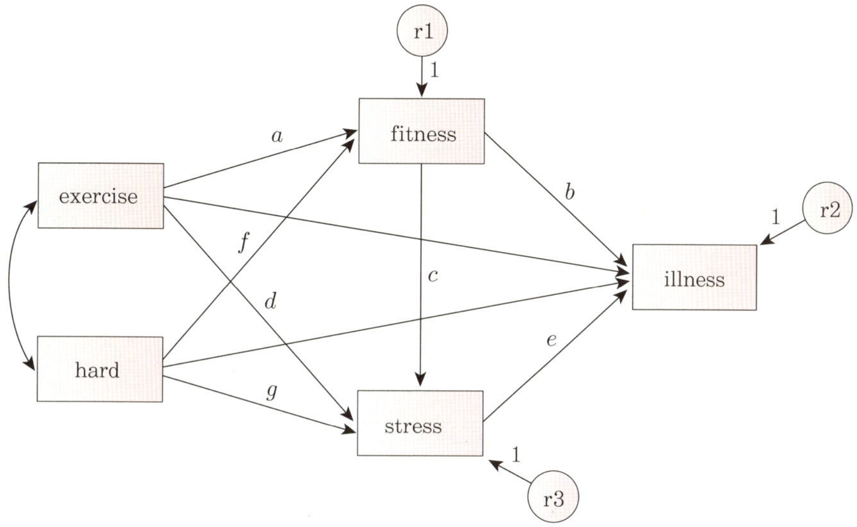

위 모델에서, 'exercise'가 'illness'에 미치는 간접효과는 'exercise' → 'fitness' → 'illness', 'exercise' → 'fitness' → 'stress'→ 'illness', 'exercise' → 'stress' → 'illness'의 합으로 구성된다.

특정간접효과를 알아보기 위해 'exercise'가 'illness'에 미치는 효과와 'hard'가 'illness'에 미치는 효과를 각각 분석할 수 있고, 이를 동시에 할 수도 있다. 먼저 'exercise'가 'illness'에 미치는 효과를 검토하기로 한다. 이를 위한 LISREL 프로그램은 [multimediation2.LPJ]이다.

```
TI Multi-mediation model
DA NI=5 NO=373 MA=CM
SY='M:\LISREL9\chap15\multimediation2.DSF'
SE
3 4 5 1 2 /
MO NX=2 NY=3 BE=FU GA=FI PS=SY AP=3
FR BE (2,1)  BE (3,1)  BE (3,2)  GA (1,1)  GA (1,2)  GA (2,1)  GA (2,2)  GA (3,1)  GA (3,2)
CO PA (1) =GA 1 1 * BE 3 1
CO PA (2) =GA 1 1 * BE 2 1 * BE 3 2
CO PA (3) =GA 2 1 * BE 3 2
PD
OU XM EF
```

이를 실행하면 다음과 같은 모수치를 얻는다.

multimediation2.out

```
ADDITIONAL PARAMETERS

   PA(1)        PA(2)        PA(3)
 --------     --------     --------
  -0.096       -0.012       -0.004
  (0.022)      (0.006)      (0.015)
  -4.329       -1.848       -0.261
```

'exercise' → 'fitness' → 'illness'의 간접효과=−.096, 'exercise' → 'fitness' → 'stress' → 'illness'의 간접효과=−.012, 'exercise' → 'stress' → 'illness'의 간접효과=−.004로 나타났다. 이 간접효과의 유의도는 'exercise' → 'fitness' → 'illness'만 $p < 0.05$에서 유의적인 것으로 나타났다.

이제 'hard'가 'llness'에 미치는 특정간접효과를 검토하기로 한다.

multimediation3.LPJ

```
Multi-mediation model 2
DA NI=5 NO=373
km
1.00
-.03 1.00
.39 .07 1.00
-.05 -.23 -.13 1.00
-.08 -.16 -.29 .34 1.00
sd
66.50 38.00 36.80 67.00 62.48
la
exercise hard fitness stress illness
se
3 4 5 1 2/
mo nx=2 ny=3 be=fu ga=fi ps=sy ap=3
fr be 2 1 be 3 1 be 3 2 ga 1 1 ga 1 2 ga 2 1 ga 2 2 ga 3 1 ga 3 2
co pa(1)=ga 1 2* be 3 1
co pa(2)=ga 1 2* be 2 1 * be 3 2
co pa(3)=ga 2 2 * be 3 2
pd
ou ef
```

이를 추정하면 다음과 같은 모수치를 얻는다.

multimediation3.out

ADDITIONAL PARAMETERS

PA(1)	PA(2)	PA(3)
−0.035	−0.004	−0.107
(0.021)	(0.003)	(0.030)
−1.632	−1.275	−3.572

PA(3), 즉 'hard' → 'stress' → 'illness'만 간접효과가 유의적인 것으로 나타났다. 이제 'exercise'와 'hard'가 'illness'에 미치는 간접효과를 동시에 분석하기로 한다.

```
DA NI=5 NO=373 MA=CM
km
1.00
-.03 1.00
.39 .07 1.00
-.05 -.23 -.13 1.00
-.08 -.16 -.29 .34 1.00
sd
66.50 38.00 36.80 67.00 62.48
la
exercise hard fitness stress illness
SE
 3 4 5 1 2 /
MO NX=2 NY=3 BE=FU GA=FI PS=SY AP=6
FR BE(2,1) BE(3,1) BE(3,2) GA(1,1) GA(1,2) GA(2,1) GA(2,2) GA(3,1) GA(3,2)
CO PA(1)=GA 1 1 * BE 3 1
CO PA(2)=GA 1 1 * BE 2 1 * BE 3 2
CO PA(3)=GA 2 1 * BE 3 2
CO PA(4)=GA 1 2 * BE 3 1
CO PA(5)=GA 1 2 * BE 2 1 * BE 3 2
CO PA(6)=GA 2 2 * BE 3 2
PD
OU XM EF
```

이를 추정하면 다음과 같은 모수치를 얻는다.

multimediation4.out

ADDITIONAL PARAMETERS

PA(1)	PA(2)	PA(3)	PA(4)	PA(5)	PA(6)
-0.096	-0.012	-0.004	-0.035	-0.004	-0.107
(0.022)	(0.006)	(0.015)	(0.021)	(0.003)	(0.030)
-4.317	-1.843	-0.261	-1.628	-1.272	-3.562

위의 분석을 통해 알 수 있듯, 'exercise'와 'hard'를 각각 분석하나, 또는 동시에 분석하나 동일한 값을 얻는 것을 알 수 있다.

2.4 다중매개모델: 예 4

이하에서 Hair 등(2010)에 소개된 모델을 통해 다중매개모델에 대해 살펴보기로 한다. 아래에서 'EP', 'AC', 'JS', 'OC', 그리고 'SI'는 각각 3개, 4개, 4개, 4개, 4개의 관측변수를 갖고 있다(관측변수가 16개 이상이므로 LISREL 9 학생용 버전에서는 실행이 안 됨에 유의할 것).

그림 12-7 다중매개모델

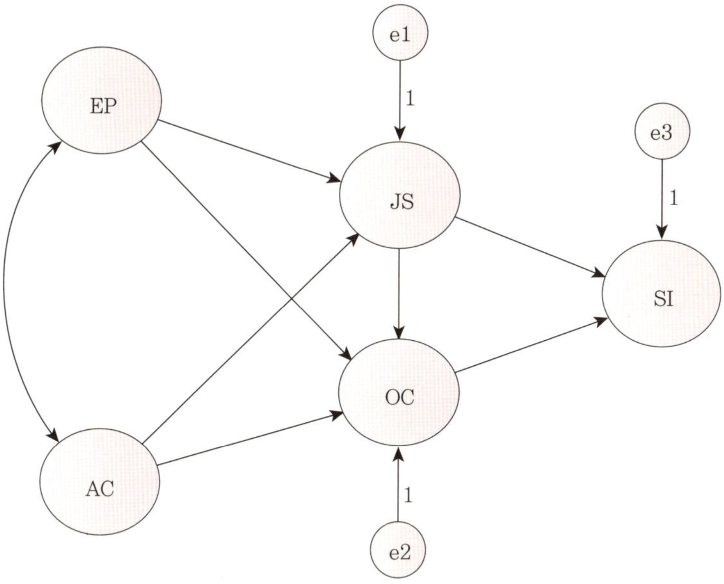

이를 추정하기 위한 프로그램은 [12-7]과 같다.

```
12-7
Hair et al.(2010) example, p.741.
DA NI=19 NO=400 MA=CM
RA='F:/LISREL 9.1/chap15/HBAT_SEM.lsf'
MO NX=7 NY=12 NK=2 NE=3 GA=FI BE=FU PS=SY AP=6   ❶
LK
EP AC
LE
JS OC SI
LA
OC1 OC2 OC3 OC4 EP1 EP2 EP3 AC1 AC2 AC3 AC4 SI1 SI2 SI3 SI4 JS1 JS2 JS3 JS4
SE
JS1 JS2 JS3 JS4 OC1 OC2 OC3 OC4 SI1 SI2 SI3 SI4 EP1 EP2 EP3 AC1 AC2 AC3 AC4   ❷

FR LX 1 1
FR LX 2 1 LX 3 1
FR LX 4 2
FR LX 5 2 LX 6 2 LX 7 2
FR LY 1 1
FR LY 2 1 LY 3 1 LY 4 1
FR LY 5 2
FR LY 6 2 LY 7 2 LY 8 2
FR LY 9 3
FR LY 10 3 LY 11 3 LY 12 3

FR GA 1 1 GA 2 1 GA 1 2 GA 2 2
FR BE 3 1 BE 3 2 BE 2 1

CO PA(1)=GA 1 1 * BE 3 1
CO PA(2)=GA 1 1 * BE 3 1* BE 2 1
CO PA(3)=GA 2 1* BE 3 2            ❸
CO PA(4)=GA 1 2*BE 2 1 *BE 3 2
CO PA(5)=GA 2 2*BE 3 2
CO PA(6)=GA 1 2* BE 3 1
PD
OU EF
```

프로그램 해설

❶ AP=6은 6개의 추가모수(additional parameter)를 추정함을 의미한다.

❷ SE는 자료가 y변수 순서부터 x변수 순서로 정리하는 의미이다. LISREL은 원자료가 y변수, x변수의 순으로 정리된 것으로 가정한다. 이와 같이 정리되지 않은 경우는 반드시 SE 명령어를 이용하여 순서대로 정해주어야 한다(반드시 기억해야 함!).

❸ CO는 제약(constraint)을 의미하는 것으로 예를 들어, CO PA(1)은 ga 1 1과 be 3 1의 곱으로 표현된다는 의미이다.

이를 추정하면 다음과 같은 적합도 및 모수치를 얻는다.

12-7.out

```
Degrees of Freedom for (C1)-(C2)                 144
Maximum Likelihood Ratio Chi-Square (C1)         478.409 (P = 0.0000)
```

ADDITIONAL PARAMETERS

PA(1)	PA(2)	PA(3)	PA(4)	PA(5)	PA(6)
0.111	0.011	-0.002	-0.002	-0.006	0.131
(0.028)	(0.009)	(0.004)	(0.003)	(0.010)	(0.031)
3.941	1.142	-0.432	-0.599	-0.666	4.294

위의 output을 보면, PA(1)과 PA(6)만 유의적인 것으로 나타났다. 즉 EP → JS → SI, AC → JS → SI 경로만 매개효과가 있는 것으로 나타났다.

2.5 다중매개모델: 예 5

[그림 12-8]의 다중모델모델에 대해 살펴보기로 한다. 이 모델은 Hayes(2013)의 책에서 인용한 것이다. 이러한 다중매개모델을 **연속다중매개모델**(serial multiple mediator model)이라 한다. 이 모델에서 X(cond)는 이분형변수이다.

그림 12-8 **연속다중매개모델**

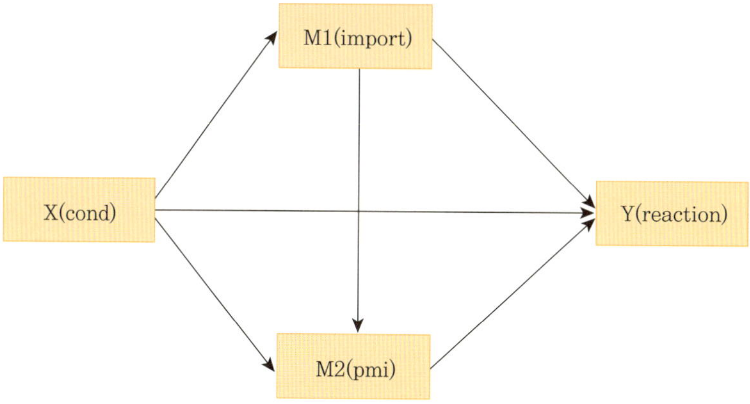

이 모델을 검정하기 위한 자료는 다음(pmi.dsf)과 같다.

PMI

	COND	PMI	IMPORT	REACTION
1	1.0000	7.0000	6.0000	5.2500
2	0.0000	6.0000	1.0000	1.2500
3	1.0000	5.5000	6.0000	5.0000
4	0.0000	6.5000	6.0000	2.7500
5	0.0000	6.0000	5.0000	2.5000
6	0.0000	5.5000	1.0000	1.2500
7	0.0000	3.5000	1.0000	1.5000
8	1.0000	6.0000	6.0000	4.7500
9	0.0000	4.5000	6.0000	4.2500
10	0.0000	7.0000	6.0000	6.2500
11	1.0000	1.0000	3.0000	1.2500
12	0.0000	6.0000	3.0000	2.7500
13	1.0000	5.0000	4.0000	3.7500
14	0.0000	7.0000	7.0000	5.0000
15	1.0000	7.0000	1.0000	4.0000
	1.0000	7.0000	6.0000	5.0000

이 모델을 실행하면 다음과 같은 모수치 및 적합도를 얻는다.

Hayes.out

```
LISREL Estimates (Maximum Likelihood)

BETA

              IMPORT        PMI       REACTION
             --------    --------    --------
IMPORT         - -          - -         - -

PMI           0.196         - -         - -
             (0.066)
              2.959

REACTION      0.324       0.397         - -
             (0.070)     (0.091)
              4.662       4.336


GAMMA

               COND
             --------
IMPORT        0.627
             (0.307)
              2.040

PMI           0.354
             (0.230)
```

```
              1.540

REACTION      0.103
             (0.235)
              0.440

ADDITIONAL PARAMETERS

     PA(1)        PA(2)        PA(3)
   --------     --------     --------
     0.049        0.203        0.140
    (0.031)      (0.109)      (0.097)
     1.566        1.869        1.451

Indirect Effects of X on Y

              COND
            --------
IMPORT        - -

PMI           0.123
             (0.073)
              1.686

REACTION      0.392
             (0.161)
              2.438


Goodness of Fit Statistics

Degrees of Freedom for (C1)-(C2)                  0
Maximum Likelihood Ratio Chi-Square (C1)          0.0 (P=1.0000)
```

간접효과가 없는 것으로 나타났다.

참·고·문·헌

배병렬 (2014), 『LISREL 9.1 구조방정식모델링: 원리와 실제』, 서울: 도서출판 청람.

Hair, J. F. Jr., Black, W. C., Babin, B. J., and Anderson, R. E. (2010), *Multivariate Data Analysis*, 7th ed, Prentice-Hall International.

Hayes, A. F. (2013), *Introduction to Mediation, Moderation, and Conditional Process Analysis: A Regression-Based Approach*, New York, NY: The Guilford Press.

Jöreskog, K. G., and Sörbom, D. (2012a), *LISREL Syntax Guide(pdf file)*, Chicago: Scientific Software International Inc.

Jöreskog, K. G., and Sörbom, D. (2012b), *SIMPLIS Syntax Guide(pdf file)*, Chicago: Scientific Software International Inc.

Jöreskog, K. G., and Sörbom, D. (2012c), *PRELIS Syntax Guide(pdf file)*, Chicago: Scientific Software International Inc.

Chapter 13 Amos에 의한 매개효과분석(Ⅰ)

매개모델은 크게 단순매개모델과 다중매개모델로 나눌 수 있다. **단순매개모델(simple mediator model)**은 독립변수와 종속변수 간의 관계에서 매개변수가 하나만 있는 모델을 의미한다. 이에 비해 **다중매개모델(multiple mediator model)**은 독립변수와 종속변수 간의 관계에서 매개변수가 여러 개 있는 모델을 의미한다. 이 장에서는 단순매개모델에 대해 살펴보기로 하고, 다중매개모델은 다음 장에서 살펴보기로 한다.

SEM에 의한 매개효과분석은 학자에 따라 조금씩 다르게 논의되고 있다. 이 가운데, Holmbeck(1997)의 접근법과 Hoyle & Smith(1994)의 접근법을 중심으로 살펴보기로 한다.

1 Holmbeck의 접근법

[그림 13-1] 모델을 통해 매개효과의 검정에 대해 알아보기로 한다. 이 모델은 '스트레스'가 '우울'에 직접 영향을 주지 않고, '반추(되새기는 성격)'를 매개하여 영향을 미치는 것으로 가정하고 있다. 이때, '반추'는 매개변수가 된다.

스트레스를 받으면 우울해진다고 가정한다. 이 경우, 스트레스를 받으면 '왜' 우울해지는가의 질문이 생긴다. 이에 대한 답을 하기 위해 되새김(반추)이라는 매개변수를 도입하여 스트레스를 받으면 그것을 곰곰이 되새기게 되고 이로 인해 더 우울해진다는 가설을 세울 수 있다.

그림 13-1 ▌ 반추의 매개효과모델

그림 13-2 ▌ 반추의 매개효과모델

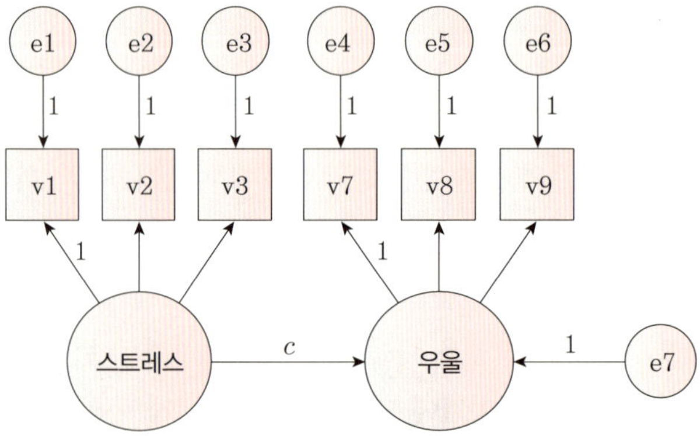

[panel 1] 총효과모델

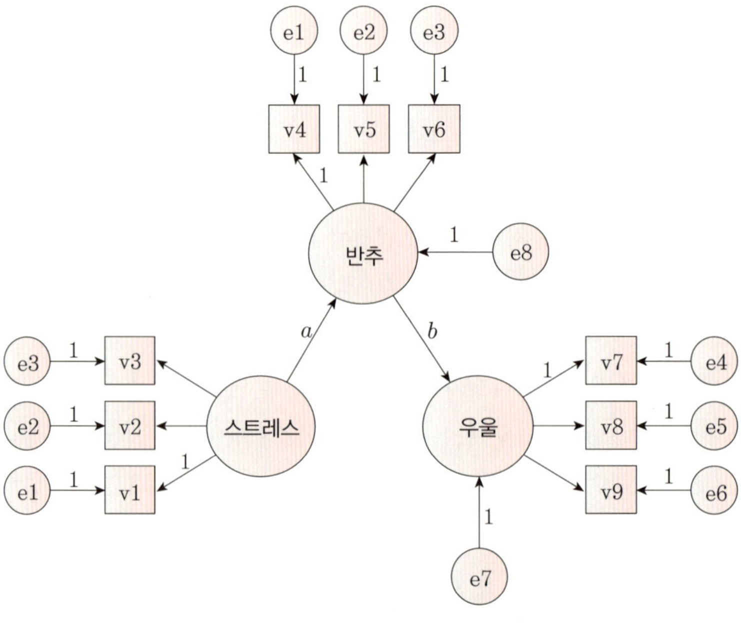

[panel 2] 완전매개모델

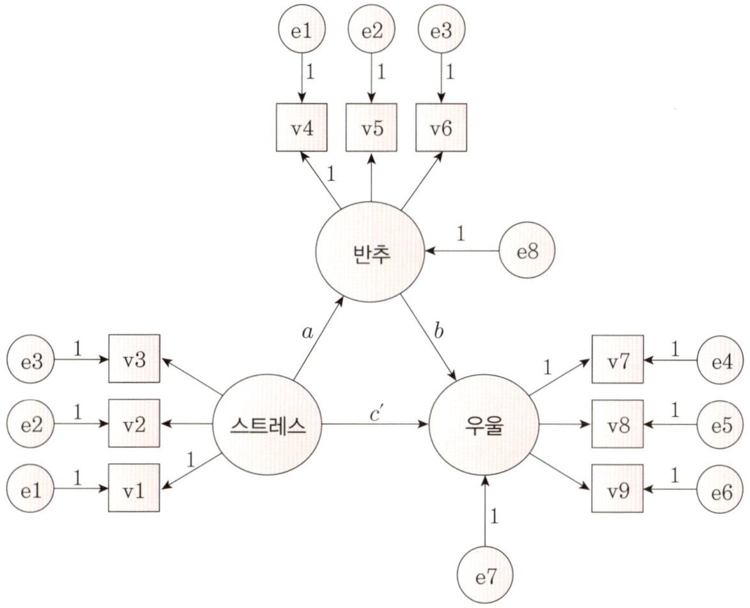

[panel 3] 부분매개모델

Holmbeck(1997)의 접근법에 의해 매개효과를 검정하기 위해, 먼저 '스트레스' → '우울' 모델의 적합도를 평가한다([panel 1모델]). 적합도가 적절하게 나타났다면, 다음 '스트레스' → '반추' → '우울' 모델의 적합도를 평가한다([panel 2모델]). 이 모델의 적합도가 적절하게 나타났다고 가정하고, '스트레스' → '반추', '반추' → '우울'의 경로계수를 검토한다. 이제까지의 분석결과, '스트레스' → '우울', '스트레스' → '반추', '반추' → '우울' 경로는 예측된 방향에서 모두 유의적이어야 한다.

매개효과를 검정하기 위해, '스트레스' → '반추' → '우울' 모델을 다음의 두 가지 조건하에 평가한다. ① '스트레스' → '우울' 경로를 0으로 제약하는 조건([panel 2모델]), ② '스트레스' → '우울' 경로를 제약하지 않고 추정하는 조건([panel 3모델]). 이러한 분석을 한 다음, 두 번째 조건인 [panel 3모델]이 첫 번째 조건인 [panel 2모델]에 비해 적합도가 유의적으로 개선되는지를 검토한다. 이는 두 모델 간의 χ^2차이검정을 통해 검토할 수 있다.

만약 매개효과가 있다면, '스트레스' → '우울' 경로를 제약모델에 추가하게 되면 적합도가 개선되지 않아야 한다. 즉, 두 모델 간에 자유도 1에서 χ^2값이 $\alpha = 0.05$ 수준에서 3.84 이하이고, 전에 유의적으로 나타났던 '스트레스' → '우울' 경로는 매개변수가 고려되는 조건에서 비유의적으로 나타나면 **완전매개(full mediation, complete mediation)**라 한다.

만약, '스트레스' → '우울', '스트레스' → '반추', '반추' → '우울' 경로는 예측된 방향에서 모두 유의적이나, [panel 2모델]과 [panel 3모델]과의 χ^2차이가 3.84 이상이면 **부분매개(partial mediation)**라 한다.

[그림 13-2] 모델을 통해 Holmbeck(1997)의 접근법에 의한 매개효과분석에 대해 알아보기로 한다. 먼저, '스트레스' → '우울' 모델([panel 1모델])을 위한 입력파일은 [input 13-1]이다.

input 13-1 매개효과모델: panel 1모델

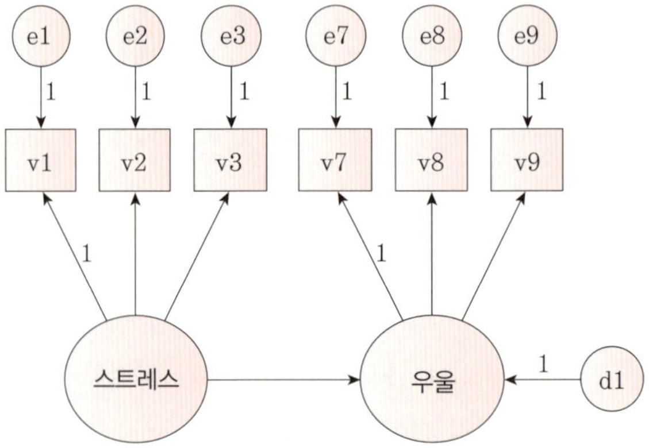

[input 13-1]을 실행하면 $\chi^2=4.421(df=8)$의 적합도를 얻으며, 비표준화회귀계수는 0.319(S.E.=.160, C.R.=1.996)로 유의적으로 나타난다.

output 13-1 panel 1모델의 분석결과

CMIN

Model	NPAR	CMIN	DF	P	CMIN/DF
Default model	13	4.421	8	.817	.553

Regression Weights: (Group number 1 - Default model)

			Estimate	S.E.	C.R.	P
우울	<---	스트레스	.319	.160	1.996	.046

이제 '스트레스' → '반추' → '우울' 모델([panel 2모델])의 적합도를 평가해보기로 한다. 이는 '스트레스' → '우울' 경로를 0으로 제약하는 모델이다. 이를 위한 입력파일은

[input 13-2]이다.

input 13-2 **매개효과모델: panel 2모델**

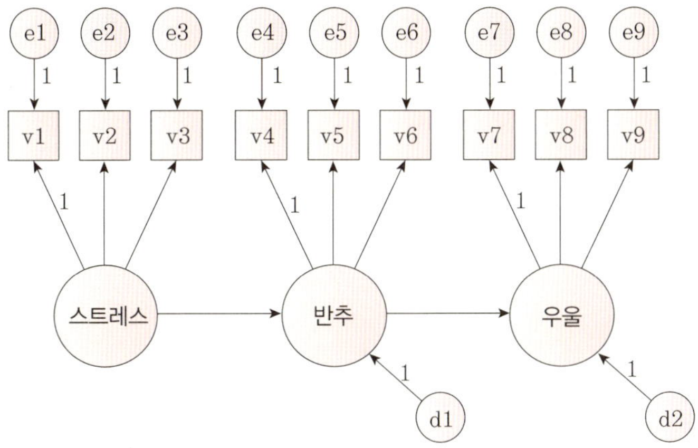

[input 13-2]를 실행하면 $\chi^2=17.493(df=25)$이 얻어지며, '스트레스' → '반추', '반추' → '우울' 경로의 비표준화회귀계수는 각각 0.222(S.E.=.101, C.R.=2.198), 1.600(S.E.=.394, C.R.=4.061)으로 유의적으로 나타난다.

output 13-2 **panel 2모델의 분석결과**

CMIN

Model	NPAR	CMIN	DF	P	CMIN/DF
Default model	20	17.493	25	.863	.700

Regression Weights: (Group number 1 - Default model)

			Estimate	S.E.	C.R.	P
반추	<---	스트레스	.222	.101	2.198	.028
우울	<---	반추	1.600	.394	4.061	***

위의 모델에서 '스트레스' → '우울' 경로를 제약하지 않고 추정하는 모델([panel 3모델]을 추정하기로 한다. 이를 위한 입력파일은 [input 13-3]이다.

input 13-3 매개효과모델: panel 3모델

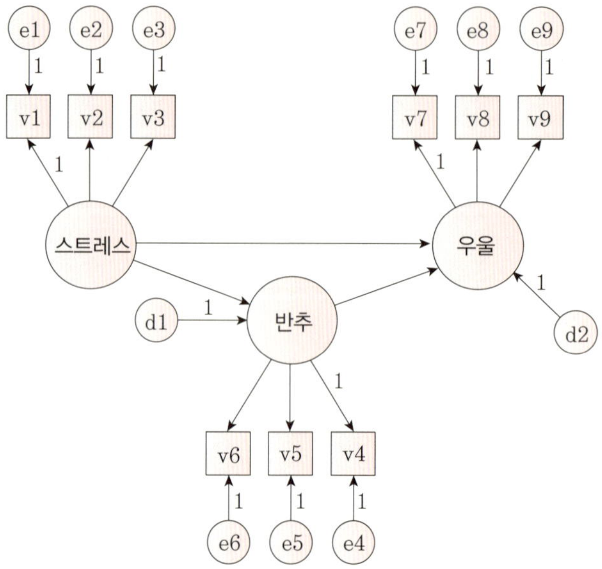

[input 13-3]을 실행하면 $\chi^2=17.475(df=24)$가 얻어진다. 또한 '스트레스' → '반추', '반추' → '우울', '스트레스' → '우울' 경로의 비표준화회귀계수는 각각 0.217(S.E.=.106, C.R.=2.049), 1.575(S.E.=.436, C.R.=3.613), 0.021(S.E.=.154, C.R.=.138)로 '스트레스' → '우울' 경로계수는 비유의적이고, 나머지 경로계수는 유의적으로 나타난다.

output 13-3 panel 3모델의 분석결과

CMIN

Model	NPAR	CMIN	DF	P	CMIN/DF
Default model	21	17.475	24	.828	.728

Regression Weights: (Group number 1 - Default model)

			Estimate	S.E.	C.R.	P
반추	<---	스트레스	.217	.106	2.049	.040
우울	<---	반추	1.575	.436	3.613	***
우울	<---	스트레스	.021	.154	.138	.891

[output 13-2]와 [output 13-3]의 χ^2차이검정을 하면, $\Delta\chi^2=0.018$, $\Delta df=1$로 비유의적인 것으로 나타난다. 따라서 완전매개모델인 [input 13-2]가 더 적합한 것으로 볼 수 있다. 또한 '반추'가 개입됨으로써 스트레스가 우울에 미치는 직접효과는 비유

의적인 것으로 나타났다. 결론적으로, 반추는 스트레스와 우울 간의 관계에서 완전매개 역할을 한다.

2 Hoyle & Smith의 접근법

Hoyle & Smith(1994)의 접근법은 Holmbeck의 접근법에 비해 보다 간단하다. Hoyle & Smith의 접근법은 독립변수와 종속변수 간의 모델을 매개변수가 없는 모델과 매개변수가 있는 모델을 비교한다. 먼저 매개변수가 없는 모델을 통해 독립변수가 종속변수에 영향을 미치는가를 확인한다. 만약 독립변수가 종속변수에 영향을 미치지 않는다면 매개효과분석은 의미가 없다. 그 다음, 매개변수가 있는 모델을 추정해서 독립변수가 종속변수에 미치는 효과가 0에 가깝다면 완전매개가 되고, 매개효과(ab)의 통계적 유의도를 검정($H_0: ab = 0$)하기 위해 붓스트레핑을 한다.

그림 13-3 | Hoyle & Smith의 매개효과분석 접근법

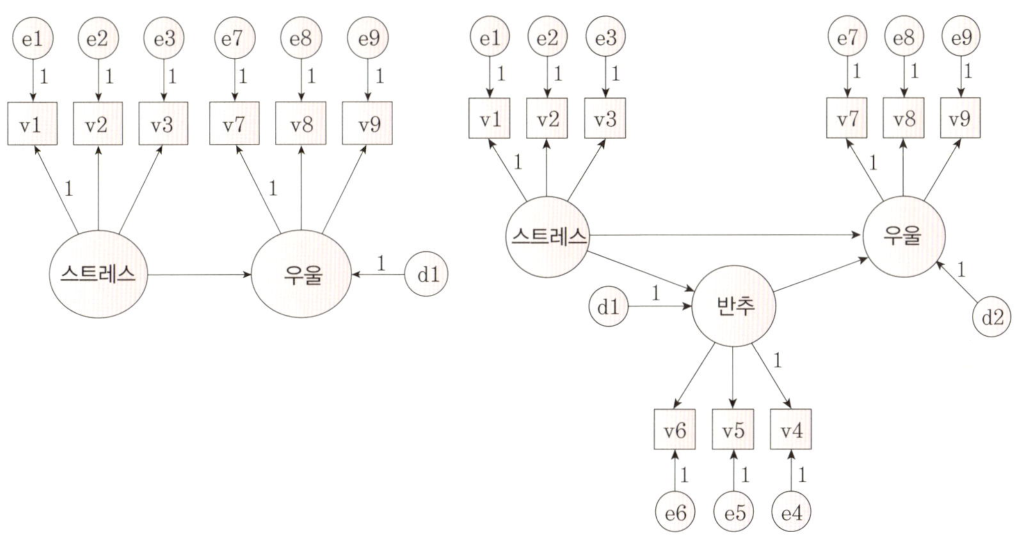

스트레스가 우울에 직접적인 영향을 미치는 모델을 추정하면 [output 13-1]에서 볼 수 있듯 영향을 미치는 것으로 나타난다. 이제 매개변수가 있는 모델([input 13-3])을 추정하기로 한다.

❶ Amos에 의해 붓스트레핑을 수행하여 간접효과의 유의성을 검정하기 위해 [View] → [Analysis Properties]의 [Bootstrap] 탭에서 다음과 같이 체크한다. 여기에서 [Monte Carlo(parametric bootstrap)]를 체크하는 이유는 원자료가 아닌 행렬요약을 입력자료로 사용하기 때문이다. 원자료인 경우에는 이를 안 해도 된다.

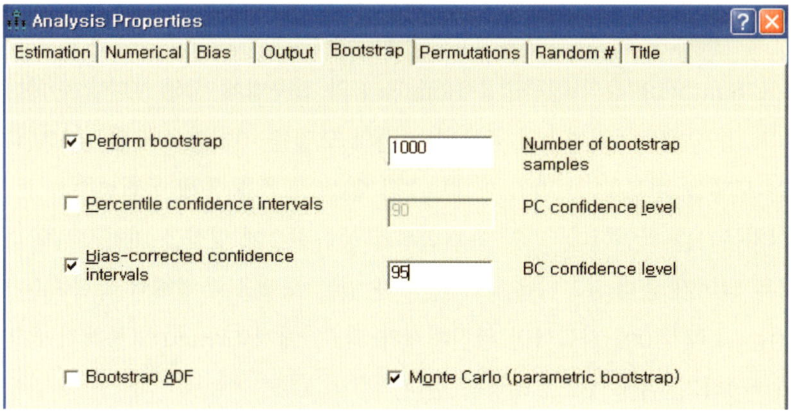

❷ 그 다음, [Output] 탭에서 [Indirect, direct & total effects]를 체크한다. 이를 [input 13-4]로 저장하였다.

input 13-4 매개효과모델

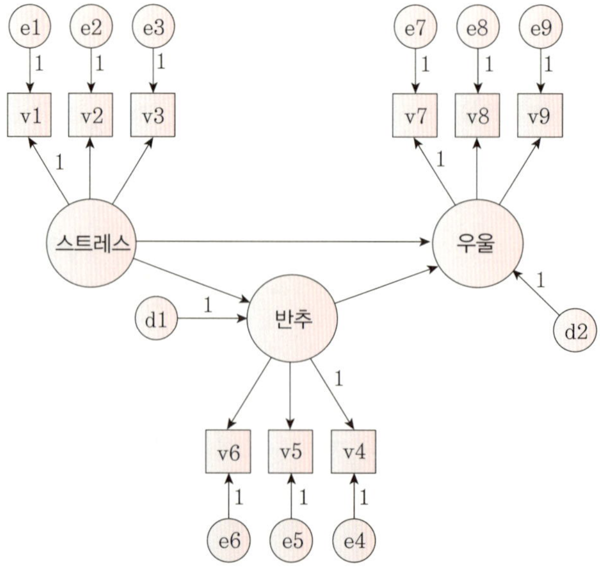

❸ 추정치계산 아이콘(▦)을 눌러 실행한다.

❹ Amos output 창에서 결과를 보기 위해 다음과 같은 순으로 클릭한다. [Estimate] → [Matrices] → [Indirect Effects] → [Bootstrap Confidence] → [Bias-corrected percentile method] → [Two Tailed Significance(BC)]. 간접효과계수는 .342(.217×1.575)이고, 이의 유의도는 유의적(0.005)인 것으로 나타난다.

output 13-4 매개효과 분석결과

Regression Weights: (Group number 1 - Default model)

			Estimate	S.E.	C.R.	P
반추	<---	스트레스	.217	.106	2.049	.040
우울	<---	반추	1.575	.436	3.613	***
우울	<---	스트레스	.021	.154	.138	.891

Indirect Effects (Group number 1 - Default model)

	스트레스	반추	우울
반추	.000	.000	.000
우울	.342	.000	.000

Indirect Effects - Two Tailed Significance (BC)

	스트레스	반추	우울
반추	...	...	...
우울	.005	...	...

붓스트레핑 결과, 간접효과가 유의적이고 '스트레스' → '우울' 경로계수(.021)가 비유의적(.138)인 것으로 나타나 반추는 **완전매개(full mediation)**의 역할을 한다.

한편, LISREL은 Sobel 검정을 이용하여 간접효과의 통계적 유의성을 검정하는데(이를 **델타방법(delta method)**이라 함), Amos는 이 방식에 대한 문제점을 인식하고 간접효과의 유의성을 직접 보고하지 않고 붓스트레핑에 의한 방식을 보고하는 것으로 저자는 판단하고 있다. 즉, Sobel 검정에 의해 얻은 ab의 표본분포는 정규분포를 이루지 않고 좌측으로 치우친 분포를 이루기 때문에 검정력이 낮은 문제가 있다. 그러나 붓스트레핑은 분포에 대한 가정을 하지 않는다.

3 매개효과분석: 예 1

다음의 예를 통해 매개효과에 대해 살펴보기로 한다. '부부갈등'이 '청소년적응'에 영향을 미친다고 볼 수 있다. '양육행동'을 매개변수로 하여 검정하기로 한다.

그림 13-4 ▌양육행동의 매개효과

[input 13-5] 모델은 총효과모델을 제시한 것이다. 이를 위한 자료는 [11-3-1.sav]이다.

input 13-5 총효과모델

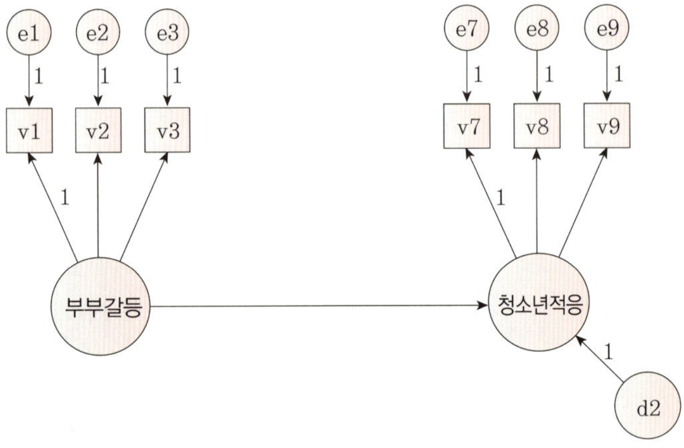

output 13-5 총효과모델 분석결과

CMIN

Model	NPAR	CMIN	DF	P	CMIN/DF
Default model	13	10.945	8	.205	1.368

Regression Weights: (Group number 1 - Default model)

			Estimate	S.E.	C.R.	P
청소년적응	<---	부부갈등	-.115	.068	-1.684	.092

'부부갈등'은 '청소년적응'에 직접적인 영향을 주지 않는 것으로 나타난다.

완전매개모델을 적합시키기로 한다.

input 13-6 **완전매개효과모델**

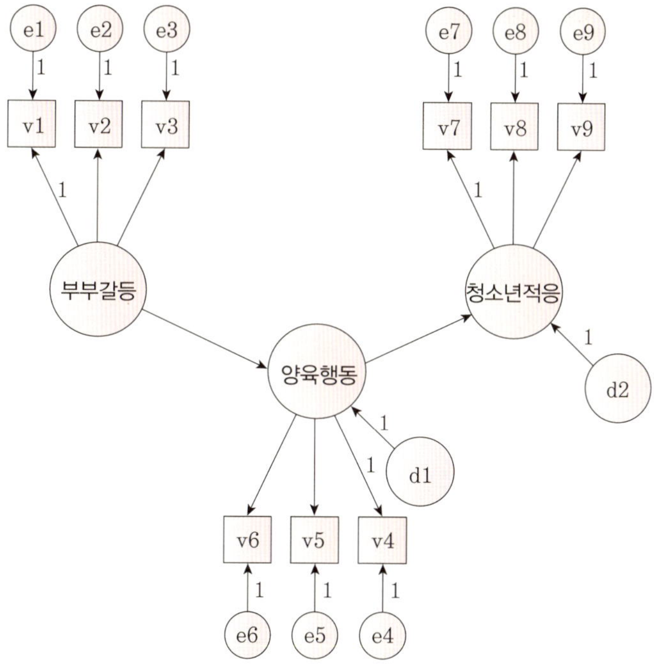

다음은 완전매개모델의 적합도 및 모수치를 제시한 것이다.

output 13-6 **완전매개효과 분석결과**

CMIN

Model	NPAR	CMIN	DF	P	CMIN/DF
Default model	20	29.020	25	.263	1.161

Regression Weights: (Group number 1 - Default model)

			Estimate	S.E.	C.R.	P
양육행동	<---	부부갈등	-.415	.093	-4.463	***
청소년적응	<---	양육행동	.266	.046	5.843	***

부부갈등은 양육행동에 직접적인 영향을 주고, 양육행동은 청소년적응에 직접적인 영향을 주는 것으로 나타났다.

이제 부분매개모델을 적합시키기로 한다.

input 13-7 부분매개효과모델

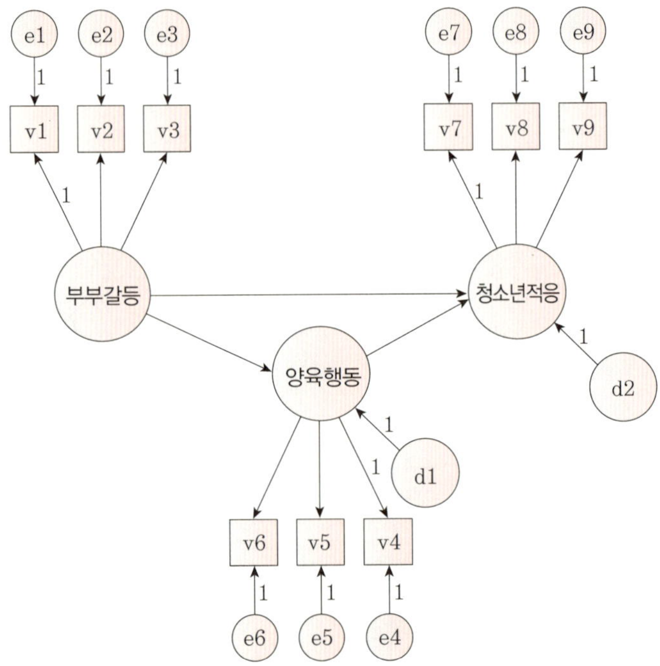

이 모델을 적합시키면 다음과 같은 적합도와 모수치를 얻는다.

output 13-7 부분매개효과 분석결과

CMIN

Model	NPAR	CMIN	DF	P	CMIN/DF
Default model	21	29.020	24	.219	1.209

Regression Weights: (Group number 1 - Default model)

			Estimate	S.E.	C.R.	P
양육행동	<---	부부갈등	-.415	.093	-4.460	***
청소년적응	<---	양육행동	.266	.048	5.533	***
청소년적응	<---	부부갈등	.001	.068	.018	.985

위에서 볼 수 있듯, '부부갈등' → '양육행동'의 직접효과는 유의적이며, 또한 '양육행동' → '청소년적응'의 직접효과도 유의적으로 나타났다. 그러나 '부부갈등' → '청소년적응'의 직접효과는 비유의적으로 나타났다. '부부갈등' → '양육행동'의 직접효과(−.415)와 '양육행동' → '청소년적응'의 직접효과(.266)를 곱하면 다음과 같은 간접효과(−.110 =−.415×.266)를 얻는다. 이 간접효과의 유의도를 검정하기 위해 붓스트레핑을 하면 다음과 같은 유의도를 얻는다. 간접효과는 유의적인 것으로 나타난다.

output 13-7 붓스트레핑 결과

Indirect Effects (Group number 1 - Default model)

	부부갈등	양육행동	청소년적응
양육행동	.000	.000	.000
청소년적응	−.110	.000	.000

Indirect Effects - Two Tailed Significance (BC) (Group number 1 - Default model)

	부부갈등	양육행동	청소년적응
양육행동	...	...	...
청소년적응	.017	...	...

한편, 위 모델에서 완전매개모델의 적합도와 부분매개모델의 적합도가 동일하게 나타난다. 따라서 이 경우에는 완전매개역할을 한다고 볼 수 있다. 이는 부분매개모델에서 '부부갈등' → '청소년적응'의 직접효과(0.001)가 거의 없는 것을 통해서도 확인할 수 있다.

4 매개효과분석: 예 2

합리적 행동모델을 통해 매개효과분석에 대해 알아보기로 한다.

그림 13-5 ▌합리적 행동모델

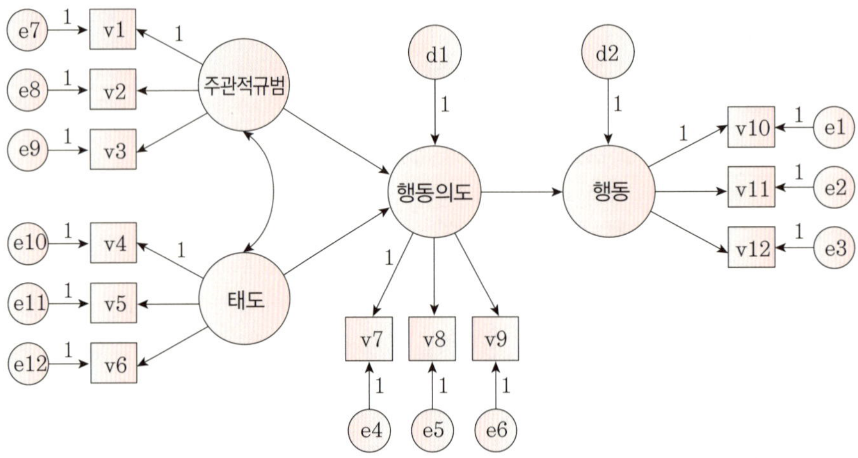

위 모델에서 볼 수 있듯, '주관적규범'과 '태도'는 '행동'에 직접적인 영향을 미치지 않고, '행동의도'를 매개해 영향을 주는 것으로 가설화되었다. 매개효과를 분석하기 위해 [nomiss.sav] 자료를 이용하기로 한다.

input 13-8 합리적 행동모델의 매개효과 검정: 매개변수가 없는 모델

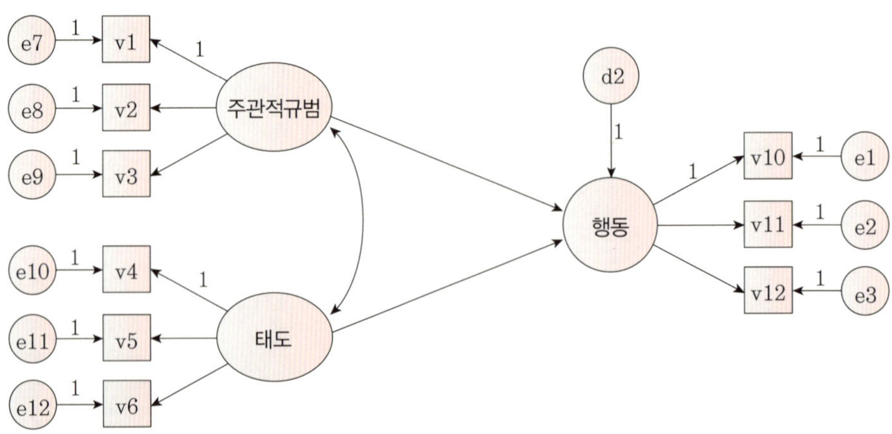

[input 13-8]을 실행하면 다음과 같은 모수치 및 적합도를 얻는다.

output 13-8 매개변수가 없는 모델의 분석결과

CMIN

Model	NPAR	CMIN	DF	P	CMIN/DF
Default model	21	50.482	24	.001	2.103

Regression Weights: (Group number 1 - Default model)

			Estimate	S.E.	C.R.	P
행동	<---	주관적규범	.397	.043	9.132	***
행동	<---	태도	.097	.042	2.297	.022

[input 13-8]을 실행하면 $\chi^2=50.482(df=24)$의 적합도를 얻으며, '주관적규범' → '행동'의 비표준화회귀계수는 0.397(S.E.=.043, C.R.=9.132)로 유의적이고, '태도' → '행동'의 비표준화회귀계수는 0.097(S.E.=.042, C.R.=2.297)로 유의적으로 나타난다.

이제 '주관적규범'과 '행동' 사이의 '행동의도'의 매개효과를 검정하기 위해 다음과 같은 모델을 검정한다. 즉 '주관적규범'이 '행동의도'를 경유해 '행동'에 간접적인 영향을 미칠 뿐 아니라, '행동'에 직접적인 영향을 미친다는 모델을 검정하기로 한다. 이를 위한 입력파일이 [input 13-9]이다.

input 13-9 합리적 행동모델의 매개효과 검정

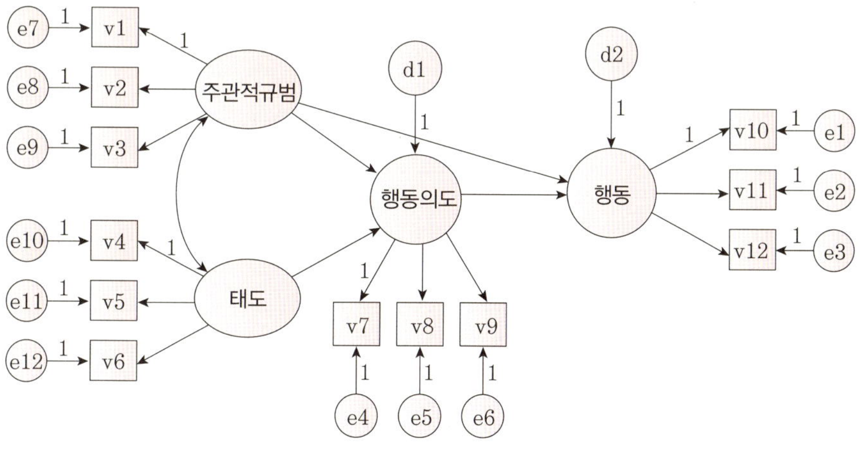

[input 13-9]를 실행하면 다음과 같은 모수치 및 적합도를 얻는다.

output 13-9 합리적 행동모델의 분석결과

CMIN

Model	NPAR	CMIN	DF	P	CMIN/DF
Default model	29	123.740	49	.000	2.525

Regression Weights: (Group number 1 - Default model)

			Estimate	S.E.	C.R.	P
행동의도	<---	주관적규범	.270	.038	7.118	***
행동의도	<---	태도	.132	.037	3.590	***
행동	<---	행동의도	.383	.051	7.478	***
행동	<---	주관적규범	.304	.043	7.047	***

Indirect Effects (Group number 1 - Default model)

	태도	주관적규범	행동의도	행동
행동의도	.000	.000	.000	.000
행동	.051	.104	.000	.000

Indirect Effects - Two Tailed Significance (BC) (Group number 1 - Default model)

	태도	주관적규범	행동의도	행동
행동의도	...	...	...	...
행동	.001	.002	...	...

'주관적규범'과 '행동' 간의 관계에서 '행동의도'는 '주관적규범'이 '행동'에 직접적인 영향을 미치고, '행동의도'를 통한 간접효과(.104)도 유의적이므로 부분매개의 역할을 한다.

이제 '태도'와 '행동' 사이의 '행동의도'의 매개효과를 검정하기 위해 다음과 같은 모델을 검정한다. 즉 '태도'가 '행동의도'를 경유해 '행동'에 간접적인 영향을 미칠 뿐 아니라, '행동'에 직접적인 영향을 미친다는 모델을 검정하기로 한다. 이를 위한 입력파일이 [input 13-10]이다.

input 13-10 **합리적 행동모델의 매개효과 검정**

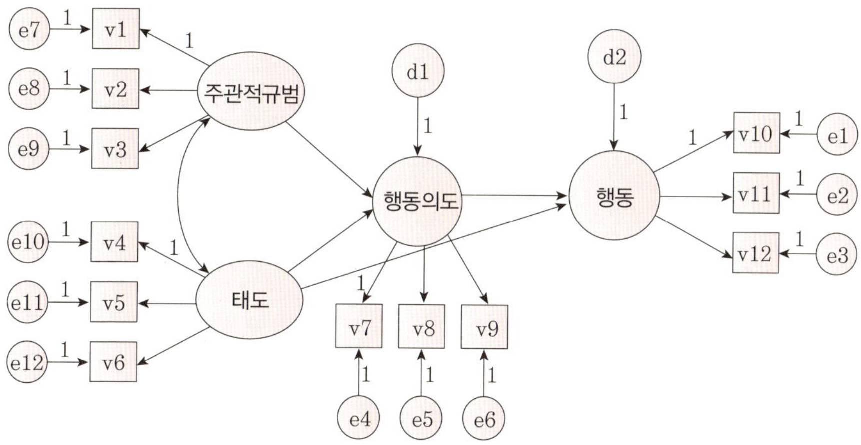

[input 13-10]을 실행하면 다음과 같은 모수치 및 적합도를 얻는다.

output 13-10 **합리적 행동모델의 분석결과**

CMIN

Model	NPAR	CMIN	DF	P	CMIN/DF
Default model	29	167.568	49	.000	3.420

Regression Weights: (Group number 1 - Default model)

			Estimate	S.E.	C.R.	P
행동의도	<---	주관적규범	.287	.038	7.557	***
행동의도	<---	태도	.127	.037	3.451	***
행동	<---	행동의도	.499	.052	9.587	***
행동	<---	태도	.096	.042	2.278	.023

Indirect Effects (Group number 1 - Default model)

	태도	주관적규범	행동의도	행동
행동의도	.000	.000	.000	.000
행동	.063	.143	.000	.000

Indirect Effects - Two Tailed Significance (BC) (Group number 1 - Default model)

	태도	주관적규범	행동의도	행동
행동의도	...	...	...	...
행동	.004	.002	...	...

'태도'가 '행동'에 직접적인 영향을 미치고, '행동의도'를 통한 간접효과(.063)도 유의적이므로 부분매개의 역할을 한다.

❶ 간접효과를 검정하기 위해 먼저, [View] 메뉴 → [Analysis Properties] → [Output] 탭에서 [Indirect, direct & total effects]를 체크한다.

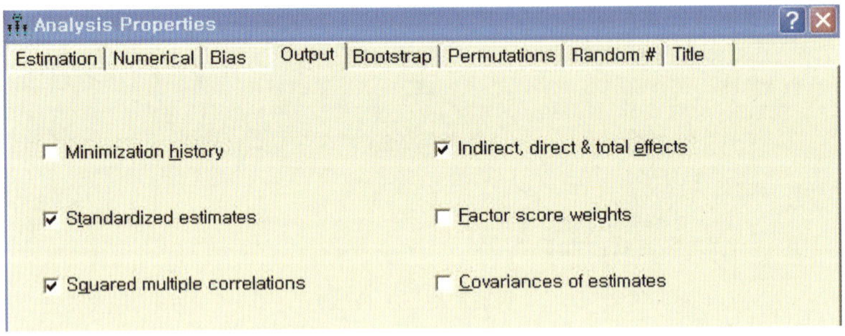

❷ [Bootstrap] 탭에서 [Perform bootstrap]와 [Bias-corrected confidence intervals]를 체크한다. 창을 닫은 다음 [실행] 버튼을 누른다.

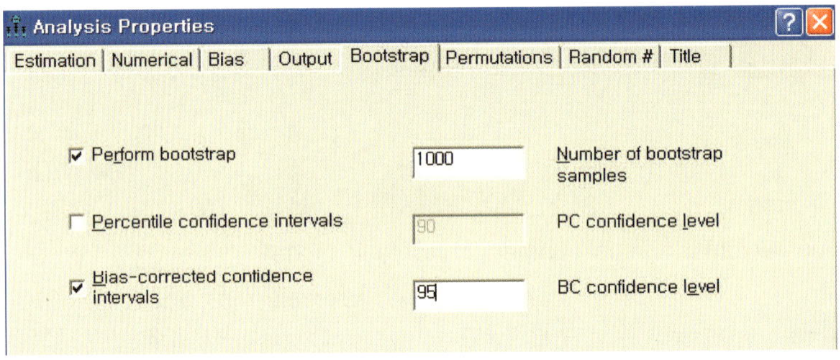

❸ 결과를 보기 위해 Amos Output 창에서 [Estimates] → [Matrices] → [Indirect Effect]를 차례대로 누르면 간접효과의 값을 볼 수 있다. 다음, 밑에 있는 [Bias-corrected percentile..] → [Two Tailed Significance]을 누르면 통계적 유의도 값을 얻을 수 있다.

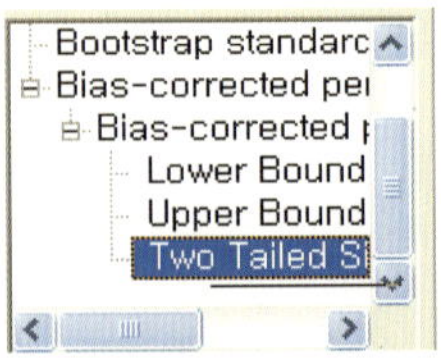

최근에 부분매개 및 완전매개에 대해 비판하는 학자들이 있다. 즉 부분매개 또는 완전

매개가 있는가를 검정할 필요가 없다는 것이다. 이러한 관점에서 분석해보기로 한다. 이를 위한 입력파일이 [input 13-11]이다.

input 13-11 행동의도의 매개효과 검정

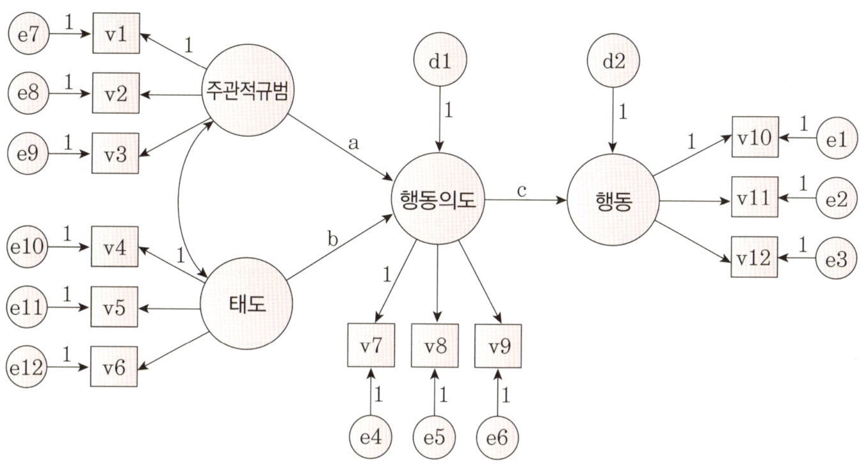

이를 실행하면 다음과 같은 결과를 얻는다.

output 13-11 행동의도의 매개효과: 비모수 붓스트레핑

Indirect Effects (Group number 1 - Default model)

	태도	주관적규범	행동의도	행동
행동의도	.000	.000	.000	.000
행동	.070	.152	.000	.000

Indirect Effects - Two Tailed Significance (BC) (Group number 1 - Default model)

	태도	주관적규범	행동의도	행동
행동의도	...	...	...	...
행동	.004	.002	...	...

'주관적규범'이 '행동'에 미치는 간접효과는 .152이고, '태도'가 '행동'에 미치는 간접효과는 .070이다. 이들 계수는 통계적으로 유의적이다. 따라서 각각의 경로와 관련된 매개효과가 있다.

결론적으로 [그림 13-5]와 같은 모델의 간접효과를 추정할 때 [input 13-11]처럼 분석하는 것이 최근의 경향이다.

5 억제효과

억제변수(suppressor)란 독립변수와 종속변수 간의 관계가 제3의 변수가 포함(개입)됨으로써 회귀계수가 증가하는 변수를 의미한다. [그림 13-6]에서 A와 C 간의 관계가 B변수가 개입됨으로써 억제되는 것을 의미한다. 억제효과가 통제되지 않으면 A와 C의 관계는 작아지거나 또는 반대의 부호가 나타나게 된다.

매개효과의 검정과 억제효과의 검정은 동일한 방식으로 한다. 차이는 간접효과(ab)와 총효과(c) 간의 관계에 달려 있다. 간접효과가 총효과와 동일한 방향을 가지면 매개변수가 되고, 간접효과가 총효과와 다른 방향을 가지면 억제변수가 된다. 억제변수는 다른 변수가 제외되어 독립변수와 종속변수 간의 관계를 약화시키기 때문이다.

그림 13-6 | 억제효과 검정

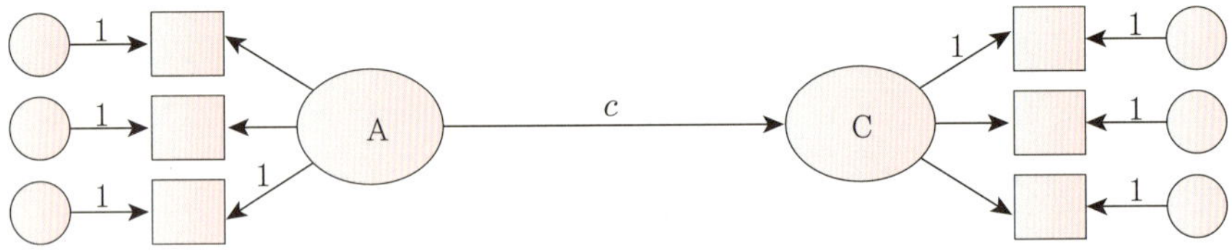

[모델 1A] 비매개모델

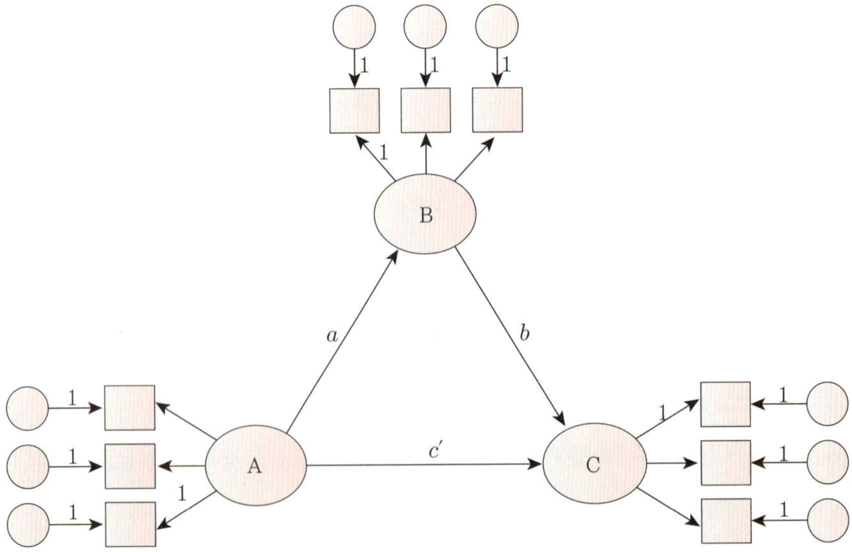

[모델 1B] 부분매개모델

위 모델에서 억제효과는 $c-c'<0$ 또는 ab가 c'와 부호가 다르게 나타나는 것을 의미한다. 억제효과는 $c-c'$에 의해 정의된다.

다음에 있는 모델을 대상으로 이에 대해 알아보기로 한다.

input suppres1 **억제효과 검정**

Scalar Estimates (Group number 1 - Default model)
Maximum Likelihood Estimates
Regression Weights: (Group number 1 - Default model)

			Estimate	S.E.	C.R.	P	Label
Y2	<---	x1	.150	.133	1.129	.259	

Standardized Regression Weights: (Group number 1 - Default model)

			Estimate
Y2	<---	x1	.251

input suppres2 **억제효과 검정**

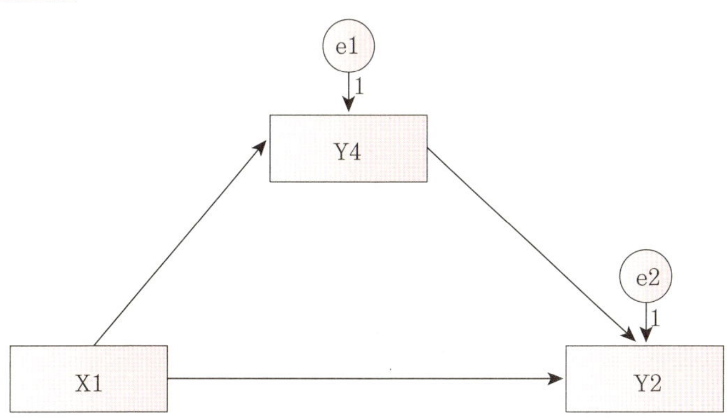

상관

		y2	x1	x4
y2	Pearson 상관계수	1	.251	.018
	유의수준(양쪽)		.286	.939
	N	20	20	20
x1	Pearson 상관계수	.251	1	.904**
	유의수준(양쪽)	.286		.000
	N	20	20	20
x4	Pearson 상관계수	.018	.904**	1
	유의수준(양쪽)	.939	.000	
	N	20	20	20

** 상관이 0.01 수준에서 유의합니다(양쪽).

Scalar Estimates (Group number 1 - Default model)
Maximum Likelihood Estimates
Regression Weights: (Group number 1 - Default model)

			Estimate	S.E.	C.R.	P	Label
X4	<---	x1	.790	.086	9.225	***	
Y2	<---	X4	-.783	.308	-2.545	.011	
Y2	<---	x1	.769	.269	2.859	.004	

Standardized Regression Weights: (Group number 1 - Default model)

			Estimate
X4	<---	x1	.904
Y2	<---	X4	-1.142
Y2	<---	x1	1.284

Scalar Estimates (Group number 1 - Default model)
Maximum Likelihood Estimates
Regression Weights: (Group number 1 - Default model)

			Estimate	S.E.	C.R.	P	Label
X4	<---	x1	.790	.086	9.225	***	
Y2	<---	X4	-.783	.308	-2.545	.011	
Y2	<---	x1	.769	.269	2.859	.004	

Standardized Regression Weights: (Group number 1 - Default model)

			Estimate
X4	<---	x1	.904
Y2	<---	X4	-1.142
Y2	<---	x1	1.284

Matrices (Group number 1 - Default model)
Total Effects (Group number 1 - Default model)

	x1	X4
X4	.790	.000
Y2	.150	-.783

Standardized Total Effects (Group number 1 - Default model)

	x1	X4
X4	.904	.000
Y2	.251	-1.142

Direct Effects (Group number 1 - Default model)

	x1	X4
X4	.790	.000
Y2	.769	-.783

Standardized Direct Effects (Group number 1 - Default model)

	x1	X4
X4	.904	.000
Y2	1.284	-1.142

Indirect Effects (Group number 1 - Default model)

	x1	X4
X4	.000	.000
Y2	-.619	.000

Standardized Indirect Effects (Group number 1 - Default model)

	x1	X4
X4	.000	.000
Y2	-1.033	.000

참·고·문·헌

배병렬 (2017), 『Amos 24 구조방정식모델링』, 서울: 도서출판 청람.

Cheung, G. W., and Lau, R. S. (2008), "Testing Mediation and Suppression Effects of Latent Variables," *Organizational Research Methods*, 11(2), 296–325.

Holmbeck, G. N. (1997), "Toward Terminological, Conceptual, and Statistical Clarity in the Study of Mediators and Moderators: Examples From the Child–Clinical and Pediatric Psychology Literatures," *Journal of Consulting and Clinical Psychology*, 65(4), 599–610.

Hoyle, R. H., and Smith, G. T. (1994), "Formulating Clinical Research Hypotheses as Structural Equation Models: A Conceptual Overview," *Journal of Consulting and Clinical Psychology*, 62(3), 429–440.

MacKinnon, D. P. (2008), *Introduction to Statistical Mediation Analysis*, New York, NY: Lawrence Erlbaum Associates.

Chapter 14 Amos에 의한 매개효과분석(Ⅱ)

1 다중매개모델: 평행다중매개모델

매개변수가 여러 개 있는 모델을 **다중매개모델(multiple mediator model)**이라 한다. 매개변수가 여러 개 있을 때 이들이 어떤 인과적 관계를 갖느냐에 따라 **평행다중매개모델(parallel multiple mediator model)**과 **연속다중매개모델(serial multiple mediator model)**로 나눌 수 있다. [그림 14-1]은 평행다중매개모델이고, [그림 14-2]는 연속다중매개모델이다.

그림 14-1 ▌ 평행다중매개모델

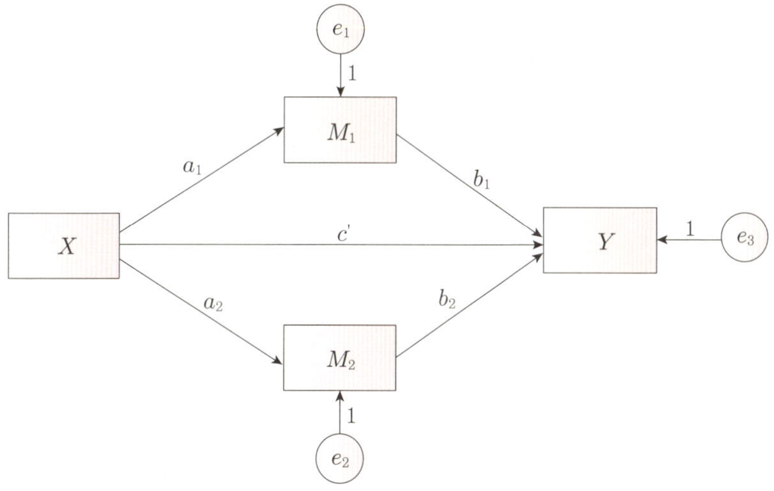

그림 14-2 ▌연속다중매개모델

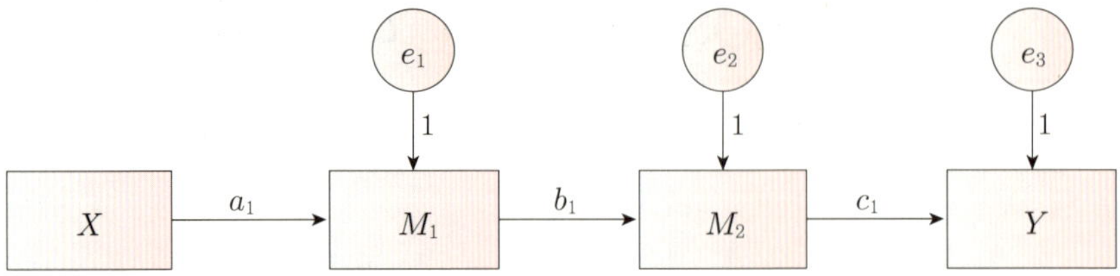

[그림 14-1]의 평행다중매개모델을 회귀분석에 의해 분석하기 위해서는 다음과 같은 4개의 회귀방정식이 필요하다.

$$Y = i_1 + cX + e_1$$
$$Y = i_2 + c'X + b_1M_1 + b_2M_2 + e_2$$
$$M_1 = i_3 + a_1X + e_3$$
$$M_2 = i_4 + a_2X + e_4$$

[그림 14-1] 모델에서 M_1 및 M_2의 매개효과는 각각 a_1b_1, a_2b_2이다. X가 Y에 주는 직접효과는 c'이다. 총매개효과는 $a_1b_1 + a_2b_2$이고, 이는 $c - c'$과 같다. 즉, 총매개효과 $= a_1b_1 + a_2b_2 = c - c'$이다. 따라서 총효과= 간접효과(매개효과)+ 직접효과이기 때문에 총효과$= a_1b_1 + a_2b_2 + c' = c$가 된다. 매개효과의 표준오차는 다음과 같이 계산된다.

$$s_{a1b1} = \sqrt{a_1^2 s_{b1}^2 + b_1^2 s_{a1}^2}$$

매개효과의 유의성 검정은 $z = \frac{a_1b_1}{s_{a_1b_1}}$에 의해 계산된다. 총효과에 대한 매개효과의 비율은 $\frac{a_ib_i}{c}$이고, 직접효과에 대한 매개효과의 비율은 $\frac{a_ib_i}{c'}$이다. 두 매개효과의 차이검정 $(a_1b_1 - a_2b_2)$ 또는 두 매개효과의 등가성 검정은 다음 공식에 의해 표준오차가 계산된다.

$$s_{a_1b_{1-a_2}b_2} = \sqrt{s_{a1}^2 b_1^2 + s_{b_1}^2 a_1^2 + s_{a_2}^2 b_2^2 + s_{b_2}^2 a_2^2 - 2a_1a_2 s_{b1b_2}}$$

또는

$$s_{a_1b_1 - a_2b_2} = \sqrt{s^2_{a_1b_1} + s^2_{a_2b_2} - 2a_1a_2s_{b_1b_2}}$$

여기에서, $s_{b_1b_2}$는 b_1과 b_2 모수의 공분산을 의미한다. 이에 대한 유의성 검정은 다음 공식에 의해 계산된다.

$$z = \frac{a_1b_1 - a_2b_2}{s_{a_1b_1 - a_2b_2}}$$

MacKinnon(2008)에 기술된 2변수 매개모델을 통해 평행다중매개모델에 대해 살펴보기로 한다. [input 14-1]의 모델을 보면, '교사의기대'가 '학생성적'에 미치는 효과는 '사회적분위기'를 통한 간접효과와 '학습자료구비'를 통한 간접효과의 합으로 구성되어 있음을 알 수 있다.

input 14-1 평행다중매개모델

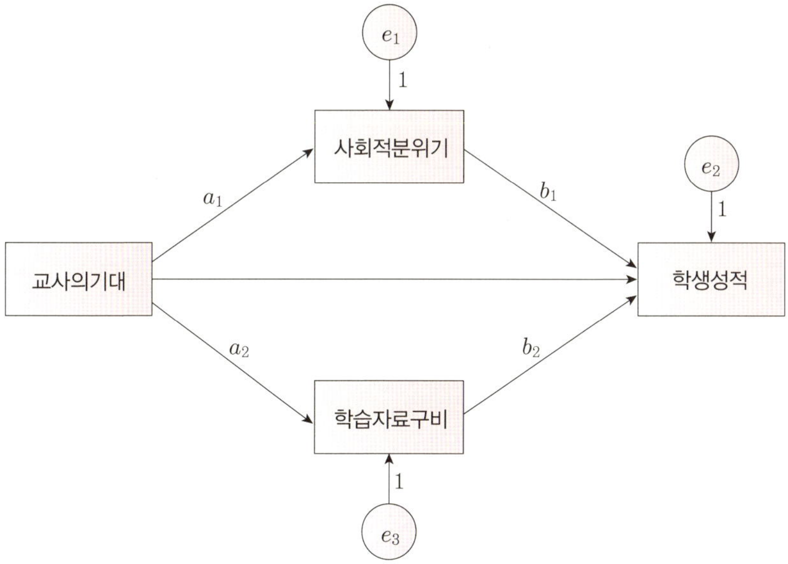

	교사의기대	사회적분위기	학습자료구비	학생성적
1	51	41	54	59
2	40	34	51	60
3	55	42	53	60
4	35	22	56	61
5	47	34	45	47
6	58	52	79	84
7	56	57	55	69
8	53	49	55	85
9	38	42	46	75
10	73	80	48	87

[chap14] [113.sav]

[input 14-1]을 실행하면 다음과 같은 모수치를 얻는다.

output 14-1 평행다중매개 분석결과

Regression Weights: (Group number 1 - Default model)

			Estimate	S.E.	C.R.	P	Label
사회적분위기	<---	교사의기대	.840	.156	5.388	***	a1
학습자료구비	<---	교사의기대	.222	.144	1.540	.124	a2
학생성적	<---	사회적분위기	.569	.144	3.955	***	b1
학생성적	<---	학습자료구비	.530	.156	3.403	***	b2
학생성적	<---	교사의기대	.112	.188	.596	.551	par_5

Indirect Effects (Group number 1 - Default model)

	교사의기대	학습자료구비	사회적분위기
학습자료구비	.000	.000	.000
사회적분위기	.000	.000	.000
학생성적	.596	.000	.000

위의 output에서 볼 수 있듯, Amos는 '교사의기대'가 '학생성적'에 미치는 간접효과(.596)를 '사회적분위기'를 통한 간접효과(.478=.840×.569)와 '학습자료구비'를 통한 간접효과(.118=.222×.530)로 분리하지 않고 이 두 효과를 합하여(.478+.118) 보고한다. 즉, **다중매개모델인 경우 Amos에서 보고되는 간접효과는 총간접효과(total indirect effect)**이다.

특정간접효과(specific indirect effect)는 다중매개모델에서 간접효과가 여러 개 있을 때 특정 변수와 관련된 간접효과를 의미한다. 즉, '교사의기대' → '사회적분위기' → '학생성적'과 '교사의기대' → '학습자료구비' → '학생성적'의 간접효과를 각각 계산하는 것을 의미한다.

매개변수 i를 경유한 X의 Y에 대한 특정간접효과는 그 매개변수를 경유한 두 비표준화 경로계수의 곱에 의해 구해진다. 예를 들어, '교사의기대' → '사회적분위기' → '학생성적'의 간접효과는 $.840 \times .569 = .478$, '교사의기대' → '학습자료구비' → '학생성적'의 간접효과는 $.222 \times .530 = .118$에 의해 얻어진다. Amos에서 특정간접효과의 유의도를 얻는 방법은 두 가지가 있다.

첫째, 각각의 간접효과를 분리하여 이를 Sobel 검정으로 하는 방법이 있다. 위의 모수치를 토대로 간접효과의 유의도 검정에 대해 살펴보기로 한다. 먼저, '사회적분위기'의 간접효과($a_1 b_1$)의 유의도를 Sobel 검정으로 하면 다음과 같다.

$$z = \frac{(.840)(.569)}{\sqrt{(.569)^2(.156)^2 + (.840)^2(.144)^2}} = \frac{.478}{.150} = 3.186$$

	Input:		Test statistic:	Std. Error:	p-value:
a	.840	Sobel test:	3.18566602	0.15003456	0.00144421
b	.569	Aroian test:	3.15054769	0.15170696	0.00162965
s_a	.156	Goodman test:	3.22198551	0.14834331	0.00127306
s_b	.144	Reset all	Calculate		

$p < 0.05$이므로 '사회적분위기'는 매개효과가 있다고 할 수 있다.

'학습자료구비'의 간접효과도 '사회적분위기'와 동일한 방식으로 검정할 수 있다. 이를 Preacher 교수의 계산기를 이용하면 다음과 같다.

	Input:		Test statistic:	p-value:
a	.222	Sobel test:	1.40388958	0.16035173
b	.530	Aroian test:	1.35602417	0.17509148
s_a	.144	Goodman test:	1.45721002	0.14505842
s_b	.156	Reset all	Calculate	

$p > 0.05$이므로 '학습자료구비'는 간접효과가 없다고 할 수 있다.

둘째, 팬텀변수를 이용하는 방법이 있다. **팬텀변수(phantom variable)**는 가상의 변수로서 모델적합도 및 모수치에 영향을 주지 않는다. 팬텀변수를 만드는 데에는 다음과 같은 세 가지 방법이 있다.

(1) 팬텀변수를 만드는 첫 번째 방법

❶ 먼저, [input 14-1]을 끌어들인다.

❷ 다음과 같은 경로도를 만든다. 이 경로도에서, '교사의기대' → '사회적분위기' → '학생성적'은 'p1' → 'p2'의 팬텀변수로 표현되어 있고, '교사의기대' → '학습자료구비' → '학생성적'은 'p3' → 'p4'의 팬텀변수로 표현되어 있다. 이를 [input 14-2]로 저장하였다.

❸ '교사의기대' → '사회적분위기' → '학생성적'에 미치는 간접효과는 'p2' 계수를 보면 되고, '교사의기대' → '학습자료구비' → '학생성적'의 간접효과는 'p4' 계수를 보면 된다.

input 14-2 **팬텀변수를 만드는 방법(1)**

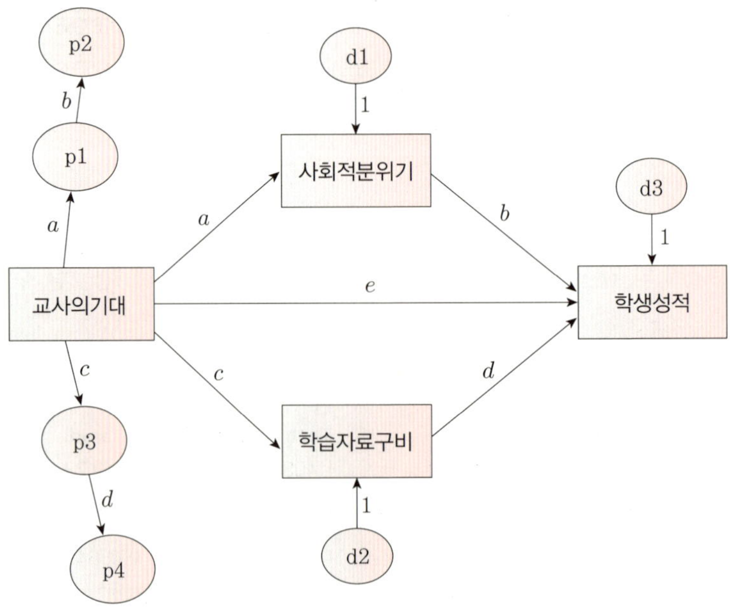

❹ [Analysis Properties] → [Bootstrap] 탭에서 다음과 같이 체크한다. 여기에서 [Number of bootstrap samples]가 '2000'으로 되어 있는데 이는 '1000'으로 해도 된다. 그러나 가능하면 숫자가 클수록 정확한 값을 얻는다. 이는 간접효과의 유의

도를 보기 위함이다.

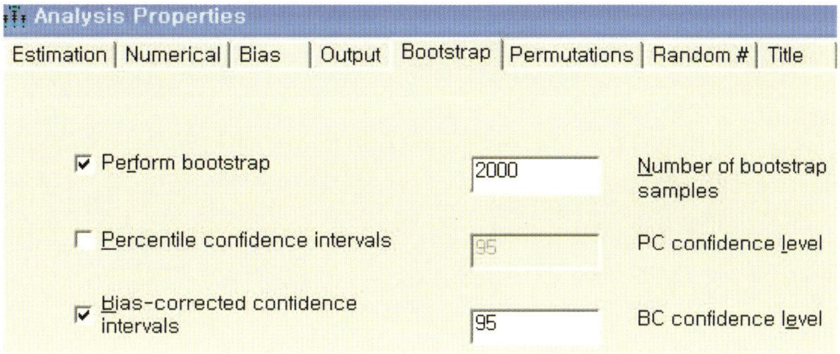

❺ [Output] 탭에서 [Indirect, direct, & total effects]를 체크한다.

❻ 실행버튼을 누르면 다음과 같은 경고문이 나타나는데, [Proceed with the analysis] 버튼을 누른다.

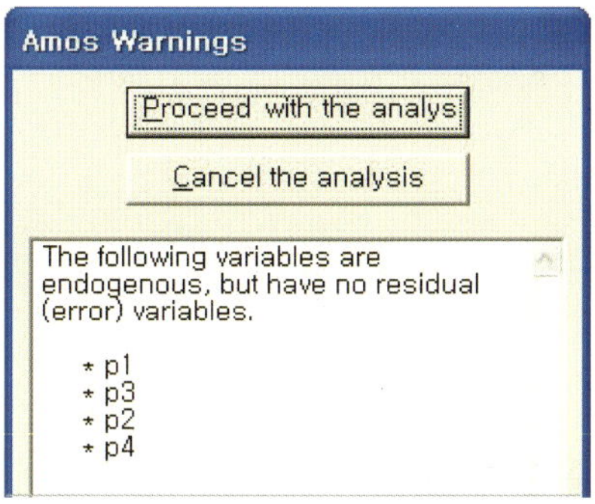

다음은 이를 실행하여 얻는 모수치 가운데 일부를 제시한 것이다.

output 14-2 팬텀변수에 의한 다중매개모델 분석결과

Indirect Effects (Group number 1 - Default model)

	교사의기대	학습자료구비	사회적분위기
p3	.000	.000	.000
p1	.000	.000	.000
학습자료구비	.000	.000	.000
사회적분위기	.000	.000	.000
p4	.118	.000	.000
p2	.478	.000	.000
학생성적	.596	.000	.000

Indirect Effects - Two Tailed Significance (BC) (Group number 1 - Default model)

	교사의기대	학습자료구비	사회적분위기
p3	...	...	...
p1	...	...	...
학습자료구비	...	...	...
사회적분위기	...	...	...
p4	.081	...	...
p2	.001	...	...
학생성적	.001	...	...

output을 통해 알 수 있듯, '학습자료구비'의 간접효과는 .118로 비유의적이고(p4:.081), '사회적분위기'의 간접효과는 .478로 유의적인 것으로 나타났다(p2:.001).

(2) 팬텀변수를 만드는 두 번째 방법

1. [input 14-2] 모델에서 팬텀변수를 다 지운다.
2. [Analysis Properties]의 [Estimation] 탭에서 [Estimate means and intercepts]를 체크한다.
3. 다음과 같이 경로도를 그린다.
4. 'p1'에 마우스 포인트를 놓고 오른쪽 버튼을 눌러 나타나는 [Object Properties]의 [Parameters] 탭에서 [Variance]에 '1'이라 입력한다.

input 14-2-1 팬텀변수를 만드는 방법(2)

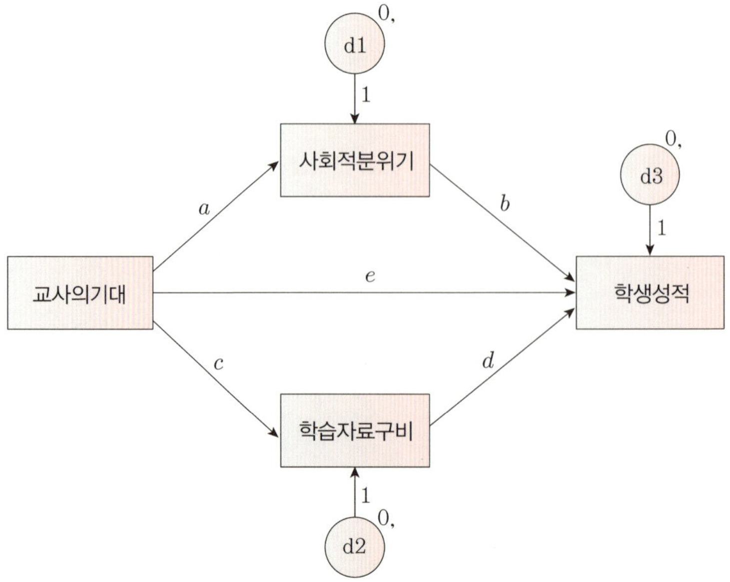

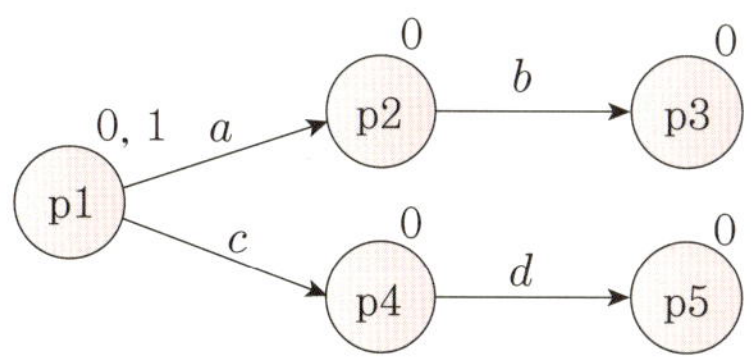

이를 실행하면 [input 14-2]와 동일한 값을 얻는다.

(3) 팬텀변수를 만드는 세 번째 방법

❶ [Analysis Properties]의 [Estimation] 탭에서 [Estimate means and intercepts]를 체크하지 않는다.

❷ 다음과 같이 경로도를 그린다.

input 14-2-2 팬텀변수를 만드는 방법(3)

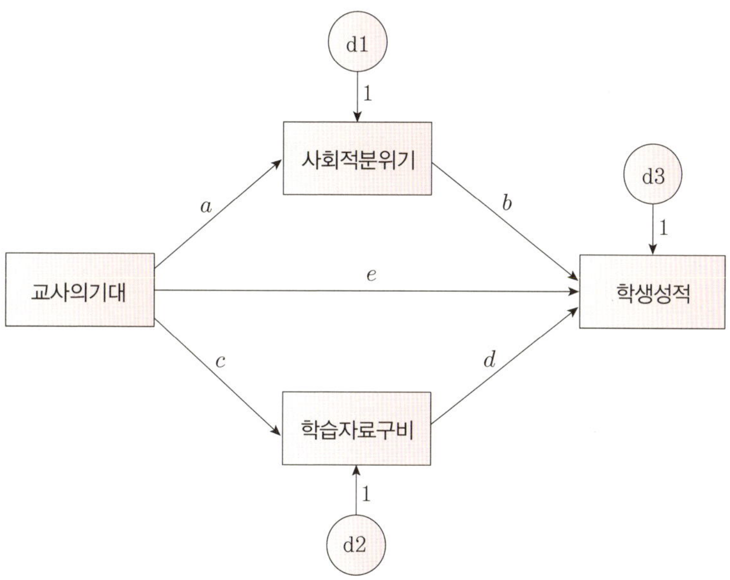

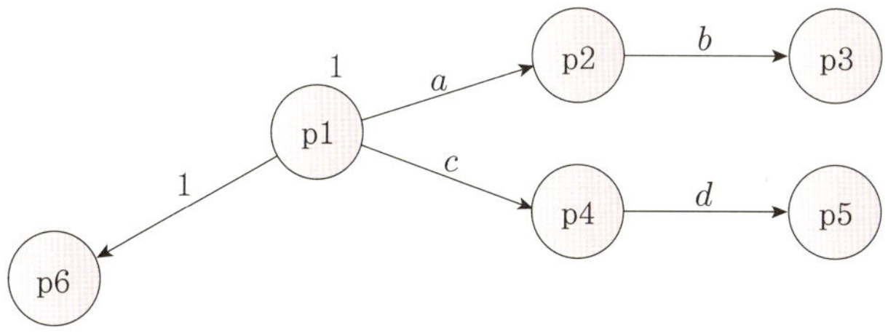

이를 실행하면 [input 14-2]와 동일한 값을 얻는다.

두 매개효과의 차이검정을 팬텀변수 방법으로 해보기로 한다. 이를 위해 다음과 같은 경로도를 작성한다.

input 14-3 팬텀변수에 의한 차이검정

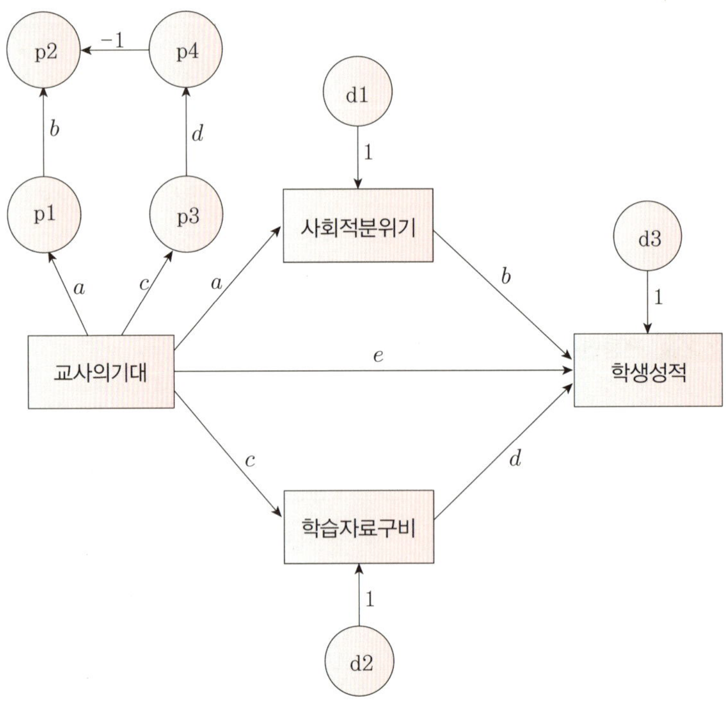

추정치계산 아이콘(▦)을 눌러 실행한다. [Amos Warnings] 메시지가 나타나면 [Proceed with the analysis] 버튼을 누른다. 이를 실행하면 다음과 같은 모수치를 얻는다.

output 14-3 팬텀변수에 의한 차이검정 결과

Indirect Effects (Group number 1 - Default model)

	교사의기대	학습자료구비	사회적분위기
p3	.000	.000	.000
p4	.118	.000	.000
p1	.000	.000	.000
학습자료구비	.000	.000	.000
사회적분위기	.000	.000	.000
p2	.361	.000	.000
학생성적	.596	.000	.000

Indirect Effects - Two Tailed Significance (BC) (Group number 1 - Default model)

	교사의기대	학습자료구비	사회적분위기
p3	...	...	...
p4	.081	...	...
p1	...	...	...
학습자료구비	...	...	...
사회적분위기	...	...	...
p2	.035	...	...
학생성적	.001	...	...

두 매개효과의 차이(.478−.118=.361)는 유의적인 것으로 나타났다(졸저(2014)의 결과와 값은 같으나 부호가 다른데, 이는 화살표 방향이 차이가 있기 때문임).

두 매개효과의 차이검정을 두 번째 팬텀변수 방법으로 해보기로 한다. 이를 위해 다음과 같은 경로도를 작성한다.

input 14-3-1 **팬텀변수에 의한 차이검정**

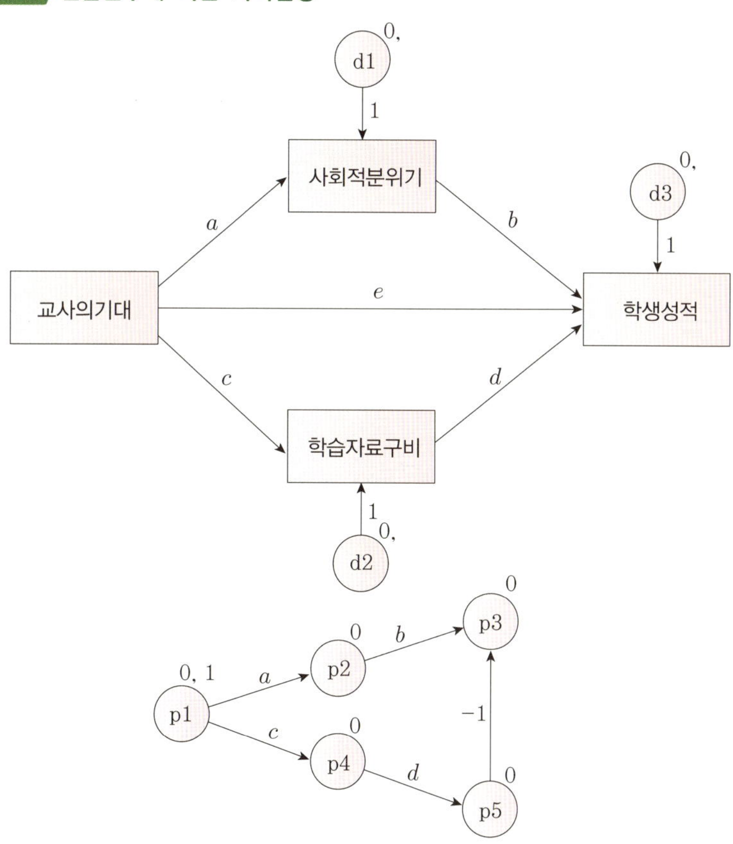

이를 실행하면 [input 14-3]과 동일한 결과를 얻는다.

두 매개효과의 차이검정을 세 번째 팬텀변수 방법으로 해보기로 한다. 이를 위해 다음과 같은 경로도를 작성한다.

input 14-3-2 **팬텀변수에 의한 차이검정**

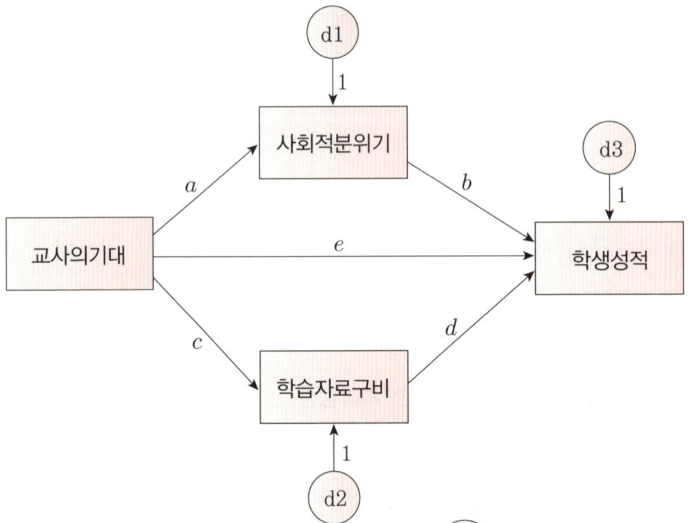

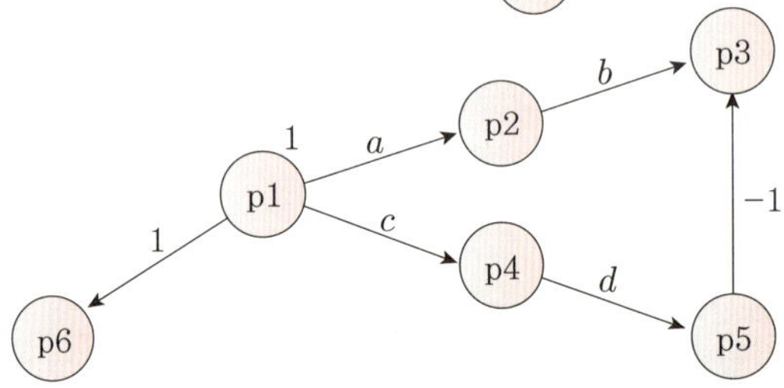

이를 실행하면 [input 14-3]과 동일한 결과를 얻는다.

다음은 Mplus에 의한 다중매개모델의 특정간접효과를 추정한 것이다. 여기에서, x는 '교사의기대', m1은 '사회적분위기', m2는 '학습자료구비', y는 '학생성적'을 의미한다.

Mplus 프로그램

```
title: two mediator model by MacKinnon p.113
DATA: FILE IS J:₩113.DAT;
VARIABLE: NAMES ARE x m1 m2 y;
ANALYSIS: BOOTSTRAP=1000;
MODEL: m1 m2 ON x;
```

```
        y ON x m1 m2;
  MODEL INDIRECT:
    y IND  m1 x;
    y IND  m2 x;
  OUTPUT: CINTERVAL(bcbootstrap);
```

Mplus 출력

```
TESTS OF MODEL FIT

Chi-Square Test of Model Fit

          Value                              3.687
          Degrees of Freedom                     1
          P-Value                           0.0548

MODEL RESULTS

                    Estimates    S.E.  Est./S.E.
 M1   ON X             0.840    0.169    4.983

 M2   ON X             0.222    0.143    1.548

 Y    ON    X          0.112    0.187    0.601
          M1           0.569    0.132    4.319
          M2           0.530    0.161    3.292

TOTAL, TOTAL INDIRECT, SPECIFIC INDIRECT, AND DIRECT EFFECTS

                    Estimates    S.E.  Est./S.E.
Effects from X to Y

  Sum of indirect      0.596    0.183    3.259

  Specific indirect

    Y  M1  X           0.478    0.158    3.024

    Y  M2  X           0.118    0.085    1.386

CONFIDENCE INTERVALS OF MODEL RESULTS

                  Lower .5%  Lower 2.5%  Estimates  Upper 2.5%  Upper .5%
 M1  ON   X         0.420      0.495      0.840      1.152       1.219

 M2  ON   X        -0.110     -0.046      0.222      0.534       0.610

 Y  ON  X          -0.446     -0.289      0.112      0.463       0.587

        M1          0.220      0.304      0.569      0.846       0.924
        M2          0.052      0.219      0.530      0.841       0.956
```

```
TOTAL, TOTAL INDIRECT, SPECIFIC INDIRECT, AND DIRECT EFFECTS

                    Lower .5%  Lower 2.5%  Estimates  Upper 2.5%  Upper .5%
Effects from X to Y

  Sum of indirect     0.221       0.291      0.596      1.046       1.171

  Specific indirect

    Y   M1   X        0.141       0.219      0.478      0.851       0.961

    Y   M2   X       -0.050      -0.022      0.118      0.316       0.392
```

위의 출력을 통해 알 수 있듯, Mplus는 특정간접효과를 계산하고 이의 유의도를 붓스트레핑을 통해 계산한다. X → M1 → Y의 특정간접효과는 0.478이고, 이의 유의도는 95% 신뢰구간에 0을 포함하지 않아 유의적이다. X → M2 → Y의 특정간접효과는 0.118이고, 이의 유의도는 95% 신뢰구간에 0을 포함하여 유의적이지 않다.

2 다중매개모델: 연속다중매개모델

[input 14-4]와 같은 연속다중매개모델을 살펴보기로 한다. 이 모델은 '교사의기대'가 '학생성적'에 미치는 효과는 '사회적분위기' 및 '학습자료구비'에 의해 연속적으로 매개되는 것으로 가설화되었다.

input 14-4 연속다중매개모델

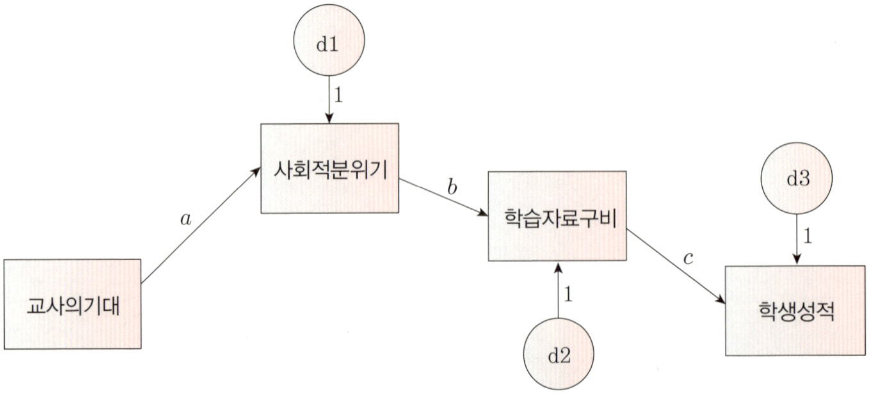

이를 실행하면 다음과 같은 모수치를 얻는다.

output 14-4 연속다중매개모델 분석결과

Regression Weights: (Group number 1 - Default model)

			Estimate	S.E.	C.R.	P	Label
사회적분위기	<---	교사의기대	.840	.156	5.388	***	a
학습자료구비	<---	사회적분위기	-.045	.115	-.386	.699	b
학생성적	<---	학습자료구비	.510	.206	2.477	.013	c

Indirect Effects (Group number 1 - Default model)

	교사의기대	사회적분위기	학습자료구비
사회적분위기	.000	.000	.000
학습자료구비	-.037	.000	.000
학생성적	-.019	-.023	.000

Indirect Effects - Two Tailed Significance (BC) (Group number 1 - Default model)

	교사의기대	사회적분위기	학습자료구비
사회적분위기	...	...	...
학습자료구비	.670	...	...
학생성적	.510	.528	...

'교사의기대'가 '학생성적'에 미치는 간접효과는 $a \times b \times c = .840 \times (-.045) \times .510 = -.019$에 의해 얻어진다. 이는 유의적이지 않은 것으로 나타났다.

이를 팬텀변수에 의해 분석하기로 한다. 이를 위해 다음과 같은 경로도를 작성한다.

input 14-5 팬텀변수에 의한 연속다중매개모델

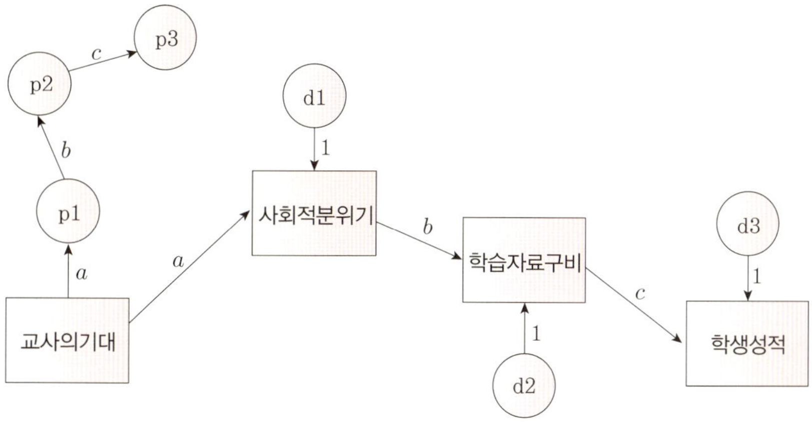

이를 실행하면 다음과 같은 적합도 및 모수치를 얻는다.

output 14-5 연속다중매개모델 분석결과

Indirect Effects (Group number 1 - Default model)

	교사의기대	사회적분위기	학습자료구비
p1	.000	.000	.000
사회적분위기	.000	.000	.000
p2	-.037	.000	.000
학습자료구비	-.037	.000	.000
p3	-.019	.000	.000
학생성적	-.019	-.023	.000

Indirect Effects - Two Tailed Significance (BC) (Group number 1 - Default model)

	교사의기대	사회적분위기	학습자료구비
p1	...	...	...
사회적분위기	...	...	...
p2	.670	...	...
학습자료구비	.670	...	...
p3	.510	...	...
학생성적	.510	.528	...

'교사의기대'가 'p3'에 미치는 효과는 유의적이지 않은 것으로 나타났다.

3 다중매개모델: 예 1

다음은 경로모델을 제시한 것이다. 이 모델에서 볼 수 있듯, 'exercise'가 'illness'에 미치는 간접효과는 'exercise' → 'fitness' → 'illness', 'exercise' → 'fitness' → 'stress' → 'illness', 'exercise' → 'stress' → 'illness'의 합으로 구성된다.

특정간접효과를 보기 위해 'exercise'가 'illness'에 미치는 효과와 'hard'가 'illness'에 미치는 효과를 각각 분석할 수 있고, 이를 동시에 할 수도 있다. 먼저 'exercise'가 'illness'에 미치는 효과를 검토하기로 한다. 팬텀변수에 의한 특정간접효과를 얻기 위해 다음과 같은 경로도를 작성한다.

input 14-6 팬텀변수에 의한 간접효과의 유의도 검정

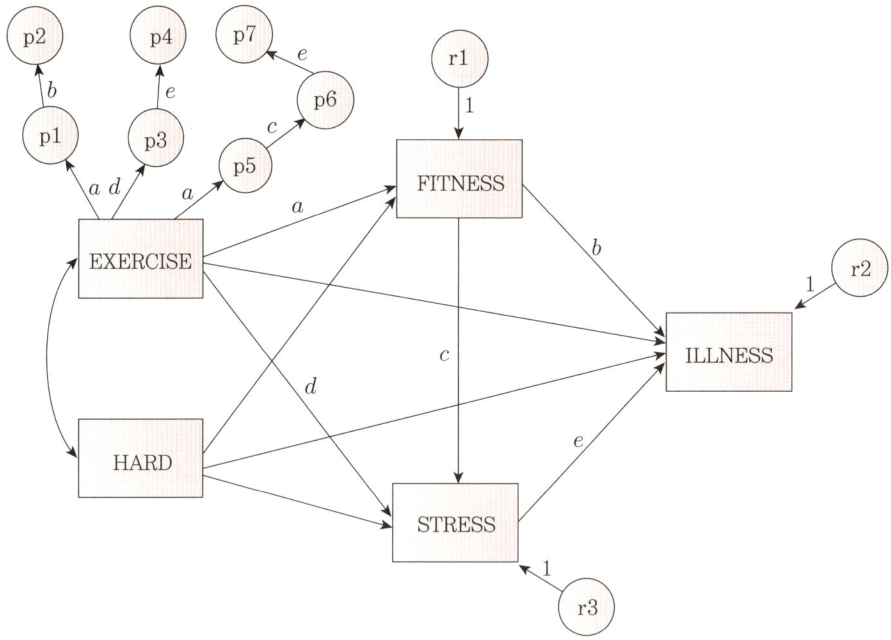

이를 추정하면 다음과 같은 모수치를 얻는다.

output 14-6 팬텀변수에 의한 매개효과분석 결과

Indirect Effects (Group number 1 - Default model)

	HARD	EXERCISE	FITNESS	STRESS
p5	.000	.000	.000	.000
FITNESS	.000	.000	.000	.000
p6	.000	-.043	.000	.000
p3	.000	.000	.000	.000
p1	.000	.000	.000	.000
STRESS	-.016	-.043	.000	.000
p7	.000	-.012	.000	.000
p4	.000	-.004	.000	.000
p2	.000	-.096	.000	.000
ILLNESS	-.146	-.112	-.054	.000

Indirect Effects - Two Tailed Significance (BC)

	HARD	EXERCISE	FITNESS	STRESS
p5	...	...	...	...
FITNESS	...	...	...	...
p6	...	.041	...	...

p3	...	...	...	...
p1	...	...	...	...
STRESS	.071	.041	...	...
p7	...	.040	...	...
p4	...	.738	...	...
p2	...	.001	...	...
ILLNESS	.002	.001	.047	...

'exercise' → 'fitness' → 'illness'의 간접효과=−.096, 'exercise' → 'stress' → 'illness'의 간접효과=−.004, 'exercise' → 'fitness' → 'stress'→ 'illness'의 간접효과=−.012로 나타났다. 이 값은 Mplus에 의한 값과 같음을 알 수 있다(제3장 참조). 이 간접효과의 유의도는 'exercise' → 'stress' → 'illness'만 $p < 0.05$에서 유의적이지 않은 것으로 나타났다(p4).

이제 'hard'가 'illness'에 미치는 특정간접효과를 검토하기로 한다. 이를 위해 다음과 같은 경로도를 그린다.

input 14-7 팬텀변수에 의한 간접효과의 유의도 검정

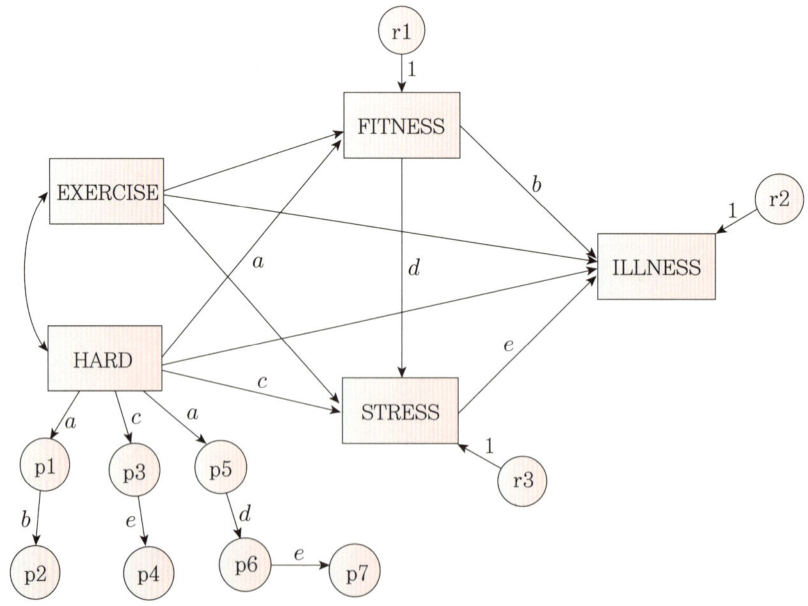

이를 추정하면 다음과 같은 모수치를 얻는다.

output 14-7 팬텀변수에 의한 매개효과분석 결과

Indirect Effects (Group number 1 - Default model)

	HARD	EXERCISE	FITNESS	STRESS
p5	.000	.000	.000	.000
FITNESS	.000	.000	.000	.000
p6	-.016	.000	.000	.000
p3	.000	.000	.000	.000
p1	.000	.000	.000	.000
STRESS	-.016	-.043	.000	.000
p7	-.004	.000	.000	.000
p4	-.107	.000	.000	.000
p2	-.035	.000	.000	.000
ILLNESS	-.146	-.112	-.054	.000

Indirect Effects - Two Tailed Significance (BC)

	HARD	EXERCISE	FITNESS	STRESS
p5	...	...	...	...
FITNESS	...	...	...	...
p6	.071	...	...	...
p3	...	...	...	...
p1	...	...	...	...
STRESS	.071	.041	...	...
p7	.068	...	...	...
p4	.002	...	...	...
p2	.080	...	...	...
ILLNESS	.002	.001	.047	...

해석은 위의 예에서처럼 한다.

이제 'exercise'와 'hard'가 'illness'에 미치는 간접효과를 동시에 분석하기로 한다. 이를 위해 다음과 같은 경로도를 그린다.

input 14-8 팬텀변수에 의한 매개효과모델

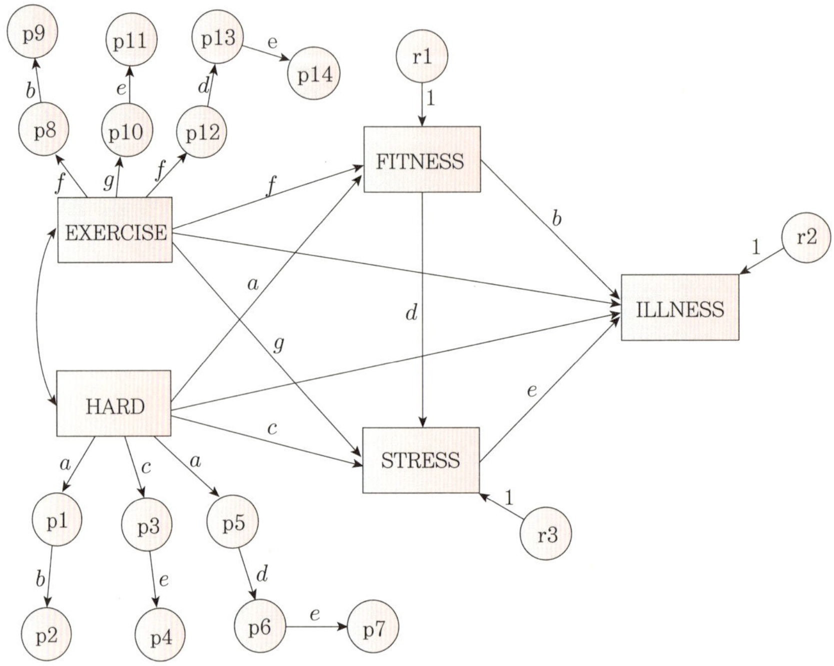

이를 추정하면 다음과 같은 모수치를 얻는다.

output 14-8 팬텀변수에 의한 매개효과분석 결과

Indirect Effects (Group number 1 - Default model)

	HARD	EXERCISE	FITNESS	STRESS
p12	.000	.000	.000	.000
p5	.000	.000	.000	.000
FITNESS	.000	.000	.000	.000
p13	.000	-.043	.000	.000
p10	.000	.000	.000	.000
p8	.000	.000	.000	.000
p6	-.016	.000	.000	.000
p3	.000	.000	.000	.000
p1	.000	.000	.000	.000
STRESS	-.016	-.043	.000	.000
p14	.000	-.012	.000	.000
p11	.000	-.004	.000	.000
p9	.000	-.096	.000	.000
p7	-.004	.000	.000	.000

p4	-.107	.000	.000	.000
p2	-.035	.000	.000	.000
ILLNESS	-.146	-.112	-.054	.000

Indirect Effects - Two Tailed Significance (BC)

	HARD	EXERCISE	FITNESS	STRESS
p12	...	...	...	...
p5	...	...	...	...
FITNESS	...	...	...	...
p13	...	.041	...	...
p10	...	...	...	...
p8	...	...	...	...
p6	.071	...	...	...
p3	...	...	...	...
p1	...	...	...	...
STRESS	.071	.041	...	...
p14	...	.040	...	...
p11	...	.738	...	...
p9	...	.001	...	...
p7	.068	...	...	...
p4	.002	...	...	...
p2	.080	...	...	...
ILLNESS	.002	.001	.047	...

위의 분석을 통해 알 수 있듯, 'exercise'와 'hard'를 각각 분석할 때나 동시에 분석할 때 동일한 값을 얻는 것을 알 수 있다.

4 다중매개모델: 예 2

다음은 제10장의 [그림 10-3]에서 살펴본 모델이다. 이를 통해 Amos와 PROCESS에 의한 매개효과분석을 비교해보기로 한다.

input 14-9 팬텀변수에 의한 매개효과모델

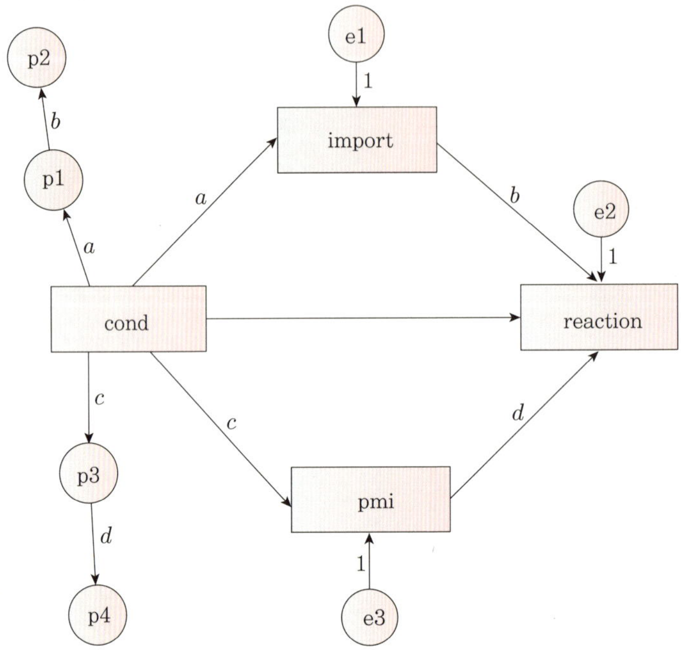

먼저, Amos에 의해 분석하면 다음과 같은 결과를 얻는다.

output 14-9 팬텀변수에 의한 매개효과분석 결과

Indirect Effects (Group number 1 - Default model)

	cond	pmi	import
p3	.000	.000	.000
p1	.000	.000	.000
pmi	.000	.000	.000
import	.000	.000	.000
p4	.189	.000	.000
p2	.203	.000	.000
reaction	.392	.000	.000

Indirect Effects - Two Tailed Significance (BC) (Group number 1 - Default model)

	cond	pmi	import
p3	...	...	...
p1	...	...	...
pmi	...	...	...
import	...	...	...

p4	.046	…	…
p2	.055	…	…
reaction	.015	…	…

'cond' → 'import' → 'reaction'은 유의적이지 않고, 'cond' → 'PMI' → 'reaction'은 유의적인 것으로 나타난다.

이제 PROCESS로 분석해보기로 한다. PROCESS로 분석한 결과는 다음과 같다.

```
Model = 4
    Y = reaction
    X = cond
   M1 = pmi
   M2 = import

Sample size
        123

**************************************************************************
Outcome: pmi

Model Summary
        R       R-sq      MSE        F        df1       df2         p
     .1808     .0327    1.7026    4.0878    1.0000  121.0000     .0454

Model
              coeff        se         t         p      LLCI      ULCI
constant     5.3769     .1618   33.2222     .0000    5.0565    5.6973
cond          .4765     .2357    2.0218     .0454     .0099     .9431

**************************************************************************
Outcome: import

Model Summary
        R       R-sq      MSE        F        df1       df2         p
     .1809     .0327    2.9411    4.0942    1.0000  121.0000     .0452

Model
              coeff        se         t         p      LLCI      ULCI
constant     3.9077     .2127   18.3704     .0000    3.4866    4.3288
cond          .6268     .3098    2.0234     .0452     .0135    1.2401

**************************************************************************
Outcome: reaction
```

Model Summary

R	R-sq	MSE	F	df1	df2	p
.5702	.3251	1.6628	19.1118	3.0000	119.0000	.0000

Model

	coeff	se	t	p	LLCI	ULCI
constant	-.1498	.5298	-.2828	.7778	-1.1989	.8993
pmi	.3965	.0930	4.2645	.0000	.2124	.5806
import	.3244	.0707	4.5857	.0000	.1843	.4645
cond	.1034	.2391	.4324	.6662	-.3701	.5768

*********************** DIRECT AND INDIRECT EFFECTS ***********************

Direct effect of X on Y

Effect	SE	t	p	LLCI	ULCI
.1034	.2391	.4324	.6662	-.3701	.5768

Indirect effect of X on Y

	Effect	Boot SE	BootLLCI	BootULCI
TOTAL	.3923	.1589	.1046	.7425
pmi	.1890	.1051	.0192	.4614
import	.2033	.1088	.0398	.4854

Normal theory tests for specific indirect effects

	Effect	se	Z	p
pmi	.1890	.1057	1.7872	.0739
import	.2033	.1120	1.8154	.0695

위의 출력을 보면 결과가 동일함을 알 수 있다.

5 다중매개모델: 예 3

input Multiple-mediator 다중매개모델

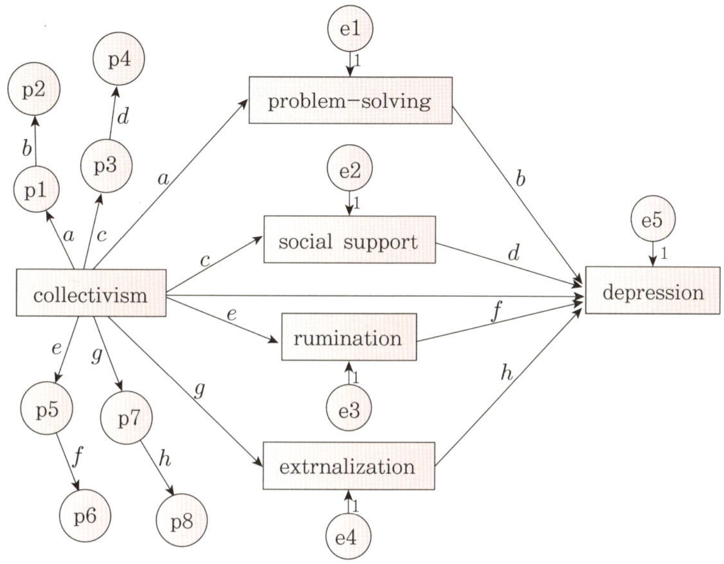

output Multiple-mediator 다중매개모델 분석결과

Indirect Effects (Group number 1 - Default model)

	col	extern	ruminate	socsup	probsolv
p7	.000	.000	.000	.000	.000
p3	.000	.000	.000	.000	.000
p5	.000	.000	.000	.000	.000
p1	.000	.000	.000	.000	.000
extern	.000	.000	.000	.000	.000
ruminate	.000	.000	.000	.000	.000
socsup	.000	.000	.000	.000	.000
probsolv	.000	.000	.000	.000	.000
p8	−.002	.000	.000	.000	.000
p4	−.012	.000	.000	.000	.000
p6	.017	.000	.000	.000	.000
p2	−.004	.000	.000	.000	.000
depress	−.001	.000	.000	.000	.000

Indirect Effects - Two Tailed Significance (BC) (Group number 1 - Default model)

	col	extern	ruminate	socsup	probsolv
p8	.8652	...	...	...	...
p4	.0047	...	...	...	...
p6	.0270	...	...	...	...
p2	.4873	...	...	...	...
depress	.9764	...	...	...	...

```
******************** DIRECT AND INDIRECT EFFECTS *************************

Direct effect of X on Y
     Effect         SE          t          p       LLCI       ULCI
     -.0710      .0191    -3.7101      .0003     -.1087     -.0332

Indirect effect of X on Y
             Effect     Boot SE    BootLLCI    BootULCI
TOTAL        -.0006      .0160      -.0304       .0343
ruminate      .0169      .0078       .0047       .0359
socsup       -.0118      .0069      -.0313      -.0023
probsolv     -.0038      .0064      -.0229       .0057
extern       -.0019      .0113      -.0229       .0222
```

6 다중매개모델: 예 4

지금까지는 관측변수만으로 이루어진 다중매개모델에 대해 알아보았는데, 이는 잠재변수가 포함된 경우에도 동일하게 적용된다. 예를 들어, 다음과 같은 연구모델이 있다고 가정한다.

그림 14-3 ▌다중매개모델

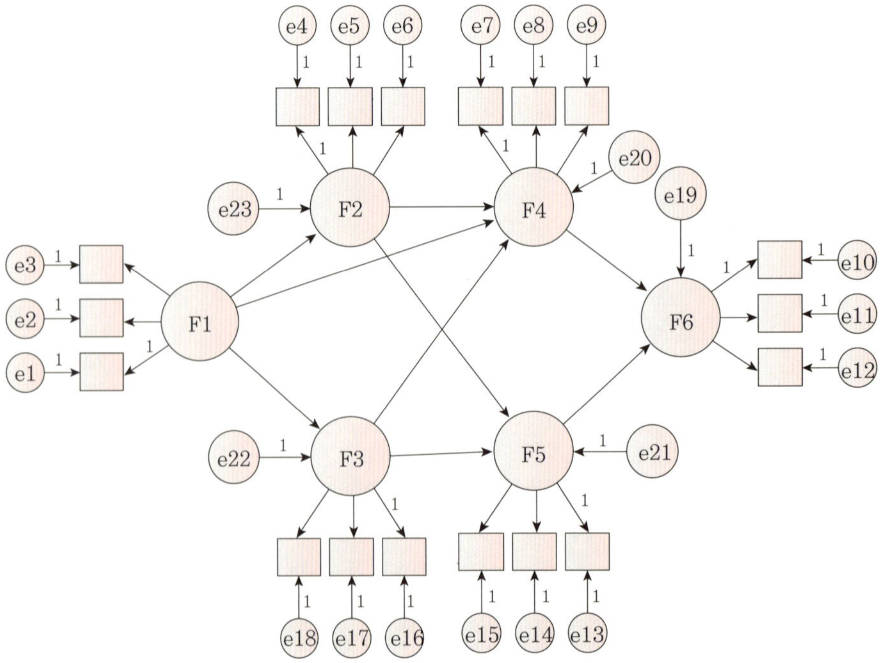

F1 → F2 → F4 → F6의 간접효과를 위한 팬텀변수는 다음과 같이 그리면 된다. 나머지 간접효과도 이런 식으로 팬텀변수를 만들면 된다.

그림 14-4 ▌다중매개모델

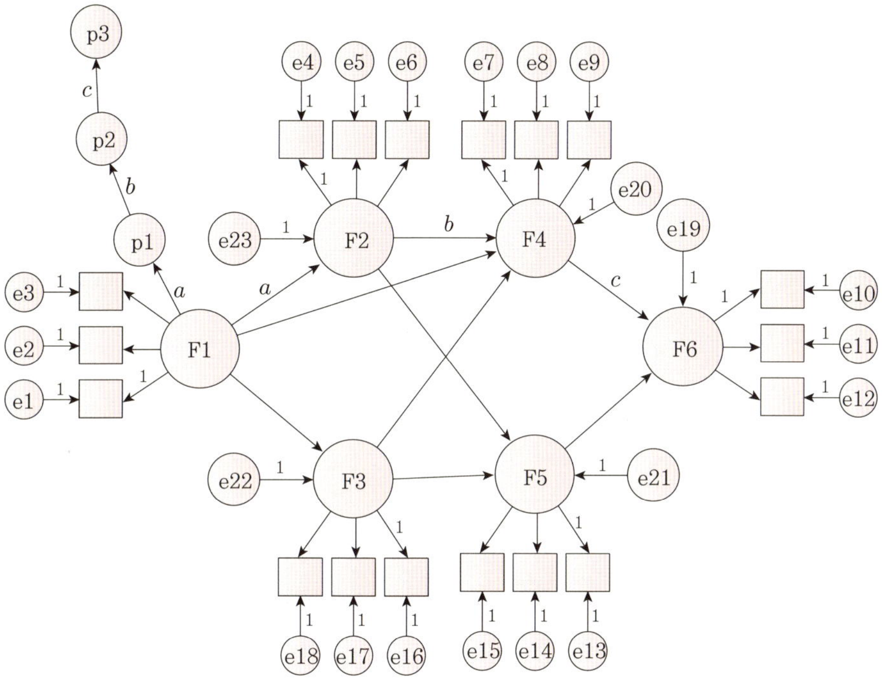

참·고·문·헌

배병렬 (2017), 『Amos 24 구조방정식모델링』, 서울: 도서출판 청람.

MacKinnon, D. P. (2008), *Introduction to Statistical Mediation Analysis*, New York: NY: Lawrence Erlbaum Associates.

Chapter 15 SmartPLS에 의한 매개효과분석

1 단순매개모델

[그림 15-1]의 모델을 대상으로 매개효과검정에 대해 알아보기로 한다. 이 모델은 갈등, 분배공정성 및 절차공정성은 재계약의도에 직접 영향을 주지 않고, 신뢰를 매개해 영향을 미치는 것으로 가정하였다.

그림 15-1 ▌연구모델

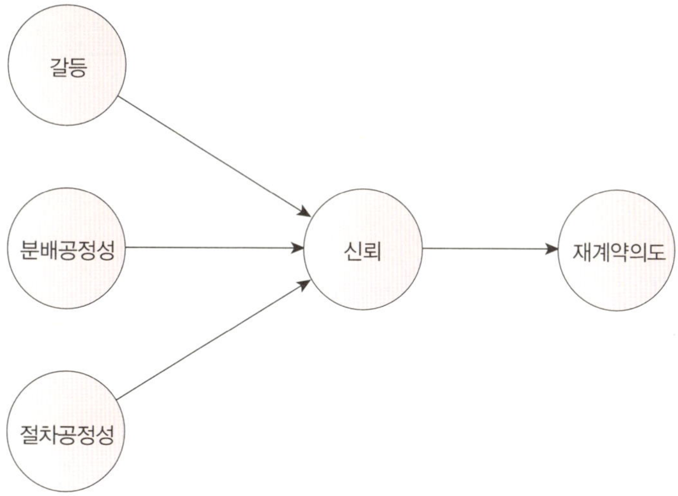

Hair 등(2014)은 PLS-SEM으로 매개효과를 검정하기 위해 두 단계의 분석을 제안하였다. 첫째, 매개변수를 포함하지 않은 모델을 추정한다. 즉 독립변수와 종속변수만 포함한 모델을 추정한다. 둘째, 매개변수를 포함한 모델을 추정하여 간접효과를 계산한다. 이때, 직접효과도 포함된 모델을 추정한다. 간접효과가 유의적이라면, **설명분산(variance accounted for: VAF)**을 계산한다. VAF의 크기에 따라 **완전매개(full mediation)**, **부분매개(partial mediation)**, **매개효과 없음(no mediation)** 등으로 결정한다. [그림 15-2]를 통해 VAF의 의미에 대해 살펴보기로 한다.

그림 15-2 | VAF의 의미

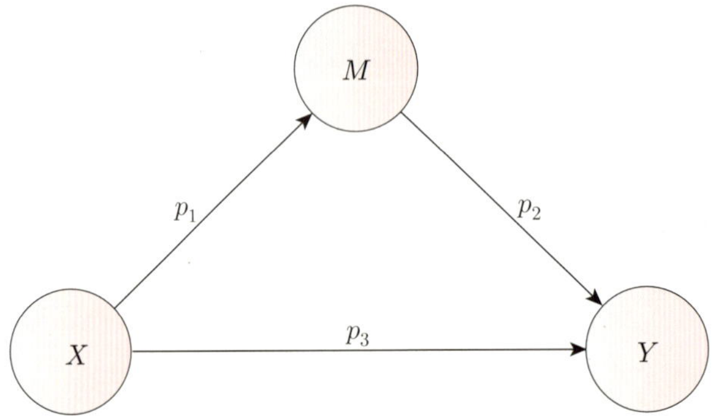

VAF는 총효과에 대한 간접효과의 크기를 의미한다. [그림 15-2]에서 간접효과는 $p_1 \cdot p_2$이고, 총효과는 $p_1 \cdot p_2 + p_3$이다. 따라서 VAF$= p_1 \cdot p_2 / (p_1 \cdot p_2 + p_3)$이다.

Hair 등(2014)이 제안한 PLS-SEM에 의한 매개효과검정 절차는 [그림 15-3]과 같다. SmartPLS 2.0은 간접효과를 직접 계산하여 보고하지 않고 연구자가 계산하도록 되어 있다. SmartPLS 2.0에 의해 매개효과를 검정하기 위해서는 붓스트레핑을 통해 얻은 직접효과를 엑셀에 붙여 함수를 만들고, 표준오차도 같은 방식으로 계산해야 한다. 그러나 SmartPLS 3.0은 간접효과를 직접 계산하여 보고하기 때문에 붓스트레핑을 하면 바로 유의도를 확인할 수 있도록 편리하게 되어 있다.

그림 15-3 ▌매개효과검정 절차

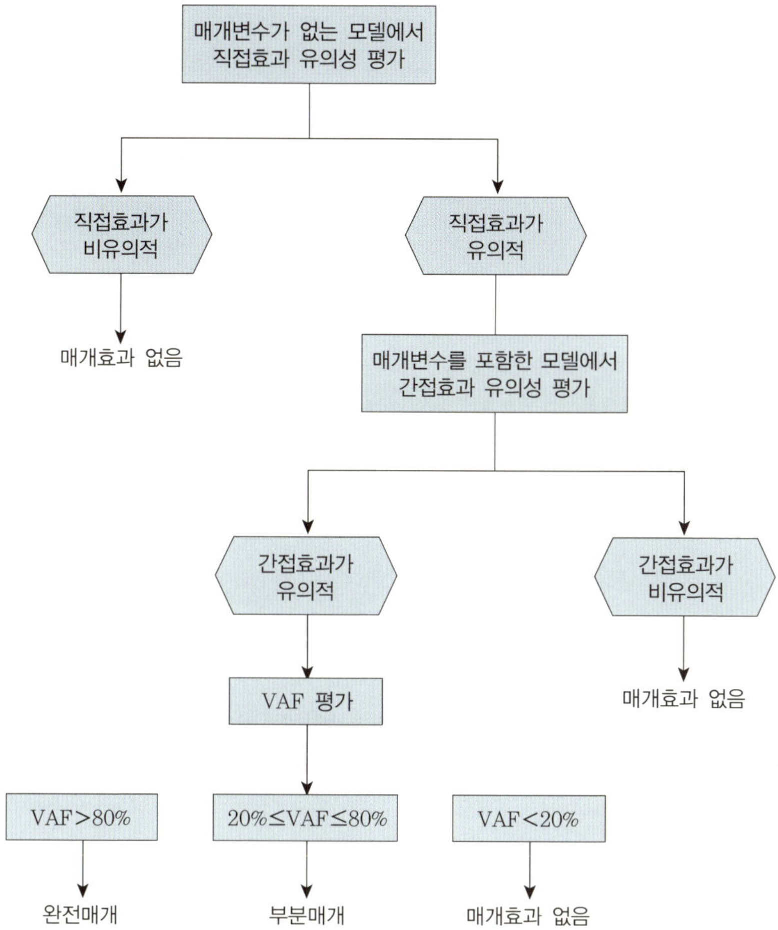

출처: Hair et al.(2014), p. 224.

1.1 SmartPLS 2.0에 의한 방법

1) 매개변수가 없는 모델 추정

[그림 15-1] 모델에서 매개변수인 신뢰를 경유하지 않고 재계약의도에 직접 영향을 미치는 모델은 [그림 15-4]와 같다.

그림 15-4 | 매개변수가 없는 모델

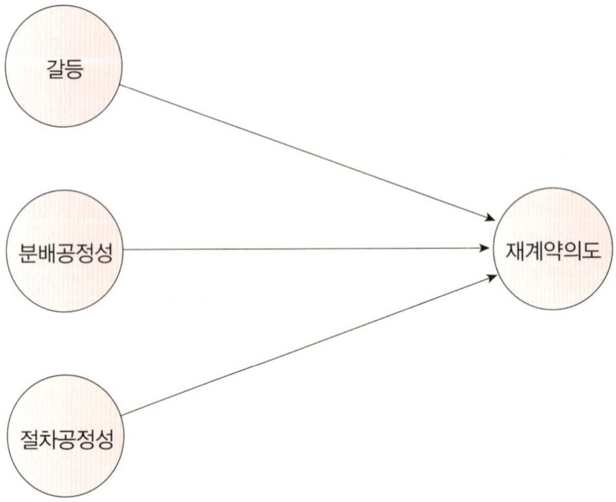

[그림 15-4]의 모델을 SmartPLS에 의해 추정하기로 한다. 이를 위해 [File] → [New] → [Create New Project]을 클릭한다. [Project Name]에 파일 이름을 입력한다. 본 예에서는 [mediation-1]로 입력하였다. [Next] 버튼을 누른다. 오른쪽 끝에 있는 사각형 버튼을 눌러 자료가 있는 경로를 알려주고 [열기] 버튼을 누른다. [Finish] 버튼을 누른다. 본 예의 자료는 [mediation.csv]를 이용하기로 한다.

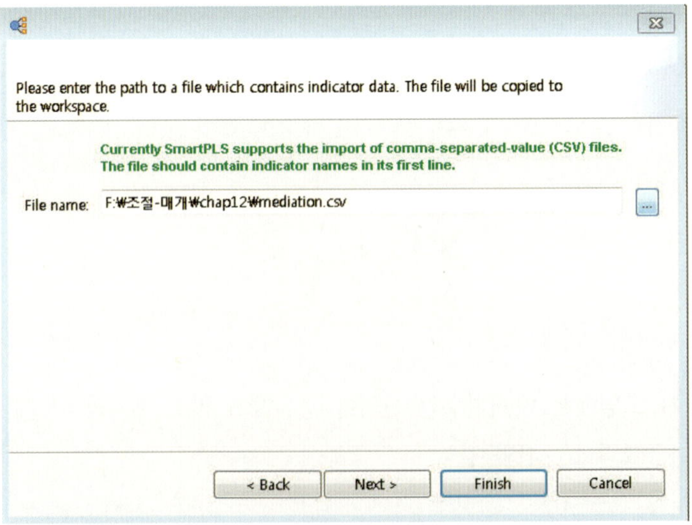

왼쪽 위의 [Project] 란에 [mediation-1]이 있음을 알 수 있다.

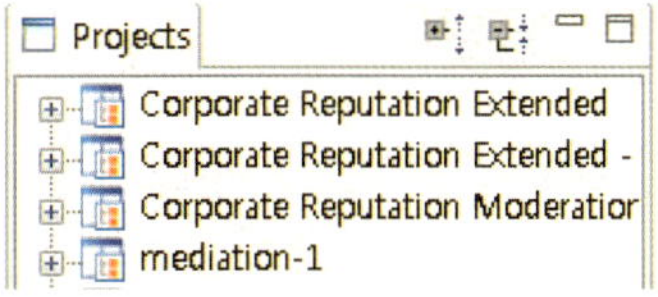

[mediation-1] 앞에 [+] 기호가 있는데, 이를 누르면 [mediation-1.splm]의 프로그램 파일과 [mediation.csv]의 자료 파일이 나타난다. [mediation-1.splm]을 더블클릭하면 경로도를 그릴 수 있는 작업창이 나타난다. 그리고 [Indicator] 란에 변수의 이름이 나타난다. 이 부분에서 자료에 문제가 있는 경우에는(특히, 결측치가 있는 경우) 변수의 이름이 나타나지 않는다. 변수의 이름이 보이지 않는 경우에는 결측치를 처리한 다음 자료를 다시 연결해야 한다.

잠재변수를 그리기 위해 [Switch to Insertion Mode]( )를 클릭한다. 작업창으로 마우스 포인트를 이동하고 적당한 크기의 원을 그린다. 전부 4개의 원을 그린다. 이제 잠재변수의 이름을 바꾸는 것에 대해 알아보기로 한다. 마우스 포인트를 잠재변수 위에 놓고 오른쪽 버튼을 눌러 나타나는 창에 [Rename Object]에서 이름을 부여한다. 이런 식으로 나머지 잠재변수의 이름을 바꾼다.

잠재변수와 잠재변수 간의 경로를 연결하기 위해 [Switch to Connection Mode]( )를 클릭한다. 잠재변수와 잠재변수를 연결한다.

이제 관측변수를 잠재변수에 연결하는 것에 대해 알아보기로 한다. 먼저 갈등에 해당하는 4개의 관측변수(conflict1, conflict2, conflict3, conflict4)를 [shift] 키와 마우스 포인트를 이용하여 블록지정을 한 다음, 갈등에 해당하는 잠재변수로 이동시킨다. 마우스 포인트를 놓으면 잠재변수의 색상이 주황색에서 파란색으로 변하면서 연결되었음을 알려 준다. 나머지 관측변수도 이런 식으로 처리한다.

잠재변수 '재계약의도'의 관측변수가 왼쪽에 있는데, 이를 오른쪽으로 있게 하고 싶으면 '재계약의도'에 마우스 포인트를 놓고 오른쪽 버튼을 누르면 나타나는 창에서 제일 밑에 있는 [Align Right]를 누르면 오른쪽으로 간다. 지금까지의 작업 내용을 나타내면 다음과 같다.

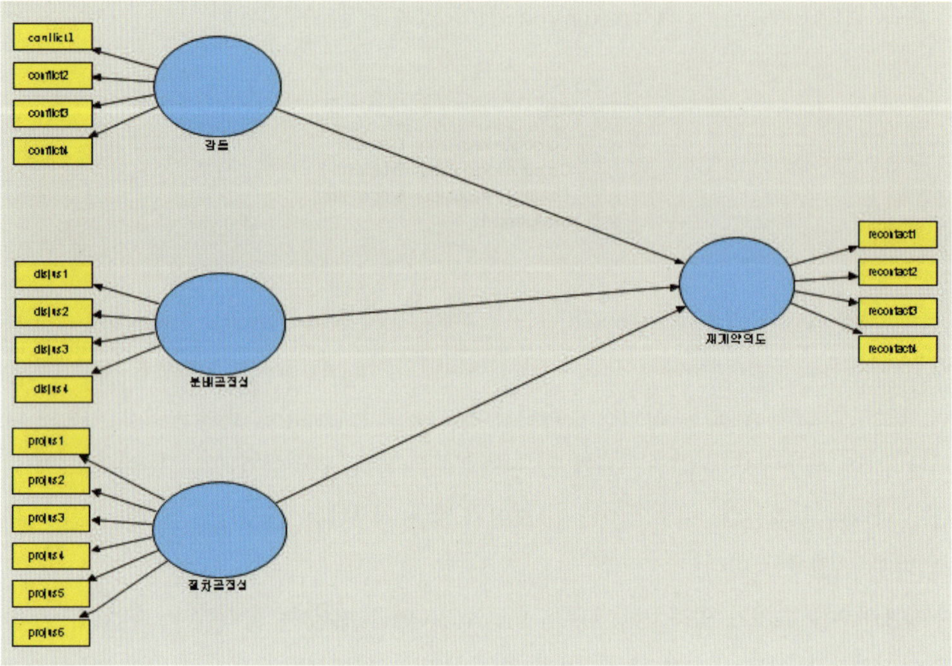

PLS-SEM을 실행하기 위해 [Calculate] 메뉴에서 [PLS Algorithm]을 누른다. [PLS Algorithm-Setting]에는 [Weighting Scheme]과 [Data Metric]의 옵션이 있다. [Weighting Scheme]에는 [Centroid Weighting Scheme], [Factor Weighting Scheme], [Path Weighting Scheme]의 3가지 추정법이 있다. 이들 방법 가운데 [Path Weighting Scheme]이 내생변수의 R^2값을 최대로 계산하기 때문에 추천되고 있다. [Data Metric]의 [Mean 0, Var 1]은 표준화하고, [Original]은 원자료 그대로 추정한다는 뜻이다. SmartPLS에서 설정한 디폴트대로 추정한다. [Finish] 버튼을 누르면 실행된다.

Total Effects

	갈등	분배공정성	재계약의도	절차공정성
갈등			-0.018181	
분배공정성			0.275866	
재계약의도				
절차공정성			0.551333	

계수의 유의성을 검정하기 위해 [Calculate] → [Bootstrapping]을 누르면 나타나는

창에서 [Cases]와 [Samples]를 조정한다. [Cases]는 원자료의 표본크기를 의미하고, [Samples]는 붓스트레핑 표본크기를 의미한다. [Samples]는 클수록 정확한 값을 추정한다. Hair 등(2014)은 [Samples] 5000을 추천하고 있다. 그리고 동일한 [Cases]와 [Samples]라 하더라도 실행할 때마다 값이 조금씩 다르다는 점을 알아야 한다. 이는 붓스트레핑을 할 때마다 붓스트렙 샘플(bootstrap sample)이 다르기 때문이다. 이 예에서 사용된 표본크기는 110이므로 [Cases]를 110으로 바꾸고, [Samples]를 5000으로 바꾼다. [Finish] 버튼을 누르면 붓스트레핑이 실행된다.

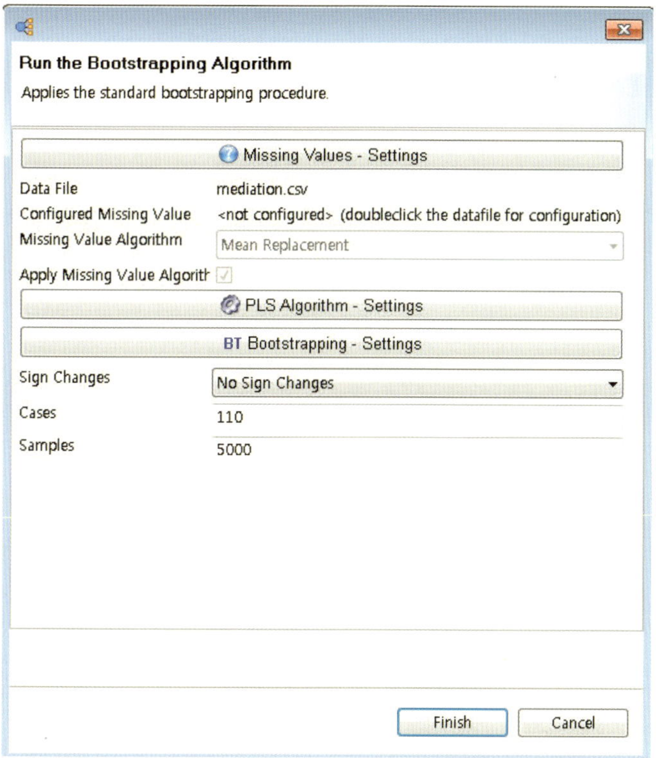

붓스트레핑 결과는 다음과 같다.

Path Coefficients (Mean, STDEV, T-Values)

	Original Sample (O)	Sample Mean (M)	Standard Deviation (STDEV)	Standard Error (STERR)	T Statistics (|O/STERR|)
갈등 -> 재계약의도	-0.018181	-0.018802	0.111550	0.111550	0.162986
분배공정성 -> 재계약의도	0.275866	0.276394	0.134330	0.134330	2.053648
절차공정성 -> 재계약의도	0.551333	0.552499	0.137713	0.137713	4.003480

'갈등' → '재계약의도'의 t값은 0.162986으로 유의적이지 않고, '분배공정성' 및 '절차공정성'이 '재계약의도'에 미치는 효과는 유의적인 것으로 나타났다. 따라서 갈등 → 재계약의도는 매개효과가 없고, '분배공정성' 및 '절차공정성'이 '재계약의도'에 미치는 효과를 대상으로 매개효과를 검정한다.

2) 매개변수가 있는 추정

이제 매개변수를 포함한 모델을 추정한다. 이때, 직접효과를 포함한 모델을 추정해야 한다. 이를 경로도로 나타내면 [그림 15-5]와 같다.

그림 15-5 ▮ 매개변수가 있는 모델

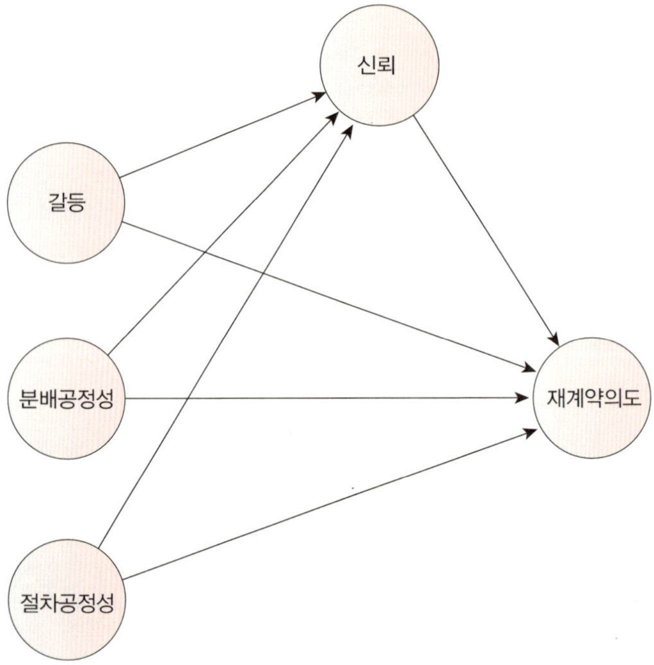

이 모델을 추정하기 위해, 앞서 한 방식대로 SmartPLS에서 작업을 한다. 추정하면 다음과 같은 모수치를 얻는다.

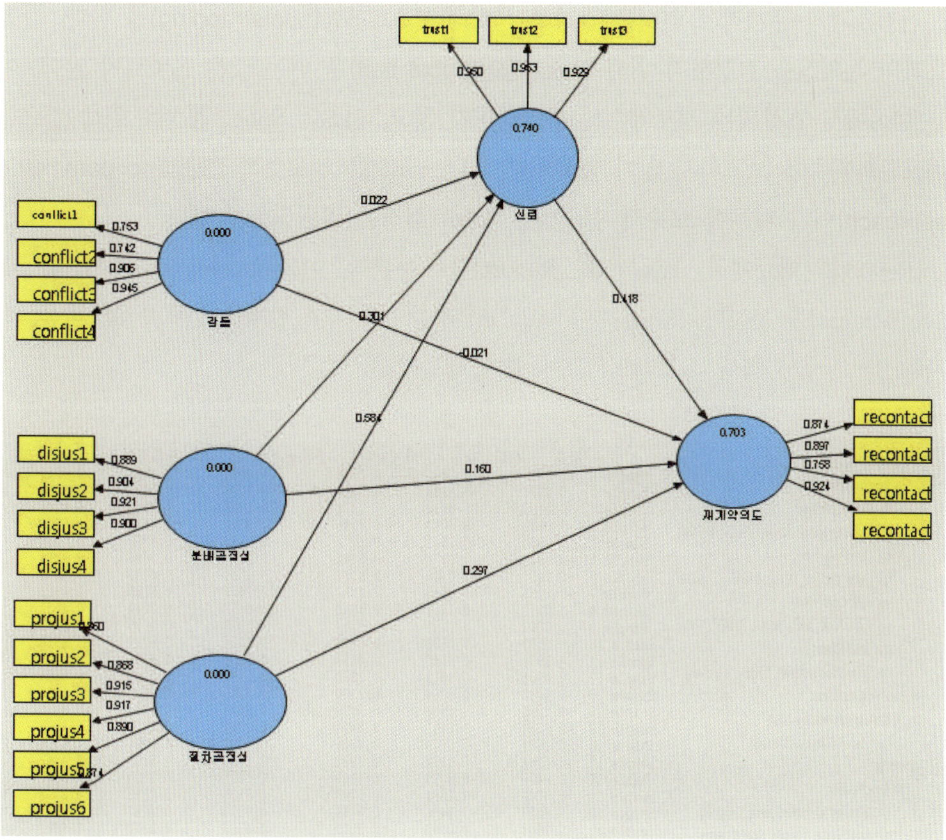

Path Coefficients

	갈등	분배공정성	신뢰	재계약의도	절차공정성
갈등			0.021732	-0.021138	
분배공정성			0.301469	0.160356	
신뢰				0.418186	
재계약의도					
절차공정성			0.584027	0.297144	

위의 계수를 토대로 간접효과를 계산하면 다음과 같다.

직접효과		간접효과
경로(계수)	경로(계수)	
갈등 → 신뢰(0.022)	신뢰 → 재계약의도(0.418)	0.022×0.418=0.009
분배공정성 → 신뢰(0.301)	신뢰 → 재계약의도(0.418)	0.301×0.418=0.126
절차공정성 → 신뢰(0.584)	신뢰 → 재계약의도(0.418)	0.584×0.418=0.244

간접효과의 통계적 유의성을 검정하기 위해 **붓스트레핑(bootstrapping)**을 한다. 간접효과의 유의성을 검정하기 위해 **Sobel 검정(Sobel test)**을 하는 것은 올바르지 않다. 이는 PLS에서 계산되는 경로계수는 독립적이지 않고, PLS는 Sobel 검정을 위해 필요한 비표준화계수를 보고하지 않기 때문이다. PLS-SEM은 **비모수적 접근법(nonparametric approach)**이기 때문에 모수적 접근법인 Sobel 검정은 바람직하지 않다.

[Report] 메뉴에서 [Default Report]를 누른다. [Bootstrapping]에서 [Path Coefficients]를 누른다. [Shift] 키와 [PgDn] 키를 이용하여 전체를 블록지정한 다음, 복사(Ctrl+C)해서 엑셀 스프레드시트에 붙여 넣는다.

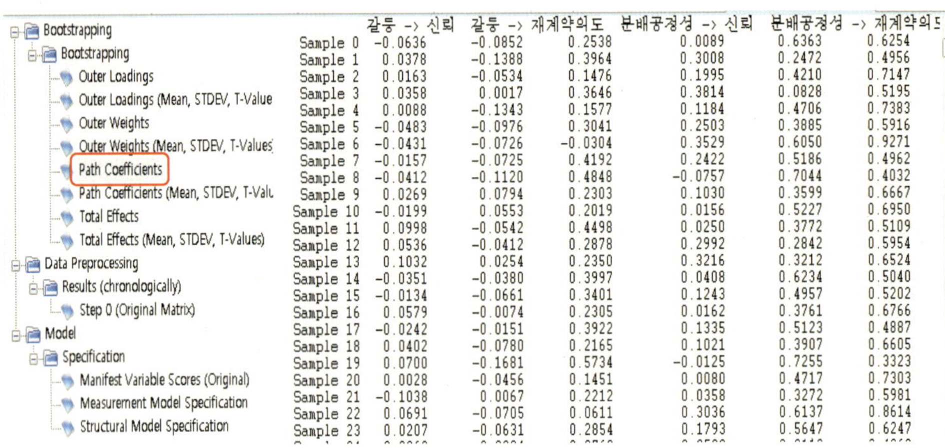

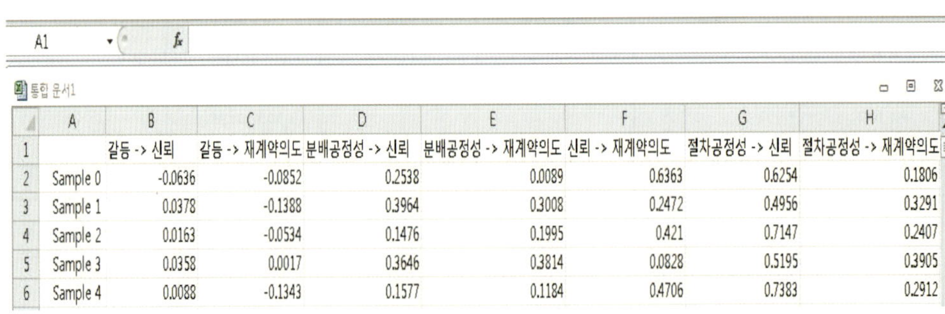

'분배공정성' → '신뢰' → '재계약의도'의 간접효과(0.126)의 유의성 검정에 대해 알아보기로 한다. 엑셀 스프레드시트에서 '분배공정성' → '신뢰'는 [D열]에, '신뢰' → '재계약의도'는 [F열]에 값이 있는 것을 알 수 있다. 이들 값을 이용하여 간접효과 함수를 만들어야 한다. 이를 위해 엑셀 스프레드시트의 제일 오른쪽으로 이동한다. [I열]의 1행에

'indirect'라고 입력한다. 이는 명칭을 부여하기 위해서다. 그 다음, 스프레드시트의 위에 있는 f_x 란에 [$=D2*F2$]라고 입력한다. $D2$는 '분배공정성' → '신뢰'에 해당하는 Sample 0값 0.2538을 의미하고, $F2$는 '신뢰' → '재계약의도'에 해당하는 Sample 0값 0.6363을 의미한다. 따라서 위 함수는 이 두 값을 곱하라는 의미이다.

fx =D2*F2

C	D	E	F	G	H	I
갈등 -> 자	분배공정성 -> 신뢰	분배공정성	신뢰 -> 재계약의도	절차공정성 ->	절차공정성 -> 재계약의도	indirect
-0.0852	0.2538	0.0089	0.6363	0.6254	0.1806	0.16149294
-0.1388	0.3964	0.3008	0.2472	0.4956	0.3291	0.09799008
-0.0534	0.1476	0.1995	0.421	0.7147	0.2407	0.0621396
0.0017	0.3646	0.3814	0.0828	0.5195	0.3905	0.03018888
-0.1343	0.1577	0.1184	0.4706	0.7383	0.2912	0.07421362

그 다음 [I2] 값인 0.16149에 마우스 포인트를 놓고 클릭하면 박스 오른쪽 하단이 [+] 기호로 바뀌면 제일 밑까지 드래그하면 나머지 값도 자동으로 계산된다.

이제 이들 값의 표준오차를 계산하기로 한다. 붓스트레핑을 통해 얻은 표준편차는 표준오차와 동일한 값을 갖는다. 엑셀 스프레드시트에서 [J1] 란에 '표준오차'라 기입한다. 이는 명칭을 부여하기 위해서다. [J2] 란에 마우스 포인트를 놓고 fx =STDEV(I2:I5001) 라는 함수식을 기입한다. 엔터키를 치면 0.0738의 표준오차값을 얻는다. 따라서 0.126/0.0738 = 1.7073으로 비유의적인 것으로 나타난다(Sobel 검정으로 하면 검정통계량이 1.8643으로 나타남).

'절차공정성' → '신뢰' → '재계약의도'의 간접효과(0.244)의 유의성 검정도 앞서 한 방식과 동일하게 한다. 이런 식으로 하면, 0.244/0.0964 = 2.5311로 유의적으로 나타난다.

매개효과가 의미가 있기 위해서는 간접효과가 유의적이어야 한다. 그러므로 '절차공정성' → '신뢰' → '재계약의도'의 VAF만 계산하면 된다. VAF는 매개효과의 크기를 알려준다. VAF=간접효과/총효과에 의해 계산된다. 따라서 '절차공정성' → '신뢰' → '재계약의도'의 VAF는 0.244/0.828=0.295이다. 매개효과의 크기는 약 29.5%임을 알 수 있다. VAF가 $20 \leq VAF \leq 80$이기 때문에 부분매개의 역할을 한다고 볼 수 있다.

직접효과	간접효과	총효과	VAF	비고
갈등 → 신뢰(0.022)	0.022×0.418=0.009	0.031		매개효과 없음
분배공정성 → 신뢰(0.301)	0.301×0.418=0.126	0.427		매개효과 없음
절차공정성 → 신뢰(0.584)	0.584×0.418=0.244	0.828	0.295	부분매개

결론적으로, 갈등은 재계약의도에 직접적인 영향을 주지 않고, 분배공정성은 신뢰를 매개하지 않고 직접 영향을 주고, 절차공정성은 재계약의도에 직접적으로 영향을 줄 뿐만 아니라, 신뢰를 매개하여 영향을 주는 것으로 나타났다.

1.2 SmartPLS 3.0에 의한 방법

SmartPLS 2.0에 의해 매개효과를 평가하기 위해 VAF를 기준으로 한 것은 간접효과를 직접 계산하지 않기 때문이다. 그러나 SmartPLS 3.0에서는 VAF를 계산하지 않고 간접효과의 붓스트레핑 결과를 토대로 평가하는 것으로 바뀌었다.

1) 매개변수가 없는 모델 추정

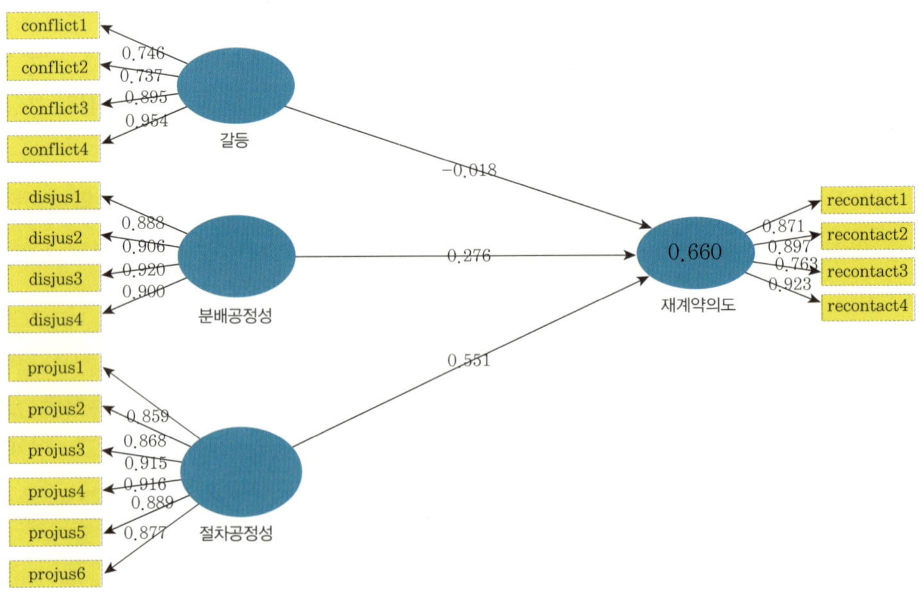

유의도를 검정하기 위해 붓스트레핑을 한 결과는 다음과 같다.

Path Coefficients

Mean, STDEV, T-Values, P-Values

	Original Sample (O)	Sample Mean (M)	Standard Error (STERR)	T Statistics (|O/STERR|)	P Values
갈등 -> 재계약의도	-0.018	-0.021	0.110	0.165	0.869
분배공정성 -> 재계약의도	0.276	0.280	0.138	2.004	0.046
절차공정성 -> 재계약의도	0.551	0.552	0.140	3.947	0.000

Confidence Intervals

	Original Sample (O)	Sample Mean (M)	Confidence Interval Low	Confidence Interval Up
갈등 -> 재계약의도	-0.018	-0.021	-0.230	0.234
분배공정성 -> 재계약의도	0.276	0.280	0.027	0.557
절차공정성 -> 재계약의도	0.551	0.552	0.253	0.809

Confidence Intervals Bias Corrected

	Original Sample (O)	Sample Mean (M)	Bias	Confidence Interval Low	Confidence Interval Up
갈등 -> 재계약의도	-0.018	-0.021	-0.003	-0.210	0.271
분배공정성 -> 재계약의도	0.276	0.280	0.004	0.027	0.557
절차공정성 -> 재계약의도	0.551	0.552	0.000	0.251	0.799

2) 매개변수가 있는 모델 추정

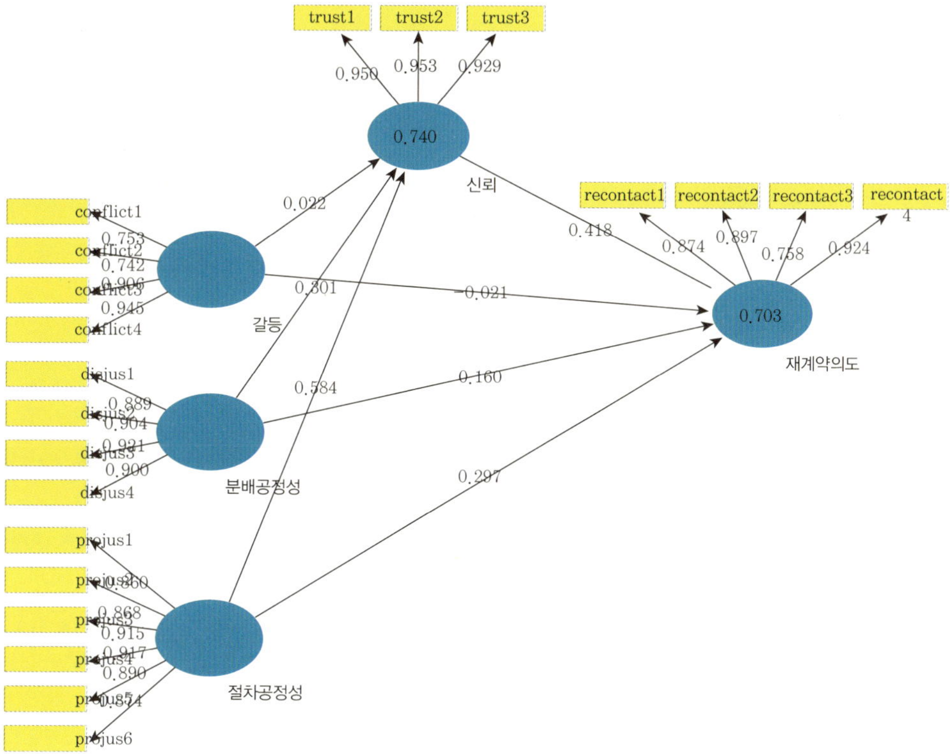

Indirect Effects

	갈등	분배공정성	신뢰	재계약의도	절차공정성
갈등	1.000			0.009	
분배공정성		1.000		0.126	
신뢰			1.000		
재계약의도				1.000	
절차공정성				0.244	1.000

Total Effects

	갈등	분배공정성	신뢰	재계약의도	절차공정성
갈등	1.000		0.022	-0.012	
분배공정성		1.000	0.301	0.286	
신뢰			1.000	0.418	
재계약의도				1.000	
절차공정성			0.584	0.541	1.000

Indirect Effects

Mean, STDEV, T-Values, P-Values

	Original Sample (O)	Sample Mean (M)	Standard Error (STERR)	T Statistics (|O/STERR|)	P Values
갈등 -> 신뢰					
갈등 -> 재계약의도	0.009	0.007	0.035	0.263	0.793
분배공정성 -> 신뢰					
분배공정성 -> 재계약의도	0.126	0.124	0.074	1.712	0.087
신뢰 -> 재계약의도					
절차공정성 -> 신뢰					
절차공정성 -> 재계약의도	0.244	0.237	0.101	2.425	0.015

Confidence Intervals

	Original Sample (O)	Sample Mean (M)	Confidence Interval Low	Confidence Interval Up
갈등 -> 신뢰				
갈등 -> 재계약의도	0.009	0.007	-0.069	0.080
분배공정성 -> 신뢰				
분배공정성 -> 재계약의도	0.126	0.124	0.011	0.301
신뢰 -> 재계약의도				
절차공정성 -> 신뢰				
절차공정성 -> 재계약의도	0.244	0.237	0.073	0.455

Confidence Intervals Bias Corrected

	Original Sample (O)	Sample Mean (M)	Bias	Confidence Interval Low	Confidence Interval Up
갈등 -> 신뢰					
갈등 -> 재계약의도	0.009	0.007	-0.002	-0.057	0.088
분배공정성 -> 신뢰					
분배공정성 -> 재계약의도	0.126	0.124	-0.002	0.024	0.329
신뢰 -> 재계약의도					
절차공정성 -> 신뢰					
절차공정성 -> 재계약의도	0.244	0.237	-0.007	0.093	0.529

총효과		직접효과		간접효과		
				계수	붓스트레핑 95% 신뢰구간	
		신뢰	재계약의도		BC 하한	BC 상한
갈등 → 재계약의도	−.012(0.118)					
분배공정성 → 재계약의도	0.286(2.078)*					
절차공정성 → 재계약의도	0.541(3.830)**					
갈등		0.022(0.281)	−0.021(0.252)			
분배공정성		0.301(2.449)*	0.160(1.219)			
절차공정성		0.584(4.789)**	0.297(1.911)			
신뢰			0.418(2.777)*			
갈등 → 신뢰 → 재계약의도				0.009(0.263)	−0.057	0.088
분배공정성 → 신뢰 → 재계약의도				0.126(1.712)	0.024	0.329
절차공정성 → 신뢰 → 재계약의도				0.244(2.425)*	0.093	0.529

$^{*}p < 0.05$, $^{**}p < 0.01$

간접효과 계수의 t값으로 보면, 절차공정성 → 신뢰 → 재계약의도만 유의적이나, 붓스트레핑 95% 신뢰구간으로 보면 분배공정성 → 신뢰 → 재계약의도도 유의적인 것으로 나타난다.

2 다중매개모델

[그림 15-6] 모델을 통해 다중매개모델의 분석에 대해 살펴보기로 한다. 그림에서 볼 수 있듯, 'QUAL', 'PERF', 'CSOR', 'ATTR' 등은 'COMP', 'LIKE', 'CUSA' 등을 매개해 'CUSL'에 영향을 미치는 것으로 가설화된 다중매개모델이다. 이 외에도 다른 변수들도

여러 개의 매개변수를 포함한 다중매개모델이다. 이 가운데 'QUAL' → 'COMP' → 'CUSA' → 'CUSL'의 매개효과에 대해 살펴보기로 한다. 이 다중매개모델에서 'COMP'와 'CUSA'가 매개변수로 작용한다.

그림 15-6 | 다중매개모델

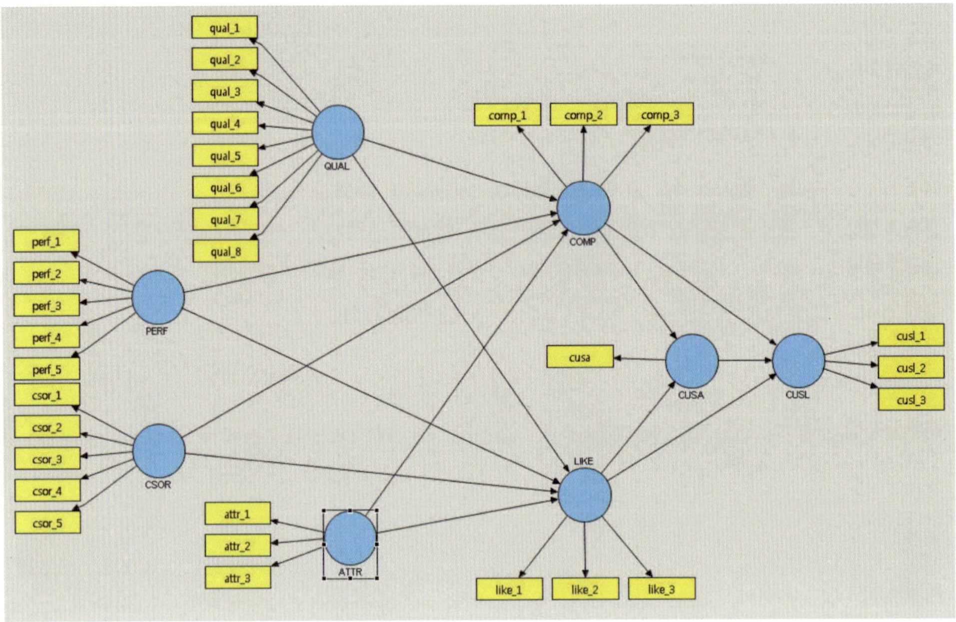

2.1 SmartPLS 2.0에 의한 방법

1) 매개변수가 없는 모델의 추정

'QUAL'로부터 'COMP', 'CUSA', 'LIKE'를 거치지 않고 직접 'CUSL'로 가는 모델을 추정한다. 이를 위한 모델이 [그림 15-7]이다.

그림 15-7 ▌ 매개변수가 없는 모델

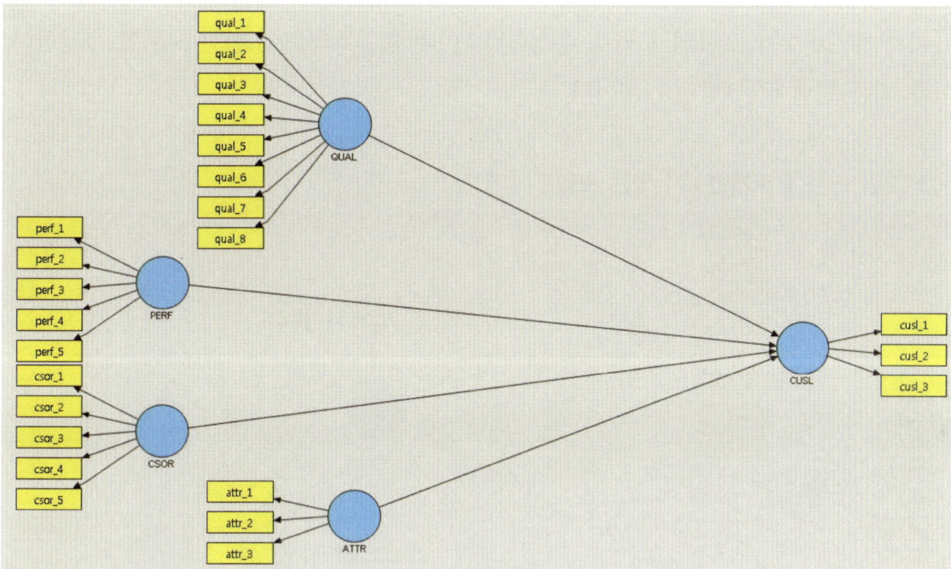

위 모델을 추정하기 위한 자료는 [Full Dat.csv]이다. 이 자료는 결측치(−99)가 있다. 결측치가 있는 경우에는 [PLS Algorithm]에서 [Apply Missing Value]를 체크해야 한다.

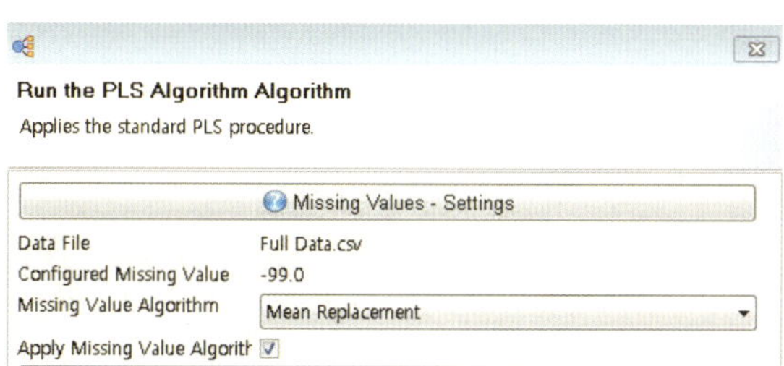

이를 추정하면 'QUAL' → 'CUSL'의 경로계수는 0.443이 나오고 이의 유의도를 검정하기 위해 붓스트레핑을 하면 5.432로 유의적으로 나타난다. 나머지 변수는 직접효과가 없는 것으로 나타났다.

Path Coefficients (Mean, STDEV, T-Values)

	Original Sample (O)	Sample Mean (M)	Standard Deviation (STDEV)	Standard Error (STERR)	T Statistics (|O/STERR|)
ATTR -> CUSL	0.104941	0.105243	0.063065	0.063065	1.664025
CSOR -> CUSL	-0.021317	-0.018952	0.065116	0.065116	0.327369
PERF -> CUSL	0.094925	0.101476	0.066644	0.066644	1.424359
QUAL -> CUSL	0.442737	0.439504	0.081499	0.081499	5.432413

2) 매개변수가 있는 모델 추정

이제 매개변수가 포함된 모델을 추정한다. 이때 직접효과도 포함한 모델을 추정한다. 이를 위한 모델이 [그림 15-8]이다.

그림 15-8 ▌ 매개변수가 있는 모델

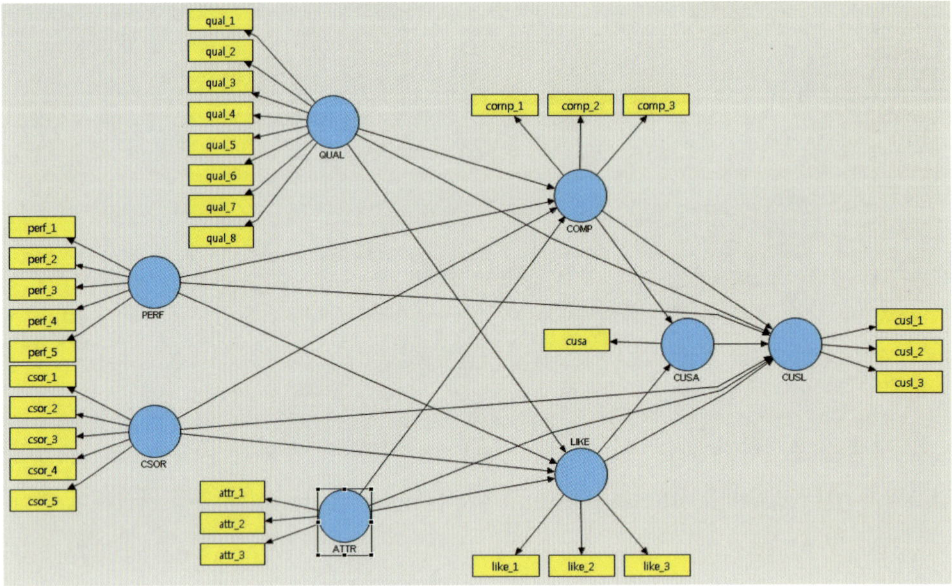

이 모델을 추정하면 'QUAL' → 'COMP' → 'CUSA' → 'CUSL'의 경로계수는 각각 0.349, 0.145, 0.487로 나온다. 이들 값을 보기 위해 [Report] 메뉴에서 [Html Report]를 클릭하면 나타나는 output 창의 [Table of Contents]의 [PLS] → [Calculation Results]에 있는 [Path Coefficients]를 클릭한다.

Path Coefficients

	ATTR	COMP	CSOR	CUSA	CUSL	LIKE	PERF	QUAL
ATTR		0.111207			0.004728	0.161102		
COMP				0.145317	-0.063770			
CSOR		0.041195			-0.106933	0.179297		
CUSA					0.487190			
CUSL								
LIKE				0.435923	0.318535			
PERF		0.364490			0.071536	0.134277		
QUAL		0.349176			0.136566	0.378531		

이들 각각의 계수의 유의도를 붓스트레핑에 의해 검정하면 모두 유의적인 것으로 나타난다.

Path Coefficients (Mean, STDEV, T-Values)

	Original Sample (O)	Sample Mean (M)	Standard Deviation (STDEV)	Standard Error (STERR)	T Statistics (|O/STERR|)
ATTR -> COMP	0.111207	0.113458	0.057187	0.057187	1.944624
ATTR -> CUSL	0.004728	0.003090	0.053092	0.053092	0.089062
ATTR -> LIKE	0.161102	0.159023	0.061758	0.061758	2.608589
COMP -> CUSA	0.145317	0.145811	0.066933	0.066933	2.171073
COMP -> CUSL	-0.063770	-0.061866	0.058773	0.058773	1.085012
CSOR -> COMP	0.041195	0.041152	0.056482	0.056482	0.729349
CSOR -> CUSL	-0.106933	-0.107890	0.053787	0.053787	1.988104
CSOR -> LIKE	0.179297	0.179720	0.056724	0.056724	3.160874
CUSA -> CUSL	0.487190	0.487060	0.045066	0.045066	10.810505
LIKE -> CUSA	0.435923	0.436929	0.058219	0.058219	7.487655
LIKE -> CUSL	0.318535	0.322607	0.067494	0.067494	4.719485
PERF -> COMP	0.364490	0.366217	0.061701	0.061701	5.907399
PERF -> CUSL	0.071536	0.069038	0.070054	0.070054	1.021167
PERF -> LIKE	0.134277	0.136854	0.067722	0.067722	1.982759
QUAL -> COMP	0.349176	0.347132	0.063204	0.063204	5.524624
QUAL -> CUSL	0.136566	0.136694	0.084297	0.084297	1.620067
QUAL -> LIKE	0.378531	0.379321	0.062639	0.062639	6.043081

이들 계수를 이용하여 간접효과를 계산하면 다음과 같다.

직접효과			간접효과
경로(계수)	경로(계수)	경로(계수)	
QUAL → COMP (0.349)	COMP → CUSA (0.145)	CUSA → CUSL (0.487)	0.349×0.145×0.487=0.025

간접효과(0.025)의 유의도를 검정하기 위해 붓스트레핑을 한다. 결과를 보기 위해 [Report] 메뉴에서 [Default Report]를 누른다. [Path Coefficients]를 누른 다음, 값을 블록지정하여 전체를 엑셀에 붙인다.

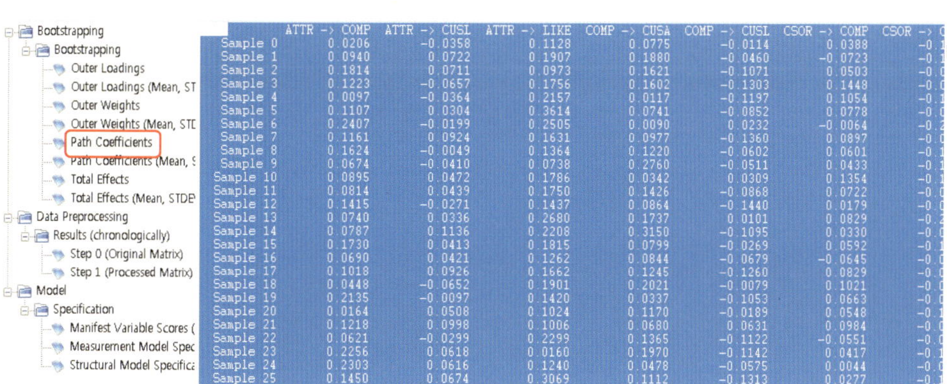

	ATTR -> COMP	ATTR -> CUSL	ATTR -> LIKE	COMP -> CUSA	COMP -> CUSL	CSOR -> COMP
Sample 0	0.0206	-0.0358	0.1128	0.0775	-0.0114	0.0388
Sample 1	0.0940	0.0722	0.1907	0.1880	-0.0460	-0.0723
Sample 2	0.1814	0.0711	0.0973	0.1621	-0.1071	0.0503
Sample 3	0.1223	-0.0657	0.1756	0.1602	-0.1303	0.1448
Sample 4	0.0097	-0.0364	0.2157	0.0117	-0.1197	0.1054
Sample 5	0.1107	0.0304	0.3614	0.0741	-0.0852	0.0778
Sample 6	0.2407	-0.0199	0.2505	0.0090	0.0232	-0.0064
Sample 7	0.1161	0.0924	0.1631	0.0977	-0.1360	0.0897
Sample 8	0.1624	-0.0049	0.1364	0.1220	-0.0602	0.0601
Sample 9	0.0674	-0.0410	0.0738	0.2760	-0.0511	0.0433
Sample 10	0.0895	0.0472	0.1786	0.0342	0.0309	0.1354
Sample 11	0.0814	0.0439	0.1750	0.1426	-0.0868	0.0722
Sample 12	0.1415	-0.0271	0.1437	0.0864	-0.1440	0.0179
Sample 13	0.0740	0.0336	0.2680	0.1737	0.0101	0.0829
Sample 14	0.0787	0.1136	0.2208	0.3150	-0.1095	0.0330
Sample 15	0.1730	0.0413	0.1815	0.0799	-0.0269	0.0592
Sample 16	0.0690	0.0421	0.1262	0.0844	-0.0679	-0.0645
Sample 17	0.1018	0.0926	0.1662	0.1245	-0.1260	0.0829
Sample 18	0.0448	-0.0652	0.1901	0.2021	-0.0079	0.1021
Sample 19	0.2135	-0.0097	0.1420	0.0337	-0.1053	0.0663
Sample 20	0.0164	0.0508	0.1024	0.1170	-0.0189	0.0548
Sample 21	0.1218	0.0998	0.1006	0.0680	0.0631	0.0984
Sample 22	0.0621	-0.0299	0.2299	0.1365	-0.1122	-0.0551
Sample 23	0.2256	0.0618	0.0160	0.1970	-0.1142	0.0417
Sample 24	0.2303	0.0616	0.1240	0.0478	-0.0575	0.0044
Sample 25	0.1450	0.0674	0.3069	0.1112	-0.1313	0.0277
Sample 26	0.1321	-0.0019	0.2461	0.1448	-0.0416	0.0124

현재 관심의 대상이 되는 계수는 'E', 'J', 'P'열에 있다.

E	F	G	H	I	J	K	L	M	N	O	P
COMP -> CUSA	COMP -> CUSL	CSOR -> (	CSOR -> (	CSOR -> L	CUSA -> CUSL	LIKE -> CU	LIKE -> CU	PERF -> C	PERF -> C	PERF -> LI	QUAL -> (
0.0775	-0.0114	0.0388	-0.1051	0.132	0.5124	0.4439	0.3172	0.4229	0.1059	0.1688	0.3853
0.188	-0.046	-0.0723	-0.1468	0.2469	0.4973	0.4327	0.3146	0.4352	0.0416	0.1794	0.383
0.1621	-0.1071	0.0503	-0.083	0.1141	0.4834	0.4605	0.355	0.3902	0.039	0.1577	0.2635
0.1602	-0.1303	0.1448	-0.0668	0.177	0.4227	0.4531	0.3918	0.3005	0.091	0.1127	0.3356
0.0117	-0.1197	0.1054	-0.1472	0.161	0.4786	0.5717	0.3532	0.3654	0.0833	0.1833	0.3875
0.0741	-0.0852	0.0778	-0.045	0.1346	0.4642	0.4674	0.3469	0.3285	0.0119	-0.0508	0.3231
0.009	0.0232	-0.0064	-0.2122	0.1763	0.5283	0.5405	0.2731	0.2626	0.037	0.0966	0.3621
0.0977	-0.136	0.0897	-0.071	0.2539	0.4867	0.5069	0.2181	0.327	0.0624	0.1081	0.3487
0.122	-0.0602	0.0601	-0.1235	0.2933	0.4437	0.3528	0.2903	0.3334	0.2075	0.0567	0.2787
0.276	-0.0511	0.0433	-0.1127	0.2068	0.486	0.3832	0.2677	0.3936	0.0413	0.179	0.3687
0.0342	0.0309	0.1354	-0.1638	0.15	0.4615	0.5314	0.3126	0.504	-0.0311	0.2782	0.1752
0.1426	-0.0868	0.0722	-0.0598	0.161	0.5536	0.4556	0.2831	0.3777	0.0328	0.1687	0.3291
0.0864	-0.144	0.0179	-0.0444	0.2372	0.5036	0.4336	0.359	0.3452	0.1655	0.1773	0.3749

앞에서 설명한대로 붓스트레핑의 간접효과를 추정하기 위해 fx =P2*E2*J2 라고 입력하고 엔터를 친다. 표준오차를 계산하기 위해 fx =STDEV(T2:T5001) 라고 입력하고 엔터를 치면 0.013의 값을 얻는다. 다음은 이를 해서 얻은 값을 제시한 것이다.

J	K	L	M	N	O	P	Q	R	S	T	U
CUSA -> CUSL	LIKE -> CU	LIKE -> CU	PERF -> C	PERF -> C	PERF -> LI	QUAL -> (	QUAL -> (	QUAL -> LIKE		indirect	
0.5124	0.4439	0.3172	0.4229	0.1059	0.1688	0.3853	0.0779	0.4035		0.015301	0.013151
0.4973	0.4327	0.3146	0.4352	0.0416	0.1794	0.383	0.1253	0.2498		0.035808	
0.4834	0.4605	0.355	0.3902	0.039	0.1577	0.2635	0.1092	0.5027		0.020648	
0.4227	0.4531	0.3918	0.3005	0.091	0.1127	0.3356	0.1656	0.4051		0.022726	
0.4786	0.5717	0.3532	0.3654	0.0833	0.1833	0.3875	0.17	0.3098		0.00217	
0.4642	0.4674	0.3469	0.3285	0.0119	-0.0508	0.3231	0.1285	0.4293		0.011114	
0.5283	0.5405	0.2731	0.2626	0.037	0.0966	0.3621	0.1929	0.342		0.001722	

0.025/0.013=1.923의 값을 얻어 $\alpha=0.05$ 수준에서 약간 부족한 유의도를 얻는다. 따라서 간접효과(매개효과)가 없다고 할 수 있다.

2.2 SmartPLS 3.0에 의한 방법

1) 매개변수가 없는 모델 추정

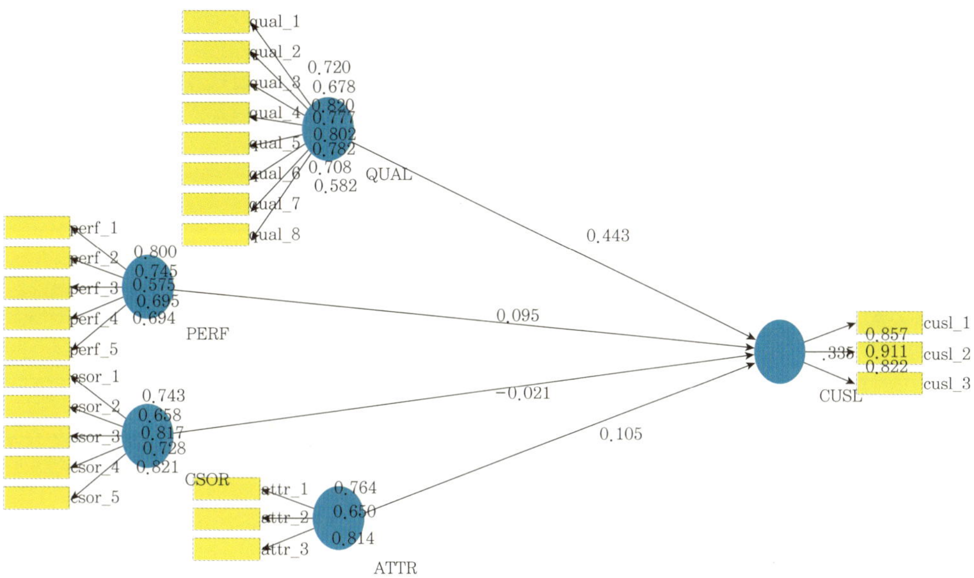

2) 매개변수가 있는 모델 추정

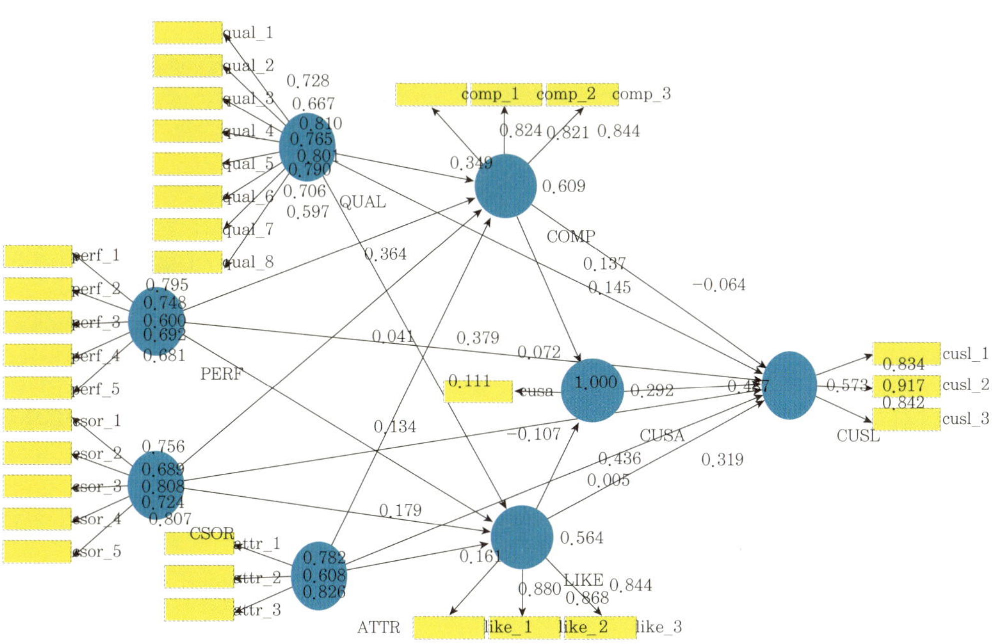

Path Coefficients

	ATTR	COMP	CSOR	CUSA	CUSL	LIKE	PERF	QUAL
ATTR		0.111			0.005	0.161		
COMP				0.145	-0.064			
CSOR		0.041			-0.107	0.179		
CUSA					0.487			
CUSL								
LIKE				0.436	0.319			
PERF		0.364			0.072	0.134		
QUAL		0.349			0.137	0.379		

Indirect Effects

	ATTR	COMP	CSOR	CUSA	CUSL	LIKE	PERF	QUAL
ATTR	1.000			0.086	0.086			
COMP		1.000			0.071			
CSOR			1.000	0.084	0.096			
CUSA				1.000				
CUSL					1.000			
LIKE					0.212	1.000		
PERF				0.112	0.074		1.000	
QUAL				0.216	0.203			1.000

Total Effects

	ATTR	COMP	CSOR	CUSA	CUSL	LIKE	PERF	QUAL
ATTR	1.000	0.111		0.086	0.091	0.161		
COMP		1.000		0.145	0.007			
CSOR		0.041	1.000	0.084	-0.011	0.179		
CUSA				1.000	0.487			
CUSL					1.000			
LIKE				0.436	0.531	1.000		
PERF		0.364		0.112	0.146	0.134	1.000	
QUAL		0.349		0.216	0.340	0.379		1.000

'QUAL'로부터 'CUSL'로 가는 경로계수의 간접효과는 0.203으로 보고되는데, 이는 'QUAL'로부터 'CUSL'로 가는 총효과 0.340에서 'QUAL'로부터 'CUSL'로 가는 직접효과 0.137을 뺀 값이다.

'QUAL' → 'CUSL' 경로의 간접효과=0.203은 'QUAL' →'COMP' → 'CUSL'의 경로계수: 0.349*−0.064=−0.022, 'QUAL' →'COMP' → 'CUSA' → 'CUSL'의 경로계수: 0.349*0.145*0.487=0.025, 'QUAL' → 'LIKE' → 'CUSA' → 'CUSL'의 경로계수: 0.379*0.436*0.487=0.080, 'QUAL' → 'LIKE' → 'CUSL'의 경로계수: 0.379*0.319=0.121을 모두 합친 것이다. 결국 SmartPLS 3.0에서 보고되는 간접효과는 **총간접효과(total indirect effect)**임을 알 수 있다. 따라서 **특정간접효과(specific indirect effect)**를 검정하기 위해서는 SmartPLS 2.0에서처럼 붓스트레핑을 한 다음, 거기에서 얻어진 값을 엑셀에 붙여 계산해야 한다.

참·고·문·헌

Hair, J. F., Hult, G. T. M., Ringle, C. M., and Sarstedt, M. (2014), *A Primer on Partial Least Squares Structural Equation Modeling(PLS-SEM)*, Thousand Oaks, CA: Sage Publications.

Hair, J. F., Ringle, C. M., and Sarstedt, M. (2011), "PLS-SEM: Indeed a Silver Bullet," *Journal of Marketing Theory and Practice*, 19(2), 139-152.

Hair, J. F., Ringle, C. M., and Sarstedt, M. (2012), "Partial Least Squares: The Better Approach to Structural Equation Modeling?" *Long Range Planning*, 45(5-6), 312-319.

Hair, J. F., Ringle, C. M., and Sarstedt, M. (2013), "Partial Least Squares Structural Equation Modeling: Rigorous Applications, Better Results and Higher Acceptance," *Long Range Planning*, 46(1-2), 1-12.

Hair, J. F., Sarstedt, M., Pieper, T., and Ringle, C. M. (2012), "The Use of Partial Least Squares Structural Equation Modeling in Strategic Management Research: A Review of Past Practices and Recommendations for Future Applications," *Long Range Planning*, 45(5-6), 320-340.

Hair, J. F., Sarstedt, M., Ringle, C. M., and Mena, J. A. (2012), "An Assessment of the Use of Partial Least Squares Structural Equation Modeling in Marketing Research," *Journal of the Academy of Marketing Science*, 40(3), 414-433.

Klarner, P., Sarstedt, M., Hoeck, M., and Ringle, C. M. (2013), "Disentangling the Effects of Team Competences, Team Adaptability, and Client Communication on the Performance of Management Consulting Teams," *Long Range Planning*, 46, 258-286.

Ringle, C. M., Sarstedt, M., and Straub, D. W. (2012), "Editor' s Comments: A Critical Look at the Use of PLS-SEM in MIS Quarterly," *MIS Quarterly*, 36(1), 3-14.

Ringle, C. M., Wende, S., and Becker, J.-M. (2014), SmartPLS 3.0, Hamburg: SmartPLS: Retrieved from http://www.smartpls.com.

Ringle, C. M., Wende, S., and Becker, J.-M. (2015), SmartPLS 3, Boenningstedt: SmartPLS GmbH, http://www.smartpls.com.

Ringle, C. M., Wende, S., and Will, A. (2005), SmartPLS 2.0, http://www.smartpls.de

Sarstedt, M., Henseler, J., and Ringle, C. M. (2011), "Multigroup Analysis in Partial Least Squares (PLS) Path Modeling: Alternative Methods and Empirical Results," *Advances in International Marketing*, 22, 195-218.

Part 3

조절효과와 매개효과의 결합

Chapter 16 조절된 매개효과

1 조절된 매개효과의 의의

조절된 매개효과(moderated mediation effect)는 독립변수가 종속변수에 미치는 효과가 매개변수를 통해 나타나고(즉 매개효과가 있고), 매개효과가 조절변수의 수준에 따라 달라지는가를 검정하는 것이다. 조절된 매개효과는 다음과 같은 연구 상황에서 분석한다.

① 조절변수가 범주변수인 경우, 매개효과가 집단 간에 차이가 나는가를 분석하는 경우: 예를 들어, 남자와 여자에 따라 매개효과가 차이가 있는가를 분석하는 것이다. 즉, 남자집단에서는 독립변수가 종속변수에 미치는 매개효과가 있고 여자집단에서는 매개효과가 없다면, 이는 조절된 매개효과가 있다고 본다.

② 조절변수가 연속변수인 경우, 조절변수의 크기에 따라 매개효과가 더 크거나 또는 작게 나타나는가를 분석하는 경우: 예를 들어, 리더십 자아효능감(매개변수)은 퍼스넬러티 변수(예: 외향성)와 리더십효과 간에 매개역할을 할 수 있다. 이 경우 조절변수인 직무자율성(job autonomy)이 리더십 자아효능감(매개변수)과 리더십효과 간에 조절역할을 할 수 있다. 퍼스넬러티 변수(예: 외향성) → 리더십 자아효능감(매개변수) → 리더십효과 간의 매개효과가 직무자율성의 수준에 따라 차이가 있을 수 있다. 즉 직무자율성 수준이 낮은 경우에는 매개효과가 작고, 직무자율성 수준이 높은 경우에는 매개효과가 클 수 있다. 이를 나타내면 [그림 16-1]과 같다.

그림 16-1 ▌조절된 매개효과모델의 예

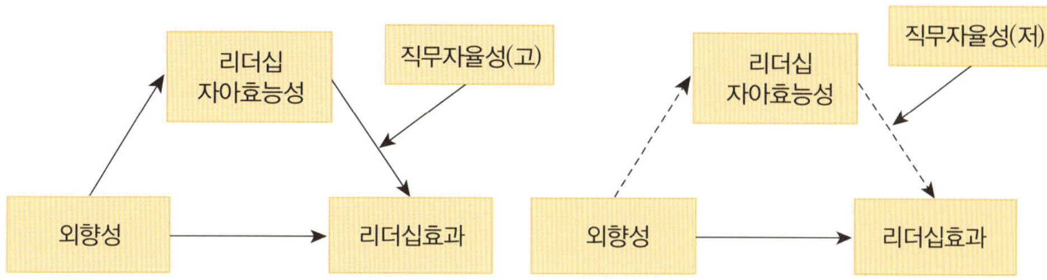

주: → : 매개효과가 큼, ⇢ : 매개효과가 작음

③ 조절변수의 수준에 따라 매개효과의 방향이 달라지는가를 분석하는 경우: 예를 들어, 조절변수값이 큰 경우에는 매개효과의 방향이 정적(+)으로 나타나고, 조절변수값이 작은 경우에는 매개효과의 방향이 부적(−)으로 나타날 수 있다.

2 조절된 매개효과모델의 유형

2.1 조절된 매개효과모델의 유형

조절된 매개효과모델에는 다양한 유형이 있는데 그 가운데 대표적인 예를 제시하면 [그림 16-2], [그림 16-3], [그림 16-4], [그림 16-5], [그림 16-6], [그림 16-7]과 같다. 그림에서 볼 수 있듯, '조절된 매개효과모델'에서 조절변수가 '$X \rightarrow M$' 사이에 있을 수 있고, 또는 '$M \rightarrow Y$' 사이에 있을 수 있다. **일부 연구에서 [그림 16-2]는 '매개된 조절효과모델'로, [그림 16-4]는 '조절된 매개효과모델'로 기술한 것을 볼 수 있는데 이는 틀린 표현이다. [그림 16-2], [그림 16-4] 모두 '조절된 매개효과모델'이다.** 즉 조절변수가 어느 쪽에 붙느냐의 문제가 아니라 통계적 모델과 가설이 어떻게 되어 있느냐에 따라 '조절된 매개효과모델'과 '매개된 조절효과모델'로 구분된다. [그림 16-3]은 조절된 매개효과모델 또는 매개된 조절효과모델 모두에 해당한다.

그림 16-2 | 조절된 매개효과모델: 모델 1(PROCESS model 7)

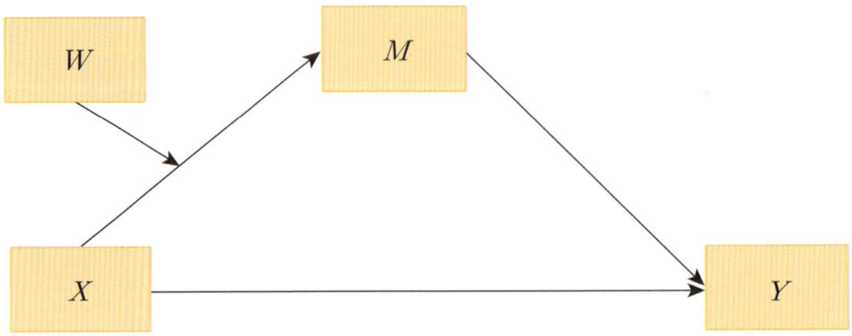

(a) 개념적 모델

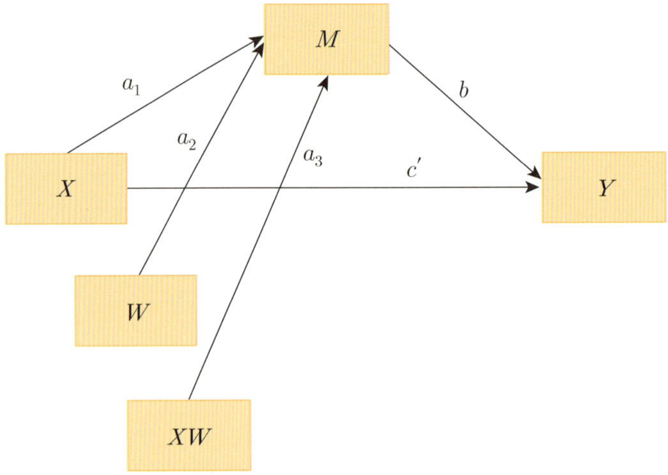

(b) 통계적 모델

[그림 16-2] 모델은 $X \rightarrow M \rightarrow Y$의 매개효과가 X와 M 사이의 조절변수인 W에 의해 조절되는가를 살펴보는 것이다.

(b)의 통계적 모델을 추정하기 위해서는 다음과 같은 2개의 방정식이 필요하다.

$$M = i_M + a_1 X + a_2 W + a_3 XW + e_M \quad (1)$$

$$Y = i_Y + c'X + bM + e_Y \quad (2)$$

M을 통해 X가 Y에 주는 간접효과(아래 표기의 ω)는 식 (1)로부터 얻은 X의 M에 대한 조건효과와 식 (2)에서 얻게 되는 X를 통제했을 때 Y에 대한 M의 효과를 곱한 것이다. 이를 **조건부간접효과(conditional indirect effect)**라 하고 다음과 같은 식으로 나타낼 수 있다.

$$\omega = (a_1 + a_3 W)b \tag{3}$$

식 (3)은 다음과 같이 쓸 수 있다.

$$\omega = a_1 b + a_3 b W \tag{4}$$

식 (4)에서 $a_1 b$는 절편, $a_3 b$는 기울기를 의미한다. $a_3 b$는 모델 (b)에서 M을 통해 X가 Y에 미치는 간접효과에 대한 W의 효과를 의미한다. 식 (4)에서 $a_3 b$를 **조절된 매개지수(index of moderated mediation)**라 한다. 이 조절된 매개지수가 통계적으로 유의적인가를 검토하여 유의적이면 조절된 매개효과가 있고, 비유의적이면 조절된 매개효과가 없다고 해석한다.

그림 16-3 | 조절된 매개효과모델: 모델 2(PROCESS model 8)

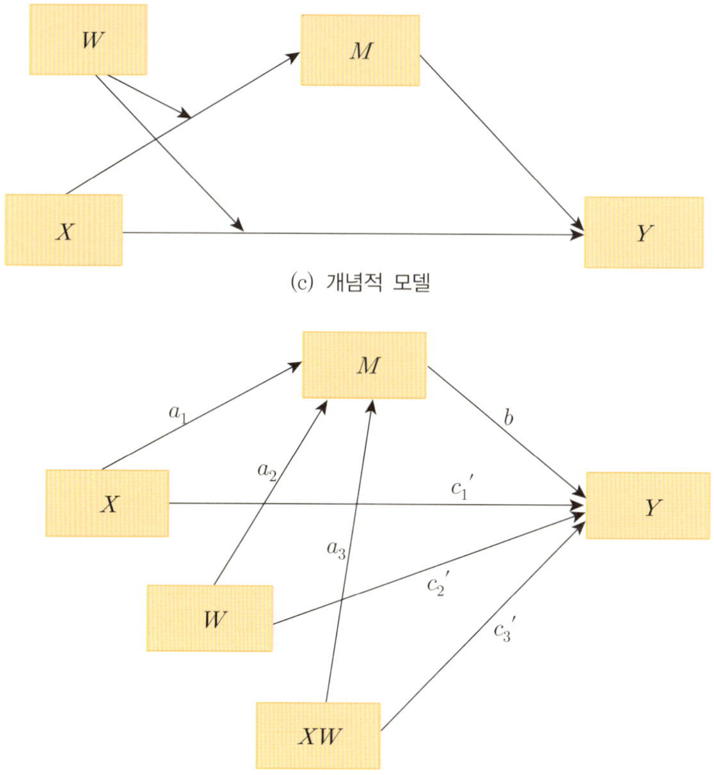

(d) 통계적 모델

[그림 16-3] 모델은 $X \rightarrow M \rightarrow Y$의 매개효과가 X와 M 사이의 조절변수인 W에 의해 조절되고, 동시에 X와 Y 사이에 W가 조절되는가를 살펴보는 것이다. **[그림 16-3] 모델은 '조절된 매개효과모델'과 '매개된 조절효과모델' 모두에 해당한다.**

(d)의 통계적 모델을 추정하기 위해서는 다음과 같은 2개의 방정식이 필요하다.

$$M = i_M + a_1X + a_2W + a_3XW + e_M \quad (5)$$

$$Y = i_Y + c_1'X + c_2'W + c_3'XW + bM + e_Y \quad (6)$$

이 식에서 조건부간접효과는 다음과 같다.

$$\omega = (a_1 + a_3W)b \quad (7)$$

식 (7)에서 **조절된 매개지수(index of moderated mediation)**는 a_3b이다.

그림 16-4 ▌조절된 매개효과모델: 모델 3(PROCESS model 14)

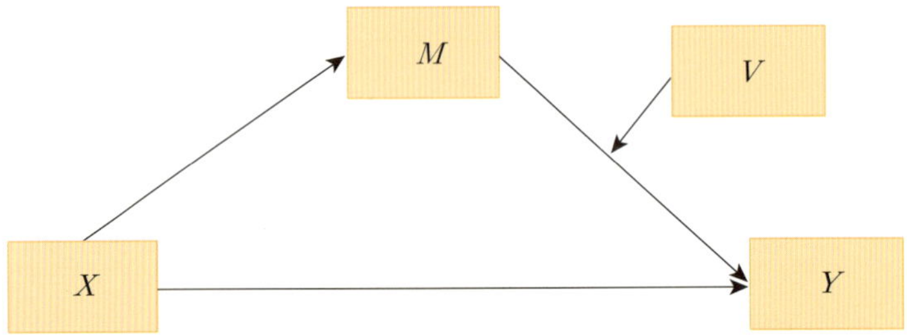

(e) 개념적 모델

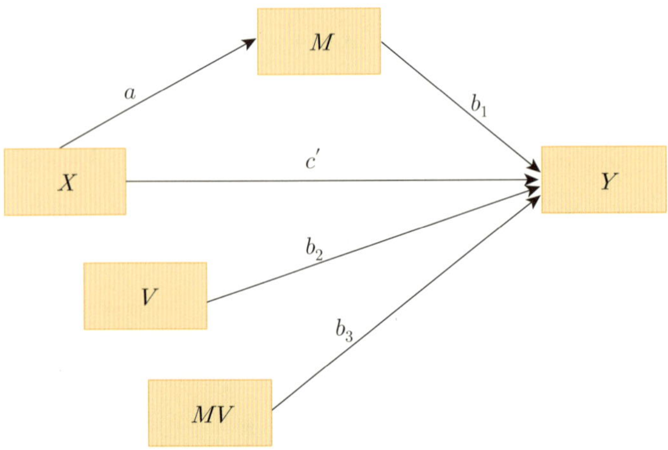

(f) 통계적 모델

[그림 16-4] 모델은 $X \rightarrow M \rightarrow Y$의 매개효과가 M과 Y 사이의 조절변수인 V에 의해 조절되는가를 살펴보는 것이다.

(f)의 통계적 모델을 추정하기 위해서는 다음과 같은 2개의 방정식이 필요하다.

$$M = i_M + aX + e_M \tag{8}$$

$$Y = i_Y + c'X + b_1M + b_2V + b_3MV + e_Y \tag{9}$$

M을 통해 X가 Y에 주는 간접효과는 식 (8)로부터 얻은 X의 M에 대한 조건효과와 식 (9)에서 얻은 X를 통제했을 때 Y에 대한 M의 효과를 곱한 것이다. 이를 다음과 같이 나타낼 수 있다.

$$\omega = a(b_1 + b_3V) \tag{10}$$

식 (10)은 다음과 같이 쓸 수 있다.

$$\omega = ab_1 + ab_3V \tag{11}$$

식 (10)과 식 (11)을 **조건부간접효과(conditional indirect effect)**라 한다. 조건부간접효과는 $X \rightarrow M \rightarrow Y$의 간접효과(매개효과)가 조절변수($V$)의 수준에 따라 달라지는가를 검정한다.

식 (11)에서 ab_1은 절편, ab_3은 기울기를 의미한다. ab_3은 모델 (f)에서 M을 통해 X가 Y에 미치는 간접효과에 대한 V의 효과를 의미한다. ab_3은 **조절된 매개지수(index of moderated mediation)**라 한다. 조절된 매개지수는 $X \rightarrow M \rightarrow Y$의 간접효과(매개효과)가 조절변수($V$)의 수준에 따라 달라지는 정도를 지수화한 값이다. 이 조절된 매개지수가 통계적으로 유의적인가를 검토하여 유의적이면 조절된 매개효과가 있고, 비유의적이면 조절된 매개효과가 없다고 해석한다.

그림 16-5 ▌조절된 매개효과모델: 모델 4(PROCESS model 15)

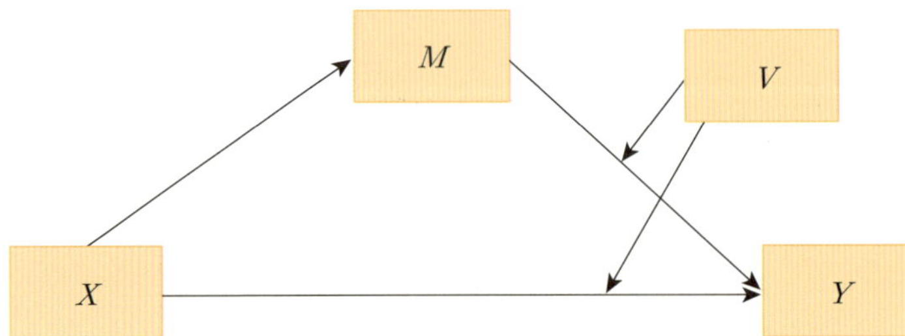

(g) 개념적 모델

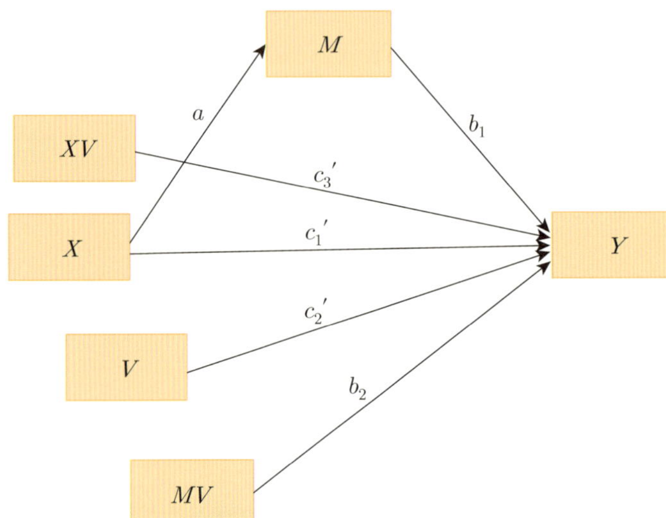

(h) 통계적 모델

[그림 16-5] 모델은 $X \rightarrow M \rightarrow Y$의 매개효과가 M과 Y 사이의 조절변수인 V에 의해 조절되고, 동시에 X와 Y 사이에 V가 조절되는가를 살펴보는 것이다.

(h)의 통계적 모델을 추정하기 위해서는 다음과 같은 2개의 방정식이 필요하다.

$$M = i_M + aX + e_M \tag{12}$$

$$Y = i_Y + b_1 M + c_1{}'X + c_2{}'V + c_3{}'XV + b_2 MV + e_Y \tag{13}$$

이 식에서 조건부간접효과는 다음과 같다.

$$\omega = a(b_1 + b_2 V) \tag{14}$$

식 (14)에서 **조절된 매개지수(index of moderated mediation)는** ab_2이다.

그림 16-6 ▌ 조절된 매개효과모델: 모델 5(PROCESS model 58)

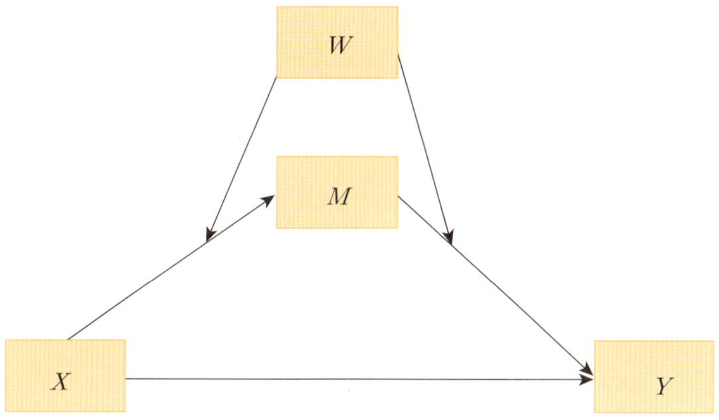

(i) 개념적 모델

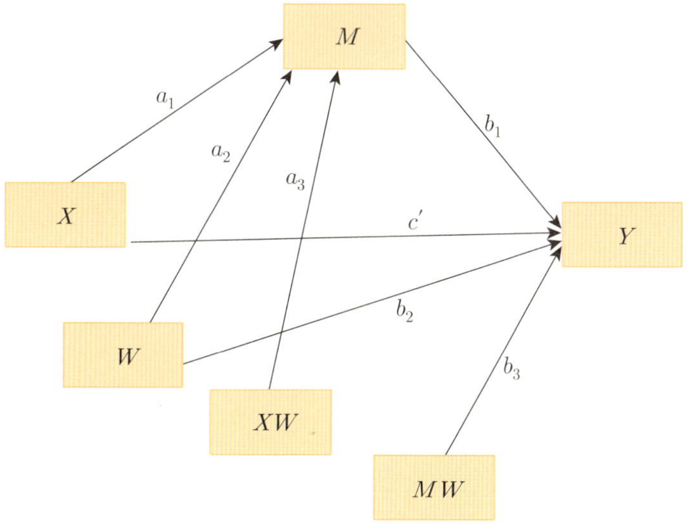

(j) 통계적 모델

[그림 16-6] 모델은 $X \rightarrow M$, $M \rightarrow Y$ 사이의 관계를 조절변수인 W가 동시에 조절역할을 하는가를 살펴보고자 하는 것이다.

(j)의 통계적 모델을 추정하기 위해서는 다음과 같은 2개의 방정식이 필요하다.

$$M = i_M + a_1 X + a_2 W + a_3 XW + e_M \quad (15)$$

$$Y = i_Y + c'X + b_2 W + b_3 MW + b_1 M + e_Y \quad (16)$$

이 식에서 조건부간접효과는 다음과 같다.

$$\omega = (a_1 + a_3 W)(b_1 + b_3 W) \tag{17}$$

그림 16-7 조절된 매개효과모델: 모델 6(PROCESS model 74)

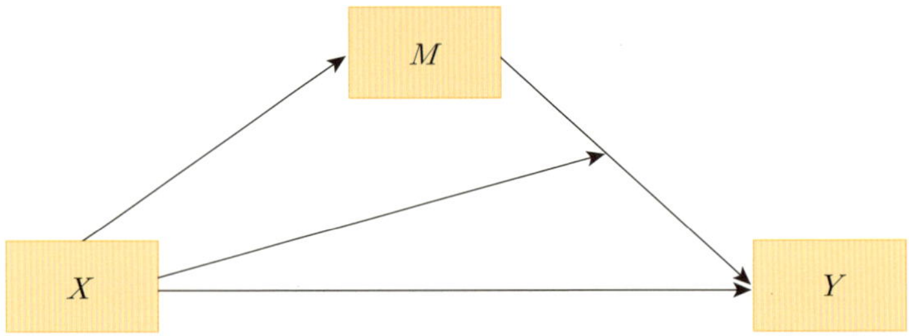

(k) 개념적 모델

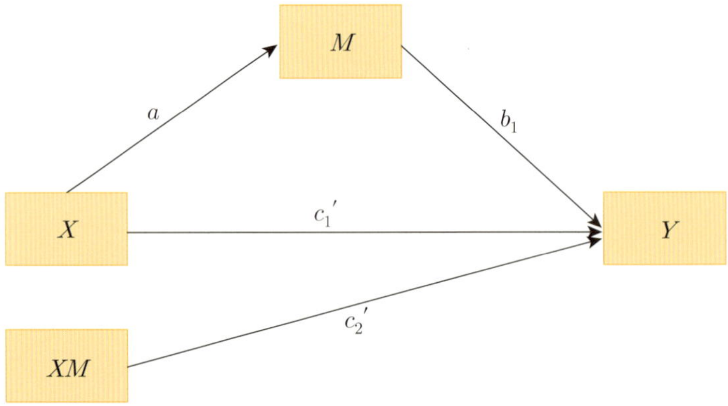

(l) 통계적 모델

[그림 16-7] 모델은 X가 M을 경유해 Y에 미치는 매개효과가 조절변수인 X 자체가 M과 Y 사이를 조절하는가를 살펴보는 것이다.

(l)의 통계적 모델을 추정하기 위해서는 다음과 같은 2개의 방정식이 필요하다.

$$M = i_M + aX + e_M \tag{18}$$

$$Y = i_Y + c_1{}'X + b_1 M + c_2{}'XM + e_Y \tag{19}$$

이 식에서 조건부간접효과는 다음과 같다.

$$\omega = a(b_1 + c_2{}'X) \tag{20}$$

식 (20)에서 조절된 매개지수는 $ac_2{}'$이다.

지금까지 살펴본 조절된 매개효과와 관련된 모델별로 **조절된 매개지수(index of moderated mediation)**를 정리하면 [표 16-1]과 같다.

표 16-1 ▌PROCESS 모델별 조절된 매개지수

PROCESS model	Index of Moderated Mediation
model 7	$(a_3b)\delta$
model 8	$(a_3b)\delta$
model 14	$(ab_3)\delta$
model 15	$(ab_2)\delta$
model 58(W가 이분변수인 경우에만 계산됨)	$(a_1b_3 + a_3b_1 + a_3b_3(2W_{low} + \delta)\delta$
model 74	$ac_2{}'$

자료: Hayes(2016), p. 3.

[표 16-1]의 조절된 매개지수에서 조절변수가 이분변수가 아니면 δ는 1로 설정된다. 조절변수가 이분변수이면 δ는 두 집단에 대해 조절변수 코딩의 두 값 사이의 차이로 설정된다. model 58의 조절된 매개지수는 조절변수가 이분변수인 경우에만 제공된다. 이 모델에서 W_{low}는 집단들을 코딩하기 위해 사용된 두 값 가운데 작은 값을 의미한다. model 74에서 조절변수가 이분변수이면 간접효과는 하나만 있기 때문에 조절변수가 이분변수가 아닌 경우에만 조절된 매개지수가 계산된다.

2.2 기존에 연구된 조절된 매개효과모델과 문제점

1) 기존에 연구된 조절된 매개효과모델

기존에 연구된 조절된 매개효과를 모델별로 정리하면 [표 16-2]와 같다. 조절된 매개효과에 관한 대부분의 연구는 '모델 1' 또는 '모델 3'에 초점이 맞추어져 있다.

표 16-2 ▌기존에 연구된 대표적인 조절된 매개효과

모델	기존연구
[그림 16-2]: 모델 1 (PROCESS model 7)	Deng & Kahn(2009), Nielsen et al.(2015), Rees & Freeman(2009), Wang et al.(2012), Zhou et al.(2012)
[그림 16-3]: 모델 2 (PROCESS model 8)	제17장 '매개된 조절효과' 참조
[그림 16-4]: 모델 3 (PROCESS model 14)	Chen et al.(2014), Cole et al.(2008), Parker et al.(2011), Pegram et al.(2017), Popan et al.(2010), Thompson et al.(2017)
[그림 16-5]: 모델 4 (PROCESS model 15)	Weiss & Johar(2016)
[그림 16-6]: 모델 5 (PROCESS model 58)	Deane et al.(2016), Huang et al.(2012), Kim & Labroo(2011), Parade et al.(2010)
[그림 16-7]: 모델 6 (PROCESS model 74)	Cole et al.(2016), Einarsen et al.(2016), MacNeil et al.(2010), Moneta(2011)

2) 기존에 연구된 조절된 매개효과모델의 문제점

조절된 매개효과와 매개된 조절효과에 관한 연구를 촉발하게 된 계기가 된 논문이 Muller, Judd, & Yzerbyt(2005)의 연구이다. Muller 등의 연구가 발표되면서 많은 학자들이 조절된 매개효과와 매개된 조절효과를 가설로 설정하여 연구를 진행하였다.

그 후에 발표된 논문들을 보면, 조절된 매개효과와 매개된 조절효과가 서로 혼용되어 명칭이 부여된 연구가 많다. 조절된 매개효과라는 명칭이 부여된 연구에서 분석은 실질적으로 매개된 조절효과의 관점에서 수행한 연구도 있고, 반대로 매개된 조절효과라는 명칭을 부여하고 분석은 실질적으로 조절된 매개효과의 관점에서 진행한 연구도 있다. Deng & Kahn(2009)의 연구에서 그들은 '모델 1'을 '매개된 조절효과'로 명명하고 분석하였으나 이는 잘못된 명칭으로 여겨진다.

Hayes가 2012년에 PROCESS라는 macro를 개발하여 공개하면서 그 후에 발표된 논문들은 용어 정리가 어느 정도 이루어진 것 같고, 분석도 제대로 한 것을 알 수 있다. 다음 장에서 설명하겠지만, Hayes는 '매개된 조절효과'라는 용어 자체를 폐기할 것까지 주장한다. 그런 점에서 '조절된 매매효과' 및 '매개된 조절효과'의 관점에서 연구를 한 경우, 이들 용어보다는 **조건부과정분석(conditional process analysis)**이라는 용어를 사용하는 것이 더 바람직하다고 여겨진다. 굳이 이들 용어를 사용하고자 한다면 모델 2를 제외한 나머지 모델은 모두 조절된 매개효과로 명칭을 부여하고, 모델 2(PROCESS model 8)인 경우 조절된 매매효과와 매개된 조절효과 모두 통계적 모델은 동일하므로 가설을 어디에 초점을 두느냐에 따라 조절된 매개효과와 매개된 조절효과를 구분하여 명칭을 부여할 것을 권유하고자 한다.

3 PROCESS에 의한 조절된 매개효과분석

조절된 매개효과분석을 Amos에 의해 분석하기보다는 Hayes(2012, 2013, 2018)가 개발한 'PROCESS'를 이용하여 분석하는 접근법에 초점을 맞추어 살펴보기로 한다. **저자는 Amos로 틀리게 분석하기보다는 올바르고 정확하게 분석하는 것이 더 중요하다는 판단하에 이런 결정을 하였다.** 일부 연구에서 이들을 구조방정식모델로 분석한 것을 볼 수 있는데, 대부분 틀리게 분석하고 있다. 또한 외국 'top journal'에 실린 대부분의 논문들도 PROCESS로 분석한 것을 알 수 있다. Hayes의 PROCESS 설치에 관해서는 제2장을 참고하기 바란다.

만약 여러 문항으로 특정 개념을 측정하였다면, 이들을 단일지표로 만든 다음 Hayes의 PROCESS를 이용하여 분석할 것을 강력히 추천하는 바이다. 이러한 접근법은 조절된 매개효과분석뿐만 아니라 다음 장에서 설명하고 있는 매개된 조절효과분석에도 해당된다.

3.1 Cole 등(2008)의 연구고찰

Cole 등(2008)의 연구를 토대로 조절된 매개효과분석에 대해 살펴보기로 한다. 그들의 연구를 통해 가설을 어떻게 설정하고, 분석결과를 어떻게 보고하는가에 관해 초점을 맞추어 살펴보기로 한다. 그들의 연구모델은 [그림 16-8]과 같다. 이 모델은 앞서 논의한 조절된 매개효과모델 가운데 '모델 3'에 해당한다.

Cole 등은 자동차부품회사에서 근무하는 60개의 작업팀(work team)을 대상으로 연구하였다. 연구에 사용된 변수의 측정은 집단수준에서 측정된 것도 있고, 상사로부터 측정된 것도 있고, 200명의 팀멤버(team member)로부터 측정된 것도 있다.

먼저 '역기능적 팀행동(dysfunc)'은 팀멤버가 다른 멤버의 작업을 약화시키거나 또는 혁신이나 변화를 방해하는 정도를 측정한 것이다. '부정적 감정분위기(negtone)'는 작업시 부정적인 감정을 느끼는 정도를 측정한 것이다. '팀성과(perform)'는 팀이 회사의 목표를 효율적이고 시의적절하게 달성하는지를 상사를 대상으로 측정한 것이다. '부정적

그림 16-8 | Cole 등의 연구모델

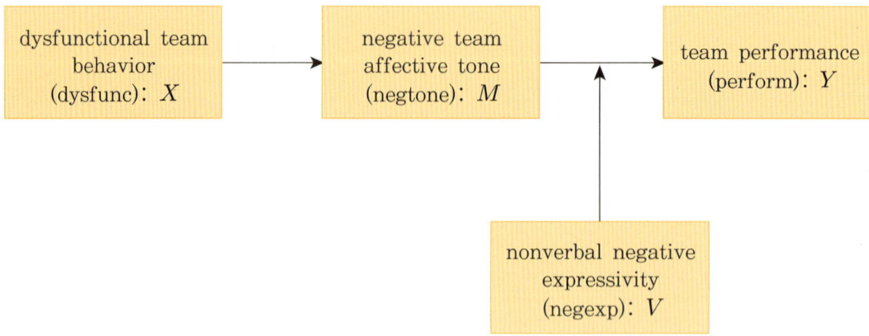

감정표현(negexp)'은 팀멤버들이 그들의 비언어적 부정적 감정을 표현하는 정도에 대해 상사로부터 측정한 것이다. 이들 4개의 변수는 모두 점수가 높을수록 정도가 큼을 의미한다.

이 연구의 목적은 작업팀멤버들의 역기능적 행동이 작업팀의 성과에 부정적으로 영향을 미치는 메커니즘을 연구하는 데 있다. 이를 위해, 먼저 역기능적 행동(X)은 작업환경을 부정적 감정(M)으로 가득차게 만들게 되고 이로 인해 팀성과(Y)가 떨어진다는 매개모델을 설정하였다. 또한 부정적 감정분위기(M)가 팀성과를 떨어뜨리는 효과는 부정적 감정을 표현하는 정도(V)에 따라 달라진다는 조절모델을 설정하였다. 부정적 감정을 감추기보다는 표현할수록 팀성과는 더 떨어진다고 가설화했다.

Cole 등(2008)의 연구에서 조절된 매개효과와 관련된 가설은 다음과 같다(Cole 등의 논문 p. 948).

H4a: The inverse relationship between negative team affective tone and team performance will be weaker for teams low on nonverbal negative expressivity than for teams high on nonverbal negative expressivity.

H4b: Nonverbal negative expressivity will moderate the negative and indirect effect of dysfunctional team behavior on team performance (through negative team affective tone). Specifically, negative team affective tone will mediated the indirect effect when nonverbal negative expressivity is high but when it is low.

위의 가설에서 H4b가 조절된 매개효과를 검정하기 위한 가설이다. 이 가설은 'nonverbal negative expressivity'가 낮을 때보다는 높을 때 'negative team affective tone'의 매개효과가 있을 것으로 가설화한 것이다.

Cole 등은 이 가설을 검정하기 위해 Preacher 등(2007)이 개발한 'MODMED'를 이용하여 분석하였다. PROCESS V2는 MODMED에서 분석할 수 있는 5개 모델 외에 총 76개의 모델을 분석할 수 있다(PROCESS V3은 55개 모델을 분석할 수 있음). 따라서 이제는 MODMED가 필요 없게 되었다. MODMED는 조건부간접효과의 '단순기울기'와 'Johnson-Neyman' 그래픽을 그릴 수 있는 편의를 제공하지만, PROCESS에서 제공하는 '조절된 매개지수'를 제공하지 않는다.

MODMED를 이용한 분석결과를 토대로 다음과 같은 식을 세울 수 있다.

$$\text{negtone} = .026 + .620\text{dysfunc} \tag{21}$$

$$\text{perform} = -.012 + .366\text{dysfunc} - .436\text{negtone} - .019\text{negexp} - .517\text{negtone}*\text{negexp} \tag{22}$$

식 (21)을 통해 'dysfunc'이 높을수록 'negtone'이 커지는 것을 알 수 있다($a=.620$). 또한 'negtone'이 'perform'에 미치는 효과는 'negexp'가 조절역할을 하는 것으로 나타났다($b_3=-.517$).

$b_1=-.436$은 'negtone'이 'perform'에 미치는 효과가 'dysfunc'이 동일한 상황에서 'negexp'를 '0'에서 측정한 효과이다. 'negexp'=0은 표본평균($\overline{V}=-.008$)보다 매우 적은 값이다. 따라서 'dysfunc'가 일정한 상황에서 'negexp'가 조금 높은 팀 가운데 감독자로부터 '부정적인 감정 분위기(negtone)'를 상대적으로 더 받는다고 지각하는 종업원은 성과(perform)가 조금 떨어지는 것으로 해석할 수 있다.

$b_2=-.019$는 'negexp'가 'perform'에 미치는 효과를 'negtone'이 '0'인 상황에서 추정한 것이다. '0'은 표본평균($\overline{M}=.047$)보다 조금 낮은 값이다. 따라서 'dysfunc'가 일정하고 'negtone'이 평균보다 조금 밑에 있는 종업원은 'negtone'은 조금 크고 'perform'은 적은 것으로 나타났다.

b_3이 유의적이라는 것은 가설이 기대한 것처럼 나타난 것을 의미하는 것은 아니다. 이를 위해 'negtone'과 'negexp' 간의 상호작용을 'negtone(M)'이 'perform(Y)'에 미치는

조건부효과를 'negexp(V)'의 여러 수준에 따라 보다 구체적으로 파악할 수 있다. 식 (22)를 다음과 같이 정리할 수 있다.

$$Y = -.012 + .366X + (-.436 - .517V)M - .019V \tag{23}$$

따라서 V의 조건에 따른 M의 Y에 대한 조건부효과는 다음과 같다.

$$b_1 + b_3 V = -.436 - .517V \tag{24}$$

여기에서 V값은 10분위, 25분위, 50분위, 75분위, 90분위 등의 퍼센타일(percentile) 값을 대입하여 조건부간접효과 $\omega = a(b_1 + b_3 V)$를 구할 수 있다. 이 값은 'negexp'가 '매우 낮은', '낮은', '중간', '높은', '매우 높은' 수준에 따라 'negtone'이 'perform'에 미치는 조건부간접효과를 의미한다. 또는 '평균+1SD', '평균', '평균−1SD'를 기준으로 값을 얻을 수도 있다. 조건부간접효과 $a(b_1 + b_3 V)$는 [표 16-3]과 같이 계산된다.

표 16-3 ▌조건부간접효과

negexp(V)	a	$b_1 + b_3 V$	$a(b_1 + b_3 V)$
-.730	.620	-.058	-.036
-.400	.620	-.229	-.142
-.060	.620	-.405	-.251
.500	.620	-.694	-.430
.840	.620	-.870	-.539

위의 결과를 토대로 Cole 등의 H4a와 H4b의 검정에 대해 살펴보기로 한다. 먼저, H4a의 검정에 대해 살펴보기로 한다. H4a는 'negative team affective tone'과 'team performance' 간의 부적인 관계는 'nonverbal expressiveness'가 높은 집단보다는 낮은 집단에 있어 그 관계가 약해질 것으로 가정한다. 분석결과, 'negative team affective tone'과 'nonverbal expressiveness' 간의 상호작용이 'team performance'에 미치는 효과는 유의적이며 부적으로 나타났다($B = -.517, t = 2.17, p < .05$).

이 가설을 보다 구체적으로 검정하기 위해 **단순기울기분석(simple slope analysis)**을 하였다. 즉, 'nonverbal expressiveness'의 '평균+1표준편차', '평균', '평균−1표준편차'

를 중심으로 관계를 검토하였다. 검토결과, 'nonverbal expressiveness'가 높은 집단에 있어 'negative team affective tone'과 'team performance' 간의 부적인 관계가 강한 것으로 나타났다(단순기울기=−.63, $t=-4.19$, $p<.05$). 반면에, 'nonverbal expressiveness'가 낮은 집단에 있어 'negative team affective tone'과 'team performance' 간의 관계는 정적이나 유의적이지 않은 것으로 나타났다(단순기울기=.02, $t=.12$, $p=ns$). 이러한 관계를 그림으로 나타내면 [Figure 2]와 같다(Cole 등의 논문 p. 954).

[Figure 2] Cole 등의 단순기울기

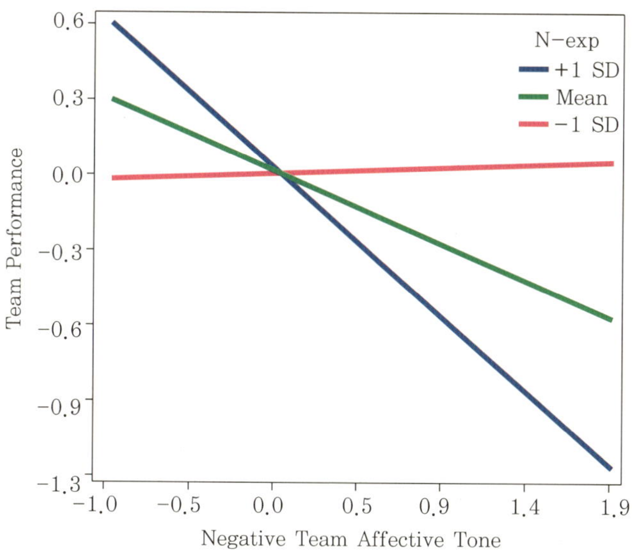

H4b의 검정에 대해 살펴보기로 한다. H4b의 검정이 조절된 매개효과의 검정에 해당된다. 이를 위해, 'dysfunc'가 'negtone'을 경유해 'perform'에 미치는 조건부간접효과를 'negexp'의 세 수준에 따라 검토하였다. 이 값은 Cole 등의 논문 p. 953에 있는 [Table 3]의 세 번째 행에 있는 값이다(논문에 첫 번째 값이 −.07로 되어 있는데 이는 오자인 것 같음. −.09가 정확한 값인 것 같음. 이는 다음 절에서 실제 자료를 이용한 분석에서 확인하기 바람).

Table 3
Regression Results for Conditional Indirect Effect

Predictor	*B*	*SE*	*t*	*p*
	Negative team affective tone			
Constant	0.03	0.06	0.42	.675
Dysfunctional team behavior	0.62	0.17	3.71	.001
	Team performance			
Constant	−0.01	0.06	−0.19	.846
Negative team affective tone (NAT)	−0.43	0.13	−3.33	.002
Nonverbal negative expressivity (N-exp)	−0.02	0.12	−0.16	.877
NAT × N-exp	−0.52	0.24	−2.17	.035
Nonverbal negative expressivity	**Boot indirect effect**	**Boot *SE***	**Boot *z***	**Boot *p***
	Conditional indirect effect at N-exp = *M* ± 1 *SD*			
−1 *SD* (−0.55)	−0.07	0.15	−0.49	.626
M (−0.01)	−0.26	0.12	−2.17	.030
+1 *SD* (0.54)	−0.44	0.16	−2.74	.006
Nonverbal negative expressivity[a]	**Boot indirect effect**	**Boot *SE***	**Boot *z***	**Boot *p***
	Conditional indirect effect at range of values of N-exp			
−1.05	0.09	0.22	0.43	.670
−0.85	−0.02	0.19	0.13	.900
−0.53	−0.08	0.15	−0.55	.585
−0.22	−0.19	0.12	−1.52	.128
−0.11	−0.22	0.12	−1.87	.062
0.10	−0.29	0.12	−2.41	.016
0.31	−0.36	0.13	−2.68	.007
0.52	−0.43	0.16	−2.74	.006
0.72	−0.50	0.19	−2.71	.007
0.83	−0.53	0.20	−2.67	.008
0.93	−0.57	0.22	−2.64	.008

Note. *n* = 60 teams. Unstandardized regression coefficients are reported. Bootstrap sample size = 5,000.
[a]Range of values represent an abbreviated version of the output provided by the macro.

위의 결과를 통해 알 수 있듯, 'negexp'이 낮은 수준(−.55)은 $p > 0.05$이어 조건부간접효과(−0.07)가 유의적이 아닌 것으로 나타났다. 'negexp' 수준이 낮으면(−.55) 그 관계는 크고(−0.07), 'negexp' 수준이 높으면(.54) 그 관계는 작은(−0.44) 것으로 나타난다. 다시 말해, 조절변수인 'negexp'의 수준이 높아짐에 따라(−0.55, −.01, 0.54) 매개효과는 작아지는 것(−0.07, −0.26, −0.44)으로 나타났다. 그러므로 조절된 매개효과가 있는 것으로 나타났다.

3.2 조절된 매개효과분석: 모델 3(PROCESS model 14)

앞서 논의한 Cole 등의 연구를 그들의 실제 자료에 의해 분석하기로 한다. 아래는

Cole 등의 모델을 검정하기 위한 자료 가운데 일부를 제시한 것이다.

	dysfunc	negtone	negexp	perform
1	-.23	-.51	-.49	.12
2	-.13	.22	-.49	.52
3	.00	-.08	.84	-.08
4	-.33	-.11	.84	-.08
5	.39	-.48	.17	.12
6	1.02	.72	-.82	1.12
7	-.35	-.18	-.66	-.28
8	-.23	-.13	-.16	.32
9	.39	.52	-.16	-1.08
10	-.08	-.26	-.16	-.28

[chap16] [cole et al.(2018).sav]

Cole 등의 가설을 PROCESS v3을 이용하여 분석하기로 한다. 이를 위해 다음과 같이 지정한다. 'perform'을 'Y variable'로, 'dysfunc'을 'X variable'로, 'negtone'을 'Mediator(s) M'으로, 'negexp'를 'Moderator variable W'로 보낸다. 'Model number'를 '14'로 바꾼다.

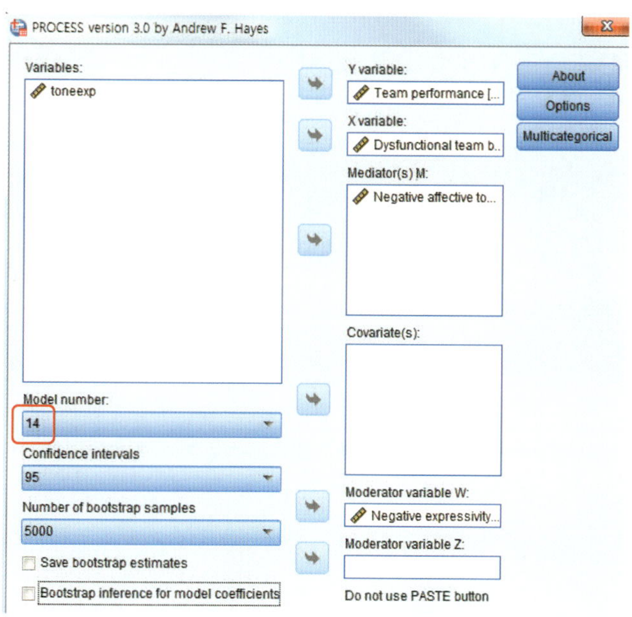

이를 분석하면 다음과 같은 결과를 얻는다.

```
**************************************************************************
Model = 14
    Y = perform
    X = dysfunc
    M = negtone
    V = negexp

Sample size
        60

**************************************************************************
Outcome: negtone

Model Summary
        R      R-sq      MSE         F       df1       df2         p
     .438      .192     .227    13.800     1.000    58.000      .000

Model
             coeff        se         t         p      LLCI      ULCI
constant      .026      .062      .416      .679     -.098      .149
dysfunc       .620      .167     3.715      .000      .286      .954

**************************************************************************
Outcome: perform

Model Summary
        R      R-sq      MSE         F       df1       df2         p
     .559      .312     .201     6.235     4.000    55.000      .000

Model
             coeff        se         t         p      LLCI      ULCI
constant     -.012      .059     -.203      .840     -.129      .105
negtone      -.436      .131    -3.338      .002     -.697     -.174
dysfunc       .366      .178     2.059      .044      .010      .722
negexp       -.019      .117     -.163      .871     -.254      .216
int_1        -.517      .241    -2.146      .036    -1.000     -.034

Product terms key:

 int_1    negtone     X     negexp

******************** DIRECT AND INDIRECT EFFECTS ********************

Direct effect of X on Y
     Effect      SE        t        p      LLCI      ULCI
       .366    .178    2.059     .044      .010      .722
```

```
Conditional indirect effect(s) of X on Y at values of the moderator(s):

Mediator
           negexp    Effect   Boot SE   BootLLCI   BootULCI
negtone     -.552    -.093     .150      -.398       .212
negtone     -.008    -.267     .118      -.559      -.085
negtone      .535    -.442     .162      -.797      -.152

Values for quantitative moderators are the mean and plus/minus one SD from mean.
Values for dichotomous moderators are the two values of the moderator.

*********************** INDEX OF MODERATED MEDIATION ***********************

Mediator
            Index   SE(Boot)   BootLLCI   BootULCI
negtone     -.320      .189      -.798      -.051
```

위의 분석결과를 토대로 [표 16-4]를 만든다.

표 16-4 ▌Cole 등의 조절된 매개효과분석 결과

	negtone(M)			perform(Y)		
		Coeff.	95% CI		Coeff.	95% CI
dysfunc(X)	a_1	.620	.286, .954	c'	.366	.010, .722
negtone(M)				b_1	-.436	-.697, -.174
negexp(V)				b_2	-.019	-.254, .216
$M \times V$				b_3	-.517	-1.000, -.034
constant	i_M	.026	-.098, .149	i_Y	-.012	-.129, .105
	R^2=.192 $F(1, 58)=13.800$, $p<.001$			R^2=.312 $F(4, 55)=6.235$, $p<.001$		

조절변수의 값에 따른 dysfunc(X)가 perform(Y)에 미치는 조건부간접효과

negexp	Effect	Boot SE	BootLLCI	BootULCI
-.552	-.093	.148	-.398	.212
-.008	-.267	.118	-.559	-.085
.535	-.442	.162	-.797	-.152

조절된 매개지수

매개변수	Index	SE(Boot)	BootLLCI	BootULCI
negtone	-.320	.189	-.798	-.051

조절된 매개지수 −.320은 95% 신뢰구간에 '0'을 포함하지 않아 조절된 매개효과가 있다고 해석한다. 이 값의 부호가 부적(−)인 것은 조절변수값이 커질수록 매개효과가 작아짐을 의미한다. [표 16-4]에서 조절변수(negexp)의 값이 커짐에 따라(−.552, −.008, .535) 매개효과가 작아짐을 알 수 있다(−.093, −.267, −.442).

조절된 매개효과가 있는 것으로 나타나면 조절변수(negexp)에 따른 조건부간접효과를 살펴본다. 조절변수의 수준이 낮은 경우(−.552)에는 95% 신뢰구간에 0을 포함하므로 조절된 매개효과(b=−.093)가 유의적이지 않고, 중간(−.008) 또는 높은(.535) 수준에서의 조절된 매개효과는 각각(b=−.267, b=−.442) 95% 신뢰구간에 '0'을 포함하지 않아 유의적인 것으로 나타났다.

3.3 조절된 매개효과분석: 모델 1(PROCESS model 7)

Cole 등의 자료를 이용하여 모델 1을 분석하기로 한다. 이를 위해 다음과 같이 지정한다. 'perform'을 'Y variable'로, 'dysfunc'을 'X variable'로, 'negtone'을 'Mediator(s) M'으로, 'negexp'를 'Moderator variable W'로 보낸다. 'Model number'를 '7'로 바꾼다.

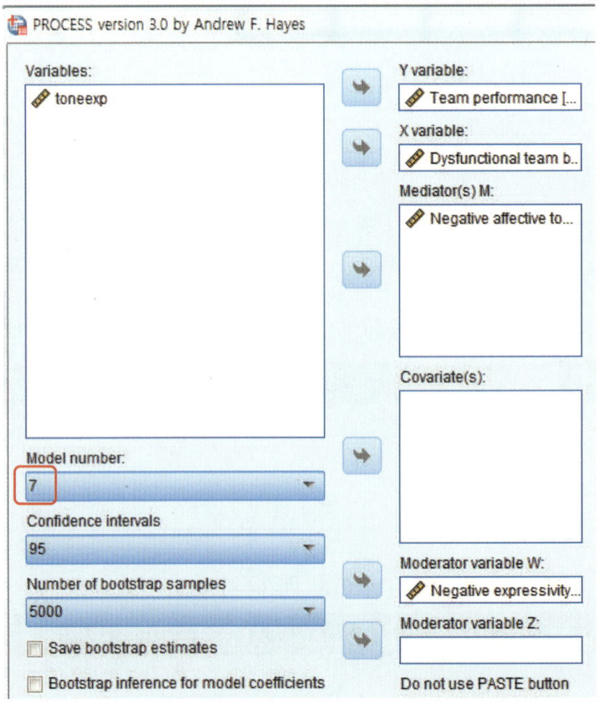

이를 분석하면 다음과 같은 결과를 얻는다.

```
**************************************************************************
Model = 7
    Y = perform
    X = dysfunc
    M = negtone
    W = negexp

Sample size
        60

**************************************************************************
Outcome: negtone

Model Summary
        R      R-sq      MSE        F      df1       df2         p
     .462      .213     .229    5.054    3.000    56.000      .004

Model
              coeff       se         t         p      LLCI      ULCI
constant       .025     .062      .411      .683     -.099      .150
dysfunc        .644     .169     3.802      .000      .304      .983
negexp         .124     .122     1.022      .311     -.119      .368
int_1         -.253     .261     -.969      .337     -.775      .270

Product terms key:

 int_1     dysfunc     X     negexp

**************************************************************************
Outcome: perform

Model Summary
        R      R-sq      MSE        F      df1       df2         p
     .489      .239     .215    8.973    2.000    57.000      .000

Model
              coeff       se         t         p      LLCI      ULCI
constant      -.022     .060     -.362      .719     -.142      .099
negtone       -.534     .128    -4.181      .000     -.790     -.278
dysfunc        .441     .181     2.443      .018      .080      .803

****************** DIRECT AND INDIRECT EFFECTS ******************

Direct effect of X on Y
    Effect        SE         t          p       LLCI       ULCI
```

```
      .441      .181     2.443      .018      .080      .803

Conditional indirect effect(s) of X on Y at values of the moderator(s):

Mediator
            negexp    Effect   Boot SE   BootLLCI   BootULCI
negtone      -.552     -.418      .154      -.841      -.175
negtone      -.008     -.345      .146      -.670      -.102
negtone       .535     -.272      .203      -.789      -.018

Values for quantitative moderators are the mean and plus/minus one SD from mean.
Values for dichotomous moderators are the two values of the moderator.

*********************** INDEX OF MODERATED MEDIATION ***********************
Mediator
             Index   SE(Boot)   BootLLCI   BootULCI
negtone       .135      .195      -.273       .475
```

위의 분석결과를 토대로 [표 16-5]를 만든다.

표 16-5 ▌조절된 매개효과분석 결과

	negtone(M)			perform(Y)		
		Coeff.	95% CI		Coeff.	95% CI
dysfunc(X)	a_1	.644	.304, .983	c'	.441	.080, .803
negtone(M)				b_1	-.534	-.790, -.278
negexp(V)	a_2	.124	-.119, .368			
$M \times V$	a_3	-.253	-.775, .270			
constant	i_M	.025	-.099, .150	i_Y	-.022	-.142, .099
	R^2=.213 $F(3, 56)=5.054$, $p<.01$			R^2=.239 $F(2, 57)=8.973$, $p<.001$		

조절된 매개지수의 붓스트레핑 결과 0을 포함하므로 조절된 매개효과가 없다고 해석한다. 조절된 매개효과가 없기 때문에 조건부간접효과를 검토하는 것이 의미가 없다.

3.4 조절된 매개효과분석: 모델 2(PROCESS model 8)

Cole 등의 자료를 이용하여 모델 2를 분석하기로 한다. 이를 위해 다음과 같이 지정한다. 'perform'을 'Y variable'로, 'dysfunc'을 'X variable'로, 'negtone'을 'Mediator(s) M'으로, 'negexp'를 'Moderator variable W'로 보낸다. 'Model number'를 '8'로 바꾼다.

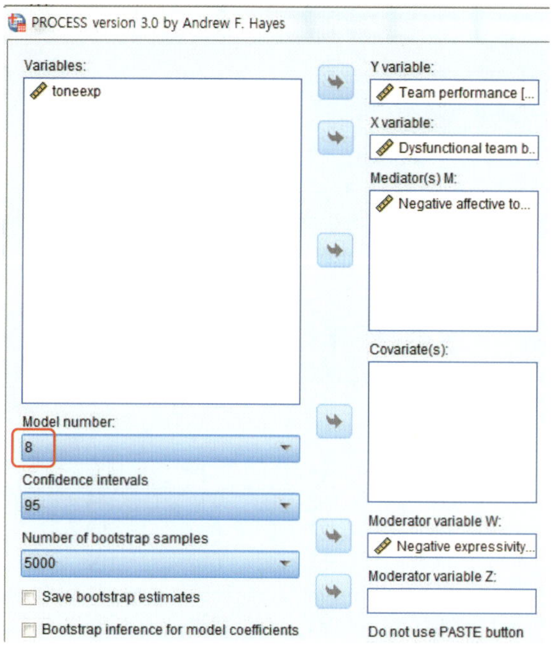

이를 분석하면 다음과 같은 결과를 얻는다.

```
**************************************************************************************
Model = 8
    Y = perform
    X = dysfunc
    M = negtone
    W = negexp

Sample size
        60

**************************************************************************************
Outcome: negtone

Model Summary
         R      R-sq       MSE         F       df1       df2         p
      .462      .213      .229     5.054     3.000    56.000      .004
```

```
Model
              coeff       se          t          p       LLCI       ULCI
constant       .025     .062       .411       .683      -.099       .150
dysfunc        .644     .169      3.802       .000       .304       .983
negexp         .124     .122      1.022       .311      -.119       .368
int_1         -.253     .261      -.969       .337      -.775       .270

Product terms key:

 int_1    dysfunc     X      negexp

*****************************************************************************
Outcome: perform

Model Summary
        R       R-sq       MSE          F        df1        df2          p
     .520       .270      .214      5.085      4.000     55.000       .001

Model
              coeff       se          t          p       LLCI       ULCI
constant      -.024     .060      -.392       .697      -.144       .097
negtone       -.539     .129     -4.174       .000      -.798      -.280
dysfunc        .468     .183      2.552       .014       .101       .836
negexp        -.073     .119      -.618       .539      -.311       .164
int_2         -.275     .254     -1.084       .283      -.785       .234

Product terms key:

 int_2    dysfunc     X      negexp

******************** DIRECT AND INDIRECT EFFECTS ********************

Conditional direct effect(s) of X on Y at values of the moderator(s):
    negexp     Effect       SE          t          p       LLCI       ULCI
     -.552       .620     .250      2.477       .016       .118      1.122
     -.008       .470     .184      2.559       .013       .102       .839
      .535       .321     .208      1.545       .128      -.095       .737

Conditional indirect effect(s) of X on Y at values of the moderator(s):

Mediator
             negexp     Effect    Boot SE   BootLLCI   BootULCI
negtone       -.552      -.422       .161      -.900      -.187
negtone       -.008      -.348       .131      -.651      -.123
negtone        .535      -.274       .170      -.688      -.028

Values for quantitative moderators are the mean and plus/minus one SD from mean.
Values for dichotomous moderators are the two values of the moderator.
```

```
-----
Indirect effect of highest order product:

Mediator
           Effect  SE(Boot)  BootLLCI  BootULCI
negtone      .136      .187     -.257      .471

*********************** INDEX OF MODERATED MEDIATION ***********************

Mediator
            Index  SE(Boot)  BootLLCI  BootULCI
negtone      .136      .187     -.257      .471
```

위의 분석결과를 토대로 [표 16-6]을 만든다.

표 16-6 ▌조절된 매개효과분석 결과

선행변수	결과변수											
	M(negtone)						*Y*(perform)					
	B		*SE*	*t*	LLCI	ULCI	*B*		*SE*	*t*	LLCI	ULCI
dysfunc(X)	a_1	.644	.169	3.802	.304	.983	c_1'	.468	.183	2.552	.101	.836
negtone(M)		–	–	–	–	–	b	–.539	.129	–4.174	–.798	–.280
negexp(V)	a_2	.124	.122	1.022	–.119	.368	c_2'	–.073	.119	–.618	–.311	.164
$M \times V$	a_3	–.253	.261	–.969	–.775	.270	c_3'	–.275	.254	–1.084	–.785	.234
constant	i_1	.025	.062	.411	–.099	.150	i_2	–.024	.060	–.392	–.144	.097
	$R^2=.213$ $F(3,56)=5.054,\ p<.01$						$R^2=.270$ $F(4,55)=5.085, p<.001$					

조절된 매개지수의 붓스트레핑 결과 0을 포함하므로 조절된 매개효과가 없다고 해석한다. 조절된 매개효과가 없기 때문에 조건부간접효과를 검토하는 것이 의미가 없다.

3.5 조절된 매개효과분석: 모델 4(PROCESS model 15)

모델 4를 분석하기 위해 다음과 같이 지정한다. 'perform'을 'Y variable'로, 'dysfunc'을 'X variable'로, 'negtone'을 'Mediator(s) M'으로, 'negexp'를 'Moderator variable V'로 보낸다. 'Model number'를 '15'로 바꾼다.

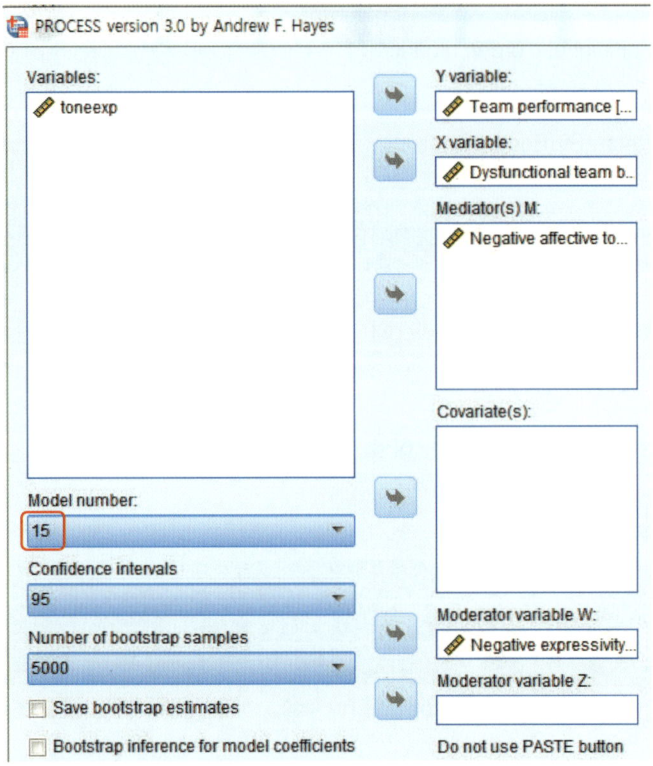

이를 분석하면 다음과 같은 결과를 얻는다.

```
**************************************************************************************
Model = 15
    Y = perform
    X = dysfunc
    M = negtone
    W = negexp

Sample size
        60

**************************************************************************************
Outcome: negtone

Model Summary
        R       R-sq       MSE          F        df1        df2          p
     .438       .192      .227     13.800      1.000     58.000       .000

Model
              coeff         se          t          p       LLCI       ULCI
```

```
constant      .026      .062      .416      .679     -.098      .149
dysfunc       .620      .167     3.715      .000      .286      .954

**************************************************************************
Outcome: perform

Model Summary
       R      R-sq       MSE         F       df1       df2         p
    .560      .313      .205     4.930     5.000    54.000      .001

Model
            coeff        se         t         p      LLCI      ULCI
constant    -.013      .059     -.216      .830     -.131      .106
negtone     -.447      .136    -3.291      .002     -.719     -.175
dysfunc      .382      .186     2.060      .044      .010      .754
negexp      -.011      .121     -.090      .929     -.253      .232
int_1       -.484      .262    -1.848      .070    -1.009      .041
int_2       -.090      .268     -.336      .738     -.628      .447

Product terms key:

 int_1    negtone    X    negexp
 int_2    dysfunc    X    negexp

************************ DIRECT AND INDIRECT EFFECTS ************************

Conditional direct effect(s) of X on Y at values of the moderator(s):
   negexp    Effect       SE         t         p      LLCI      ULCI
    -.552      .432     .265     1.627      .109     -.100      .964
    -.008      .383     .186     2.057      .045      .010      .756
     .535      .334     .203     1.642      .106     -.074      .741

Conditional indirect effect(s) of X on Y at values of the moderator(s):

Mediator
            negexp    Effect   Boot SE   BootLLCI   BootULCI
negtone      -.552     -.111      .176      -.481       .242
negtone      -.008     -.275      .124      -.580      -.077
negtone       .535     -.438      .146      -.765      -.184

Values for quantitative moderators are the mean and plus/minus one SD from mean.
Values for dichotomous moderators are the two values of the moderator.

************************ INDEX OF MODERATED MEDIATION ************************

Mediator
             Index   SE(Boot)   BootLLCI   BootULCI
negtone      -.300       .194      -.723      -.035
```

조절된 매개지수가 붓스트레핑 결과 0을 포함하므로 조절된 매개효과가 없다고 해석한다.

3.6 조절된 매개효과분석: 모델 5(PROCESS model 58)

모델 5를 분석하기 위해 다음과 같이 지정한다. 'perform'을 'Y variable'로, 'dysfunc'을 'X variable'로, 'negtone'을 'Mediator(s) M'으로, 'negexp'를 'Moderator variable W'로 보낸다. 'Model number'를 '58'로 바꾼다.

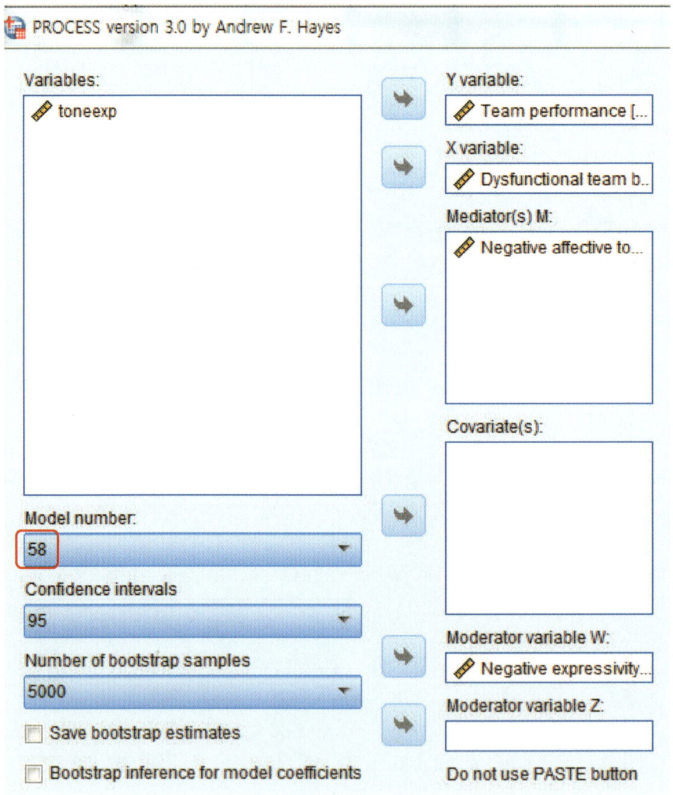

이를 분석하면 다음과 같은 결과를 얻는다.

```
**************************************************************************************************
Model = 58
    Y = perform
    X = dysfunc
```

```
    M = negtone
    W = negexp

Sample size
        60

**************************************************************************
Outcome: negtone

Model Summary
       R       R-sq      MSE        F       df1       df2         p
     .462      .213      .229     5.054     3.000    56.000      .004

Model
              coeff        se         t         p       LLCI       ULCI
constant       .025      .062       .411      .683      -.099       .150
dysfunc        .644      .169      3.802      .000       .304       .983
negexp         .124      .122      1.022      .311      -.119       .368
int_1         -.253      .261      -.969      .337      -.775       .270

Product terms key:

 int_1     dysfunc      X      negexp

**************************************************************************
Outcome: perform

Model Summary
       R       R-sq      MSE        F       df1       df2         p
     .559      .312      .201     6.235     4.000    55.000      .000

Model
              coeff        se         t         p       LLCI       ULCI
constant      -.012      .059      -.203      .840      -.129       .105
negtone       -.436      .131     -3.338      .002      -.697      -.174
dysfunc        .366      .178      2.059      .044       .010       .722
negexp        -.019      .117      -.163      .871      -.254       .216
int_2         -.517      .241     -2.146      .036     -1.000      -.034

Product terms key:

 int_2     negtone      X      negexp

******************** DIRECT AND INDIRECT EFFECTS ********************

Direct effect of X on Y
     Effect       SE         t         p       LLCI       ULCI
      .366      .178     2.059      .044      .010       .722
```

Conditional indirect effect(s) of X on Y at values of the moderator(s):

Mediator

	negexp	Effect	Boot SE	BootLLCI	BootULCI
negtone	−.552	−.118	.178	−.452	.255
negtone	−.008	−.279	.123	−.564	−.078
negtone	.535	−.362	.246	−.972	−.028

Values for quantitative moderators are the mean and plus/minus one SD from mean.
Values for dichotomous moderators are the two values of the moderator.

상호작용항이 유의적이어 조절된 매개효과가 있다고 해석한다. 조절변수(negexp)의 값이 커질수록 매개효과가 줄어든다고 해석한다.

3.7 조절된 매개효과분석: 모델 6(PROCESS model 74)

모델 6을 분석하기 위해 다음과 같이 지정한다. 'perform'을 'Y variable'로, 'dysfunc'을 'X variable'로, 'negtone'을 'Mediator(s) M'으로 보낸다. 'Model number'를 '74'로 지정한다.

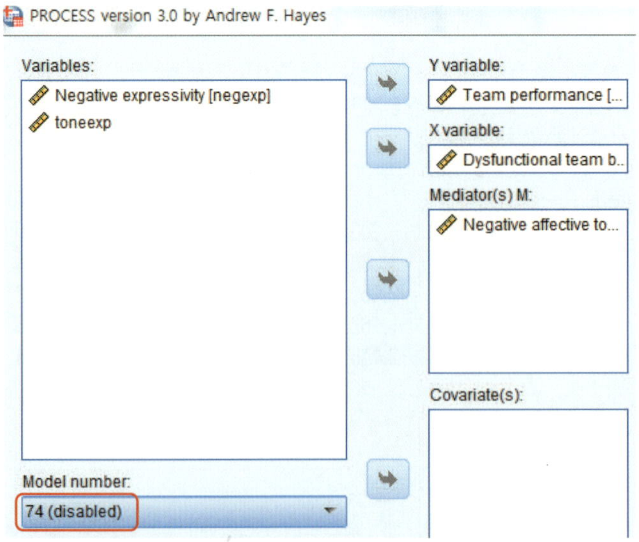

PROCESS v2는 'model 74'를 분석하도록 되어 있었으나, PROCESS v3은 이를 분석하지 않는 것으로 바뀌었다.

참·고·문·헌

Chen, L-Y., Hsiao, B., Chern, C-C., and Chen, H-G. (2014), "Affective Mechanisms Linking Internet Use to Learning Performance in High School Students: A Moderated Mediation Study," *Computers in Human Behavior*, 35, 431-443.

Cole, M. S., Walter, F., and Bruch, H. (2008), "Affective Mechanism Linking Dysfunctional Behavior to Performance in Work Teams: A Moderated Mediation Study," *Journal of Applied Psychology*, 93(5), 945-958.

Cole, C. E., Zapp, D. J., Fettig, N. B., and Pérez-Edgar, K. (2016), "Impact of Attention Biases to Threat and Effortful Control on Individual Variations in Negative Affect and Social Withdrawal in Very Young Children," *Journal of Experimental Child Psychology*, 141, 210-221.

Deane, K., Richards, M., Mozley, M., Scott, D., Rice, C., and Garbarino, J. (2016), "Posttraumatic Stress, Family Functioning, and Externalizing in Adolescents Exposed to Violence: A Moderated Mediation Model," *Journal of Clinical Child & Adolescent Psychology*, published online.

Deng, X., and Kahn, B. E. (2009), "Is Your Product on the Right Side? The "Location Effect" on Perceived Product Heaviness and Package Evaluation," *Journal of Marketing Research*, 46(6), 725-738.

Edwards, J. R., and Lambert, L. S. (2007), "Methods for Integrating Moderation and Mediation: A General Analytical Framework Using Moderated Path Analysis," *Psychological Methods*, 12(1), 1-22.

Einarsen, S., Skogstad, A., Rørvik, E., Lande, Å. B., and Nielsen, M. B. (2016), "Climate for Conflict Management, Exposure to Workplace Bullying and Work Engagement: A Moderated Mediation Analysis," *International Journal of Human Resource Management*, published online.

Hayes, A. F. (2012), PROCESS: A Versatile Computational Tool for Observed Variable Mediation, Moderation, and Conditional Process Modeling[White Paper], Retrieved from http://afhayes.com/public/process2012.pdf.

Hayes, A. F. (2013), *Introduction to Mediation, Moderation, and Conditional Process Analysis: A Regression-Based Approach*, New York, NY: Guilford Press.

Hayes, A. F. (2015), "An Index and Test of Linear Moderated Mediation," *Multivariate Behavioral Research*, 50(1), 1-22.

Hayes, A. F. (2016), Supplementary PROCESS Documentation, Retrieved from http://afhayes.com/public/docaddendum.pdf.

Hayes, A. F. (2018), *Introducdtion to Mediation, Moderation, and Conditional Process Analysis: A Regression-Based Approach*, 2nd ed., New York, NY: Guilford Press.

Huang, S-C., Zhang, Y., and Broniarczyk, S. M. (2012), "So Near and Yet So Far: The Mental Representation of Goal Progress," *Journal of Personality and Social Psychology*, 103(2), 225-241.

Kim, S., and Labroo, A. A. (2011), "From Inherent Value to Incentive Value: When and Why Pointless Effort Enhances Consumer Preference," *Journal of Consumer Research*, 38(4), 712-742.

MacNeil, G., Kosberg, J. I., Durkin, D. W., Dooley, W. K., DeCoster, J., and Williamson, G. M. (2010), "Caregiver Mental Health and Potentially Harmful Caregiving Behavior: The Central Role of Caregiver Anger," *The Gerontologist*, 50(1), 76-86.

Moneta, G. B. (2011), "Metacognition, Emotion, and Alcohol Dependence in College Students: A Moderated Mediation Model," *Addictive Behaviors*, 36, 781-784.

Morgan-Lopez, A. A., and MacKinnon, D. P. (2006), "Demonstration and Evaluation of a Method for Assessing Mediated Moderation," *Behavioral Research Methods*, 38(1), 77-87.

Muller, D., Judd, C. M., and Yzerbyt, V. Y. (2005), "When Moderation is Mediated and Mediation is Moderated," *Journal of Personality and Social Psychology*, 89(6), 852-863.

Nielsen, M. B., Finne, L. B., Christensen, J. O., and Knardahl, S. (2015), "Job Demands and Alcohol Use: Testing a Moderated Mediation Model," *Scandinavian Journal of Work Environment & Health*, 41, 43-53.

Parade, S. H., Leerkes, E. M., and Blankson, A. N. (2010), "Attachment to Parents, Social Anxiety, and Close Relationships of Female Students over the Transition to College," *Journal of Youth and Adolescence*, 39, 127-137.

Parker, R. J., Nouri, H., and Hayes, A. F. (2011), "Distributive Justice, Promotion Instrumentality, and Turnover Intentions in Public Accounting Firms," *Behavioral Research in Accounting*, 23(2), 169-186.

Pegram, S. E., Lumley, M. A., Jasinski, M. J., and Burns, J. W. (2017), "Psychological Trauma Exposure and Pain-Related Outcomes Among People with Chronic Low Back Pain: Moderated Mediation by Thought Suppression and Social Constraints," *Annals of Behavioral Medicine*, 51(2), 316-320.

Popan, J. R., Kenworthy, J. B., Frame, M. C., Lyons, P. A., and Snuggs, S. J. (2010), "Political Groups in Contact: The Role of Attributions for Outgroup Attitudes in Reducing Antipathy," *European Journal of Social Psychology*, 40(1), 86-104.

Preacher, K. J., Rucker, D. D., and Hayes, A. F. (2007), "Addressing Moderated Mediation

Hypotheses: Theory, Methods, and Prescriptions," *Multivariate Behavioral Research*, 42(1), 185–227.

Rees, T., and Freeman, P. (2009), "Social Support Moderates the Relationship Between Stressors and Task Performance Through Self–Efficacy," *Journal of Social and Clinical Psychology*, 28(2), 244–263.

Thompson, R. J., Mata, J., and Gotlib, A. G. I. H. (2017), "Adaptive Coping Mediates the Relation Between Mothers' and Daughters' Depressive Symptoms: A Moderated Mediation Study," *Journal of Social and Clinical Psychology*, 36(3), 171–195.

Wang, K., Stroebe, K., and Dovidio, J. F. (2012), "Stigma Consciousness and Prejudice Ambiguity: Can it be Adaptive to Perceive the World as Biased?" *Personality and Individual Differences*, 53, 241–245.

Weiss, L., and Johar, G. V. (2016), "Products as Self–Evaluation Standards: When Owned and Unowned Products Have Opposite Effects on Self–Judgment," *Journal of Consumer Research*, 42(6), 915–930.

Zhou, Q., Hirst, G., and Shipton, H. (2012), "Promoting Creativity at Work: The Role of Problem–Solving Demand," *Applied Psychology*, 61(1), 56–80.

Chapter 17 매개된 조절효과

1 매개된 조절효과의 의의

매개된 조절효과(mediated moderation effect)는 독립변수(X)와 매개변수(M) 간의 조절변수인 W가 X와 상호작용하여(XW) 매개변수를 통해 종속변수(Y)에 영향을 미치는가를 검정하는 것이다. 이는 다른 매개효과와 마찬가지로 XW가 M을 경유하여 Y에 미치는 효과는 X의 Y에 대한 조절효과에 의해 전달된다고 해석된다.

사회과학에서 많이 이용되고 있는 '태도 → 행동' 간의 관계를 통해 매개된 조절효과의 개념적 의미에 대해 살펴보기로 한다. '태도 → 행동' 간의 관계에서 태도는 독립변수, 행

그림 17-1 ▌매개된 조절효과의 개념적 모델

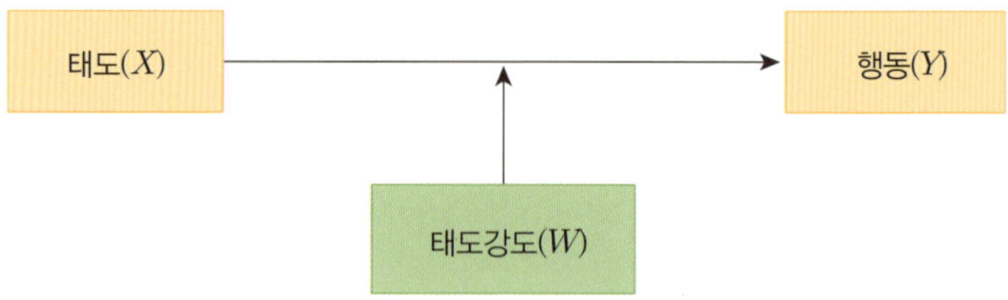

(a) 조절효과모델

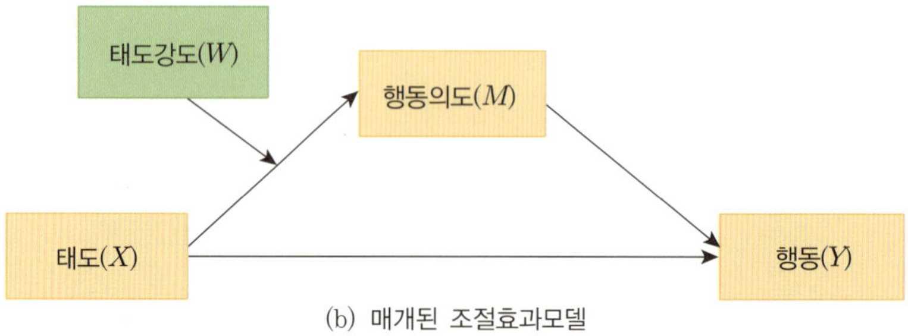

(b) 매개된 조절효과모델

동은 종속변수이다. 이 관계에서 조절변수로 '태도강도'(attitude strength)를 고려해 보기로 한다. 태도강도가 클수록 '태도 → 행동' 간의 관계는 강해질 것이다. '태도 → 행동' 간의 관계에서 '행동의도'를 매개변수로 고려하기로 한다. 그러면 [그림 17-1(b)]와 같은 모델을 얻게 된다.

태도 → 행동 간의 관계가 행동의도에 의해 매개된다고 가정하고 이러한 관계가 조절변수인 태도강도에 따라 어떻게 나타날 것인가를 확인하고자 한다. 이는 행동의도를 매개해 태도가 행동에 미치는 관계에서 태도강도에 따라 달라지는가를 살펴보고자 하는 것이다. 구체적으로, 태도강도가 낮은 경우에는 '태도 → 행동의도 → 행동' 간의 매개효과가 작게 나타날 수 있고, 태도강도가 높은 경우에는 '태도 → 행동의도 → 행동' 간의 매개효과가 크게 나타날 수 있다. 이들 간의 관계를 다음과 같은 가설로 표현할 수 있다.

가설 1: 태도가 행동에 미치는 영향은 행동의도가 매개할 것이고, 태도와 태도강도의 상호작용은 행동의도에 영향을 미칠 것이다.

가설 2: 행동의도는 태도가 행동에 미치는 영향을 매개할 것이고, 행동의도의 매개효과는 태도강도가 강할수록 커질 것이다.

[그림 17-2] 모델을 통해 매개된 조절효과의 개념적 의미에 대해 다시 한 번 살펴보기로 한다.

그림 17-2 ▌ 매개된 조절효과의 개념적 모델

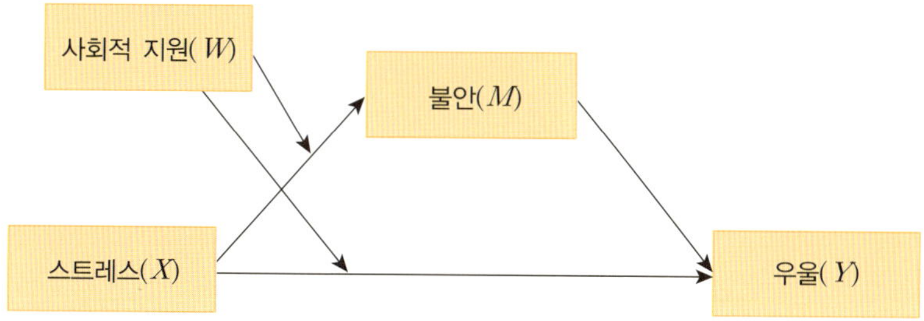

사람은 스트레스(X)를 받게 되면 우울(Y)해진다. 그런데 스트레스와 우울 간의 관계는 사회적 지원(W) 정도에 따라 달라질 수 있다. 즉 사회적 지원이 많으면 스트레스와 우울 간의 관계는 약해질 수 있다. 한편 스트레스와 우울 간의 관계에 불안(M)이 매개변수로 작용할 수 있다. 이러한 관계를 다음과 같은 식으로 나타낼 수 있다. 즉 스트레스와 우울 간의 조절효과를 검정하는 '스트레스×사회적 지원 → 우울'과 스트레스와 우울 간에 불안이라는 매개변수가 포함된 매개효과를 검정하는 '스트레스×사회적 지원 → 불안 → 우울'이 결합된 것이다. 이는 개념적으로 사회적 지원이 높으면 '스트레스 → 불안 → 우울'의 매개효과가 유의적일 수 있지만(또는 클 수 있지만), 사회적 지원이 낮으면 '스트레스 → 불안 → 우울'의 매개효과가 유의적이지 않을 수 있음(또는 작을 수 있음)을 의미한다. 이들 간의 관계를 다음과 같은 가설로 표현할 수 있다.

> 가설 1: 사회적 지원과 스트레스의 조절효과는 불안을 매개해 우울에 영향을 미칠 것이다.
> 가설 2: 불안은 사회적 지원과 스트레스의 조절효과를 매개해 우울에 영향을 미치고, 이러한 매개효과는 사회적 지원이 낮은 경우에 비해 높은 경우 더 클 것이다.

그림 17-3 ▌매개된 조절효과의 통계적 모델

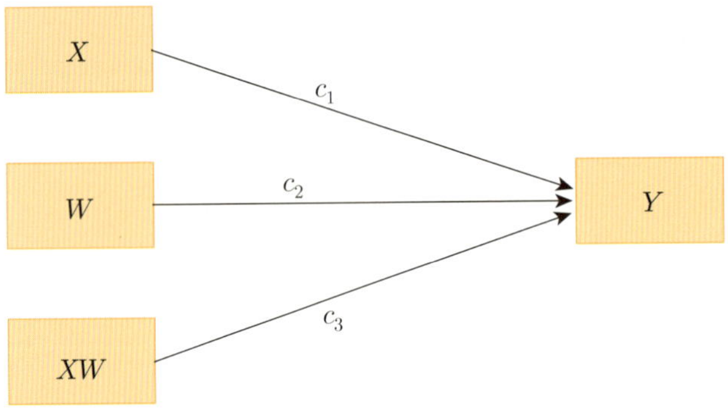

(a) 조절효과의 통계적 모델

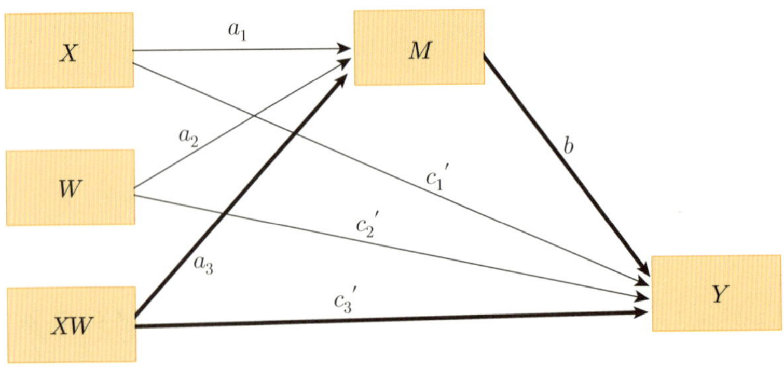

(b) 매개된 조절효과의 통계적 모델

[그림 17-1], [그림 17-2]의 매개된 조절효과를 통계적 모델로 나타내면 [그림 17-3 (b)]와 같다. 매개된 조절효과는 a_3b가 유의적인가를 검토하는 것이다.

이 모델에서 M을 경유한 X가 Y에 미치는 조건부간접효과는 식 (1)과 같다.

$$\omega = (a_1 + a_3 W)b \tag{1}$$

만약 a_3b가 유의적이고 c_3'도 유의적이면 **부분 매개된 조절(partial mediated moderation)**이고, a_3b가 유의적이고 c_3'가 비유의적이면 **완전 매개된 조절(full mediated moderation)**이다.

2 매개된 조절효과분석의 이해

Garcia 등(2010)의 연구를 토대로 매개된 조절효과에 대해 살펴보기로 한다. Garcia 등은 변호사 Catherine이 그녀의 로펌에서 성차별로 인하여 승진하지 못한 상황에서 그녀의 행동에 대한 피험자들의 반응을 연구하였다. 피험자들을 무작위로 두 집단으로 나누었다. 한 집단은 승진심사에서 자격미달의 남성에게 승진을 빼앗긴 후 탈락한 것에 대해 Catherine이 항의했다고 알려준 집단이고, 다른 집단은 Catherine이 항의하지 않고 승진을 수용했다고 알려준 집단이다(protest: 0=no protest, 1=protest). 이 연구의 초점은 Catherine이 성차별에 대해 항의한 행동(protest: X)이 Catherine의 호감(liking: Y)에 어떤 영향을 미치는가이다. 그들은 이들 간의 관계에서 사회에 성차별이 만연되어 있다는 믿음(sexism: W)을 조절변수로 이용하였다. 즉, 성차별이 만연되어 있다고 믿는 사람과 그렇지 않다고 믿는 사람에 따라 평가가 달라진다고 보았다. 또한 그들은 Catherine의 평가가 Catherine의 행동의 적절성에 의해 영향을 받는다고 가설화하여 매개변수로 Catherine의 반응적절성(respappr: M)을 포함하였다. Garcia 등의 연구모델은 [그림 17-4]와 같다.

그림 17-4 Garcia 등의 연구모델

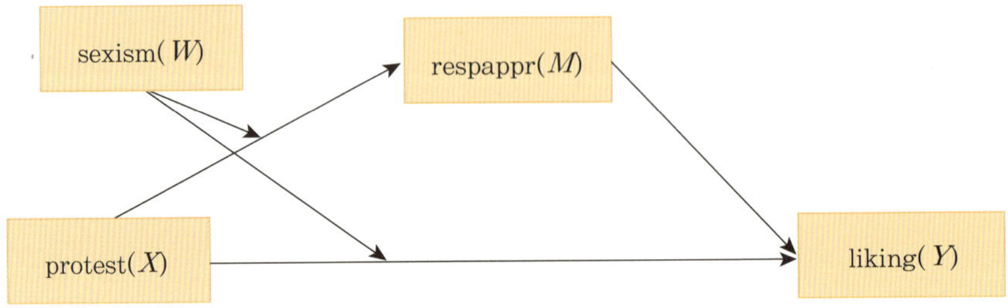

다음은 그들의 자료를 제시한 것이다.

	sexism	liking	respappr	protest	prosex
1	4.87	4.83	4.25	1.00	4.87
2	4.25	4.50	5.75	.00	.00
3	5.00	5.50	4.75	1.00	5.00
4	5.50	5.66	7.00	1.00	5.50
5	5.62	6.16	6.75	1.00	5.62
6	5.75	6.00	5.50	1.00	5.75
7	5.12	4.66	5.00	1.00	5.12
8	6.62	6.50	6.25	.00	.00
9	5.75	1.00	3.00	.00	.00
10	4.62	6.83	5.75	.00	.00

[chap17] [Garcia(2010).sav]

2.1 매개된 조절효과모델의 분해

매개된 조절효과모델은 다음과 같은 세 개의 모델(a, b, c)이 합해져 이루어진 것이다. 이하에서 이들 각각의 분석을 통해 그 의미를 이해하고 이들을 결합한 매개된 조절효과모델(d)에 대해 살펴보기로 한다.

그림 17-5 ▌매개된 조절효과모델의 분해

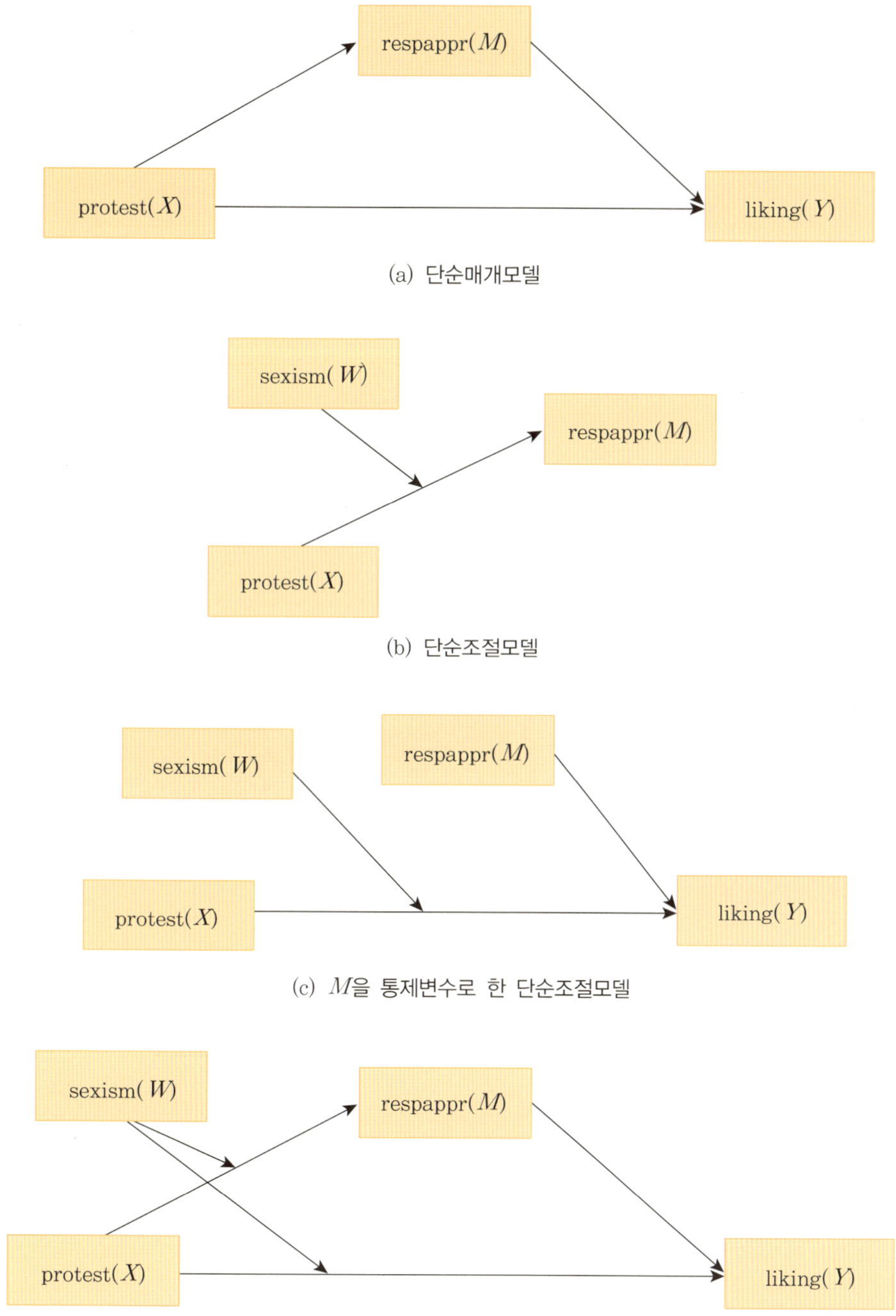

(d) 매개된 조절모델

1) Panel (a)의 분석: 단순매개분석

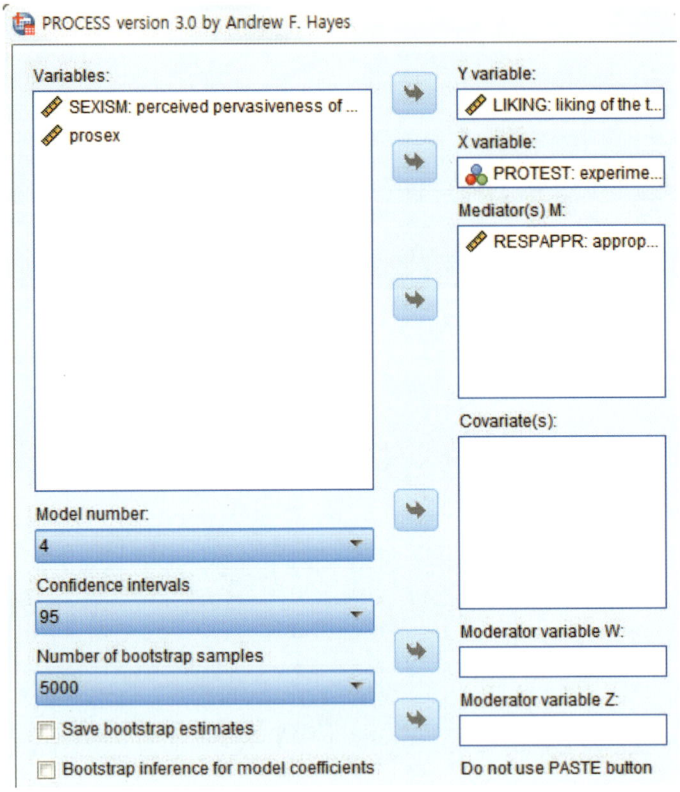

이를 분석하면 다음과 같은 결과를 얻는다.

```
**************************************************************************
Model = 4
    Y = liking
    X = protest
    M = respappr

Sample size
        129

**************************************************************************
Outcome: respappr

Model Summary
          R       R-sq        MSE          F        df1        df2          p
      .4992      .2492     1.3753    42.1550     1.0000   127.0000      .0000
```

```
Model
              coeff        se          t          p       LLCI       ULCI
constant     3.8841     .1831    21.2078      .0000     3.5217     4.2466
protest      1.4397     .2217     6.4927      .0000     1.0009     1.8785

***********************************************************************************
Outcome: liking

Model Summary
        R       R-sq        MSE          F        df1        df2          p
    .4959      .2459      .8441    20.5483     2.0000   126.0000      .0000

Model
              coeff        se          t          p       LLCI       ULCI
constant     3.7473     .3058    12.2553      .0000     3.1422     4.3524
respappr      .4024     .0695     5.7884      .0000      .2648      .5400
protest      -.1007     .2005     -.5023      .6163     -.4975      .2960

********************** DIRECT AND INDIRECT EFFECTS **********************

Direct effect of X on Y
     Effect         SE          t          p       LLCI       ULCI
     -.1007      .2005     -.5023      .6163     -.4975      .2960

Indirect effect of X on Y
              Effect    Boot SE   BootLLCI   BootULCI
respappr       .5793      .1500      .3248      .9157
```

분석결과, Catherine의 항의여부가 그녀의 반응의 적절성을 경유하여 호감도에 미치는 매개효과($ab = 1.4397 \times 0.4024 = .5793$)는 유의적인 것으로 나타났다. 간접효과가 정적(+)인 것은 Catherine이 항의했다고 들은 피험자들은 항의하지 않았다고 들은 피험자들보다 Catherine의 반응이 더 적절했다고 평가했고($a = \overline{M}_{protest} - \overline{M}_{noprotest} =$ $5.324 - 3.884 = 1.440$), 행동의 적절성을 높게 평가하면 Catherine을 더 좋아한다는 것($b = 0.4024$)을 의미한다.

2) Panel (b)의 분석: 단순조절분석

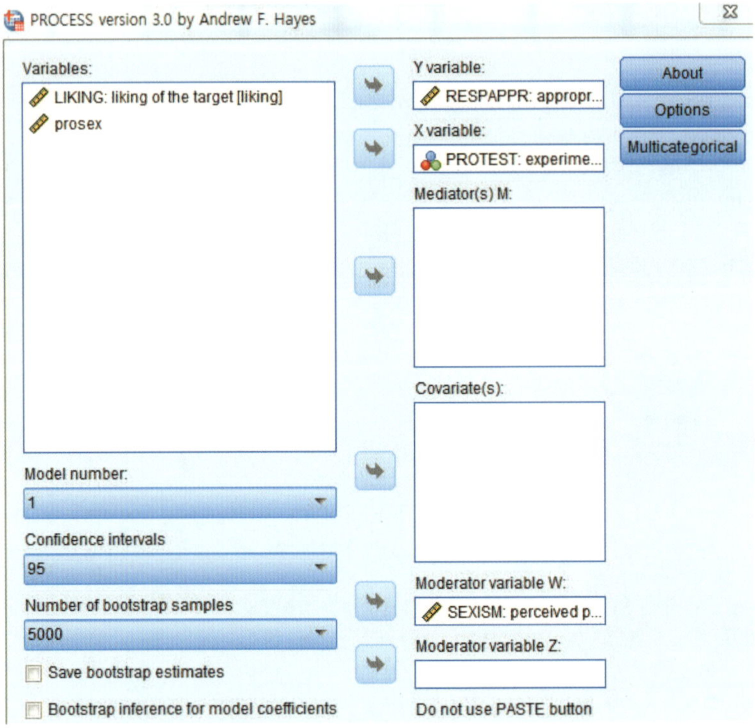

조절효과를 보다 심층적으로 분석하기 위해 [Options] 버튼에서 다음과 같이 체크한다.

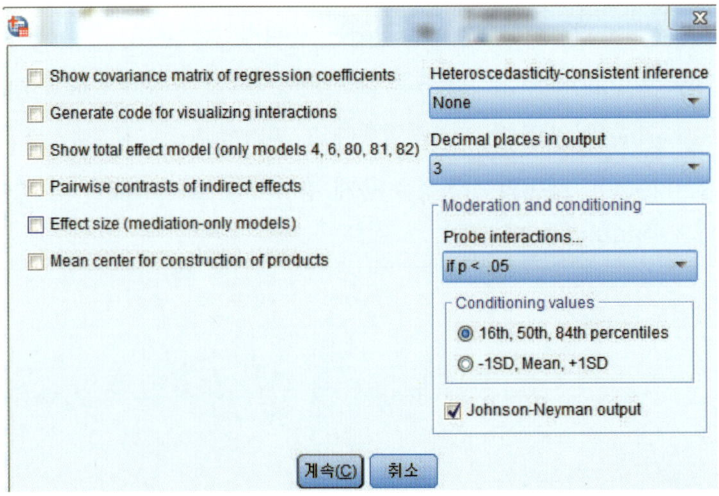

이를 분석하면 다음과 같은 결과를 얻는다.

```
*****************************************************************************************
Model = 1
    Y = respappr
    X = protest
    M = sexism

Sample size
        129

*****************************************************************************************
Outcome: respappr

Model Summary
          R       R-sq        MSE          F        df1        df2          p
      .5442      .2962     1.3098    17.5340     3.0000   125.0000      .0000

Model
              coeff         se          t          p       LLCI       ULCI
constant     6.5667     1.2095     5.4295      .0000     4.1730     8.9604
sexism       -.5290      .2359    -2.2426      .0267     -.9959     -.0622
protest     -2.6866     1.4515    -1.8509      .0665    -5.5594      .1861
int_1         .8100      .2819     2.8732      .0048      .2520     1.3679

Product terms key:

 int_1    protest     X     sexism

R-square increase due to interaction(s):
        R2-chng          F        df1        df2          p
int_1     .0465     8.2551     1.0000   125.0000      .0048

*****************************************************************************************

Conditional effect of X on Y at values of the moderator(s):
    sexism     Effect         se          t          p       LLCI       ULCI
    4.1200      .6505      .3491     1.8633      .0648     -.0404     1.3414
    4.5000      .9583      .2733     3.5065      .0006      .4174     1.4992
    5.1200     1.4605      .2167     6.7386      .0000     1.0315     1.8894
    5.6200     1.8655      .2629     7.0950      .0000     1.3451     2.3858
    6.1200     2.2705      .3620     6.2724      .0000     1.5541     2.9869

Values for quantitative moderators are 10th, 25th, 50th, 75th, and 90th percentiles
Values for dichotomous moderators are the two values of the moderator.
```

5개의 백분위값(percentile)을 이용한 뽑기식(pick-a-point) 분석에서 10분위(10th) 값($\overline{M}$=4.12)을 제외하고 모두 X가 Y에 미치는 효과가 유의적인 것으로 나타났다.

```
*********************** JOHNSON-NEYMAN TECHNIQUE ***********************

Moderator value(s) defining Johnson-Neyman significance region(s)
     Value    % below    % above
    4.1525     9.3023    90.6977

Conditional effect of X on Y at values of the moderator (M)
    sexism     Effect        se          t          p       LLCI       ULCI
    2.8700     -.3620     .6626     -.5463      .5858    -1.6733      .9493
    3.0765     -.1947     .6079     -.3203      .7492    -1.3978     1.0083
    3.2830     -.0275     .5539     -.0496      .9605    -1.1236     1.0687
    3.4895      .1398     .5008      .2792      .7806     -.8513     1.1309
    3.6960      .3071     .4490      .6839      .4953     -.5816     1.1957
    3.9025      .4743     .3990     1.1888      .2368     -.3154     1.2640
    4.1090      .6416     .3515     1.8251      .0704     -.0542     1.3373
    4.1525      .6768     .3420     1.9791      .0500      .0000     1.3536
    4.3155      .8088     .3078     2.6280      .0097      .1997     1.4180
    4.5220      .9761     .2695     3.6213      .0004      .4426     1.5096
    4.7285     1.1434     .2395     4.7739      .0000      .6694     1.6174
    4.9350     1.3106     .2210     5.9301      .0000      .8732     1.7480
    5.1415     1.4779     .2170     6.8091      .0000     1.0483     1.9075
    5.3480     1.6452     .2284     7.2042      .0000     1.1932     2.0971
    5.5545     1.8124     .2529     7.1660      .0000     1.3119     2.3130
    5.7610     1.9797     .2873     6.8897      .0000     1.4110     2.5484
    5.9675     2.1469     .3285     6.5348      .0000     1.4967     2.7972
    6.1740     2.3142     .3743     6.1830      .0000     1.5734     3.0550
    6.3805     2.4815     .4231     5.8649      .0000     1.6441     3.3188
    6.5870     2.6487     .4741     5.5874      .0000     1.7105     3.5869
    6.7935     2.8160     .5265     5.3484      .0000     1.7740     3.8580
    7.0000     2.9832     .5801     5.1429      .0000     1.8352     4.1313
```

Johnson-Neyman 기법에 의한 유의영역은 성차별만연인식도가 전체 피험자의 90.6977%인 M=4.1525보다 큰 영역에서 항의여부(X)가 행동의 적절성(Y)에 미치는 효과가 정적(+)으로 유의한 것으로 나타났다. 이 값보다 작은 영역에서는(전체 피험자의 9.3023%) 정적(+)이나 비유의적인 것으로 나타났다. 성차별인식도가 매우 낮은 값(2.87~3.283)에서는 항의여부(X)가 행동의 적절성(Y)에 미치는 효과가 비유의적이기는 하나 부적(−)으로 나타났다. 이는 성차별인식이 낮은 피험자는 항의행동이 적절하지 않았다고 평가함을 의미한다.

그림 17-6 ▌ 항의여부(X)가 반응의 적절성(Y)에 미치는 효과가 성차별만연인식(M)에 의해 조절되는 효과

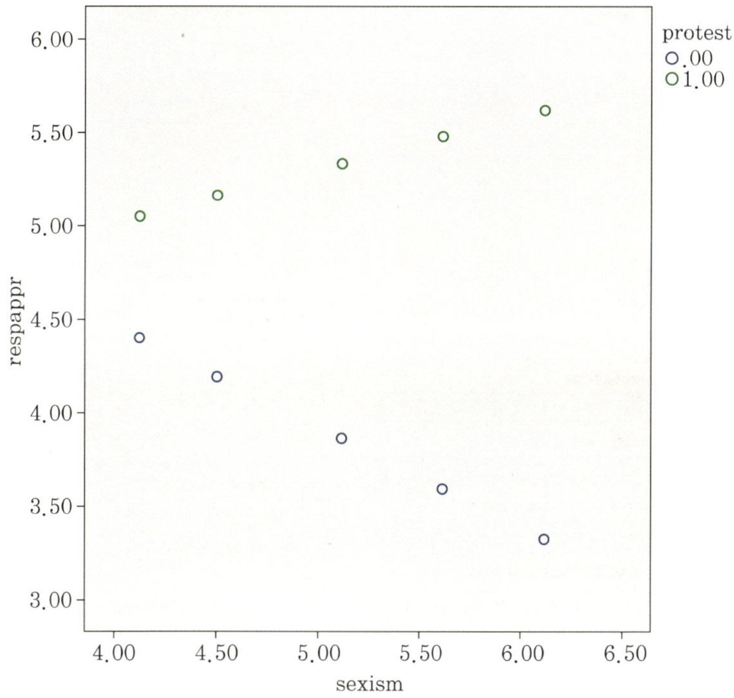

[그림 17-6]을 보면, 항의한 행동(protest= 1)이 항의하지 않은 행동(protest= 0)보다 Catherine의 행동이 더 적절했다고 평가했으며 이는 사회에 성차별이 만연되어 있다고 믿는 정도가 클수록 그 차이는 더 커지는 것으로 나타났다.

3) Panel (c)의 분석: 반응의 적절성(respappr)을 통제변수로 이용한 단순조절분석

Panel (c)는 반응의 적절성(respappr)을 일정한 상태에서 통제한 후, 항의여부(X)가 호감도(Y)에 미치는 영향이 성차별만연인식(M)에 의해 조절되는가를 분석하는 것이다. Panel (c)를 분석하는 목적은 반응의 적절성을 통제한 후에도 항의여부(X)가 호감도(Y)에 미치는 영향이 성차별만연인식(M)에 의해 조절되는 상호작용이 유의적인가를 파악하고자 함이다.

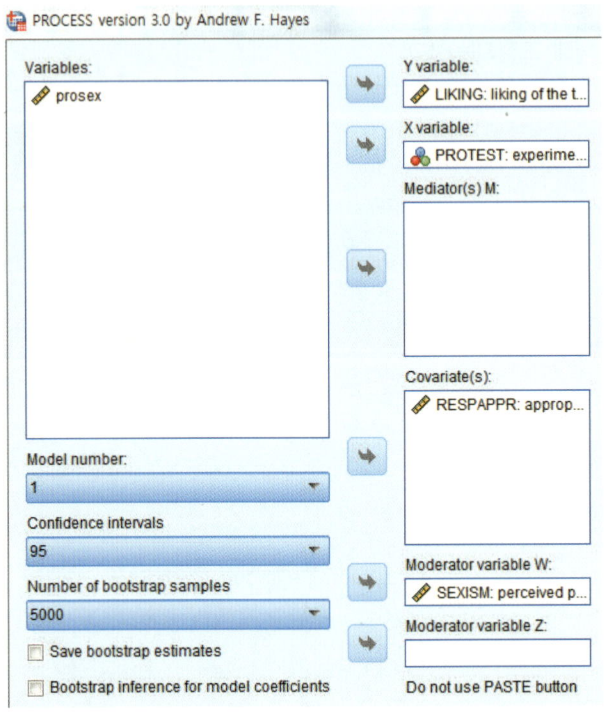

이를 분석하면 다음과 같은 결과를 얻는다.

```
**************************************************************************
Model  = 1
    Y  = liking
    X  = protest
    M  = sexism

Statistical Controls:
CONTROL= respappr

Sample size
        129

**************************************************************************
Outcome: liking

Model Summary
          R       R-sq        MSE          F        df1        df2          p
      .5323      .2833      .8152    12.2551     4.0000   124.0000      .0000
```

```
Model
              coeff        se          t          p       LLCI       ULCI
constant     5.3471    1.0607     5.0412      .0000     3.2477     7.4465
sexism       -.2824     .1898    -1.4882      .1392     -.6581      .0932
protest     -2.8075    1.1607    -2.4188      .0170    -5.1047     -.5102
int_1         .5426     .2296     2.3628      .0197      .0881      .9970
respappr      .3593     .0706     5.0916      .0000      .2196      .4989

Product terms key:

 int_1    protest     X     sexism

R-square increase due to interaction(s):
       R2-chng          F        df1         df2          p
int_1    .0323     5.5830     1.0000    124.0000      .0197

*************************************************************************************

Conditional effect of X on Y at values of the moderator(s):
    sexism     Effect        se          t          p       LLCI       ULCI
    4.1200     -.5721     .2792    -2.0491      .0426    -1.1247     -.0195
    4.5000     -.3659     .2259    -1.6196      .1079     -.8131      .0813
    5.1200     -.0296     .1996     -.1480      .8826     -.4247      .3656
    5.6200      .2417     .2457      .9840      .3270     -.2445      .7280
    6.1200      .5130     .3274     1.5668      .1197     -.1351     1.1611

Values for quantitative moderators are 10th, 25th, 50th, 75th, and 90th percentiles
Values for dichotomous moderators are the two values of the moderator.

************************** JOHNSON-NEYMAN TECHNIQUE **************************

Moderator value(s) defining Johnson-Neyman significance region(s)
     Value    % below    % above
    4.2052     9.3023    90.6977

Conditional effect of X on Y at values of the moderator (M)
    sexism     Effect        se          t          p       LLCI       ULCI
    2.8700    -1.2503     .5233    -2.3892      .0184    -2.2861     -.2145
    3.0765    -1.1383     .4797    -2.3727      .0192    -2.0878     -.1888
    3.2830    -1.0262     .4369    -2.3487      .0204    -1.8910     -.1614
    3.4895     -.9142     .3952    -2.3133      .0224    -1.6964     -.1320
    3.6960     -.8022     .3549    -2.2604      .0255    -1.5046     -.0998
    3.9025     -.6901     .3165    -2.1802      .0311    -1.3166     -.0636
    4.1090     -.5781     .2810    -2.0573      .0418    -1.1342     -.0219
    4.2052     -.5259     .2657    -1.9793      .0500    -1.0518      .0000
    4.3155     -.4660     .2494    -1.8685      .0641     -.9597      .0276
    4.5220     -.3540     .2235    -1.5838      .1158     -.7964      .0884
    4.7285     -.2420     .2054    -1.1778      .2411     -.6486      .1647
```

4.9350	-.1299	.1974	-.6583	.5116	-.5206	.2607
5.1415	-.0179	.2005	-.0892	.9291	-.4147	.3789
5.3480	.0942	.2143	.4393	.6612	-.3300	.5183
5.5545	.2062	.2370	.8700	.3860	-.2629	.6753
5.7610	.3182	.2663	1.1952	.2343	-.2088	.8452
5.9675	.4303	.3002	1.4333	.1543	-.1639	1.0245
6.1740	.5423	.3374	1.6073	.1105	-.1255	1.2101
6.3805	.6543	.3769	1.7360	.0850	-.0917	1.4004
6.5870	.7664	.4181	1.8331	.0692	-.0611	1.5939
6.7935	.8784	.4604	1.9078	.0587	-.0329	1.7897
7.0000	.9905	.5037	1.9664	.0515	-.0065	1.9874

결과를 보면, 반응의 적절성(M)을 통제한 상황에서 상호작용항의 계수($b_3 = 0.5426$)는 유의적이고, 이는 반응의 적절성(M)을 통제하지 않은 상황에서의 상호작용항의 계수($b_3 = 0.8336$)보다는 작은 것으로 나타났다.

그림 17-7 ▌반응의 적절성(M)을 통제한 후, 항의여부(X)가 호감도(Y)에 미치는 효과에서 성차별만연인식(M)의 조절효과

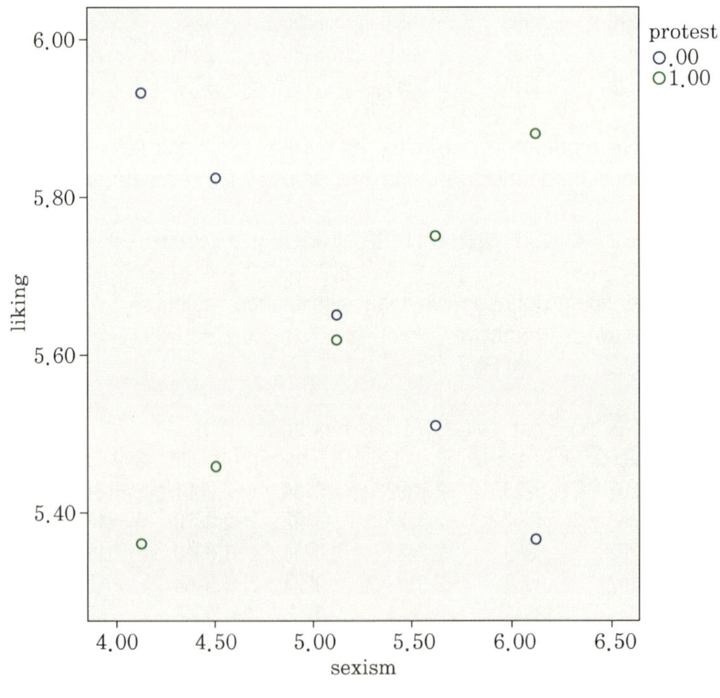

5개의 백분위를 이용한 특정값 선택법에서 반응의 적절성(M)을 통제한 후 항의여부(X)가 호감도(Y)에 미치는 영향은 $M = 4.120$ 미만에서만 유의적인 것으로 나타났다.

이 값을 갖는 피험자들은 항의했다고 들은 경우 항의하지 않았다고 들은 경우보다 Catherine을 더 부정적으로 평가했음을 의미한다. 이 결과는 반응의 적절성(M)을 통제하지 않았을 때 성차별만연인식이 낮은 값에서 항의여부가 호감도에 유의하지 않은 영향을 미치는 것과는 다른 것이다.

[그림 17-7]을 보면, sexism의 값이 5.2 정도에서 효과값의 부호가 바뀌는 것을 알 수 있다. 이는 Johnson-Neyman 기법을 통해 얻은 값에서 5.1415~5.3480 사이에서 부호가 바뀌는 것을 통해 알 수 있다. sexism의 값이 5.2보다 큰 피험자는 항의를 했을 경우 Catherine을 호의적으로 평가했고, 5.2보다 낮은 피험자는 항의를 하지 않았을 경우 Catherine을 호의적으로 평가했음을 의미한다.

2.2 매개된 조절효과분석: Panel (d)의 분석

Garcia 등(2010)의 자료에 의해 매개된 조절효과를 분석하기로 한다. 자료 가운데 일부가 다음에 제시되었다.

	sexism	liking	respappr	protest	prosex
1	4.87	4.83	4.25	1.00	4.87
2	4.25	4.50	5.75	.00	.00
3	5.00	5.50	4.75	1.00	5.00
4	5.50	5.66	7.00	1.00	5.50
5	5.62	6.16	6.75	1.00	5.62
6	5.75	6.00	5.50	1.00	5.75
7	5.12	4.66	5.00	1.00	5.12
8	6.62	6.50	6.25	.00	.00
9	5.75	1.00	3.00	.00	.00
10	4.62	6.83	5.75	.00	.00

[chap17] [Garcia(2010).sav]

이 자료에서 'sexism'은 성차별이 얼마나 만연되어 있는가에 관한 신념을 8개 문항으로 이루어진 7점 척도로 측정한 다음 이를 평균한 값이고, 'liking'은 6개 문항으로 이루어진 Likert 7점 척도의 평균값이고, 'respappr'은 4개 문항으로 이루어진 Likert 7점 척도의 평균값이다. 'protest'는 0=no protest, 1=protest로 측정되었다. 마지막 변수인 'prosex'는 'protest×sexism'에 의한 값이다.

Hayes의 PROCESS로 매개된 조절효과를 분석하는 접근법에는 두 가지가 있다.

1) Model number 8 이용

매개된 조절효과모델을 PROCESS로 분석하기 위해 다음과 같이 지정한다. 'liking'을 'Y variable'로, 'protest'를 'X variable'로, 'respappr'을 'Mediator(s) M'으로, 'sexism'을 'Moderator variable W'로 보내고, 'Model number'를 '8'로 바꾼다.

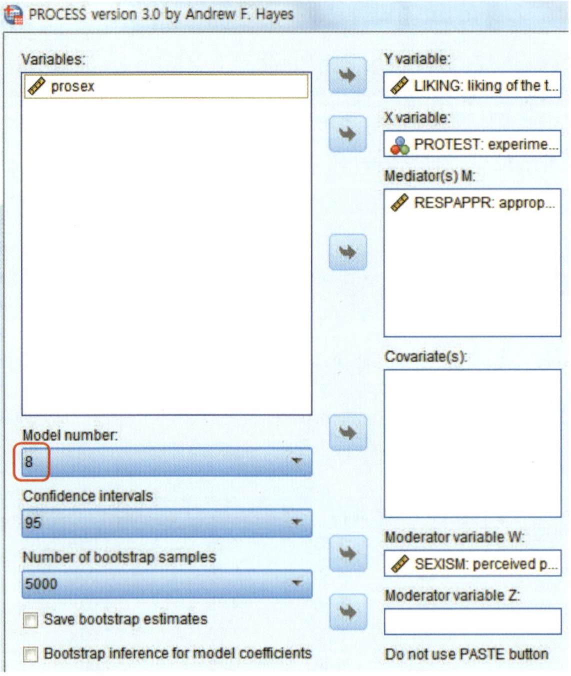

이를 실행하면 다음과 같은 결과를 얻는다.

```
**************************************************************************
Model = 8
    Y = liking
    X = protest
    M = respappr
    W = sexism

Sample size
        129

**************************************************************************
Outcome: respappr
Model Summary
```

R	R-sq	MSE	F	df1	df2	p
.5442	.2962	1.3098	17.5340	3.0000	125.0000	.0000

Model

	coeff	se	t	p	LLCI	ULCI
constant	6.5667	1.2095	5.4295	.0000	4.1730	8.9604
protest	−2.6866	1.4515	−1.8509	.0665	−5.5594	.1861
sexism	−.5290	.2359	−2.2426	.0267	−.9959	−.0622
int_1	.8100	.2819	2.8732	.0048	.2520	1.3679

Product terms key:

int_1 protest X sexism

****

Outcome: liking

Model Summary

R	R-sq	MSE	F	df1	df2	p
.5323	.2833	.8152	12.2551	4.0000	124.0000	.0000

Model

	coeff	se	t	p	LLCI	ULCI
constant	5.3471	1.0607	5.0412	.0000	3.2477	7.4465
respappr	.3593	.0706	5.0916	.0000	.2196	.4989
protest	−2.8075	1.1607	−2.4188	.0170	−5.1047	−.5102
sexism	−.2824	.1898	−1.4882	.1392	−.6581	.0932
int_2	.5426	.2296	2.3628	.0197	.0881	.9970

Product terms key:

int_2 protest X sexism

************************** DIRECT AND INDIRECT EFFECTS **************************

Conditional direct effect(s) of X on Y at values of the moderator(s):

sexism	Effect	SE	t	p	LLCI	ULCI
4.3332	−.4564	.2469	−1.8483	.0669	−.9452	.0323
5.1170	−.0312	.1995	−.1563	.8760	−.4261	.3637
5.9007	.3940	.2888	1.3644	.1749	−.1776	.9657

Conditional indirect effect(s) of X on Y at values of the moderator(s):

Mediator

	sexism	Effect	Boot SE	BootLLCI	BootULCI
respappr	4.3332	.2957	.1284	.0858	.5955
respappr	5.1170	.5238	.1304	.2974	.8056
respappr	5.9007	.7519	.1999	.3913	1.1786

```
Values for quantitative moderators are the mean and plus/minus one SD from mean.
Values for dichotomous moderators are the two values of the moderator.

-----
Indirect effect of highest order product:

Mediator
             Effect    SE(Boot)   BootLLCI   BootULCI
respappr      .2910      .1352      .0586      .6055

*********************** INDEX OF MODERATED MEDIATION ***********************

Mediator
              Index    SE(Boot)   BootLLCI   BootULCI
respappr      .2910      .1352      .0586      .6055
```

이 분석결과를 토대로 [표 17-1]을 만든다.

표 17-1 ▌매개된 조절효과분석 결과

독립변수	결과변수											
	M(respappr)						Y(liking)					
	B		SE	t	LLCI	ULCI	B		SE	t	LLCI	ULCI
X(protest)	a_1	−2.687	1.452	−1.851	−5.559	.186	c_1'	−2.807	1.161	−2.419	−5.105	−.510
M(respappr)		−	−	−	−	−	b	.359	.071	5.092	.220	.499
W(sexism)	a_2	−.529	.236	−2.243	−.996	−.062	c_2'	−.282	.190	−1.488	−.658	.093
$X \times W$	a_3	.810	.282	2.873	.252	1.368	c_3'	.543	.230	2.363	.088	.997
상수	i_1	6.567	1.209	5.429	4.173	8.960	i_2	5.347	1.061	5.041	3.248	7.446
	$R^2=0.296$ $F(3,125)=17.534,\ p<.001$						$R^2=0.283$ $F(4,124)=12.255, p<.001$					

조절변수의 값에 따른 protest(X)가 liking(Y)에 미치는 조건부간접효과

sexism	Effect	Boot SE	BootLLCI	BootULCI
4.333	.296	.130	.086	.611
5.117	.524	.130	.302	.816
5.901	.752	.200	.395	1.179

조절된 매개지수

매개변수	Index	SE(Boot)	BootLLCI	BootULCI
respappr	.291	.138	.044	.595

조절된 매개지수값 .291은 붓스트렙 신뢰구간에 0을 포함하지 않아 매개된 조절효과가 있다. 즉 'protest' → 'respappr' → 'liking'으로 가는 매개효과는 조절변수인 'sexism'의 수준에 따라 달라진다. 구체적으로 'sexism'의 수준이 높을수록 매개효과는 커지는 것으로 나타났다.

2) Model number 4 이용

PROCESS의 'Model number 4'를 이용하기 위해 다음과 같이 변수를 지정한다. 모델 넘버 4를 이용하기 위해서는 독립변수(protest: *X*)와 조절변수(sexism: *W*)의 곱(*XW*)을 만들어야 한다(이 예에서 이를 prosex로 만들었음).

다음과 같이 지정한다. 'liking'을 'Y variable'로, 'prosex'를 'X variable'로, 'respappr'을 'Mediator(s) M'으로, 'sexism'과 'protest'를 'covariate'로 보내고, 'Model number'를 '4'로 바꾼다.

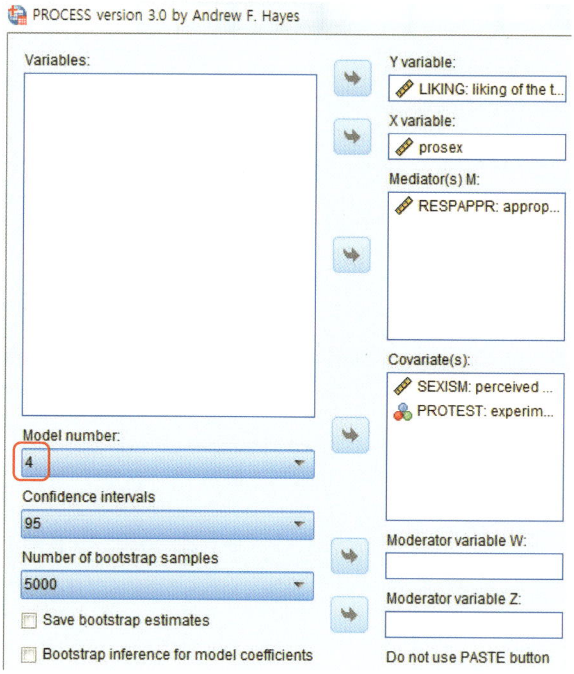

이를 실행하면 다음과 같은 결과를 얻는다.

```
**************************************************************************
Model = 4
    Y = liking
    X = prosex
    M = respappr

Statistical Controls:
CONTROL= sexism    protest

Sample size
        129

**************************************************************************
Outcome: respappr

Model Summary
          R       R-sq       MSE          F        df1        df2          p
      .5442      .2962    1.3098    17.5340     3.0000   125.0000      .0000

Model
              coeff        se          t          p       LLCI       ULCI
constant     6.5667    1.2095     5.4295      .0000     4.1730     8.9604
prosex        .8100     .2819     2.8732      .0048      .2520     1.3679
sexism       -.5290     .2359    -2.2426      .0267     -.9959     -.0622
protest     -2.6866    1.4515    -1.8509      .0665    -5.5594      .1861

**************************************************************************
Outcome: liking

Model Summary
          R       R-sq       MSE          F        df1        df2          p
      .5323      .2833     .8152    12.2551     4.0000   124.0000      .0000

Model
              coeff        se          t          p       LLCI       ULCI
constant     5.3471    1.0607     5.0412      .0000     3.2477     7.4465
respappr      .3593     .0706     5.0916      .0000      .2196      .4989
prosex        .5426     .2296     2.3628      .0197      .0881      .9970
sexism       -.2824     .1898    -1.4882      .1392     -.6581      .0932
protest     -2.8075    1.1607    -2.4188      .0170    -5.1047     -.5102

************************ DIRECT AND INDIRECT EFFECTS ************************

Direct effect of X on Y
     Effect        SE         t          p       LLCI       ULCI
```

```
        .5426       .2296     2.3628      .0197      .0881      .9970

Indirect effect of X on Y
               Effect     Boot SE    BootLLCI    BootULCI
respappr       .2910      .1373      .0431       .5828
```

이 결과는 앞서 분석한 'Model number 8'과 동일함을 알 수 있다. Hayes는 매개된 조절효과를 'Model number 4'보다는 'Model number 8'을 이용할 것을 추천하고 있다. 왜냐하면 'Model number 8'은 'Model number 4'에서는 제공하지 않는 *X*의 조건부직접효과와 조건부간접효과를 제공하기 때문이다.

3 기존에 연구된 매개된 조절효과의 검토

기존에 연구된 매개된 조절효과를 정리하면 [표 17-2]와 같다.

표 17-2 ▌기존연구에 연구된 매개된 조절효과

기존연구
Ashton-James & Tracy(2012), Bucy & Tao (2007), Bugental et al.(2010), Cohen et al.(2009), Gully et al.(2013), Jiang et al.(2011), Pierro et al.(2013), Pollack et al.(2012), Yoon & Kim (2016)

이 가운데 Pollack 등(2012)의 연구를 통해 가설설정 및 분석결과의 보고를 중심으로 살펴보기로 한다. Pollack 등(2012) 연구의 개념적 모델은 [그림 17-8]과 같다.

그림 17-8 ▌Pollack 등(2012)의 연구모델

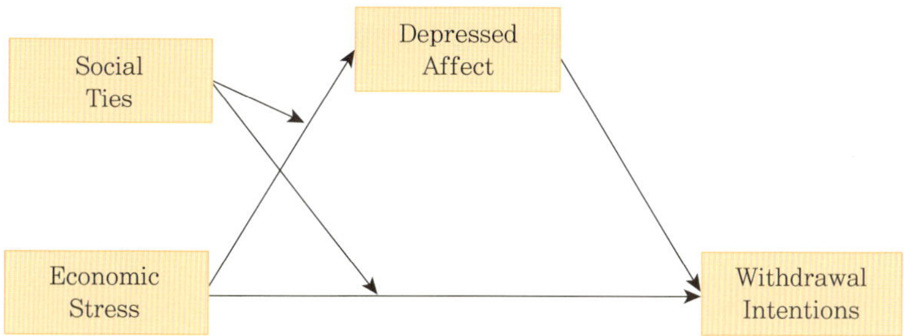

[그림 17-8]에서 볼 수 있듯, 'social ties'는 'economic stress'와 'withdrawal intentions' 간에 조절역할을 하고, 'depressed affect'은 'economic stress'가 'withdrawal intentions'에 미치는 조건효과를 매개하는 것으로 가설화하였다. Pollack 등(2012)의 연구모델을 가설로 기술하면 다음과 같다.

H_1: '경제적 스트레스'와 '철수의도'와의 관계는 비즈니스와 관련된 '사회적 연결망'의 접촉이 적은 개인은 크고, 비즈니스와 관련된 '사회적 연결망'의 접촉이 많은 개인은 작을 것이다.

가설 1은 '사회적 연결망'은 '경제적 스트레스'와 '철수의도' 간의 관계를 완화(buffering)하는 조절역할을 할 것으로 가설화하였다.

H_2: '경제적 스트레스'와 '우울한 감정' 간의 관계는 비즈니스와 관련된 '사회적 연결망'의 접촉이 적은 개인은 크고, 비즈니스와 관련된 '사회적 연결망'의 접촉이 많은 개인은 작을 것이다.

가설 2는 '사회적 연결망'은 '경제적 스트레스'와 '우울한 감정' 간의 관계를 완화(buffering)하는 조절역할을 할 것으로 가설화하였다. 즉 '사회적 연결망'이 높은 기업가는 '우울한 감정'이 낮을 것이고, '우울한 감정'이 낮으면 '철수의도'는 줄어들 것으로 가설화하였다.

H_3: 비즈니스와 관련된 '사회적 연결망'의 접촉은 '우울한 감정'을 통해 '경제적 스트레스'가 기업가적 '철수의도'에 미치는 간접효과를 조절할 것이다.

가설 3은 '우울한 감정'을 통해 '경제적 스트레스'가 '철수의도'에 미치는 간접효과는 기업가의 '사회적 연결망'에 따라 다를 것으로 가설화하였다. 가설 3이 매개된 조절효과와 관련된 것이다.

이들 가설을 검정하기 위한 통계적 모델은 [그림 17-9]와 같다.

그림 17-9 ▌Pollack 등의 연구모델 검정을 위한 통계적 모델

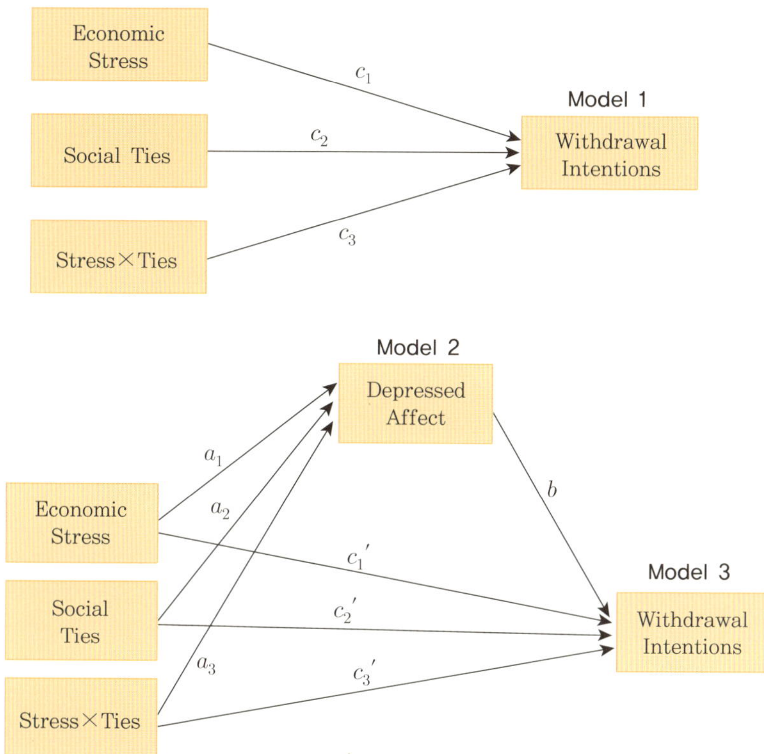

가설검정 결과는 [표 17-3]과 같다(Pollack 등의 논문 Table 2).

표 17-3 ▌Pollack 등의 논문 [Table 2]

		Model 1			Model 2			Model 3	
Outcome	→	Withdrawal intentions			Depressed affect			Withdrawal intentions	
Predictor		Coeff.	p		Coeff.	p		Coeff.	p
Intercept		2.307	<.001		1.587	<.001		1.151	<.001
		(0.076)			(0.404)		c_1'→	(0.186)	
Economic stress	c_1 →	0.067	.210	a_1→	0.181	<.001		−0.064	.229
		(0.054)			(0.029)		c_2'→	(0.053)	
Social ties	c_2 →	0.034	.751	a_2→	−0.017	.766		0.047	.640
		(0.109)			(0.058)			(0.101)	
Depressed affect							b→	0.728	<.001
								(0.108)	

Stress×Social ties	c_3 →	−0.258 (0.081)	.002	a_3→	−0.218 (0.043)	<.001	$c_3{}'$→	−0.099 (0.078)	.205
Model R^2		.042	.011		.198	<.001		.186	<.001
Interaction ΔR^2		.038	.002		.081	<.001		.005	.205

'Model 1'은 'social ties'가 'economic stress'와 'withdrawal intention' 간의 관계를 조절하는가를 검정한 것이다. 즉 가설 1을 검정한 것이다. 'Model 1'의 관심은 c_3이 유의적인가를 검정하는 것이다.

'Model 2'는 'social ties'가 'economic stress'와 'depressed affect' 간의 관계를 조절하는가를 검정한 것이다. 즉 가설 2를 검정한 것이다. 'Model 2'의 관심은 a_3이 유의적인가를 검정하는 것이다.

'Model 3'은 'depressed affect'을 통해 'economic stress'가 'withdrawal intention'에 미치는 조건간접효과가 'social ties'에 따라 달라지는가를 검정한 것이다. 가설 3은 매개된 조절효과(mediated moderation)를 검정한 것이다. 'Model 3'의 관심은 a_3b가 유의적인가를 검정하는 것이다.

가설 1의 검정결과, c_3이 유의적이기 때문에 지지되었다. 비록 'withdrawal intention'은 3개의 독립변수에 의해 약 4% 정도가 설명되는 것으로 나타났으나, 'social ties'의 조절효과에 의해 약 90% 정도(.038/.042=.904)가 설명되는 것으로 나타났다.

이 조절효과를 그림으로 나타낸 것이 [Figure 3(A)]이다. 즉 'social ties'의 여러 가지 값에 따른 'economic stress'의 **단순기울기(simple slope)**를 나타낸 것이다. 그림에서 볼 수 있듯, 'social ties'가 작으면 'economic stress'가 클수록 'withdrawal intention'이 커지는 것으로 나타났다. 반대로, 'social ties'가 크면 'economic stress'가 클수록 'withdrawal intention'이 작아지므로 완화효과(buffering effect)가 있는 것으로 나타났다. 조절효과의 특정값을 기준으로 상호작용효과를 탐색하는 것을 **뽑기식 접근법(pick-a-point approach)**이라 한다.

Johnson-Neyman(J-N) 기법에 의해 상호작용을 보다 심도 있게 탐색하였다. J-N 기법은 'economic stress'의 조건효과에 대한 '유의영역(region of significance)'을 찾아낸다. 즉 'economic stress'와 'withdrawal intention' 간의 관계가 통계적으로 0과 다른 조절변수값의 범위를 찾아낸다.

[Figure 3(b)]는 'social ties'의 분포에 따라 'economic stress'가 'withdrawal intention'에 주는 조건효과와 95% 신뢰구간의 상한과 하한을 나타낸 것이다. 'Model 1'에서 추정된 모수치는 점추정치(point estimate)의 기울기를 정의하는 데 이용된다. 즉 $c_1 + c_3 \times$social ties$=0.067-0.258\times$social ties. 신뢰구간이 0보다 큰 또는 0보다 작은 점이 유의영역이 된다. 그림에서 볼 수 있듯, 'social ties'가 1.23보다 작으면 'economic stress'의 효과는 정적이며 통계적으로 0과 다르고, 2.35보다 크면(응답자 가운데 9%)

[Figure 3] 경제적 스트레스와 사회적 연결망에 따른 철수의도(A), 사회적 연결망에 따른 경제적 스트레스의 조건적 효과의 Johnson-Neyman의 유의영역(B)

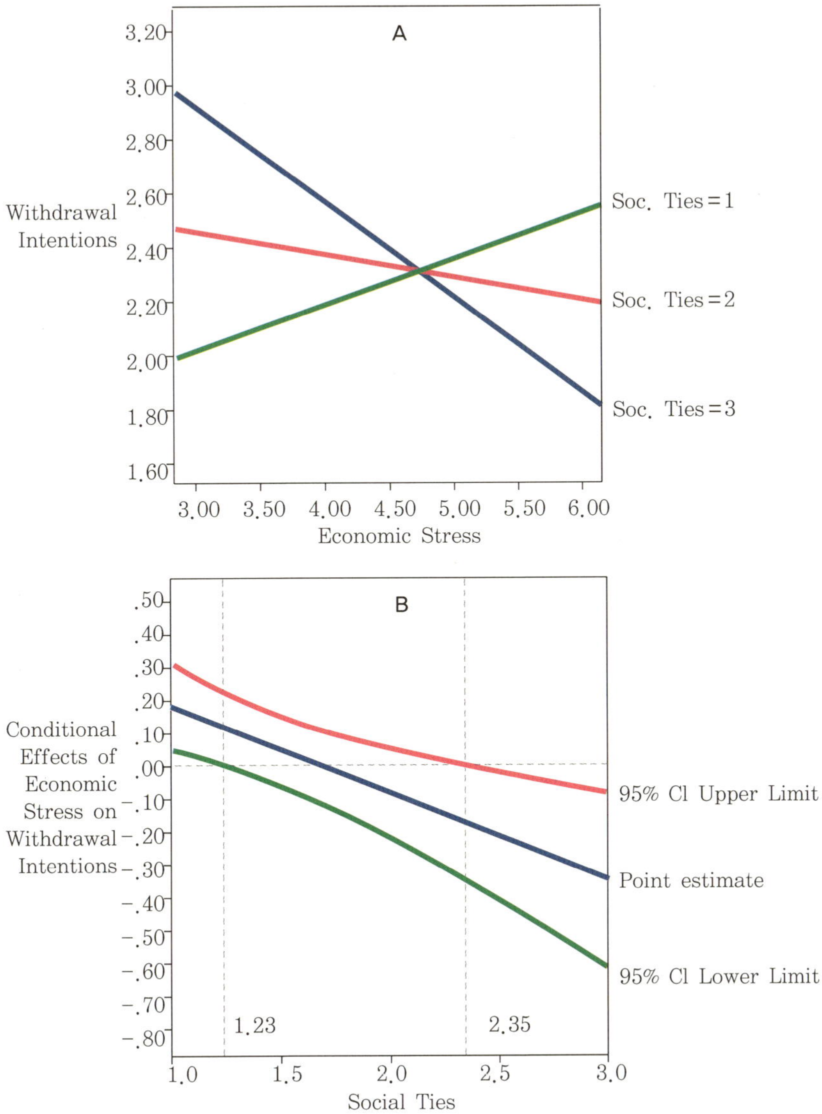

'economic stress'의 효과는 부적이며 통계적으로 0과 다르다. 이 두 값 사이는 'economic stress'와 'withdrawal intention' 간에 관련이 없다고 해석한다.

가설 3은 경제적 스트레스가 철수의도에 미치는 효과는 사회적 연결망의 접촉에 의해 조절되는 과정을 통해 우울한 감정을 통해 간접적으로 이루어질 것으로 가정한다. 경로분석에서 간접효과는 경제적 스트레스가 우울한 감정에 미치는 효과와 우울한 감정이 철수의도에 미치는 효과의 곱에 의해 얻어진다. 분석결과, 경제적 스트레스가 우울한 감정에 미치는 효과는 조절효과가 있는 것으로 나타났다. 즉 사회적 연결망의 접촉에 따라 달라지는 것으로 나타났다. 경제적 스트레스가 철수의도에 미치는 조건부간접효과(conditional indirect effect)는 $(a_1 + a_3 \text{social ties})b$로 구해진다. 여기서 b는 [Table 2]의 Model 3에 있는 우울한 감정이 철수의도에 미치는 부분효과(partial effect)이다. 경제적 스트레스와 사회적 연결망을 일정하게 하면 우울한 감정을 높게 보고한 사람은 철수의도가 높은 것으로 나타난다($b = .728, p < .001$). 경제적 스트레스가 우울한 감정에 미치는 조건효과와 우울한 감정이 철수의도에 미치는 효과를 결합하면 경제적 스트레스가 우울한 감정을 통해 철수의도에 미치는 조건부간접효과를 얻을 수 있다(0.181−0.218×social ties: 0.728).

[Figure 5]의 실선이 조건부간접효과를 의미한다. 실선의 기울기가 아래로 향한다. 이

[Figure 5] 경제적 스트레스가 우울한 감정을 통해 사회적 연결망에 주는 조건부 간접효과

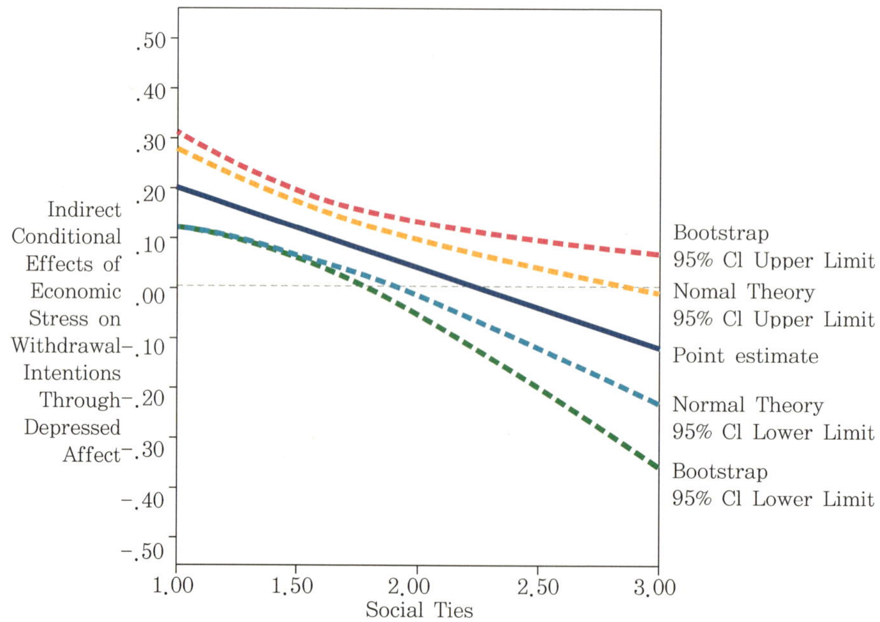

는 사회적 연결망의 접촉이 증가할수록 조건부간접효과는 감소함을 의미한다. 간접효과의 통계적 유의성은 Johnson-Neyman의 유의영역과 신뢰구간을 추정하기 위해 bootstrap법을 이용하였다. [Figure 5]는 Johnson-Neyman의 '정규이론' 접근법을 이용한 95% 신뢰구간의 상한과 하한을 보여준다. [Figure 5]에는 명확히 나타나 있지는 않지만, 95% 신뢰구간은 사회적 연결망이 1.90보다 작으면 조건부간접효과가 0 이상이고, 2.87보다 크면 0 이하인 것으로 나타난다. 그러나 이 접근법은 간접효과의 표본분포가 정규분포를 한다는 가정을 하고 있어 잘못된 결론을 낼 수 있다.

붓스트레핑은 이러한 가정을 하지 않기 때문에 매개분석에 있어 간접효과에 관한 추론을 위해 이 방법을 사용할 것을 추천한다. 다양한 사회적 연결망의 수준에 따른 조건부간접효과의 95% bootstrap 신뢰구간을 추정하기 위해 10,000번의 bootstrap sample과 Preacher 등(2007)의 'MODMED'를 이용하였다. 사회적 연결망의 접촉이 낮은 사람은 간접효과가 정적(+)인데, 이는 경제적 스트레스가 큰 사람은 우울한 감정이 커지고 우울한 감정이 클수록 높은 철수의도를 보임을 의미한다. 사회적 연결망이 높은 사람은 이러한 과정이 없는 것으로 나타난다.

조절변수인 사회적 연결망에 대한 접촉이 우울한 감정을 통해 경제적 스트레스가 철수의도에 미치는 간접효과는 '조절된 매개'로 볼 수 있고, 또한 '매개된 조절'로도 볼 수 있다. 즉 경제적 스트레스와 사회적 연결망의 상호작용효과가 우울한 감정을 통해 철수의도에 미치는 매개효과로도 볼 수 있다. 경제적 스트레스와 사회적 연결망의 상호작용의 계수가 Model 1에 비해 Model 3이 0에 가까운 것을 알 수 있다.

상호작용의 총효과(c_3)와 우울한 감정(매개변수)을 통제한 다음의 상호작용의 직접효과(c_3')의 차이는 우울한 감정을 통해 사회적 연결망과 경제적 스트레스의 곱이 철수의도에 미치는 간접효과를 의미한다. 이 차이의 검정은 우울한 감정이 조절효과의 매개역할을 하는지(즉, 매개된 조절)를 알려준다. 이 차이는 매개변수에 대한 상호작용의 효과(a_3)와 상호작용을 통제한 후 매개변수가 결과변수에 미치는 효과(b)를 곱한 것과 같다. 즉, $a_3b = c_3 - c_3'$: −0.218(0.728)=−0.159=−0.258−(−0.099). 10,000번의 bootstrap sample을 기초로 이 곱의 95% bootstrap 신뢰구간은 0보다 적은(−0.294에서 −0.032) 것으로 나타난다. 따라서 매개된 조절효과에 관한 가설 3은 지지된다.

4 매개된 조절효과의 문제점

Hayes(2013)는 매개된 조절효과의 관점에서 가설을 설정하는 것은 의미가 없다고 주장한다. 대신에 조절된 매개효과의 관점에서 연구문제와 가설을 설정할 것을 주장한다. 조절된 매개효과는 간접효과가 어떻게 조절되는가에 관한 간접효과의 조건성에 초점을 둔다. 매개효과와 간접효과는 개념적으로 동일하기 때문에 조절된 매개효과는 조절된 간접효과를 의미한다. 조절된 매개효과의 해석적 초점은 간접효과를 추정하고 그 간접효과가 조절변수의 값에 따라 어떻게 변하는가에 맞추어진다.

반면에, 매개된 조절효과는 독립변수 X와 조절변수 W의 상호작용인 XW를 만들고 이를 인과대리(causal agent)로 해서 매개변수인 M을 통해 종속변수인 Y에 미치는 효과를 탐색한다. 매개된 조절효과의 초점은 X와 W의 곱(즉, XW)의 간접효과를 추정하는 데 있다

매개된 조절효과의 문제점은 바로 이 X와 W의 곱(XW)이 개념적으로 의미가 없다는 것이다. X와 W의 곱인 XW는 아무런 측정치도 아니다. XW는 X가 Y에 미치는 영향이 W에 의해 조절된다는 기능 외에 아무런 역할을 하지 못한다. X와 W는 개념의 측정치로서의 정보를 갖지만, XW는 측정에 있어 실질적으로 아무런 의미가 없는 것이다. XW는 그 어떤 것도 수량화한 것이 아니다. XW가 아무런 의미가 없고 또한 실질적인 해석을 할 수 없다면 XW의 간접효과는 무슨 의미가 있겠는가? XW는 아무런 의미가 없다. 그러므로 **그는 매개된 조절효과분석은 의미도 없고 관심을 가질 필요도 없다고 주장한다(Why Mediated Moderation Is Neither Interesting Nor Meaningful, p. 387). 심지어 그는 '매개된 조절효과'라는 용어를 폐기할 것까지도 주장한다.** Hayes의 이러한 주장은 Edwards(2009)의 주장과도 일맥상통한다.

5 조절된 매개효과, 매개된 조절효과의 통계적 검정 및 보고

조절된 매개효과 또는 매개된 조절효과를 분석한 다음, 이의 통계적 검정을 위해 다음과 같은 사항을 검토하고 해석한다(Hayes 2015).

① 조절된 매개효과 또는 매개된 조절효과를 분석한 다음, 가장 먼저 조절된 매개지수(index of moderated mediation)를 본다. 조절된 매개지수가 0을 포함하지 않으면

조절된 매개효과 또는 매개된 조절효과가 있다고 해석한다.

② 조절된 매개지수가 유의적인 경우 지수의 값이 부적(−)임은 조절변수가 증가할수록 간접효과는 감소함을 의미한다.

③ 조절된 매개지수가 유의적인 경우 조건부간접효과를 검토한다. 조건부간접효과의 검토를 통해 조절변수의 세 수준(높은 수준, 평균, 낮은 수준)에서 간접효과의 유의도를 파악할 수 있다.

④ 조건부간접효과가 세 수준에서 모두 유의적이라 하더라도 조절된 매개지수가 0을 포함하면 조절된 매개효과 또는 매개된 조절효과가 없다고 해석한다.

⑤ PROCESS 모델넘버를 기술한다.

참·고·문·헌

Ashton-James, C. E., and Tracy, J. L. (2013), "Pride and Prejudice: How Feelings About the Self Influence Judgments of Others," *Personality and Social Psychology Bulletin*, 38(4), 466-476.

Bucy, E. P., and Tao, C-C. (2007), "The Mediated Moderation Model of Interactivity," *Media Psychology*, 9, 647-672.

Clark, J. K., Wegener, D. T., Brinol, P., and Petty, R. E. (2009), "Discovering That the Shoe Fits: The Self-Validating Role of Stereotypes," *Psychological Science*, 20(7), 846-852.

Cohen, F., Sullivan, D., Solomon, S., Greenberg, J., and Ogilvie, D. M. (2011), "Finding Everland: Flight Fantasies and the Desire to Transcend Mortality," *Journal of Experimental Social Psychology*, 47, 88-102.

Deng, X., and Kahn, B. E. (2009), "Is Your Product on the Right Side? The "Location Effect" on Perceived Product Heaviness and Package Evaluation," *Journal of Marketing Research*, 46(Dec.), 725-738.

Edwards, J. R. (2009), "Seven Deadly Myths of Testing Moderation in Organizational Research," In C. E. Lance & R. J. Vandenberg (Eds.), *Statistical and Methodological Myths and Urban Legends* (pp. 143-164), New York, NY: Routledge.

Edwards, J. R., and Lambert, L. S. (2007), "Methods for Integrating Moderation and Mediation: A General Analytical Framework Using Moderated Path Analysis," *Psychological Methods*, 12(1), 1-22.

Garcia, D. M., Schmitt, M. T., Branscombe, N. R., and Ellemers, N. (2010), "Women's Reactions to Ingroup Members Who Protest Discriminatory Treatment: The Importance of Beliefs about Inequality and Response Appropriateness," *European Journal of Social Psychology*, 40(5), 733-745.

Grant, A. M., Gino, F., and Hofmann, D. A. (2011), "Reversing The Extraverted Leadership Advantage: The Role of Employee Proactivity," *Academy of Management Journal*, 54(3), 528-550.

Gully, S. M., Phillips, J., Castellano, W. G., Han, K., and Kim, A. (2013), "A Mediated Moderation Model of Recruiting Socially and Environmentally Responsible Job Applicants," *Personnel Psychology*, 66, 935-973.

Hayes, A. F. (2012), PROCESS: A Versatile Computational Tool for Observed Variable

Mediation, Moderation, and Conditional Process Modeling[White Paper], Retrieved from http://afhayes.com/public/process2012.pdf.

Hayes, A. F. (2013), *Introduction to Mediation, Moderation, and Conditional Process Analysis: A Regression-Based Approach*, New York, NY: Guilford Press.

Hayes, A. F. (2015), "An Index and Test of Linear Moderated Mediation," *Multivariate Behavioral Research*, 50(1), 1–22.

Jiang, L. C., Bazarova, N. N., and Hancock, J. T. (2011), "The Disclosure-Intimacy Link in Computer-Mediated Communication: An Attributional Extension of the Hyperpersonal Model," *Human Communication Research*, 37, 58–77.

Pierro, A., Giacomantonio, M., Pica, G., Giannini, A. M., Kruglanski, A. W., and Higgins, E. T. (2013), "Persuading Drivers to Refrain from Speeding: Effects of Message Sidedness and Regulatory Fit," *Accident Analysis & Prevention*, 50(Jan.), 917–925.

Pollack, J. M., Vanepps, E. M., and Hayes, A. F. (2012), "The Moderating Role of Social Ties on Entrepreneurs' Depressed Affect and Withdrawal Intentions in Response to Economic Stress," *Journal of Organizational Behavior*, 33, 789–810.

Preacher, K. J., Rucker, D. D., and Hayes, A. F. (2007), "Addressing Moderated Mediation Hypotheses: Theory, Methods, and Prescriptions," *Multivariate Behavioral Research*, 42(1), 185–227.

Yoon, S., and Kim, H. C. (2016), "Keeping the American Dream Alive: The Interactive Effect of Perceived Economic Mobility and Materialism on Impulsive Spending," *Journal of Marketing Research*, 53(5), 759–772.

Part 4

비선형효과분석

Chapter 18 비선형 조절효과분석

1 비선형 조절효과의 의의

일반적인 조절효과분석은 [그림 18-1]과 같다. 즉 조절효과분석에 포함된 변수 간의 관계는 선형을 가정한다.

그림 18-1 ▌선형 조절효과모델

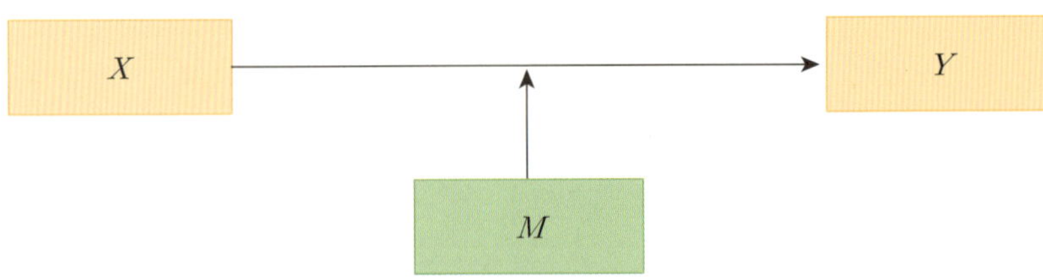

이에 비해 비선형 조절효과는 이들 변수 간의 관계에서 비선형을 가정한다. 예를 들어, [그림 18-2]처럼 X와 Y 간의 관계가 2차관계인 경우가 있고, [그림 18-3]처럼 X와 Y 간의 관계는 선형이나 조절변수인 M이 2차관계인 경우가 있다.

그림 18-2 ▌비선형 조절효과의 예

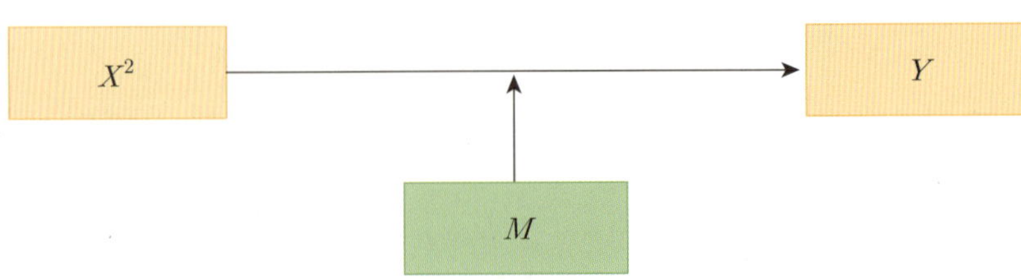

그림 18-3 ▮ 비선형 조절효과의 예

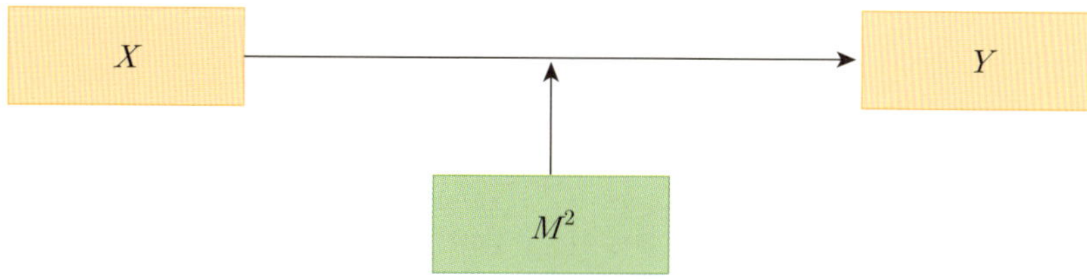

곡선 상호작용(curvilinear interaction) 또는 **비선형 상호작용(nonlinear interaction)**에는 두 가지가 있다. 첫째는 독립변수(X)와 종속변수(Y) 간의 관계가 2차함수이면서 조절변수(M)는 선형인 관계가 있고, 둘째는 독립변수(X)와 종속변수(Y) 간의 관계가 선형이면서 조절변수는 2차관계인 경우가 있다. 이들 상호작용의 분석을 통해 **곡선 조절효과(curvilinear moderation)**를 분석할 수 있다. 이하에서 이에 관해 살펴보기로 한다.

2 비선형 조절효과: 예 1

2.1 2차효과의 선형조절

독립변수(X)와 종속변수(Y) 간의 관계가 2차함수이면서 조절변수(M)는 선형인 관계에 대해 살펴보기로 한다. Hayes(2015)는 이를 **2차효과의 선형조절(linear moderation of quadratic effect)**이라 명명하였고, Cohen 등(2003)은 이를 **선형상호작용에 의한 곡선(curvilinear by linear interaction)**이라 하였다. 이하에서 다음의 자료를 통해 이에 관해 살펴보기로 한다.

	TRAIN	AUTON	RESP	JOBSAT	WELBEING
1	3.6667	3.1581	2.4622	3.9869	3.5081
2	2.5000	3.4160	2.6225	3.2982	2.7754
3	3.5000	3.7622	4.5172	2.9984	3.5605
4	1.6667	4.1888	4.0628	3.2256	3.1208
5	3.5000	2.4132	2.4384	3.9316	3.6826
6	3.1667	3.6091	3.8730	2.3811	4.0268
7	3.6667	2.2818	2.6175	2.4592	3.5630
8	3.5000	3.0859	3.4394	2.1034	2.2356
9	3.1667	3.1242	1.9626	2.0759	3.2681
10	3.5000	4.6400	3.4286	3.9276	2.1328

[chap18][Dawson.sav]

이 자료에서 독립변수(X)는 책임감(resp), 종속변수(Y)는 웰빙(wellbeing), 조절변수(M)는 훈련(train)이라 가정한다. 이들 변수 간의 관계에서 X와 Y 사이의 관계는 2차함수관계이고, 이들 간의 관계가 M에 따라 달라지는가를 분석한다고 가정한다.

1) 2차함수의 분석

먼저 X와 Y 간의 2차함수를 분석해보기로 한다. 이를 위한 함수식은 다음과 같다.

$$\hat{Y} = b_0 + b_1 X + b_2 X^2 \qquad (1)$$

2차함수를 분석하여 얻는 계수의 의미는 [표 18-1]과 같다.

표 18-1 ▌2차함수 계수의 의미

계수	의미	계수의 부호	
		정적(+)	부적(−)
b_1	회귀선의 추세(trend)	상향(upward)	하향(downward)
b_2	회귀선의 모양(shape)	오목(concave)	볼록(convex)

자료: Keith (2015), p. 177.

b_1과 b_2의 부호에 따른 대표적인 관계를 나타내면 [그림 18-4]와 같다.

그림 18-4 ▌2차함수관계의 유형

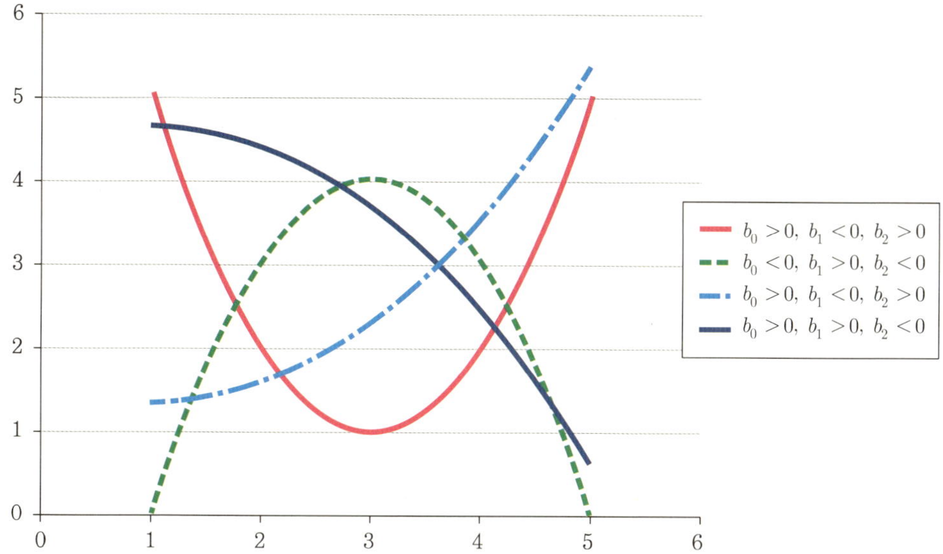

(1) 평균중심화를 하고 분석

❶ X변수(RESP)의 평균을 구한 다음($\overline{M}$=2.987121), 평균중심화한 변수를 만든다. 이 예에서 이를 'resp_c'로 명명하였다.

❷ 'resp_c'를 제곱한 변수를 만든다. 이 예에서는 이를 'resp_c2'로 명명하였다.

❸ 회귀분석을 한다.

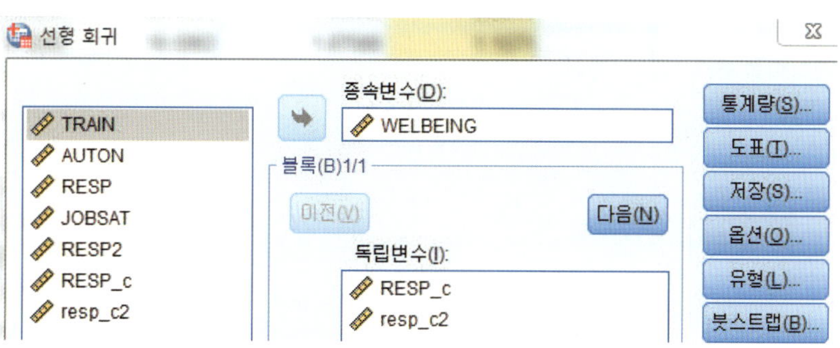

[chap18][Dawson.sav]

[표 18-2]는 분석결과를 제시한 것이다.

표 18-2 ▌2차함수의 분석결과: 평균중심화를 하고 분석

Coefficients[a]

Model		Unstandardized Coefficients		Standardized Coefficients	t	Sig.
		B	Std. Error	Beta		
1	(Constant)	3.402	.044		76.841	.000
	resp_c	-.085	.041	-.099	-2.083	.038
	resp_c2	-.180	.042	-.201	-4.230	.000

a. Dependent Variable: Level of individual well being

❹ 위의 분석결과를 토대로 [그림 18-5]와 같은 그래프를 그릴 수 있다.

그림 18-5 ▌2차함수 그래프

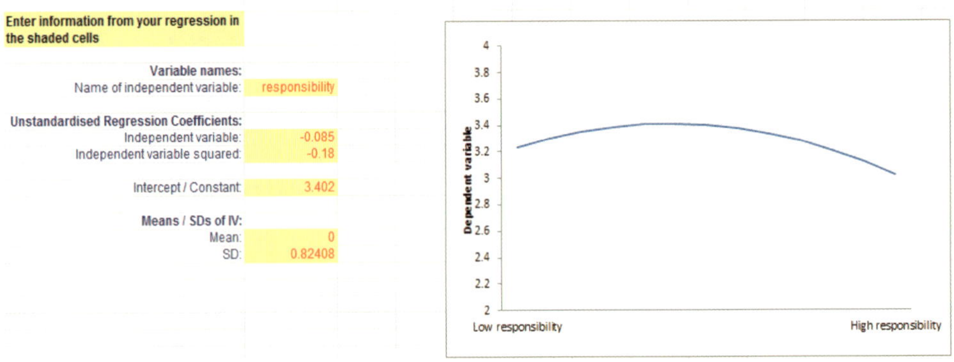

[Quadratic_regression.xls]

(2) 평균중심화를 하지 않고 분석

❶ 다음과 같이 변수를 지정하고 회귀분석을 한다.

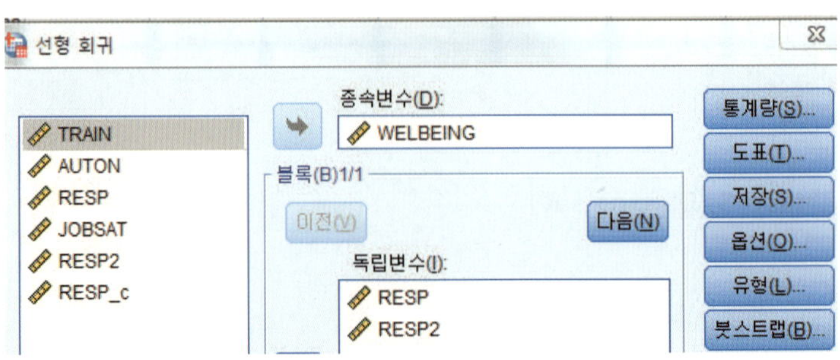

[chap18][Dawson.sav]

❷ 다음과 같은 결과를 얻는다.

표 18-3 ▌2차함수의 분석결과: 평균중심화를 하지 않고 분석

Coefficients[a]

Model		Unstandardized Coefficients		Standardized Coefficients	t	Sig.
		B	Std. Error	Beta		
1	(Constant)	2.056	.380		5.413	.000
	RESP	.987	.259	1.144	3.804	.000
	RESP2	-.180	.042	-1.273	-4.230	.000

a. Dependent Variable: WELBEING

❸ [표 18-2]와 [표 18-3]을 비교해보면 X^2 계수만 동일하고 나머지는 다른 것을 알 수 있고, [표 18-3]에서 표준화계수가 1보다 큰 것을 알 수 있다.

2) 2차효과의 선형조절분석: SPSS에 의한 방법

2차효과의 선형조절모델을 분석하기 위한 회귀식은 다음과 같다.

$$\hat{Y} = b_0 + b_1X + b_2X^2 + b_3M + b_4XM + b_5X^2M \qquad (2)$$

이를 분석하기 위한 절차는 다음과 같다.

❶ M을 평균중심화하기 위해 평균을 구한다. 평균을 이용하여 평균중심화한 변수를 만든다. 이 예에서는 이 변수를 'train_c'로 명명하였다.

❷ 식 (2)에 있는 변수 가운데 식 (1)에서 만든 변수 외에 해당하는 변수들을 만든다. 이 예에서 'XM'은 'restra', 'X^2M'은 'res2tra'라 명명하였다. 'restra=resp_c*train_c', 'res2tra=resp_c2*train_c'에 의해 구한다.

❸ 이들 변수를 이용하여 회귀분석을 한다.

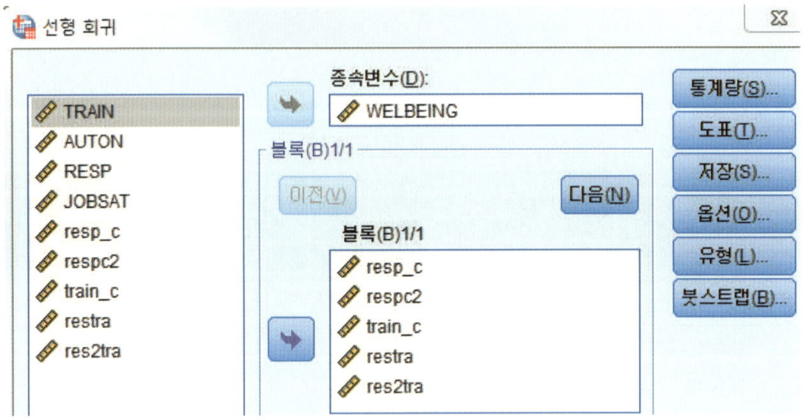

[chap18][Dawson1.sav]

[표 18-4]는 분석결과를 제시한 것이다.

표 18-4 2차효과의 선형조절분석결과

Coefficients[a]

Model		Unstandardized Coefficients		Standardized Coefficients	t	Sig.
		B	Std. Error	Beta		
1	(Constant)	3.400	.044		77.361	.000
	resp_c	-.100	.041	-.115	-2.429	.016
	resp_c2	-.172	.042	-.193	-4.051	.000
	train_c	-.002	.067	-.002	-.027	.979
	restra	.034	.061	.027	.560	.576
	res2tra	.156	.063	.155	2.481	.014

a. Dependent Variable: Level of individual well being

b_5(res2tra)가 유의적이어 조절효과가 있다고 해석한다.

❹ 이들 값을 이용하여 [그림 18-6]과 같은 그래프를 그릴 수 있다.

그림 18-6 ▌2차효과의 선형조절분석 그래프: 단순기울기

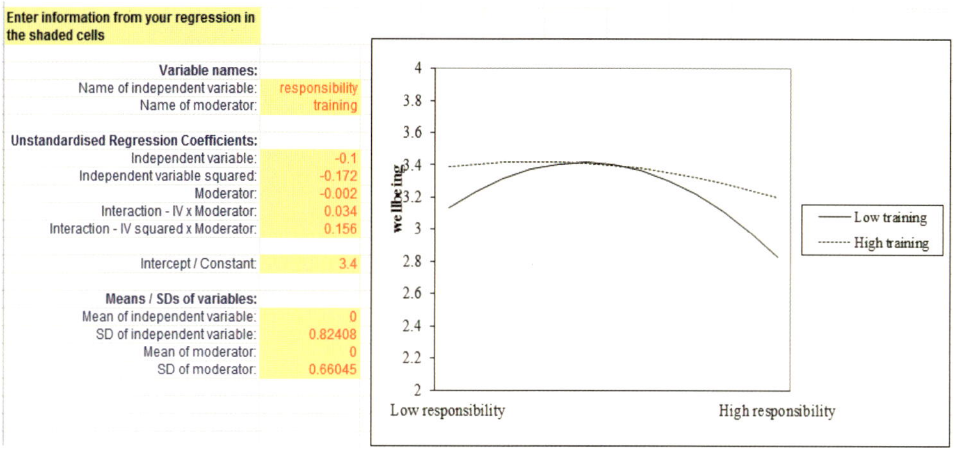

[Quadratic_two-way_interaction.xls]

❺ [그림 18-6]의 그래프를 통해 알 수 있듯, training이 높은 경우에는 responsibility가 높은 경우나 낮은 경우에 wellbeing이 큰 차이가 없지만, training이 낮은 경우에는 responsibility가 중간 정도일 때 가장 높고, 낮은 경우와 높은 경우 차이가 있는 것으로 나타난다. 그러므로 training이 낮은 경우에는 조절효과가 있지만 training이 높은 경우에는 조절효과가 없다고 해석할 수 있다.

3) 2차효과의 선형조절분석: PROCESS 신택스에 의한 방법

Hayes(2015)는 PROCESS 신택스에 의해 추정하는 방법을 제안하였다. 이 방법에 의해 추정하기 위해서는 PROCESS macro 방식이 아닌 PROCESS syntax를 이용해야 한다는 점에 유의한다. 다음은 신택스를 보인 것이다.

```
get file='f:₩mod-med(2nd)₩chap₩18₩dawson2.sav'.
process vars=welbeing resp resp2 train restra
/x=resp2/m=train/y=welbeing/jn=1/model=1.
```

이를 실행하면 다음과 같은 결과를 얻는다.

표 18-5 ▌PROCESS 신택스에 의한 분석결과

```
*************** PROCESS Procedure for SPSS Release 2.16.3 ***************
          Written by Andrew F. Hayes, Ph.D.       www.afhayes.com
**************************************************************************
Model = 1
    Y = welbeing
    X = resp2
    M = train

Statistical Controls:
CONTROL= resp     restra
Sample size
        424
**************************************************************************
Outcome: welbeing
Model Summary
        R       R-sq       MSE         F        df1        df2         p
    .2768      .0766     .4721    6.9341     5.0000   418.0000     .0000
Model
              coeff        se          t          p       LLCI       ULCI
constant     3.4000     .0440    77.3601      .0000     3.3136     3.4864
train        -.0018     .0668     -.0263      .9790     -.1331      .1296
resp2        -.1720     .0425    -4.0511      .0001     -.2555     -.0886
int_1         .1561     .0629     2.4810      .0135      .0324      .2798  1
resp         -.0996     .0410    -2.4291      .0156     -.1802     -.0190
restra        .0343     .0613      .5595      .5761     -.0862      .1548
Product terms key:
 int_1    resp2      X      train
R-square increase due to interaction(s):
       R2-chng        F        df1        df2          p
int_1    .0136   6.1554     1.0000   418.0000      .0136  2
**************************************************************************
Conditional effect of X on Y at values of the moderator(s):
       train    Effect        se          t          p       LLCI       ULCI
      -.6604    -.2751     .0578    -4.7593      .0000     -.3887     -.1615
      -.0009    -.1720     .0425    -4.0511      .0001     -.2555     -.0886
       .6604    -.0689     .0610    -1.1304      .2589     -.1888      .0509  3

Values for quantitative moderators are the mean and plus/minus one SD from mean.
Values for dichotomous moderators are the two values of the moderator.
*********************** JOHNSON-NEYMAN TECHNIQUE ***********************
Moderator value(s) defining Johnson-Neyman significance region(s)
     Value   % below   % above
     .4457   67.6887   32.3113  4
Conditional effect of X on Y at values of the moderator (M)
       train    Effect        se          t          p       LLCI       ULCI
     -2.1752    -.5116     .1411    -3.6252      .0003     -.7889     -.2342
     -1.9835    -.4816     .1297    -3.7147      .0002     -.7365     -.2268
```

-1.7919	-.4517	.1183	-3.8175	.0002	-.6843	-.2191
-1.6002	-.4218	.1072	-3.9363	.0001	-.6324	-.2112
-1.4085	-.3919	.0962	-4.0736	.0001	-.5810	-.2028
-1.2169	-.3620	.0855	-4.2314	.0000	-.5301	-.1938
-1.0252	-.3320	.0753	-4.4092	.0000	-.4801	-.1840
-.8335	-.3021	.0657	-4.5991	.0000	-.4313	-.1730
-.6419	-.2722	.0570	-4.7743	.0000	-.3843	-.1601
-.4502	-.2423	.0498	-4.8683	.0000	-.3401	-.1445
-.2586	-.2124	.0447	-4.7561	.0000	-.3002	-.1246
-.0669	-.1825	.0424	-4.2986	.0000	-.2659	-.0990
.1248	-.1525	.0436	-3.4993	.0005	-.2382	-.0669
.3164	-.1226	.0478	-2.5627	.0107	-.2167	-.0286
.4457	-.1024	.0521	-1.9657	.0500	-.2049	.0000
.5081	-.0927	.0545	-1.7012	.0897	-.1998	.0144
.6998	-.0628	.0628	-1.0002	.3178	-.1862	.0606
.8914	-.0329	.0721	-.4557	.6488	-.1747	.1089
1.0831	-.0030	.0822	-.0359	.9714	-.1645	.1586
1.2748	.0270	.0927	.2908	.7714	-.1553	.2092
1.4664	.0569	.1036	.5490	.5833	-.1468	.2605
1.6581	.0868	.1147	.7567	.4497	-.1387	.3123

해설

1 int_1(resp2Xtrain)이 유의적이므로 조절효과가 있다고 해석한다.

2 R^2변화량에 의해서도 동일한 유의도를 얻음을 알 수 있다.

3 조절변수의 값이 높을 때($\overline{M}+1SD$)는 단순기울기가 유의적이지 않다.

4 Johnson-Neyman의 유의영역은 .4457 이하로 표본의 67.69%에 해당된다.

4) PROCESS 신택스에 의한 Johnson & Neyman 신뢰밴드 그리기

위에서 얻은 값 가운데 'train effect llci ulci'만 copy해서 SPSS 신택스 창에 paste한다. 그리고 다음과 같은 신택스를 작성한다.

```
data list free/train effect llci ulci.
begin data.
 -2.1752    -.5116    -.7889    -.2342
 -1.9835    -.4816    -.7365    -.2268
 -1.7919    -.4517    -.6843    -.2191
 -1.6002    -.4218    -.6324    -.2112
 -1.4085    -.3919    -.5810    -.2028
 -1.2169    -.3620    -.5301    -.1938
 -1.0252    -.3320    -.4801    -.1840
  -.8335    -.3021    -.4313    -.1730
  -.6419    -.2722    -.3843    -.1601
  -.4502    -.2423    -.3401    -.1445
```

```
  -.2586    -.2124    -.3002    -.1246
  -.0669    -.1825    -.2659    -.0990
   .1248    -.1525    -.2382    -.0669
   .3164    -.1226    -.2167    -.0286
   .4457    -.1024    -.2049     .0000
   .5081    -.0927    -.1998     .0144
   .6998    -.0628    -.1862     .0606
   .8914    -.0329    -.1747     .1089
  1.0831    -.0030    -.1645     .1586
  1.2748     .0270    -.1553     .2092
  1.4664     .0569    -.1468     .2605
  1.6581     .0868    -.1387     .3123
end data.
graph /scatter(overlay)=train train train with llci ulci effect (pair).
```

이를 실행하면 [그림 18-7]의 그래프를 그린다.

그림 18-7 ▌PROCESS 신택스에 의한 Johnson-Neyman 신뢰밴드

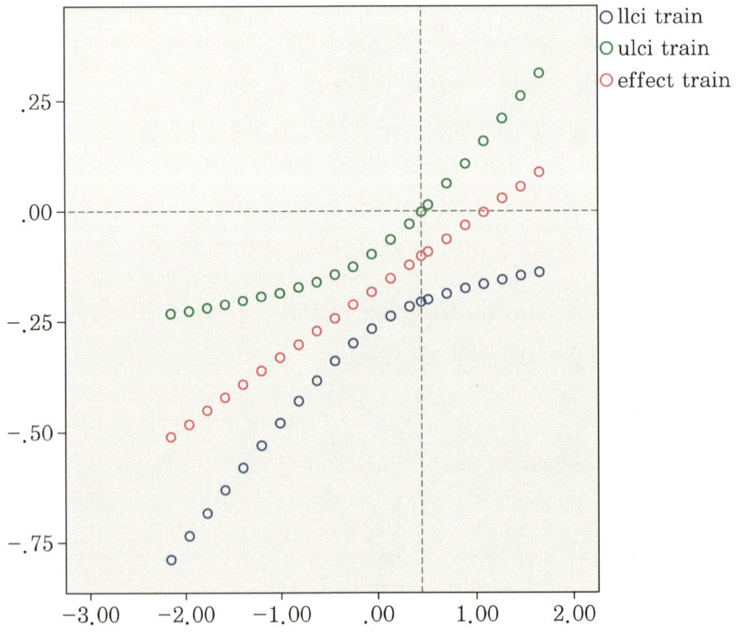

5) Miller 등(2013)의 엑셀시트에 의한 단순기울기 그래프 그리기

Miller 등(2013)의 엑셀시트를 이용하여 그래프를 그리기 위해서는 회귀분석을 할 때 [통계량] 버튼에서 [공분산행렬(V)]을 체크해서 '분산-공분산행렬'에 관한 정보를 구해야

한다. [표 18-6]은 분산-공분산행렬을 제시한 것이다.

표 18-6 ▌분산-공분산행렬

Coefficient Correlations[a]

Model			res2tra	restra	resp_c	respc2	train_c
1	Correlations	res2tra	1.000	.067	-.114	.053	-.652
		restra	.067	1.000	.049	-.116	-.060
		resp_c	-.114	.049	1.000	-.079	.043
		respc2	.053	-.116	-.079	1.000	.000
		train_c	-.652	-.060	.043	.000	1.000
	Covariances	res2tra	.004	.000	.000	.000	-.003
		restra	.000	.004	.000	.000	.000
		resp_c	.000	.000	.002	.000	.000
		respc2	.000	.000	.000	.002	5.702E-7
		train_c	-.003	.000	.000	5.702E-7	.004

a. Dependent Variable: WELBEING

아래는 Miller 등의 엑셀시트에 해당 값을 입력한 것을 보인 것이다.

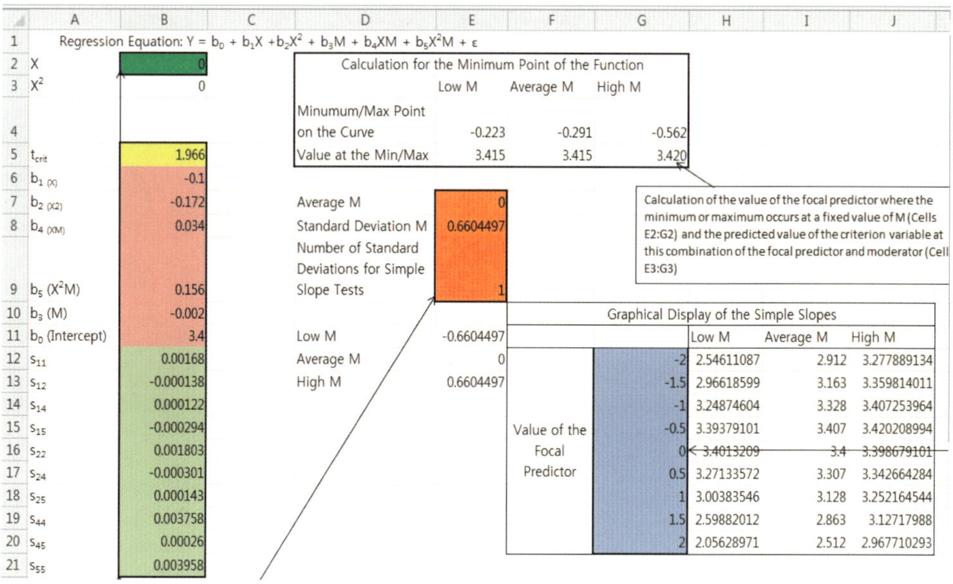

[Quadratic-by-Linear JN Tool.xlsx]

	Simple Slope	Standard Error	t-test	Lower 95% CI	Upper 95% CI
Low M	−0.122	0.056	−2.179	−0.2329	−0.0120
Average M	−0.100	0.041	−2.440	−0.1806	−0.0194
High M	−0.078	0.059	−1.314	−0.1935	0.0384

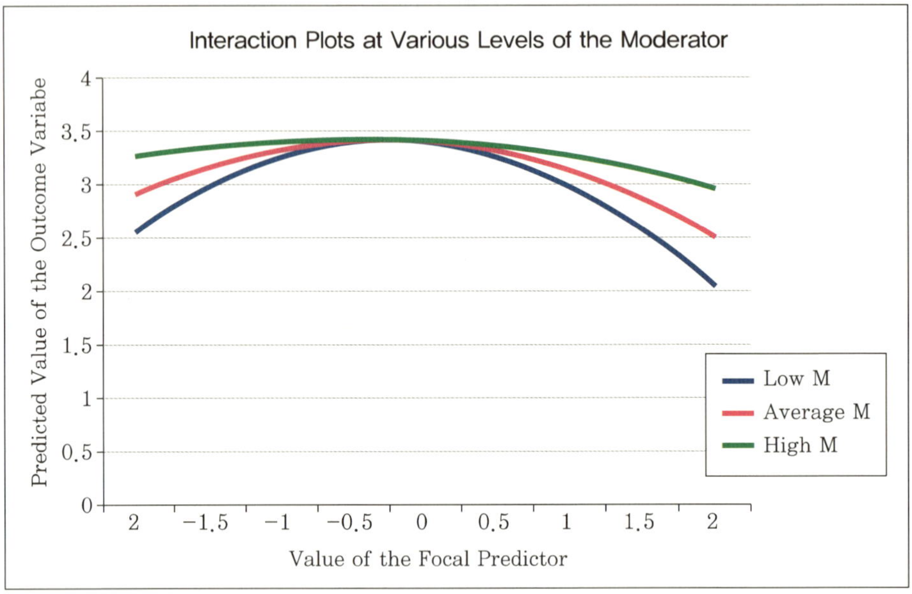

2.2 선형효과의 2차조절

독립변수(X)와 종속변수(Y) 간의 관계가 선형이면서 조절변수(M)는 2차함수인 관계에 대해 살펴보기로 한다. Hayes(2015)는 이를 **선형효과의 2차조절(quadratic moderation of linear effect)**이라 명명하였다.

1) 선형효과의 2차조절: SPSS에 의한 방법

선형효과의 2차조절을 추정하기 위한 회귀식은 다음과 같다.

$$Y = b_0 + b_1X + b_2M + b_3M^2 + b_4XM + b_5XM^2 \qquad (3)$$

이를 분석하기 위해 [Dawson3.sav]를 이용하였다.

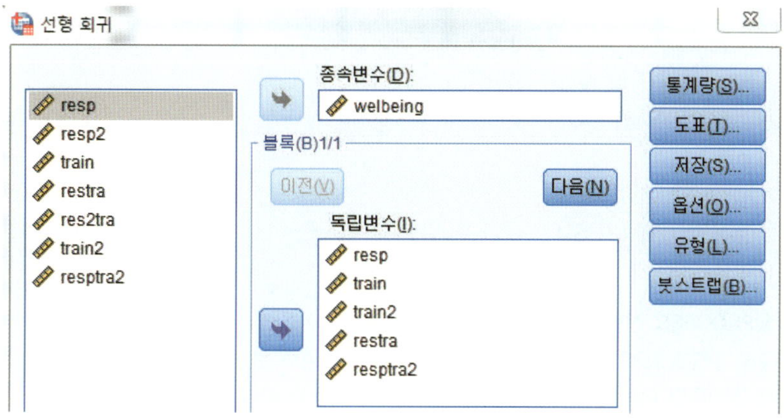

이를 분석하면 [표 18-7]과 같은 결과를 얻는다.

표 18-7 ▌선형효과의 2차조절분석결과

Coefficients[a]

Model		Unstandardized Coefficients		Standardized Coefficients	t	Sig.
		B	Std. Error	Beta		
1	(Constant)	3.296	.043		76.149	.000
	resp	−.110	.052	−.127	−2.109	.036
	train	.106	.055	.099	1.916	.056
	train2	−.036	.060	−.031	−.599	.549
	restra	.001	.070	.001	.009	.993
	resptra2	.022	.071	.020	.310	.756

a. Dependent Variable: welbeing

b_5가 유의적이지 않아 조절효과가 없다고 해석한다.

2) 선형효과의 2차조절: PROCESS 신택스에 의한 방법

Hayes(2015)는 회귀식 (3)을 PROCESS의 신택스에 의해 추정하는 방법을 소개하였다. 이 회귀식을 추정하기 위해 'model 2'를 이용한다. 이를 추정하기 위한 신택스는 다음과 같다.

```
get file='f:₩mod-med(2nd)₩chap₩18₩dawson3.sav'.
process vars=welbeing resp  train train2
/x=resp/m=train/w=train2/y=welbeing/model=2.
```

이를 실행하면 [표 18-8]의 결과를 얻는다.

표 18-8 ▌PROCESS 신택스에 의한 분석결과

```
*************** PROCESS Procedure for SPSS Release 2.16.3 ***************
          Written by Andrew F. Hayes, Ph.D.       www.afhayes.com
**************************************************************************
Model = 2
    Y = welbeing
    X = resp
    M = train
    W = train2

Sample size
       424

**************************************************************************
Outcome: welbeing

Model Summary
          R       R-sq        MSE          F        df1        df2          p
      .1592      .0253      .4983     2.1732     5.0000   418.0000      .0562

Model
              coeff         se          t          p       LLCI       ULCI
constant     3.2965      .0433    76.1459      .0000     3.2114     3.3816
train         .1060      .0553     1.9157      .0561     -.0028      .2147
resp         -.1096      .0520    -2.1095      .0355     -.2118     -.0075
int_1         .0005      .0703      .0073      .9942     -.1377      .1387
train2       -.0361      .0602     -.5995      .5492     -.1545      .0823
int_2         .0220      .0711      .3094      .7572     -.1177      .1617

Product terms key:

 int_1    resp        X     train
 int_2    resp        X     train2

R-square increase due to interaction(s):
        R2-chng          F        df1        df2          p
int_1     .0000      .0001     1.0000   418.0000      .9942
int_2     .0002      .0957     1.0000   418.0000      .7572
```

```
Both        .0003      .0593      2.0000     418.0000       .9425
*************************************************************************************************
```

int_2(resp×train2)가 비유의적이서 조절효과가 없다고 해석한다.

3 비선형 조절효과: 예 2

3.1 2차효과의 선형조절

Cohen 등(2003)에 소개된 모델과 자료를 이용하여 위에 소개된 두 모델을 복습하는 차원에서 추정해보기로 한다. 이 자료에서 독립변수 'fear'는 '흡연의 건강에 대한 두려움', 종속변수 'quit'는 '금연의도', 조절변수 'efficacy'는 '금연의 자아효능감'을 의미한다.

	fear	efficacy	quit
1	4.31	5.15	4.26
2	4.26	3.45	3.22
3	4.59	6.01	4.76
4	4.90	4.24	3.97
5	4.31	4.27	3.41
6	5.82	6.47	5.04
7	3.50	3.96	3.08
8	5.35	3.20	2.83
9	4.73	3.36	1.72
10	5.36	5.77	4.85

[chap18][Cohen2003.sav]

이들 변수 간에 다음과 같은 관계를 가정한다.

그림 18-8 ▌흡연의 건강에 대한 두려움과 금연의도 간의 관계: 금연의 자아효능감의 조절효과

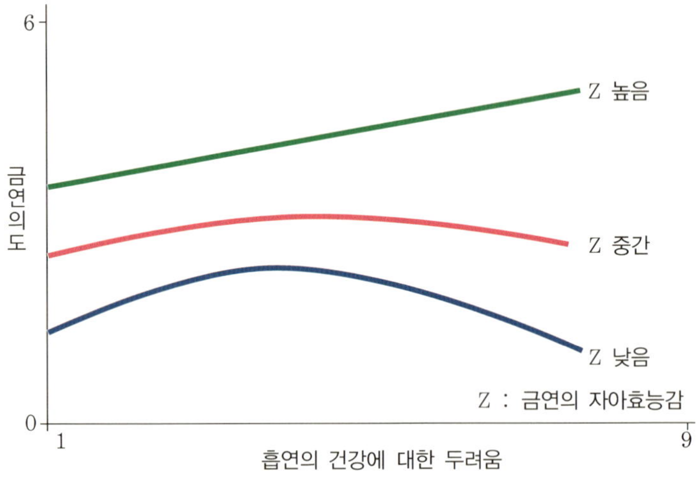

자료: Cohen 등 (2003), p. 292.

[그림 18-8]에서 볼 수 있듯, '자아효능감'이 높으면 '흡연의 건강에 대한 두려움'이 커질수록 '금연의도'는 커지지만 '자아효능감'이 낮으면 '금연의도'가 증가하다가 줄어든다고 가정한다.

1) 평균중심화 및 회귀식에 필요한 변수 만들기

fearc	fearc2	efficac	feareffc	feac2efc	efficac2	feaeffi2
-.160	.026	.340	-.054	.009	.12	-.02
-.210	.044	-1.360	.286	-.060	1.85	-.39
.120	.014	1.200	.144	.017	1.44	.17
.430	.185	-.570	-.245	-.105	.32	.14
-.160	.026	-.540	.086	-.014	.29	-.05
1.350	1.822	1.660	2.241	3.025	2.76	3.72
-.970	.941	-.850	.824	-.800	.72	-.70
.880	.774	-1.610	-1.417	-1.247	2.59	2.28
.260	.068	-1.450	-.377	-.098	2.10	.55
.890	.792	.960	.854	.760	.92	.82

2) 회귀식의 추정

$$\hat{Y} = b_0 + b_1X + b_2X^2 + b_3Z \qquad (5)$$

$$\hat{Y} = b_0 + b_1X + b_2X^2 + b_3Z + b_4XZ + b_5X^2Z \qquad (6)$$

3) 위계적 회귀분석에 의한 추정

Cohen 등(2003)의 책에 기술된 것처럼 위계적 회귀분석(hierarchical regression analysis)에 의해 회귀식을 추정하기로 한다. 이를 위해 먼저 다음과 같이 해당 변수를 지정해서 보낸다. 그리고 [다음] 버튼을 누른다. [블록(B)2/2] 상태에서 추가적으로 관련 변수를 지정해서 보낸다.

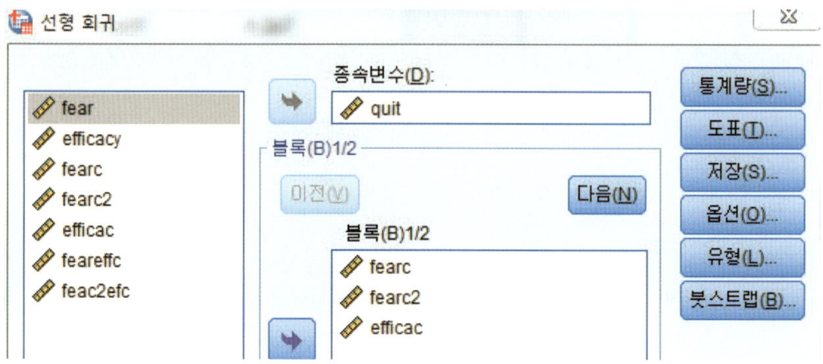

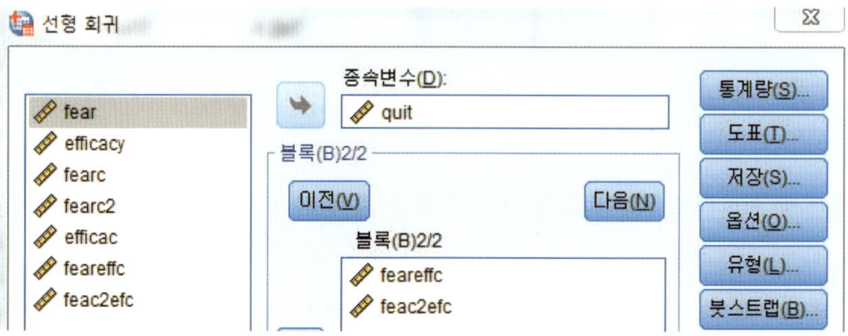

[통계량] 버튼에서 [R제곱변화량(S)]을 체크하고 [확인] 버튼을 누르면 실행이 된다. [표 18-9]는 분석결과를 제시한 것이다.

표 18-9 | 2차효과의 선형조절분석결과

Coefficients[a]

Model		Unstandardized Coefficients		Standardized Coefficients	t	Sig.
		B	Std. Error	Beta		
1	(Constant)	3.642	.047		76.744	.000
	fearc	.224	.034	.316	6.626	.000
	fearc2	-.008	.019	-.019	-.426	.671
	efficac	.620	.053	.551	11.712	.000
2	(Constant)	3.651	.046		79.093	.000
	fearc	.178	.038	.252	4.732	.000
	fearc2	-.052	.022	-.124	-2.405	.017
	efficac	.551	.062	.490	8.825	.000
	feareffc	.164	.047	.175	3.480	.001
	feac2efc	.065	.029	.147	2.260	.025

a. Dependent Variable: quit

이 결과를 토대로 다음과 같은 회귀식을 세울 수 있다.

$$\hat{Y} = 3.651 + .178X - .052X^2 + .551Z + .164XZ + .065X^2Z \qquad (7)$$

위 회귀식을 다음과 같이 정리할 수 있다.

$$\hat{Y} = (.178 + .164Z)X + (-.052 + .065Z)X^2 + (.551Z + 3.651) \qquad (8)$$

위 식에서 $(-.052 + .065Z)$가 조절효과를 검정하기 위한 조건부효과가 된다. Z (efficac)의 표준편차를 구하면 0.763이다. 평균(mean)±SD의 세 값을 기준으로 식 (8)에 대입하면 다음과 같은 단순회귀식을 구할 수 있다.

$$Z_{low} = -.76 : \quad \hat{Y} = .053X - .101X^{2^{**}} + 3.230$$

$$Z_{mean} = 0 : \quad \hat{Y} = .178X^{**} - .052X^{2^{*}} + 3.651$$

$$Z_{high} = .76 : \quad \hat{Y} = .304X^{**} - .003X^2 + 4.072$$

$^{**}p < .01$, $^{*}p < .05$

위 회귀식에서 알 수 있듯, Z가 커질수록 X^2이 Y에 미치는 효과는 작아지고 부적(−)인 것을 알 수 있다. 이를 그래프로 나타내면 [그림 18-9]와 같다.

그림 18-9 ▌2차효과의 선형조절분석결과: 단순기울기

Enter information from your regression in the shaded cells	
Variable names:	
Name of independent variable:	fear
Name of moderator:	efficacy
Unstandardised Regression Coefficients:	
Independent variable:	0.178
Independent variable squared:	-0.052
Moderator:	0.551
Interaction - IV x Moderator:	0.164
Interaction - IV squared x Moderator:	0.065
Intercept / Constant:	3.651
Means / SDs of variables:	
Mean of independent variable:	0
SD of independent variable:	1.22
Mean of moderator:	0
SD of moderator:	0.76

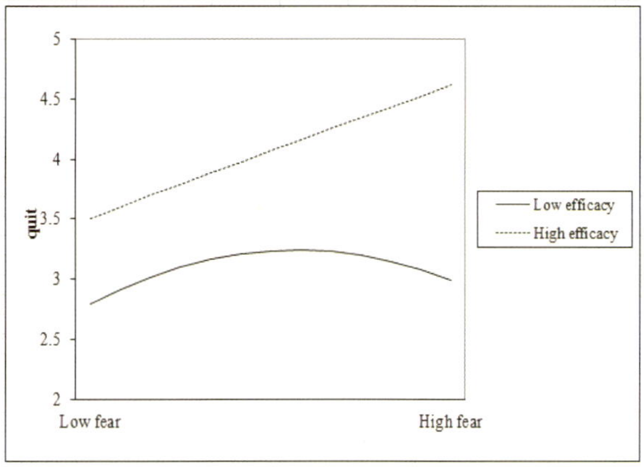

4) PROCESS 신택스에 의한 추정

Hayes(2015)의 PROCESS 신택스에 의해 추정하기 위해 다음과 같은 신택스를 작성한다.

```
get file='f:₩mod-med(2nd)₩chap₩18₩Cohen2003-1.sav'.
process vars=quit  fearc fearc2 efficac feareffc
 /x=fearc2/m=efficac/y=quit/jn=1/model=1.
```

이를 실행하면 다음과 같은 결과를 얻는다.

표 18-10 ▌PROCESS 신택스에 의한 분석결과

```
*************** PROCESS Procedure for SPSS Release 2.16.3 ***************
          Written by Andrew F. Hayes, Ph.D.        www.afhayes.com
*************************************************************************
Model = 1
    Y = quit
    X = fearc2
    M = efficac
```

```
Statistical Controls:
CONTROL= fearc      feareffc

Sample size
       250

**************************************************************************
Outcome: quit

Model Summary
        R       R-sq        MSE          F        df1        df2          p
    .7361      .5419      .3452    57.7167     5.0000   244.0000      .0000

Model
              coeff         se          t          p       LLCI       ULCI
constant     3.6512      .0462    79.0947      .0000     3.5602     3.7421
efficac       .5509      .0624     8.8252      .0000      .4279      .6738
fearc2       -.0520      .0216    -2.4052      .0169     -.0946     -.0094
int_1         .0648      .0287     2.2600      .0247      .0083      .1212
fearc         .1783      .0377     4.7324      .0000      .1041      .2525
feareffc      .1641      .0472     3.4809      .0006      .0713      .2570

Product terms key:

 int_1    fearc2       X      efficac

R-square increase due to interaction(s):
        R2-chng          F        df1        df2          p
int_1     .0096     5.1076     1.0000   244.0000      .0247

**************************************************************************

Conditional effect of X on Y at values of the moderator(s):
    efficac     Effect         se          t          p       LLCI       ULCI
     -.7637     -.1015      .0332    -3.0525      .0025     -.1670     -.0360
     -.0001     -.0520      .0216    -2.4054      .0169     -.0946     -.0094
      .7635     -.0026      .0281     -.0914      .9272     -.0579      .0527

Values for quantitative moderators are the mean and plus/minus one SD from mean.
Values for dichotomous moderators are the two values of the moderator.

********************** JOHNSON-NEYMAN TECHNIQUE **********************

Moderator value(s) defining Johnson-Neyman significance region(s)
      Value    % below    % above
      .1543    57.6000    42.4000
```

```
Conditional effect of X on Y at values of the moderator (M)
    efficac     Effect       se          t          p       LLCI       ULCI
    -1.8300     -.1705     .0600    -2.8432     .0048     -.2887     -.0524
    -1.6310     -.1577     .0547    -2.8827     .0043     -.2654     -.0499
    -1.4320     -.1448     .0495    -2.9252     .0038     -.2422     -.0473
    -1.2330     -.1319     .0444    -2.9695     .0033     -.2194     -.0444
    -1.0340     -.1190     .0395    -3.0121     .0029     -.1968     -.0412
     -.8350     -.1061     .0348    -3.0455     .0026     -.1747     -.0375
     -.6360     -.0932     .0305    -3.0533     .0025     -.1533     -.0331
     -.4370     -.0803     .0267    -3.0032     .0029     -.1330     -.0276
     -.2380     -.0674     .0237    -2.8403     .0049     -.1142     -.0207
     -.0390     -.0545     .0218    -2.4972     .0132     -.0976     -.0115
      .1543     -.0420     .0213    -1.9697     .0500     -.0841      .0000
      .1600     -.0417     .0213    -1.9517     .0521     -.0837      .0004
      .3590     -.0288     .0223    -1.2877     .1991     -.0728      .0152
      .5580     -.0159     .0247     -.6441     .5201     -.0644      .0327
      .7570     -.0030     .0280     -.1070     .9149     -.0580      .0521
      .9560      .0099     .0319      .3100     .7568     -.0530      .0728
     1.1550      .0228     .0364      .6264     .5317     -.0489      .0945
     1.3540      .0357     .0411      .8672     .3867     -.0454      .1167
     1.5530      .0486     .0461     1.0532     .2933     -.0423      .1394
     1.7520      .0615     .0512     1.1995     .2315     -.0395      .1624
     1.9510      .0743     .0565     1.3165     .1892     -.0369      .1856
     2.1500      .0872     .0618     1.4118     .1593     -.0345      .2089
```

위의 결과는 앞서 SPSS에 의해 분석한 것과 동일한 값을 얻는 것을 알 수 있다.

5) PROCESS 신택스에 의한 추정

```
data list free/efficacy effect llci ulci.
begin data.
  -1.8300    -.1705    -.2887    -.0524
  -1.6310    -.1577    -.2654    -.0499
  -1.4320    -.1448    -.2422    -.0473
  -1.2330    -.1319    -.2194    -.0444
  -1.0340    -.1190    -.1968    -.0412
   -.8350    -.1061    -.1747    -.0375
   -.6360    -.0932    -.1533    -.0331
   -.4370    -.0803    -.1330    -.0276
   -.2380    -.0674    -.1142    -.0207
   -.0390    -.0545    -.0976    -.0115
    .1543    -.0420    -.0841     .0000
    .1600    -.0417    -.0837     .0004
    .3590    -.0288    -.0728     .0152
    .5580    -.0159    -.0644     .0327
```

```
   .7570      -.0030     -.0580     .0521
   .9560       .0099     -.0530     .0728
  1.1550       .0228     -.0489     .0945
  1.3540       .0357     -.0454     .1167
  1.5530       .0486     -.0423     .1394
  1.7520       .0615     -.0395     .1624
  1.9510       .0743     -.0369     .1856
  2.1500       .0872     -.0345     .2089
end data.
graph /scatter(overlay)=efficacy efficacy efficacy with llci ulci effect (pair).
```

이를 실행하면 [그림 18-10]의 그래프를 그린다.

그림 18-10 ▌PROCESS 신택스에 의한 Johnson-Neyman 신뢰밴드

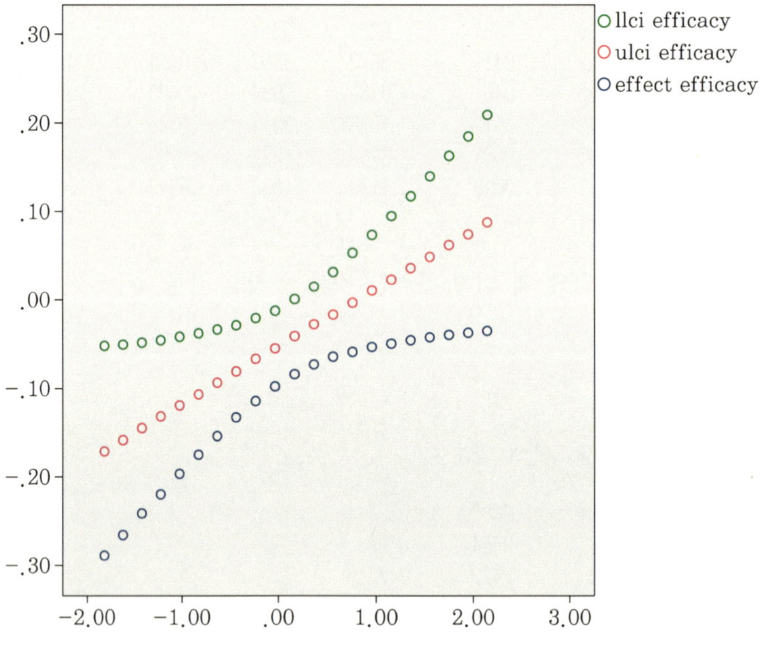

5) Miller 등(2013)의 엑셀시트에 의한 그래프 그리기

[표 18-11]은 분산-공분산행렬을 제시한 것이다.

표 18-11 ❚ 분산-공분산행렬

Coefficient Correlations[a]

Model			feac2efc	feareffc	fearc2	fearc	efficac
1	Correlations	feac2efc	1.000	.040	−.168	−.492	−.565
		feareffc	.040	1.000	−.493	−.046	.028
		fearc2	−.168	−.493	1.000	−.034	.059
		fearc	−.492	−.046	−.034	1.000	.055
		efficac	−.565	.028	.059	.055	1.000
	Covariances	feac2efc	.001	5.467E−5	.000	−.001	−.001
		feareffc	5.467E−5	.002	−.001	−8.244E−5	8.158E−5
		fearc2	.000	−.001	.000	−2.801E−5	7.943E−5
		fearc	−.001	−8.244E−5	−2.801E−5	.001	.000
		efficac	−.001	8.158E−5	7.943E−5	.000	.004

a. Dependent Variable: quit

아래는 Miller 등의 엑셀시트에 해당 값을 입력한 것을 보인 것이다.

	A	B	C	D	E	F	G	H	I	J
1	Regression Equation: $Y = b_0 + b_1X + b_2X^2 + b_3M + b_4XM + b_5X^2M + ε$									
2	X	0		Calculation for the Minimum Point of the Function						
3	X^2	0			Low M	Average M	High M			
4				Minumum/Max Point on the Curve	0.260	1.712	63.021			
5	t_{crit}	1.966		Value at the Min/Max	3.237	3.803	13.623			
6	$b_{1\ (X)}$	0.178								
7	$b_{2\ (X2)}$	-0.052		Average M	0			Calculation of the value of the focal predictor where the minimum or maximum occurs at a fixed value of M (Cells E2:G2) and the predicted value of the criterion variable at this combination of the focal predictor and moderator (Cells E3:G3)		
8	$b_{4\ (XM)}$	0.164		Standard Deviation M	0.763					
9	$b_5\ (X^2M)$	0.065		Number of Standard Deviations for Simple Slope Tests	1					
10	b_3 (M)	0.551				Graphical Display of the Simple Slopes				
11	b_0 (Intercept)	3.651		Low M	-0.763			Low M	Average M	High M
12	s_{11}	0.00142		Average M	0		-2	2.718471	3.087	3.455529
13	s_{12}	-0.000028		High M	0.763		-1.5	2.92269625	3.267	3.61130375
14	s_{14}	-0.000082					-1	3.076124	3.421	3.765876
15	s_{15}	-0.000531				Value of the	-0.5	3.17875425	3.549	3.91924575
16	s_{22}	0.000468				Focal	0	3.230587	3.651	4.071413
17	s_{24}	-0.000503				Predictor	0.5	3.23162225	3.727	4.22237775
18	s_{25}	-0.0000104					1	3.18186	3.777	4.37214
19	s_{44}	0.002223					1.5	3.08130025	3.801	4.52069975
20	s_{45}	0.000055					2	2.929943	3.799	4.668057
21	s_{55}	0.000821								

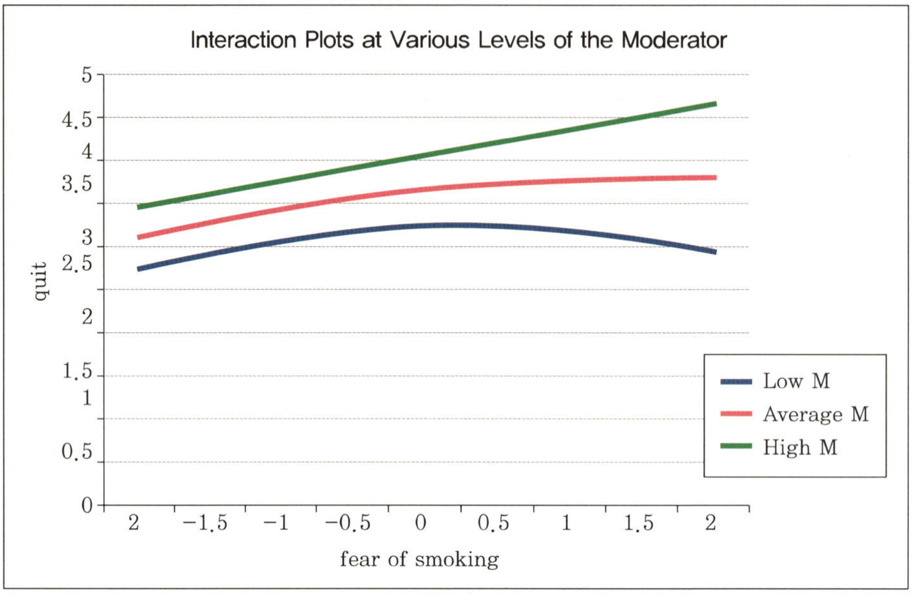

3.2 선형효과의 2차조절

1) SPSS에 의한 방법

다음과 같이 회귀분석을 한다.

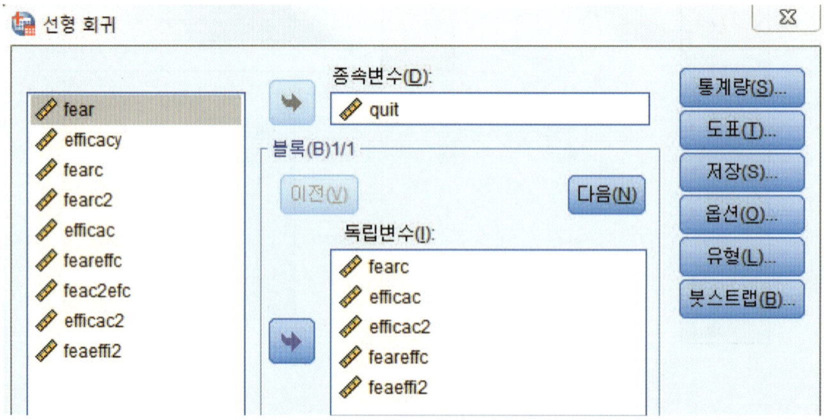

분석결과는 [표 18-12]와 같다.

표 18-12 ▌ 선형효과의 2차조절분석결과

Coefficients[a]

Model		Unstandardized Coefficients		Standardized Coefficients	t	Sig.
		B	Std. Error	Beta		
1	(Constant)	3.549	.048		73.906	.000
	fearc	.200	.042	.283	4.784	.000
	efficac	.614	.055	.546	11.248	.000
	feareffc	.091	.043	.097	2.099	.037
	feaeffi2	.024	.046	.033	.527	.599
	efficac2	.095	.053	.083	1.786	.075

a. Dependent Variable: quit

2) PROCESS 신택스에 의한 방법

Hayes(2015)의 PROCESS 신택스에 의해 추정하기 위해 다음과 같은 신택스를 만든다.

```
get file='f:₩mod-med(2nd)₩chap₩18₩cohen2003-1.sav'.
process vars=quit fearc efficac efficac2
/x=fearc/m=efficac/w=efficac2/y=quit/model=2.
```

이를 실행하면 [표 18-13]의 결과를 얻는다.

표 18-13 ▌ PROCESS 신택스에 의한 분석결과

```
*************** PROCESS Procedure for SPSS Release 2.16.3 ***************
          Written by Andrew F. Hayes, Ph.D.       www.afhayes.com
**************************************************************************
Model = 2
    Y = quit
    X = fearc
    M = efficac
    W = efficac2
Sample size
        250
**************************************************************************
Outcome: quit

Model Summary
```

```
          R       R-sq        MSE          F        df1        df2          p
      .7284      .5306      .3536    55.1631     5.0000   244.0000      .0000
Model
              coeff         se          t          p       LLCI       ULCI
constant     3.5486      .0480    73.9064      .0000     3.4540     3.6432
efficac       .6140      .0546    11.2481      .0000      .5065      .7215
fearc         .2002      .0419     4.7840      .0000      .1178      .2827
int_1         .0909      .0433     2.0988      .0369      .0056      .1762
efficac2      .0949      .0532     1.7857      .0754     -.0098      .1996
int_2         .0245      .0465      .5268      .5988     -.0671      .1161
Product terms key:
 int_1    fearc       X     efficac
 int_2    fearc       X     efficac2
R-square increase due to interaction(s):
         R2-chng          F        df1        df2          p
int_1      .0085     4.4049     1.0000   244.0000      .0369
int_2      .0005      .2775     1.0000   244.0000      .5988
Both       .0089     2.3191     2.0000   244.0000      .1005
***************************************************************************************************
```

4 비선형 조절효과: 예 3

선형효과의 2차조절은 식 (9)로 나타낼 수 있다.

$$Y = b_0 + b_1 X + b_2 M + b_3 M^2 + b_4 XM + b_5 XM^2 + e \tag{9}$$

비선형 조절효과는 b_5가 유의적인가를 통해 검정한다. 이 식에서 X의 Y에 대한 효과는 $b_1 + (b_4 + b_5 M)M$으로 표현할 수 있다. 이 식에서 b_4와 b_5의 부호에 따라 다음과 같이 해석한다.

b_4가 (+)이고 b_5가 (+)이면 X의 Y에 대한 효과는 M이 증가할수록 증가하고, 그러한 증가는 M이 증가할수록 커진다.

그림 18-11 ▌ b_4가 (+)이고 b_5가 (+)인 경우

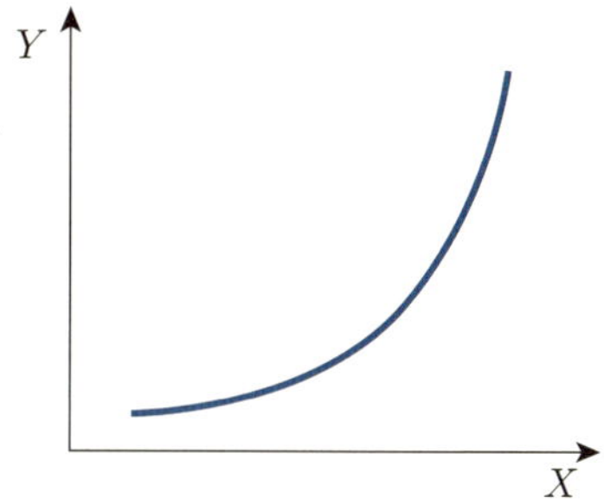

b_4가 (+)이고 b_5가 (−)이면 X의 Y에 대한 효과는 M이 증가할수록 증가하고, 그러한 증가는 M이 증가할수록 감소한다.

그림 18-12 ▌ b_4가 (+)이고 b_5가 (−)인 경우

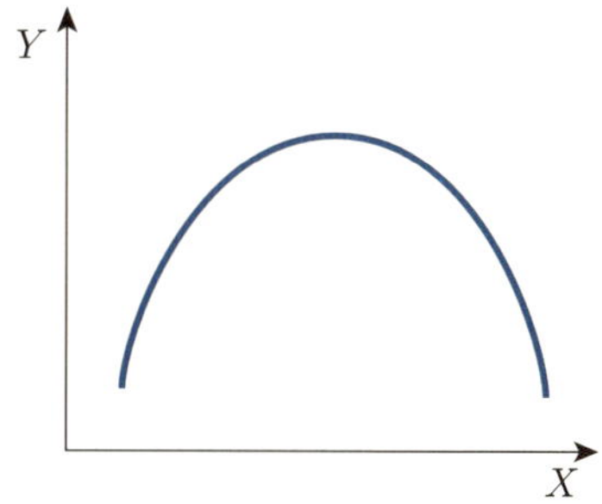

b_4가 (−)이고 b_5가 (+)이면 X의 Y에 대한 효과는 M이 증가할수록 감소하고, 그러한 감소는 M이 증가할수록 감소한다.

그림 18-13 ▌ b_4가 (−)이고 b_5가 (+)인 경우

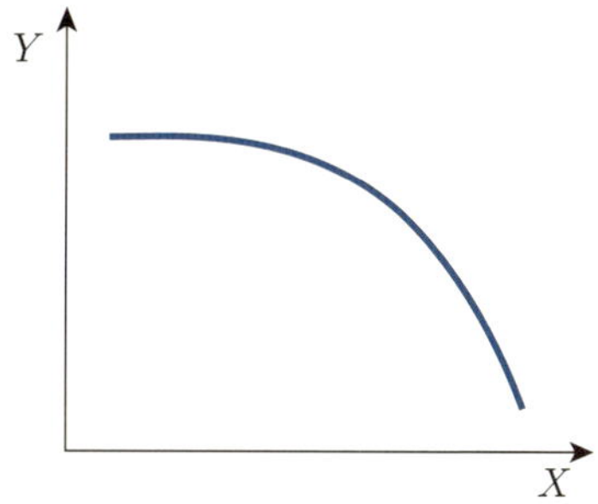

b_4가 (−)이고 b_5가 (−)이면 X의 Y에 대한 효과는 M이 증가할수록 감소하고, 그러한 감소는 M이 증가할수록 커진다.

그림 18-14 | b_4가 (−)이고 b_5가 (−)인 경우

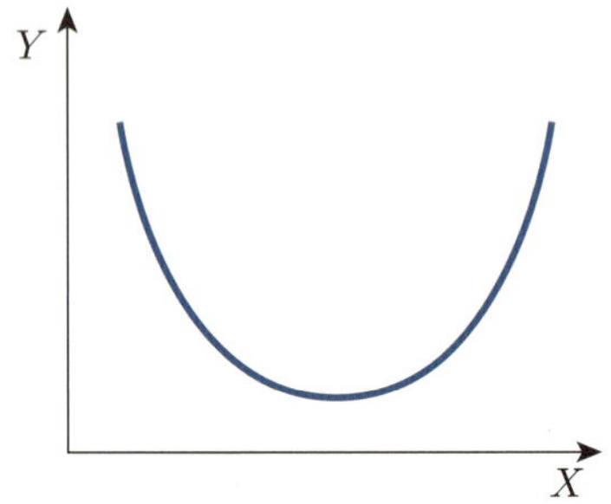

Jose(2013)에 소개된 [그림 18-15] 모델을 통해 선형효과의 2차조절(quadratic moderation of linear effect)을 분석해보기로 한다.

그림 18-15 | 회피대응의 조절효과

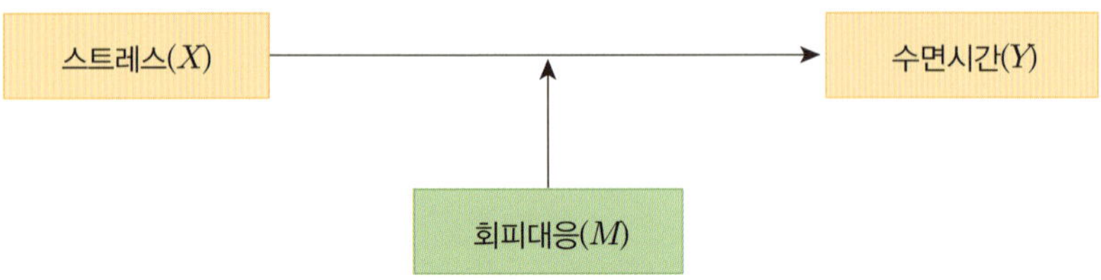

스트레스(stress)를 받으면 수면시간(sleep)이 줄어들 것이다. 그런데 이들 간의 관계에서 스트레스를 피하고자 하는 여러 가지 회피전략(avoid strategy)이 조절효과를 한다고 가정한다. 즉 스트레스에 잘 대처할수록 수면을 잘할 것이다(수면시간이 길다). 그리고 이들 간의 관계에서 회피전략은 비선형조절효과를 가정한다. 분석에 쓰인 자료는 다음과 같다.

	stress	sleep	avoid
1	10.00	2.00	2.00
2	6.00	6.00	2.67
3	8.00	1.00	3.00
4	15.00	5.00	2.33
5	9.00	6.00	1.67
6	6.00	6.00	1.67
7	8.00	5.00	2.00
8	7.00	6.00	1.67
9	6.00	6.00	3.00
10	10.00	2.00	2.00

[chap18][quadratic_moderation-1.sav]

4.1 평균중심화와 위계적 회귀분석을 하지 않고 분석

1) 분석에 필요한 변수 만들기

	stress	sleep	avoid	avoid2	stravoid	stravoid2
1	10.00	2.00	2.0000	4.0000	20.0000	40.0000
2	6.00	6.00	2.6667	7.1111	16.0000	42.6667
3	8.00	1.00	3.0000	9.0000	24.0000	72.0000
4	15.00	5.00	2.3333	5.4444	35.0000	81.6667
5	9.00	6.00	1.6667	2.7778	15.0000	25.0000
6	6.00	6.00	1.6667	2.7778	10.0000	16.6667
7	8.00	5.00	2.0000	4.0000	16.0000	32.0000
8	7.00	6.00	1.6667	2.7778	11.6667	19.4444
9	6.00	6.00	3.0000	9.0000	18.0000	54.0000
10	10.00	2.00	2.0000	4.0000	20.0000	40.0000

[chap18][quadratic_moderation-1.sav]

2) 회귀분석하기

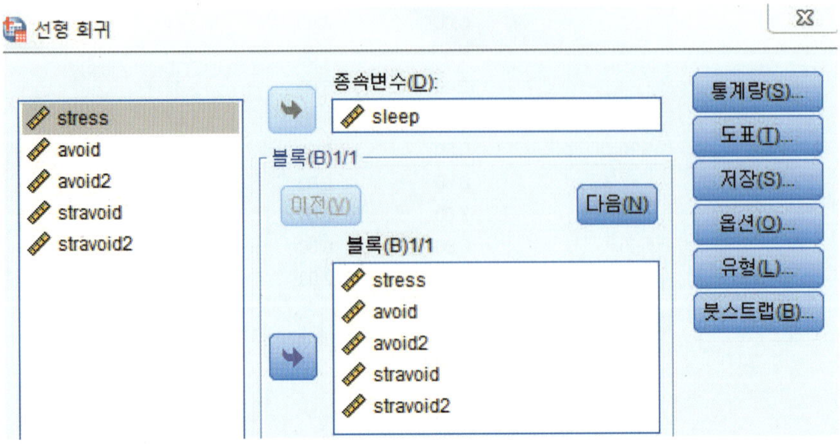

이를 실행하면 [표 18-13]과 같은 결과를 얻는다.

표 18-13 ▌평균중심화를 하지 않고 위계적 분석을 하지 않은 경우의 분석결과

Coefficients[a]

Model		Unstandardized Coefficients		Standardized Coefficients	t	Sig.
		B	Std. Error	Beta		
1	(Constant)	8.948	.996		8.982	.000
	stress	-.354	.112	-.697	-3.175	.002
	avoid	-2.370	.768	-1.150	-3.087	.002
	avoid2	.367	.138	.972	2.660	.008
	stravoid	.229	.081	1.802	2.827	.005
	stravoid2	-.037	.014	-1.276	-2.674	.008

a. Dependent Variable: sleep

3) 그래프 그리기

그림 18-16 ▌그래프 그리기

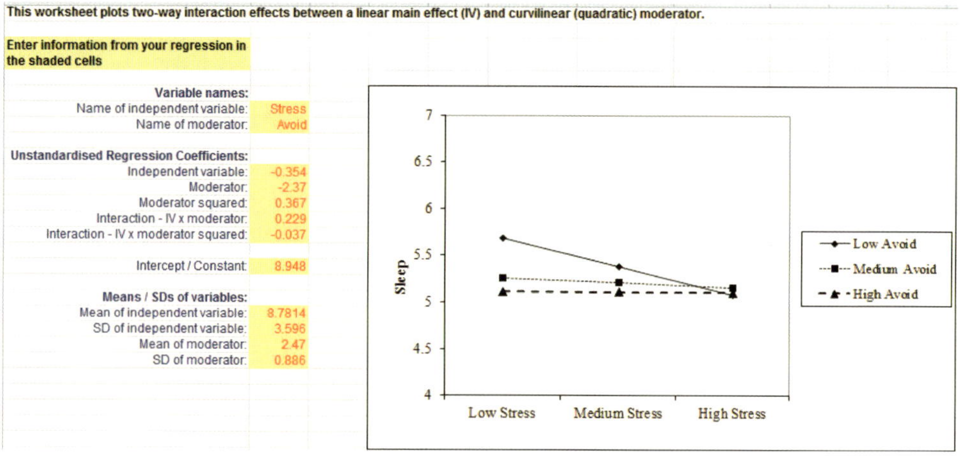

4) PROCESS 신택스에 의한 분석

```
get file='f:₩mod-med(2nd)₩chap₩18₩quadratic_moderation-1.sav'.
process vars=sleep stress avoid avoid2
/x=stress/m=avoid/w=avoid2/y=sleep/model=2.
```

이를 분석하면 [표 18-14]와 같은 결과를 얻는다.

표 18-14 ▌PROCESS 신택스에 의한 분석결과

```
*************** PROCESS Procedure for SPSS Release 2.16.3 ***************
          Written by Andrew F. Hayes, Ph.D.        www.afhayes.com
**************************************************************************
Model = 2
    Y = sleep
    X = stress
    M = avoid
    W = avoid2
Sample size
        819
**************************************************************************
Outcome: sleep
Model Summary
          R       R-sq       MSE          F        df1        df2          p
      .1659      .0275    3.2651     4.6032     5.0000   813.0000      .0004
```

```
Model
              coeff       se          t         p       LLCI      ULCI
constant     8.9477     .9962      8.9817     .0000    6.9922   10.9031
avoid       -2.3701     .7678     -3.0869     .0021   -3.8772    -.8630
stress       -.3542     .1116     -3.1746     .0016    -.5732    -.1352
int_1         .2293     .0811      2.8268     .0048     .0701     .3886
avoid2        .3667     .1378      2.6599     .0080     .0961     .6372
int_2        -.0370     .0138     -2.6742     .0076    -.0641    -.0098
Product terms key:
 int_1    stress      X     avoid
 int_2    stress      X     avoid2
R-square increase due to interaction(s):
         R2-chng        F        df1        df2         p
int_1     .0096     7.9910    1.0000   813.0000     .0048
int_2     .0086     7.1512    1.0000   813.0000     .0076
Both      .0097     4.0646    2.0000   813.0000     .0175
**********************************************************************************************
```

4.2 평균중심화와 위계적 회귀분석에 의한 분석

1) 평균중심화 및 분석에 필요한 변수 만들기

독립변수와 조절변수를 평균중심화한다(stress_c, avoid_c). 평균중심화한 변수에 의해 독립변수와 조절변수의 곱을 만든다(stress_c×avoid_c: XM=straavoid_c). 조절변수의 제곱을 만든다(avoid_c×avoid_c: M^2=avoid_c2). 독립변수와 조절변수 제곱항의 곱을 만든다(stress_c×avoid_c2: XM^2=straavoid_c2).

stress_c	avoid_c	avoid_c2	straavoid_c	straavoid_c2
1.2186	-.4701	.2210	-.5728	.2693
-2.7814	.1966	.0387	-.5469	-.1075
-.7814	.5299	.2808	-.4141	-.2194
6.2186	-.1368	.0187	-.8506	.1163
.2186	-.8034	.6454	-.1756	.1411
-2.7814	-.8034	.6454	2.2345	-1.7952
-.7814	-.4701	.2210	.3673	-.1727
-1.7814	-.8034	.6454	1.4311	-1.1498
-2.7814	.5299	.2808	-1.4739	-.7810
1.2186	-.4701	.2210	-.5728	.2693

[chap18][quadratic_moderation-2.sav]

2) 위계적 회귀분석 실시

선형회귀분석에서 위계적 회귀분석을 한다. 이를 위해 'stress_c' → 'avoid_c' → 'straavoid_c' → 'avoid_c2' → 'straavoid_c2' 순으로 입력한다. 아래는 5단계 상황의 모습을 보인 것이다.

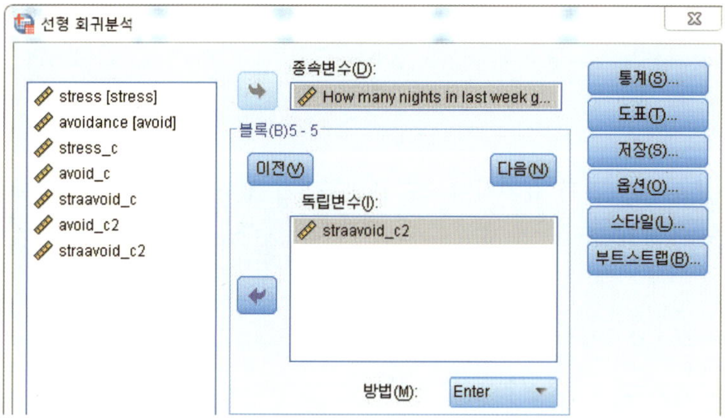

[표 18-16]은 분석결과를 보인 것이다.

표 18-16 ▌평균중심화와 위계적 분석에 의한 분석결과

Coefficients[a]

Model		Unstandardized Coefficients		Standardized Coefficients	t	Sig.
		B	Std. Error	Beta		
1	(Constant)	5.276	.064		83.047	.000
	stress_c	-.052	.018	-.103	-2.966	.003
2	(Constant)	5.276	.063		83.260	.000
	stress_c	-.042	.018	-.083	-2.316	.021
	avoid_c	-.168	.074	-.082	-2.276	.023
3	(Constant)	5.260	.065		81.133	.000
	stress_c	-.047	.019	-.092	-2.506	.012
	avoid_c	-.170	.074	-.083	-2.303	.022
	straavoid_c	.021	.017	.042	1.177	.240
4	(Constant)	5.234	.079		66.672	.000
	stress_c	-.046	.019	-.090	-2.458	.014
	avoid_c	-.184	.078	-.089	-2.372	.018

	straavoid_c	.018	.018	.036	.985	.325
	avoid_c2	.036	.061	.022	.587	.557
5	(Constant)	5.215	.079		66.417	.000
	stress_c	-.013	.022	-.026	-.591	.554
	avoid_c	-.148	.078	-.072	-1.886	.060
	straavoid_c	.047	.021	.095	2.228	.026
	avoid_c2	.042	.061	.026	.692	.489
	straavoid_c2	-.037	.014	-.138	-2.674	.008

a. Dependent Variable: sleep

b_5 계수(straavoid_c2)가 유의적이므로 조절효과가 있다고 해석한다. b_4 계수의 부호는 (+)이고 b_5 계수의 부호는 (−)이기 때문에 다음과 같은 관계가 있다고 할 수 있다.

그림 18-17 ▌스트레스와 수면 간의 회피대응의 조절효과

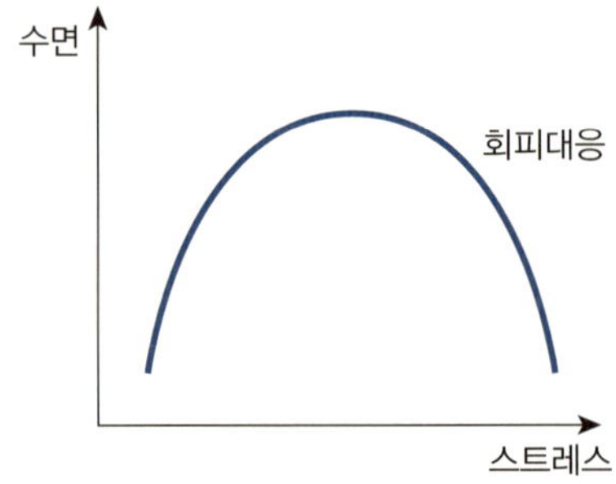

참·고·문·헌

Aiken, L. S., and West, S. G. (1991), *Multiple Regression: Testing and Interpreting Interactions*, Thousand Oaks, CA: Sage Publications.

Baer, M., and Oldham, G. R. (2006), "The Curvilinear Relation Between Experienced Creative Time Pressure and Creativity: Moderating Effects of Openness to Experience and Support for Creativity," *Journal of Applied Psychology*, 91(4), 963–970.

Cohen, J., Cohen, P., West, S. G., and Aiken, L. S. (2003), *Applied Multiple Regression/Correlation Analysis for the Behavioral Sciences*, 3rd Ed., Mahwah, NJ: Erlbaum.

Dawson, J. F. (2014), "Moderation in Management Research: What, Why, When, and How," *Journal of Business and Psychology*, 29(1), 1–19.

Hayes, A. F. (2013), *Introduction to Mediation, Moderation, and Conditional Process Analysis*, New York, NY: Guilford Press.

Hayes, A. F. (2015), *Hacking PROCESS for Estimation and Probing of Liner Moderation of Quadratic Effects and Quadratic Moderation of Linear Effects*, unpublished white paper.

Hoever, I. J., van Knippenberg, D., van Ginkel, W. P., and Barkema, H. G. (2012), "Fostering Team Creativity: Perspective Taking as Key to Unlocking Diversity's Potential," *Journal of Applied Psychology*, 97(5), 982–996.

Janssen, O. (2001), "Fairness Perceptions as a Moderator in the Curvilinear Relationships Between Job Demands, and Job Performance and Job Satisfaction," *Academy of Management Journal*, 44(5), 1039–50.

Jose, P. E. (2013), *Doing Statistical Mediation & Moderation*, New York, NY: Guilford Press.

Keith, T. Z. (2015), *Multiple Regression and Beyond: An Introduction to Multiple Regression and Structural Equation Modeling*, 2nd Ed., New York, NY: Routledge.

Miller, J. W., Stromeyer, W. R., and Schwieterman, M. A. (2013), "Extensions of the Johnson–Neyman Technique to Linear Models With Curvilinear Effects: Derivations and Analytical Tools," *Multivariate Behavioral Research*, 48(2), 267–300.

Zhou, J., Shin, S. J., Brass, D. J., Choi, J., and Zhang, Z-X. (2009), "Social Networks, Personal Values, and Creativity: Evidence for Curvilinear and Interaction Effects," *Journal of Applied Psychology*, 94(6), 1544–1552.

Chapter 19 비선형 매개효과분석

1 비선형 매개효과의 의의

단일매개모델을 제시하면 [그림 19-1]과 같다. 그림에서 매개효과는 ab에 의해 구해진다. 매개효과 ab는 X의 전범위(entire range)에 걸쳐 M을 경유해 X가 Y에 미치는 단일효과(single effect)를 추정한 것이다. 이 모델에서 X, M, Y 간의 관계는 선형을 가정한다.

그림 19-1 ▌단일매개모델

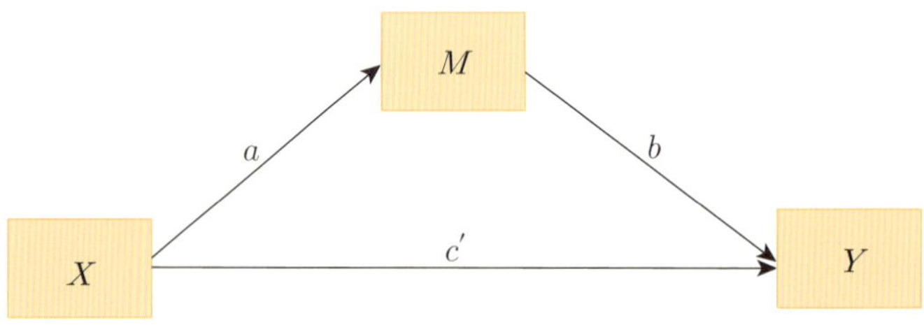

비선형 매개모델(nonlinear mediation model)은 X, M, Y 간의 관계가 비선형인 매개모델을 의미한다. [그림 19-1] 모델에서 $X \rightarrow M$ 간의 관계가 비선형일 수 있고(예: $X^2 \rightarrow M$), $M \rightarrow Y$ 간의 관계가 비선형일 수 있다(예: $M^2 \rightarrow Y$). 이처럼 $X \rightarrow M \rightarrow Y$ 간에 다양한 형태의 비선형(예: logarithmic, exponential, quadratic, inverse)의 간접효과를 분석하는 것을 **비선형 매개효과분석(nonlinear mediation analysis)**이라 한다.

[그림 19-2]는 Yin 등(2017)의 비선형 매개모델을 제시한 것이다. Yin 등은 X와 M 간의 관계는 2차관계(quadratic relationship), M과 Y 간의 관계는 선형관계, 그리고

X와 Y 간의 관계는 2차관계를 가정하였다.

그림 19-2 | Yin 등(2017)의 비선형 매개모델

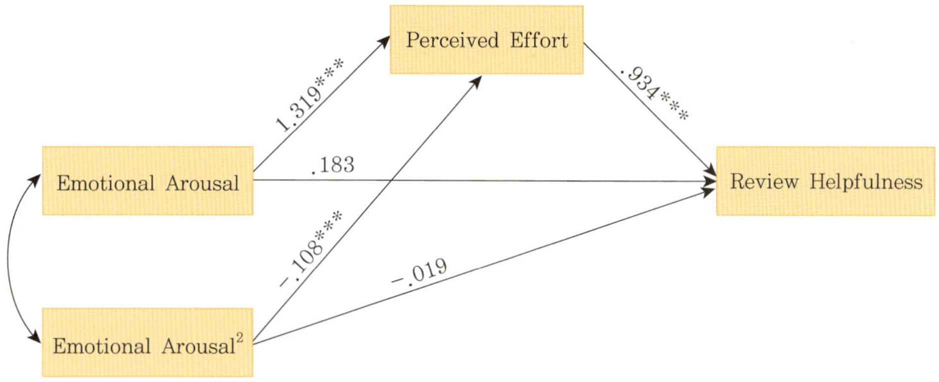

[그림 19-2]에서 X는 M에 비선형인 관계가 있고, M은 Y에 비선형인 관계가 있다면 M의 변화를 통해 X 변화가 Y 변화에 미치는 간접효과는 X에 대한 M 함수의 1차 편미분(first partial derivative)과 M에 대한 Y 함수의 1차편미분의 곱인 θ에 의해 추정된다. θ는 다음과 같이 나타낼 수 있다.

$$\theta = \left(\frac{\partial M}{\partial X}\right)\left(\frac{\partial Y}{\partial M}\right) \tag{1}$$

미적분에서 함수의 1차미분계수(first derivative)를 순간변화율(instantaneous rate of change)이라 한다. 이 용어를 빌려 Hayes & Preacher(2010)는 θ를 M을 경유해 X가 Y에 미치는 **순간간접효과(instantaneous indirect effect)**로 명명하였다. 순간간접효과 θ는 X의 변화에 따른 M을 통한 Y의 변화를 계량화한 것이다. θ는 X의 함수이다. 즉 θ는 특정값 $X=x$에 따라 달라진다.

만약 M이 X에 선형인 관계가 있고 Y가 M에 선형인 관계가 있다면 θ는 상수가 된다. 이 경우, X의 특정값에 관계없이 M을 통해 X가 Y에 미치는 간접효과를 의미한다. 이와는 달리, $X=x$의 특정값인 θ_x는 $X \to M \to Y$ 관계에서 Y가 얼마나 변하는가를 알려주기 때문에 비선형 매개효과모델에서 연구자의 관심 사항이 된다. 이에 대해 좀 더 자세히 살펴보기로 한다.

예를 들어, M과 Y에 대해 다음과 같은 관계를 가정한다.

$$\widehat{M} = i_1 + a\ln(X) \tag{2}$$

$$\widehat{Y} = i_2 + b_1 M + b_2 M^2 + c' X \tag{3}$$

M은 X의 자연로그함수이고, Y는 M에 대해 2차함수로 설정되었다. M 변화는 X 변화에 대해 비선형이고, Y 변화는 M 변화에 비선형이므로 M을 통해 X가 Y에 미치는 간접효과는 단일의 간접효과가 아니다. 대신에 $X = x$의 특정값에 따른 순간간접효과를 추정해야 한다. 순간간접효과를 계산하기 위해 식 (2)로부터 X에 대한 M의 1차편미분은 다음과 같다.

$$\left(\frac{\partial M}{\partial X}\right) = \frac{a}{X} \tag{4}$$

식 (3)으로부터 M에 대한 Y의 1차편미분은 다음과 같다.

$$\left(\frac{\partial Y}{\partial M}\right) = b_1 + 2b_2 M \tag{5}$$

따라서 M을 통해 X가 Y에 미치는 순간간접효과 θ는 다음과 같다.

$$\theta = \left(\frac{\partial M}{\partial X}\right)\left(\frac{\partial Y}{\partial M}\right) = \frac{a(b_1 + 2b_2 M)}{X} \tag{6}$$

식 (6)은 M을 식에 대입하면 다음과 같다.

$$\theta = \left(\frac{\partial M}{\partial X}\right)\left(\frac{\partial Y}{\partial M}\right) = \left(\frac{a}{X}\right)(b_1 + 2b_2(i_1 + a\ln(X))) \tag{7}$$

식 (2)와 식 (3)을 추정하여 다음의 값을 얻었다고 가정한다.

$$i_1 = 2.50,\ i_2 = 2.00,\ a = 3.00,\ b_1 = 0.85,\ b_2 = -0.10,\ c' = 0.20$$

이 값들을 식 (7)에 대입하면 다음과 같다.

$$\theta = (\frac{3}{X})(0.85 + 2(-.10)(2.5 + 3.0\ln(X))) \tag{8}$$

$X=1,\ 2,\ 3$의 순간간접효과 θ를 계산하면 다음과 같다.

$$\theta_{x=1} = (\frac{3}{1})(0.85 + 2(-.10)(2.5 + 3.0\ln(1))) = 1.05$$

$$\theta_{x=2} = (\frac{3}{2})(0.85 + 2(-.10)(2.5 + 3.0\ln(2))) = -0.10$$

$$\theta_{x=3} = (\frac{3}{3})(0.85 + 2(-.10)(2.5 + 3.0\ln(3))) = -0.31$$

X와 θ 간의 관계를 그래프로 제시하면 [그림 19-3]과 같다.

그림 19-3 ▌순간간접효과

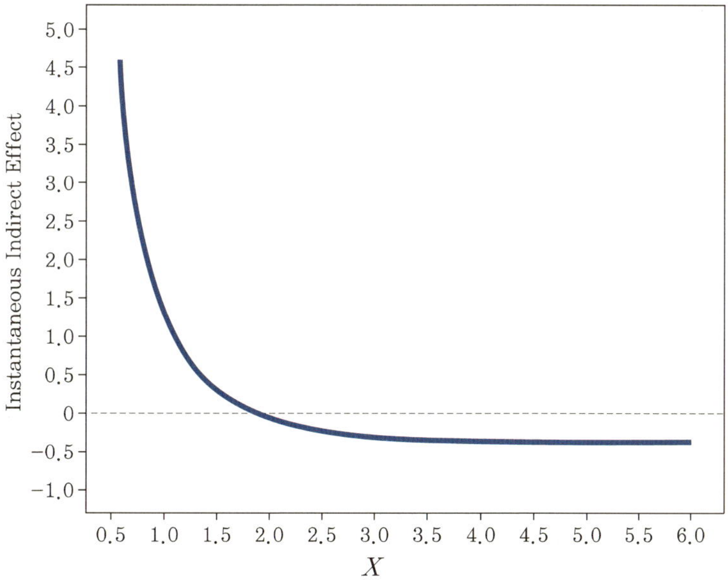

[그림 19-3]에서 볼 수 있듯, X의 값이 작으면 순간간접효과는 정적(+)이다. 이는 X가 증가하면 X의 M에 대한 효과를 통해 Y가 증가함을 의미한다. X가 증가하면 순간간접효과는 급격히 떨어지고, 1.5에서 2 값 사이에서 0과 교차하고 X가 증가할수록 부적(−)으로 점근한다.

2 비선형 매개효과분석

2.1 비선형 매개효과분석의 실제 예

Ames & Flynn(2007)의 '연구 3'은 독립변수인 경영자의 자기주장(assertiveness)이 매개변수인 사회적 성과(social outcome) 및 도구적 성과(instrumental outcome)를 매개해 종속변수인 종업원의 리더십 능력 지각에 미치는 간접효과에 초점을 맞추어 연구하였다. 그들은 이러한 매개효과를 선형의 관점에서 연구하였다. Hayes & Preacher(2010)는 Ames & Flynn(2007)의 연구모델을 확장하여 그들의 자료를 토대로 비선형 매개효과분석에 대해 논의하였다. [그림 19-4]는 Ames & Flynn의 연구모델을 확장한 것이다. 이하에서 이에 대해 살펴보기로 한다.

그림 19-4 | Ames & Flynn 모델의 확장

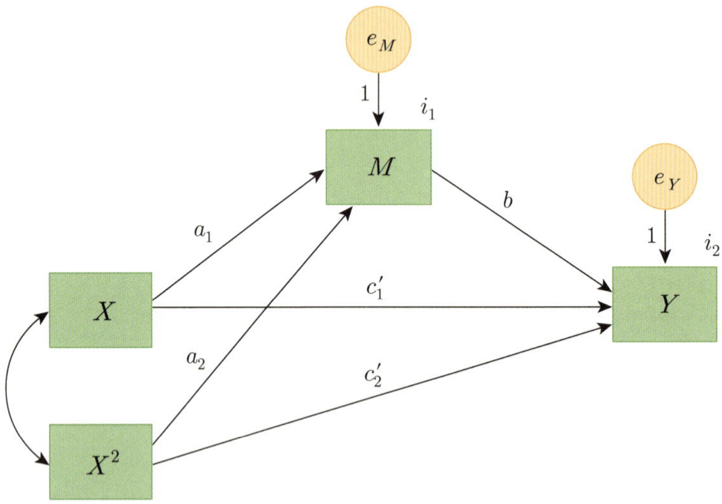

X: 경영자의 자기주장, Y: 리더십 능력, M: 사회적 성과, 도구적 성과

1) 매개변수(M)가 사회적 성과인 경우

Hayes & Preacher는 X와 M 간의 관계는 2차관계, M과 Y 간의 관계는 선형을 가정하고 Ames & Flynn의 자료를 이용하여 재분석하였고 다음의 값을 얻었다. 매개변수 M은 사회적 성과이다.

$$\widehat{M} = 2.9181 + 1.0608X - 0.1279X^2$$
$$\widehat{Y} = -3.6130 + 1.3504X - 0.1050X^2 + 0.7865M$$

X와 M 간의 관계는 2차관계, M과 Y 간의 관계는 선형인 경우의 순간간접효과 θ는 다음과 같다(Hayes & Preacher, 2010, p. 633 참조).

$$\theta = (a_1 + 2a_2X)b \tag{9}$$

앞의 두 식에서 얻은 값을 위 식에 대입하면 다음과 같다.

$$\begin{aligned}\theta &= (1.0608 + 2(-0.1279X))0.7865 \\ &= 0.8343 - 0.2012X\end{aligned}$$

이 순간간접효과는 경영자의 자기주장이 사회적 성과를 통해 경영자의 리더십 능력에 미치는 간접효과가 경영자의 자기주장이 선형으로 증가함에 따라 감소함을 보여준다. 순간간접효과는 자기주장의 범위 내에 있는 임의의 값을 이용하여 계산할 수 있다. 예를 들어, 자기주장의 값이 5일 때 $\theta_{x=5} = 0.8343 - 0.2012(5) = -0.1717$이 된다. 이는 경영자의 자기주장 증가가 사회적 성과를 통해 리더십 능력에 미치는 효과가 감소함을 의미한다.

이론적으로 또는 실제적으로 X의 의미 있는 값을 결정하기 어려울 때에는 조절효과분석에서 많이 쓰이는 '상대적으로 낮은'($\overline{M} - 1SD$), '상대적으로 중간'($\overline{M}$), '상대적으로 높은'($\overline{M} + 1SD$) 값을 이용할 수 있다. 다음은 이들 값을 이용해 얻은 θ값이다.

$$\theta_{X=3.9460} = 0.0402$$
$$\theta_{X=5.2275} = -0.2177$$
$$\theta_{X=6.5090} = -0.4755$$

위의 3개 값의 통계적 유의도를 검정하기 위해 붓스트레핑을 한 결과는 다음과 같다.

$$95\%\ \text{CI for } \theta_{X=3.9460} = -0.1661 \text{ to } 0.3973$$
$$95\%\ \text{CI for } \theta_{X=5.2275} = -0.4528 \text{ to } -0.0152$$

$$95\%\ \text{CI for }\theta_{X=6.5090} = -0.8969\ \text{to}\ -0.0582$$

95% 신뢰구간에 $\theta_{X=3.9460}$은 0을 포함하므로 유의적이지 않고, 나머지 2개는 유의적이다. 자기주장이 중간이나 상대적으로 높은 수준에 있는 경영자 가운데 자기주장을 높이면 사회적 성과를 경유하여 리더십 능력의 지각에 미치는 효과는 감소하는 것으로 해석할 수 있다.

2) 매개변수(M)가 도구적 성과인 경우

매개변수가 도구적 성과인 경우 다음과 같은 회귀식을 얻었다.

$$\hat{M} = 0.9680 + 1.3488X - 0.0969X^2$$
$$\hat{Y} = -2.0823 + 1.1197X - 0.1292X^2 + 0.7896M$$

순간간접효과 θ는 다음과 같다.

$$\begin{aligned}\theta &= (a_1 + 2a_2X)b \\ &= (1.3488 + 2(-0.0969X))0.7896 \\ &= 1.0650 - 0.1530X\end{aligned}$$

'상대적으로 낮은'($\overline{M} - 1SD$), '상대적으로 중간'($\overline{M}$), '상대적으로 높은'($\overline{M} + 1SD$) 값을 이용해 얻은 θ값은 다음과 같다.

$$\theta_{X=3.9460} = 0.4613$$
$$\theta_{X=5.2275} = 0.2653$$
$$\theta_{X=6.5090} = 0.0692$$

3개 값의 통계적 유의도를 검정하기 위해 붓스트레핑을 한 결과는 다음과 같다.

$$95\%\ \text{CI for }\theta_{X=3.9460} = 0.3045 \sim 0.6678$$
$$95\%\ \text{CI for }\theta_{X=5.2275} = 0.1276 \sim 0.4116$$

$$95\%\ \text{CI for } \theta_{X=6.5090} = -0.1890 \sim 0.3207$$

자기주장이 상대적으로 높은 경영자($\theta_{X=6.5090}$)는 신뢰구간에 0을 포함하므로 간접효과가 없고, 상대적으로 낮은 또는 중간 수준의 자기주장이 있는 경영자는 자기주장을 높이게 되면 도구적 성과의 변화를 통해 리더십 능력의 지각을 높일 수 있는 것으로 해석할 수 있다.

2.2 MEDCURVE에 의한 비선형 매개효과분석

Hayes & Preacher (2010)는 비선형 매개효과를 분석하기 위한 방법에 대해 기술하였다. 이들의 방법에 의해 분석하기 위해 Hayes(2012)는 'MEDCURVE'라는 매크로를 개발하였다. 이하에서 이를 이용하여 분석하는 것에 대해 살펴보기로 한다.

1) MEDCURVE의 설치

MEDCURVE를 설치하기 위해 다음과 같은 절차에 따라 한다.

❶ Hayes의 홈페이지를 방문한다. http://afhayes.com/index.html

❷ 왼쪽에 있는 'SPSS, SAS, and Mplus Macros and Code'를 클릭한다.

❸ 'MEDCURVE'에 가서 'medcurve.zip'을 클릭해서 압축을 푼다.

❹ SPSS를 실행하여 'utilities'메뉴에서 '사용자 정의 대화상자설치'를 클릭하여 'medcurve.spd'를 연다.

❺ 이렇게 하면 [분석] → [회귀분석]에 'MEDCURVE'가 설치된다.

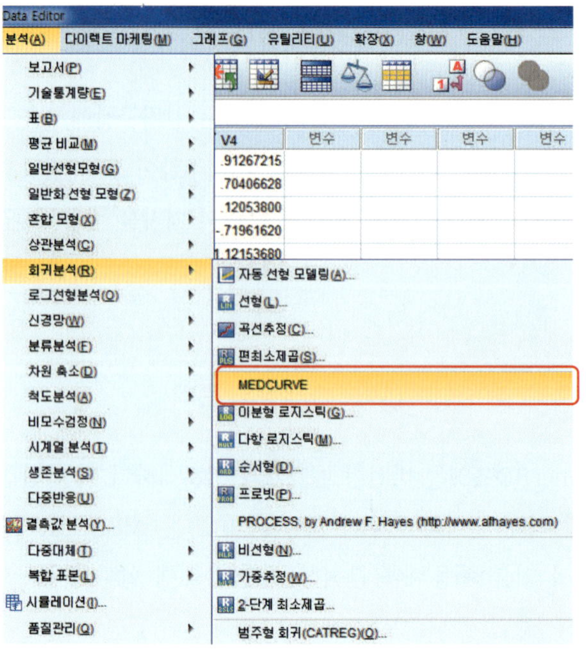

2) MEDCURVE의 이해

다음은 MEDCURVE 매크로를 실행하여 얻게 되는 대화상자를 보인 것이다.

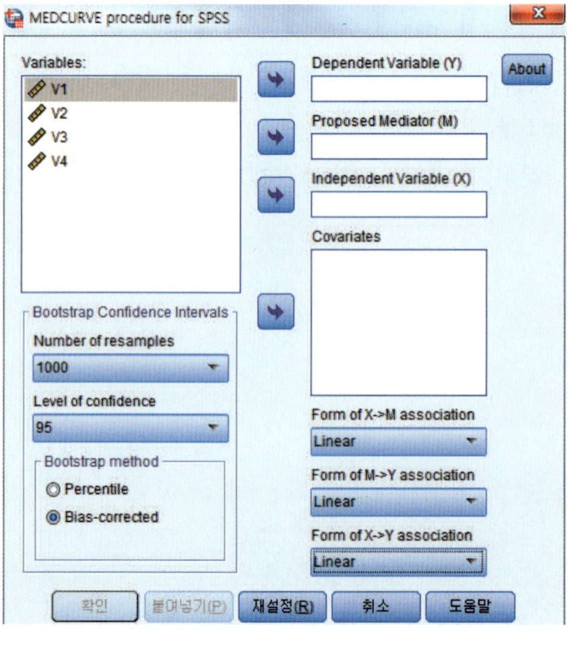

위의 대화상자에 대해 살펴보기로 한다. 오른쪽 밑에 있는 3개의 옵션은 다음과 같은 의미를 갖는다.

① 'Form of X→M association'은 'aform'이다.

② 'Form of M→Y association'은 'bform'이다.

③ 'Form of X→Y association'은 'cpform'이다.

'aform', 'bform', 'cpform'은 신택스에 의해 분석하고자 할 때 필요한 명령어이다. 각각의 관계에는 5개의 함수를 추정할 수 있는 옵션이 있으므로(즉, 1=linear, 2=logarithmic, 3=exponential, 4=quadratic, 5=inverse) 총 125개의 모델을 추정할 수 있다. MEDCURVE 매크로는 매개변수와 종속변수는 등간척도 이상의 양적변수이어야 하고, 독립변수는 이분변수 또는 양적변수 모두 가능하다.

3) 실제 자료에 의한 분석

다음 자료를 이용하여 MEDCURVE에 의해 분석해보기로 한다.

	V1	V2	V3	V4
1	1.04006760	.38472761	1.47038510	.91267215
2	.02420000	-.22649988	.70135266	.70406628
3	.81995638	-.66460391	1.60915110	.12053800
4	-1.13929080	-1.00847960	1.36899240	-.71961620
5	.51885436	.12234297	1.02253910	1.12153680
6	2.04141010	-.23499827	1.38598270	.46891667
7	-.05150000	1.63735580	.50933768	-.04330000
8	1.00536560	-.63562461	1.77373850	1.09121730
9	.01020000	-.16245509	1.16255770	-1.68882810
10	-3.25863820	.14990036	-.04220000	-1.24598550

[chap19][nonmediation.sav]

이 자료에서 *V1*은 독립변수 *V2*, *V3*은 매개변수 *V4*는 종속변수라고 가정한다.

(1) V2가 매개변수인 경우

그림 19-5 | **비선형 매개모델**

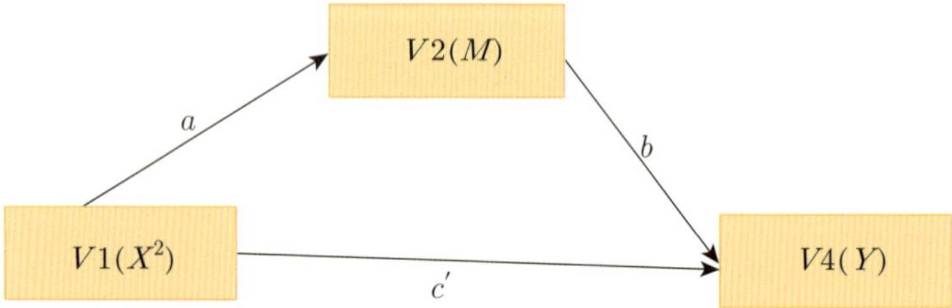

[그림 19-5]에서 $X \rightarrow M$, $X \rightarrow Y$ 간의 관계는 2차관계, $M \rightarrow Y$ 간의 관계는 선형을 가정하고 분석하기로 한다. 이를 위해 'Form of $X \rightarrow M$ association'의 체크박스에서 'Quadratic'을 선택하고, 'Form of $M \rightarrow Y$ association'의 체크박스에서 'Linear'을 선택하고, 'Form of $X \rightarrow Y$ association'의 체크박스에서 'Quadratic'을 선택한다.

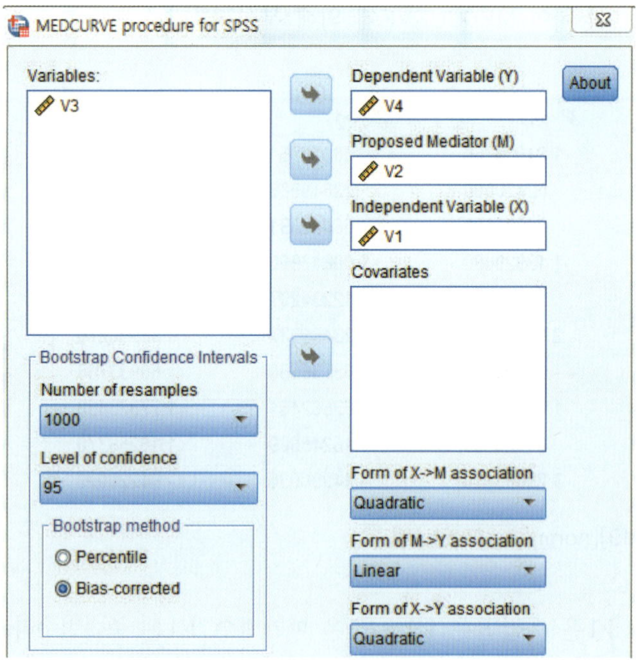

이를 실행하면 다음의 결과를 얻는다.

표 19-1 ▌비선형 매개효과분석 결과

```
Run MATRIX procedure:

VARIABLES IN MEDIATION MODEL
 Y        V4
 X        V1
 M        V2

SAMPLE SIZE
     400
-------------------------------------------------------------------
MODEL OF M
             Coeff       SE        t         p
constant    -.0370     .0468    -.7904     .4298
X            .1121     .0366    3.0657     .0023
X*X          .0331     .0238    1.3947     .1639

MODEL SUMMARY
        R       R-sq        F         p        df1        df2
     .1634     .0267     5.4459     .0046     2.0000   397.0000
-------------------------------------------------------------------
MODEL OF Y
             Coeff       SE        t         p
constant     .0364     .0567     .6410     .5219
X            .4119     .0448    9.1954     .0000
X*X         -.0326     .0288   -1.1293     .2595
M            .3405     .0608    5.6050     .0000

MODEL SUMMARY
        R       R-sq        F         p        df1        df2
     .5063     .2564    45.5030     .0000     3.0000   396.0000
-------------------------------------------------------------------
Instantaneous Indirect Effect (THETA) of X on Y through M at X = XVAL
     XVAL    THETA     SE
  -1.0580    .0143   .0175
    .0000    .0382   .0134
   1.0580    .0621   .0234

Bias Corrected Bootstrap Confidence Interval for Instantaneous Indirect Effect
     XVAL  LowerCI    THETA  UpperCI
  -1.0580   -.0179    .0143    .0540
    .0000    .0149    .0382    .0682
   1.0580    .0250    .0621    .1236

BOOTSTRAP SAMPLES:      1000
-------------------------------------------------------------------
NOTES:
```

LEVEL OF CONFIDENCE FOR CONFIDENCE INTERVALS: 95

XVAL values above are the sample mean and plus/minus one SD from mean
SE for THETA is the standard deviation of the bootstrap estimates
------ END MATRIX -----

해설

❶ 평균보다 상대적으로 낮은 집단은 신뢰구간에 0이 포함되어 있어 간접효과가 유의적이지 않다.
❷ 평균 또는 평균보다 상대적으로 높은 집단에서 $V1$을 증가시키면 $V2$를 매개해 $V4$에 미치는 매개효과가 증가하는 것으로 해석한다.

(2) V3이 매개변수인 경우

그림 19-6 ▌비선형 매개모델

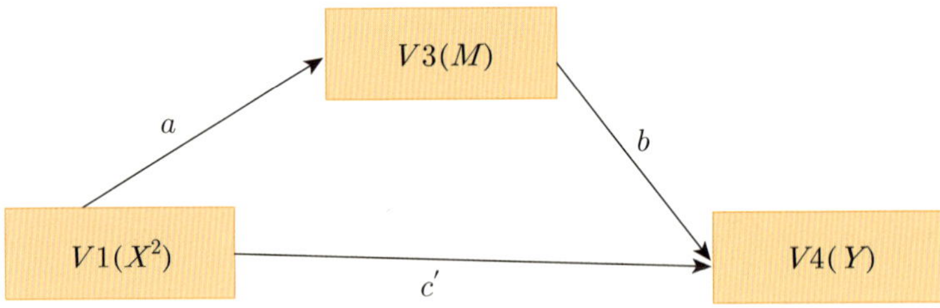

다음과 같이 변수를 지정한다.

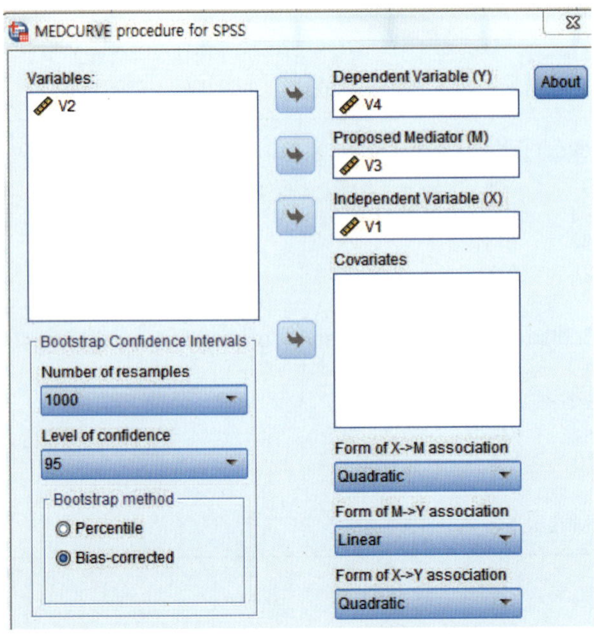

이를 실행하면 다음의 결과를 얻는다.

```
Run MATRIX procedure:

VARIABLES IN MEDIATION MODEL
 Y         V4
 X         V1
 M         V3

SAMPLE SIZE
       400

----------------------------------------------------------------------

MODEL OF M
              Coeff        SE          t          p
constant     1.0321     .0345    29.9473      .0000
X             .3224     .0269    11.9783      .0000
X*X          -.0205     .0175    -1.1748      .2408

MODEL SUMMARY
        R       R-sq          F          p        df1        df2
    .5197      .2701    73.4695      .0000     2.0000   397.0000

----------------------------------------------------------------------

MODEL OF Y
              Coeff        SE          t          p
constant      .4619     .1030     4.4850      .0000
X             .5870     .0520    11.2913      .0000
X*X          -.0300     .0290    -1.0346      .3015
M            -.4245     .0831    -5.1098      .0000

MODEL SUMMARY
        R       R-sq          F          p        df1        df2
    .4970      .2470    43.2994      .0000     3.0000   396.0000

----------------------------------------------------------------------

Instantaneous Indirect Effect (THETA) of X on Y through M at X = XVAL
     XVAL     THETA        SE
  -1.0580    -.1553     .0364
    .0000    -.1369     .0305
   1.0580    -.1184     .0304

Bias Corrected Bootstrap Confidence Interval for Instantaneous Indirect Effect
     XVAL   LowerCI     THETA   UpperCI
```

```
  -1.0580    -.2342    -.1553    -.0911
    .0000    -.2016    -.1369    -.0797
   1.0580    -.1865    -.1184    -.0663

BOOTSTRAP SAMPLES:
       1000

-----------------------------------------------------------------

NOTES:

LEVEL OF CONFIDENCE FOR CONFIDENCE INTERVALS:
  95

XVAL values above are the sample mean and plus/minus one SD from mean

SE for THETA is the standard deviation of the bootstrap estimates

------ END MATRIX -----
```

해설

1 평균보다 낮은 집단, 평균집단, 평균보다 상대적으로 높은 집단 모두 *V1*을 증가시키면 *V3*을 매개해 *V4*에 미치는 매개효과가 감소하는 것으로 해석한다.

참·고·문·헌

Ames, D. R., and Flynn, F. J. (2007), "What Breaks a Leader: The Curvilinear Relation Between Assertiveness and Leadership," *Journal of Personality and Social Psychology*, 92(2), 307–324.

Gatignon, H. (2014), *Statistical Analysis of Management Data*, 3rd ed., New York, NY: Springer.

Hayes, A. F., and Preacher, K. J. (2010), "Quantifying and Testing Indirect Effects in Simple Mediation Models When the Constituent Paths Are Nonlinear," *Multivariate Behavioral Research*, 45(4), 627–660.

Hayes, A. F. (2012), "SPSS MEDCURVE Macro Syntax Reference" retrieved from http://afhayes.com.

Yin, D., Bond, S. D., and Zhang, H. (2017), "Keep Your Cool or Let It Out: Nonlinear Effects of Expressed Arousal on Perceptions of Consumer Reviews," *Journal of Marketing Research*, 54(3), 447–463.

■ 부·록

1. 표준정규분포표

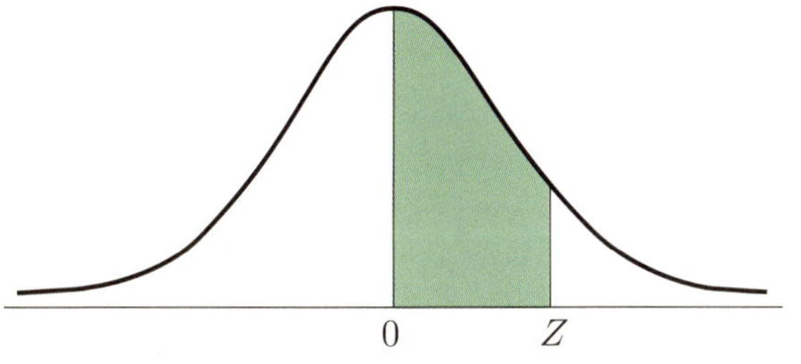

Z	.00	.01	.02	.03	.04	.05	.06	.07	08	.09
0.0	.0000	.0040	.0080	.0120	.0160	.0199	.0239	.0279	.0319	.0359
0.1	.0398	.0438	.0478	.0517	.0557	.0596	.0636	.0675	.0714	.0753
0.2	.0793	.0832	.0871	.0910	.0948	.0987	.1026	.1064	.1103	.1141
0.3	.1179	.1217	.1255	.1293	.1331	.1368	.1406	.1443	.1480	.1517
0.4	.1554	.1591	.1628	.1664	.1700	.1736	.1772	.1808	.1844	.1879
0.5	.1915	.1950	.1985	.2019	.2054	.2088	.2123	.2157	.2190	.2224
0.6	.2257	.2291	.2324	.2357	.2389	.2422	.2454	.2486	.2517	.2549
0.7	.2580	.2611	.2642	.2673	.2704	.2734	.2764	.2794	.2823	.2852
0.8	.2881	.2910	.2939	.2967	.2995	.3023	.3051	.3078	.3106	.3133
0.9	.3159	.3186	.3212	.3238	.3264	.3289	.3315	.3340	.3365	.3389
1.0	.3413	.3438	.3461	.3485	.3508	.3531	.3554	.3577	.3599	.3621
1.1	.3643	.3665	.3686	.3708	.3279	.3749	.3770	.3790	.3810	.3830
1.2	.3849	.3869	.3888	.3907	.3925	.3944	.3962	.3980	.3997	.4015
1.3	.4032	.4049	.4066	.4082	.4099	.4115	.4131	.4147	.4162	.4177
1.4	.4192	.4207	.4222	.4236	.4251	.4265	.4279	.4292	.4306	.4319
1.5	.4332	.4345	.4357	.4370	.7382	.4394	.4406	.4418	.4429	.4441
1.6	.4452	.4463	.4474	.4484	.4495	.4505	.4515	.4525	.4535	.4545
1.7	.4554	.4564	.4573	.4582	.4591	.4599	.4608	.4616	.4625	.4633
1.8	.4641	.4649	.4656	.4664	.4671	.4678	.4686	.4693	.4699	.4706
1.9	.4713	.4719	.4726	.4732	.4738	.4744	.4750	.4756	.4761	.4767
2.0	.4772	.4778	.4783	.4788	.4793	.4798	.4803	.4808	.4812	.4817
2.1	.4821	.4826	.4830	.4834	.4838	.4842	.4846	.4850	.4856	.4857
2.2	.4861	.4864	.4868	.4871	.4875	.4878	.4881	.4884	.4887	.4890
2.3	.4893	.4896	.4898	.4901	.4904	.4906	.4909	.4911	.4913	.4916
2.4	.4918	.4920	.4922	.4925	.4927	.4929	.4931	.4932	.4934	.4936
2.5	.4938	.4940	.4941	.4943	.4945	.4946	.4948	.4949	.4951	.4952
2.6	.4953	.4955	.4956	.4957	.4959	.4960	.4961	.4962	.4963	.4964
2.7	.4965	.4966	.4967	.4968	.4969	.4970	.4971	.4972	.4973	.4974
2.8	.4974	.4975	.4976	.4977	.4977	.4978	.4979	.4979	.4980	.4981
2.9	.4981	.4982	.4982	.4983	.4984	.4984	.4985	.4985	.4986	.4986
3.0	.4987	.4987	.4987	.4988	.4988	.4989	.4989	.4989	.4990	.4990
4.0	.4999									

(예: Z=1.96일 때 색칠한 부분의 확률은 0.4750임)

2. χ^2 분포표

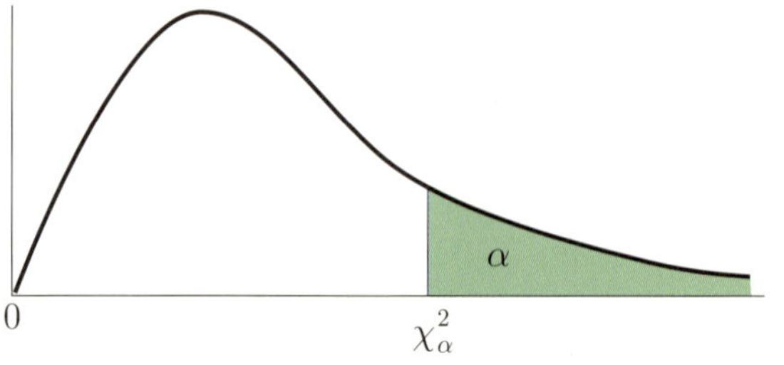

df \ α	$\chi_{0.990}$	$\chi_{0.975}$	$\chi_{0.950}$	$\chi_{0.900}$	$\chi_{0.500}$	$\chi_{0.100}$	$\chi_{0.050}$	$\chi_{0.025}$	$\chi_{0.010}$	$\chi_{0.005}$
1	0.0002	0.0001	0.004	0.15	0.45	2.71	3.84	5.02	6.63	7.88
2	0.02	0.05	0.10	0.21	1.39	4.61	5.99	7.38	9.21	10.60
3	0.11	0.22	0.35	0.58	2.37	6.25	7.81	9.35	11.34	12.84
4	0.30	0.48	0.71	1.06	3.36	7.78	9.49	11.14	13.28	14.86
5	0.55	0.83	1.15	1.61	4.35	9.24	11.07	12.83	15.09	16.75
6	0.87	1.24	1.64	2.20	5.35	10.64	12.59	14.45	16.81	18.55
7	1.24	1.69	2.17	2.83	6.35	12.02	14.07	16.01	18.48	20.28
8	1.65	2.18	2.73	3.49	7.34	13.36	15.51	17.53	20.09	21.95
9	2.09	2.70	3.33	4.17	8.34	14.68	16.92	19.02	21.67	23.59
10	2.56	3.25	3.94	4.87	9.34	15.99	18.31	20.48	23.21	25.19
11	3.05	3.82	4.57	5.58	10.34	17.28	19.68	21.92	24.72	26.76
12	3.57	4.40	5.23	6.30	11.34	18.55	21.03	23.34	26.22	28.30
13	4.11	5.01	5.89	7.04	12.34	19.81	22.36	24.74	27.69	29.82
14	4.66	5.63	6.57	7.79	13.34	21.06	23.68	26.12	29.14	31.32
15	5.23	6.26	7.26	8.55	14.34	22.31	25.00	27.49	30.58	32.80
16	5.81	6.91	7.96	9.31	15.34	23.54	26.30	28.85	32.00	34.27
17	6.41	7.56	8.67	10.09	16.34	24.77	27.59	30.19	33.41	35.72
18	7.01	8.23	9.39	10.86	17.34	25.99	28.87	31.53	34.81	37.16
19	7.63	8.91	10.12	11.65	18.34	27.20	30.14	32.85	36.19	38.58
20	8.26	9.59	10.85	12.44	19.34	28.41	31.14	34.17	37.57	40.00
21	8.90	10.28	11.59	13.24	20.34	29.62	32.67	35.48	38.93	41.40
22	9.54	10.98	12.34	14.04	21.34	30.81	33.92	36.78	40.29	42.80
23	10.20	11.69	13.09	14.85	22.34	32.01	35.17	38.08	41.64	44.18
24	10.86	12.40	13.85	15.66	23.34	33.20	36.74	39.36	42.98	45.56
25	11.52	13.12	14.61	16.47	24.34	34.38	37.92	40.65	44.31	46.93
26	12.20	13.84	15.38	17.29	25.34	35.56	38.89	41.92	45.64	48.29
27	12.83	14.57	16.15	18.11	26.34	36.74	40.11	43.19	46.96	49.64
28	13.56	15.31	16.93	18.94	27.34	37.92	41.34	44.46	48.28	50.99
29	14.26	16.05	17.71	19.77	28.34	39.09	42.56	45.72	49.59	52.34
30	14.95	16.79	18.49	20.60	29.34	40.26	43.77	46.98	50.89	53.67
40	22.16	24.43	26.51	29.05	39.34	51.81	55.76	59.34	63.69	66.77
50	29.71	32.36	34.76	37.69	49.33	63.17	67.50	71.42	76.15	79.49
60	37.48	40.48	43.19	46.46	59.33	74.40	79.08	83.30	88.38	91.95
70	45.44	48.76	51.74	55.33	69.33	85.53	90.53	95.02	100.43	104.21
80	53.54	57.15	60.39	64.28	79.33	96.58	101.88	106.63	112.33	116.32
90	61.75	65.65	69.13	73.29	89.33	107.57	113.15	118.14	124.12	128.30
100	70.06	74.22	77.93	82.36	99.33	118.50	124.34	129.56	135.81	140.17

찾·아·보·기

| 저자소개 |

배병렬

현, 전북대학교 상과대학 경영학과 교수

SPSS/Amos/LISREL/SmartPLS에 의한

조절효과 및 매개효과분석 (제2판)

2015년 7월 15일 1판 1쇄 발행
2018년 6월 15일 2판 1쇄 발행

저　자 | 배병렬
발행인 | 이수영
발행처 | 도서출판 청람
서울시 마포구 독막로 288(대흥동, 세양상가 109호)
전　화 | 02)3272-2601~2
팩　스 | 02)3272-2603
이메일 | crbooks@daum.net
홈페이지 | http://www.crbooks.co.kr
등　록 | 2000.8.26 제6-0509호

ISBN 978-89-5972-638-7　93320　[정가 40,000원]